PANZER LEADER

闪击之王

〔德〕海因茨·古德里安⊙著

张卫能⊙译

台海出版社

图书在版编目(CIP)数据

闪击之王 / (德) 古德里安著;张卫能译 . -- 北京：
台海出版社 , 2018.7
ISBN 978-7-5168-1982-1

Ⅰ.①闪… Ⅱ.①古… ②张… Ⅲ.①回忆录—作品
集—德国—现代 Ⅳ.① I516.55

中国版本图书馆 CIP 数据核字（2018）第 148942 号

闪击之王

著　　者：〔德〕古德里安	译　　者：张卫能	
责任编辑：戴　晨	装帧设计：同人内文化传媒·书装设计	
版式设计：同人内文化传媒·书装设计	责任印制：蔡　旭	

出版发行：台海出版社

地　　址：北京市东城区景山东街 20 号　　邮政编码：100009

电　　话：010 — 64041652（发行，邮购）

传　　真：010 — 84045799（总编室）

网　　址：www.taimeng.org.cn/thcbs/default.htm

E-mail：thcbs@126.com

经　　销：全国各地新华书店

印　　刷：香河利华文化发展有限公司

本书如有破损、缺页、装订错误，请与本社联系调换

开　　本：710mm×1000mm　　　　　1/16

字　　数：483 千字　　　　　　　印　　张：27.75

版　　次：2019年1月第1版　　　　印　　次：2019年1月第1次印刷

书　　号：ISBN 978-7-5168-1982-1

定　　价：46.80 元

译　者　序

在希特勒治下，很少有高级将领在被解职后又重新得到重用的，海因茨·古德里安就是其中之一。1937年古德里安关于德国装甲部队的著述一经出版即引起强烈反响，他在书中展现了很好的写作水平和鲜明的个性，也初步奠定了他作为德国装甲部队之父的地位。第二次世界大战期间，古德里安先后参加了德国对波兰、法国和苏联的战争，率领装甲部队连战连捷，充分展现了他卓越的领导才能和军事才华，也为后人熟知的"闪电战"提供了有力的支撑。

"二战"结束后，古德里安著作出版《士兵回忆录》，对他在第三帝国崛起和衰落过程中的经历作了生动描述。此书揭示了德国参加第二次世界大战诸多层面的内幕，还描写了古德里安的很多个人经历以及他与包括希特勒在内的纳粹德国高层之间的关系，甫一出版就受到读者的极大关注，1953年更是成为畅销书。

《闪击之王》是德国装甲部队之父古德里安的第二次世界大战回忆录，书中不仅详细讲述了德国装甲部队从谋划到创建再到参战的整个历程，还讲述了德国参加第二次世界大战的很多细节，其中不乏有关希特勒以及德国军界、政界高层人物的个性描述和生动故事，对军事爱好者和历史爱好者而言是不可多得的一本好书。

古德里安才华横溢但为人低调，始终秉承"多做事，少露面"的传统原则。他通信技术人员出身，作为观察员参与空中侦察，由此对空中力量有了了解；在以后勤军官服役期间积累了宝贵的实践经验；在轻步兵部队服役期间，他对军队在敏捷思维、速度和机动性方面的需求有了深入的了解。古德里安是一个喜欢观察和学习的人，善于从事实和观点中总结经验。他对反应慢的人没有多少耐心，对无能的人更是无法容忍。一个有名的例子是，1914年马恩河战役之后，当时负责第五骑兵师无线电站、军衔只是少尉的古德里安认为上级使用部署无线电站官兵不当，把他的师长训了一顿，这件事几乎让他被关进法国的战俘营！

古德里安是典型的普鲁士人，他自豪感强，为人谦和但颇有威严，外界对他的高度评价使他成为战后讲述德国二战经历及观点的一个人选。

《闪击之王》的内容主要包括四个方面：

德国装甲部队的创立和发展，包括获取先进装备的困难和问题；

1939年、1940年和1941年的战事；

德国在对苏作战和非洲战事遭遇惨败后于1943年初开始重建装甲部队；

1944年处于失败边缘的德国如何试图为和平谈判创造条件。

从1929年开始，古德里安坚信坦克与其他武器的组合将对地面战争产生革命性的影响。为此，他专门研究了军事历史、英国近期作战经验和一些相关的军事著述。在当时那个年代，能够预见并深入研究快速机动的装甲部队发起的军事和战争革命的人并不多，而古德里安就是其中的佼佼者。后来的战争进程表明，古德里安主张的闪电战术快速、高效，德国在波兰、法国和苏联战场上取得一次又一次胜利，德军堪称势如破竹。根据古德里安的叙述，假如德国领导层听取他主导的意见，甚至德军后来遭遇的一些挫折都可以避免，其中包括敦刻尔克和进军莫斯科。

当德国处于失败和崩溃的边缘，古德里安竭尽所能挽救败局。在失败不可避免的时候，他力促通过外交手段为和平谈判创造条件，并在此举难以奏效的情况下想办法保护德国民众和工业设施。他的所作所为让他赢得了德国乃至其他国家民众的尊重。

严格来说，《闪击之王》不是一本自传，其中的内容大多涉及军事层面，关于古德里安本人的描写只有寥寥数页。但正因为如此，我们可以从书中了解到德国战争机器在第二次世界大战期间的运作情况，管窥古德里安"闪电战"的精华，还可以看到关于纳粹德国高层尤其是希特勒的一些奇闻异事。

不过需要指出的是，古德里安毕竟是纳粹德国的将领，其政治观点和军事分析是以参加第二次世界大战的纳粹德国的利益为根本出发点的。此外，原作者在书中的很多场合都表现出非常冷静、客观的态度，对希特勒以及当时德国一些政治、军事人物予以批判，给人一种原作者时时处处观点正确的感觉。作为读者，我们要本着取其精华、去其糟粕的原则对书中的描述进行甄别，不可全盘接受，更不可当作正统史料加以使用。

目　　录

第1章　成长经历和青年时代

1888年6月17日星期天早晨，我出生在维瓦斯河畔的库尔姆。当时我的父亲弗里德里希·古德里安是波美拉尼亚第二轻步兵营的上尉，他于1858年8月3日出生在图赫尔区的大克洛尼亚。我的母亲叫克拉拉·基尔希霍夫，于1865年2月26日出生在库尔姆区的涅姆契克。我的祖父和外祖父都是当地的乡绅。在我所能了解到的范围内，我家祖上都是瓦尔特区或普鲁士东、西部的地主或律师。也就是说，在我的近亲属当中，父亲是唯一有过现役军官经历的人。

1890年10月2日，我弟弟弗里茨出生了。

1891年，我父亲跟随部队去了阿尔萨斯的科尔马。从6岁开始，我就一直在那里上学，直到1900年他跟随部队转移到洛林的圣阿沃尔德。但圣阿沃尔德是个小地方，当地没有中学，父母只好把我们兄弟俩送去寄宿学校。由于我父亲能够创造的条件有限，加上我们兄弟俩的个人意愿，他就让我和弟弟去上军校。1901年4月1日，我和弟弟进入巴登州的卡尔斯鲁厄军官学校就读。1903年4月1日，我转学去了离柏林不远的大利希特菲尔德军官学校。两年后，我弟弟也去了那个学校。1907年2月，我完成了毕业考试。之后的岁月里，每当我想起学校里的辅导员和老师，内心总是充满感激和敬重之情。我们在军校里接受的固然是严格、简练的军事教育，但教职工的教育方式是和善而公正的。我们的文化课程与当时被称为"实科中学"的普通学校相差无几，内容以现代语言、数学和历史为主。这样的教育让学员们在以后的生活里受益匪浅，他们的知识水平也丝毫不亚于同级别的普通学校。

1907年2月，作为军校毕业的候补军官，我被派往驻扎在洛林地区比切这个地方的汉诺威第十轻步兵营。在1908年12月之前，这个营的营长一直是我父亲。这对我来说是个好消息，因为在离家上军校6年之后，我终于又可以和父母住在一起了。1907年4月至12月期间，我在梅斯的战争学院学习。1908年1月27日，我被授予少尉军衔，衔级时间从1906年6月22日算起。从那个时候一直到第一次世界大战爆发，我都过着年轻军官的快乐生活。1909年10月1日，我们的轻步兵营回到自己的家乡汉诺威省，在哈尔茨山区的高斯拉尔担负守备任务。我就是在那里和我后来亲爱的妻子玛格丽特·戈尔妮订婚的。1913年10月1日，我们俩步入婚姻的殿堂。在此后的岁月里，她始终是我忠实的伴侣，和我一起经历漫长、坎坷的军旅生涯的酸甜苦辣。

　　1914年8月2日，我们甜蜜的新婚生活被突然爆发的战争骤然打断。在那之后的4年里，我能陪伴妻子、享受小家庭幸福的机会少之又少。1914年8月23日，上帝赐予我们一个儿子，海因茨·君特。1918年9月17日，我们的第二个儿子库尔特出生。

　　战争爆发前一年的5月，我父亲因罹患疾病退出现役并接受手术。战争开始不久，我敬爱的父亲永远离开了我们。父亲一直是我作为军人和为人处世的榜样，他的离去让我失去了一个重要的楷模。16年后的1931年3月，我慈爱的母亲也离开了人世。

　　1918年各方签订停火协议的时候我在边防部队服役，先是在西里西亚，然后是在巴尔干国家。本书最后有一个列表，里面详细记录了我在军队担任的各个职务以及与我个人生活相关的一些事件。从那个列表中读者可以看出，在1922年之前，我的军旅生涯在团级单位和参谋职务之间交替。我接受的是步兵训练，但曾经被委派到科布伦茨第三电报营，而且在第一次世界大战初期从事过无线电方面的工作，这使我掌握了一些信号方面的知识。后来当我参与组建新的军种时，这方面的知识便派上了用场。

第2章　德国装甲部队的创建

两次世界大战期间，我主要从事与德国装甲部队创建相关的工作。虽然我是轻步兵军官出身，没有接受过技术方面的训练，但我注定要投入到摩托化部队事业当中去。

1919年秋我从巴尔干地区回国后，曾经在驻扎在汉诺威的国防军第十旅短期服役。1920年1月，我回到高斯拉尔的轻步兵营，受命担任其中一个连的连长。在那之前，我做的是总参谋部的工作。回到步兵营的时候，我没想过将来有一天还会回到总参谋部，因为我离开巴尔干的事情闹得有些不愉快，而且10万人的部队规模太小，短期内取得进展的可能性微乎其微。所以1921年秋当我非常敬重的团长冯·阿姆斯贝格上校问我愿不愿意回总参谋部的时候，我完全没有思想准备。我跟他说我愿意回去，但此后的很长一段时间，我没有收到关于这件事的任何消息。直到1922年1月的一天，国防部陆军总参谋部的约阿西姆·冯·斯图普纳格尔中校从柏林打电话问我为什么还没去慕尼黑报到。我从他那里得知，我被调动到摩托化运输部的运输部队督察组，因为督察组组长冯·奇什维茨将军要求派一名总参谋部的军官到他的督察组协助工作。我的调动任命4月1日生效，但为了让我在从事参谋工作之前积累一些团级运输部队的实践知识，我被委派到驻扎在慕尼黑的（巴伐利亚）第七摩托化运输营。按照上级指令，我必须立即去慕尼黑报到。

怀着对新工作的期待，我到慕尼黑向营长卢茨少校报到。之后的几年时间，我和卢茨少校密切合作。他对我很好，给予我很大的帮助，我非常敬重他。报到之后，我被分配到驻扎在慕尼黑的一连。当时一连的连长叫魏默，以前在空军服役，后来回空军继续当飞行员。卢茨少校在我报到的时候说，我最终是要去国防部从事组建和部署摩托化运输部队方面的工作的，我在慕尼黑服役主要是为了给这份工作做准备。在慕尼黑，卢茨少校和魏默上尉竭尽所能教授我有关他们这支部队的知识，我从他们那里学到了很多东西。

1922年4月1日，我在柏林向冯·奇什维茨将军报到，非常期待他能就我在总参谋部的新工作给我一些指示。他告诉我说，他原本想让我从事摩托化运输部队部署方面的工作，但参谋长佩特少校下达的命令是：我的工作内容包括摩托化运输车间、油库、建筑施工以及技术官员相关事宜，后期还会参与道路及其他交通设施方面的工作。这个命令大大出乎我的意料。我告诉奇什维茨将军，我对这些技术为主的工作没有任何准备，而且我自认为没有掌握足够的相关知识。奇什维茨将军说，他原本想根据卢茨少校的建议给我安排工作，但佩特少校对此不予认可。佩特少校认为，根据1873年皇家普鲁士作战部制定后经多次修订的规程，参谋军官的任命属于参谋长而不是督察组长的职权范围。督察组长遗憾地说，他无力改变参谋长的指示，不过他会想办法让我参与他计划中的研究项目。我提出要求说想调回之前我在的轻步兵连，但没有得到批准。

于是乎，我就摸着石头过河开始了自己的技术生涯。走进办公室我才发现，除了文件格里的几份文件以外，我的前任没有留下任何有价值的东西，唯一能给我提供帮助的是国防部的一些元老。他们熟悉文件，对业务驾轻就熟，总是向我伸出援助之手。毋庸置疑，我这份工作的知识性很强，我从中学到的东西后来对我大有用处。不过最大的好处还是我可以参与奇什维茨将军负责的有关机动车辆运送兵力的研究项目。这个项目正式启动前，国防部曾经在哈尔茨山区组织过一次小规模的演练。正是源于这项研究，我第一次意识到部署摩托化部队的可能性，而且我必须就此形成自己的观点。奇什维茨将军是一个要求严苛的上司，他非常强调工作的精准性，哪怕是一点小小的错误都逃不过他的眼睛。在他手下工作是一种很好的历练。

第一次世界大战有很多使用机动车辆运送兵力的案例，不过这类兵力转移都出现在几乎固定不变的前线后方，从未在运动战中直接针对敌人使用。但如今的德国是不设防的，即便爆发新的战争，战争的形式也不大可能是前线固定的阵地战。因此一旦爆发战争，我们必须倚仗机动防御。而要在运动战中进行摩托化部队的转移，如何对转移提供保护就成了问题。据我所知，最有效的保护方式是使用装甲车，于是我就去查找这方面的先例。在查找过程中我认识了福尔克海姆中尉，当时他正在收集整理有关德国装甲车的资料。作为我们这支小规模陆军的一个研究对象，这方面的资料主要涉及的是战争期间德国如何在装甲车使用资源十分有限的情况下应对大规模敌军坦克部队。福尔克海姆中尉给我提供了一些素材，信息量不大但至少可以发挥敲门砖的作用。英国人和法国人在这个领域的经验要丰富得多，他们在这方面的著述也比德国多得多。我想办法拿到英国和法国的这类书籍，然后开始学习。

翻阅过程中，引起我兴趣并给我启发的主要是英国人福勒、利德尔·哈特和马特尔的书籍和文章。这几个军人的目光很长远，他们在那个时候就已经想到，随着我们这个时代机械化程度越来越高，坦克不会仅仅作为步兵的辅助武器使用，他们因此成为新型大规模战争的先驱。

我从他们那里学到了康布雷战役中采用的集中使用装甲力量的战术。在他的著作中，利德尔·哈特还强调了装甲部队在远程打击和破坏敌军通信系统中的作用，他提出建立由装甲部队和装甲—步兵部队共同组成的一种混合师。这些想法给了我很大的启发，我想把它们演变成适用于我们自己陆军的理论。我提出的关于进一步发展的很多建议都要归功于哈特上尉。

在盲人的国度里，有一只眼睛就有资格称王。因为其他人都没有把心思花在这个领域，我很快就成了这方面的专家。我投给《军事周刊》的几篇小文章也扩大了我的名气，这本杂志的主编冯·阿尔特罗克将军经常来找我，鼓励我多写这方面的文章。他是一名一流的军人，很希望他的刊物刊登关于当代题材的文章。

我做的这些事还让我认识了《坦克手册》的作者、奥地利人弗里茨·海格尔。我向他提供了一些战术方面的资料，也认识到他是一位正直的德国绅士。

1923年末至1924年初的那个冬天，为了检验摩托化部队与飞机合作的可能性，后来出任陆军总司令的冯·布劳希奇中校组织了一系列演练。演习引起了陆军作训部的关注，我也因此被推荐担任战术和军事史教员。通过测试之后，我开始接受所谓的"教员任前锻炼"：1924年秋天，我被派往驻扎在什切青的第二师参谋部工作。当时这个师的师长正是冯·奇什维茨将军，他也因此第二次成为我的指挥官。

不过在我去第二师报到之前，我在继奇什维茨将军担任督察组长的冯·纳茨默上校手下负责一系列实战和理论演习。这些演习的目的是为了检验在战场上投入使用坦克的可能性，尤其是在与骑兵联合执行侦察任务方面。我们用于演习的只有一种叫作"装甲运兵车"的笨重车辆，这是《凡尔赛和约》允许我们保有的一种军用车。虽然这种车是四轮驱动，但由于车体自重大，行驶起来难免缓慢。但我对演习结果是满意的，还在演习结束发言时表示，希望通过我们的努力能把摩托化部队从补给部队转变为作战部队。但我的督察员持相反的观点，他语气粗暴地跟我说："去他妈的作战部队！装甲车就是用来拉面粉的。"然后就没有然后了。

之后我就出发去什切青，给未来从事参谋工作的军官讲授战术和军事史课程。这个新的岗位工作量非常大。我的听众也很挑剔，我给他们布置的作业必须经过认真思考，给出的答案必须仔细斟酌，讲课内容必须清晰、全面。

在军事史方面，我主要讲的是拿破仑在1806年的那场战役。至少在德国，这场战役从未得到应有的关注，这无疑跟德国在其中遭遇惨败有关。但事实上，就如何在运动战中指挥部队而言，这场战役具有很强的教育意义。另外我还讲过1914年秋天德国和法国陆军骑兵部队的历史。对1914年骑兵战术的这次研究对我后来的工作帮助很大，以此为基础，我形成了自己以部队转移的战术和战略应用为主题的一系列理论。

我有很多机会在战术演练和军事演习中提出自己的看法，这引起了我的直接领导赫林少校的关注，他在向上级汇报我的工作情况时提到了我的这些兴趣。得益于此，我在担任教员三年之后被调回作战部，进入当时隶属陆军参谋总部的运输处，先后接受哈尔姆上校、瓦格尔中校和屈内中校的领导。我从事的是使用卡车运送兵力方面的工作，这是一个新设立的岗位。在那个时候，卡车是我们仅有的运兵工具。随着研究的深入，我很快认识到使用这种方式运送兵力面对的诸多困难。尽管法国人在这个领域取得过巨大成功，尤其是以凡尔登战役为代表的第一次世界大战期间，但他们是在相对固定的前线后方进行部队转移的：在这种情况下，一个师不需要使所有的马车和机动运输车辆立即就位，火炮运输就更不用说了。但在运动战中，师级部队包括炮兵马匹在内的所有装备都必须装载到卡车上，此时需要的卡车数量就非常大。关于这个问题有过很多激烈的争论，比起相信能够找到解决办法的人，持怀疑态度的人数更多。

1928年秋天，摩托化运输教学参谋部的施托特迈斯特上校请我去给他的人讲授坦克战术。这件事得到我上司的批准，于是我又开始和坦克打交道，尽管仍然停留在理论层面。就实践经验而言，我对坦克可以说一无所知，甚至到那个时候我都没有见过坦克内部是什么样子，可现在我居然要给别人讲坦克战术！这就要求我在备课的时候要慎之又慎，要仔细研究手头可用的资料。有关上一次战争的著述不胜枚举，而且从外国军队的工作手册[1]可以看出，他们在上一次战争之后有了明显的发展。正因为如此，这时的坦克理论研究比起我第一次进入作战部工作的时候要容易一些。为了获得实践经验，我们刚开始只能用坦克模型做演练：起初用的是人力推动的帆布模型，后来终于换成用金属板制作的机动模型。这方面要感谢布什中校和利泽中校以及他们先后指挥过的驻扎在施潘道的步兵第九团三营，他们在我们使用模型组织战术演练期间主动

---

[1] 当时英国的装甲作战车辆手册已经翻译成德语，并在之后的很多年里成为我们从事研究的理论指南。

提供帮助。也正是在组织这些战术演练期间，我认识了后来与之密切合作的温克，当时他是步兵九团三营的副官。在各方的帮助和配合下，我们开始系统性地开展工作，着手研究组建坦克班、坦克连和坦克营等建制单位的可行性。

虽然我们组织实战演习的机会有限，但为数不多的几次演习足以让我们对坦克在现代战争中的应用有了日渐清晰的认识。当我得到机会去瑞典进行为期四周的体验时，我的内心喜不自胜。在瑞典，我亲眼见证了德国最新式坦克LK Ⅱ参加演习的情况，甚至还亲自驾驶这种坦克体验了一番。（德式LK Ⅱ坦克是在第一次世界大战末期生产的，但在战争期间没有在前线使用。坦克的零部件被卖给了瑞典，后者借此在1918年组建了自己第一支坦克部队。）

我和妻子从丹麦去往瑞典，在哥本哈根周边度过了愉快的几天。我们被托瓦尔森雕像的美深深震撼。站在埃尔西诺的阳台上，我们情不自禁地想到了《哈姆雷特》：赫瑞修，天地之大超乎你的想象。

不过当我们站在阳台，阳光照耀着海峡使古老的铜制火炮发出绿光，《哈姆雷特》中描述的鬼魂并没有出现。

我们从穆塔拉坐船，途经戈塔运河和瑞典的几个湖泊。有一天晚上，我们下船去参观位于弗雷塔契尔卡的古老、壮观的修道院。第二天，斯德哥尔摩漂亮的建筑就映入我们的眼帘，"北方威尼斯"美不胜收。

按照工作安排，我被派到戈塔卫队二营。这是一个坦克营，营长是布伦上校，他非常热情地欢迎我的到来。我所在的连队由克林斯波尔上尉指挥，我和他很快就建立了深厚的友情，这种友情一直持续到他离开人世。我在那里认识的瑞典军官都以真诚友善的态度对待远道而来的德国客人。在他们看来，他们的热情好客是理所应当的。外出演练的时候，他们都会非常热情地邀请我们跟他们同住。

此次瑞典之行对我来说是一件幸事，我在那里度过的快乐且颇受教益的时光总是让我充满喜悦和感激之情。

到1929年我开始坚信，坦克独立作战或者与步兵联合作战是绝不可能发挥决定性作用的。我对历史的研究、在英国组织的演习和我们自己利用模型进行演练积累的经验表明，除非那些必须对坦克形成支援的武器在速度和野战性能上提升水平，否则坦克就无法发挥最大的效用。在这种多武器组合里，坦克必须扮演主角，其他武器要服从装甲武器的需求。把坦克融入步兵师的做法是错误的，我们需要的是组建真正的装甲师，再把所有的辅助武器囊括进来以便让坦克发挥最大的战斗力。

在1929年夏季组织的武器实战演练中，我对这种尚在构想阶段的装甲师的部署进行过一次尝试。那次演练取得了成功，我深信自己走对了方向。但时任运输部队督察长官的奥托·冯·斯图普纳格尔将军禁止开展团级以上坦克建制部队的理论研究。在他看来，组建装甲师无异于痴人说梦。

1929年秋天，摩托化部队督察组参谋长、我在慕尼黑认识的老朋友卢茨上校问我是否愿意指挥一个摩托化步兵营，我说愿意。1931年2月1日，我正式担任驻地在柏林—兰克维茨的（普鲁士）第三摩托化步兵营。该营下辖四个连：一连和四连与营部一起驻扎在柏林—兰克维茨，二连在多贝里茨—埃尔斯格伦军事训练区，三连在尼斯河畔。其中四连是由第三骑兵运输营的一个中队改编而成的。我刚一走马上任，卢茨上校就帮我重新装备部队：一连新增装甲侦察车，四连装备摩托车，这两个连组成装甲侦察营的核心；二连配备坦克模型车；三连配备模型武器（木质火炮）重组为反坦克连。一连虽然有《凡尔赛和约》允许我们保有的一定数量的老式装甲运兵车，但为了减少耗损，我们在组织演练的时候仍然使用模型车。只有摩托化步兵连的装备是齐全的，其中包括机枪。

就是用这样一支东拼西凑的部队，我开始集中精力组织实战演练。我是怀着喜悦的心情开始新的工作的，因为在几番周折之后，我终于有了自主权，尽管我指挥的部队规模很小。周围的官兵也满怀激情地投入新的任务，对他们来说，在一支10万人的军队里长期担负补给任务是很乏味的，能够转换角色无疑是个好消息。但上级领导的态度就不那么乐观了，运输部队督察长官就对这支新的部队几乎没有任何信心，他明令禁止我们与当地其他各营开展联合演习。当我们所在的第三师组织对抗演习的时候，我们最多只能以排级单位参加。唯独有一次例外是第三师师长约阿西姆·冯·斯图普纳格尔将军允许的，几年前电话告知我在慕尼黑任命的人正是他。这位杰出的将官对我们从事的工作很感兴趣，在一些安排部署上有意识地倾向我们，给我们提供了巨大的帮助。不过他为人很公正，演习结束该批评的地方他还是会批评我们。不幸的是，由于他与作战部之间存在分歧，约阿西姆·冯·斯图普纳格尔在1931年春决定从陆军退役。

同年春天，督察长官奥托·冯·斯图普纳格尔将军也离开了我们。临别时他对我说："你太冲动了。相信我，我们两个人在有生之年都不会见到德国坦克投入战斗。"他是一个聪明的人，但生性多疑是他的缺点，这使他在做事的时候往往无法全力以赴。他能发现问题，但无法找到解决问题的出发点。

奥托·冯·斯图普纳格尔将军的继任者是他的前任参谋长卢茨将军。后者也是个聪明人，拥有丰富的技术知识和出色的组织能力。他认可我为之努力的新战术理念的优势，对我给予全力支持，还任命我为他的参谋长。1931年秋，我走上了新的工作岗位。随后的几年，我的工作很艰苦，压力很大，但收获也很大。正是在那个时候，我们的装甲部队诞生了。

我们深信，德国装甲部队未来的发展方向必须是使其成为能够发挥决定性战斗力的一种武器。为此，我们必须组建专门的装甲师，继而组建装甲兵团。现在的问题是要说服其他兵种和陆军总司令认同我们的理念。这不是一件容易的事，因为那个时候大家都认为摩托化部队只有补给功能，不可能在战术和战略层面发展出新的成果。以步兵和骑兵为代表的老资格兵种自认为地位最重要，步兵更是自诩为"战斗女王"。由于德国员额10万人的军队不允许装备坦克，军内无视我们给予高度评价的这种武器的存在。每当我们带着铁板模型车出现在对抗演习的场地上，第一次世界大战的老兵们就觉得很搞笑。看到造型粗糙的那些模型车，他们甚至有些同情我们，自然也不会把我们当回事。基于上述诸多因素，大多数人虽然愿意接受坦克作为步兵的辅助武器，但他们不认同将坦克作为新的主战武器这一理念。

我们最大的反对者是骑兵的督察组。我的长官询问骑兵方面，面对未来的发展，他们是否预想过会变成为其他部队提供支援的一种侦察部队，或者重组为可以独立作战的重骑兵。骑兵督察长官冯·希尔什贝格将军答复说，他们愿意向重骑兵的方向发展，把战地侦察的任务移交给摩托化部队。有鉴于此，我们决定开始训练我们的装甲侦察营。与此同时，我们继续努力争取创建能够投入使用坦克的装甲师。此外，我们希望在每一个步兵师都组建一个摩托化反坦克营，因为我们深信，要想有效对付坦克，反坦克武器在速度和机动性能上必须跟上坦克本身。

然而，希尔什贝格将军的继任者、来自步兵部队的克诺亨豪威尔将军不愿意接受他的前任做出的妥协，他把10万员额军队里的三个骑兵师组建为一个骑兵集团军，想把战地侦察的任务交还给骑兵，意图摘取我们新发明的胜利果实。假如这个想法付诸实施，我们新组建的部队将会被骑兵军官渗透。双方在这个问题上都据理力争，争论极为激烈。最终，新思想的创造者们战胜反对者赢得胜利；内燃机战胜了马匹；火炮战胜了长矛。

装备对部队的组建和部署同样重要。只有装备跟上，我们才能把理论转化为实践。为此，我们在技术层面做了大量的准备工作。从1926年开始，我们就在国外的一个测试站测试德国新式坦克。陆军军需办公室也授权多家企业进行两种中型坦克和三种轻型坦克的生产。每种类型的坦克都产出了两个样品，所以我们就有了10辆坦克。中型坦克装备75毫米火炮，轻型坦克装备37毫米火炮。这些样品的外壳没有使用装甲，而是软钢材质。所有类型样品的最高时速约12英里[1]。

负责生产工作的军官是皮尔纳上尉。在后期的生产中，他想尽办法赋予新的样品一系列现代功能，其中包括防毒气、发动机功率提升、炮塔和机枪的全角度射程、足够高的离地间隙和优越的操控性。在很大程度上，他的这些想法都实现了。但另一方面，这些坦克有一个明显的缺点：坦克指挥员必须坐在坦克车厢紧邻驾驶员的位置，他因此看不到后面的情况，两侧的视野也被履带部分遮挡。由于指挥员的位置离地面很近，他的视野就更加受限。在那个年代，无线设备还没有出现。因此，二十年代生产的坦克虽然比起第一次世界大战期间的坦克在技术上有了巨大的进步，但仍然无法满足我们设想的新式坦克部队的需求。正因为如此，仅仅批量生产当时那种试验性产品是不够的，研发新型坦克已经变得至关重要。

当时我们认为，要最终装备组建真正的坦克师，我们需要两种类型的坦克：一种是配备一门穿甲炮和两挺机枪（一挺装在炮塔，另一挺装在车体）的轻型坦克；另一种是配备一门大口径火炮和两挺机枪（装配位置同前）的中型坦克。轻型坦克将装备坦克营的三个轻型坦克连；中型坦克将装备中型坦克连，辅助其执行支援轻型坦克作战和打击轻型坦克射程范围以外目标的双重任务。在火炮口径的问题上，我们与军需办公室主任和炮兵督察长官之间存在分歧。后两位长官认为，轻型坦克配备37毫米火炮足矣。但我强烈要求轻型坦克配备50毫米火炮，因为据我们预计，外国坦克很快将使用更重的装甲，只有较大口径的坦克炮才能在对抗中占据上风。不过步兵当时已经装备37毫米反坦克炮，而且生产两种类型的轻型反坦克炮及其炮弹也会对生产造成不便，卢茨将军和我只好妥协。在中型坦克的火炮口径上，双方倒是取得了一致，即75毫米。中型坦克的总重量预计不超过24吨，因为德国路桥的承载能力是一个限制因素。速度要求设置在25英里/小时。每种坦克的乘员均为5人：炮手、装弹员和坦克指挥员坐在炮塔里（指挥员坐在炮手上方，配备具有全方位视野的特制小指挥塔），驾驶员和无线电报员坐在车体内。坦克乘员使用喉式麦克风接收

---

[1]　1英里约合1.61千米。——译者注

命令，行进中坦克与坦克之间将使用特定设备进行无线通信。将当时的坦克模型与此前的坦克作比较就能看出二者在构造上的不同要求，坦克为了在战术和战略领域扮演新角色需要做出的改变也就一目了然了。

　　在制定这些长远规划的时候我们心里很清楚，我们设想的新型坦克需要几年时间才能正式投入使用。在此期间，我们必须先要制造训练用的坦克。我们在英国购买的卡登–罗伊德底盘正好适合这个用途。这种底盘原本是用来运载20毫米高射炮的，即便上面安装炮塔，最多也只能承载机枪的重量。不过也正是由于这个因素，这种装备在1934年就可以投入使用。在我们真正的作战坦克出现之前，它可以作为训练坦克使用。我们把这种装备命名为Ⅰ号坦克并开始订货。1932年的人都没有想到，有一天我们居然要用这种小型训练坦克投入战斗。

　　主要类型的坦克在生产方面的困难迟迟没有得到解决，其间消耗的时间超出了我们的预期。针对这种情况，卢茨将军决定采取权宜之计，使用第二种替代品：这就是Ⅱ号坦克，配备一门20毫米火炮和一挺机枪，由MAN公司生产。

　　1932年夏，卢茨将军在格拉芬沃尔和于特博格训练区首次组织由步兵加强团和坦克营联合参与的军事演习。当然了，坦克营使用的是模型车。那一年的演练是自《凡尔赛和约》签订以来德国装甲侦察车辆第一次现身，这种侦察车是在六轮货车底盘上安装钢装甲板制成的。以前习惯用铅笔捅破模型车帆布一窥究竟的学生们这次彻底失望了，之前总是用棍棒和石头对付"坦克"的步兵们也是如此。如今，步兵被他们曾经鄙视的装甲车排挤。面对装甲战斗车辆，即便是刺刀也无计可施。

　　这些演习检验了装甲部队和摩托化部队投入军事行动的可能性。骑兵方面对此颇有微词，但我们的成功有目共睹，他们的偏见显得苍白无力。很多眼界开阔的年轻骑兵军官开始对新的发展趋势表现出浓厚的兴趣，他们当中的一些人站在了我们这一边——他们意识到，在当今时代，骑兵唯有装备新的武器和采取新的作战方式，昔日经过检验的骑兵战术指导原则才会继续生效。

　　1932年的演习是年迈的陆军元帅兴登堡观摩的最后一次演习，他在演习结束时的批评性讨论会上发表了简短的讲话。他明确指出了此前犯下的错误，这让我很是吃惊。这位老绅士在提到骑兵集团军的领导方式时说："在战争中，只有简单的东西才能取得成功。我去过骑兵集团军，那里的东西并不简单。"他的说法非常正确。

1933年，希特勒出任德国总理，帝国的外部和内部政治环境都发生了翻天覆地的变化。我是在2月初柏林汽车展开幕式上第一次见到希特勒并听他讲话的。总理亲自为展会开幕并不常见，他讲的话也和通常的部长、总理讲话形成鲜明对比。他宣布取消汽车税、新修国家公路和批量生产价格便宜的"人民的汽车"——大众汽车。

冯·布隆伯格将军被任命为作战部长，冯·赖谢瑙将军出任部长办公室主任。这两个任命很快就对我的工作产生了影响。这两位将军都喜欢现代思想，所以至少在武装部队高层，装甲部队的理念得到明显的支持。而且很快我们就发现，希特勒本人对有关摩托化和装甲方面的问题也很感兴趣。这方面的第一个证明出现在库莫斯多夫：陆军军需办公室在那里组织召开了一次展示近期武器发展的会议，我有半小时时间向总理介绍摩托化部队的情况。借助这个机会，我得以展示一个摩托车排、一个反坦克排、一个实验型 I 号坦克排、一个轻型装甲侦察车排和一个重型装甲侦察车排。这些部队的机动速度和精确度引起希特勒的很大兴趣，他不停地说："这正是我需要的！这就是我想要的！"这次展示让我确信，只要我有机会向这位政府首脑阐明我的观点，他就会同意我提出的组建一支现代化军队的提议。但部队严格的规程和上级领导——处在布隆伯格和我之间的那些总参谋部军官——的反对是这个计划的最大障碍。

德国政界巧合并且有意思的一个事实是，自从对军事装备发展有足够兴趣的俾斯麦首相在1890年造访库莫斯多夫以来，希特勒是第一位涉足这个地方的政府总理。当陆军军需办公室主任贝克将军请希特勒签名的时候，军需办公室的访客登记本就证明了这一点。这无疑表明，德国的政策并没有走"军国主义"路线。

1933年3月21日，在波茨坦的加里森教堂，德国国会以一次礼拜开启了帷幕。

紧接着的1933年3月23日，"国家阵线"和中央党批准通过了臭名昭著的《授权法案》，赋予新任总理全面的独裁权。勇气可嘉的社会民主党投了反对票。当时的政界几乎没有人意识到，这个法案会给这个国家带来多大的不幸。对后来所发生的一切，当年为《授权法案》投赞成票的政界人士难辞其咎。

1933年夏，国家社会主义党（即纳粹党——译者注）摩托兵团司令阿道夫·胡因莱恩请我参加兵团领导层的一个欢庆会。据说希特勒也会参加这个会议。希特勒在他的忠实追随者中间会是什么样子呢？我对此有些好奇。胡因莱恩是一个公道正派、很好相处的人，所以我接受了邀请。希特勒就革命历史发表了演讲，展示了丰富的历史知识。他在长达数小时的讲话中表明，任何一次革命在一定的时间以及达成目标之后，都会变成一个革新的过程。从历史角度上说，国家社会主义革命现在已经到了这样一个临界点。他敦促自己的追随者，在面向未来的时候要记住这一点。在当时，谁也没有把握说他的这些指示会实现。

慢慢地，装甲部队逐渐孕育诞生了，1933年更是有了实质性进展。我们使用模型坦克进行的一系列实验和演练在很大程度上明确了不同类型武器之间的关系，也进一步坚定了我的这一信念：只有当坦克处于现代化军队的框架之内并在其中充当主要武器且得到完全机械化的辅助武器的支持，坦克才能充分发挥它们的威力。

如果说战术发展不能令人满意的话，那么装备方面的情况就更加堪忧。根据《凡尔赛和约》有关解除武装的规定，德国工业在很长一段时间内都不能生产军事物资。其结果是，我们不仅缺乏军工技术人才，也缺乏将理想变为现实所需要的机械。装甲板的生产问题尤其严重，第一批样品像玻璃一样容易破碎。同样，我们在无线通信和光学仪器方面的需求也过了很长时间才得到满足。其实那时候的光学技术已经很发达了。我始终坚持要在坦克上配备最先进的光学仪器和指挥设备，对于这一点我从未后悔过。就拿指挥设备来说吧，我们在这方面始终领先于对手，这弥补了我们在其他方面的劣势。

1933年秋，男爵冯·弗里奇将军出任德国陆军总司令，他是一位深得下级军官信任的指挥官。他风度翩翩、机智谨慎，具有出色的战术和战略眼光。虽然没有丰富的技术知识，但他总是愿意不带偏见地去尝试新的思想，而且只要认为可行，他就愿意采纳它们。因此，在有关装甲部队发展方面，我和他对接工作比和陆军高层其他领导要容易。在担任10万人部队陆军参谋总部一处处长期间，弗里奇就已经对机械化和装甲方面的问题感兴趣，有一段时间他还专门脱产研究装甲师的课题。如今担任新的领导职务，他仍然对我们所做的工作表现出一如既往的兴趣。有一个小插曲就充分说明他过去的做事风格。我向他提出一个坦克发展方面的问题，他好像有些怀疑，就对我说："你应该知道，技术人员喜欢撒谎。"我回答说："我承认他们的确会说谎，但他们的谎言通常是在几年之后当他们的技术思想不能付诸实践时被揭露。战术人员也会说谎，问题是他们的谎言要到毫无挽回余地地输掉下一场战争的时候才会得到揭示。"他习惯性地用手指转动眼镜，然后说："或许你说得对。"弗里奇彬彬有礼、机智过人，虽然在大型集会上非常内敛甚至略显羞涩，但在信任的朋友圈里言谈直率、平易近人。

新任总参谋部部长贝克将军就不那么好对付了。他是莫尔特克的追随者，是一个墨守成规、思维缜密的守旧派，对现代技术问题一无所知，性格沉稳甚至可以说过于沉稳。为第三帝国的新军成立总参谋部就是他的主意，他知道莫尔特克会批准这个提议。在任命总参谋部的重要职务时，他不可避免地选择与自己态度类似的人，在形成自己的小圈子时就更是如此。久而久之，他在不知不觉中就在军队内部核心树立起一道难以逾越的高墙。贝克不同意装甲部队的计划，他认为，坦克最主要的用途就是充当步兵的辅助武器。在部队建制上，他最多只会批准组建坦克旅而不是坦克师。

经过旷日持久的讨论，贝克将军总算同意组建装甲师并制定装甲部队的训练条令。最后他甚至同意组建两个装甲师，不过那时候我又坚持说要组建三个师。我绞尽脑汁向他描述组建装甲部队的好处，尤其是在战略方面的重大意义。但他说："不行，不行。我不想跟你们这些人有什么瓜葛。你们的速度太快了。"我坚持说，无线技术已经有了很大的发展，部队在高速推进过程中仍然可以实现指挥，但他不相信我。我们的训练条令一再强调，所有部队指挥官的位置要尽可能靠前，但贝克将军很不以为然。"没有地图和电话你怎么指挥？你没有读过《施里芬计划》吗？"对他而言，一个师长在不直接遭遇敌人的情况下位置尽量靠前是不可接受的想法。

撇开有关装甲部队的争论不说，贝克在军界和政界都是典型的拖延症患者。无论身处什么地方他都是一个阻滞因素，总是预想各种各样的困难，还需要时间把问题考虑清楚。他极力吹捧的所谓"拖延式防御"的作战方式就能充分说明他的思维方式。早在第一次世界大战之前，我们就在训练条令里看到过"拖延式战斗"的说法：在10万人的军队里，这种拖延式防御俨然成为基本原则。贝克的"拖延式防御"是基于步枪部队设想和实践的。这种作战方式极度混乱，我从未见过效果理想的案例。在组建装甲师之后，弗里奇全面废止了这种思想。

1934年春，摩托化部队指挥所正式成立，卢茨将军被任命为负责人，我出任参谋长。此外，卢茨继续担任摩托化部队督察长官和国防部陆军总部办公厅第六武器办公室主任。

同期，希特勒去威尼斯与墨索里尼进行第一次会面，但结果似乎不太令人满意。回国后，希特勒在柏林召集部队将官、政党领袖和冲锋队负责人开会。冲锋队高层对他的言辞反应极为冷淡，我离开会议室的时候听到诸如"阿道夫的很多东西都过时了"之类的说法。政党内部存在如此巨大的分歧，这是我始料未及的。不过到了6月30日，这个问题就不复存在。当天，冲锋队参谋长罗姆和多名领导人被立即处决，同时被处决的还有很多跟冲锋队没有关联但曾经以某种方式反对过纳粹的男人和女人——正如现在我们所知，这也是他们犯下的唯一一个罪行。被处决的人当中就有前任国防部长和总理冯·施莱歇将军夫妇及其朋友和同事冯·布雷道将军。有人想要为两位将军公开辩护但没能如愿，只有老元帅冯·马肯森在1935年的施里芬宴会（总参谋部现役和退役军官一年一度的聚会）上明确指出，这两位将军的名誉是清白的。对于这类事件，希特勒向国会做出的声明缺乏说服力。那个时候很多人心存幻想，希望纳粹很快克服发展初期的种种困难。如今回想起来，军队高层没能坚持讨回公道是一件憾事。倘若当初能够伸张正义，他们将会为自己，也为德国军队和德国人民做一件大好事。

1934年8月2日，德国遭受巨大损失：陆军元帅兴登堡辞世，离开了身处结果无法预料的国内革命水深火热之中的德国人民。我在那天给妻子的信件中写道：

"老绅士走了，他的离去是无法弥补的损失，我们都很悲痛。对这个国家来说，他就像是 位父亲，对军队就更是如此。我们要经历一段漫长的艰苦岁月，他给这个国家遗留的空缺才能得到填补。对于其他国家而言，他的存在本身比任何数量的协议和辞藻都更有意义。他拥有全世界的新任。由于他的离去，曾经深爱和敬重他的我们失去了很多、很多。"

"明天我们就要向希特勒宣誓了。这样的宣誓意义重大！为了德国的安宁与幸福，但愿双方都能遵守誓言。军队一向都信守誓言，但愿这一次也不例外。"

"你说得对，各级各类组织都应该借此机会无限期推迟所有的仪式和庆祝活动，并且停止发表演说……我们现在需要的是诚实、努力的工作和谦逊的言谈。"

写于1934年8月2日的这些话不仅说出了我的心声，也说出了当时我的很多战友以及德国很多民众的心声。

1934年8月7日，一队德国士兵把永垂不朽的这位陆军元帅和总统的遗体安放在坦能堡纪念馆。希特勒最后的致辞震耳欲聋："死去的斗士，到瓦尔哈拉殿堂[1]安息吧！"

早在8月1日，希特勒和他的内阁就根据《授权法案》宣布，一旦兴登堡离世，总统和总理将合二为一。也就是说，到了8月2日，希特勒就同时成为政府首脑和武装部队最高统帅。由于同时保留了总理职位，此时他已经把德国所有权力集于一身，由此开启了不折不扣的独裁统治。

在一个冬天的艰苦努力之后，我们在1935年3月得知，德国恢复了国家军事自主权。这意味着《凡尔赛和约》中那些羞辱性条款被废止了，每一名德国士兵都为之欣喜。英雄纪念日那天，来自各军兵种的部队接受了陆军元帅冯·马肯森的检阅，其中就包括首次亮相的几个新式坦克营。阅兵的时候这些坦克营大多没有携带装备，因为那次阅兵是一次队列检阅。在为阅兵做准备的过程中，装甲部队的参与最初受到很大质疑，因为据负责此事的参谋军官所说，"他们的卡宾枪太短，没办法好好展示武器"。但在面对这个"严重"问题的情况下，我还是安排很多我们的人参加了阅兵式。

同年3月16日，英国驻德国武官邀请我晚上去他家里。我动身之前从收音机里听到政府宣布恢复执行普遍兵役制，我与英国朋友及其瑞典同行当晚的交谈就此多了一个热议的话题。这个好消息让我为德国陆军感到高兴，这两位绅士对此表示理解。

恢复普遍兵役制之后，德国开始加速重整军备，我们的理论目标是赶上全副武装的邻国。从实际情况看，德国根本无法在军事装备的质量和数量上接近邻国的水平——至少装甲部队是如此。为了弥补装备上的差距，我们必须要在加强组织领导上下功夫。通过把当前有限的力量高度集中，组建大规模装甲部队（具体来说是装甲师），进而把这些部队组建为装甲兵团，我们希望能够弥补数量上的劣势。

我们首先要做的是要说服军队高层，我们的做法不仅可行而且是正确的。为了达到这个目的，成立于1934年、由卢茨将军领导的摩托化部队指挥所计划将现有部队组建为一个装甲师并在1935年夏季开展为期四周的训练。这个训练师将由男爵冯·魏希斯将军指挥。部队将在蒙斯特—拉格军事训练区集结，接受四个不同战术角色的系统训练。这一次我们的目的不是要指导下级部队指挥官评估解决他们各自的战术问题，而是仅仅展示大批坦克及其辅助武器是可以在战斗中实现机动并投入使用的。冯·布隆伯格将军和男爵冯·弗甲

---

[1] 瓦尔哈拉殿堂：北欧神话主神兼死亡之神奥丁接待英灵的殿堂。——译者注

奇将军饶有兴致地观摩了这次演练。卢茨将军本来还邀请了希特勒本人，但后者因军事副官消极阻挠没有到场。

实验性演习和相关展示的效果非常好。当标志着演练结束的黄色气球飘向天空时，冯·弗里奇上将打趣地说："这次演习只少了一样东西，气球上应该印上'古德里安的坦克是最好的'几个字。"此后，卢茨将军被任命为新成立的装甲部队指挥所司令。我们都希望这个指挥所和其他主要军兵种现有的指挥所一样拥有总指挥所的职权，但这个想法因总参谋长贝克将军的反对化为泡影。

1935年10月15日，三个装甲师正式成立：

第一装甲师驻地魏玛，师长男爵魏希斯将军；

第二装甲师驻地维尔茨堡，师长古德里安上校；

第三装甲师驻地柏林，师长费斯曼将军。

（1935年装甲师成立的情况详见附录ⅩⅩⅢ。）

10月初，我离开柏林去维尔茨堡赴任，从军队的组织中心来到了野战部队。装甲部队指挥所由卢茨将军领导，这一点让我很安心。但可想而知，总参谋部内部的反对声音会越来越大，接替我担任参谋长的人不一定能经受住这种压力[1]。同理，隶属陆军最高指挥所、与陆军总部办公厅一道维护我们权益的装甲部队督察组也不一定会按照我们最初的设想执行发展计划。我对这两个部门的担心都变成了现实：总参谋部部长最终胜出，陆军成立了为步兵提供近距离支援的装甲旅。1936年，担负此项任务的第四装甲旅就宣告成立。由于骑兵方面急于争取更多对装甲部队的控制权，陆军又组建了三个所谓的轻型装甲师而不是预想中的坦克师。这种轻型装甲师分别由两个摩托化步枪团、一个侦察团、一个炮团、一个坦克营和多个支援部队构成。

除了轻型装甲师以外，陆军还组建了四个摩托化步兵师。这几个师是完全摩托化的常规步兵师，需要补充大量摩托化部队。至此，由摩托化步兵师组成的第十四军和轻型装甲师构成的第十五军正式浮出水面，下辖三个装甲师的装甲部队指挥所也变成了第十六军。最后，这三个军都从属于总部位于莱比锡的第四集团军指挥所。该指挥所的总司令是冯·布劳希奇将军，他也因此成为所有训练和研发工作的负责人。

不同的兵种都有各自的代表颜色，主要体现在肩章等部位。此前所有装

---

[1] 卢茨将军的新任参谋长是保卢斯上校（后来晋升到陆军元帅）。他指挥了1942年进攻斯大林格勒的战役，被苏军俘虏。

甲部队的代表颜色是粉色，之后的装甲兵团和反坦克营就保留了粉色。不过装甲侦察营先是改成黄色，然后又改成棕色；隶属装甲师的步枪团和摩托化步兵部队选择了绿色；隶属轻型装甲师的骑兵步枪团使用骑兵特有的黄色；摩托化步兵团则继续使用步兵白。这些变化不可避免地导致与步兵和骑兵武器督察组之间的争执。

我们的摩托化部队和装甲部队被拆得四分五裂。这让我十分痛心，但我当时对此无能为力。直到后来，拆分的后果才得到部分弥补。

其他兵种犯下的组织错误进一步耗费了我们在摩托化领域的有限资源。例如，陆军总部办公厅主任弗罗姆将军命令将所有步兵团的十四（反坦克）连摩托化。我坚持说，这些连队最好继续使用战马，因为他们的兄弟部队是步兵。但他说："步兵也要装备几辆车的嘛。"我原本要求的是让重炮营而不是十四连摩托化，但这个要求被拒绝了。就这样，我们的重炮仍然使用马拉，这在战争中造成很不幸的后果，尤其是在苏联。

在坦克支援部队方面，履带车的发展速度始终落后于我们的预期。坦克的效用与步兵、炮兵和其他兵种在战场上跟随坦克一起推进的能力成正比，这一点是显而易见的。我们要给步兵、工兵和卫生员配备轻装甲半履带车，为炮兵和反坦克营装备装甲自行火炮，为侦察营和通信营配备各种类型的坦克，但这些要求从未得到完全满足。尽管生产能力大幅提升，但德国工业有限的生产设备始终无法满足国防军和党卫军摩托化方面的需求，甚至无法满足其行业本身的需求。不仅如此，统帅部置专家警告于不顾，从未对某些政治权势人物的贪欲加以限制。后面等我讲述1941年的军事动态时我还会谈到这个问题。

在此期间，我的精力主要投入到维尔茨堡的部队建设当中，对上面这些问题只能间接关注。在维尔茨堡，我领导的第二装甲师各支部队来自各种不同类型的军事背景，我要把他们组织起来加以训练。1935年那个冬天平安无事。我到维尔茨堡的时候，由布朗特指挥的原守备部队以及当地居民对我表示了欢迎。我想办法在博克街弄到一个小房子。当我站在窗前，美茵河畔的维尔茨堡一览无余，巴洛克时期的明珠圣母教堂也尽收眼底。

1936年春，希特勒重新占领莱茵地区的决定让我们大吃一惊。不过这次占领的目的只是想摆出一个军事姿态，所以没有使用坦克部队。我的第二装甲师进入警戒状态并转移到明辛根军事训练区，但坦克旅没有随队转移而是留在原先的驻地，以免事态出现不必要的升级。几个星期之后，我们都回到了和平时期的驻地。

当年的8月1日，我晋升为少将军衔。

在同年秋天的对抗演习中，唯一参演的装甲部队是来自施魏因富特的第四装甲兵团。这个团在演习中受步兵师节制，没能真正展示我们的作战能力。

前来观摩演习的嘉宾当中有刚刚从远东地区回国的冯·泽克特上将。我有幸向他介绍我们新式装甲部队的情况，此前他对这个领域很不了解。此外，我还向受邀的媒体代表介绍了这个新兵种的组织情况和作战方式。

我们在和平当中度过了1937年。这一年我们忙于一个训练项目，项目在格拉芬沃尔军事训练区的师级对抗演习中收官。1936年到1937年的冬天，我在卢茨将军的指导下撰写了以《注意，装甲车来了！》为名出版的一本书。书中讲述了装甲部队的发展，阐明了我们对德国装甲部队如何组建的基本思想。我们希望通过出书能引起更多的人对装甲部队的关注，毕竟通过正常的军内渠道吸引到的关注度是有限的。另外，我还花心思让专业的军事媒体阐明我们的观点，与反对者的鼓噪针锋相对。很快，表达我们观点的一篇文章出现在《全德军官联盟》（*National Union of German Officers*）期刊上，刊发日期是1937年10月15日。在这里我要引述一下这篇文章，因为文章对我们的工作以及当时出现的各种不同观点都给予了很好的描述。

炮火和行进中的坦克攻击

"说到坦克攻击，外行人往往会想到媒体报道康布雷战役和亚眠战役时提到的钢铁魔鬼：电线像稻草一样挤作一团；坦克碾过战壕，把机枪压成碎片；每当冒着浓烟的坦克出现在战场上，敌人总是不寒而栗；据说，这种'坦克恐慌'就是造成我们1918年8月8日溃败的原因。这种压路机式的战术是坦克能够发挥的作用之一，但不是最重要的作用。不过，上一次战争的情况给分析人士留下太过深刻的印象，以至于他们构想出了一幅有关坦克攻击的完全不现实的景象：只要统帅部一声令下，不论何时何地、战场地面状况如何，集结在一起的大批量坦克就可以稳步向前推进，把敌人碾压在履带下面，为炮兵和反坦克火力提供绝佳目标。坦克的火力被低估了：有人认为坦克既聋又哑，没有能力守住攻下的阵地。反坦克防御则被认为拥有各方面的优势：坦克很难发动出其不意的奇袭；反坦克炮和常规火炮总是能命中目标而不受自身伤亡、烟雾、树木或其他障碍物以及地形的影响；坦克要攻击哪里，哪里就能组织针对性的防御；守军利用功能强大的望远镜可以透过烟幕和夜色观察，戴着钢盔他们也可以听清楚每一句话。

"综上所述，坦克攻击是没有前景的。那么，坦克是应该被废弃吗？还是像一位评论者所说的，坦克时代已经成为过去时？如果真是这样，我们对旧兵种使用新战术的种种忧虑就可以一笔勾销，然后舒舒服服回到1914—1915年那种阵地战。不过，在迷茫的时候投身黑暗并不是一种明智的做法。应该说，在批评者们提出不同于自我屠杀的新的、更好的陆上进攻方法之前，我们应当继续相信，坦克在使用得当的情况下仍然是当今最好的路上进攻手段。为了更好地对坦克的前景作出判断，这里我们介绍现代坦克的一些特点。"

装甲

"所有用于正式用途的坦克至少要有能够抵御机枪穿甲弹的装甲。但要对付反坦克武器和敌军坦克，这样的保护是不够的。目前为止，世界大战所谓的战胜国订购的坦克都具有非常强大的装甲防护能力。比如说，要想穿透法国Char 2C重型坦克的外壳就需要口径至少为75毫米的火炮。如果一支军队能够在第一波攻击中使用可以抵御敌军防御性武器的攻击型坦克，这些坦克就已经克服其最大的阻碍，此时敌军的步兵和工兵就会走向毁灭，因为在遭受坦克攻击之后，防御武器被摧毁的步兵和工兵即使面对轻型坦克也无法招架。但是，假如防守方成功制造出能够穿透进攻方所有可用坦克的防御武器，并在正确的时间将这种武器部署在关键地点，进攻方的坦克就会为其成功付出巨大的代价。倘若防守方的防线足够集中、足够深入，进攻方的坦克还会遭遇彻底失败。投射物和护甲对主导权的争夺已经持续了数千年，争夺的结果可以用'风水轮流转'来形容。与要塞部队、海军以及新近出现的空军一样，装甲部队也要面对这个问题。这个矛盾的存在本身并不是贬低作为陆地武器的坦克的理由：如果对坦克不屑一顾，我们能为投入进攻的士兵提供的保护就只有世界大战时期那种羊毛制服，而这种保护即便是在当时也是远远不够的。"

机动

"有句话说了，'只有运动才能带来胜利'。我们同意这种说法，也希望用我们这个时代的技术手段去证明它的真实性。机动的目的是让部队接近敌人，为了达到这个目的，我们可以使用人力、马匹、铁路或者新近出现的汽车和飞机引擎。一旦逼近敌军，部队的机动性就会受制于敌方的炮火。为了缓解这种限制，进攻方要么摧毁敌军，要么使其失去战斗能力，要么将其驱离阵地。要达到这个效果，进攻方可以使用强大的火力使敌军的防线崩溃。固定位置火力的有效射程就是武器集群的观察范围，这也是步兵掩护火力能够发挥效用的范围。一旦火力到达这一范围的临界点，重武器和炮兵就必须改变位置，为步兵继续推进提供有效保护。这种类型的战斗需要大批量的武器和更大数量的弹药，这种类型的进攻则需要长时间的准备，战备活动很难隐蔽。出其不意是夺取胜利的重要因素，但在这种情况下很难做到。即使最初的攻势让敌人措手不及，进攻方在发动攻势的一刻就已暴露实力，防守方的预备队见状就会集结在攻击点抵御进攻。由于此时预备队也已经实现摩托化，建立新的防线比以前要容易。由此可见，如今基于炮兵和步兵合作时间表的攻势取得成功的可能性甚至比上一次战争时还要小。

　　"因此，进攻方获胜的关键就在于：提高机动速度；冒着敌人的炮火继续前进，从而增加对方建立新防线的难度；最后攻入敌军防线的纵深。坦克战的支持者认为，在有利的情况下坦克能够实现上述目标。怀疑者却指出，坦克不可能发动像1918年那样的奇袭，'坦克攻击取得成功的条件不可能得到满足'。问题是，坦克攻击真的不可能再出其不意了吗？那么，为什么不管采用新的还是老的方式，战争中的奇袭仍然层出不穷？1916年，冯·库尔将军曾经向统帅部提出，要想实现突破就必须高度重视发动进攻时的出其不意，而那个时候他是没有新战术或新武器的。正是由于出其不意，1918年的'三月攻势'虽然没有使用任何新式武器但取得了巨大的成功。如果在采用常规战术发动突袭的基础上使用新式武器，奇袭的效果就会大大增加。当然了，新式武器并不是达成奇袭效果的前提。我们认为，使用坦克进攻可以提高机动效率。或许更为重要的是，坦克可以在本方打开突破口之后继续推进。我们认为，如果当今坦克攻击取得成功需要依赖的特定条件——其中包括在合适的地形集结部队，敌军防线有缺口，敌方坦克力量处于劣势等——存在的话，那么攻击部队的推进是可以保持的。如果有人说，我们不能在任意条件下成功发动进攻，不能用只装配机枪的坦克攻陷堡垒，那我们只能说对不起并向他们指出，其他兵种的进攻火力在很多方面还不如我们。我们没有说自己是全能的。

　　"有一种说法认为，一种武器只有在刚出现且未遭遇有效的防御性反制措施时才能发挥最大功效。可怜的炮兵！他们已经有几百年的历史。可怜的空军！防空武器已经让他们渐渐过时。但我们认为，任何一种武器的威力都是相对而言的，要取决于针对其使用的反制武器的功效。若遭遇强敌——敌军坦克或者反坦克武器——坦克会被击败，其威力会减弱。但要是条件反转，坦克就会实现惊人的成功。每一种武器的使用效果不仅受制于敌方力量，而且受制于己方迅速、充分地利用最新技术发展使其发挥巅峰状态的意愿。从这个角度讲，坦克不会承认已经被其他任何一种武器超越。都说'防御炮兵的炮弹比攻击这些炮兵的坦克速度快'，目前为止没有人质疑这种说法。但早在1917年和1918年，坦克就可以迅速集结在步兵前线的后方，可以集群突破敌军的防御火线，可以为数十个步兵师甚至骑兵师开路。更重要的是，坦克可以在没有任何准备性炮击的情况下做到这些。也就是说，坦克在敌军炮兵毫发无损时也能冒着炮火前进。只有在极为不利的条件下，敌方炮火才会对坦克的推进产生实质性的影响。一旦坦克成功突破至敌军炮兵前线，敌军的大炮很快就会哑火，无法威胁到尾随坦克而来的步兵。在上一次战争当中，把火炮部署在所有可能发生危险的位置这一不变的炮兵战术也失效了。防御性火力会使泥土和灰尘四处飞溅，还会催生烟雾等等，这会影响坦克兵的视线。但这种影响是有限的，我们在和平时期就已经学会如何加以克服。事实上，现在的坦克使用罗盘就可以在夜间或大雾里推进。

"在成功使用坦克发动的进攻中，'胜利的创造者'不是步兵而是坦克。因为，假如坦克攻击失败，整个行动就会失败；而若是坦克取得成功，胜利就会随之而来。"

火力

"装甲和机动只是作为武器的坦克具有的作战特性当中的两项，第三项也是最重要的一项是火力。

"坦克在静止和行进中都可以使用坦克炮发射炮弹。在这两种情况下，坦克炮都使用直接观测进行瞄准。坦克静止时，坦克兵可以很快调整射程，用最少量的弹药摧毁目标。在行进中，坦克兵观测困难导致目标识别难度加大，但这个劣势会因炮塔离地位置相对较高得到弥补。坦克炮的这个特点在地面杂草丛生时尤其有用。批评者往往认为，炮塔的高度容易使坦克成为敌人的目标，但对坦克炮手而言，离地位置高却是一个优势。如果有必要在行进中射击，近距离射击的精确度是不错的，射程加长、速度加快以及坦克在不平整的地面上行进则会降低精确度。

"在陆地战争中，坦克拥有在任何情况下都可以在向敌人推进的同时运用自身火力这一独特优势，而且即便防守方的火炮和机枪仍在发挥作用坦克也能做到这一点。我们不怀疑静止火炮的精确度比行进火炮的要高：这两种用途都在我们的掌握之中，所以我们对此有着明确的判断。但别忘了，'只有运动才能带来胜利'。上一次战争的装备战中，坦克在装备大量反坦克武器的步兵和炮兵防御阵地中杀出一条血路。未来坦克也只会发挥这样一种作用吗？当然不是。持有这种观点的人想到的只是步兵坦克，认为坦克的作用仅仅是密切配合步兵，其使用方式要根据步兵的时间和空间刻度而定。这是一种我们已经坚持得太久太久的理念。我们既不能也不愿在侦察上花费几周甚至几个月的时间，不愿意耗费大量的弹药，我们想做的是要在短期内全面主宰敌军的防线。我们很清楚，由于坦克火力有限，我们无法进行'计划性的炮火准备'或者'集中火力轰炸'。我们的意图恰恰相反，就是要用单发的精确炮弹摧毁目标，因为我们没有忘记，战争中威力最强的火炮持续一个星期的密集轰炸都没能帮助步兵取得胜利。敌人教会我们，具有足够广度和深度的快速坦克攻击一旦成功渗透敌方防御系统，这种战术比世界大战当中采用的有限推进体系更有可能帮助我们夺取胜利。我们的炮弹会瞄准具体的目标，而不是像世界大战中那样飞过敌人的头顶，消耗巨大但收效甚微。倘若能够发动具有足够密集度、广度和深度的进攻，我们就能摧毁可识别的目标，在敌军防线打通一个缺口，让我们的预备队以比1918年更快的速度跟上。我们希望此时的预备队就是装甲师，因为我们不再相信其他形式的部队拥有能够充分利用进攻和突破成果的必要的战斗能力、速度和机动性。因此，我们不是把坦克看作'未来与其他武器协同帮助步兵推进进而赢得战斗胜利的额外手段'。要是坦克的作用仅限于此，那与1916年的情况就毫无二致，我们完全可以从一开始就满足于阵地战，放弃未来快速决策的一切希望。但无论是未来任何一场战争中我们的敌人可能拥有的武器装备优势，还是各种口径火炮进一步提升的精确度和射程，抑或是炮兵使用领域出现的技术发展，都不足以动摇我们的信念。恰恰相反！在我们看来，坦克是当今最好的进攻武器，在技术人员研发出更好的手段之前我们不会改变这个想法。无论如何我们都不会仅仅因为'只有炮火才能为推进开路'这句老话，就去赞同炮火准备这种浪费时间的做法以及这种做法导致的奇袭机会的丧失。我们认为，在合适地形、出其不意和集群部署等重要条件得到满足的前提下，内燃机和装甲的结合能够让我们在不需要进行任何炮火准备的情况下攻向敌军。

　　"集群部署的问题让我们的批评者心存疑虑。他们指出，'部队的组织也是一个问题：把所有的坦克部队汇集成一股攻击力量是否明智？把坦克有机分配给步兵部队以赋予后者进攻能力难道不值得同样认真考虑？'从这种观点可以推断出：第一，目前的步兵缺了坦克就没有能力进攻；第二，有进攻能力且能够帮助其他兵种推进的武器无疑应当是主力武器。至于是否应该把坦克分配给步兵的问题可以通过下面这个虚构的故事得到明确：

"红军和蓝军交战，双方各自有100个步兵师和100个坦克营。红军把坦克分配到步兵师，蓝军则把坦克集中组建为直属最高指挥所领导的装甲师。假设前线长300英里，其中100英里坦克无法通行，100英里坦克难以通行，剩余100英里坦克可以轻易通过。于是，战斗中就会出现这样一个场面：红军把包含坦克力量的一部分部队部署在坦克无法发挥作用的蓝军阵地对面；另有一部分部队所在的地点不利于坦克推进，坦克在该地点虽然没有完全被浪费，但它们取得成功的可能性不大。也就是说，红军只有一部分坦克力量能够在适合坦克作战的地面上使用。而蓝军则把所有的装甲力量集结于一个指令可以通达、地形可以利用的地点，他们因此有机会以至少两倍于对方的坦克力量投入战斗，同时在面对红军小规模坦克攻击的情况下守住剩余的防线。可以想象，拥有50件反坦克武器的一个步兵师对付50辆坦克发动的进攻比对付200辆坦克的进攻要容易得多。我们由此得出结论，把坦克分配给步兵师的提议无异于重返英国人在1916—1917年期间那种原始的战术。那种战术在当时就是一种失败，直到英国人在康布雷战役中采取集群部署，他们的坦克才取得成功。

"我们要通过快速攻入敌军腹地以及使用配备保护性装甲的自行火炮直接攻击目标去获取胜利。有句话说了：'发动机不是一种新武器，而只是一种运送旧武器的新手段。'众所周知，内燃机不会发射子弹。如果我们把坦克说成是一种新式武器，我们指的是它需要一个新的兵种，就像海军使用的潜艇一样——潜艇也被称作一种武器。我们坚信，我们就是一种武器，一种将会在未来战争中留下不可磨灭的痕迹的武器。如果我们的进攻取得成功，其他武器就应当在进攻中适应我们的时间和空间刻度。所以我们要求，为了充分利用我们的成功，那些必要的支持兵种要具备与我们相同的机动性，而且这些兵种在和平时期也要归我们指挥，毕竟在具有决定性的大规模军事行动中占据主导地位的是坦克集群而不是步兵集群。"

1937年深秋，德军组织了数次大规模对抗演习，希特勒亲赴现场观摩。后期还有很多外宾也到场，其中包括墨索里尼、英国陆军元帅西里尔·德弗雷尔爵士、意大利元帅巴多利奥和匈牙利军方代表团。参加演习的装甲部队是第一装甲旅和费斯曼将军指挥的第三装甲师，我负责针对装甲部队演习的裁判员工作。

　　这几次演习的结果证明，装甲师是可以当作一个整体使用的。不过补给和维修设备跟不上，这方面需要尽快完善。针对这个问题，我向装甲兵团指挥所提出了一些建议。不幸的是，我的建议没有被立刻采纳，结果到了1938年春，之前暴露出的问题在众目睽睽之下再次出现。

　　演习的最后一天，我们组织了最后一次攻击供外宾观赏。现场所有的坦克都投入其中，指挥官就是我。尽管当时我们能用的只有Ⅰ号坦克，演习的场面还是很震撼。

　　演习结束之后是在柏林举行的阅兵式，接着是冯·弗里奇上将为外宾举办的午餐会。我也受邀参加了这次午餐会，因此有机会与外宾进行交流，其中就包括陆军元帅西里尔·德弗雷尔爵士和意大利元帅巴多利奥。巴多利奥聊到他在阿比西尼亚战役的经历，西里尔·德弗雷尔爵士问我对部队摩托化的看法。年轻一些的英国军官感兴趣的问题是，战争时期在战场上是否可以像展现在墨索里尼眼前的演习那样投入使用那么多坦克。他们似乎不愿相信这种可能性，更倾向于把坦克当作步兵的一种辅助武器。我们之间的讨论很是热烈。

第3章　权力巅峰的希特勒

1938年是不平静的一年。这一年年初，我出乎意料地晋升为中将。我是在2月2日晚上得知这一消息的，当晚我同时接到了2月4日到柏林参加希特勒主持的会议的命令。2月4日清晨当我走在柏林街头的时候，有轨电车上一个熟人告诉我，我已经被任命为陆军第十六兵团司令。这是我完全没想到的，我赶紧拿起一份早报读起来。让我吃惊的是，一大批高级将领被解职，其中包括布隆伯格和弗里奇，还有我的好朋友卢茨将军。在总理府召开的会议上，我得知了至少是其中一部分缘由。那次会议开始前，武装部队所有的司令官在大厅里围成一个半圆。希特勒走进来说，由于作战部长、陆军元帅冯·布隆伯格的婚姻问题，所以解除了他的职务；同时由于刑事犯罪，他不得不解除陆军总司令冯·弗里奇上将的职务。对于其他人的解职，他没有作任何解释。我们个个目瞪口呆。我们了解这些最高级别的将领，他们都是非常高尚的人，对他们的这些严重指控让我们痛彻心扉。希特勒的说法令人难以置信，但我们的第一反应是，德国的首席法官不可能凭空捏造出这些说法。希特勒说完就走了，我们也随之解散，现场没有一个人说话。在这样一个令人震惊的时刻，当时无法作出判断的我们又能说什么呢？

布隆伯格事件很清楚，他是不可能继续担任部长级职务的。但男爵冯·弗里奇上将的情况就很不一样了，他的事情需要军事法庭调查。后来法庭得以设立，由戈林担任庭长，不过最终的判决是完全无罪，针对当事人的恶意诽谤被证明毫无根据。这次无耻的污蔑被揭露的几个月之后，我们又一次集合在一起开会——这次是在一个小飞机场——听取最高军事法院院长海茨将军宣读判决和一段冗长的序文。在宣读之前，希特勒作了一个简短的声明，他对此次事件表示遗憾，并承诺类似情况不会再发生。我们要求彻底恢复男爵冯·弗里奇上将的名誉和职务，可布隆伯格本人提名的新任陆军总司令冯·布劳希奇上将经过一番努力，也才让男爵冯·弗里奇上将得以留在现役部队并被任命为驻扎在什未林的第十二炮兵团的名誉上校，但他从来没有接到相关命令。相对于他受到的伤害，这样的补偿是远远不够的。根据希特勒的指令，作伪证指控弗里奇上将的那个恶人被带上法庭受审，但幕后真正的危险人物却逍遥法外，诽谤者的死刑判决仅仅是一个烟幕而已。8月11日在大伯恩军事训练区举行的演习中，男爵冯·弗里奇上将指挥第十二炮兵团参演。8月13日，希特勒到这个训练区观摩演习，但两个人没有碰面。

之后的几个月里，男爵冯·弗里奇上将一直很体面地保持沉默，这不由得让人心生敬佩。我之所以这么说，是因为后来我对整个事件及其参与人都有所了解。至于对自己的政敌采取这样的态度是否正确，那就是另外一回事了。

1938年2月4日，希特勒本人正式担任武装部队最高统帅，作战部长的职务仍然空缺。陆海空三军总司令职权范围以外的职责由部长办公室主任威廉·凯特尔将军担负，但凯特尔没有指挥权，他自称是三军统帅部参谋长。控制三支装甲部队的第四兵团的新任司令官是冯·赖谢瑙将军，他是一个思想进步、思维敏捷的老兵，我很快就对他产生了战友情。

1938年2月4日是军队统帅部经历的第二个黑暗的日子，第一个黑暗的日子是1934年6月30日。此后的日子里，德国将官们被认为应该对这两次事件负有责任。但实际上，人们应该指责的是少数身居高位、手握职权的几个人，毕竟大多数人并不了解事件的真相。就拿弗里奇事件来说，即便很多人从一开始就认为对他的指控既不可信也无法想象，但只有在法庭公布调查结果之后才能采取实质性的行动。有人要求甚至敦促新任陆军总司令采取行动，但他没能下定决心。与此同时，由于外交领域发生了德国吞并奥地利这一极具影响力的事件，有关弗里奇一事很快就淡出了人们的视线。采取行动的最好时机就这样被错过了。弗里奇事件证明，帝国元首和军队领导层之间严重缺乏信任。我觉察到了这一点，但以我的职位是无法弄清个中缘由的。

我从受人尊敬的前任、装甲部队将军[1]卢茨手里接任了新的职务。第十六军参谋长是我熟识多年的保卢斯上校，他是一位思维敏捷、认真负责、工作努力、创新意识强又颇具天赋的参谋军官，纯洁的心灵和高度的爱国主义精神都不容置疑。多年后的斯大林格勒战役中，他担任后来被歼灭的第六军军长，因此遭受诸多的非难和指责。针对他的任何一项指责，我都是不能接受的，后来保卢斯也为自己提出了辩护。

与此同时，几个装甲师迎来各自的新任指挥官：

第一装甲师师长鲁道夫·施密特将军。

第二装甲师师长费尔将军。

第三装甲师师长男爵冯·施韦朋堡将军。

---

[1] 德国陆军四星上将的军衔全称包含他们最初服役的兵种名称，若服役于后来创建的新兵种则包含他们与之联系最紧密的兵种名称。——译者注

奥地利并入德意志帝国

3月10日16时，陆军总参谋部部长贝克将军向我传达了一个最高机密：希特勒正考虑吞并奥地利，很多部队因此要做好战备工作。"你要重新指挥第二装甲师了。"他对我说。我告诉他，这么做很可能会得罪我的继任者费尔将军，他可是一位非常称职的将官。"尽管如此，"贝克将军答道，"你还是要指挥参加这次行动的装甲部队，这是命令。"我随即建议把第十六军变成机动部队，受其节制的除了第二装甲师以外，还应该增补其他部队。贝克将军表示同意，他提议增补党卫军第一师（阿道夫·希特勒警卫旗队）。按计划，这支部队也会成为占领军的一部分。他最后说："如果要吞并，现在应该是最好的时机了。"

我回到办公室下达了相应的备战命令，然后开始思考应该采取的各项措施。当晚20时左右，贝克将军再次把我叫过去。经过短暂等待，我见到了他。在21时至22时之间，他指示我让第二装甲师和党卫军第一师进入警戒状态，并把两支部队集结在帕绍周围。这个时候我才知道，向奥地利进军的部队由冯·博克上将指挥。按计划，第十六军以南的步兵师将横渡因河，其他部队将向奥地利的蒂罗尔州推进。

当晚23时至24时，我用电话向第二装甲师下达了警戒命令，并且亲自与党卫军第一师师长塞普·迪特里希见面。接到命令的各支部队都将立即前往帕绍。党卫军第一师当即就执行命令，但第二装甲师的情况有所不同，因为该师很多参谋军官和师长一起在去摩泽尔省特里尔参加训练的路上，我们首先得派车把这些人接回来。尽管有这个小插曲，我们下达的命令还是很快得到执行，部队不久就开始出发。

第二装甲师在维尔茨堡的驻地离帕绍250英里，帕绍到维也纳是170英里。从柏林到维也纳是598英里。

塞普·迪特里希走之前告诉我，他马上要去见希特勒。当时我的感觉是，把奥地利并入德国应该是不用打仗的，因为这对两个国家来说都是值得庆祝的喜事。所以我就想，为表示友好，我们的坦克可以插上旗子，再装饰一些花草在上面。我请塞普·迪特里希向希特勒征询意见。半小时后，迪特里希告诉我希特勒同意了。

第十六军的参谋人员于3月11日20时左右抵达帕绍。根据命令，我们将于第二天上午8时进入奥地利。接近午夜时分，费尔将军带领自己的部队进入帕绍，但他没有奥地利地图，也没有供部队进一步推进的燃料。没有地图我就给费尔将军提供了普通游客使用的旅行指南，但燃料的问题就没那么简单了。帕绍是有一个军用油库，但这个油库专供西部军队部署和"西墙"（即"齐格菲防线"）的防御。根据上级命令，该油库当且仅当在军队动员时才能供应油料。当地的军官对我们的行动并不知情，我们在半夜也无法联系到他们。油库负责人忠于职守，拒绝提供他手里珍贵的油料，最后我不得不威胁使用武力迫使他让步。

我们没有移动给养队，所以只好临时拼凑。帕绍市长帮我们调集了几辆卡车，我们借此组建了必要的给养队。与此同时，我们沿途的奥地利加油站都要求保持开放。

费尔将军费尽心思仍然无法保证部队在8时整越过边境。第二装甲师的先头部队直到9时才越过加高的边防屏障，他们在那里受到奥地利民众的欢迎。前卫部队由第五装甲侦察营（科尔恩韦斯泰姆）、第七装甲侦察营（慕尼黑）和第二摩托步兵营（基辛根）组成，中午时分即快速通过林茨向圣珀尔滕进发。

我和第二装甲师的主力部队在一起，从柏林赶来的党卫军第一师殿后。坦克上的旗子和装饰发挥了重要作用，我们被当地人看作朋友，所到之处都受到热烈欢迎，沿途还有佩戴勋章的一战老兵向我们致敬。坦克每作一次短暂停留，当地民众都会献上鲜花并给士兵塞食物。士兵的手是颤抖的，接受当地人亲吻的他们不禁流下激动的热泪。这是两个国家期待已久的"合并"，这个历史性的时刻没有发生任何意外事件。同属一个民族的子民被不幸的政治分割成两个国家达数十年之久，如今终于幸福地团圆了。

我们沿着通过林茨的大路向前推进。我在接近12点的时候到达林茨，拜访了当地官员，参加了一个短暂的午餐会。正要离开林茨前往圣珀尔滕的时候，我遇到了由奥地利部长塞斯—因克瓦尔特和冯·格莱泽—霍尔斯特瑙陪同的党卫队帝国长官希姆莱。他们通知我"元首"预计将在15时左右抵达林茨，要求我安排封锁进入林茨的道路和当地的市场。我当即命令前卫部队停留在圣珀尔滕，并组织手头可用的部队在卢茨周边做准备工作。奥地利陆军的守备部队请求参与筹备，他们的要求得到了批准。很快，当地的街道和广场就聚集了大约6万人，兴高采烈的民众不断向德国士兵大声欢呼。

希特勒到达林茨的时候，天色已经暗了下来。我在城边上等候他的到来，亲自见证了他进入林茨时的胜利姿态，也听到了他在市政厅阳台上发表的讲话。就我个人的经历而言，人们在那几个小时里表现出的高涨热情堪称空前绝后。发表讲话之后，希特勒看望了在"合并"前的骚乱中受伤的几个人，然后去酒店休息。我在酒店里向他汇报了继续向维也纳推进的事宜。显而易见，在市场里受到的热烈欢迎让他很是震动。

我在21时左右离开林茨，于午夜抵达圣珀尔滕。我命令前卫部队立即动身，我自己乘车在最前方。3月13日凌晨1点左右，我们冒着暴风雪进入了维也纳。

在维也纳，为庆祝"合并"组织的火炬游行刚刚结束，街上到处都是欢呼雀跃的市民。毫无疑问，第一批德国士兵的出现是疯狂庆祝的信号。在奥地利陆军维也纳师师长施图姆普菲尔将军的注视下，我们的前卫部队列队跟随奥地利军乐队走过歌剧院。列队行进仪式刚结束，又一轮的欢呼庆祝开始了。我是被抬着去到驻地的，大衣纽扣都成了人群争抢的珍贵纪念品。总之，我们受到非常友好的接待。

短暂休息之后，3月13日清晨我就起身去见奥地利陆军的各位指挥官，他们都很有礼节地接待了我。

3月14日，我们一整天都在忙着准备15日要举行的大阅兵。筹备工作由我负责，我因此很高兴地得到与奥地利新战友首度合作的机会。我们很快就在如何组织阅兵的问题上达成一致，并在第二天满意地看到，在如今已成为德意志德国一部分的维也纳，我们组织的第一次公开活动取得圆满成功。阅兵当天走在最前方的是奥地利陆军的方队，德军方队和奥地利军队的其他方队紧随其后。现场观众的热情十分高涨。

之后的一天晚上，我邀请前几天认识的几位奥地利将军到布里斯托尔酒店参加一个小型宴会，希望借此加深我们之间新建立的同志情谊。接着我去各地考察奥地利陆军的机械化部队，研究如何以最有效的方式将这些部队融入新的联合部队当中。时至今日，我对这期间的两次考察记忆犹新，其中一次是去由一个摩托化步兵营守备的滨湖新锡德尔，另一次是去奥地利陆军坦克营驻扎的莱塔河畔布鲁克。奥地利陆军坦克营的营长是泰斯中校，他是一位非常出色的军官，在一次严重的坦克事故中受过重伤。他的部队给我留下了相当好的印象，我也很快和他手下的年轻官兵建立了良好的关系。摩托化步兵营和坦克营的士气和纪律都非常好，可以预见，他们并入帝国陆军将是一件颇有裨益的好事。

我们希望在德国人了解奥地利的同时也让奥地利人了解德国，以此加强双方之间的团结。为此，我们安排了一批原有的奥地利陆军前往最初的帝国进行短暂参观，其中一部分人就到了我的老部队所在的维尔茨堡，我妻子在那里安排接待了他们。

不久之后，我亲爱的妻子来到维也纳。3月25日，我们一起庆祝了她的生日。

德国装甲部队从占领奥地利的过程中积累了很多宝贵的经验。

总体而言，行军的进程是很顺利的。轮式车辆出现故障的次数寥寥无几，但坦克就很多。我现在记不清具体的数字了，不过故障比例肯定没有到30%。一直到3月15日的大阅兵，几乎所有的坦克都状况良好。考虑到坦克行进的距离和速度，应该说故障频率不算很高。不过对那些对坦克一无所知的人以及对冯·博克将军而言，这样的故障频率却是高的。所以在阅兵式过后，年轻的装甲部队就饱受某些人的苛责。他们认为，现在可以证明坦克无法完成远距离的持续行军。但这些人的批评实际上是搞错了对象。要正确评估装甲部队在远赴维也纳期间的表现，以下几点是必须要考虑的：

装甲部队对这次行动毫无准备。开始行军的时候，装甲部队刚刚启动连级训练。第二装甲师在前一年冬天组织过参谋军官的集中理论培训，但全部参谋军官的理论培训要到前面提到的在摩泽尔举行的军事演习结束时才算完成。当时谁也没有想到，我们会在接下来的冬天突然投入师一级规模的行动。

上一级指挥所同样没有准备。这次行动的决策纯属希特勒的个人意志，事先没有任何征兆。各个装甲师都在1935年秋天才刚刚组建，短时间内立即投入这样的行动绝非易事。

由于临时接到前往维也纳的命令，第二装甲师和党卫军第一师要在48小时左右的时间内分别行军约420英里和600英里。但总的来说，两支部队都出色地完成了任务。

行军途中最大的不足是缺乏维护设备，坦克的情况尤其如此。这个问题早在1937年的演习里就已暴露无遗，但直到1938年3月，解决该问题的提议都没能付诸实践。好在后来我们再也没有重蹈覆辙。

事实证明，燃料供给是一个至关重要的问题。这次出现的短缺问题很快就得到解决。由于这次行动没有使用弹药，我们的弹药补给系统只能通过与燃料供给作类比进行判断，不过这种类比足以让我们采取相应的预防措施。

无论如何，我们在理论上对装甲师行动能力的自信被证明是合理的。

这次行军告诉我们，在一条路上同时推进一个以上的装甲师是完全可行的，我们有关摩托化部队组织和作战部署的观点是正确的。

但必须强调的是，这次的经验只适用于坦克部队的警戒、行军和补给，我们在坦克战方面没有增长任何见识。不过后来的事实表明，德国装甲部队在这方面的发展方向也是正确的。

在他价值宝贵、意义深远的回忆录里，温斯顿·丘吉尔对德国和奥地利的"合并"给出了大相径庭的描述[1]。我在这里有必要全文引述一下：

以凯旋的姿态进入维也纳一直是奥地利士兵的梦想。3月12日周六晚上，维也纳的纳粹党计划组织火炬游行欢迎凯旋的英雄，但他们没有接到任何人。于是乎，乘火车前来安排侵略军驻扎事宜的来自补给部队的三个一脸茫然的巴伐利亚人不得不冒充英雄被人群抬在肩上通过街道……造成这个闹剧的原因后来才慢慢为外界所知。德国的战争机器步履蹒跚地越过边境，最终在林茨附近戛然而止。虽然天气和道路条件都非常好，但大多数坦克都出现故障，摩托化重炮也出现瑕疵。由林茨通往维也纳的公路被停滞的重型车辆阻塞。这次行动的种种不顺暴露了德国陆军在这个阶段的重建工作尚不成熟，希特勒的亲信、第四集团军司令冯·赖谢瑙将军被认为对此负责。

希特勒本人乘车通过林茨的时候看到交通阻塞就怒不可遏。脱离混乱的轻型坦克在星期天凌晨才零零星星进入维也纳。为了能赶上庆祝仪式，装甲车和摩托化重炮都被装上火车。希特勒驾车在喜悦抑或是恐惧的人群中间通过维也纳的画面广为人知，但这个神秘的荣耀时刻有一个不平静的背景。"元首"实际上对他的军事机器暴露出的缺陷怒不可遏。他责骂手下的将军们，但后者反驳道，是希特勒本人没有听从弗里奇的告诫：德国还没有能力应对重大冲突。尽管如此，表面工作还是要做的，官方的庆典和阅兵式都按计划进行……

丘吉尔得到的信息显然是错误的。据我所知，3月12日那天巴伐利亚和维也纳之间没有火车通行[2]，丘吉尔所说的"三个一脸茫然的巴伐利亚人"一定是飞过去的。德国的战争机器之所以停留在林茨，是因为我命令部队停在当地迎接希特勒，而不是其他原因。无论如何，我们在当天下午就到了维也纳。那天天气不好，下午就开始下雨，晚上更是有猛烈的暴风雪。从林茨到维也纳的

---

[1] 温斯顿·丘吉尔《第二次世界大战》第一卷《山雨欲来》第242页。伦敦卡塞尔公司1948年版。

[2] 按照慕尼黑的铁路部门的说法，3月12日上班的铁路职工都表示，当天没有装载军人或军事装备的列车从德国开往维也纳。不管在什么情况下，军列过境是需要德国和奥地利铁路部门统一调控的，而这种调控在那个时候并不存在。德军进入维也纳前一天，几个步兵师在边境城镇贝希特斯加登、弗赖拉辛和辛巴赫附近下了火车，随后空车立即返回运送其他部队。行动第二天，军列最远可以抵达萨尔茨堡。直到第三天，军列才可以一路开往维也纳。

唯一一条公路当时正在重新铺设，连续几英里的路面都被挖开，其他路段的路况也很差。大多数坦克安全到达维也纳。重炮的问题不可能出现，因为我们那时候就没有重炮。另外，公路一直都没有出现堵塞。至于冯·赖谢瑙将军，他是在1938年2月4日才担任第四集团军司令的，所以对于刚刚接手才五个星期的部队出现的装备问题，他是负不上什么责任的。他的前任布劳希奇上将掌管第四集团军的时间也很短，责任也不能推到他头上。

如前所述，我在林茨见到了希特勒，当时他没有丝毫的怒气。恰恰相反。那或许是我唯一一次看到他深受感动的样子。他在林茨市政厅阳台上向底下的人群发表讲话的时候我就站在他旁边，我看到他的脸上流下热泪，这显然不是装出来的。

希特勒没有责骂哪位将军，至少我了解到的情况是这样的。相应地，将军反驳一说也不可信。即便真的存在，我也不知情。至于我自己，在林茨和维也纳期间，我都受到希特勒的常规礼遇。唯一一个对我有意见的人是占领军总司令冯·博克上将，因为他认为我命令部队在坦克上做的装饰违反规定。不过在我告诉他我们得到希特勒的批准之后，这件事就当场了结了。

到了1940年春天，就是这架"步履蹒跚越过边境"的战争机器在经过小幅提升之后，把西方列强过气的军队打得落花流水。从丘吉尔的回忆录可以看出，他急于证明英国和法国的政治领导人可以在1938年投入战争并大有希望获胜。但这两个国家的军方领导人对此十分怀疑，他们的怀疑是有理由的。他们清楚自己军队的弱点，只是无力使之重振雄风罢了。德国的将军们也想要和平，但这不是因为怯懦或者出于对新发明的恐惧，而是因为他们相信，德国可以通过和平的手段实现国家目标。

第二装甲师留在维也纳地区，并从当年秋天开始接受奥地利方面的换防。第十六兵团的参谋人员和党卫军第一师在4月份回到柏林。此时维尔茨堡周边地区没有部队驻守，直到1938年秋天当地新组建了由赖因哈特将军指挥的第四装甲师。同期组建的还有第五装甲师和第四轻型师。

1938年夏季的几个月里，我履行的是兵团司令在和平时期的职责，主要是考察麾下的部队。在此期间我认识了手下的官兵，为战时的互信打下了基础——这种互信一直让我深感自豪。

同年8月，我入住上级在柏林分配给第十六兵团司令的房子。也是在那个月，匈牙利摄政霍尔蒂元帅来德国访问，与他一道来访的是他的妻子和匈牙利总理伊姆雷迪。我参加了在火车站举行的欢迎仪式以及之后的阅兵式、希特勒主持的晚宴和在歌剧院举行的豪华典礼。晚宴结束后，希特勒一度坐在我们那一桌跟我讨论坦克方面的问题。

希特勒对霍尔蒂此行的政治成果感到失望。此前他无疑想说服霍尔蒂签订一份军事协议，但最终没能如愿。令人不解的是，希特勒在发表讲话和晚宴后的言谈举止里都毫不掩饰自己的不满。

9月10日至13日，我和妻子一同参加了纳粹党的纽伦堡党代会。德国和捷克斯洛伐克之间的紧张关系在这个月达到极致，周围的气氛凝重而凶险，这在希特勒在纽伦堡国会大厅发表的闭幕讲话里表现得十分明显。下一步的前景着实不容乐观。

我从党代会直接赶赴第一装甲师和党卫军第一师驻扎的格拉芬沃尔军事训练区，接下来的几个星期就是各种演练和视察。到了月底，我们开始为进军苏台德地区做准备。由于捷克人拒绝做出任何让步，战争的危险迫近了，局势变得越来越严峻。

不过慕尼黑会议为和平解决开辟了道路，苏台德地区在未发生流血事件的情况下顺利并入德意志帝国。

我个人为政治局势也作出了一点牺牲。10月1日是我和妻子的银婚纪念日，但那天我独自一个人在格拉芬沃尔，我妻子独自一人在柏林，我们的两个儿子则在边境线的部队里。不过我们收到了最好的礼物——和平被保住了。

苏台德地区并入德意志帝国

根据进军苏台德的计划，第一装甲师和第十三、第二十（摩托化）步兵师归第十六兵团指挥。占领行动分三个阶段进行。10月3日，奥托将军指挥的第十三（摩托化）步兵师占领埃格、阿施和弗朗岑斯巴德；10月4日，第一装甲师进入卡尔斯巴德；10月5日，所有三个师推进到分界线。

占领行动的前两天，希特勒都在我的部队里。9月30日晚上和10月1日晚上，第一装甲师和第十三（摩托化）步兵师都在行军，前者从夏姆行进170英里到萨克森州的艾本斯托克，后者从格拉芬沃尔出发准时赶上对埃格兰的和平占领。从行军的角度看，这次行动是成功的。

10月3日，我在边境的阿施附近见到希特勒，向他汇报了我手下几个师顺利推进的情况。接着我开车通过阿施到埃格止前方的随军食堂里和希特勒一起吃饭，我们吃的是一般的士兵行军餐，就是用猪肉做的浓汤。当希特勒发现汤里有肉之后，他满足地吃了几个苹果，还叮嘱我让随军食堂在第二天做一顿没有肉的饭菜。我们进入埃格的气氛是喜悦的，当地大多数人穿着漂亮、合身的埃格兰民族服装用最热烈的方式欢迎希特勒的到来。

10月4日，我在第一装甲师参谋人员战地食堂里见到了希特勒。吃饭的时候我坐在他对面，在座的人进行了十分友好的交谈，大家都对避免战争感到由衷的高兴。希特勒的车途经的路上都有部队，他频频向官兵们致意，后者展现出的精神面貌让他颇受鼓舞。一切都很美好。像3月份在奥地利时候那样，我们的坦克被一层层的花和树枝装饰。我驱车前往卡尔斯巴德，当地剧院门前等候着由三个连组成的仪仗队，这三个连分别来自第一装甲兵团、第一步兵团和和党卫军第一师。右侧队列站在指挥官旁边的是我的大儿子，他是第一装甲兵团一营的副官。

希特勒到达的时候我们刚刚做好准备。他从仪仗队中间走进剧院，剧院里一片欢腾。此时外面大雨滂沱，但里面出现了最令人感动的一幕：身穿民族服装的妇女和少女热泪盈眶，很多人双膝跪地，现场的欢呼声震耳欲聋。苏台德地区的日耳曼人经历了太多的东西，包括无休止的贫困、失业和迫害，很多人失去了所有的希望。如今，他们终于迎来新的开端。我们立即着手把战地厨房里的食物分发给当地人，一直到慈善组织接手这项任务为止。

10月7日至10日期间，我们又占领了一个日耳曼人居住区。我开车经过卡登和萨茨到特普利采，所到之处我们的士兵都受到当地人同样的欢迎，每一辆坦克和摩托车都戴上了花环。年轻男女纷纷涌上街道，有时候我们向前走都不容易。从捷克军队里释放的数千名日耳曼血统士兵步行返回家乡，大多数人还穿着捷克军服，背上背着箱子或背包——这是一支不战而败的军队。我们越过捷克人的第一道防御工事，这些工事没有我们想象的坚固，不过我们很高兴不必用血战夺取它们。

最令我们高兴的是政治局势的和平转变，因为战争将会使日耳曼人的这片土地遭受沉重打击，德国的母亲也将会做出巨大的牺牲。

在特普利采，我把办公地点设在克拉里—阿尔德林根王子的休闲宫，王子和王妃用最友善的方式接待了我们。我们认识了日耳曼—波西米亚贵族阶层的很多成员，大家很高兴地发现，他们仍然十分忠实于日耳曼民族。我认为朗西曼阁下对捷克斯洛伐克国内局势的判断是正确的，他的观点为维护此时的和平打下了良好的基础。

总之，紧张的政治局势暂时得到缓和，我们都为此感到高兴。我甚至有机会去猎鹿，花了两个星期就收获很多好猎物。

风起云涌的1938年一步步接近尾声，像我这样和政界没有什么联系的军人都希望，在动荡过后会迎来和平发展。我们觉得，德国现在要做的是逐渐吸收和纳入新近获得的领土和人口。我们认为，一旦巩固既得地位，德国在欧洲的实力就足以使其通过和平手段实现国家目标。我亲眼看到了奥地利和苏台德地区的情况：虽然当地人对并入帝国欢呼雀跃，但这两个地方的经济形势十分严峻，政府的管理方式也与德国本土差异巨大。在我看来，对于日耳曼地区成功且持久的融合而言，长期的和平是至关重要的。《慕尼黑协定》似乎为此提供了可能。

希特勒在外交领域的巨大成就进一步驱散了他在2月份的危机里留下的丑陋印象。在成功并入苏台德面前，9月份哈尔德取代贝克担任总参谋部部长一事都显得微不足道。贝克将军是因为不认同希特勒的外交政策辞职的，他认为后者的做法太危险。贝克将军曾经提议军队将官集体倡议和平，但这个提议不幸被布劳希奇否决，其他的将官因此对这个提议毫不知情。正因为如此，我是怀着对长期和平的期待从苏台德回到柏林工作的，但事实证明我错了。

局势再度恶化

10月底，魏玛大象酒店一个新的经营区开放，当地的纳粹分部借此机会组织了一次庆祝活动。希特勒亲自到场，我作为第十六兵团的指挥官和魏玛地区的高级将领也受邀参加。庆祝活动的官方开幕式在魏玛宫举行，在希特勒向人群发表户外演讲时达到高潮。希特勒在讲话中表达了对英国的强烈不满，尤其是对丘吉尔和艾登。他上一次在萨尔布吕肯发表演讲的时候我还在苏台德，所以我对这时候新发现的紧张气氛极为惊讶。希特勒讲话结束后在大象酒店举行茶话会，他邀请我坐在他那一桌，我因此得以和他进行约两个小时的长谈。我在谈话中间他为何对英国如此不满。我发现，他之所以对英国态度强硬，是因为他认为张伯伦在哥德斯堡的时候对他态度不好，还有英国某些要员来德国会见他的时候有意表现粗鲁。他告知英国大使亨德森："下一次你们的人要是再穿着随便来见我，我就让德国大使穿着套头毛衣拜访你们国王。你把我的话转告英国政府。"他接着怒气冲冲地描述了他认为自己被回绝的种种情形，还说英国人其实不是真想和德国建立友好关系。他对这个问题的感受尤为深刻，因为他最初非常尊重英国，曾经梦想着在两个国家之间建立紧密的合作关系。

慕尼黑会议之后，德国仍然面临非常紧张的态势。这也是我们不得不面对的一个令人失望和担忧的现实。

纳粹分部活动日晚间，魏玛剧院上演歌剧《阿伊达》。我坐在"元首"包厢里观看了表演，还在为庆祝活动画上句号的宴会上受邀与希特勒同桌。席间我们以闲聊为主，其中谈到了艺术，希特勒提到他去意大利的时候曾经在那不勒斯看过《阿伊达》这部歌剧。两点钟的时候他坐到了演员那一桌。

回到柏林后，陆军总司令让我去见他。他告诉我，他想设立一个统管摩托化部队和骑兵的职位，类似于针对这两个兵种（他统称为"机动部队"）的高级督察组。他把自己草拟的这个岗位的职责内容拿给我看，其中表明了督察组负责人拥有的职权，包括督察权和撰写年度报告的权利。但督察组负责人没有指挥权，无权决定兵种条令的制定和签发，无权干预部队的组织和人事问题。我拒绝了这个有名无实的职位。

几天之后，陆军人事处处长博德温·凯特尔将军——国防军最高统帅部长官的弟弟——找到我，代表陆军总司令催促我重新考虑之前的决定并接受任命，但我再次予以拒绝并充分陈述我的理由。凯特尔随即向我透露，设立这个新的职位实际上不是布劳希奇的想法，而是希特勒的决定，所以我不能就这么拒绝了。我对陆军总司令起初没有告诉我命令来源难以掩饰自己的失望，但我仍然不愿接受任命，所以请求凯特尔把我的理由转告希特勒，还说如果需要的话我可以亲自向希特勒做出解释。

几天后，希特勒让我去见他。他是单独和我见面的，所以我可以阐明自己对此事的观点。我向他说明陆军总司令部的指挥架构，告诉他陆军总司令在草案里是如何界定新职位的职权的。相比之下，作为三个装甲师的现任指挥官，我可以为装甲部队的发展发挥更大的作用。我很了解陆军总司令部那些实权人物，深知他们在把装甲力量作为大规模进攻武器进行发展的问题上反复无常，所以我不得不说，上述拟议的创新是往错误的方向迈出的一步。我解释说，陆军总司令部有意把坦克力量分配给步兵。根据以往在这个问题上发生的争执，我无法相信未来的发展不会受到阻滞。再者，把装甲部队和骑兵联结在一起的做法必将招致骑兵的反对，因为他们把我当作对手看待，肯定会对这种新的调整心存疑虑。骑兵的现代化迫在眉睫，但即便是在这个问题上，陆军总司令部和骑兵的高级将领都很可能制造强大的阻力。最后我对希特勒说："赋予新任命的权力不足以让我克服这种阻力，其后果就是无休止的摩擦和争论，所以我请求您允许我留任目前的职务。"

希特勒听我说了20分钟左右，中间一直没有插话。我说完之后他告诉我，他要赋予这个新职位必要的职权去统一掌控所有摩托化部队和骑兵部队的发展，所以他拒绝我的请求并命令我接受新的任命。他最后说："如果像你说的，你觉得在行使职权方面受到任何形式的阻挠，你就直接向我汇报。我们要一起确保部队实现必要的现代化，所以我命令你接受新的任命。"

当然了，就算是困难很快就出现，我也不可能直接向希特勒汇报。

就这样，我被晋升为装甲部队将军并被任命为"机动部队"长官，还因此分配了位于本德勒大街一间简陋的办公室。来自参谋团的冯·勒叙尔中校和罗蒂格上尉担任我的助手，我的副官是里贝尔中校。另外，每个兵种都给我派了一名文书。准备就绪之后我就开始工作。不得不说我的工作任务相当繁重，因为在此之前装甲部队几乎没有任何训练条令。我们拟定条令草案提交给陆军作训部批准，可是作训部根本没有熟悉坦克的军官，所以他们是从其他角度而不是装甲部队的需求审核我们的草案的。我们得到的批示通常是："内容编排不符合步兵条令采用的模式，草案不可接受。"内容编排和"专业术语"的统一是评判我们工作成果的两个重要方面，部队的需求反而无关紧要。

我认为骑兵很有必要配备现代武器并重组为易于指挥的师级部队，因此提议成立一个新的组织。但这个提议被陆军总部办公厅主任弗罗姆将军否决，因为我在提议里主张购买2000匹马，而他认为陆军没有理由这么做。于是，骑兵在战争爆发之前一直保留着他们原有的落后架构。由此造成的结果是，除了驻扎在东普鲁士的一个旅以外，骑兵的作用仅限于为步兵师组建混合侦察营。这种侦察营由一个骑兵中队、一个摩托车中队和一个摩托化中队组成，装备的是数量不足的装甲车、反坦克炮和骑兵武器。指挥这样一种混搭部队是几乎不可能完成的任务。此外，骑兵在军队动员的时候也只能为和平时期的主力师级部队提供这种侦察营，新组建的部队也只能满足于使用摩托车。由此可见，我们必须尽快找到一个全新的解决办法。尽管骑兵的高级将领对自己的兵种有着十分深厚的感情，但他们还是眼睁睁地看着这个兵种陷入如此绝望的境地。这就是理论与实践之间的差距。

还有一件事情也可以从侧面揭示当时的情况：我的动员令指出，在军队进行动员时，机动部队长官有权指挥一个预备役步兵团。在经过一番苦苦争取之后，我才得以把指挥对象修改成装甲部队。

第4章　灾难降临

1939年3月，捷克斯洛伐克以受保护国的名义被并入德意志帝国，国际形势更加严峻。对此，希特勒就是罪魁祸首。

实施占领当天上午，陆军总司令让我去见他，告诉我吞并捷克斯洛伐克这个既成事实并命令我立即动身去布拉格，到那里收集有关我们装甲部队在寒冷天气里推进的数据，并查看捷克装甲装备的情况。

我在布拉格见到接替我担任第十六兵团司令的霍普纳将军，他向我说明了部队推进的情况。为了收集第一手资料，我还到几支部队了解情况。在布尔诺，我查看了捷克军队的装甲装备，发现这些装备是可以使用的。后来，这些装备在我们同波兰和法国的战争中派上了用场，直到我们与苏联交战才被德国重型装备取代。

捷克斯洛伐克之后，梅默尔也和平并入德国。

4月20日，希特勒用大规模阅兵庆祝自己50岁生日。阅兵式上，装甲部队的各色旗帜合并成一个旗营，所有的旗子都在他面前微降致意。现在的他正处在成功的巅峰。他是否有自制力加以巩固，还是会不自量力引火上身？形势一触即发。

4月28日，希特勒拒绝接受《英德海军协定》，转而宣布与波兰签订《互不侵犯条约》。

5月28日，意大利外长齐亚诺伯爵访问柏林，德国外长用盛大的仪式欢迎了他。为了制造更多的空间，德国外长让人搭了两顶巨大的帐篷，几乎把他的花园都占满了。但5月份的天气还很冷，如何在帐篷里取暖是个难题。希特勒参加了欢迎仪式，来宾们在现场观看了卡巴莱歌舞表演，其中就有霍普夫纳姐妹的表演。表演是在其中一个大帐篷里举行的，里面为此搭建了一个临时舞台。表演开始前大家等待了一段时间，因为希特勒想跟奥尔加·切科娃坐在一起，但大家花了些时间才找到她。希特勒对艺人情有独钟，喜欢跟他们在一起。齐亚诺此行的政治动机显然是提醒希特勒战争临近的危险，但我不确定他是否有能力在离开之前贯彻执行墨索里尼的指示。

图1　古德里安将军在炮兵观察哨

图2 波兰夏季一景

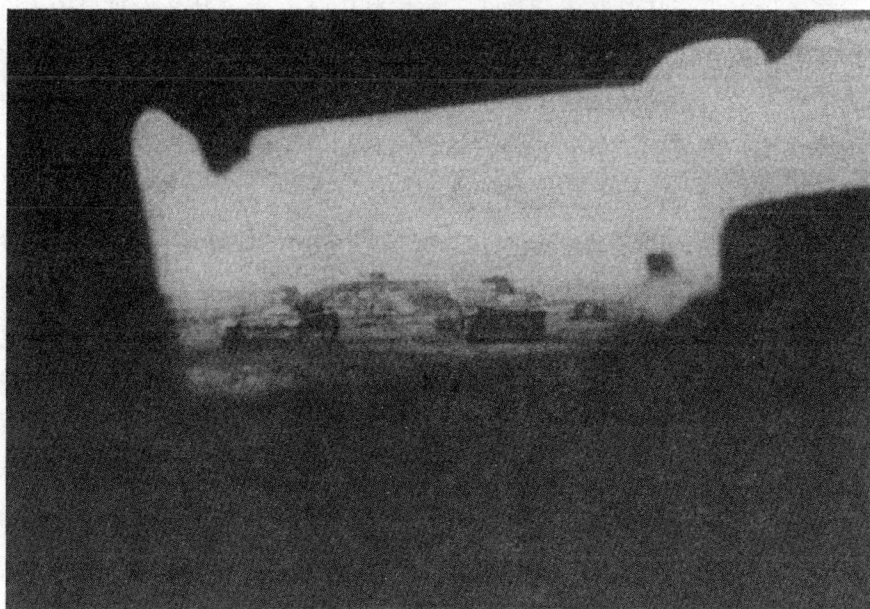

图3 在维茨纳附近争夺炮台的战斗

6月份，柏林迎来南斯拉夫摄政王保罗及其新娘的造访。我们又一次举行大阅兵，参加阅兵的主要是摩托化部队。由于参加人数太多，这次的阅兵效果如何倒在其次，主要是太累人。值得一提的是，保罗夫妇离开柏林就去了伦敦。据我所知，希特勒没有从此次访问中得到他想要的结果。

对于战争政界不乏警告，但希特勒和他的外长里宾特洛甫自欺欺人地认为，西方列强绝不会冒险与德国开战，所以他们可以在东欧为所欲为。

1939年夏季的几个月，我主要忙于准备将于秋天举行的摩托化部队大规模对抗演习。按计划，这次演习将在埃尔茨山脉和苏台德地区举行，但后来发生的事让所有的准备工作付之东流。

波兰战役

1939年8月22日，我受命前往大博恩军事训练区接管新创立的第十九兵团。

后来这个机关被重新命名为"波美拉尼亚要塞指挥所"，其职责是在德国边境线构筑野战工事以防波兰攻击。第十九兵团下辖第三装甲师和第二、第二十（摩托化）步兵师以及直属部队。第三装甲师充实了装备有Ⅲ号坦克和Ⅳ号坦克两种最新式坦克的装甲示范营，直属部队则包含来自多贝里茨—克兰普尼茨的侦察示范营。配备这些来自训练学校的示范营是我的要求，我想让他们积累实践经验，等他们重返主业时就会从中受益。

军方领导人和希特勒在上萨尔茨堡开会的时候我不在场。会议结束之后，第四军司令冯·克鲁格才传达了我的真实任务，那时候我也才知道我的第十九兵团隶属第四军。在我的右边即南侧是施特劳斯将军的第二兵团，左侧是考皮什将军旗下的边防部队。一旦发生敌对事件，从3月开始在布拉格周边执行占领任务的第十装甲师就会增援边防部队。在我身后驻扎的是预备役部队，也就是来自波茨坦的第二十三步兵师。（参见附录Ⅱ）

我的任务是横渡布拉厄河，然后全速推进至维斯瓦河，切断并摧毁所谓"波兰走廊"里的波兰军队，作战区域右至波尔罗河，左至科尼茨。我右侧的施特劳斯的兵团同样向维斯瓦河推进，左侧的考皮什将军则率部队前往但泽。

"走廊"里的波兰军队预计为三个步兵师和"波莫尔斯卡"骑兵旅，估计装备有少数菲亚特—安萨尔多坦克。我们可以清楚地看到波兰一侧边界构筑的防御工事，预计他们还会在布拉厄河沿岸构筑第二道防线。

我们计划在8月26日清晨发动进攻。

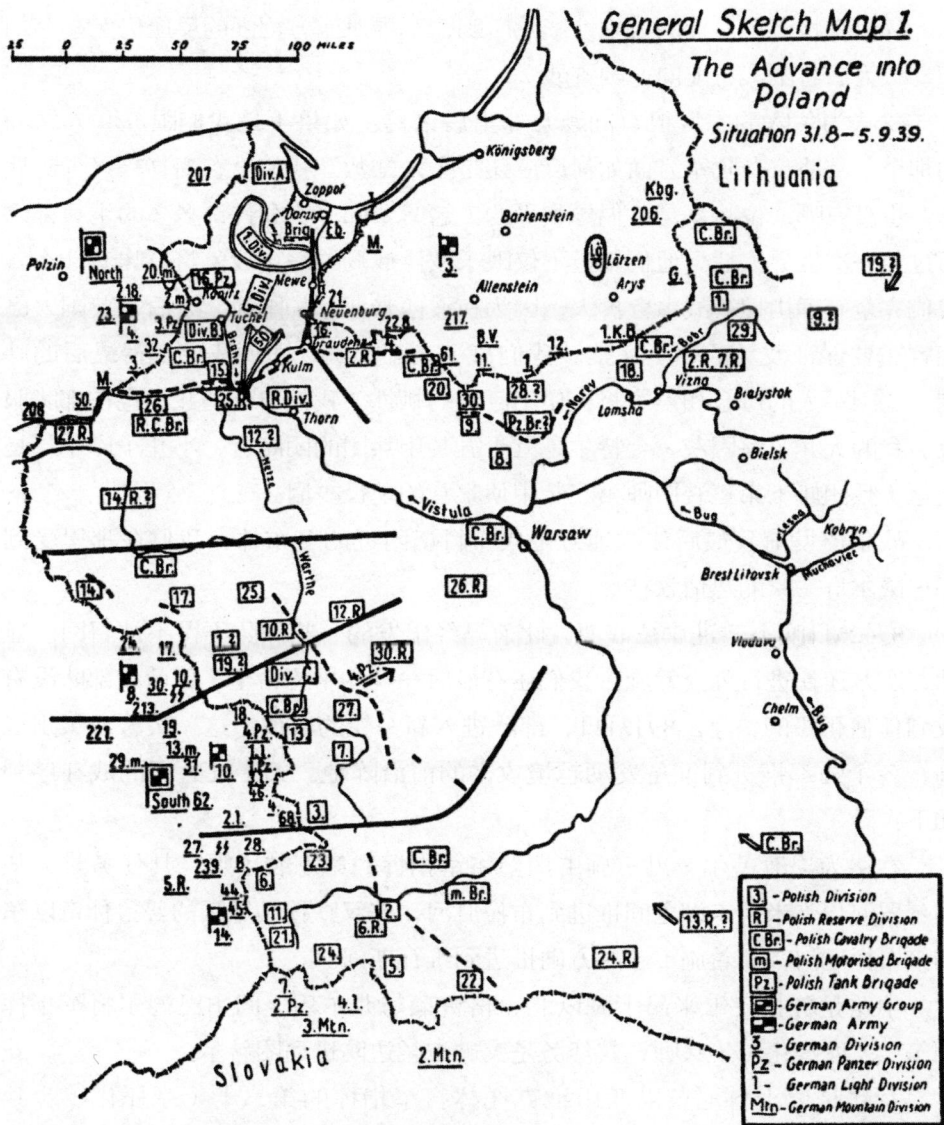

General Sketch Map 1.
The Advance into Poland
Situation 31.8 - 5.9.39.

Legend:
- 3 - Polish Division
- R - Polish Reserve Division
- C.Br. - Polish Cavalry Brigade
- m - Polish Motorised Brigade
- Pz - Polish Tank Brigade
- German Army Group
- German Army
- 3 - German Division
- Pz - German Panzer Division
- l - German Light Division
- Mtn - German Mountain Division

Lithuania 立陶宛	Thorn 托恩	Warthe 瓦尔特	Polish Cavalry Brigade 波兰骑兵旅
Königberg 柯尼斯堡	Narev 纳雷夫河	Brestlitovsk 布雷斯特利托夫斯克	Polish Motorized Brigade 波兰摩托化旅
Polzin 波尔金	Vizna 维茨纳	Muchaviec 穆恰维克河	Polish Tank Brigade 波兰坦克旅
Bartenstein 巴滕斯坦	Lomsha 隆沙	Kobryn 科布林	German Army Group 德国集团军群
Allenstein 奥尔什丁	Bialystok 比亚韦斯托克	Vlodava 弗洛达瓦	German Army 德国军
Lötzen 乐岑	Vistula 维斯瓦河	Chelm 谢尔姆	German Division 德国师
Neuenburg 纳沙泰尔	Bielsk 别尔斯克	Slovakia 斯洛伐克	German Panzer Division 德国装甲师
Tuchel 图赫尔	Warsaw 华沙	Polish Division 波兰师	German Light Division 德国轻型师
Kulm 库尔姆	Bug 布格河	Polish Reserve Division 波兰预备役师	German Mountain Division 德国山地师

概略图1　攻入波兰。1939年8月31日至9月5日的战局。

在此期间，希特勒和苏联人达成秘密协议，确保战争爆发时后方安全无忧。拜里宾特洛甫发挥的灾难性影响所赐，军界对西方列强的反应仍然心存幻想，认为后者不太可能向德国宣战。

我认为军队的态度很有问题并非事后诸葛。如果不是我们跟苏联人之间的那个秘密协议，陆军方面如何反应还是个未知数。我们没有高高兴兴奔赴战场，也没有哪一位将军是不倡导和平的。老一辈的军官和许许多多的士兵都经历过第一次世界大战，他们知道不仅限于波兰战场的一场战争将意味着什么。我们完全有理由担心战事会扩大，因为在波西米亚保护国建立之后，英国人已经宣布要保证波兰的领土完整。我们每个人都想到，即便我们赢得最后的胜利，德国军人的母亲和妻子将会作出巨大的牺牲。我们自己的儿子也在部队服役。我的大儿子海因茨·金特尔是三十五装甲兵团的团副官，小儿子库尔特是我这个兵团旗下第三装甲师第三装甲侦察营的现役少尉。

战争爆发前我最后住的地方是代布日诺附近的多布林，我们在那里受到冯·威尔肯一家的热情款待。

8月25日晚上，进攻被取消，此前已经出发的一些部队不得不被召回。显然，双方还在进行外交斡旋。我们还有最后一丝和平的希望，但前线部队没有收到任何积极的信息。8月31日，部队进入新一轮的警戒。这一次警戒级别很高，各个师都推进到准备发动越境攻击的前沿阵地。第十九兵团的战斗序列如下：

右路为男爵盖尔·冯·施韦朋堡将军指挥的第三装甲师，其任务是：从波尔罗河与卡米昂卡湖之间推进到布拉厄河，在汉默穆勒地区的普鲁什奇以东横渡布拉厄河，朝着施韦茨的方向推进到维瓦斯河。

中路是驻扎在卡米昂卡湖以北、格鲁瑙与弗尔巧之间由巴德尔将军指挥的第二（摩托化）步兵师，其任务是突破波兰边防进逼图赫尔。

左路是位于科尼茨以西由维克托林将军指挥的第二十（摩托化）步兵师，其任务是占领科尼茨继而通过图赫尔希思向奥舍和格劳登茨进发。

主攻任务由直属部队增援的第三装甲师担负，陆军预备队（第二十三步兵师）紧随其后。

9月1日4点45分，攻击部队同时越过边境。当时地面有一层浓雾，空军因此无法给我们提供任何支援。我跟随参与第一波攻击的第三装甲旅到了曾贝堡以北的区域，整个战役最初的战斗就是从那里开始的。第三装甲师的重炮兵收到明确的命令不要向浓雾发炮，但不幸的是他们还是忍不住这么做

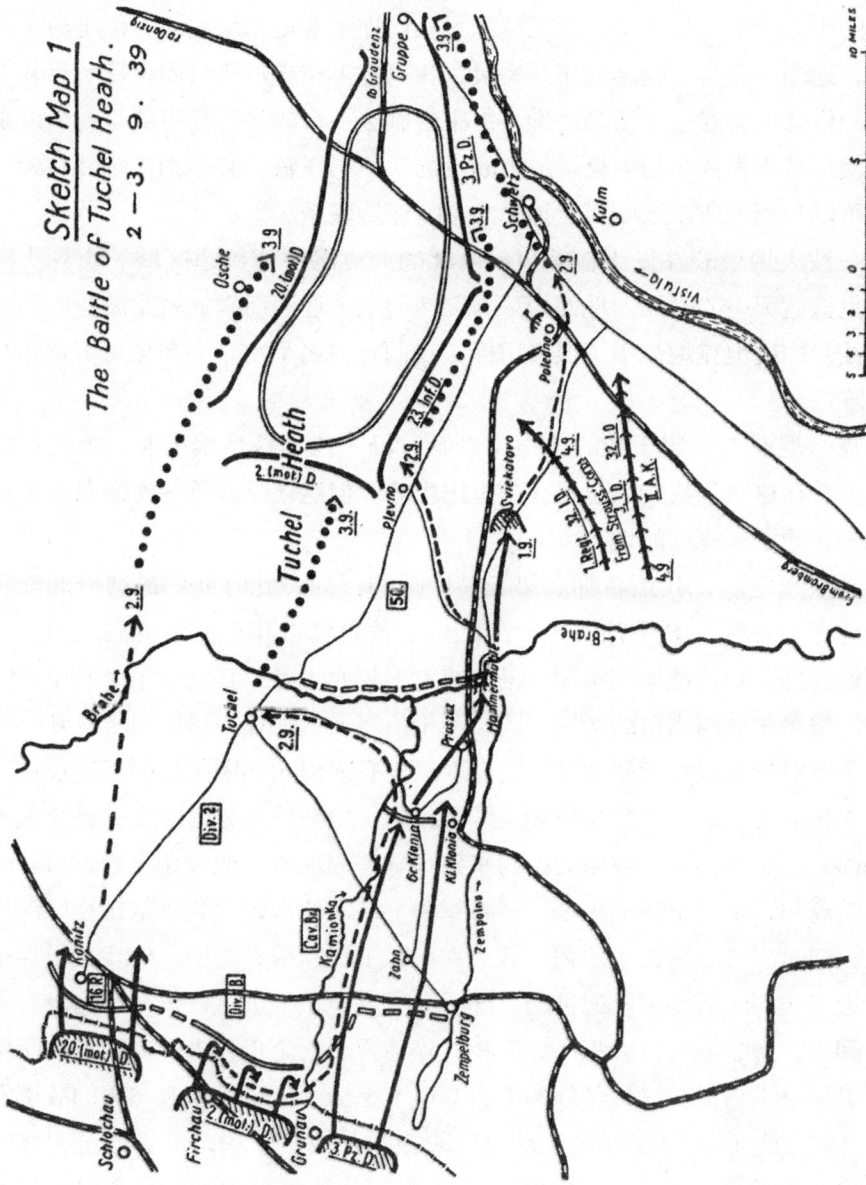

Sketch Map 1

The Battle of Tuchel Heath.

2 — 3. 9. 39

示意图1 图赫尔希思战斗，1939年9月2日至3日

Schlochau 奇武埃夫
Konitz 科尼茨
Brahe 布拉厄河
Firchau 维日霍沃
Tuchel 图赫尔
Heath 希思
Osche 奥舍
Grunau 格鲁瑙
Kamionka 卡缅卡
Plevno 普莱夫诺
Graudenz 格劳登茨
Zempelburg 森普尔诺
Schwetz 施韦茨
Kulm 库尔姆
Vistula 维斯瓦河

了。第一枚炮弹落在我的指挥车前方五十码[1]处，第二枚落在指挥车后方五十码的地方。我估计下一枚要把我打个正着，于是命令驾驶员调转车头开走。炮弹爆炸的声音让他手足无措，结果他加大油门把车开进了壕沟里。由于前车轴被撞弯，这辆半履带车的转向系统失灵，我只好下车步行到兵团指挥所另开一辆车，并借此机会对过于激动的炮兵提出告诫。巧合的是，我可能是有史以来第一个使用装甲指挥车与坦克一道上战场的兵团指挥官。装甲指挥车装有无线电，我可以和指挥所以及归我指挥的几个师保持联系。

第一波大规模战斗发生在曾贝堡以北的大克洛尼亚周边区域。当先头部队的坦克抵达那里的时候，地面的浓雾突然消散，迎面而来的就是波兰的防御阵地。波兰的反坦克炮命中了很多目标，我们有一名军官、一名见习军官和八名士兵阵亡。

大克洛尼亚曾经属于我的曾祖父希勒·冯·盖尔特林根男爵，我的祖父古德里安葬在这里，我父亲也是在这里出生的，但这还是我第一次亲眼看到这个曾经被我的家族深爱的地方。

成功换车之后，我重新加入第三装甲师的行列，此时他们最前沿的部队已经到达布拉厄河。装甲师的主力部队位于普鲁什奇和小克洛尼亚之间，正准备原地休息。师长被集团军司令冯·博克上将叫走了，我就让第六装甲兵团的军官汇报布拉厄河周边的情况。团长不相信当天就能在布拉厄河上打开一个通道，所以很想继续执行原地休息的命令，没有人提起兵团下达的在进攻首日即横渡布拉厄河的命令。我生气地走开了，脑子里在思考如何改变这种令人不快的局面。一个名叫费利克斯的中尉来到我站着的地方，他没穿上衣，衬衣的袖子向上卷起，手臂上沾满火药。"将军阁下，"他说，"我刚从布拉厄河那边过来，河对岸的敌军力量薄弱。波兰人点燃了汉默穆勒的桥，但我从坦克里把火给灭了。那座桥是可以通过的，部队之所以停止推进，仅仅是因为没有人带头。阁下，您必须亲自去指挥。"我诧异地看着这个年轻人，他给我的印象很好，眼里充满自信。这位年轻的中尉难道不是演绎了哥伦布竖鸡蛋的故事？我听从了他的建议，驱车通过杂乱停放的德国和波兰车辆，沿着通过树林的一条狭窄砂石路前行，于十六点到十五点之间到达汉默穆勒。几个参谋军官站在离河边约100码的一棵粗壮橡树背后向我喊道："将军阁下，他们在这里开火。"的确，第六装甲兵团的坦克炮和第三步枪团和步枪都在开火。但问

---

[1] 1码约等于0.91米。——译者注

题是，对岸的敌人都躲在战壕里不见踪影。我当即下令停止这种愚蠢的射击方式，刚从别的地方过来的第三步枪旅旅长安格恩上校也帮我传达命令。接着我命人侦察敌军防御阵地的范围。在敌人火力没有覆盖的一个地点，尚未投入战斗的摩托车三营开始利用橡皮艇渡河。三营过河之后，我命令坦克开到桥上。负责防御这段河道的波兰自行车连被俘，伤亡情况可以忽略不计。

接着，附近所有的部队一起合力构筑桥头堡。第三装甲侦察营受命通过图赫尔希思直抵施韦茨附近的维斯瓦河，他们的任务是侦察波兰主力部队及其预备队的方位。十八点左右，部队全部渡过布拉厄河。当晚，第三装甲师抵达目的地希维卡托弗。

傍晚时分，我回到位于查恩的兵团指挥所。

一路上荒无人烟，听不到枪炮的射击声。没想到在查恩郊外，我的人居然戴着钢盔忙着安装一门反坦克炮。我问他们为什么这么做，他们说波兰骑兵正向我们推进，随时可能会出现在面前。我让他们别紧张，然后回到指挥所继续我的工作。

来自第二（摩托化）步兵师的消息说，他们攻击波兰铁丝网的行动已经停下来。所有三个步兵团都参与了正面进攻，师里已经没有预备队。我命令左路的团当晚后撤转移到右翼，并于第二天推进到第三装甲师后方，与后者一起呈包围之势向图赫尔进发。

第二十（摩托化）师艰难拿下科尼茨，此后的推进没有多少进展。他们得到的命令是，等第二天继续发动进攻。

到了晚上，第一天战斗造成的紧张气氛多次显现。午夜刚过第二（摩托化）师就汇报说，迫于波兰骑兵的压力，他们正在撤退。我瞬间无语，稍加镇定之后我问那位师长，他是否听说过波美拉尼亚精锐部队是被敌军骑兵打败的。他说没听说过，并保证守住自己的阵地。但我还是决定第二天早上必须去这个师看看。凌晨五点左右，我发现师部的人还是一脸茫然。我走到夜间后撤的那个团前头，亲自带领他们推进到大克洛尼亚以北的卡米昂卡湖渡口，并在那里交代他们继续向图赫尔推进。这时候第二（摩托化）师的进攻就有了快速的进展，第一天作战的慌乱也随之消散。

第三装甲侦察营在夜间就到达维斯瓦河。不幸的是，由于疏忽大意，该营多名军官在施韦茨附近的波莱德诺农场阵亡。第三装甲师的主力部队被布拉厄河一分为二，第二天早晨波兰人就从东岸发起了进攻，直到中午第三装甲师才组织起反击并从树林里一路打过去。第二十三步兵师以急行军的方式跟在第三装甲师身后，两个摩托化步兵师在图赫尔希思都取得明显进展。

9月3日，格拉夫·布罗克多尔夫将军指挥的第二十三步兵师突入到逼近维瓦斯河的第三装甲师与第二十（摩托化）步兵师之间。经过多个关键时刻和数次激烈战斗，我们成功实现对施韦茨以北、格劳登茨以西森林地带敌军的完全包围。波兰"波莫尔斯卡"骑兵旅对我们的坦克一无所知，居然拿着剑和长矛冲锋，结果遭受重大损失。波兰一个炮兵团在前往维斯瓦河途中被我们的坦克击败和摧毁，他们一共只有两门炮发射过炮弹。波兰步兵也遭遇重大伤亡，德军在对方撤退被歼过程中缴获了一部分补给和筑桥桩。

9月4日，我们收紧对敌军的包围圈，争夺"走廊"的战斗接近尾声。第二十三步兵师一度陷入困境，但从施特劳斯将军兵团第三十二步兵师分离出来的一个团帮他们解决了问题。

我们的部队作战英勇、士气高涨。士兵伤亡人数很少，但军官的伤亡情况过于严重，因为他们怀着崇高的敬业精神投入战斗。亚当将军、国务秘书冯·魏茨萨克和男爵冯·丰克上校各自失去了一个儿子。

我在9月3日视察了第二十三步兵师和第三装甲师，因此有机会看到儿子库尔特，还看到出生地库尔姆的几座塔在维斯瓦河对岸的阳光中熠熠生辉。9月4日我看着第二和第二十（摩托化）步兵师一路打过树林，并于当晚抵达格劳登茨以西的原格鲁佩军事训练区。那天晚上我在第三装甲师，当时他们正背对维瓦斯河向西推进，消灭包围圈里敌军的残余部队。

至此，"波兰走廊"分崩离析，我们又一次整装待命。在我们艰苦战斗期间，政治局势严重恶化。英国及其施压下的法国都对德国宣战，彻底毁灭了我们尽早实现和平的希望，我们又一次进入世界大战。这样的战争无疑是旷日持久的，我们需要咬牙坚持。

9月5日，希特勒意外到访我们这个兵团。我在图赫尔—施韦茨公路的普雷夫诺路段见到他，坐上他的车沿着我们此前推进的路线前行。我们经过波兰的炮兵阵地，通过施韦茨，然后紧随我们的包围部队到达格劳登茨。在格劳登茨，希特勒下车久久凝视维瓦斯河上被炸毁的桥梁。当看到被摧毁的波兰炮兵阵地时他问我："这是我们的俯冲轰炸机干的？"我回答说："不是，是我们的坦克！"这话让他为之一惊。第三装甲师未投入包围行动的部队集结在施韦茨和格劳登茨之间的区域，其中包括第六装甲兵团和我儿子库尔特所在的第三装甲侦察营。我们驱车返回，途中经过第二十三和第二（摩托化）步兵师的一些部队。我们在车上谈到我这个兵团所在区域的战斗情况。希特勒问及伤亡人数，我向他提供了最新收到的统计数字：在"走廊"战役中，我指挥的四个师一共阵亡150人，受伤700人。伤亡人数之少让他感到惊讶，他不禁将之与第一次世界大战期间他所在的"利斯特"团的情况作比较：在参加战斗的第一天，仅这个团就伤亡了2000人。我向他表明，面对英勇顽强的敌人，我们这次战斗伤亡人数少主要归功于坦克的战斗效率。坦克是一种救命武器，它们在"走廊"战役的成功大大增强了士兵对装甲装备优越性的信心。反之，敌军有两到三个步兵师和一个骑兵旅遭全歼，数千人被俘，数百门炮被缴。

随着我们临近维瓦斯河，对岸一个城镇的轮廓在天空的映衬下清晰可见。希特勒问那是不是库尔姆，我答道："是的，那就是库尔姆。去年三月我有幸在您的出生地迎接您，今天您又和我一起在我的出生地。我就出生在库尔姆。"多年以后，希特勒还回想起这一幕。

此后我们的谈话转向技术问题，希特勒想知道我们的坦克尤其令人满意的方面以及尚需改进的不足之处。我向他指出，现在最重要的是加快向作战部队交付Ⅲ号坦克和Ⅳ号坦克的速度，同时提高这些坦克的产量。就下一步的发展而言，目前的行进速度已经足够，但装甲需要加固，尤其是车辆前部的装甲；坦克炮的穿透力也需要提高，也就是炮管要加长，炮弹的威力要加大。相应地，反坦克炮的炮管和炮弹也要进行同样的改进。

希特勒对部队的战绩表示肯定，并于黄昏时分返回他的指挥所。

值得一提的是，当地的平民看到战斗结束纷纷从躲藏的地方走出来，向希特勒欢呼和献花。施韦茨当地被德国国旗的颜色装饰一新。希特勒的到访给部队留下很好的印象，但遗憾的是，随着战事的深入，他视察前线的次数越来越少，最后直接就不去了。就这样，他逐渐断开了与部队之间的情感维系，无法再理解他们的成就与痛苦。

9月6日，兵团机关和各个师的前卫部队渡过维瓦斯河。兵团指挥所设置在芬肯施泰因一个漂亮的城堡里，这个城堡属于多纳—芬肯施泰因伯爵名下，早年由腓特烈大帝赐予大臣冯·芬肯施泰因伯爵。拿破仑曾经两次把这个城堡用作指挥所，第一次是在1807年，当时他把针对普鲁士和苏联的战火烧过维瓦斯河并一路烧到东普鲁士。在翻越荒凉的图赫尔希思山之后，拿破仑在看到这个城堡时不禁大喊一声："总算见到一个城堡了！"他的感受是可以理解的。就是在那个城堡里，拿破仑谋划了向普鲁上—埃劳进军的行动。他在城堡里留下的痕迹仍然清晰可见，就是他的马刺在木地板上留下的划痕。拿破仑第二次来到这里是在1812年与俄国交战之前，当时他在美丽的女伯爵瓦莱夫斯卡的陪伴下在城堡里度过了几个星期时间。

我就睡在当年拿破仑住的房间里。

遗憾的是，我们的房东多纳伯爵在柏林接受治疗，所以我没有机会见到他和他的夫人。不过他想得非常周到，特地写信告诉我可以在附近猎鹿。由于我们尚未收到下一步行动的命令，只知道我们从第四军分离出来并即刻纳入冯·博克指挥的集团军，我想我可以在不影响自己军事职责的前提下接受多纳伯爵的善意。于是，我的几个师在7日晚至8日凌晨渡河的时候我就去猎鹿且收获颇丰。负责管理伯爵林地的法警很有心，坚持要亲自担任我的向导。

9月8日，我指挥的几个师从梅韦和凯泽马克渡过了维瓦斯河，随后事态开始迅速发展。当晚我收到通知去设置在阿伦施泰因集团军指挥所听候命令。我在19点半左右离开芬肯施泰因，于21点半到22点半之间收到新的指示。

集团军方面原本想把我的兵团纳入冯·居希勒将军的第三军，让我的部队与第三军左翼密切协作，从阿利斯地区途经隆沙推进至华沙东侧。在我看来，与步兵部队展开的这种密切合作不利于充分发挥装甲部队的实力。我指出，拟议中的合作不利于发挥摩托化师的速度优势，而只要我们推进缓慢，华沙地区的波兰军队就有机会向东撤退并沿着布格河构筑新的防线。我因此向集团军参谋长冯·萨尔穆特将军提议，我的装甲兵团由集团军直接控制，从居希勒的部队左侧经过维茨纳，沿着布格河东岸向布雷斯特—利托夫斯克进发，由此挫败华沙周边波兰军队构筑新的防御阵地的任何企图。萨尔穆特和冯·博克上将表示同意。我接受必要的命令之后就立即前往阿利斯军事训练区集合兵团的指令小组（接收向纳雷夫河逼近的新命令）。我原先指挥的几个师当中，第三装甲师和第二十（摩托化）步兵师保留在我旗下，第二（摩托化）步兵师暂时脱离我的指挥加入集团军的预备队。此前归居希勒节制的第十装甲师以及"乐岑"要塞步兵旅纳入我的第十九兵团，这两支部队目前都在纳雷夫河的维茨纳段作战。

9月9日凌晨2点到4点半之间，命令传达到此前归属我那个兵团的两个师。之后我驱车到隆沙以北十一英里的科尔策尼斯特去见冯·法尔肯霍斯特将军，他指挥的第二十一兵团目前在我的右侧。我想了解他的处境，顺便问问他对我即将指挥的那些部队的看法。5点到6点之间，我到那里叫醒军官们，让他们向我汇报他们这一线的作战情况。这个时候我才知道，德军曾经发动突袭夺取隆沙但遭遇失败，部分原因是波兰人的坚固防守，部分原因是德军缺乏经验。第二十一兵团驻留在纳雷夫河北岸。

General Sketch Map No 2.
The Advance into Poland
Situation 9.9.—18.9.39.

概率图2　进入波兰，1939年9月9日至18日的战局。

Königberg 柯尼斯堡	Grodno 格罗德诺	Prasnischo 普拉什尼斯乔	Brestlir 布雷斯特利尔
Danzig 但泽	Kulm 库尔姆	Bialystok 比亚韦斯托克	Radom 拉多姆
Bartenstein 巴滕斯坦	Ortelsburg 什奇特诺	Bielsk 别尔斯克	Vlodava 弗洛达瓦
Lötzen 乐岑	Thorn 托恩	Kutno 库特诺	Chelm 谢尔姆
Graudenz 格劳登茨	Lomsha 隆沙	Pruzana 普鲁萨纳	Kovel 科维尔
Allenstein 奥尔什丁	Vizna 维茨纳	Kiernevice 基尔内维策	Rzeszov 热舒夫
Augustov 奥古斯托夫	Ossoviec 奥索维耶茨	Kobryn 科布林	

　　早晨8点我在维茨纳见到第十装甲师的指挥人员。由于师长沙尔将军遭遇车祸，该师目前由施屯普夫将军指挥。施屯普夫告诉我，他的步兵部队已经过河并向上级报告已经夺取这一区域的加强阵地，目前战斗仍在继续。受此消息鼓舞，我又视察了"乐岑"旅。这个旅原本是要守卫德军夺取的防御工事的，但现在不得不渡河参加战斗。"乐岑"旅及其旅长加尔上校给我留下非常好的印象，他们过河之后就投入进攻。我对旅长采取的措施非常满意，高兴地回到了第十装甲师。

　　回到维茨纳我才失望地发现，上午关于步兵部队取得成功的报告是一个误解。他们是过河了，但没有打到对岸的混凝土防御工事，目前情况也没有发生变化。为此我亲自过河去见团长，但我没找到团指挥所，甚至营指挥所都隐藏得很深。而且我虽然身处前线，但看不到坦克的踪影，所有的坦克都还在纳雷夫河的北岸。我当即让副官回去命令坦克部队过河。就在这时，前线出现了意外状况。询问之后我才知道，原来是最前沿的几个连在换防。但这根本不像上岗仪式，部队对发动进攻的命令毫不知情。有个重炮部队的炮兵观察员也在步兵中间，他对自己的任务也很茫然。没有人知道敌人在哪里，也没有人组织任何形式的侦察。我先是阻止连队的换防，接着命令团长和营长来见我，然后让那名炮兵观察员向炮兵传达停止炮击波兰阵地的命令。团长最终出现之后，我立刻动身寻找敌人的前线。我和他一直往前走，直到受到敌人的攻击为止。这时波兰的混凝土工事就在我们前方。我们在那里见到一门德国反坦克炮，勇敢的指挥员单枪匹马推送到这个地方。我们就是从这里发动进攻的。对于目前为止的战斗情况，我难以掩饰自己的失望之情。

　　回到纳雷夫河边的时候我发现坦克团还在北岸，我当即命令团长全速过河。由于跨河桥还没有建好，坦克必须要摆渡过去。等我们最终发动进攻的时候，时间已经到了18点。进攻很快就取得成功，而且我们的伤亡很轻微。假如有积极、果敢的领导，这样的战绩早在当天上午就能轻易实现。

　　回到改设在维茨纳的兵团指挥所之前，我用口头和书面的形式命令工程兵以最快速度搭桥，因为第十装甲师和最后面的第三装甲师都需要渡河到对岸。

　　回到指挥所之后，我拟定了第二天的作战命令：第二十（摩托化）步兵师从第十装甲师右侧渡过纳雷夫河，第三装甲师跟在第十装甲师之后。我们在维茨纳新建的牧师住所过夜，那是一栋尚未完工、几乎无法住人的建筑。但这已经算是好的了，其他地方的情况更加糟糕。

East Prussia

Sketch Map 2

Advance of XXI Army Corps
to Brest-Litovsk
Situation 8. 9. –17. 9. 39.

Arys
Biala
Szczeczyn
Grodno
Osoviec
Osowiec
Yedvabno
Yedvabno
Vizna
Lomsha
Zambrov
Ostrolenka
Andrzeievo
Nur
Sokoly
Bialystok
Bielsk
Bransk
Mezenin
Suwoly
Wysokie Mazow
Narev
Bielovieza
Bielovieza
Kaminiec Lit.
Vysokie Lit.
Brest-Lit.
Kobryn

XXI AK
18

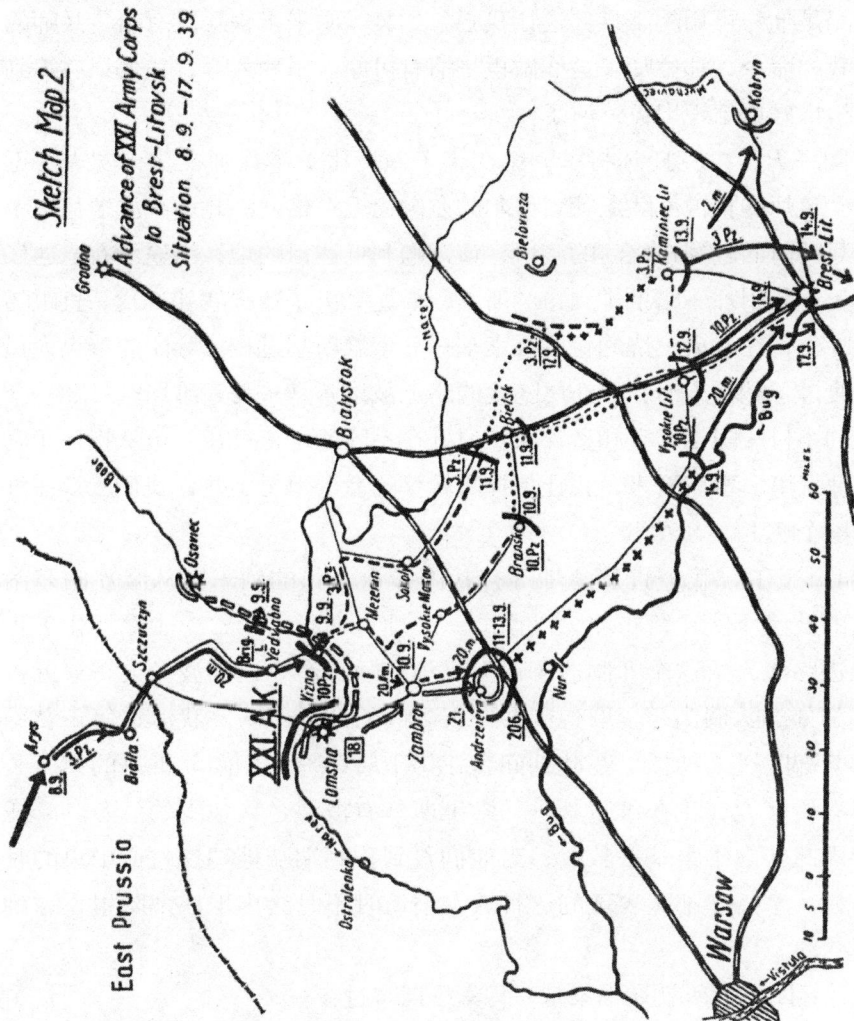

East Prussia 东普鲁士
Arys 阿里斯
Bialla 比亚拉
Szczeczyn 什丘钦
Grodno 格罗德诺
Osoviec 奥索维耶茨
Yedvabno 耶德瓦布诺
Vizna 维茨纳
Lomsha 隆沙
Ostrolenka 奥斯特罗文卡
Mezenin 梅黄宁
Bialystok 比亚韦斯托克
Zambrov 参布罗夫
Sokoly 索科利
VysokieMosov 维索基莫索夫
Narev 纳雷夫河
Andrzeievo 安德尔采耶沃
Bransk 布良斯克
Bielsk 别尔斯克
Bielovieza 别洛维耶察
Vysokie 维索基
Kaminiec 卡米涅茨
Warsaw 华沙
Kobryn 科布林
Brest-Lit. 布雷斯特-利托夫斯克

示意图2　第二十一兵团向布雷斯-利托夫斯克一线推进
1939年9月8日至17日期间的战局

9月10日凌晨5点，我突然发现半夜刚刚搭好的桥被第二十（摩托化）步兵师师长命人拆除并搬到下游为他那个师渡河做准备了。剩余的两个装甲师要想过河，渡船是唯一可用的工具，这让我心急如焚。原来工程兵没有给步兵师的师长传达我的命令，那位师长这么做也是情有可原。事到如今，我们只有等到晚上新的桥搭好再组织坦克过河了。

就在同一天，维克托林将军的第二十（摩托化）步兵师在赞布罗夫附近遭遇强敌。该师的精锐部队正朝着努尔的方向逼近布格河。此前我派遣侦察示范营在步兵师前面赶到布格河的渡口，该营顺利抵达目的地，沿途没有遭遇任何阻击。第十装甲师一路推进到布兰斯克，沿途经历了数次战斗。我一直跟随这个师到晚上，在战火燃烧的村庄维索基—马索维斯基过夜。兵团的参谋人员当天晚上渡过了纳雷夫河，但在尾随我的路上被维索基—马索维斯基以北一个火光冲天的小村庄阻挡。我和参谋人员只好在不同的地方过夜，这从指挥角度看不是一件好事。事后看来，我让指挥所转移的命令下早了些，我们应该在维茨纳再待一个晚上。

9月11日上午，我一直焦急地等待兵团参谋人员的到来。从隆沙向东南方向撤退的波兰军队在赞布罗夫以南的一个地点切断了第二十（摩托化）步兵师的推进路线，给这个师制造了很大麻烦。师长命令远离波兰人正逼近布格河的那部分部队调头，争取包围并歼灭中间的波兰军队。我派遣第十装甲师的一部分部队过去增援。在此期间，在第十装甲师左侧向北推进的第三装甲师内部有传言说，我在维索基—马索维斯基有被波兰人包围的危险。摩托步枪三营因此转向维索基去救我，当他们看到我好端端地站在村道中央的时候都很高兴。摩托车部队表现的这种战友情谊时不时会出现在部队里，这种感情令人感动。

当晚，兵团指挥所就在维索基—马索维斯基过夜。

9月12日，第二十（摩托化）步兵师与增援的第十装甲师那部分部队在安德尔采耶沃附近成功包围波兰人。第十装甲师抵达维索基—利托夫斯基，第十装甲师抵达别尔斯克。我已经随侦察营的先头部队先期到达别尔斯克，所以可以接收到他们用手发出的信号。下午我就见到了儿子库尔特。

兵团指挥所转移到别尔斯克，第二（摩托化）步兵师脱离集团军预备队重新归我指挥。我命令第二（摩托化）步兵师沿着隆沙—别尔斯克一线推进与兵团会合，命令里专门强调"师长要在最前方带领部队"。13日早上，巴德尔将军遵照命令冲在部队前面很远的地方，身边只有一辆无线信号车，结果他遭遇了从安德尔采耶沃包围圈逃脱的敌人。他在敌人的炮火下煎熬了几个小时之久，好在能干的无线电操作员想办法向我们汇报了情况才让他得救。这件事对我们是一个教训。

同一天，安德尔采耶沃附近的波兰军队缴械投降，波兰第十八师师长被俘。第三装甲师抵达卡米涅克—利托夫斯克，他们的侦察范围已经到了布雷斯特—利托夫斯克一线。攻击这个要塞的命令已经下达。当晚我们在别尔斯克过夜。

我们知道波兰军队到了著名的别洛维萨森林。我要避免在这个区域的丛林作战，因为那样会分散我们完成主要目标——夺取布雷斯特—利托夫斯克——的注意力，牵制我们很大一部分兵力。有鉴于此，我就离开部队去观察森林边的情况。

9月14日，第十装甲师下辖的侦察营和第八装甲兵团成功突破布雷斯特外围的防线。我当即命令整个兵团全速逼近布雷斯特，充分利用这个意外收获。

当晚我们在维索基—利托夫斯克过夜。

9月15日，我们在布格河东岸完成对布雷斯特的包围。我们想用坦克突袭夺取这个要塞但没有成功，因为波兰人在入口大门处横向停放了一辆老式雷诺坦克，我们的坦克无法强行进入。

当晚兵团指挥所设置在卡米涅克—利托夫斯克。

接下来，我们部署第二十（摩托化）步兵师和第十装甲师在16日协同攻击要塞。两个师对城墙发起猛攻，但由于第十装甲师的步兵团没有遵照命令紧随炮兵的徐进弹幕射击推进，这次进攻最终止步于城墙脚下。最后步兵团终于发动进攻但为时已晚，结果他们不仅没有实现目标还遭受重大伤亡，当时我就在这个团的火力前线。我的副官布劳巴赫中校在这次战斗中受重伤，几天后不治身亡。当时后方部队发射的炮弹落在我们自己的前沿部队中间，他正赶回去加以阻止，结果被土墙上的波兰狙击手在100码外打个正着。他的牺牲是一个惨痛的损失。

第三装甲师从东面绕开布雷斯特往南走向弗洛达瓦，随后的第二（摩托化）师向东往科布林进发。

兵团指挥所留在卡米涅克—利托夫斯克。

9月17日早晨，夜间横渡到布格河西岸的高尔尼克上校的第七十六步兵团成功夺取要塞。他们攻取要塞的时候，波兰的守备军正要向西从布格河上尚未损毁的那座桥突破。从一定程度上说，要塞的夺取标志着此次战役的结束。兵团指挥所随后转移到布雷斯特，驻扎在沃伊沃德夏夫特。这时我们收到消息说，苏联人正从东线过来。

波兰一战是对装甲部队火的洗礼。我深信，装甲部队已经充分证明自己的价值，我们为组建这支部队付出的努力是值得的。我们面朝西方站在布格河边，准备迎接剩余的波兰陆军。负责为兵团殿后的是第二（摩托化）师，他们在科布林之前还有恶战要打。我们期待着随时与北上的装甲部队建立联系。我们最前沿的侦察部队已经抵达卢博梅尔。

与此同时，冯·克鲁格上将指挥的第四军赶上了我们，所以我们又一次纳入第四军的指挥体系。在纳雷夫河流域英勇作战的"乐岑"要塞旅继续充当我们的左翼，几天之后才回归第四军。此时第四军命令第十九兵团向前推进，其中一个师向南，一个师向东逼近科布林，还有一个师往东北方向逼近比亚利斯托克。这样的部署将会分割我们的兵团，让我完全无法指挥。不过苏联人的出现让这些命令在得到执行之前就已经过时。

作为传令官，一名年轻的军官乘坐装甲侦察车向我们报告说，苏联一个坦克旅已经在路上。接着我们收到了德国外交部与苏联方面达成分解协议的消息。根据协议，布格河就是双方的分界线，布雷斯特因此划归苏联人管辖。我们认为这样的划分对德国不利，但我们被告知，9月22日以前必须撤离分界线以东的区域。这个时间太紧张了，我们甚至来不及转移伤员和修复损坏的坦克。估计双方达成分界协议和拟定停火协议的时候就没有军人在场。

布雷斯特—利托夫斯克一线发生的另一件事也值得一提。但泽的主教奥鲁克和波兰的大主教赫隆从华沙向东逃亡了。当波兰教会的这两位重要人物到达布雷斯特的时候，他们很惊讶地发现德国人已经驻扎于此。红衣主教赫隆悄悄朝东南方向溜走了，最终到了罗马尼亚境内。但泽的主教决定朝东北方向走，结果直接落到我们手里。他要求见我，我很乐意地在布雷斯特见了他。他不知道什么地方是安全的，也不愿意落到苏联人手里，所以我建议他跟随从科尼斯堡运送物资的补给部队返回去。到那里他就能轻松联系到瓦尔米亚的主教并请求后者的保护。奥鲁克主教接受了我的提议，带着他的随从毫发无损地离开了作战区域。后来他给我写了一封充满感激的信，他在信里说到德国军官的骑士传统，感谢我为他提供的帮助。

向苏联人交接的那天，对方来了一位名叫克里沃欣的准将。他也是坦克部队出身，而且会说一点法语，所以我们之间可以交流。通过与苏联人直接展开友好的交流，我们解决了外交部的指示未确定的一些事宜。我们所有的装备都可以运走，只有从波兰人那里缴获的物资要留下，因为我们没有充足的时间把这些物资也运走。我们和克里沃欣将军一起组织了一个告别仪式，在向双方的国旗敬礼之后，我们在布雷斯特—利托夫斯克的驻留宣告终结。

离开这个让我们付出巨大代价的要塞之前，我在9月21日送副官布劳巴赫中校到他的长眠之地。失去这位英勇善战的战友让我深感痛惜。他受的伤本身并不致命，但因为伤口腐败外加心脏不好，他最终没能挺过去。

9月22日晚间，我们到达赞布罗夫。此时第三装甲师已经动身前往东普鲁士，其他几个师分梯队紧随其后，兵团就此解散。

9月23日，我们驻扎在博托—文特·楚·奥伊伦堡伯爵在加林根的漂亮住宅里。伯爵本人在部队服役，接待我们的是伯爵夫人和她漂亮的女儿。我们在那里平静地休息了几天。在激烈、疲乏的战斗之后，这样的休整再好不过。

我儿子库尔特没有在战斗中负伤，但我不清楚大儿子海因茨的情况。实际上在整个战役期间，部队从来没有收到从国内寄来的战地信件，这对大家来说都是难以承受的。现在我们都希望尽早回到国内的驻地，那样部队就可以尽快休整恢复状态。

那个时候我们还希望，我们在波兰取得胜利的速度能结出政治果实，能让西方列强倾向理智的和平。我们推测，如果我们的这个希望破灭，希特勒将会迅速决定在西线作战。不幸的是，这两个愿望都化为泡影，我们正进入丘吉尔所说的"古怪的战争"时期。

我利用休息时间去看望东普鲁士的亲戚，还见到了从西普鲁士来的一个侄子。此前他被迫加入波兰陆军，现在被释放之后想为自己的祖国服役。

10月9日，我那个兵团的参谋人员转移到柏林。途中我再次去看望西普鲁士的亲人，他们在战争期间的处境很艰难，还经历了臭名昭著的布隆伯格"血色星期天"。另外我还去了出生地库尔姆一趟，在那里找到了我父母和祖母住过的房子。那是我最后一次回到我的第一个家。

回到柏林不久我就见到了大儿子海因茨，这让我高兴万分。他参加了夺取华沙的激烈战斗，还荣获一级和二级铁十字勋章。

关于波兰一战，我最后要特别指出的是，我的参谋人员在参谋长内林上校的领导下工作完成得很出色，他们凭借自己的智慧和突出的指挥技能为兵团取得的战绩做出了巨大的贡献。

战争间隙

10月27日，我受命前往总理府，与其他23名军官一起接受铁十字骑士十字勋章。这么快就得到这样一枚勋章是一件非常令人高兴的事，而且对我来说，这枚勋章更像是对我为全新创立装甲部队付出的长期努力的认可。毫无疑问，我们能够在快速且伤亡人数少的情况下赢得对波兰的战争，最主要的功臣就是我们的装甲力量。授勋仪式之后的午餐会上我就坐在希特勒右边，我们就装甲部队的发展以及我们在波兰战役中积累的经验展开了热烈的交谈。餐会结束前他径直问我："我想知道民众和军队是怎么看待德国与苏联之间的协议的。"我只能回答，军人们在8月底听到协议签署的时候都舒了一口气。这个协议给了我们对后方的安全感，我们很高兴地想到，后方的安全能够让军队免于其恐惧的、在此前的世界大战里最终导致其溃败的双线作战。希特勒有些诧异地看着我，我感觉他对我的回答不满意。不过他没再谈论这个话题，转而说些别的。很久以后我才意识到希特勒对苏维埃治下的苏联深恶痛绝，他在问我的时候肯定认为，我对他与斯大林之间居然达成协议应该感到惊讶才对。

我短暂休假在家期间迎来一个噩耗。11月4日，我岳母在我们柏林的家里去世。我们送她的灵柩到高斯拉尔，让她长眠在我已故的岳父身边。之后，新的命令又让我再一次离开了家。

11月中旬，我的参谋团队转移到杜塞尔多夫，其后又因计划有变转移到科布伦茨。在科布伦茨，我成为第一集团军总司令冯·龙德施泰特上将的助手。

为加强军官尤其是将官们的政治态度，政府在柏林安排了一系列讲座，主讲人先后是戈培尔、戈林以及最后在11月23日亲自演讲的希特勒。听众主要是将军和元帅，不过也有一些来自战争学校的教官和导师，他们当中最低的军衔是中尉。

上述三人的讲话传达了一个几乎相同的信息，即："空军的将官们在戈林同志强有力的领导下是完全可靠的；元帅们在执行希特勒路线这一点上是可以信赖的；但党对陆军将官的诚意不能寄予无条件的信任。"鉴于我们在刚刚结束的波兰战役中取得的战绩，这样的影射让我们所有人无法理解。回到科布伦茨之后，我去找集团军参谋长冯·曼施坦因将军讨论此事。他和我一样认为，将军们不能对这样的指责坐视不管。他已经和集团军总司令谈过此事，但发现后者不愿意采取任何行动。他让我再去做做龙德施泰特的思想工作，我立刻就去了。冯·龙德施泰特上将很清楚这件事情的来龙去脉，但他说他最多只能向陆军总司令陈述事实并引起后者对相关指责的关注。我向他指出，这些指责主要针对的就是陆军总司令，而且当时总司令也在现场，所以更恰当的做法应该是从侧面想办法敦促希特勒撤销这种不公正的指控，但龙德施泰特将军不愿意在这件事情上做出更多的举动。接下来的几天，我去催促多位高级将官采取行动但没能成功。我去见的最后一位将官是冯·赖谢瑙上将，他站在希特勒和纳粹党一边的立场已经广为人知。但出乎意料的是，赖谢瑙告诉我他和希特勒的关系其实很不好，两个人之间还有过几次激烈的争吵，所以他就是去见了希特勒也不会起到什么作用，不过他也认为必须要让希特勒知道将官们在这件事情上的立场。他还建议我自己去完成这个任务。我说作为兵团指挥官我资历尚浅，没有资格代表那么多上级领导讲话。但赖谢瑙将军不认同我的说法，还说在这件事情上我资历浅可能反而是件好事。随后他向总理府要求安排我去见希特勒，第二天我就接到向希特勒报告的命令。我在那次谈话中有了一些不寻常的发现。

　　当天希特勒接见了我，让我畅所欲言地一连说了20分钟左右。我谈到在柏林的那三次讲话以及几次讲话针对陆军将官提出的指责，然后说："我和很多将军谈起过这个问题，他们都表示，他们在波兰战役中刚刚冒着生命危险证明自己的能力，在三个多星期的时间里就取得胜利，而在这样的情况下，政府的高层领导居然公开对他们表示不信任，这让他们既惊又怒。他们认为，德国与西方列强之间大战在即，这个时候必须要弥合最高领导层中间存在的这种重大裂隙。您可能没想到我这么一个资历尚浅的指挥官会向您报告这件事，但我问了很多上级领导，他们都不愿意这么做。不过他们不反驳并不代表您就可以说：'我告诉陆军将官我不信任他们，他们接受我的不信任。没有一个人站出来抗议。'这就是我今天来见您的原因：对那些我们认为既不公平又侮辱人的说法表示抗议。如果您对个别将军——应该只是个别——不信任的话，您可以把他们解职。即将到来的战争将是漫长的，军方高层不能有这样的嫌隙。第一次世界大战期间的1916年，兴登堡和鲁登道夫进入统帅部之前就曾出现过危机。所以这一次，我们必须要在类似的重大问题出现之前恢复彼此信任。当年的解决办法来得太迟，这次我们的最高领导层应该要避免重蹈覆辙。"

　　希特勒很认真地听我说完，然后简单说了一句："是陆军总司令的问题。"我说："如果您认为您信不过现任陆军总司令，那您应该撤他的职，重新任命一个您绝对信任的人。"话音刚落，一个我害怕面对的问题出现了："你认为谁合适？"我想到了一长串将官的名字。在我看来，他们都能胜任这个棘手的职务。我首先提到冯·赖谢瑙将军，但希特勒用"完全不可能"予以否决。他在说出这句话的时候还异乎寻常地做出厌恶的表情，这让我意识到，赖谢瑙在杜塞尔多夫那次谈话中关于他和希特勒关系不好的说法一点都不夸张。接着我从冯·龙德施泰特上将开始说出一长串名字，但被希特勒——否决。最后我实在无人可说，只好闭口沉默。

现在轮到希特勒说话了。他详细讲述了他不信任将官们的缘由，首先讲到的是他开始重新武装德国军队时弗里奇和贝克给他制造的麻烦。他原本想立即组建36个师，但弗里奇和贝克说暂时只能组建21个。他要重新占领莱茵兰地区，将军们表示反对。只要法国人稍皱眉头，将军们就准备立即撤军。如果不是外长的积极干预，这些将军已经屈服。然后就是陆军元帅冯·布隆伯格让他大失所望，弗里奇事件也让他感觉不是滋味。贝克在捷克危机期间反对过他所以卷铺盖走人。现任陆军总司令在继续重新武装的问题上提出过建议，但他提出的东西远远不够，其中一个很明显的例子是，他提出的增加轻型野战榴弹炮产量的数字小得离谱，完全无法满足要求。在波兰战役期间，他和将军们在如何实施进攻的问题上存在分歧。至于即将在西线展开的行动，他觉得他和陆军总司令在如何实施进攻的问题上也持不同看法。

希特勒对我的坦诚表示感谢，我们持续了一个小时左右的谈话就此无疾而终。我回到科布伦茨，对自己了解到的内幕深感沮丧。

第5章 西线战事

战备阶段

在投入与西方列强的对抗——我们原本很想避免这种局面——之前，我们认真研究了在波兰得到的经验教训。经验表明轻型师是一个怪异的混合体，我本人对此并不感到意外。这些轻型师因此被改组为装甲师，代码分别为第六师至第九师。此外，摩托化步兵师编制太大、行动太迟缓，所以每个师都被削减了一个团。然而，原本迫在眉睫的为坦克团重新装备Ⅲ号坦克和Ⅳ号坦克的计划却进展缓慢，这一方面是因为军工企业的生产能力上不去，另一方面是因为陆军总司令部有意识地囤积新式坦克。

为了组织训练，上级把几个装甲师和"大德意志"步兵团划归我指挥。除了训练以外，我的精力主要投入到对未来西线战事的计划和评估工作当中。

希特勒催促陆军总司令部发动进攻，但后者又想采用1914年那种"施里芬计划"。老调重弹固然可以简化程序，但难免缺乏创新，所以大家的思路很快就转到其他选择上去。11月的一天，曼施坦因把我叫过去，向我讲述了他对这个问题的看法。他主张发动强力的坦克攻势从比利时南部和卢森堡突进至色当，一举突破马奇诺防线在那个区域的延长线，将法国的整条前线一分为二。他让我从坦克兵的角度分析他的计划。我花了很长时间研究地图，还在脑海里竭力回想第一次世界大战期间对该区域地形的印象，最后告诉他说，他提出的行动计划确实可以执行。我提出的唯一一个条件是，执行计划时要投入足够数量的装甲师和摩托化师，可能的话就全数投入。

曼施坦因为此写了一份备忘录，在得到冯·龙德施泰特上将签字同意后于1939年12月4日上报给了陆军总司令部。这份备忘录的出现没有让统帅部感到高兴，他们最多只想投入一两个装甲师用于突破阿尔隆的进攻。我认为一两个师的力量太过薄弱，如此部署毫无意义。我们的坦克力量原本就不强，将其分开使用就是大错特错。但问题是，分开使用恰恰是统帅部的意图。曼施坦因由于坚持己见得罪了统帅部，最后竟被任命为一个步兵兵团的指挥官。他要求至少指挥一个装甲兵团，但统帅部没有批准。于是，当我们展开行动之后，这位最具头脑的军官就带着一个兵团投入到第三波的进攻当中。不过正是由于他的出色提议，我们的行动最终才取得巨大的成功。在冯·龙德施泰特上将身边，取代曼施坦因的是更喜欢按部就班的冯·索登施泰恩将军。

与此同时，一次飞行事故迫使上级领导放弃了"施里芬计划"。空军一名通信军官违规带着"施里芬计划"的重要资料在夜间飞行，在越过比利时边界以后在比利时的领土上迫降。他是否成功销毁资料不得而知，但无论如何我们都得假设比利时人已经清楚掌握我们的行动计划，甚至法国人和英国人都可能知道了。

当曼施坦因向希特勒报告接受兵团指挥权的时候，他借此机会表明了自己对行动计划的看法。此举果然奏效，希特勒当即命令对"曼施坦因计划"进行认真研究，1940年2月7日在科布伦茨举行的军事演习就是决定性的一环。在这次地图演练期间，我提议在第五天使用大规模装甲和摩托化部队发动攻击，在色当附近的默兹河上打开一个通道，以便打开一个最终要延伸至亚眠的突破口。在场的陆军总参谋部部长哈尔德对我的提议很是不屑。在他的设想当中，坦克部队抵达默兹河以及夺取桥头堡之后就得等待步兵部队跟上来，然后在第九天或第十天一起发动"联合攻击"。他把这个策略称为"组织得当的集群进攻"。我对此表示强烈反对并重申，我们必须要使用现有的所有装甲力量在一个关键点发动突然袭击，在敌方防线打开一个又深又宽的缺口以免除我们对两翼的担忧，紧接着就是充分扩大战果而不是等待步兵的到来。

我对法国边境要塞的看法得到冯·施蒂奥塔少校研究成果的支持。施蒂奥塔少校是集团军指挥所的工程顾问，他对法国边境要塞进行了非常仔细的研究，在对空中拍摄照片进行细致分析之后得出自己的结论，所以他的观点是不容忽视的。

2月14日，军方在迈恩再次组织演习。迈恩是利斯特上将指挥的第十二军总部所在地。这次演习哈尔德也在场，研究主题仍然是夺取默兹河渡口的战斗。我被问到的问题主要是：装甲师能否独自打开一个渡口，他们是否需要等待步兵跟上；如果是后者，装甲师是否应该参与最初的渡河行动，还是把这个任务直接交给步兵？由于默兹河以北阿登高地地区的地形非常复杂，最后一个方案显然是不可行的。现场的气氛越来越压抑，最后我和冯·维特斯海姆将军——他的第十四摩托化兵团拟跟在我身后——只好说，在这种情况下我们对行动的指挥没有信心，而且由于装甲部队的使用方式不正确，行动中必定会出现危机。

就连冯·龙德施泰特上将也对坦克的潜力不甚了了，他因此选择了更为谨慎的方案，这就使情况变得更加严峻。现在正是我们需要曼施坦因的时候！

大家对如何指挥这么多坦克部队的问题展开了无休止的讨论，还对此表现出各种各样的担忧。经过长时间的反复，与会人员最终决定由此前不是特别青睐装甲力量的冯·克莱斯特将军指挥装甲部队，同时明确了我的装甲兵团将在阿登高地的进攻中担任先锋。讨论结束后，我开始着手就即将执行的任务对手下的将军和参谋军官进行培训。根据作战计划，我负责指挥第一、第二和第十装甲师、"大德意志"步兵团和一系列直属部队，其中包括一个迫击炮营。除了"大德意志"步兵团以外，我对手下的部队在和平时期和战争时期的表现了如指掌，对他们的能力绝对信任。现在我有机会帮助他们为眼前的艰巨任务做准备。对于这项任务的成功，当时除了希特勒、曼施坦因和我之外没有人真正有信心。让高层接受我们的想法是一个让人身心俱疲的过程，我需要短暂休息一下。请假批准之后，我得以从3月中到月底回家休息。

但在此之前我还参加了一个会议。会议在帝国总理府举行，由希特勒主持，参会人员包括第一集团军下属各军和兵团的指挥官、冯·克莱斯特将军和我。会上，每一名将军汇报了各自的任务内容及执行任务的策略。我最后一个发言，任务如下：我在命令指定的日期越过卢森堡边境，通过比利时南部前往色当，渡过默兹河并在对岸建立桥头堡，以便后续跟上的步兵过河。我指出，我的部队将以三个纵队的序列通过卢森堡和比利时南部，我打算在第一天抵达比利时边境的前哨并在当天加以突破；第二天我争取推进到纳夫夏托；第三天我将抵达布永并渡过瑟穆瓦河；第四天到默兹河；第五天渡过默兹河。我希望第五天晚间在河对岸建好桥头堡。希特勒听完问我："之后你打算怎么做？"他是第一个想到问我这个关键问题的人。我回答说："如果没有接到其他指令，我打算在之后的一天继续向西推进。最高领导层必须明确我的最终目标是亚眠还是巴黎。我个人认为，正确的路线应该是越过亚眠直抵英吉利海峡。"希特勒点点头，什么也没说。只有我左侧的第十六军军长布施大声说道："我觉得你就过不了默兹河！"面露不安的希特勒看着我，等待我的回答。我说："不管怎么样，你是不用过河的。"

希特勒仍然沉默不语。

在夺取默兹河桥头堡之后该如何行动的问题上，我从未接到进一步的指令。直到抵达阿布维尔的大西洋海岸，所有决策部署都是我自己一个人做出的。自始至终，最高统帅部对我施加的影响只是对我进行约束和限制。

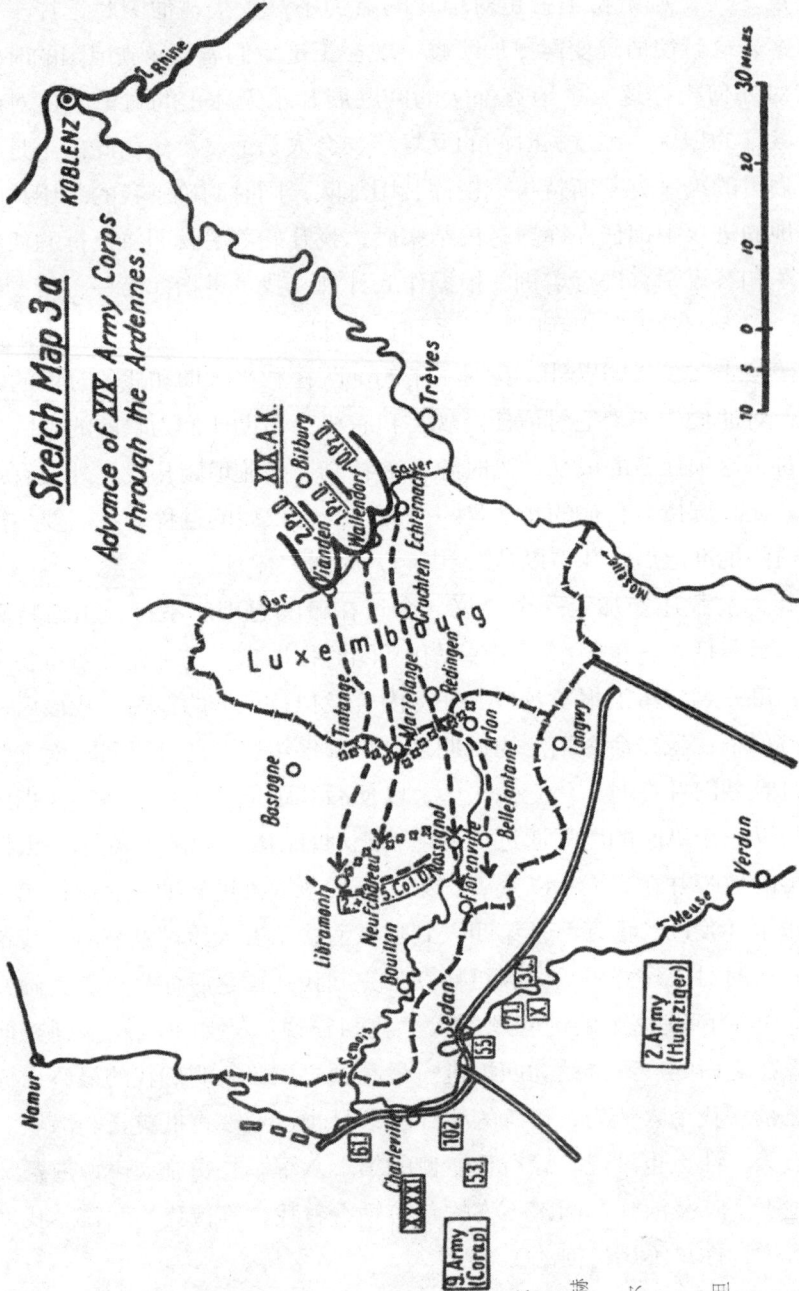

Sketch Map 3a

Advance of XIX Army Corps through the Ardennes.

示意图3a　第十九兵团穿越阿登高地

休假结束后，我返回工作岗位继续为这项艰巨的任务做准备。漫长的冬季之后是宜人的春天，连续不断的试验性警戒也将变得正式。在讲述后来的事情之前，我想我应该解释一下为什么我对即将到来的行动满怀信心，为此我要把时间往回拉一些。

第一次世界大战的西线战事在短期内曾经是一场运动战，但很快就演变成阵地战。不论何种规模的作战物资都没能使军队再次移动起来，直到1916年11月敌军的坦克出现在战场上。凭借装甲、履带、火炮和机枪，坦克穿越炮火和铁丝网，跨过战壕和弹坑，把精力充沛、勇于战斗的士兵运送到德军防线的中心。这种攻势的威力因此为人熟知。

作为惩罚，战后的《凡尔赛和约》禁止德国拥有或者建造装甲车、坦克或任何可能用于战争的类似装备。坦克的重要性由此可见一斑。

也就是说，在我们的敌人眼里，坦克是一种我们不能拥有的决定性武器。正因为这样，我暗下决心要研究这种决定性武器的历史并关注其未来的发展。对于不受传统束缚的坦克理论非专业人士来说，除了国外已经认可的相关理论以外，装甲及装甲部队的使用、组织和建造还有一些东西需要学习。经过多年的艰苦努力，我得以在其他兵种得出相同结论之前把我的理论付诸实践。我们在坦克的组织和使用领域取得的进步是我对未来取得成功深信不疑的主要原因。而即便到了1940年，德国陆军也几乎没人有同样的信心。

对第一次世界大战的深入研究使我对战士的心理有了深刻的理解，仅从个人经历我就对我们自己的军队有了很清楚的认识。与此同时，我对西方各国的敌军也形成自己特定的一些看法，这些看法在1940年的战事中得到了验证。尽管我们的敌人在1918年取得的胜利在很大程度上要归功于坦克武器，但他们的思维仍然停留在阵地战上。

法国拥有西欧最强大的地面部队，也拥有西欧数量最大的坦克力量。

截至1940年5月，英法两国在西线的部队一共拥有4000辆装甲车辆。当时德国陆军的这个数字是2800，其中包括装甲侦察车，而且当我们发动进攻的时候，其中只有2200辆可以投入使用。我们面对的是占据数量优势的对手，而且法国的坦克在装甲和火炮口径上都比德国坦克强，当然了，在控制设备和速度上倒是不如德国坦克。（参见附录Ⅲ）尽管拥有最强大的运动战力量，法国人还是构筑了世界上最坚固的防御体系"马奇诺防线"。他们为什么不把用于构筑那些防御工事的钱用于促进法国机动部队的现代化和强化上呢？

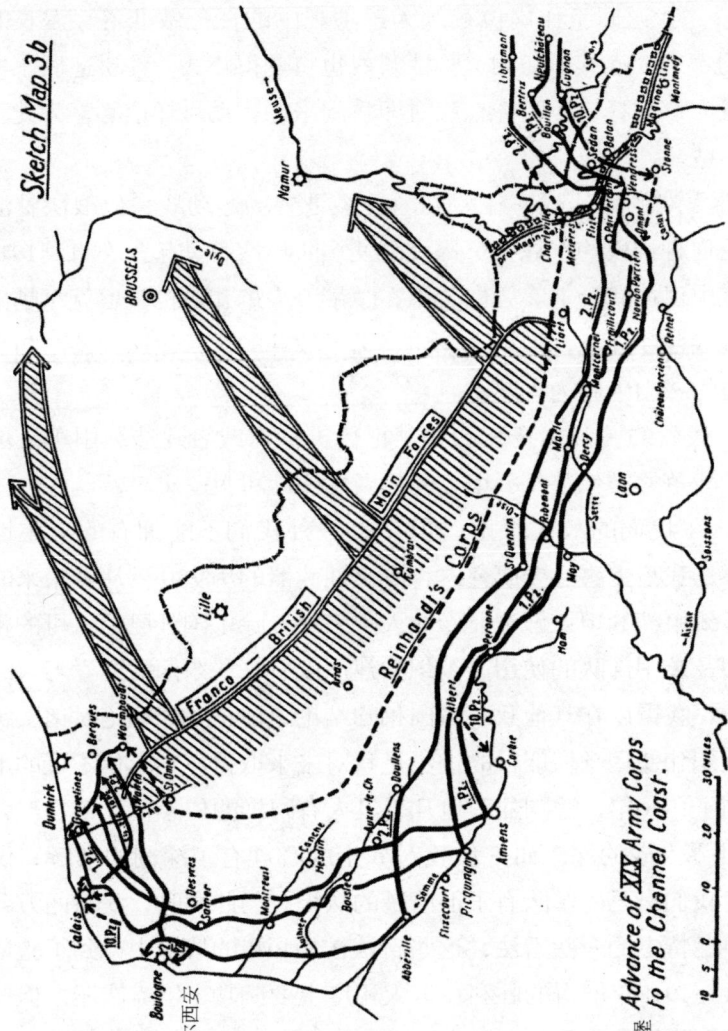

Sketch Map 3b

Advance of XIX Army Corps to the Channel Coast.

示意图3b

Dunkirk 敦刻尔克   Mam 马姆
Calais 加莱   Moy 穆瓦河
Gravelines 格拉沃利内   Ribemont 里贝蒙
Bergues 贝尔格   Sesse 塞瑟河
Wormhout 沃尔穆   Marle 马尔勒
Walten 瓦尔滕   Dercy 德尔西
Boulogne 布洛涅   Montcornet 蒙科尔内
Brussels 布鲁塞尔   Fraillicourt 弗赖伊库尔
St. Omen 圣奥梅尔   Novion-Porcien 诺维永-波尔西安
Devres 代夫勒   Charleville 夏勒维尔
Samer 萨梅尔   Mezieres 梅齐埃
Lille 里尔   Flize 弗利兹
Franco–British 法英联军   Poix Percon 普瓦佩尔孔
Main Forces 主力部队   Omont 奥蒙
Montreuil 蒙特勒伊   Vendresse 旺德雷斯
Authier 欧蒂尔   Sedan 色当
Canche 康什河   Balan 巴兰
Hesdin 埃丹   Bouillon 布永
Boisle 布瓦勒   Cugnon 居尼翁
Arras 阿拉斯   Bertrix 贝尔特里
Namur 那慕尔   Neufchateau 讷沙特托
Meuse 墨兹河   Semois 塞穆瓦河
Abbeville 阿贝维尔   Aisne 埃纳河
Doullens 杜伦   Soissons 苏瓦松
Reinhardt's Corps 赖因   Chateau Porcien 波尔西安城堡
哈特兵团   Rethel 勒泰勒
Somme 索姆河   Canal 运河
Flixecourt 弗利克斯库尔   Stonne 斯通内
Picquigny 皮宽尼   Maginot Line 马其诺防线
Albert 阿尔贝   Montmedy 蒙泰迪
Amiens 亚眠
Corbie 科尔比
Peronne 佩罗内
St. Quentin 圣昆丁

在这方面，戴高乐、达拉第等人的提议被忽视了。由此可见，法国最高领导层不会或是没能意识到坦克在运动战中的重要性。不管是哪种情况，我听说的所有对抗演练和军事演习都表明，法国军队高层组织部队训练的方式和宗旨就是：使部队在确定的、预先设定的情景当中实施进攻或防守方面的谨慎行动和计划措施。在采取任何行动之前，他们需要全面掌握敌军的战斗序列和意图。决定一旦做出就按计划执行，而且几乎可以说是有条不紊地执行，不仅在推进和部署阶段如此，在炮火准备及发动进攻或构筑防线的时候也是如此。这种对计划性控制的热衷不给突发情况留任何余地，其对装甲部队的组织方式是以不破坏总体方案为前提的，也就是把它们细分到各个步兵师。总之，法国只有一小部分装甲车辆可以直接用于军事行动。

关于法国人的军事部署，德国领导层完全可以相信，法国的防御是建立在防御工事体系上且严格按照理论实施的。他们遵从的这种理论来自于第一次世界大战的经验教训，来自于他们的阵地战经验、他们对武器火力寄予的厚望以及他们对部队机动重要性的低估。

1940年我们就熟知法国人的这些战略和战术原则，这些原则以及我个人持有的与之相反的战争理论是我对胜利有信心的第二个因素。

到1940年春，德军已经清楚掌握敌人军事部署和防御工事的情况。我们知道，貌似无比坚固的马奇诺防线在蒙泰和色当之间其实很薄弱。我们把色当到英吉利海峡之间的防御工事称为"马奇诺防线延长线"。我们清楚比利时和荷兰防御工事的方位，通常也清楚这些工事的强度。所有这些工事都只面向德国。

在马奇诺防线防守薄弱的同时，法国军队的主力和英国远征军集结在默兹河与英吉利海峡之间的佛兰德斯，面朝东北方向；比利时和荷兰的军队则在边境防御来自东面的进攻。

从对方的战斗序列可以看出，敌军认为德国人会再次采用"施里芬计划"，所以他们把大部分盟军部队用于防范德军从荷兰和比利时实施的侧翼包抄。在我的想象当中，盟军的预备队可能会从沙勒维尔和凡尔登一线进入比利时，但他们对这个关键点的保护措施并不明显。由此看来，法国最高统帅部似乎认为，德军根本不可能采取不同于"施里芬计划"的策略。

我们了解敌军的战斗序列，也可以预见到敌人在德军推进之初的反应，这是我对胜利有信心的第三个因素。

除此以外，我们对敌军的总体评估还包含其他一些方面。这些方面虽然可靠性差一些，但仍然值得考虑。

图4 布雷斯特–利托夫斯克：苏联人接手

图5　在装甲指挥车里

经历过第一次世界大战之后，我们认识并尊重法国军人勇敢无畏的精神，他们在保卫祖国的时候表现得很顽强。无疑，这一次他们也会展现出同样的精神。但法国的领导人就不是这样了，1939年秋当德军包含全部装甲力量在内的主力部队在波兰作战的时候，他们居然没有利用有利形势发动进攻，这实在令人费解。当时他们表现克制的理由很难得知，我们只能猜测一番。不管真实缘由何在，法国领导人表现出的谨慎让我们相信，我们的敌人想尽量避免武装冲突。法国人在1939年冬天的消极行为似乎表明，他们对战争的热情是有限的。

综上所述，如果组织强大的装甲力量从色当和亚眠向大西洋海岸发动坚决的、强有力的进攻，德军就能重创进入比利时的敌军侧翼。我认为敌人没有足够的预备队阻挡我们的攻势，所以我相信我们有很大的成功机会，而且如果我们可以利用初期的成功扩大战果的话，德军有可能切断向北进入比利时的所有敌军主力。

接下来我需要做的是说服我的上级和下级我的看法是正确的，因为我要从前者那里争取决策自由，还要让后者带着信心配合我。说服上级的成效不太显著，说服下级就要容易得多。

一旦发动进攻，第十九兵团就受命通过卢森堡和比利时南部角落，在默兹河的色当段夺取桥头堡，帮助后续的步兵师过河。上级对突袭成功后的行动未作指示。

与空军的合作已经安排。我将取得与近距离支援飞机负责人、英勇无比的冯·施图特海姆将军之间的联系，同时与乐策尔将军指挥的飞行大队联络。为了尽快建立良好的合作基础，我邀请空军方面的人参与我们的作战计划演练，我自己也去参加了乐策尔将军组织的一次空军演习。我们讨论的主要是有关过河的问题，在仔细探讨之后双方一致认为：空军最好在地面部队过河期间提供持续支援；不是让轰炸机和俯冲轰炸机展开密集进攻，而是从过河一开始直至整个过河行动期间对敌军的露天炮兵阵地进行持久攻击和威胁，迫使敌军炮兵躲避炮弹、躲避威胁。空中打击的时间安排和攻击目标都标注在地图上。

行动开始不久前，我们如戈林所愿安排"大德意志"步兵团的一个营在进攻当天早晨搭乘"鹳"式飞机空降在马特朗日以西威垂的比利时军队身后，意图在对方的边防部队当中制造恐慌。

当我们从卢森堡和比利时南部发动快速突击的时候，兵团的3个装甲师将排成一条直线。中路是第一装甲师，身后跟随兵团的炮兵部队、兵团指挥所和高射炮，这将是我们的主攻力量。右路是第二装甲师，左路是第十装甲师和"大德意志"步兵团。第一装甲师由基尔希纳将军指挥，第二装甲师由费尔将军指挥，第十装甲师由沙尔将军指挥。我对这三位将军都很熟悉，完全信任他们的能力和可靠性。他们清楚我的观点，也和我一样认为：一旦装甲部队脱缰而出，就应该给予他们从始至终的行动自由。就我们的部队而言，这个"终点"就是——英吉利海峡！这让我们的官兵深受鼓舞，因为一旦发起进攻，他们即使长时间没有收到上级的命令也可以继续向着这个目标前进。

向英吉利海峡突进

我们在1940年5月9日13点30分进入警戒状态。我16点离开科布伦茨，当晚到达位于比特堡附近索能霍夫的兵团指挥所。部队受命在维安登与埃希特纳赫之间的边境线上集结。

第二天凌晨5点30分，我率领第一装甲师在瓦伦多夫附近跨过卢森堡边境，向马特朗日进发。当天晚上，第一装甲师的前卫部队就已经突破比利时的边防线并与"大德意志"步兵团的空降兵取得了联系。不过由于当地山区很长一段路上埋设了炸药，前卫部队没能进一步深入比利时。部队计划在夜间清理路面。第二装甲师正在斯退强普作战，从哈贝—拉—诺伊维和埃塔勒一线推进的第十装甲师则与法国部队（第二骑兵师和第三殖民步兵师）发生交火。兵团指挥所设置在马特朗日以西的朗布鲁赫。

11日上午，部队突破比利时边境沿线的炸药区和地雷区。临近正午的时候，第一装甲师开始向前推进。在坦克的带领下，这个师一步步逼近纳夫夏托两侧的防御工事。镇守这些防御工事的是从边境撤退的比利时"阿登轻步兵"部队和法国骑兵。经过短暂交火，我们在伤亡人数很少的情况下突破了敌军阵地并拿下纳夫夏托。此后第一装甲师继续前进，拿下贝尔特里，并于黄昏时分抵达布永，但镇守布永的法国人很顽强，整晚都在坚守。另外两个师完全按照计划推进，沿途只遭遇小股敌人抵抗。其间，第二装甲师夺取利布拉蒙；第十装甲师在哈贝—拉—诺伊维附近出现数人伤亡；5月10日，第六十九步枪团团长埃勒曼中校在圣玛丽附近阵亡。

10日晚，负责指挥此次行动的冯·克莱斯特装甲集群命令左翼的第十装甲师立即转向进逼隆维，因为有消息说法国骑兵正从那个方向赶来。我请求撤销这道命令，因为抽调我的三分之一兵力去对付假想中的敌军骑兵将会影响到强渡默兹河的部署，进而影响到整个行动的成功。为了应对传说中的敌军骑兵可能带来的威胁，我命第十装甲师向北平移，沿着与原定行进路线平行的一条路前进，通过吕勒前往居纽和摩尔特汉之间的瑟穆瓦河段。大部队继续向前推进，避免骤然停顿和转向。最终，集团军方面批准了我的请求，传说中的法国骑兵也没有出现。（参见附录Ⅳ）

在圣梅达尔，"大德意志"步兵团回撤担任兵团的预备队。兵团指挥所在纳夫夏托过夜。

5月12日是圣灵降临节。当天清晨5点，我和参谋人员一起驱车从贝尔特里—费伊勒斯维努尔斯—贝勒沃去布永。早晨7点45分，巴尔克中校指挥的第一步枪团向布永发动进攻并很快拿下目标。法国人炸毁了瑟穆瓦河上的桥，但坦克在多个地点都可以涉水渡河，师里的工程兵也立刻着手搭建新的桥梁。在满足于此前采取的策略之后，我跟随坦克过河前往色当方向，但敌人在路上埋设了很多地雷，我不得不返回布永。在布永的南部区域，我第一次经历敌军的空袭。敌机的目标是第一装甲师搭建的桥，好在桥没被炸毁，只是两边有几座房子着火了。

接着我驱车通过丛林去往第十装甲师的方向，他们在居纽—埃尔伯蒙一线渡过了瑟穆瓦河。到达他们推进的路线上时，我看到侦察营正向对方的边防部队发动进攻。步枪兵在勇敢的旅长费舍尔上校的率领下紧紧跟随在侦察营身后，费舍尔身后不远就是他们的师长沙尔将军。整个师在长官们的指挥下稳步推进，这样的景象让人为之一振。敌人在丛林里的防御阵地很快被拿下，第十装甲师继续通过拉沙佩勒向巴泽耶—巴朗方向推进。我可以安心回到布永的兵团指挥所了。

我的参谋长内林上校住进了万象酒店。站在酒店的窗户边，瑟穆瓦河谷的美景尽收眼底。在我们共用的办公室里，我那张桌子所处的壁龛里摆着很多捕猎的战利品。

我们开始工作的时候，窗外突然传来连续的爆炸声。敌人又一次空袭。雪上加霜的是，我们有一个携带导火线、炸药、地雷和手榴弹的工程补给纵队着火了，爆炸接二连三。我办公桌上方一个野猪头被炸掉下来，差一点点砸到我头上。其他的战利品从墙上纷纷掉落，我对面的窗子被震碎，玻璃碎片在我耳边四处飞溅。这个酒店实在太危险了，我们决定转移到其他地方。我们选择了布永北部的一个小酒店，第一装甲兵团的团指挥所就设在这里。我们去那里观察的时候正好遇到负责提供空中支援的指挥官冯·施图特海姆将军。他提醒我说，这个小酒店也很危险。在我们交谈当口就有一个比利时飞行中队轰炸了坦克团的露营地。我们的伤亡人数可以忽略不计，不过我们准备听取施图特海姆的建议向北转移到贝勒沃—努瓦雷丰坦。

就在实施转移之前，一架菲瑟勒（鹳式）飞机来接我去冯·克莱斯特将军的指挥所听取命令。我接到的命令是在第二天——即5月13日——16点打过默兹河。我的第一和第十装甲师那个时候应该会到位，但第二装甲师因为在瑟穆瓦河边遇到困难无法准时就位。鉴于我们进攻力量的薄弱，这是一个重要的情况，所以我向上级做了汇报。但克莱斯特将军不愿改变命令，我只好承认说，在不等待所有部队准备就绪的情况下立即发动进攻或许也有好处。不过另外一道命令就让人高兴不起来了。由于不清楚我和乐策尔共同制定的安排部署，克莱斯特将军和空军的施佩勒将军决定在地面炮火准备的协同下对敌军进行大规模空中轰炸。如果实施这样的打击，我的整个进攻计划就会受到影响，因为我们无法让敌军的炮兵长时间处于瘫痪状态。我据理力争，请求执行整个攻击行动以之为基础的原始计划。但克莱斯特将军拒绝了我的请求，我只好搭乘换了飞行员的鹳式飞机返回兵团指挥所。年轻的飞行员固执地认为他知道我出发时使用的那条飞机跑道的准确位置，但他在昏暗的光线里找不到跑道，结果我们飞到了默兹河的另一边。就这样，我们坐着一架速度慢且未携带武器的飞机飞在法国军队阵地的上空。这真是一个难熬的时刻。我立即强令飞行员转向北方寻找跑道，最终我们成功着陆，勉强逃过一劫。

我刚回到兵团指挥所就着手拟定命令。由于准备时间十分有限，我们只好参照科布伦茨那次演习的文件拟定命令，在修改日期和时间之后就下发进攻命令。这些命令非常符合实际情况，唯一的区别是：我们在科布伦茨的演习里设想的进攻时间是16点，而实际的进攻时间是10点。第一和第十装甲师都有那次演习的文件，所以下达命令的过程既快速又简单。（参见附录Ⅴ）

到5月12日晚，第一和第十装甲师已经占领默兹河北岸并夺取历史名城和要塞色当。当晚我们抓紧为攻击做最后的准备，同时把兵团和装甲集群的炮兵部署就位。我们的主攻点在第一装甲师所在的区域，"大德意志"步兵团、兵团炮兵和侧翼两个师的重炮营将为他们提供支援。第二天在评估侧翼两个师的战绩时，他们的炮兵被抽调这个情况必须要考虑进去。

根据命令，兵团指挥所于5月13日转移至拉沙佩勒。（参见附录Ⅵ）

上午我先去第一装甲师的指挥所看看他们的准备工作做到什么程度，接着我冒着法国边防部队的炮火在地雷没有清理彻底的地面驱车前往位于叙尼的第二装甲师。第二装甲师的先头部队已经抵达法国边境。中午时分我返回已经转移到拉沙佩勒的兵团指挥所。

为了亲自察看我部炮兵的成效和空军的支援效果，下午3点半我冒着法军的炮火去了第十装甲师的一个前沿炮兵阵地。下午4点，战斗在大规模的炮火中拉开序幕。我焦急地等待空军的出现。最终，空军的战机准点抵达战场上空，但我吃惊地发现，只有几个中队的轰炸机和俯冲轰炸机在战斗机的掩护下飞过来，他们采取的是我和乐策尔在军事演习中一致认可的战术。是克莱斯特将军改变了想法，还是新的进攻命令没有及时传达到空军方面？幸运的是，我们的战机为攻击行动提供了最好的支援，这让我长舒了一口气。

我急切地等待着参与步兵的渡河攻击。部队现在应该差不多都过河了，所以我去了圣门格斯，然后从那里去了第一装甲师要渡河的地点弗卢万。我乘坐第一艘登陆艇过河，在河对岸见到第一步枪团英勇善战的团长巴尔克中校及其幕僚。巴尔克冲我喊道："禁止在默兹河上划独木舟兜风！"这是我在为这次行动做准备的一次演习里说过的一句话，当时我那么说是因为有些年轻军官的态度太不认真。现在我意识到，他们对形势的判断是正确的。

第一步枪团和"大德意志"步兵团的进攻犹如演习一般顺利。在俯冲轰炸机和轰炸机持续不断的威胁下，法国炮兵几乎处于瘫痪状态。默兹河沿岸的混凝土炮台被我们的反坦克炮和高射炮摧毁，敌人的机枪手也被我们的重武器和大炮压制。虽然战场的地形很开阔，但我们的伤亡仍然很轻微。到夜幕降临的时候，我们已经对敌军的防线完成深入的渗透。部队受命在夜间继续不间断地进攻，我对他们执行这道重要的命令是有把握的。晚上11点，部队夺取了舍沃日、马费树林部分区域和瓦德林库尔以西地区，直抵法国的主力防线。带着对战绩既喜悦又自豪的心情，我回到位于养兔林的指挥所。我刚到拉沙佩勒就遭遇敌军的又一次空袭，只好去侧翼研究各部的报告。

在此期间，只有第二装甲师的先头部队侦察营、摩托营和重炮部队跟敌人直接交火。由于先头部队人数少，他们没能打开缺口渡河。第一装甲师的步枪旅已经全数到达默兹河左岸，搭好桥之后该师的坦克部队和炮兵部队就立即跟上。第十装甲师已经过河并在对岸建起一个小规模的桥头堡。由于缺乏炮兵支援，该师当天的处境有些艰难，频频遭遇来自杜济—卡里尼昂以南马奇诺防线的侧翼攻击。不过第二天早上他们和第二装甲师就会轻松一些，因为兵团的重型防空武器会连夜运送到河近岸。由于战机另有部署，从14日开始空军就无法为我们提供支援。

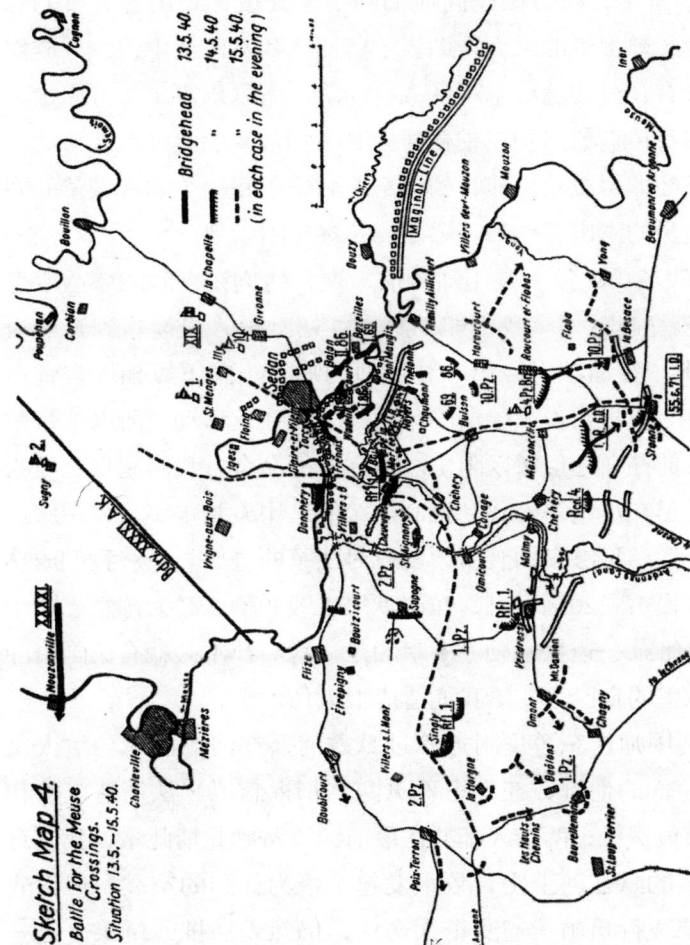

Sketch Map 4.
Battle for the Meuse Crossings.
Situation 13.5.—15.5.40.

— Bridgehead 13.5.40.
— " 14.5.40.
— " 15.5.40.
(in each case in the evening)

Nouzonville 努宗维尔
Sugny 叙尼
Poupehan 普佩安
Corbion 科比昂
Bouillon 布永
Semois 塞穆瓦河
Cugnon 居尼翁
Charleville 夏勒维尔
Mezieres 梅齐埃
Meuse 墨兹河
Vrigne-aux-Bois 布瓦河畔弗里涅
St. Menges 圣门盖
Illy 伊利
La Chapelle 拉沙佩勒
Bridgehead 桥头堡
(in each case in the evening) （上述情况都发生在夜间）
Iges 伊盖
Floing 弗卢万
Givonne 日沃讷
Sedan 色当
Glaire-Et-Villette 格莱尔埃维莱特
Boubicourt 布比库尔
Flize 弗利兹
Donchery 东舍里
Torcy 托尔西
Eirepigny 埃尔皮尼
Boulzicourt 布尔济库尔
Villers 维莱
Frenois 弗雷努瓦
Balan 巴兰
Wadelincourt 瓦德兰库尔

Bazeilles 巴泽耶
Douzy 杜齐
Chiers 希耶河
Cheueuges 舍乌盖
Bois 布瓦河
Pont Maugis 毛吉斯桥
Marfee 马尔费
Poix-Terron 普瓦泰隆
Sapogne 萨波涅
St. Aignon 圣阿尼翁
Noyers 努瓦埃
Thelonne 泰隆讷
Chaumont 肖蒙
Singly 辛利
Chehery 谢埃里
Remilly-Aillicourt 勒米伊-阿伊库尔
Amagne 阿马涅
la Horgne 拉奥尔涅
Omicourt 奥米库尔
Conage 科纳日
Bulson 布尔松
Moraucourt 摩劳库尔
Viller devr-Mouzon 维莱德弗宗
les Mauts Chemins 勒毛谢芒
Omont 奥蒙
Vendresse 旺德雷斯
Malmy 马尔米
Maisoncelle 迈松塞勒
Roucourt et-Flabas 鲁库尔埃弗拉巴
Mouzon 穆宗
Boolons 博隆
Mt.Damions 达迈山
Bar 巴尔河
Chehery 谢埃里

Stonne 斯通内
La Besace 拉贝萨切
Beaumont Argonne 博蒙阿尔贡
Meuse 墨兹河
Inor 伊诺

Flaba 弗拉巴
Bouvellemont 布韦勒蒙
St. Loup-Terrier 圣卢普-特里埃
Chagny 夏尼
Le Chesne 勒谢讷
Ardennes Canal 阿登运河

示意图4　强渡默兹河的战斗。1940年5月13日至15日的形势当晚我打电话给乐策尔，一方面是向他询问空军支援计划出现调整的缘由，另一方面是对空军此前提供的巨大帮助表示感谢。我从电话中得知，施佩勒的命令来得太迟，没有及时传达到空军各飞行中队，所以乐策尔执行原定计划的做法没有错。接着我传信给当初在柏林开会时不相信我能渡过默兹河的布施，告诉他我的部队已经取得成功。他收到消息之后给了我一个非常诚挚的回复。最后，我对参谋人员的杰出工作表示感谢。（参见附录Ⅶ）

5月14日清晨，作战英勇的第一装甲师传信来说，他们在夜间的渗透取得很大进展，现在已经通过谢默里。我当即动身前往谢默里，沿途看到默兹河岸上有成千上万的俘虏。在谢默里，第一装甲师的师长正向下属指挥官宣布命令，我就在一旁听着。有报告说大量法国装甲部队正往北移动，所以他命令第一装甲师的坦克部队前往斯通尼予以阻击。听完他的命令，我回到默兹河的桥上，我手下的指挥人员在那里等着我。我命令第二装甲旅紧跟第一装甲旅过河，以便能够在河对岸集结足够多的装甲力量应对法军的进攻。最终我们成功阻击了法国人，在比尔松击毁20辆坦克，在谢默里击毁50辆。"大德意志"步兵团拿下比尔松并进逼维莱—迈松塞勒。不幸的是，我离开不久就有德国俯冲轰炸机炸到集结在谢默里的自己人，给我们造成很大伤亡。

与此同时，第二装甲师在东舍里附近渡过默兹河，在河的南岸与敌人交火。我驱车过去察看他们的情况，在那里看见两名指挥官冯·法斯特上校和冯·普里特维茨上校很负责任，两个人都冲在最前面。看到此情此景，我满意地返回默兹河。这时候的默兹河上空，敌军发起了极为猛烈的空袭，但作战非常英勇的法国和英国飞行员虽然遭受重大伤亡，仍然无法摧毁桥梁。这一天，我们的高射炮部队证明了自己的实力，打击极为精准。根据他们的计算，到晚上他们一共击落150架敌机，团长冯·希佩尔上校后来因此荣获骑士十字勋章。

在此期间，第二装甲旅继续连贯渡河。临近中午时分，我们高兴地看到，集团军司令冯·龙德施泰特上将亲自过来视察情况。我在桥中央向他报告了我们的情况，当时敌军的空袭仍在进行。他不露声色地问道："这里一直都像这样吗？"我认真地回答说是的。他听后说了一些发自肺腑的话，对英勇的官兵及其战绩表示肯定。

我再次来到第一装甲师，见到师长和他的第一参谋温克少校。我问师长他们整个师能否转向西面，还是需要留一部分侧卫部队在阿登运河东岸面朝南方警戒。温克在中间插话说了一句我常说的"做事就要干净利落"，这已经回答了我的问题。随后，第一和第二装甲师受命立即全部转向渡过阿登运河，向西突破法军防线。为了协调组织两个装甲师的行动，我去了设置在东舍里高地罗坎城堡的第二装甲师的指挥所。从指挥所的位置俯瞰，第二装甲师在5月13日和14日途经并发起进攻的地面一览无余。法国人部署在马奇诺防线及其西面延长线上的远程大炮没有用更大的火力给我们制造麻烦，这是我没有想到的。此刻俯视我们一路走来的地形，我突然觉得，我们的进攻能够取得成功几乎是一个奇迹。

下午我回到自己的指挥所，安排部署几个师在5月15日的行动。在我这个兵团北面不远处是第四十一兵团（赖因哈特），他们最初是跟在我们后面的，不过从12日开始，他们在第十九兵团右侧朝着梅济耶尔—夏勒维尔一线推进。13日，该兵团在蒙特尔梅强渡默兹河，此后一路边打边向西前进。冯·维特斯海姆将军的第十四兵团这时就在我身后不远的地方，他们应该很快就能到达默兹河。

到了晚上，第一装甲师的主力已经渡过阿登运河并在遭遇强力阻击的情况下拿下兴利和旺德雷斯。第十装甲师的坦克越过迈松塞勒—罗库尔弗拉巴一线，该师的主力部队则抵达比尔松—特隆内以南的高地并在那里缴获40多门大炮。

第十九兵团的主要任务是掌控斯通尼周边的高地，避免敌军进逼我们的桥头堡，为后续部队过河提供安全保障。14日，"大德意志"步兵团和第十装甲师向各高地发起猛烈进攻，斯通内村几度易手。15日，我们进攻得手。（参见附录Ⅷ）

5月15日凌晨4点，我在兵团指挥所与冯·维特斯海姆将军商讨色当南面默兹河桥头堡的部队换防问题。在简要总结了当前的战局之后，我们一起前往第十装甲师设在比尔松附近的指挥所。我们到那里的时候沙尔将军还在前沿部队处，该师第一参谋、男爵冯·利本施泰因中校指出了当前的一些困难，耐心解答了维特斯海姆将军提出的一系列细节问题。最后我们一致同意，换防期间第十装甲师和"大德意志"步兵团归第十四兵团节制，直到后者能够接防为止。因为这个临时调整，我在接下来的几天就只指挥第一和第二装甲师。

下辖"大德意志"步兵团的第十装甲师受命掩护第十九兵团的南翼，即阿登运河—斯通尼周边高地—维尔蒙翠以南默兹河湾一线。5月15日，第二十九（摩托化）步兵团也赶过去支援。

我从第十装甲师的指挥所驱车去"大德意志"步兵团在斯通尼的指挥

所。我到斯通尼的时候法国人正在发动攻击，所以我没找到步兵团的人。周围的气氛有些紧张，不过步兵团最终守住了阵地。随后我去往设在默兹河南岸萨波涅附近一块小林地里的新的兵团指挥所。

夜间的形势出人意料的紧张，不过这种局面不是敌人造成的，而是我们与上级之间的沟通困难造成的。冯·克莱斯特装甲集群命令各部全面停止推进，桥头堡也停止延伸。我既不会也不能同意这样的命令，因为这会让我们的突袭丧失意外效果，还会使我们取得的初期成果毁于一旦。我先后亲自与装甲集群参谋长采茨勒上校和克莱斯特本人取得联系，请求他们撤销命令。我们之间的谈话很是激烈，各自都重复了几遍自己的理由。最后克莱斯特将军同意装甲部队继续推进24个小时，以便为后续跟上的步兵部队营造足够的空间。我最后不得不提到著名的"亨茨施任务"以及"马恩河奇迹"，这让装甲集群方面有些不高兴。

我保留了自己的行动自由，这对我来说是个好消息。5月16日早晨，我前往第一装甲师的指挥所。我驱车经过旺德雷斯去奥蒙。前线的形势尚不明朗，我们唯一掌握的情况是，前一天晚上布韦勒蒙周边发生了激烈的战斗，所以我又往布韦勒蒙方向走。这个村子很多地方都冒着火光，我在干道上见到团长巴尔克中校，他向我描述了前一天晚上的情况。部队已经非常疲劳，从5月9日到现在都没有好好休息过，前线的士兵就在散兵坑睡着了。另外，部队的弹药也不多了。巴尔克穿着防风外套，手里拿着一根多结的木棒。他告诉我，他的部队向村子发动进攻之前，军官们都在抱怨这次进攻。他就对军官们说："既然这样，我就一个人去拿下这个地方！"说完他就走了，官兵们就跟在他身后。他们就是在这样的情况下拿下布韦勒蒙的。巴尔克脸上满是污垢，两眼发红。可以想象，他度过了艰难的一天和一个不眠之夜。后来他因为这次战斗获得了骑士十字勋章。他的对手——实力不错的一个诺曼步兵师和一个骑兵旅——作战很顽强。我在村子里的时候还能听到敌人的机枪声，不过大炮的声音已经有一段时间没有听到过了。我和巴尔克都认为，敌军的抵抗已经接近尾声。

我们在前一天截获法军的一道命令，如果我没猜错的话，这道命令来自加默兰将军。里面是这么说的："必须想办法阻止德国人的坦克！"显然，法军的防御能力让他们的最高统帅部十分不安。现在不是犹豫的时候，更不是停下进攻脚步的时候。这道命令进一步坚定了我要全力延续进攻的信念。

我让部队以连为单位集合，在他们面前宣读这道截获的命令，向他们表明这道命令的意义以及我们立即继续进攻的重要性。我对他们截至目前的战绩表示感谢，告诉他们现在必须全力以赴完成我们的胜利。最后我命令部队回到自己的车上继续推进。

此前让我们感到迷茫的战争迷雾很快烟消云散，我们现在视野开阔，行动结果很快就能揭晓。我在普瓦泰龙见到第二装甲师的第一参谋，告诉他目前的局势。接着我去诺维永—波尔西安，然后从那里去蒙科尔内。我在路上遇到第一装甲师的一个先遣队，官兵们都很清醒，大家都知道我们取得了全面胜利，实现了一次突破。他们欢呼着，高喊着平时我只在参谋人员当中才听到的一些话，比如"干得好，老大"、"我们老大来了"、"看到了吗？那就是忙个不停的海因茨"等等。这样的场景意味深长。

我在蒙科尔内的市场上见到赖因哈特兵团第六装甲师师长肯普夫将军，他的部队渡过默兹河以后跟我们在同一时间到达蒙科尔内。小镇里一下子聚集了3个师——第一、第二和第六装甲师——各支部队都向西急速前进，我们不得不给他们分配路线。因为集团军方面没有给两个兵团划分界线，我们就商量着自己划分，然后命令部队持续推进，直到用尽最后一滴油为止。我的前沿部队最远已经抵达马尔勒和德尔西（距当天早晨的出发点40多英里，距色当55英里）。

我让随行人员跟我一起逐一搜索市场周边的房子。才几分钟时间，他们就找到几百名战俘。这些法国战俘来自不同的部队，从他们脸上一眼就能看出，他们没有想到我们会出现在这个地方。敌军一个坦克连想从西南方向进入小镇，也被我们俘房。这个连属于戴高乐将军那个师，之前我们就已经知道该师位处拉昂以北地区。我们把兵团指挥所设在蒙科尔内东面一个名叫苏瓦斯的小村子，我也联系上了第一和第二装甲师的参谋人员。我们用无线电向集团军方面报告了当天的情况，我也报告了让部队在5月17日继续追击的意图。（参见附录IX和示意图3b）

在我们5月16日取得的出色战绩以及第四十一兵团同时获得的胜利之后，我不相信上级领导还会保留之前的观点，也不相信他们会满足于让我们坚守默兹河上的桥头堡等待步兵跟上。我的脑子里满是3月份开会时我向希特勒阐述的想法，即：全面完成我们的突破，持续推进到英吉利海峡为止。希特勒曾经同意曼施坦因计划中最大胆的那些想法，对我提出的及时扩大战果的策略也没有表示反对，所以我从来没有想过现在他会畏缩，会命令我们立即停止推进。但第二天早上我发现我大错特错了。

5月17日一大早我就收到来自装甲集群的消息：部队立即停止推进，我自已要在7点钟去简易飞机跑道向克莱斯特将军报到。克莱斯特准点抵达我们的简易机场，他没打招呼就径直用十分粗暴的语气责备我违抗命令，对我部的战绩只字不提。当他结束第一波批评开始喘口气的时候，我说上面可以解除我的职务。克莱斯特先是吃了一惊，接着点点头命令我把指挥权交给兵团里最高级的将官。我们之间的谈话就此结束。我回到指挥所让费尔将军来见我，我可以把指挥权交给他。

　　随后我用无线电向龙德施泰特集团军报告说，我中午移交指挥权之后就去集团军指挥所报告情况。我很快就收到回复：我留在自己的指挥所等利斯特上将过来。利斯特将军是跟随在我们身后的第十二军的军长，他受命来处理我遇到的问题。根据集团军的指令，在利斯特将军过来之前，所有的部队都在原地待命。来指挥所接受这项命令的温克少校在返回自己那个师途中遭到法国坦克袭击导致脚部受伤。费尔将军过来之后，我把情况给他做了解释。中午过后不久，利斯特上将来了，他刚到就问我到底怎么回事。按照龙德施泰特上将的指示，利斯特告诉我不要交出指挥权。他还说，停止推进是陆军最高统帅部的命令，所以必须服从。不过他很理解我想继续推进的理由，所以他在征得集团军批准的情况下命令说："组织武装侦察。兵团指挥所在任何情况下都必须留在原地以便联系。"这个变化总比原先的情况要好，我感谢利斯特上将为此付出的努力。我请他协调解决我和克莱斯特将军之间的误会，随后就着手组织他所说的"武装侦察"。兵团指挥所留在苏瓦斯的老地方，我们从那里拉了一根电话线到前沿指挥所，那样我就不需要通过无线电与参谋人员联系，我的命令也就不会被陆军最高统帅部和国防军最高统帅部的无线电拦截设备监控了。

　　17日早晨接到停止推进的命令之前，第一装甲师已经拿下瓦兹河畔的里布蒙和塞尔河畔的克雷西，从色当以南地区脱身的第十装甲师的先头部队抵达弗赖伊库尔和索尔斯—蒙克兰。5月17日晚，德军在莫伊（距德尔西15英里，距色当70英里）附近的瓦兹河上成功建立了桥头堡。（参见附录Ⅹ）

　　5月18日9点，第二装甲师抵达圣昆廷，其左面的第一装甲师渡过瓦兹河逼近贝罗尼。19日早晨，第一装甲师在贝罗尼附近的索姆河上成功建立桥头堡，去那里察看情况的几名法军参谋人员被俘。（参见附录ⅩⅠ和ⅩⅡ）

　　兵团前沿指挥所转移到维勒勒塞克。

　　5月19日，我们通过第一次世界大战的索姆河战场。截至目前我们一直在埃纳河、塞尔河和索姆河以北推进，这几条河流在我们左翼构成天然屏障，侦察部队、反坦克部队和工兵部队也对左翼形成保护。来自这一侧的危险不大。

我们知道戴高乐旗下的法军第四装甲师，这个师新成立不久，5月16日我们就收到相关消息，该师最初出现在蒙科尔内。之后的几天戴高乐一直在我们附近，到了19日，他的一些坦克渗透到离我在奥尔农树林的前沿指挥所1英里的范围。指挥所只有几门20毫米高射炮保护，我在那里度过了难熬的几个小时，直到敌军坦克最终转向去了别的地方。当时我们还了解到，法国有一支大约8个步兵师规模的后备军驻扎在巴黎周边。我们推测，只要德军保持运动状态，福莱尔将军就不会逼近我们。根据法国人的基本行为模式，他们在确切掌握敌军的方位之前是不会采取任何行动的，所以我们要做的就是继续推进，让对方一直猜测我们的位置。

5月19日晚，第十九兵团抵达康布雷—贝罗尼—汉姆一线。第十装甲师接替第一装甲师的部队担负起保护我们不断延长的左翼的任务。19日夜间，兵团指挥所前移到马尔勒维尔。也就是在19日，我们兵团终于重获行动自由，受命从20日开始逼近亚眠。第十装甲师负责保护我们的左翼，范围一直延伸到亚眠东面的科尔比。他们原先控制的区域由第二十九（摩托化）步兵师负责。第一装甲师向亚眠方向推进，以最快速度在索姆河南岸建立桥头堡。第二装甲师受命从阿尔贝前往阿布维尔，在阿布维尔的索姆河上夺取桥头堡，并扫清阿布维尔和大海之间的所有敌军部队。第二和第一装甲师之间的分界线为孔布莱—隆格瓦勒—波济耶尔—瓦伦内—皮舍维莱尔—卡纳普勒—弗利克斯库尔—索姆河一线。

索姆河沿线的防御部队为：

第二装甲师：专门负责索姆河口到弗利克斯库尔一带；

第一装甲师：负责弗利克斯库尔到阿夫尔河与索姆河交汇处（亚眠以东）；

第十装甲师：负责阿夫尔河与索姆河交汇处到贝罗尼。

我预计第一装甲师在9点左右可以就位准备进攻亚眠，所以让我的车在5点做好准备，因为我想亲自参与这个历史性的事件。参谋人员说这个时间太早了，让我晚些出发，但我坚持既定计划。事后证明，我的做法是对的。（参见附录 XIII 和 XIV）

5月20日8点45分我到达亚眠北郊，当时第一装甲师刚刚发动进攻。在去亚眠的路上我还去了一趟贝罗尼，以确保第十装甲师准备就位。第十装甲师的人对第一装甲师的换防颇有微词，因为后者负责镇守桥头堡的部队没等换防部队到达就出发了。原来，主管军官巴尔克中校认为进攻亚眠比镇守桥头堡重要，他担心时间晚了就赶不上攻击行动。接替巴尔克镇守桥头堡的朗格拉夫上校对如此随意的行为极为愤怒，对巴尔克的反驳更是火冒三丈："即使我们失去桥头堡你还可以重新拿回来，但别忘了最初是我拿下的。"幸运的是，敌军给了朗格拉夫充足的时间，后者不费一兵一卒就重新占领了真空地带。我在敌人还在坚守的阿尔贝周围转了一圈，在去亚眠的路上遇到数不清的难民。

第一装甲师的攻击进展顺利，临近中午时分我们就拿下了亚眠，建立了纵深达4英里左右的桥头堡。我匆匆看了一眼我们夺取的地域，看了看这座美丽的城市和它的大教堂，然后赶回阿尔贝去找第二装甲师。我在路上遇到兵团的先头部队和大量的难民，甚至还遇到敌军的一些车辆。这些满身尘土的车想混进德军队伍去巴黎以免被俘，我发现之后立即组织抓获了15名英国人。（参见附录XV）

我在阿尔贝见到了费尔将军。第二装甲师在那里俘获了一个英国炮兵连，当时这个连还在营房的练兵场上，只装备了训练用的弹药，因为没有人会想到德军会在那天出现。很快，不同国籍的俘虏就挤满了当地的市场及其周边的街道。第二装甲师几乎没油了，所以提议留在原地，但他们的希望很快就破灭了[1]。我命令他们立即前往阿布维尔，他们一路走过杜朗—贝尔纳维尔—博梅斯—圣里基耶，于19点抵达目的地。他们刚到那里就遭到敌军几架轰炸机的攻击，好在问题不大。我去见了第二装甲旅旅长冯·普里特维茨上校，确保他了解进逼阿布维尔的计划，之后我去了兵团指挥所的新址、位于亚眠东北向的凯里约。我们在凯里约遭到友军飞机的攻击，结果我们的人开火击落了其中一架，两名飞行员打开降落伞逃生，来到地面就看到我在等着他们。我先是训了他们一顿，然后敬他们喝香槟以示鼓励。坏消息是，那家被击毁的飞机是一架全新的侦察机。

当天晚上，第二装甲师的施皮塔营[2]通过努瓦埃尔，他们是第一支抵达大西洋海滨的部队。

在值得纪念的这一天的晚上，我们不知道该往什么方向继续推进，冯·克莱斯特装甲集群方面也没有收到关于如何延续攻势的任何指示。就这

---

[1] 师长误以为部队的油料已经耗光，但在调整油料储备之后，我们还可以继续行军。部队指挥官"我们没油了"之类的说法都不可信。一般来说，他们这么说的时候其实是还有油的。部队疲劳的时候就说缺油，这是战争前线部队一个普遍的做法。我们在法国作战期间没有出现油料供应不上的情形——参谋人员的有力保障避免了这种灾难性情况。战争后期我们遭遇了实实在在的油料荒，那是因为我们的工业被摧毁了。但在1940年，油料供应只是一个运输问题，而这个问题很好解决。

[2] 施皮塔是营长的名字。

样，我们在等待命令的过程中白白浪费了5月21日一整天。我利用这个时间去了阿布维尔以及索姆河上的各个渡口和桥头堡，在路上我问大家他们怎么看待目前为止的行动。"还不错，"第二装甲师的一个奥地利人说，"但我们浪费了两天时间。"他说的是对的。

夺取海峡港口

5月21日，我接到命令让我们往北推进，目标是夺取英吉利海峡的港口。我想让第十装甲师从埃丹和圣奥梅尔逼近敦刻尔克，让第一装甲师和第二装甲师分别向加莱和布洛涅推进。但装甲集群在5月22日早晨6点命令第十装甲师脱离我指挥充当集团军的预备队，我不得不放弃这个计划。所以当我们在22日开始推进的时候，我指挥的就只是第一和第二装甲师。我原本请求上面允许我继续指挥所有这三个师，以便尽快拿下英吉利海峡的港口，但不幸的是，我的请求被拒绝了。第十装甲师立即进逼敦刻尔克的计划泡汤，我带着沉重的心情改变计划。第一装甲师和刚刚从色当过来的"大德意志"步兵团的行进路线是萨梅尔—代大勒—加莱，第二装甲师则沿着海滨前往布洛涅。

同样是在5月21日，在我们北面发生了值得一提的一个事件：英国坦克试图向巴黎方向突破。这些坦克在阿拉斯遭遇党卫军的"骷髅师"，后者此前没有参加过战斗，所以显得有些慌乱。英国人最终没有突破成功，但他们给冯·克莱斯特装甲集群的参谋人员留下了深刻的印象，集团军因此变得很紧张。不过集团军的下属部队没有受到影响。第四十一兵团的第八装甲师于5月21日抵达埃丹，第六装甲师拿下了布瓦勒。

5月22日清晨，我们再次开始行军。早上8点，我们向北通过了欧蒂河。第一和第二装甲师都不是全员推进，因为两个师的部分力量（其中第二装甲师为数更多）必须留在索姆河的桥头堡等待跟在我们身后的冯·维特斯海姆将军的第十四兵团来接防，就像当初他们在色当所做的那样。（参见附录XVI和XVII）

22日下午，代夫勒、萨梅尔及布洛涅北面爆发了激烈的战斗。我们的对手主要是法国人，但也包括一些英国和比利时部队，甚至还有零星的荷兰人。他们的抵抗被我们突破，但敌人的空军十分活跃，不断向我们轰炸和射击，而我们的空军几乎不见踪影。我们的空军基地距离太远，所以无法给我们提供快速的支援。不过尽管如此，我们还是成功进入了布洛涅。

此时兵团指挥所转移到雷克。

Sketch Map 5.

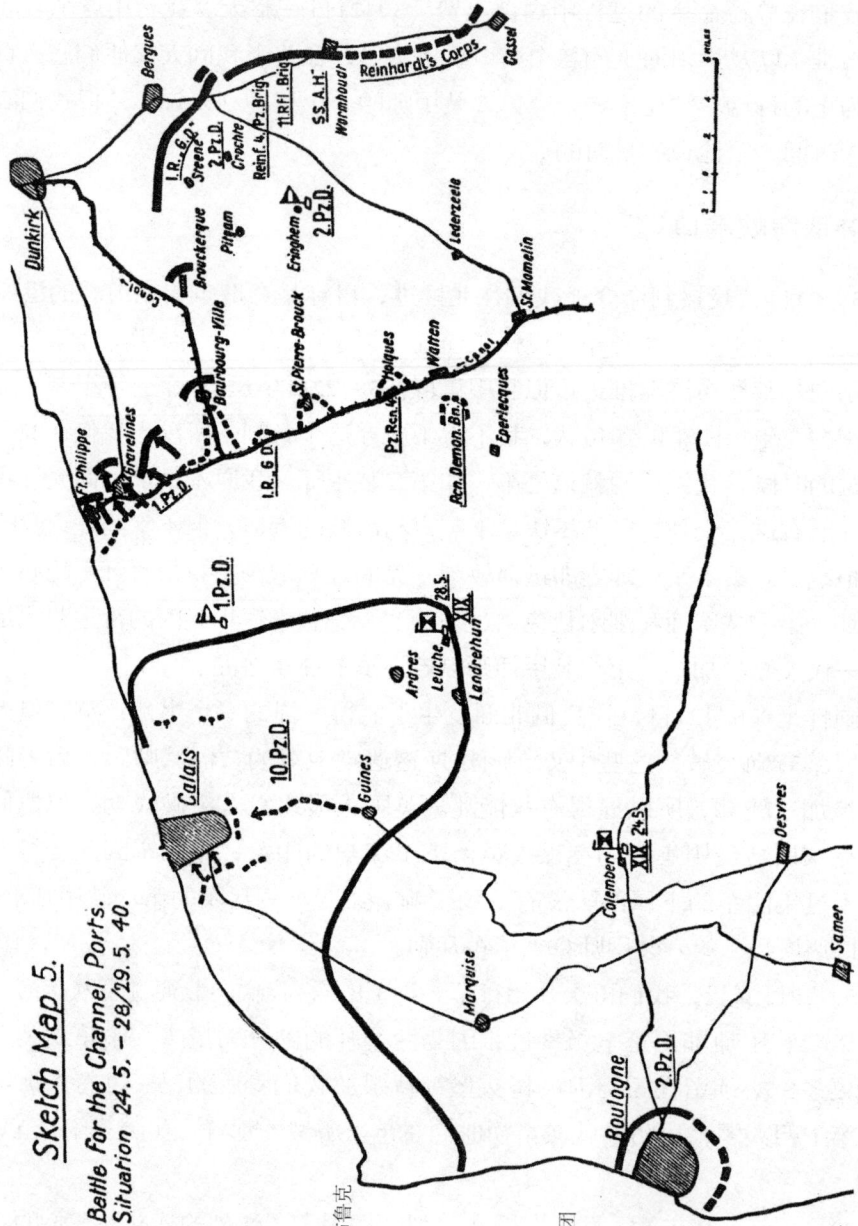

Battle For the Channel Ports.
Situation 24.5. – 28/29. 5. 40.

Bergues

Reinhardt's Corps

Cassel

SS.A.H.

Wormhoudt

1.Rfl.Brig.

Reinf.4, Pz.Brig.

I.R.6 G.D.

Steene

2.Pz.D.

Crochte

2.Pz.D.

Dunkirk

Brouckerque

Pitgam

Eringhem

Lederzeele

Canal

Bourbourg-Ville

St.Pierre-Brouck

Watten

St.Mamelin

Holques

Canal

Ft.Philippe

Gravelines

1.Pz.D.

I.R.6 G.D.

Pz.Rcn.Abt.

Eperlecques

Rcn.Demon.Bn.

1.Pz.D.

Ardres

Leuche

Landrethun

28.5

XIX

10.Pz.D.

Calais

Guines

Marquise

Colembert

XIX

28.5

Oesvres

Samer

Boulogne

2.Pz.D.

Dunkirk 敦刻尔克
Ft.Philippe 菲利普堡
Gravelines 格拉沃利讷
Calais 加莱
Canal 运河
Berges 贝尔格
Bourbourg–Ville 布尔堡维尔
Brouckerque 卡鲁克尔克
Steene 斯泰讷
Pitgam 皮加姆
Crochte 克罗什特
St.Pierre–Brouck 圣皮埃尔–布鲁克
Eringhem 埃兰冈
Wormhoudt 沃尔德穆
Guines 吉内
Holques 奥尔克
Ardres 阿尔德雷
Leuche 勒谢
Watten 瓦滕
Reinhardt's Corps 赖因哈特特兵团
Marquise 马基斯
Landrethun 朗德雷坦
Lederzeele 莱德尔泽勒
Eperlecques 埃佩尔莱凯
St.Mamelin 圣马梅兰
Cassel 卡塞尔
Boulogne 布洛里
Colembert 科伦贝尔
Desvres 代夫勒
Samer 萨梅尔

示意图5 夺取海峡港口之战。1940年5月24日至28/29日的战局现在第十装甲师又重新纳入我的旗下。我决定让目前已经靠近加莱的第一装甲师立即进逼敦刻尔克，他们在加莱正前方的位置由正从杜朗、萨梅尔过来的第十装甲师取代。夺取港口的任务不是很紧急。半夜我用无线电向第一装甲师发出命令："5月23日早晨7点在康什河以北集结，那个时候第十装甲师就跟在你们后面。第二装甲师已经打进布洛涅。第一装甲师立即推进到欧德吕克—阿德尔—加莱一线，然后向东经过布尔堡维尔—格拉沃利讷推进到贝尔格和敦刻尔克。第十装甲师将在南面。收到代码'向东推进'就执行指令。10点钟出发。"

23日一早，我又用无线电补充了一条指令："10点向东推进。从加莱南面攻向圣皮埃尔—布鲁克和格拉沃利讷。"

5月23日，第一装甲师面对敌军的顽强抵抗向格拉沃利讷进发，第二装甲师在布洛涅及其周围激战。有意思的是，我们的坦克和大炮一度无法打穿布洛涅的城墙。借助附近房子里的一个梯子并在88毫米防空炮的支援下，我们终于在大教堂附近的城墙上打开了一个缺口，最终得以突进小镇。港口区也发生了战斗，我们一辆坦克击沉　艘英国鱼雷舰，击伤其他几艘。

5月24日，第一装甲师抵达奥尔克和海岸之间的阿亚运河，并在奥尔克、圣皮埃尔—布鲁克、圣尼古拉斯和布尔堡维尔夺取桥头堡；第二装甲师清理了布洛涅；第十装甲师的主力部队抵达代大勒—萨梅尔一线。

党卫军第一师现在归我指挥。我命令这个师进逼瓦唐，增强第一装甲师对敦刻尔克的攻击力量；同时命令第二装甲师从布洛涅抽调尽可能多的部队向瓦唐推进。第十装甲师包围了加莱，准备对这个古老的海滨要塞发动进攻。我下午去了第十装甲师，指示他们谨慎推进，避免出现伤亡。5月25日，布洛涅那边不再需要的重炮部队赶来支援第十装甲师。

在此期间，赖因哈特的第四十一兵团在圣奥梅尔的阿亚运河上夺取了一个桥头堡。

希特勒关于停止推进的重大命令

5月24日，最高统帅部对德军的行动进行干预，这次干预对战争的进程产生了极具灾难性的后果。希特勒命令左翼停留在阿亚运河边。左翼被禁止过河，我们不知道这么做的原因何在。命令里是这么说的："敦刻尔克留给空军处理。如果夺取加莱也有难度，这个港口也留给空军。"（里面的内容是我凭记忆描述的。）面对这样的命令，我们完全无语了。但因为不知道其中的缘由，我们很难做出反驳。我指示各个装甲师："守住运河一线，利用休息期进行休整[1]。"

与此同时，敌军的猛烈空袭几乎没有遭遇我方空军的阻击。

5月25日清晨，我去视察党卫军第一师，确保他们遵守停止行动的命令，结果发现他们正在渡过运河。运河对岸就是瓦唐山，虽然山高只有235英尺[2]，但在这片平坦的沼泽地足以俯瞰周围整个的乡村区域。我在山顶一座古堡的废墟里见到了师长塞普·迪特里希。我问他为什么不服从命令，他说瓦唐山上的敌军可以把运河对岸的情况看得一清二楚，所以他在5月24日自作主张去夺取这个高地。就这样，党卫军第一师及其左侧的"大德意志"步兵团仍在继续往沃尔穆和贝尔格方向推进。有鉴于他们取得的进展，我当场同意了这位师长的决定，并下决心命令第二装甲师前来支援。

当天我们成功拿下布洛涅。第十装甲师正在加莱要塞外围激战。我们请对方的英国指挥官举手投降，对此尼科尔森旅长简要地答道："我们不投降，和德军一样，继续战斗也是英军的职责所在。"[3]在这种情况下，我们只好用武力夺取要塞。（参见附录 XVIII）

5月26日，第十装甲师拿下加莱。中午我在师指挥所根据上级指令问沙尔是否愿意离开加莱去空军那边。他说不愿意，因为他认为我们的炸弹难以炸开古堡厚实的墙壁和土木工事。另外，空军发动攻击就意味着他必须把部队从要塞边的前沿阵地上撤下来，到时候他们还得重新夺回这些阵地。我不得不同意他的看法。16点45分，英国人投降了，我们一共俘获2万人，其中包括3000到4000名英国人，其余为法国人、比利时人和荷兰人——这些人中的大多数不想再打下去，结果被英国人锁在地下室。

在加莱，我从5月17日以来第一次见到冯·克莱斯特将军，他对我的部队取得的战绩表示赞赏。

当天我们再次攻向敦刻尔克，力争完成对这座海滨要塞的包围，但我们再次收到停止行动的命令。敦刻尔克近在咫尺，我们却停下了前进的脚步！我们眼睁睁地看着空军发动进攻，看着英国人用各种大小舰船撤走他们的部队。

那天冯·维特斯海姆将军来找我讨论他的第十四兵团接防第十九兵团的事宜。根据安排，第十四兵团的先遣部队第二十（摩托化）步兵师归我指挥，

---

[1] 对比冯·洛斯伯格《国防军高层》一书的第81页。

[2] 1英尺约合0.30米。——译者注

[3] 原著引用的是英文原文。——译者注

我把他们放在党卫军第一师的右面。我们正在讨论的时候发生了一件事：党卫军第一师师长塞普·迪特里希从前线返回途中遭到我们身后坚守一座房子的几个英国人的机枪袭击。他的车子着火之后，他和随行人员不得不跳到壕沟里躲避。迪特里希和他的副官爬进地下一个大下水管，为了保护自己不被汽油烧伤，他用湿土盖住自己的脸和手。跟随他的指挥车的一辆无线电通信车发出求救信号，我们派遣第二装甲师第三装甲兵团的一部分人去支援。很快，迪特里希就全身沾满泥土地出现在我的指挥所，他这个样子也成了我们的人打趣的对象。

到5月26日下午，希特勒才批准重新向敦刻尔克进军，但这个时候想夺取重大胜利为时已晚。（参见附录**XX**）

我们兵团在26日夜间发动进攻。补充了党卫军第一师、"大德意志"步兵团和重炮部队的第二（摩托化）步兵师的目标是沃尔穆。其左侧的第一装甲师受命向前突进，按照进攻情况，该师的右翼为主攻点。

"大德意志"步兵团得到第十装甲师第四装甲旅的有力支援，成功夺取克罗什特—皮加姆。第一装甲师的装甲侦察营则拿下布鲁凯尔克。

在此期间，敌军很多运输船驶离敦刻尔克。

5月28日，我们抵达沃尔穆和布尔堡维尔。29日，格拉沃利讷落入第一装甲师手里。不过我们最终没有直接参与夺取敦刻尔克。5月29日，第十九兵团由第十四兵团换防。（参加附录**XXI**）

如果最高指挥所没有命令第十九兵团停止行动进而阻止了兵团快速、成功的推进，整个军事行动完成的时间将会短得多。假如我们当初就俘虏敦刻尔克的英国远征军，后来的战争进程如何现在很难想象。不管怎么说，那种规模的军事胜利将会给才能出众的外交人员提供一个绝好的机会。不幸的是，由于希特勒的惶恐，这个机会被浪费了。后来他给出的阻止我那个兵团推进的理由——佛兰德斯地区有很多壕沟和运河，不利于坦克行进——是站不住脚的。

5月26日，我带着激动的心情用兵团命令的形式向手下英勇的官兵表示感谢：

致第十九兵团的广大官兵！

过去17天里，我们一直在比利时和法国作战。自从跨过德国边境以来，我们已经走过了足有400英里，到达英吉利海峡之滨和大西洋海岸。一路上，你们突破比利时的边防要塞，强渡默兹河，在难忘的色当战役中突破马奇诺防线延长线，夺取斯通尼的重要高地，然后又马不停蹄地从圣昆廷和贝罗尼打到亚眠和阿布维尔的索姆河段。最后，你们拿下了海峡沿岸以及布洛涅和加莱的海滨要塞，为你们的战绩锦上添花。

我让你们连续行军48个小时，但你们一共走了17天。我要求你们接受来自侧翼和后方的风险，你们从未让我失望。

怀着高度的自信和对完成任务的信念，你们忠诚地执行每一道命令。

德国为这些装甲师感到自豪，我也为担任你们的指挥官感到高兴。

我们不会忘记倒下的战友，他们是荣誉和尊重的象征。我们相信，他们的牺牲不会白费。

现在我们需要为新的事业把自己武装起来。

为德国，也为我们的领袖阿道夫·希特勒！

签名：古德里安

丘吉尔在他的第二次世界大战回忆录中说，德国一些将军认为，希特勒让德军坦克停留在敦刻尔克外围，要么是希望给英国一个寻求和平的机会，要么是想为德国解决问题创造条件。但不管是在当时还是在后来的任何一个时候，我都没有听说过可以支持这种说法的任何凭据。丘吉尔关于龙德施泰特可能自作主张阻止装甲部队的猜测也是不靠谱的。此外，作为在现场见证事态发展的指挥官，我完全有理由指出，尽管敌军对加莱的英勇防御值得高度称赞，但这对敦刻尔克以外的战局没有任何影响。不过丘吉尔的另外一个说法倒是正确的，即：希特勒和戈林——尤其是戈林——认为德国拥有足够的空中优势可以阻止英国军队从海上转移。这种想法是一个导致重大后果的错误，因为只有抓住英国远征军才能迫使英国人与希特勒讲和或者为德国成功入侵大不列颠创造必要的条件。

我在佛兰德斯收到消息说我大儿子受伤了，好在他的伤不致命。我的二儿子则在法国被授予一级和二级铁十字勋章，他参与了装甲侦察营的行动但毫发无损。

突破至瑞士边境

5月28日，希特勒命令组建一个由我指挥的装甲集群。为了给下一阶段的战事做准备，我的兵团指挥所于6月1日转移到了沙勒维尔西南方的小锡尼。6月初，"古德里安装甲集群"的组建工作在沙勒维尔西南方向的区域进行，集

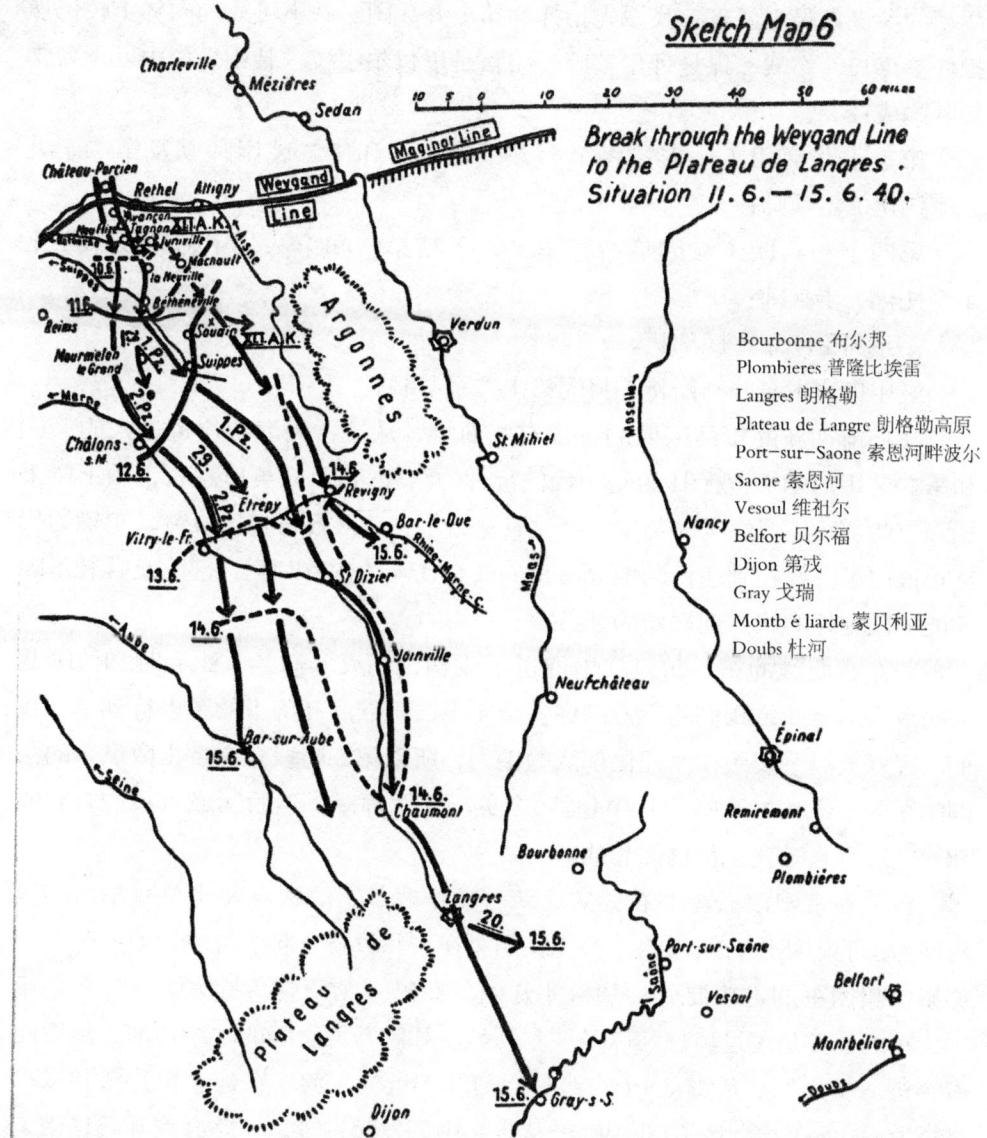

Sketch Map 6

Break through the Weygand Line
to the Plateau de Langres.
Situation 11.6.—15.6.40.

Bourbonne 布尔邦
Plombieres 普隆比埃雷
Langres 朗格勒
Plateau de Langre 朗格勒高原
Port-sur-Saone 索恩河畔波尔
Saone 索恩河
Vesoul 维祖尔
Belfort 贝尔福
Dijon 第戎
Gray 戈瑞
Montbéliarde 蒙贝利亚
Doubs 杜河

Charleville 夏勒维尔
Mezieres 梅齐埃
Sedan 色当
Chateau-Porcien 波尔西安城堡
Rethel 勒泰勒
Attigne 阿蒂涅
Weygand Line 韦冈防线
Maginot Line 马其诺防线
Reims 兰斯
Suippes 叙伊佩

Marne 马恩河
Argonnes 阿尔贡
Verdun 凡尔登
St.Mihiel 圣米伊尔
Etrepy 埃特雷皮
Revigny 勒维尼
Bar-le-Duc 巴勒迪克
Vitry-le-Francois 维特里勒弗朗索瓦
Nancy 南锡
Rhine—Marne-C. 莱茵—马恩运河

St.Dizier 圣迪济耶
Maas 马斯河
Aube 奥布河
Joinville 儒安维尔
Neufchateau 讷沙托
Bar-sur-Aube 奥布河畔巴尔
Epinal 厄比纳尔
Seine 塞纳河
Chaumont 肖蒙
Remiremont 雷米雷蒙

示意图6　突破韦冈防线至朗格雷高原。1940年6月11日至15日的战局团军的参谋人员主要来自我原先指挥的第十九兵团。做事可靠的内林上校仍然担任参谋长，作战参谋是拜尔莱因，副官是里贝尔中校。装甲集群由以下各支部队构成：

第三十九兵团（施密特将军），下辖第一和第二装甲师以及第二十九（摩托化）步兵师；

第四十一兵团（赖因哈特将军），下辖第六和第八装甲师以及第二十（摩托化）步兵师；

一系列集团军直属部队。

装甲集群本身归利斯特上将的第十二军节制。

我们前往新的集结区域的行程有些曲折，从英吉利海峡岸边过来的第一和第二装甲师的情况尤其如此。我们行进的路程达到150英里左右，由于桥梁损毁有些部队还多绕了60英里。经过长途行军，部队显得极度疲劳，车辆的损耗也很严重。好在到达目的地之后我们就有几天的休整时间，部队及其装备因此能够以更好的状态迎来新的任务。

德军在西线的第一阶段战事取得了成功，消灭了荷兰、比利时和法国北部的敌人。至此，我们的后方已经安全无虞，可以展开南下的军事行动了。我们已经歼灭敌军装甲和摩托化部队的主力，所以第二阶段只需要击败剩余的法国陆军——大约70个师，其中包括2个英国陆军师——然后达成对我们有利的和解。至少当时我们是这么想的。

我们在索姆河沿岸的右翼完成新一轮作战部署的速度要比莫塞尔河和奥恩河沿岸的中路快，所以冯·博克集团军在6月5日就发起了进攻，而冯·龙德施泰特集团军的进攻要到6月9日才开始。在冯·龙德施泰特集团军方面，第十二军的任务是越过奥恩河以及波尔新城堡和阿蒂尼之间的埃纳运河，然后向南突进。步兵部队负责从8个点渡过恩河及邻近的运河。在建立桥头堡并成功搭桥之后，我们集团军的装甲师就从步兵中间发起进攻，一路打到开阔地带，然后——根据战局情况——向巴黎、朗格勒或凡尔登推进。我们的第一个目标是朗格勒高原，我们最晚是在那里接收下一步行动的指令。

我请求第十二军军长给我的几个师预先指定过河地点，让他们自行夺取奥恩河的桥头堡。我对从步兵中间发动进攻的指令不以为然，因为步兵大量的补给纵队会阻碍我们前行，我担心到时候会出现指挥方面的问题。但军长想把几个装甲师用在决定性的突破上，所以拒绝了我的请求。装甲军团因此集结在步兵身后，一旦8个不同地点的桥头堡得以建立，4个装甲师就从这些桥头堡向前突进。两个摩托化师则跟在各自兵团的装甲师之后。当然了，要想使这个计划取得成功，步兵首先必须过河夺取桥头堡。

第三十九兵团和第十一兵团之间的分界线瓦西尼延伸到勒泰勒—瑞尼维尔—欧维内—奥伯里夫—叙普—圣雷米—蒂卢瓦（这些地点本身都属第三十九兵团的范围）—瓦诺尔—索尼—帕尔尼（这些地点归属第四十一兵团）。

6月8日，装甲军团指挥所转移到贝尼。

6月9日是第十二军发动进攻的第一天，我去勒泰勒东北面的一个观察哨亲自察看步兵攻击的进展情况，以免错过装甲部队投入进攻的最佳时机。从凌晨5点到上午10点都没有动静，我就派值班军官从下一个进攻点看看步兵是否从那里过河。中午12点，来自勒泰勒两侧前线的消息说，勒泰勒这边的进攻失败了。我派往其他地点的观察人员报告说，步兵只是在波尔新城堡附近建立了纵深在1英里到1.5英里之间的一个小桥头堡。我赶紧联系第十二军参谋长、我的朋友冯·马肯森，请他转告军长：鉴于目前的情况，我提议夜间派坦克进入已经拿下的那个桥头堡，准备好在第二天早上实施突破。接着我准备去波尔新城堡，途中在哈泽将军第三兵团的指挥所作短暂停留，察看那里的情况。我观察了一下桥头堡的情况，然后去见第三十九兵团司令施密特将军，他和基尔希纳将军就在波尔新城堡北面不远的地方。我和他们讨论了第一装甲师的推进计划和在桥头堡的作战部署。此次行动将在黄昏时分开始。

之后我见到了从北面坐摩托车过来的军长利斯特上将。他在来的路上见到第一装甲师有些坦克兵把制服外衣脱了，有的甚至在旁边的河里沐浴，这让他有些不高兴。他狠狠地批了我一顿，质问我为什么我的部队还没有从桥头堡突破。我自己刚刚察看过情况，所以可以有把握地告诉他，桥头堡要么没有拿下，要么还没有延伸足够的范围，所以根本不可能突过去。我还向他指出，夺取桥头堡不是我的装甲部队的责任。利斯特将军是一个很有风度的人，他听完我的解释立即主动和我握手，然后和善地跟我商讨下一步的进攻计划。

在集团军指挥所待了一会儿之后，我回到波尔新城堡的桥头堡监督坦克部队的行动，并与那里的步兵师的指挥官建立联系。我在对岸见到了第十七步兵师师长洛赫将军，跟他一起协商我们要采取的策略。我在前线一直待到凌晨1点，然后去慰问等着从桥头堡送回去的坦克和侦察部队的伤员，对他们的英勇表现表示感谢。接着我返回在贝尼的指挥所拟定作战命令。

到了下午，波尔新城堡东西两侧分别有了桥头堡，这两个桥头堡可以让第一装甲师的一些部队和第二装甲师过河。

　　我的坦克部队从6月10日早晨6点30分开始发动攻击，当时我在前面督促远远落在后面的第一步枪旅向前赶。这时我突然被前线的步兵部队认了出来，我问他们怎么会认识我。原来，他身边的部队是第五十五步兵团，他们在国内的驻地就是维尔茨堡。官兵们记得我领导第二装甲师的日子，当年的维尔茨堡是一座美丽的城市，如今已经被战火烧得面目全非。我和这些官兵都很高兴见到对方。坦克部队和步兵的进攻同时进行，两个兵种彼此信任。进攻部队很快通过阿万松和塔尼翁，到了乐图尔内边的讷夫利兹。坦克到了开阔地带就几乎畅行无阻，因为法军的战术以镇守林地和村庄为主。迫于德军坦克的威慑力，法国人放弃了开阔地带。所以在步兵陷入了艰苦的巷战时，我们的坦克只遭遇到坚守勒泰勒前线的法国炮兵的零星攻击就径直突击到乐图尔内并越过了这条沼泽地式的溪流。第一装甲师现在沿着乐图尔内河两岸突进，其中第一装甲旅在南岸，巴尔克的步枪兵在北岸。中午刚过我们就到了瑞尼维尔，在那里遭到敌军大规模装甲部队的反击。双方坦克战的范围一直延伸到瑞尼维尔南侧，在约两个小时之后，我们终于抢占了有利地位，并于当天下午正式拿下该地。在战斗中，巴尔克亲自夺取了法军一个团的军旗。战败的敌人撤退到拉讷维尔。我在坦克战中想用缴获的47毫米反坦克炮摧毁一辆法国B型坦克但没成功，我发射的所有炮弹都从坦克厚实的装甲上掉落下来而坦克毫发无伤。我们自己的37毫米炮和20毫米炮对这种坦克同样无能为力，部队因此遭受重大伤亡。

　　傍晚时分，我们和敌军坦克再次激烈交战，这次的地点是在瑞尼维尔北面。法军从阿内勒往佩尔泰方向推进企图发动反击，但被我们击退了。

　　与此同时，第二装甲师在波尔新城堡西面渡过奥恩河向南推进，晚上到达欧迪尔库尔—圣埃蒂安。赖因哈特兵团的一些部队还没有从分配给他们的地点过河，他们因此被安排到第一装甲师身后。不过我们认为，拿下瑞尼维尔之后我们就能终结敌人在勒泰勒的抵抗。到那个时候，赖因哈特兵团就会重获行动自由。

　　集团军指挥所转移到波尔新城堡东南、奥恩河边的塞维尼森林。到了晚上我已经疲惫不堪，帽子都没脱就躺倒在一堆稻草上，瞬间进入了梦乡。做事一向周到的里贝尔在我周围搭了个帐篷，还指派了哨兵把守，让我很安心地睡了至少3个小时。

　　6月11日早晨，我在拉讷维尔察看第一装甲师的进攻情况。这次进攻很顺利，就如军事演习一般：炮火准备、坦克和步兵推进、包围村庄、向贝特尼维尔突破——贝特尼维尔是我在第一次世界大战期间就熟知的一个村庄。相比之下，敌军在叙伊佩周边的抵抗更顽强一些，对方使用很可能属于法国第七轻型师的50辆坦克发动反击但遭遇失败。我们夺取了诺鲁瓦、拜讷和小圣伊拉尔几个村庄。

第二装甲师抵达埃普瓦埃，第二十九（摩托化）步兵师抵达埃普瓦埃西南的林地。

赖因哈特的第四十一兵团在第三十九兵团东侧，他们的侧翼遭到来自阿尔贡的法军第三机械化师和第三装甲师的攻击。成功击退法军的进攻之后，第四十一兵团重新向南推进。下午我收到消息说，陆军总司令要视察装甲军团，我赶紧返回指挥所。我赶到的时候冯·布劳希奇上将已经在那里，我向他汇报了前线的情况以及我们下一步的打算。布劳希奇将军没有给我新的指令。当晚，我的指挥所转移到瑞尼维尔。

6月12日，我们再次发动进攻。第三十九兵团与第二装甲师一起进逼香槟沙隆，与第一装甲师和第二十九（摩托化）步兵师一起进逼维特里—勒弗朗索瓦。第四十一兵团右翼从索姆—皮突破至叙伊佩。

由于步兵在我们身后跟得太近，我们的行动出现了一些混乱。步兵部队现在已经过了奥恩河，有些甚至已经赶上正在向前进攻的装甲部队。师与师之间的界限划分得不够清楚，部队开始出现重叠的情况。我们请求军部解决这个问题但徒劳无功。在叙伊佩沿线的一些地点，两个兵种的人都想冲在前面，场面甚为激烈。勇敢的步兵不分昼夜地行军，他们太想打击敌人了。当天上午我们通过了香槟高地，早在1917年秋我就熟悉这个地方。我去第二十九（摩托化）步兵师看了看情况。这个师由男爵冯·朗格曼将军指挥，他们的位置在敌军大穆尔默隆营地的北侧边缘，这是该师第一次出现在前线。我到那里的时候朗格曼正忙着给侦察营下达攻击敌军营地的命令，他所有下属军官都在场。朗格曼下达的命令简明扼要，他和他的下属给我留下非常好的印象。我安心地来到位于马恩河畔夏隆的第二装甲师。

我到夏隆的时候第二装甲师也刚到不久。我们最前沿的侦察部队拿下马恩桥的时候桥没有损毁，但他们居然没有按照指令立即检查桥上是否装有爆破装置。结果部队正在过桥的时候就发生了爆炸，这给我们造成了不必要的人员伤亡。

我和费尔将军讨论他继续推进的问题的时候，集团军总司令冯·龙德施泰特上将让我去我的军团指挥所见他。

当天晚上，第一装甲师抵达比西莱沙托。他们受命向莱茵—马恩运河边的埃特雷皮推进。

那天白天，赖因哈特兵团遭到来自阿尔贡的敌军向西发动的进攻，他们因此打了一场防御战。下午我去马肖尔周边视察了这个兵团的几个师，当场批准了他们采取的一些战术。我们夺取了苏安、塔于尔和芒尔。返回军团指挥所的路上我又看到步兵越过我们的推进线，我请求第十二军指挥所解决这个问题但仍然没能如愿。

此后装甲军团每天都收到很多自相矛盾的命令，有些命令我们向东转移重心，有些命令我们继续向南推进。我们首先要拿下凡尔登，接着向南推进，然后重心向东转移至圣米伊尔，再然后又要向南推进。赖因哈特的兵团从中受到的影响是最大的。我让施密特的兵团保持稳步向南，这样我的装甲军团至少有一半部队可以确保行军的连续性。

6月13日，我来到赖因哈特兵团及其下属的第六和第八装甲师，这两个师还在和来自凡尔登和阿尔贡的敌军交战。夜幕降临的时候，我去此前抵达埃特雷皮附近莱茵—马恩运河的第一装甲师的指挥所。第三十九兵团命令该师不要越过运河，但我对此毫不知情，即便知道了我也不会同意这样的指令。我在埃特雷皮外围找到第一装甲师主力部队指挥官、精力充沛的巴尔克。我问他是否已经拿下运河上的桥，他的回答是肯定的。我又问他是否在河对岸建立桥头堡，他想了一下也给出了肯定的回答。我再问他是否可以开车到那个桥头堡。他满腹狐疑地看着我，怯生生地说可以。于是我们就开车过去。我在桥头堡见到了冒着生命危险防止桥被炸的工程兵军官韦伯中尉和组织建立桥头堡的步枪营营长埃金格上尉，我很高兴能在现场授予这两位勇敢的军官一级铁十字勋章。我问巴尔克为什么他不继续突进，这时候我才知道第三十九兵团命令他们停止推进。现在我终于明白为什么巴尔克刚才说话吞吞吐吐的，因为按照第三十九兵团的命令他已经超出界限，他见到我的时候原本是要等着挨批的。

和在布韦勒蒙的情况一样，这次我们的突破又是在行将完成的时候被中止，而且又是在不容踌躇和延误的时间点上。巴尔克向我描述了他对敌军的印象：在他对面镇守运河的是几乎没有炮兵支援的黑人部队。我命令他直接进逼圣迪济耶。我向他保证，我会把这个命令告知他的师长和兵团司令。巴尔克领命就着手行动了。我回到师指挥所命令整个师立即投入战斗，然后告知施密特将军我已经下令第一装甲师行动了。

我经过之前抵达运河布吕松段的第二十九（摩托化）步兵师，于黄昏时分来到维特里—勒弗朗索瓦北面不远的第二装甲师第五侦察营，我向他们了解了那里的情况以及他们这个师取得的进展。

6月14日上午9点，德国军队开始进入巴黎。

当晚，我的第一装甲师抵达圣迪济耶。我们抓获的法军俘虏隶属他们的第三装甲师以及第三北非师和第六殖民地步兵师，这些俘虏都显得非常疲倦。再往西，第三十九兵团的其余部队也过了运河。在埃特雷皮以东，赖因哈特兵团在雷维尼附近抵达莱茵—马恩运河。

中午时分，在与第一装甲师师长交谈过后我进入了圣迪济耶，我见到的第一个人是坐在市场一把椅子上的老朋友巴尔克。经过几天几夜的行军，他正打算好好休息几个小时，但我让他失望了，因为现在我们推进速度越快，我们的胜果必定更大。我命令巴尔克立即率部直接前往朗格勒，第一装甲师其余部队尾随其后。这次推进在夜间完成，6月15日清晨朗格勒投降，我们抓到3000名战俘。

第二十九（摩托化）步兵师奉命由瓦西向瑞泽讷库尔进攻。第二装甲师从蒙蒂耶伦德—苏莱内向奥布河畔巴尔推进。赖因哈特兵团则继续向南行军。

陆军总司令部想让装甲军团从儒安维尔—纳夫夏托向南锡推进，相关的命令也已下达到各支部队。但在执行这道命令之前，各支部队还接到了其他命令。

6月15日早晨我动身去朗格勒，并丁中午时分到达那里。我让第一装甲师前往索恩河畔格雷和贝藏松，让第二十九（摩托化）步兵师向格雷西南的索恩河段推进，让第二装甲师逼近蒂沙泰，同时安排第四十一兵团守住马恩河以东的南下路线。在我们右侧，克莱斯特装甲集群的第十六兵团正向第戎进发。中午1点，第一装甲师动身出发。我和几名作战参谋人员坐在法国军官的食堂里，从食堂花园看出去，东面的情况一目了然。我很担心左翼，因为这一侧的队伍很长而且没有防御方面的保障，而此刻我们已经收到消息，法军已经从东面向这边过来。好在维克托林将军的第二十（摩托化）步兵师下午到达朗格勒之后就立即前往维祖耳，为我们提供了侧翼保护。第二十九（摩托化）步兵师继续在朗格勒以西行军。战场局势瞬息万变，到了晚上，奥布河畔巴尔、索恩河畔格雷和巴勒迪克都被我们拿下。

负责防御格雷的法军指挥官在战斗中阵亡。

当晚，装甲集群指挥所转移到朗格勒。陆军总司令部没有下达有关装甲集群下一步部署的指令，所以我让派驻在集群的统帅部联络官坐飞机回去转告上级，我提议继续率部推进到瑞士边境。

在朗格勒，我们住进主人友好的中产阶级房子里。在几天的艰苦行军之后，舒适的住处让我们很享受。第二十九（摩托化）步兵师抵达索恩河畔蓬泰莱，他们将于16日前往蓬塔尔利耶，同一时间第二装甲师将前往奥克松—多尔。第四十一兵团将继续推进，由第二十（摩托化）步兵师走在两个装甲师前面。

6月16日，第一装甲师在格雷以北的基特尔夺取了索恩河的一座桥。德国飞机连续几个小时轰炸格雷在建的一座桥，这给我们造成了很长时间的延误。我们可以看出这些飞机来自雷普的集团军，但我们联系不上他们。好在他们没有给我们造成人员伤亡。

当天下午，第三十九兵团到达贝藏松—阿旺，由第二十（摩托化）步兵师引领的第四十一兵团走过了索恩河港、维祖耳和布尔邦。这期间有几千敌军被俘，其中包括首次在法国出现的波兰人，另有30辆坦克在贝藏松被缴获。

6月17日，我最能干的参谋长内林上校把所有的参谋军官召集到住处和古要塞之间的露台上为我庆祝生日。作为生日礼物，他告诉我第二十九（摩托化）步兵师已经抵达瑞士边境。我们听到这个消息都很高兴，我立刻动身亲自去祝贺英勇的官兵。中午12点左右，我在蓬塔尔利耶见到了师长、男爵冯·朗格曼将军。在长时间行车途中，我见到了第二十九（摩托化）步兵师的大部分官兵，他们精神状态不错，纷纷向我挥手致意。我们向最高统帅部报告说，我们已经抵达瑞士边境的蓬塔尔利耶。结果希特勒回复说："你们弄错了，你们应该是在索恩河畔蓬泰莱。"对此我答复："我们没说错，我自己就在瑞士边境的蓬塔尔利耶。"这下终于满足了国防军最高统帅部。

我去边境线上转了一圈，和侦察营的负责人聊了几句。正是由于他们不知疲倦的付出，我们才能如此精确地掌握敌军的情况。在这些杰出的军官当中就有冯·比璐中尉，他后来为德国献出了自己的生命。

我从蓬塔尔利耶用无线电命令第三十九兵团立即改变方向朝东北方前进。第二十九（摩托化）步兵师将沿着边境线推进到波朗特吕附近的弯道，清除汝拉州内的落伍士兵；第一装甲师从贝藏松出发，途经蒙贝利亚前往贝尔福；第二装甲师目前正跨越他们与第一装甲师的行军路线，他们将前往摩泽尔河上游的雷米雷蒙。与此同时，第四十一兵团将向左前往厄比纳尔和沙尔姆。

第三十九兵团和第四十一兵团的分界线是：朗格勒西南的岔路口—沙兰德雷—皮埃尔库尔—芒布雷—迈利—维勒佛—吕尔—普朗谢（分界线本身归第四十一兵团负责）。

如此部署的目的是要同正从上阿尔萨斯出发的多尔曼将军的第七军建立联系，由此切断阿尔萨斯—洛林地区法军与其余法军之间的联系。行动伊始，我的装甲部队就以他们一贯的精准水平完成了一次90度转弯。在我的命令当中，各支部队的行军路线有一些交叉，但这没有给我们造成任何混乱。当晚我在指挥所高兴地收到来自雷普集团军的一个消息：我指挥的装甲集群现在归他们节制，下一步要往贝尔福—厄比纳尔方向推进。对此我回复说，这些命令已经在执行中。

6年以后，我在纽伦堡监狱与里特尔·冯·雷普元帅同住一间牢房。坐在那个阴暗的地方，我们聊到了1940年的事情。雷普元帅告诉我，他一直没想明白当年我怎么那么快就执行他下达的进逼贝尔福—厄比纳尔的命令。时隔那么长时间以后，我终于有机会向他说明其中缘由。由于装甲军团扮演的特殊角色，我们能够从与集团军相同的角度分析局势，进而得出相同的结论。

回到1940年的那天。我们住在阿旺，这是一个美丽的地方，可以看到贝藏松附近杜河的美景。吃晚饭的时候我又一次看到我的小儿子库尔特，这让我喜出望外。他刚刚从第三装甲侦察营调到希特勒的警卫队"元首护卫营"，借执行通信任务的机会在我生日当天来看我。

临近午夜时分，第一装甲师的作战参谋温克少校传信来说，他们那个师刚刚抵达蒙贝利亚，那是第三十九兵团指定给他们的目标。不过部队的油料还很充足，他们没有理由就此停下来。因为联系不上兵团司令，他问我是否允许他们师继续推进。他们当天晚上就能到达贝尔福，我当然同意他的请求，我原本就没想过这个师要停留在蒙贝利亚。第三十九兵团原先认为第一装甲师不可能像我命令的那样一次性到达贝尔福，所以把蒙贝利亚指定为他们的过渡性目标。在这个关键时刻，兵团指挥所还在转移当中，所以第一装甲师联系不上兵团领导。这是给予装甲部队一路绿灯的又一个案例，敌人再次被我们打了个措手不及。

短暂休息之后，我在6月18日一早就去贝尔福，并于8点左右到达那里。蒙贝利亚和贝尔福之间的路上停放着很多法军车辆，其中包括很多重炮。法国人已经投降了，数千名战俘露营在古堡入口外围。不过堡垒的高塔上看不到德国的旗帜，小镇里面还有枪声传来。我在贝尔福雄狮雕像前面的空地上拦下第一装甲师一名摩托信差，问他师指挥所在什么地方。机警的年轻人知道他们长官在巴黎酒店就带我去了那里。我在酒店首先见到温克，他没想到这么早就见到我。我问他师长在哪里，他说在洗热水澡。经过前几天的跋涉，我很能理解大家都想好好洗个澡。趁着等待基尔希纳出现的这个间隙，我品尝了一下法国厨师为法国军官准备的早餐。经过询问我才知道，第一装甲师目前只控制着小镇的一部分，当地的防御工事还在法军手中，同意投降的只是兵营里的法国人。防御工事里的法军拒绝不战而降，所以我们必须发动进攻。

图6　布洛涅：攻击城墙

图7　进攻在持续进行中

第一装甲师组织了一个突击小组，负责向防御工事和城堡发动进攻。战斗从中午时分开始。首先被攻破的是巴塞—贝尔谢，接着是离我所在之处不远的豪泰—贝尔谢和城堡本身。我们采取的战术非常简单：首先是第一装甲师的炮兵进行短时轰炸，接着是埃金格的步枪营乘坐装甲运兵车和一门88毫米高射炮一起直接开过去，高射炮正对着峡谷就位。就这样，步兵在没有遭受任何伤亡的情况下就到了斜堤上，他们爬过壕沟就往城墙上爬，其间高射炮向峡谷进行近距离打击。我们喊话让对方投降，在快速进攻的影响下他们举起了双手。我们插上德国军旗，为敌军投降画上了句号。攻击部队开始投入下一个任务。我们的伤亡很轻微。

同一天，第一装甲师的其他部队在内特维希上校的率领下抵达贝尔福以北的吉罗马尼。他们抓获1万名战俘，缴获40门迫击炮、7架飞机以及很多其他装备。

装甲集群的指挥所转移到了蒙贝利亚。

与此同时，法国政府集体辞职，老派人物贝当元帅组建了新的内阁。这个内阁从6月16日开始着手停火谈判。

现在我们的主要任务是与多尔曼将军建立联系，完成对阿尔萨斯—洛林敌军的包围。

在第二十九（摩托化）步兵师从汝拉州一路打到洛蒙和波朗特吕拐角的同时，第二装甲师抵达摩泽尔河上游的吕普和雷米雷蒙。第六装甲师在肯普夫将军的指挥下采取与第一装甲师夺取贝尔福几乎相同的方式拿下了厄比纳尔。我们在每个要塞分别抓获4万人左右的战俘。

第七军的先头部队到达上阿尔萨斯森海姆以南的尼德阿斯巴赫。

6月19日，我们动身开始新的行军，并在贝尔福东北的拉沙佩勒联系上了第七军。我们在攻取贝尔福东部要塞的时候遇到了很大困难，但对方最终还是投降了。第一装甲师对贝尔辛高地和巴隆德塞尔旺斯高地发起强攻，在午夜时分拿下了勒蒂约。第二装甲师夺取摩泽尔河畔的吕普要塞。我们穿越孚日山脉的阵线很宽，由于路上已经挤满了装甲部队，第一兵团正从北面向厄比纳尔推进的几个步兵师不得不停下脚步，以免造成部队机动的全面停滞。步兵方面向集团军指挥所提出强烈抗议，认为他们遭到恶意对待，毕竟他们也想上阵杀敌。我让作战参谋拜尔莱因尽快坐飞机去找集团军司令里特尔·冯·雷普上将，向他说明我让步兵让路的缘由。拜尔莱因及时赶到，避免了不愉快的出现。

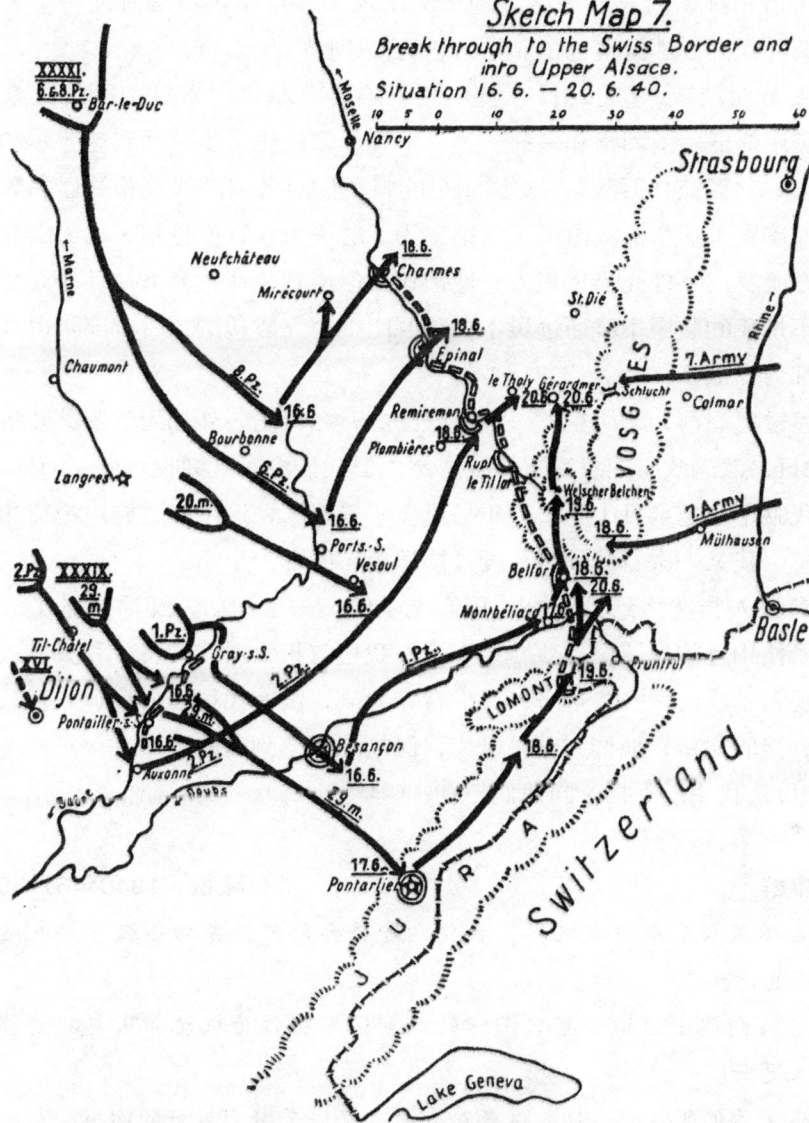

Sketch Map 7.
Break through to the Swiss Border and
into Upper Alsace.
Situation 16. 6. — 20. 6. 40.

Bar-le-Duc 巴勒迪克	Army 第七军	Mülhausen 米约桑	泰莱
Nancy 南锡	Rhine 莱茵河	Vesoul 维祖尔	Lomont 洛蒙
Strasbourg 斯特拉斯堡	le Tholy 莱托利	Belfort 贝尔福	Besancon 贝藏松
Marne 马恩河	Gerardmer 热拉尔梅	Montbéliarde 蒙贝利亚	Auxonne 奥克松
Neufchateau 讷沙托	Schlucht 施卢希特	Basle 巴塞尔	Saône 索恩河
Charmes 沙尔梅	Colmar 科尔马	Til-Chatel 蒂沙泰	Doubs 杜河
Mirecourt 米雷库尔	Bourbonne 布尔邦	Gray 戈瑞	Jura 汝拉山脉
St.Die 圣迪埃	Plombieres 普隆比埃雷	Pruntrut 波朗特吕	Switzerland 瑞士
Chaumont 肖蒙	Langres 朗格勒	Dijon 第戎	Lake Geneva 日内瓦湖
Epinal 厄比纳尔	Ports-S. 波尔特	Pontailler-sur-S 索恩河畔莲	

示意图7　突破至瑞士边境并进入上阿尔萨斯。1940年6月16日至20日的战局

　　装甲集群指挥所转移到旅游胜地普隆比埃莱，这是古罗马时期一个著名的温泉小镇。我们在那里度过了非常惬意的3天时光。

　　法国人全面溃败。6月20日，科尔尼蒙陷落。21日，孚日山区的比桑沦陷。第二装甲师抵达圣阿梅和多利，第二十九（摩托化）步兵师到达德尔和贝尔福。我们一共俘获15万敌军。C集团军的将军们对各自部队抓获的俘虏数目以及那些俘虏属于那个部队出现了争论。为了解决争议，里特尔·冯·雷普上将不得不像所罗门一样充当审判人。他把15万俘虏划分在我名下并且补充赞赏道，假如不是我的装甲集群通过贝尔福和厄比纳尔完成包围，所有部队得到的俘虏数目都会少很多。

　　自从渡过奥恩河，装甲集群一共抓获约25万名俘虏，外加无数各类装备。

　　6月22日，法国政府同意签署停战协定，但我们没有立刻收到相关消息。6月23日，我驱车穿越孚日山脉去科尔马见多尔曼将军，途中经过施卢希特和凯塞尔思贝尔。我又一次看到了当初度过快乐童年的那个小镇。

　　我的参谋人员转移到贝藏松。我们先是住在一家酒店，随后搬进了法国军区指挥所使用过的房子里。战斗结束了，我也有机会对我的将军和参谋人员的杰出表现表示感谢。一路走来，我们合作无间，没有出现任何误解。官兵们作战英勇、尽职尽责，他们完全可以为自己的战绩感到自豪。

　　6月30日，我用以下指令向他们告别：

古德里安集群　　　　　　　　　　　　　　　　**贝藏松，1940年6月30日**

　　值此古德里安集群解散之际，我要向即将奔赴新任务的各级各部表达我最衷心的祝愿。

　　从奥恩河向瑞士边境和孚日山脉的胜利进军将作为机动部队突破史诗般的案例载入史册。

　　我要感谢你们所做的一切，这是对我十多年艰苦努力最好的回报。

　　带着同样的精神奔赴新的任务吧，愿你们取得同样的成功，直到大德意志取得最终的全面胜利！

　　元首万岁！

　　　　　　　　　　　　　　　　　　　　　　　　　　　　　　古德里安

停战

　　我想起了在贝藏松的时候见到的两个人。27日晚上，第十九步兵团名誉上校里特尔·冯·埃普将军在寻找他们团的途中路过贝藏松。我很早以前就认识他了，过去我们经常一起去施佩萨特打猎。我们在贝藏松聊了很多，充分讨论了我们与法国之间的停火以及将来与英国之间的战争。我在战场上信息隔绝，没有机会跟别人就这些话题展开交流，这次交谈让我受益匪浅。

我想到的第二个人是军备和军工生产部长托特博士。他到前线是为了收集前线官兵对坦克的看法的第一手资料，这些资料可能会对未来坦克生产领域的研发工作产生影响。7月5日，我和托特博士同样谈到了德法停战和德英两国交战的问题。

停战后，德国人民欢呼雀跃，希特勒对签订的停战协定也感到满意。我心里的感觉就不是那么好。在取得全面胜利的情况下，我们有很多选择。我们可以坚持让法国全面解除武装，让德军占领整个法国，让法国把舰队和殖民地都移交给我们。或者我们可以提出另外一个完全不同的条件：我们可以确保法国的领土和殖民地完整以及国家独立，前提是他们要帮助德国与英国迅速达成和解。在这些极端条件之间，我们还可以有一系列不同的选择。不管我们做出什么样的选择，最终的目标都应该是为结束战争创造有利于德国的条件，其中就包括结束与英国的战争。为了与英国讲和，首要的前提应该是双方恢复外交关系，但希特勒在德国国会的讲话似乎没有表达这样的意思。现在我也意识到，当时英国是否真的愿意和希特勒谈判是个很大的未知数，但做出讲和的姿态还是必要的，至少事后别人不会指责我们直接放弃和解。如果外交斡旋不能促成希望中的结果就必须使用军事手段，而且军事手段既要迅速还要全力以赴。希特勒及其助手肯定考虑下一步与英国交战，"海狮计划"就足以证明这一点。但鉴于我们在空中和海上准备不足——我们在这两方面都远远达不到入侵英国的要求——德国应该寻求可以削弱敌人迫使其接受和平谈判的其他手段。

当时在我看来，我们可以通过以下方式确保一段时期的和平：首先是德军立刻推进到罗讷河口；接着，在与意大利人合作拿下法国的地中海基地之后登陆非洲，同时让德国空军的精锐空降部队拿下马耳他。如果法国愿意参与这些行动就更好，如果不愿意，我们就和意大利人一起不做停留继续打下去。我们清楚当时英国人在埃及的弱点，意大利在阿比西尼亚还有大规模驻军，而马耳他的防空力量不足。在我看来，各方面的情况都有利于我们沿着这几条线继续行动，我看不到任何不利条件。只要有4到6个装甲师进入北非，我们就有巨大的优势，英国人要增兵必然为时已晚。由于意大利最初在北非遭遇失败，在1940年组织德国和意大利联合登陆这一地区肯定要比在1941年组织登陆有利得多。

希特勒当时可能是因为不信任意大利人才没有把战火烧到非洲的，不过更有可能的情况是：由于受到大陆思维的局限，希特勒没有真正意识到地中海对英国人的决定性意义。

不管真实原因到底如何，反正那个时候我再也没有听到有人提起我的建议。直到1950年我才知道，里特尔·冯·埃普将军曾经找机会向希特勒汇报了我的想法。根据当时陪同埃普将军去见希特勒的维尼希上尉的说法，希特勒对我那些想法不感兴趣。

我在贝藏松期间对汝拉州有了一定了解。7月1日，我从隆德山顶俯瞰著名的日内瓦湖。我还找机会去里昂看了我的大儿子，他在西线的战斗中第二次负伤，因为作战英勇获得提前晋升。

我们与贝藏松市长和警察局长之间的关系不错，这两位绅士一直表现得有礼有节。

我的装甲集群在7月初解散，其中几个师返回德国，另外几个师去了巴黎地区，参谋人员也去了巴黎。当时我们原本要组织大规模阅兵式接受希特勒的检阅，好在后来取消了。

我在巴黎期间参观了凡尔赛宫和枫丹白露，后者是一个漂亮的古堡，里面充满历史记忆和各类美妙物件。我对马尔迈松的拿破仑博物馆尤其感兴趣。博物馆的馆长是一位受人尊敬的老人，他很热情地亲自带我参观。我和这位知识渊博的历史学者畅谈了伟大的科西嘉人拿破仑，那次谈话让我受益良多。我在军务允许的情况下参观了巴黎所有的景点，这里无须赘言。我先是住在兰卡斯特酒店，后来住进了布洛涅林场里一座非常舒适的私人住宅。

我在巴黎的逗留被7月19日的德国国会会议打断，我和其他大多数部队将官都奉命参会。会上，希特勒宣布晋升我为上将。

由于阅兵式取消，装甲集群的参谋人员已经没有必要留在巴黎。于是我们在8月初回到柏林，在那里度过了一段悠闲的时光。

与此同时，留在法国的德军部队正忙于为"海狮行动"做准备。这个行动计划从一开始就没有得到认真对待。在我看来，我们缺乏足够强大的空军力量，海运能力也不足，加之英国远征军从敦刻尔克逃走，所有这些都让这样一个行动毫无希望。空中力量和海运能力的不足充分证明，德国既没有意愿也没有准备要和西方列强交战。到9月份秋雷滚滚的时候，寿终正寝的"海狮行动"最终被废止了。

"海狮行动"给坦克部队带来的一个影响是，Ⅲ号坦克和Ⅳ号坦克被用于研发水下坦克。8月10日，水下坦克在霍斯坦普特罗斯的射击学校正式投入使用。这类坦克将在1941年苏联境内横渡布格河的行动中派上用场。

根据他从西线战事中获得的经验，希特勒下令每个月生产800到1000辆坦克。但陆军军械处认为，这样一个计划将耗资20亿马克，需要雇用10万名熟练工人和技术专家。面对如此巨大的成本支出，希特勒不幸地暂时放弃了这个计划。

希特勒还下令把Ⅲ号坦克上的37毫米火炮更换为L60型50毫米炮，但在实际操作中使用的是L42型50毫米火炮，所以炮管就短很多。希特勒刚开始对军械处擅自修改他的指令一事显然不知情。1941年2月他才了解到，他的指令在技术条件可以满足的情况下居然没有得到执行，他对此极为愤怒，始终没有原谅军械处对此负责任的军官。几年以后，他将会旧话重提。

西线战事结束后，希特勒下令增加装甲师和摩托化步兵师的数量。装甲师的数量很快就翻倍，只是每个师的坦克力量都被减半。就这样，德国陆军的装甲师虽然在数量上翻倍，但装备的坦克数量并没有随之加倍，而后者才是真正重要的。摩托化步兵师数目翻倍的计划给机动车行业带来沉重的负担，为了完成任务，所有可用的供给源都被充分利用，包括我们在西欧国家缴获的物资。

在此期间，我负责监管若干装甲师和摩托化步兵师的组织和训练，这让我非常忙碌。在为数不多的空余时间里，我思考的是战争的未来发展方向，尽管我认定战争终将走向终结。我的思绪越来越转向南方。正如我在贝藏松想的那样，我认为和英国停战是最重要的、实际上就是唯一重要的一件事。

我和陆军总司令部及总参谋部之间没有联系，没有人就装甲部队的重新组织和未来战争的进程征求我的观点。

关于未来战争的进程和走向，莫洛托夫在1941年11月14日对柏林的访问是第一个明确的信号。这是一个令人毛骨悚然的明确信号。

第6章 1941年的苏联战事

1939年5月3日，莫洛托夫接替利特维诺夫出任苏联外长，他在德国和苏联互不侵犯条约谈判中发挥了重要作用。1939年8月23日，德国和苏联签订互不侵犯条约，使希特勒得以进攻波兰。1939年9月18日，苏联入侵波兰的东部地区，与德国一道摧毁了波兰。1939年9月29日，苏联与德国签署了友好条约并达成贸易协定，后者对德国后续的战争投入发挥了十分重要的作用。与此同时，苏联充分利用当时的国际形势占领了巴尔干国家，并于1939年11月30日向芬兰发动进攻。在德国武装部队忙于西线战事时，苏联强迫罗马尼亚割让比萨拉比亚。苏联此举让希特勒在1940年8月30日感觉自己有义务保证罗马尼亚的国家独立。

1940年10月，希特勒与法国领导人和西班牙的佛朗哥就战争的走向展开谈话。紧接着他又去佛罗伦萨会见他的朋友墨索里尼。就在前往佛罗伦萨的路上，希特勒在博洛尼亚火车站得到一个让他深感意外的消息：墨索里尼私下已经向希腊宣战。墨索里尼是在未经希特勒默许的情况下向希腊宣战的，而且即便希特勒事先知情，他也不会同意这么做。墨索里尼的举动使巴尔干问题再次显现，战争由此有了一个非常不妙的走向，至少对德国来说是这样。

根据希特勒的说法，墨索里尼擅自行动的第一个后果是，佛朗哥迅速从轴心国的合作关系中抽身，因为他根本不想和如此不可预测的合作伙伴推行共同政策。

此事的另一个后果是德国和苏联的关系日趋紧张。此前德苏两国之间的关系就因为过去几个月发生的一系列事件出现紧张，这些事件主要与德国在罗马尼亚及多瑙河流域的政策有关。德国邀请莫洛托夫访问柏林就是要缓和两国的关系。

莫洛托夫在柏林提出以下主张：

芬兰归属苏联的利益范围；

两国就波兰的未来达成协议；

苏联在罗马尼亚和保加利亚的利益必须得到承认；

苏联在达达尼尔海峡的利益也要得到承认。

莫洛托夫返回莫斯科之后，苏联方面用更具体的书面形式重申了这些要求。

希特勒对苏联的要求大为光火，他在柏林会见莫洛托夫时就充分表达了自己的不满。而对于苏联后来递交的书面照会，他更是直接无视其存在。他从莫洛托夫柏林之行及其结果中得到的结论是，德国与苏联之间的战争迟早都是不可避免的。希特勒曾经多次向我提起那次柏林会谈的情况，所以我在这里引述了他的说法。1943年以前他从来没有跟我说起这件事，但后来他提到过多次，而且每次都用同样的语气，所以我有理由相信，他并非只是简单重复当时的观点。

如果说希特勒对苏联的主张感到愤怒的话，那他对意大利在1940年的政策就更加恼火了。我觉得从他的角度看，他生气是情有可原的。意大利对希腊发动的攻击从执行的角度讲是愚昧的，从计划的角度看是没有必要的。10月30日，意大利的攻势戛然而止。到11月6日，主动权转移到了希腊人那边。糟糕的决策往往导致军事灾难，这一次也不例外。墨索里尼把怒气撒在将军们头上，首当其冲的就是巴多利奥。巴多利奥曾经告诫墨索里尼不要冒这种军事风险，但后者听不进去。11月中旬，意大利人遭遇惨败，巴多利奥成了政府的敌人和叛徒。11月26日，他递交了辞呈。12月6日，卡瓦列罗接任了巴多利奥的职务。

12月10日，意大利军队在北非的西迪巴拉尼附近也遭遇惨败。如果意大利从希腊抽身去加强北非的驻军力量，那会更符合德国和意大利的共同利益。到了这个时候，格拉齐亚尼元帅开始要求装备德国飞机，墨索里尼也请求德国向利比亚派遣两个装甲师。那年冬天，巴比迪亚、德尔纳和托布鲁克相继失手，最终又是隆美尔率领的德军解决了问题。

意大利在巴尔干地区的不合作行为和错误造成大量德军在非洲和保加利亚以及后来的希腊和塞尔维亚被拖累，进而导致了我们在主战场上的力量被削弱。

如今显而易见的是，轴心国之间以阿尔卑斯山为利益范围分界线的原则很难适应战时领导层的实际需要。两个盟国之间的合作漏洞百出，当初还不如没有这种合作关系为好。

莫洛托夫访问柏林之后不久，我的参谋长男爵冯·利本施泰因中校和第一参谋拜尔莱因少校被总参谋长叫去开会，会上他们才得知德国计划对苏联发起"巴巴罗萨行动"。他们俩开会回来就向我做了汇报。当他们把苏联地图在我面前打开的时候，我几乎不敢相信自己的眼睛：我一直认为完全不可能的事情难道要变成现实了吗？回想1914年，希特勒曾经用极为激烈的言辞批评德国领导人没能避免双线作战。难道如今在确定与英国交战之前，他自己要主动开启与苏联的第二条战线？部队的将领们曾经一再告诫他不要犯这个错误，那时候他自己也认同将领们的观点啊。

面对这样一个计划，我无法掩饰自己的失望和厌恶。我那两位参谋军官已经被陆军总司令部彻底说服，他们对我的激烈言辞感到惊讶不已。他们说，根据总参谋长哈尔德的估算，我们用8到10个星期的时间就能击败苏联。德国将派出实力相差无几的3个兵团攻击不同的目标，但没有明确最终的作战目标。从专业的角度看，这种情况完全不容乐观。我让参谋长把我的观点转达给陆军总司令部，但对方不以为然。

作为整个计划的局外人，我现在唯一希望的是希特勒不是真的要打算进攻苏联，他做的各项准备只是虚张声势而已。对我来说，1940年冬天和1941年春天就如同噩梦一般。通过重温当年瑞典国王查理十二和法国的拿破仑一世发动的战争，我可以清楚地预见到，我们将要投入的这场战争困难重重。面对如此大规模的一场战争，我们准备不够充分也是一个日益显现的事实。然而，目前为止德军取得的成功，尤其是我们在西线获胜的惊人速度已经冲昏了最高层领导的头脑，他们已经把"不可能"三个字从字典里面清除出去。我接触过的国防军最高统帅部和陆军总司令部的所有人都持坚定的乐观态度。他们都对批评或反对意见无动于衷。

面对眼前的艰巨任务，我开始集中精力搞好手下几个师的训练和武器配备。我非常明确地告诉手下的部队，他们将要面对的这场战争要比在波兰和西线的战事困难得多。出于安全方面的考虑，我不能告诉他们更多的详情，但我想要确保官兵们在执行这项艰巨无比的新任务时不要大意。

不幸的是，希特勒下令组建的大部分装甲师配备的是法式车辆，这类装备是无法满足东欧作战需要的。但德国的产能满足不了我们巨大的需求，所以我们不可能用德式装备更新明显低劣的那些战利品。

我在前面已经提到，单个的装甲师配备的坦克数量减少了。好在老式的Ⅰ号和Ⅱ号坦克几乎完全被Ⅲ号和Ⅳ号坦克所取代，这在一定程度上弥补了装备不足的问题。我们认为，在这场新的战争开始初期，我们能够依仗德国坦克相对所有已知苏联坦克的技术优势。在我们看来，这种技术优势将会或多或少抵消苏联巨大的数量优势，毕竟到战争开打的时候，德军所有的坦克加起来也只有3200辆。不过有一件事让我对德军装甲武器的相对优势产生了一些怀疑。

1941年春天，希特勒曾经专门命人带领一个苏联军事代表团参观我们的坦克学校和工厂。他甚至在命令中强调，参观过程中不用向苏联人隐瞒任何东西。参观过程中，苏联代表团坚决不相信Ⅳ号坦克就是我们最重型的坦克。他们坚持认为我们肯定向他们隐瞒了最新式的坦克，抱怨我们没有按照希特勒的指令让他们观摩所有的装备。苏联代表团一直坚持他们的说法，我们的制造商和军械处的人最终推测，苏联人肯定已经有了比德国更先进、更重的坦克。1941年7月底当T-34坦克出现在前线的时候，关于苏联新式坦克的谜团最终被揭开。

4月18日，希特勒观摩了德军装甲武器的一次展示，当时我也在场。就是在这次展示期间，希特勒注意到陆军军械处的人给Ⅲ号坦克配备的是L42型50毫米炮而不是他指定的L60型50毫米炮。军械处的自作主张本来就让他很生气，武器威力因此下降更是无异于火上浇油。到4月底，位于施潘道的阿尔凯特公司（Alkett）终于生产出希特勒想要的坦克炮，这让陆军军械处给出的借口更是站不住脚。几年之后，每当有人在他面前为陆军军械处说好话的时候，希特勒就会提到这件事。

在那个时候，德国各式坦克的年产量最多只能达到1000辆。相比敌对国家的产量，这个数字是很小的。早在1933年，我在苏联参观的一座工厂每天就能生产22辆Christie—Russki型坦克。

3月1日，保加利亚加入三国同盟。3月25日，南斯拉夫紧随其后，但3月27日贝尔格莱德发生的政变打乱了轴心国的计划。4月5日，苏联和南斯拉夫签订了友好条约。4月6日，巴尔干战争爆发。我没有参加这次战争，不过装甲部队再一次证明了自己的实力，为我们快速取胜做出了重大贡献。

只有一个人对战火蔓延感到高兴，就是墨索里尼。说到底，这就是他自己的战争，是他未经希特勒许可发动的战争。但我们也清楚，苏联和南斯拉夫之间的友好条约意味着，我们将与东面强大的邻国发生摩擦，而且矛盾爆发的时间不会太远。

4月13日，贝尔格莱德陷落。4月17日，南斯拉夫军队投降。4月23日，得到英国援助的希腊军队也投降了。5月底，空降部队夺取克里特岛，不过没有拿下马耳他。德国、意大利、匈牙利、保加利亚和阿尔巴尼亚瓜分了南斯拉夫领土。克罗地亚独立建国，国王原本是意大利的斯波莱托公爵，但他从来没有坐在摇摆不定的那个王座上。根据意大利国王的要求，黑山也独立建国。

新建国家克罗地亚的国界线与原先的民族分界不相符，所以从一开始克罗地亚人就和意大利人不断发生摩擦。这种强烈的不和使欧洲这个原本就动荡不安的角落气氛更趋紧张。

1941年5月和6月，英国人成功占领叙利亚和阿比西尼亚。德国想要在伊拉克建立据点，但由于兵力不足宣告失败。1940年夏天我们可以并且应该采取合情合理的地中海政策，只有那样我们才能在伊拉克站稳脚跟。但现在采取这种孤立的行动为时已晚。

备战

如我们所愿，巴尔干战争很快就结束了。投入到当地的德军部队很快就按计划撤了出来，为下一步与苏联之间的战争做准备。不过，与苏联交战的时间被推迟了。不仅如此，那年春天雨水很多，布格河及其支流直到5月中下旬仍然处于汛期，周边的土地形同沼泽难以通行。我在波兰视察期间亲自见证了这一情况。

德国为进攻苏联组建了3个集团军群：

南方集团军群：位于普里皮亚特湿地以南，由冯·龙德施泰特元帅指挥；

中央集团军群：位于普里皮亚特湿地和苏瓦尔基峰之间，由冯·博克元帅指挥；

北方集团军群：位于东普鲁士，由里特尔·冯·雷普元帅指挥。

德国计划使用这三个集团军群突破苏联边防部队，然后包围并歼灭对方。装甲集群负责渗透到苏联腹地，防止苏军建立新的防线。进攻计划没有确定主攻区域。每个集团军群的规模几乎相同，只是中央集团军群有2个装甲集群，而南方集团军群和北方集团军群各自有1个。

我指挥第二装甲集群，我北侧不远的第三装甲集群由霍特将军指挥。这两个集群由中央集团军群节制。

第二装甲集群的编制如下：

司令官：古德里安上将

参谋长：男爵冯·利本施泰因中校

第二十四装甲兵团：由装甲部队将军盖尔·冯·施韦朋堡男爵指挥

第三装甲师：由莫德尔中将指挥

第四装甲师：由男爵冯·朗格曼—埃尔伦坎普少将指挥

第十（摩托化）步兵师：由冯·乐佩尔少将指挥

第一骑兵师：由菲尔特中将指挥

第四十六装甲兵团：由装甲部队将军、被称为谢尔的冯·维廷霍夫男爵指挥

第十装甲师：由沙尔中将指挥

党卫军"帝国"（摩托化）步兵师：由豪瑟中将指挥

"大德意志"步兵团：由冯·施托克豪森少将指挥

第四十七装甲兵团：由装甲部队将军雷默森指挥

第十七装甲师：由冯·阿尔尼姆少将指挥

第十八装甲师：由内林少将指挥

第二十九（摩托化）步兵师：由冯·博尔滕施特恩少将指挥

此外，装甲部队下辖若干其他部队，其中包括一个维比希将军指挥的近距离支援飞行联队和冯·阿克斯特黑尔姆将军指挥的"赫尔曼·戈林"防空团。

炮兵由海内曼将军指挥，工兵由巴赫尔将军指挥，通信部队由普劳恩上校指挥，侦察机由冯·巴尔泽维什中校指挥（原先的指挥官、作战英勇的冯·格尔拉赫上校在第三天的进攻中被击落阵亡）。装甲集群作战区域的战机保护在前几个周由莫尔德斯上校负责。（参见附录ⅩⅩⅡ）

我的装甲集群任务如下：进攻首日从布雷斯特—利托夫斯克两侧渡过布格河；突破苏联防御阵地并扩大战果，推进至罗斯拉夫尔—埃尔尼亚—斯摩棱斯克一线。这项任务的目的是防止敌军重新集结构建新的防线，为取得1941年的决定性胜利打下基础。到达目的地之后我的装甲集群将会接收到下一步的指令。根据陆军总司令部给出的预令，此后的计划很可能是调动霍特的第三装甲集群和我的第二装甲集群向正北方夺取列宁格勒。

德国控制的波兰领土和苏联控制的波兰领土之间的分界线是布格河，所以布雷斯特—利托夫斯克要塞被一分为二，城堡由苏联人占领，只有西岸的古要塞在德国手里。我在波兰一战中已经夺取过这个要塞，现在我又要完成一次同样的任务，只是这次的难度更大了。

尽管有了西线战事显而易见的经验教训，德国最高统帅部对装甲力量的使用仍然没有形成统一的意见，从出于备战和训练指挥官目的组织的几次军事演习当中就能看出这一点。除了装甲部队以外的其他兵种的将官们仍然认为，最初的攻击应该由步兵师在炮火准备之后实施，待步兵渗透到一定程度之后才应该派坦克去完成最终的突破。坦克部队的将官则持相反的观点，他们希望坦克从一开始就出现在攻击线的最前沿，因为他们认为坦克是最强大的进攻武

器。在他们看来，坦克能够快速实现纵深突破，进而利用自身的速度优势迅速扩大战果。在法国打仗期间他们就很清楚采用其他战术体系会有什么样的后果：在即将取得成功的关键时刻，路上挤满了依赖马匹、移动缓慢的步兵部队，阻碍了装甲车前进的脚步。因此，他们希望装甲师充当突破行动的先头部队，至于强攻要塞之类的任务就可以让步兵领衔。

第二装甲集群的进攻就遇到过这样的情况。布雷斯特—利托夫斯克的防御工事固然老旧，但对方坐拥布格河与穆恰维克河这样的天险，城墙前还有填满水的壕沟。面对这样的地形，坦克的威力无法施展。只有像1939年那样发动突袭，坦克才有可能夺取城堡。不过在1941年，坦克突袭的条件并不具备。

我因此决定让装甲师从布雷斯特—利托夫斯克两侧渡过布格河发动进攻。为了实施这次进攻，我还请求上级给我指挥一支步兵部队。这支步兵部队必须要从第四军调拨，因为紧跟在装甲集群身后的就是这个军。除了提供一部分兵力归我指挥以外，第四军还必须在初期的渡河行动中提供兵力支援，同时给我们提供强大的炮火支援。为了确保指挥的统一性，我请求这些支援部队暂时归我节制，我本人也愿意在此期间服从第四军军长冯·克鲁格元帅的指挥。集团军群方面接受了这样的安排。我自己为这种安排做出了牺牲，因为在冯·克鲁格元帅手下做事不是一件容易的事。但为了行动的成功，这样的安排部署是很重要的。

我们的进攻区域正对着布格河，第一项任务是面对敌军建立渡河点。如果我们能打敌人一个措手不及，这项任务会容易很多。我估计短时间内很难拿下布雷斯特—利托夫斯克，所以我先把参与进攻的装甲部队一分为二。但这么做是有风险的，我必须要确保装甲集群不受影响，暴露的侧翼要得到保护。一旦渡过布格河，集群的右翼就沿着普里皮亚特湿地边缘推进。普通的车辆无法通过湿地，士兵步行也很困难。但按计划，第四军实力较弱的步兵要通过这片湿地。装甲集群的左侧将是参与进攻的第四军的部队，再往外就是第九军的步兵。这一侧的部队面临很大的威胁，因为据悉大规模苏军正向比亚韦斯托克地区集结。可想而知，一旦这些苏军发现我们的装甲师威胁到他们后方，他们就会沿着沃尔科维斯克—斯洛尼姆之间的干道逃离包围圈。

为了应对这种双重威胁，我们制定了两项反制措施：

延展兵力部署的深度，尤其是在威胁更大的左翼；

把装甲集群的第一骑兵师派往我们右侧的湿地，摩托化部队几乎无法在那里通行。

紧跟在装甲集群身后的第四军步兵师以及大范围的空中侦察为我们提供了更多的安全保障。

由此，此次进攻装甲集群的战斗序列如下：

右翼

第二十四装甲兵团（冯·盖尔将军）：

第二百五十五步兵师（仅在渡河期间归我指挥）从弗沃达瓦前往马洛里塔；

第一骑兵师从斯拉瓦蒂切经马洛里塔前往平斯克；

第四装甲师从科登向布雷斯特—科布林公路推进；

第三装甲师从科登以北向雷斯特—科布林公路推进；

第十（摩托化）步兵师后续跟上发动第二波进攻。

中路

第十二兵团（施罗特将军），仅在初期归我指挥：

第四十五步兵师和第三十一步兵师，从科登以北和内普莱之间推进，目标是包围布雷斯特—利托夫斯克。该兵团未用于包围行动的所有部队从布雷斯特—利托夫斯克—科布林—贝雷萨卡尔图斯卡公路与摩蒂卡利—皮利斯切—普鲁萨纳公路之间推进，任务是完成其右侧第十四装甲兵团和左侧第四十七装甲兵团之间的扫尾工作并保障这两个装甲兵团内侧两翼的安全。

左路

第四十七装甲兵团（雷默森将军）：

第十八装甲师和第十七装甲师，从雷吉和普拉图林之间渡过布格河和莱什纳河，沿维多姆拉—普鲁萨纳—斯洛尼姆一线推进；

第二十九（摩托化）步兵师随后发起第二波攻击；

第一百六十七步兵师（仅在渡布格河期间归我指挥）推进至普拉图林以西。

装甲集群预备队

第四十六装甲兵团（冯·维廷霍夫将军）：

第十装甲师、党卫军"帝国师"和"大德意志"步兵团，在第四十七装甲兵团脱离布格河的桥梁之前留守在拉津—卢科夫—德布林地区，之后跟随装甲集群左翼向前推进。

6月6日，总参谋长到装甲集群视察。他表示，为了完成渗透敌军防线这个主要任务，各装甲师在第一阶段应当留守，让步兵师实施第一波进攻。出于前述的理由，我不能同意如此修改作战计划。

至于在抵达第一阶段的目的地（我指挥的各个兵团的目的地是罗斯拉夫尔—埃尔尼亚—斯摩棱斯克地区）之后最高统帅部的下一步计划，我在自己的指挥所几乎没有得到任何消息。我只知道我们首先要占领列宁格勒和巴尔干海岸，与从海上安全抵达的芬兰人和北方集团军群建立联系。上级下发的作战指令可以证明，最高统帅部正认真研究这个计划。根据作战指令，霍特将军的第三装甲集群将在斯摩棱斯克地区停止推进并准备向北支援北方集团军群，我的装甲集群也可能加入其中。这样的安排部署有一个很大的好处就是，它可以彻底保障在苏联作战的德军左翼的安全。在我看来，这是当时能够设想的最好的计划了，但遗憾的是，此后我再也没有了解到更多关于这个计划的信息。

6月14日，希特勒把所有集团军群、军和装甲集群的指挥官召集到柏林，向他们解释进攻苏联的原因并听取最终的备战情况汇报。他指出，在无法击败英国的情况下，为了终止战争他必须在欧洲大陆夺取全面胜利。只有打败苏联，德国在欧洲大陆的位置才会不可撼动。他给出的针对苏联发动先发制人的预防性战争的具体理由缺乏说服力。就像国家社会主义的意识形态理论以及有关苏联准备发动进攻的某些报道那样，德国入侵巴尔干地区导致的紧张局势、苏联介入芬兰并占领巴尔干国家这样的政治理由也不足以使德国发动如此大规模的战争。只要西线战事悬而未决，任何新的战事都将使德国陷入双线作战，而希特勒治下的德国应对双线作战的能力甚至不及1914年的德国。与会的指挥官们静静地听完希特勒的讲话，无力争辩的他们带着沉重的心情默默地离开了。

在下午召开的军备会上，我被问到的唯一一个问题是：我用多长时间可以抵达明斯克？我回答说："5到6天。"我们从6月22日开始发动进攻，于27日到达明斯克。从苏瓦乌基出发的霍特将军的部队在26日就从北面占领了明斯克。

在讲述我的装甲集群的作战情况之前，我要说明一下德国陆军在对苏作战初期的基本情况。

根据我掌握的信息，1941年6月22日的德国陆军一共由205个师，具体如下：

西线38个师

挪威12个师

丹麦1个师

巴尔干地区7个师

利比亚2个师

拟投入东线作战145个师。

兵力如此分散是一种无谓的浪费。西线部署38个师显得太多了，挪威安排12个师也没有必要。

由于巴尔干战事的影响，我们到夏末才发动对苏攻势。

但比这两个问题更要命的是，我们低估了苏联的实力。德国驻莫斯科武官、杰出的科斯特林将军对苏联这个超级大国的军力进行过汇报，但就像他不重视有关苏联工业产能或苏联政治体系稳定性的报告那样，希特勒对这类汇报同样置若罔闻。不仅如此，他还用自己的盲目自信感染了身边的军方高层。国防军最高统帅部和陆军总司令部都深信德军将在冬季到来之前赢得胜利，结果只给五分之一的德军官兵准备了冬装。

直到1941年8月30日，陆军总司令部才开始认真对待为大部分德军提供冬装的问题。当天陆军总司令部的日志里写道："从近期的战局来看，我们很可能要在冬季对有限的目标实施军事行动，作战部因此将会拟定一份关于为部队提供冬装的报告。经总参谋长批准后，这份报告将交给组织部，后者将根据报告内容采取必要的行动。"

今天有很多人认为，对于1941年德军缺乏冬装的问题，希特勒是唯一的责任人。我不同意这样的观点，空军和党卫军装备充足良好并且长期持有必要储备就是一个明证。当时的问题是，最高统帅部沉浸在8周或10周打败苏联的美梦里。他们认为，战场上的失败将导致苏联政治上的崩溃。最高统帅部对此信心十足，以至于到了1941年秋天，德国很大一部分工业的产品从战备物资转变成了其他商品。有人甚至提出要在初冬时节把德军在东线的60到80个师转移回国内，因为剩余的部队足以在春天到来之前控制住苏联。按照这种说法，德军将在秋季构筑一道坚固的防线，留守苏联的部队只要在这条防线背后舒舒服服等着即可。这一切看似深思熟虑、简单轻松，但后来的事实表明，这样的想法与残酷的现实之间相差十万八千里。

最后我还要提一下玷污德国名声的一件事。

德苏战争开始前不久，德国国防军最高统帅部就如何对待苏联平民和战俘向各兵团和各个师直接下达了一道指令。这道指令指出，假如德军官兵虐待苏联平民或战俘，责任人不会自动按照军事法接受审判和惩罚，其只需接受所在部队直接领导的处理即可。显而易见，这道指令将会对部队维持纪律产生最为不幸的后果。陆军总司令本人显然也意识到了这个问题，由布劳希奇元帅签署的附加说明就指出，上述指令只有在不违反军纪的情况下方可执行。我和下属各兵团指挥官都深信，这道指令一旦传达下去就会导致纪律松懈，所以我禁止向各个师传达这道指令，并命人把指令返回柏林。在敌对国家战后对德军将官的审判当中，这道指令扮演了一个重要的角色。但在我的装甲集群里，这道指令从未得到执行。当时我就尽职地告知集团军群总司令，我既没有传达也没有服从这道指令。

同样臭名昭著的是所谓的"政委命令"，但这道命令甚至没有传达到我的装甲集群。无疑，中央集团军群已经决定不传达这道命令，所以我的部队也从未执行这样一道命令。

回首往事，我们只能对国防军最高统帅部和陆军总司令部没有从一开始就阻止这两道指令感到深深的遗憾。当初要是他们这么做了，很多勇敢、无辜的军人就会免遭苦痛，德国的良好声誉也会免受一次沉重打击。无论苏联是否签署《海牙公约》，无论他们是否通过《日内瓦公约》，德国军人都必须接受他们的国际义务，必须按照基督教义为人处世。就算没有这些残忍的指令，战争对敌国人民的影响也已经很残酷，而且对于这样一场战事的开打，苏联人民和德国人民一样无辜。

开战

在接下来的讲述中，我有时会详细描述我的时间是如何度过的。我这么做是为了说明，对苏作战对装甲集群指挥官提出了怎样的精神和身体要求。

6月14日希特勒对军队将官们发表讲话之后，我在第二天就飞往参谋人员所在的华沙。从那天开始到6月22日发动进攻的这段时间，我到处察看各支部队及其出发地的情况，还去了解友邻部队的情况以确保相互间的全面合作。部队的集结和最后的进攻准备都顺利进行。6月17日，我察看了作为前线的布格河的情况。19日我去了冯·马肯森将军的第三兵团，他们在我这个装甲集群右侧不远处。20日和21日我察看了前沿部队的情况，确保所有的进攻准备安排妥当。经过对苏联方面的认真研究，我相信他们对我们的意图毫不知情。我们观察到，苏军在布雷斯特—利托夫斯克城堡的院子里以排为单位跟着军乐队的演奏进行训练，他们在布格河岸边的射击点没有安排人驻守。过去几个星期，苏军加固防御工事的工作没有取得明显进展。由此可见，我们突袭成功的可能性很大，甚至之前计划的一小时炮火准备是否有必要都是个问题。不过最后我还是决定不取消炮火准备，以防苏联人的反制措施给我们造成不必要的伤亡。

1941年6月22日是个重大的日子。那天凌晨2点10分，我去往位于布雷斯特—利托夫斯克西北9英里的博胡卡利南侧观察塔里的装甲集群指挥所。我3点10分到那里的时候天还没亮。3点15分，我们的大炮开始射击。3点40分，俯冲轰炸机开始发动攻击。4点15分，第十七和第十八装甲师的先头部队开始过布格河。4点45分，第十八装甲师的第一批坦克渡河。这些坦克配置了此前备战"海狮行动"时经过测试的防水装备，所以它们可以从13英尺深的水里穿行而过。

6点50分，我乘坐一艘登陆艇在科洛德诺附近渡过布格河。我的指挥装备包括2辆无线电装甲卡车、若干辆越野车和几辆摩托车，这些装备在8点30分跟了过来。我沿着第十八装甲师的坦克车辙前行，很快就到了莱什纳河上的桥边。夺取这座桥对于第四十七装甲兵团的推进很重要。除了几名苏联哨兵以外，我在那里没有见到任何人。苏联哨兵见到我们的车拔腿就跑，没想到我有两名传令官追了过去，结果他们不幸丧生。

10点25分，先头的坦克连到达莱什纳河并过了桥。接下来到达的是师长内林将军。我和第十八装甲师一起前行直至中午。16点30分我返回科洛德诺的桥头堡，并于18点30分从桥头堡前往我的指挥所。

在装甲集群的整条前线，敌人都被我们弄了个措手不及。在布雷斯特—利托夫斯克以南，第二十四装甲兵团拿下布格河上完好无损的几座桥。在西北方向，我们正按计划搭桥。不过敌军很快就从刚开始的慌乱中回过神来，开始在原有的阵线上实施顽强的防守。敌人坚守布雷斯特—利托夫斯克要塞达数日之久，其间我们一直无法使用布格河和穆恰维耶克河上的公路和铁路交通线。

当晚，装甲集群在马洛里塔、科布林、布雷斯特—利托夫斯克和普鲁萨纳一带作战。在普鲁萨纳，第十八装甲师参与了对苏作战的第一场坦克战。

6月23日凌晨4点10分，我离开指挥所去第十二兵团，听取了施罗特将军关于布雷斯特—利托夫斯克内部和周边战况的汇报。我接着驱车去驻留于布雷斯特—利托夫斯克东北14英里左右的比尔戴基村的第四十七装甲兵团，同雷默森将军进行了交谈，并与我的指挥所保持电话联系以了解最新的总体情况。早上8点我到了第十七装甲师，听取了该师步枪旅旅长里特尔·冯·韦伯的备战情况汇报。8点30分我面见了第十八装甲师的内林将军，然后再去见了雷默森将军一面。之后我驱车去了普鲁萨纳，我的装甲集群指挥所现在要转移到这里。

指挥所的人员和装备于19点抵达。

在这一天，第二十四装甲兵团沿着科布林—贝雷萨—卡尔图斯卡公路向斯卢茨克打了过去。

据我分析，第四十七装甲兵团很快就可能同由比亚韦斯托克向东南方向行进的苏军激战，所以我决定第二天也跟他们在一起。

6月24日8点25分，我离开指挥所前往斯洛尼姆。这时候第十七装甲师也到了这个小镇。我在罗萨纳和斯洛尼姆之间的路上遭遇苏联步兵，他们向干道上开火。第十七装甲师的一个炮兵连和一些摩托部队发起还击但成效不大。我也加入了战斗，用装甲指挥车上的机枪扫射敌人。迫使对方撤离阵地之后，我们继续前进。11点30分，我到了当时位于斯洛尼姆西部郊区的第十七装甲师的指挥所，在那里不仅见到了师长冯·阿尔尼姆将军，还见到了兵团司令雷默森将军。正当我们讨论战局的时候，后方突然传来一阵步枪和机枪射击的声音。从比亚韦斯托克过来的路上有辆燃烧的卡车挡住了我们的视线，所以直到2辆苏联坦克从烟雾中出现的时候我们才知道是怎么回事。苏联坦克想要强行进入斯洛尼姆，大炮和机枪一路吐着火舌，德军的Ⅳ号坦克紧追不放。苏联坦克发现我们这几名军官就立即展开猛烈射击，近距离爆炸的炮弹震耳欲聋，我们一度听不到声音也看不清周围的东西。我们几个老兵立刻卧倒在地，只有从作训部队过来的费勒中校有些可怜，不适应实战的他因为反应太慢受了重伤。另外，反坦克营营长达尔默—策尔贝中校也受了重伤，并于数天后不幸去世。苏联坦克成功进入了斯洛尼姆，不过后来他们还是败在了我们手下。

我察看了斯洛尼姆前线的情况，然后乘坐一辆Ⅳ号坦克通过无人区到了第十八装甲师。在命令该师继续朝巴拉诺维奇方向推进并命第二十九（摩托化）步兵师加速推进至斯洛尼姆之后，我于15点30分回到斯洛尼姆，接着返回我的指挥所。出人意料的是，我在返回指挥所的路上遭遇苏联步兵的车队，他们正准备在斯洛尼姆郊区下车。我命司机全速前进，直接从苏联人中间通过去。对方被我们的举动搞蒙了，都没来得及开枪射击。不过他们肯定是认出我了，因为苏联媒体后来刊登了我的死讯，为此我还用无线电向他们辟谣。

Sketch Map 8.

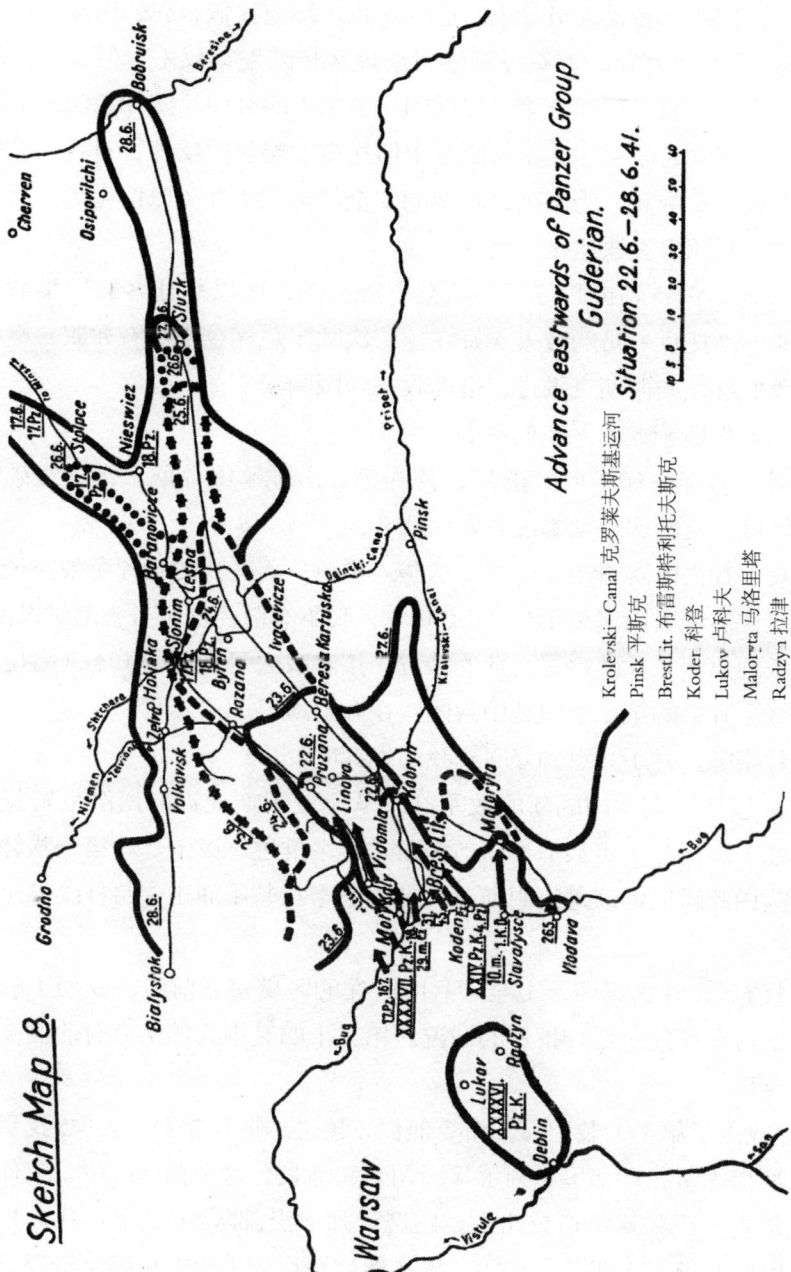

Advance eastwards of Panzer Group Guderian.
Situation 22.6.–28.6.41.

Bobruisk
Cherven
Osipowitchi
Beresina
Sluzk
Stolpce
Nieswiez
12 Pz.
11 Pz.
Baranovicze
Slonim
Lesna
Byten
Rozana
Beresa Kartuska
Pruzana
Linova
Kobryn
Maloryta
Vlodava
Slavatysce
Koden
Vidomla
Brest Lit.
Volkovisk
Grodno
Bialystok
Pripet
Pinsk
Krolewski-Canal
Oginski-Canal
Warsaw
Lukov
Radzyn
Deblin
XXXXVII. Pz.K.
XXIV. Pz.K.A.P.
XXXXVI. Pz.K.

示意图8 古德里安装甲集群向东推进。1941年6月22日至28日的战局

20点15分，我回到参谋人员身边，这时候我才知道我们右翼的纵深区域发生过激战。从6月23日开始，苏军在马洛里塔地区持续发动攻击，但被我们的第五十三兵团成功压制。其间，第十二兵团在第二十四装甲兵团和第四十七装甲兵团之间勉强建立起联系。苏军从比亚韦斯托克发起猛烈反扑，对我们装甲集群的左翼形成严重威胁。为了确保左翼的安全，第二十九（摩托化）步兵师和第四十六装甲兵团必须快速投入战斗。

就在这一天，希特勒担心苏军会从某个点突围，所以想让各装甲集群停下来对付比亚韦斯托克一带的敌人。好在这一次陆军总司令部没有屈服，坚持按原计划让我们继续向明斯克推进，进而收拢包围圈。

维尔纳和考那斯相继落入我们手中。

与此同时，芬兰占领了阿兰群岛，德国第一山地军团夺取了富含镍矿的贝柴摩周边区域。这两次行动都没有发生战斗。

25日清晨，我去医院看望了伤员。这些人是前一天在我的指挥所被空袭打伤的，当时我在前线所以幸免于难。9点40分，我驱车前往位于普鲁萨纳以南5英里处利诺沃的第十二兵团察看当地的情况。接着我去了指挥所位于斯洛尼姆以南22英里查尔齐鲁的第二十四装甲兵团。在和男爵冯·盖尔将军交谈过后我又去了第四装甲师，并于16点30分回到我的指挥所。

这一天，包括坦克在内的新的敌军部队从比亚韦斯托克向斯洛尼姆赶过来。第二十九（摩托化）步兵师奉命前去阻止苏军推进，第十七和第十八装甲师的主力部队由此得以继续进逼明斯克，其中第十八装甲师正一路打向巴拉诺维奇。

6月26日清晨，我去第四十七装甲兵团所在的区域察看前线，以便了解我们向巴拉诺维奇和斯托尔普切推进的情况。第二十四装甲兵团奉命对北侧友军的推进提供支援。

7点50分我到了第十七装甲师，命令他们直接进逼斯托尔普切。9点我到了第十八装甲师指挥所，在那里见到了兵团司令和师长。这个指挥所位于莱什纳河边的斯洛尼姆—巴拉诺维奇公路上，距离该师前沿部队约3英里。我在指挥所里用无线电联系第二十四装甲兵团，确认他们执行为进攻巴拉诺维奇提供支援的命令。具体提供支援的是第四装甲师的一些部队，这些部队组成一个战斗群，从6点开始就向北推进。

12点30分，第二十四装甲兵团向我报告说他们已经夺取了斯卢茨克。这说明这支部队的官兵干得不错，我用无线电向兵团司令表示祝贺。紧接着我就去了第十八装甲师在塔塔克的前线。中午刚过我收到消息说，霍特已经到了明斯克以北18英里的一个地点。

14点30分，我收到集团军群的命令：我手下的大部分部队进逼明斯克，第二十四装甲兵团同时向博布鲁伊斯克进发。我回复说，第二十四装甲兵团已经奉命去夺取博布鲁伊斯克，第四十七装甲兵团也正从巴拉诺维奇攻向明斯克。之后我命参谋人员转移到塔塔克，他们在23点30分到达目的地。

第十七装甲师下午发信号说，他们正沿着一条尚可通行的路前往斯托尔普切。当晚他们抵达目的地。不过师长冯·阿尔尼姆将军在白天的战斗中不幸负伤，不得不把指挥权移交给里特尔·冯·韦伯。

这时候我的装甲集群归第四军节制，奉命占领察德沃尔泽（斯洛尼姆以北5英里）—霍林卡—泽尔瓦—泽尔维扬卡河一线并守住阵地对付来自比亚韦斯托克的敌军。

同一天，第四十六装甲兵团的前沿部队抵达塔塔克附近的战场，担负起连接第二十四装甲兵团和第四十七装甲兵团的任务，第二十四装甲兵团由此可以执行向博布鲁伊斯克推进这项主要任务。

在北方集团军群，第八装甲师成功夺取多瑙堡及当地德维纳河段的桥梁。

6月27日，第十七装甲师抵达明斯克南部郊区，与第三装甲集群建立了联系。此前一天，第三装甲集群就已经渗透到了被苏联人破坏得差不多的明斯克。比亚韦斯托克地区的苏联军队一直试图突破我们的包围圈但未能如愿，现在他们被我们全面包围，只有一小部分苏军在包围圈合拢之前向东逃走了。至此，德军为对苏作战第一次重大胜利打下了基础。

我对下一步行动的想法是这样的：抽调最少量的装甲部队参与歼灭包围圈里的苏军，把主要的歼灭任务留给后续跟上的步兵部队，这样我们的快速机动部队就能继续前进，夺取第一个作战目标斯摩棱斯克—埃尔尼亚—罗斯拉夫尔地区。之后几天我的行动都以这个目标为核心，所以我的做法是与最初下达的命令相一致的。我认为，即便发生一些事故和战局的意外变化，坚持执行原计划对于整场战争的成功至关重要。当然我也知道，执行这个计划需要我们冒一定的风险。

就是带着这样的信念，我在6月28日再次来到第四十七装甲兵团。这个兵团是我的装甲集群里距敌人最近的一支部队，一旦发生什么状况我可以快速就近处理。我在斯沃亚蒂切（尼斯维茨西南14英里）见到了兵团司令，并在那里分析他手下几个师的处境。我用无线电让参谋人员催促第二十九（摩托化）步兵师加速向北推进，同时安排对诺沃格罗德克—明斯克公路和诺沃格罗德克—巴拉诺维奇—图尔泽克公路的空中侦察。接着我去了第十八装甲师，这个师有个纵队稍稍偏离了方向，导致整个师的推进受到一些影响，好在情况不严重。

为防止敌军从科伊达诺夫—皮亚塞茨纳（位于米尔西北）—霍罗迪斯切—波隆卡一线突破，我的参谋长利本施泰因为各个兵团部署了防御阵地。我赞同他的做法。

这一天，第二十四装甲兵团到达博布鲁伊斯克郊外。从25日开始，兵团指挥所设置在菲利波维切。

6月28日，我的装甲集群指挥所转移到尼斯维茨，指挥人员住在曾经属于拉齐维尔家族的一座古堡里，此前也有苏联高级别的指挥人员住过这个地方。古堡里唯一一个遗迹是在阁楼里找到的一张打猎场景的照片，照片里有威廉一世的身影。当地人请求允许他们为庆祝解放组织一次感恩礼拜，我很高兴地批准了这个请求。

当天各支部队分别抵达地点如下：

第三装甲师到达博布鲁伊斯克；第四装甲师到达斯卢茨克；第十（摩托化）步兵师到达西尼亚夫卡；第一骑兵师到达德罗希琴以东地区。

第十七装甲师到达科伊达诺夫；第十八装甲师到达尼斯维茨；第二十九（摩托化）步兵师到达泽尔维扬卡。

第十装甲师的部分部队到达泽尔维扬卡；该师主力部队到达西尼亚夫卡；党卫军"帝国师"到达贝雷萨—卡尔图斯卡；"大德意志"步兵团到达普鲁萨纳东北面的区域。

霍特装甲集群的第七和第二十装甲师现在在明斯克地区。在南面的远处，我右侧的第五十三兵团为马洛里塔地区的战事画上成功的句号。至此，我们右翼面临的危险彻底消除。

6月29日，我整个装甲集群前线上的战斗仍在继续。泽尔维扬卡一线的战斗尤为激烈，给第四军造成很大麻烦。第四军为此想要插手我这边的作战，这让我很不高兴，因为我事先几乎不知道他们会这么做。

北方集团军群夺取了雅科普施塔特、利文霍夫和里加南部地区及当地德维纳河上的铁路桥。

图8 像演习一样前进：感谢前进（香槟，1940年6月）

图9　巴尔克中校移交他在瑞尼维尔缴获的军旗

第二天也就是6月30日，我坐飞机去了第三装甲集群，与霍特讨论下一步的协作。冯·巴尔泽维什中校亲自驾驶一架轰炸机送我，我们飞跃了普什察纳利博卡上空。这是一大片森林，也是第四军一直怀疑苏联军队想从中突破的地方。但我感觉森林里没有多少敌军，这片区域应该没什么危险。我和霍特一致认为，在向鲍里索夫推进以及在附近夺取别列津纳河桥头堡的过程中，我的第十八装甲师要和他的右翼密切合作。

当天，陆军总司令部命令作战部队推进到第聂伯河一线。

陆军总司令部告知集团军群方面，斯摩棱斯克方向的战事取得进展对德军至关重要，因此要尽快在罗加乔夫、莫吉列夫和奥尔沙地区渡过第聂伯河，并在维帖布斯克和波拉茨克地区渡过德维纳河。

第二天也就是7月1日，我坐飞机去了第二十四装甲兵团。我们和这个兵团指挥所之间唯一一种常规通信方式就是无线电，但这已经不能满足我们的需求。盖尔对他这条线上的敌军的看法对我们下一步的行动是有利的。他面对的敌军部队大多是临时拼凑而成；敌人的铁路运输规模不大；前一天在博布鲁伊斯克上空发生的空战以苏军的失败告终。尽管如此，苏军仍然在顽强抵抗，他们的作战方式技术含量很高，尤其是伪装技术。不过另一方面，他们似乎还没有重新建立起统一的指挥系统。德军已经在斯维斯拉奇附近成功夺取别列津纳河上的桥梁。9点30分，一个加强侦察营从博布鲁伊斯克东面的别列津纳河桥头堡出发，前往莫吉列夫方向，后面跟着第三装甲师的主力部队。根据战局的发展，男爵·冯·盖尔将军要决定把主攻点放在罗加乔夫方向还是莫吉列夫方向——这两个地方都位于第聂伯河畔。10点55分，第四装甲师的精锐部队也开始从斯维斯拉奇向东移动。我们燃料供应充足，弹药、补给和医疗服务都运转通畅，截至目前的伤亡人数也不多，但我们缺少搭桥的技术人员和工程兵。我们跟莫尔德斯上校的飞行部队合作得很好，不过与维比希将军的近距离支援飞机之间的联络不够迅速。另一方面，第一骑兵师在战斗中证明了自己的素养。

除此以外，我们这几天的空中侦察表明，苏军正在斯摩棱斯克—奥尔沙—莫吉列夫地区集结新的部队。如果我们要等步兵一起占领第聂伯河一线，那将会耗费几个星期的时间。如果我们不等步兵就占领这一线，我们必须抓紧时间采取行动。

与此同时，比亚韦斯托克的包围圈里发生了激烈的战斗。6月26日至30日期间，光是第二十九（摩托化）步兵师的第七十一步兵团就抓获了3.6万名战俘，苏联军队为突围投入的部队规模由此可见一斑。这件事让第四军颇受震动，军部因此决定部署强力且连贯的战线包围敌人。为此，冯·克鲁格元帅禁止原本奉命前往鲍里索夫的第十七装甲师离开战线。这个决定让我很难接受，因为第十八装甲师已经抵达鲍里索夫并夺取了别列津纳河上的一个桥头堡，而要想巩固这个桥头堡，第四十七装甲兵团需要继续向第聂伯河推进。不过虽然我不赞同第四军的这道命令，我还是把命令传达给了我指挥的部队。

第五机枪营担负着在包围圈边缘保持第十七装甲师和第二十九（摩托化）步兵师之间联络的任务。7月2日我去这个营视察，想要亲自看一下这边战线的情况，同时向这里的军官了解他们对被包围敌军的看法。此行过后，我对形势有了清晰的认识。接着我去雷默森那里，命令他和第二十九（摩托化）步兵师师长确保包围圈不出现漏洞。下达完命令我就立即动身去了科伊达诺夫那边的第十七装甲师。里特尔·冯·韦伯将军汇报说，敌人几次突围都被德军击退。听完汇报我就去了明斯克东南的西尼洛，我的装甲集群指挥所转移到了那里。到了指挥所我才发现，由于传达命令的环节出了问题，第十七装甲师的一部分部队没有收到留在包围圈外线的命令，所以就去了鲍里索夫。我当即发出信号将这一情况告知第四军，但这个时候已经无法采取补救措施。于是，第二天早上8点我就被叫到冯·克鲁格元帅位于明斯克的指挥所。克鲁格元帅严厉地批评了我，他在听我详细解释之后说，他原本想把我和霍特送到军事法庭接受审判，因为霍特的装甲集群也发生了同样的事故，这让他感觉部队的将官有意要违抗命令。我的解释至少让他打消了这个念头。事后我去了位于明斯克东北21英里的斯莫勒维切，但没找到第四十七装甲兵团，所以我又去鲍里索夫找第十八装甲师。我在鲍里索夫察看了桥头堡的情况，跟装甲师的各级指挥官进行了短暂交谈。他们告诉我，师里已经派出一支先头部队前往托洛奇诺。返回的路上我在斯莫勒维切见到了兵团司令，和他商讨了第十七和第十八装甲师的下一步行动。在我们交谈过程中，我的无线电指挥车收到消息说，苏联坦克和飞机在鲍里索夫对别列津纳河的渡口发动了进攻。我们把这个消息通知给了第四十七装甲兵团。苏军的攻势被我们击退，对方遭受了重大伤亡，但第十八装甲师也对敌人的战斗力有了深刻的印象。苏军在这次战斗中首次使用了T-34坦克，我们当时使用的火炮对这种坦克没有多少办法。

7月2日我们装甲集群的部署如下：

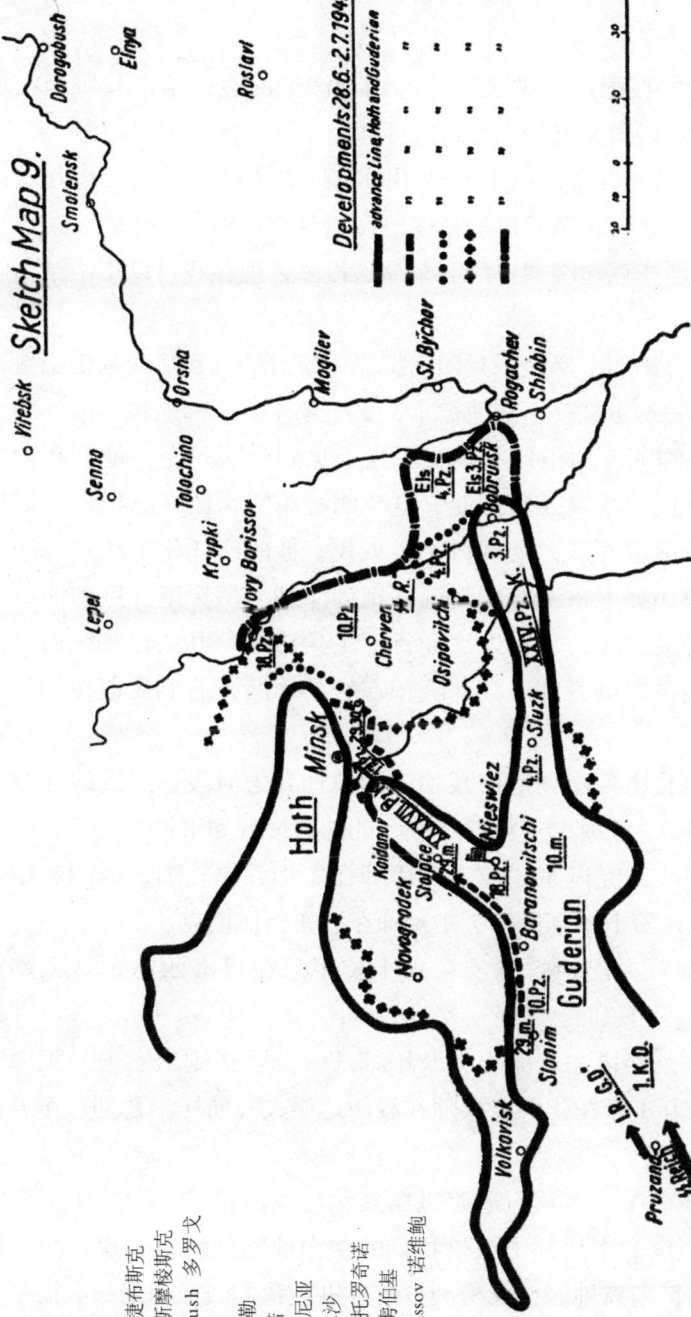

Sketch Map 9.

示意图9　1941年6月28日至7月2日的战局

Vitebsk 维捷布斯克	Roslavl 罗斯拉夫尔	Novogrodek 诺沃格罗德克	Nieswiez 涅斯维日	Slonim 斯洛尼姆
Smolensk 斯摩棱斯克	Hoth 霍特	Stolpce 斯托尔普切	Bobruisk 博布鲁伊斯克	Shlobin 日洛宾
Dorogobush 多罗戈	Minsk 明斯克	Osipovitchi 奥西波维奇	Baranovitchi 巴拉诺维奇	Guderian 古德里安
布什	Mogilev 莫吉列夫	St.Bychov 圣比乔夫	Sluzk 斯卢茨克	Pruzana 普鲁萨那
Lepel 乐佩勒	Koidanov 科伊达诺夫	Volkovisk 沃尔科维斯克	Rogachev 罗加乔夫	Advance line, Hoth and Guderian 霍特部和古德里安部的行军路线
Senno 森诺	Cherven 湖尔文			
Elnya 埃尔尼亚				
Osha 奥尔沙				
Tolochino 托罗奇诺				
Krupki 克房伯基				
Novy Borissov 诺维鲍				
里素夫				

第一骑兵师在斯卢茨克南侧；第三装甲师在博布鲁伊斯克，其先头部队在罗加乔夫外围；第四装甲师在斯维斯拉奇；第十（摩托化）步兵师在斯卢茨克东面。

党卫军"帝国师"在巴卢舍维茨以北的别列津纳河边；第十装甲师在切尔文；"大德意志"步兵团在巴拉诺维奇北面。

第十八装甲师在鲍里索夫；第十七装甲师在科伊达诺夫；第二十九（摩托化）步兵师在斯托尔普切；第五机枪营在巴拉诺维奇东南。

7月3日，比亚韦斯托克包围圈里的苏军缴械投降，现在我可以集中精力向第聂伯河推进了。

7月4日我是在察看第四十六装甲兵团情况当中度过的。我从西利诺出发，沿途经过斯莫勒维切—切尔文—斯洛博德卡，去了第十装甲师的指挥所，并从那里去到党卫军"帝国师"的指挥所。我在路上见到兵团司令，他问我"大德意志"步兵团的位置，我只能告诉他，这个团被第四军留在巴拉诺维奇地区充当预备队了。在圣雷齐基，豪瑟将军告诉我，他的摩托化部队经过激战拿下了贝雷西诺以南10英里布罗德茨附近的别列津纳河桥头堡。别列津纳河在雅克齐基的桥已经被炸毁，车辆无法通行，工兵正在想办法让车辆通过前往桥梁的沼泽地。我在现场看到工兵部队正在努力干活，他们保证在7月5日一早完工。

当天，第二十四装甲兵团到达第聂伯河的罗加乔夫河段，经过战斗拿下别列津纳河更多的渡口。此时装甲集群各个师的部署情况如下：

第一骑兵师在斯卢茨克以东；第三装甲师在罗加乔夫外围；第四装甲师在斯塔尔耶—比乔夫；第十（摩托化）步兵师在博布鲁伊斯克。

党卫军"帝国师"在巴卢舍维茨；第十装甲师在贝雷西诺；"大德意志"步兵团在斯托尔普切东面。

第十八装甲师在纳恰以东；第十七装甲师部分部队在鲍里索夫，主力部队在明斯克；第二十九（摩托化）步兵师在科伊达诺夫—斯托尔普切；第五机枪营在斯托尔普切西面。

7月6日，大股苏军在施洛宾附近渡过第聂伯河攻击第二十四装甲兵团右翼，但被第十（摩托化）步兵师击退。我们的空中侦察部队报告说，另一股敌军正从奥廖尔—布良斯克地区往戈梅利方向推进。我们截获的无线电情报表明，苏军在奥尔沙地区设置了一个新的指挥所，看样子对方像是在第聂伯河沿岸构建一条新的防线。我们必须要加快速度了。

Sketch Map 10

Developments 3.7.–10.7.41.

Vitebsk 维特布斯克
Viasma 维亚济马
Smolensk 斯摩棱斯克
Dorogobush 多罗戈
布什
Senno 森诺
Gusino 古西诺
Elnya 埃尔尼亚
Kochanovo 科合诺沃
Liady 利亚迪
Krasni 克拉什尼
Tolochino 托罗奇诺
Orsha 奥尔沙
Prudki 普鲁德基
Pochinok 波奇诺沃
Monaslirshtchino 莫纳
斯利尔什奇诺
Gorki 高尔基
Gori 戈里
Stodolishtche 斯托多利
什切
Borissov 鲍里索夫
Kopys 科皮夫
Shklov 什克洛夫
Mstislavl 穆斯提拉拉
夫尔
Minsk 明斯克
Beresina 别列津纳河
Mogilev 莫吉列夫
Roslavl 罗斯拉夫尔
Nalibocki 纳利博基
Cherven 谢尔文

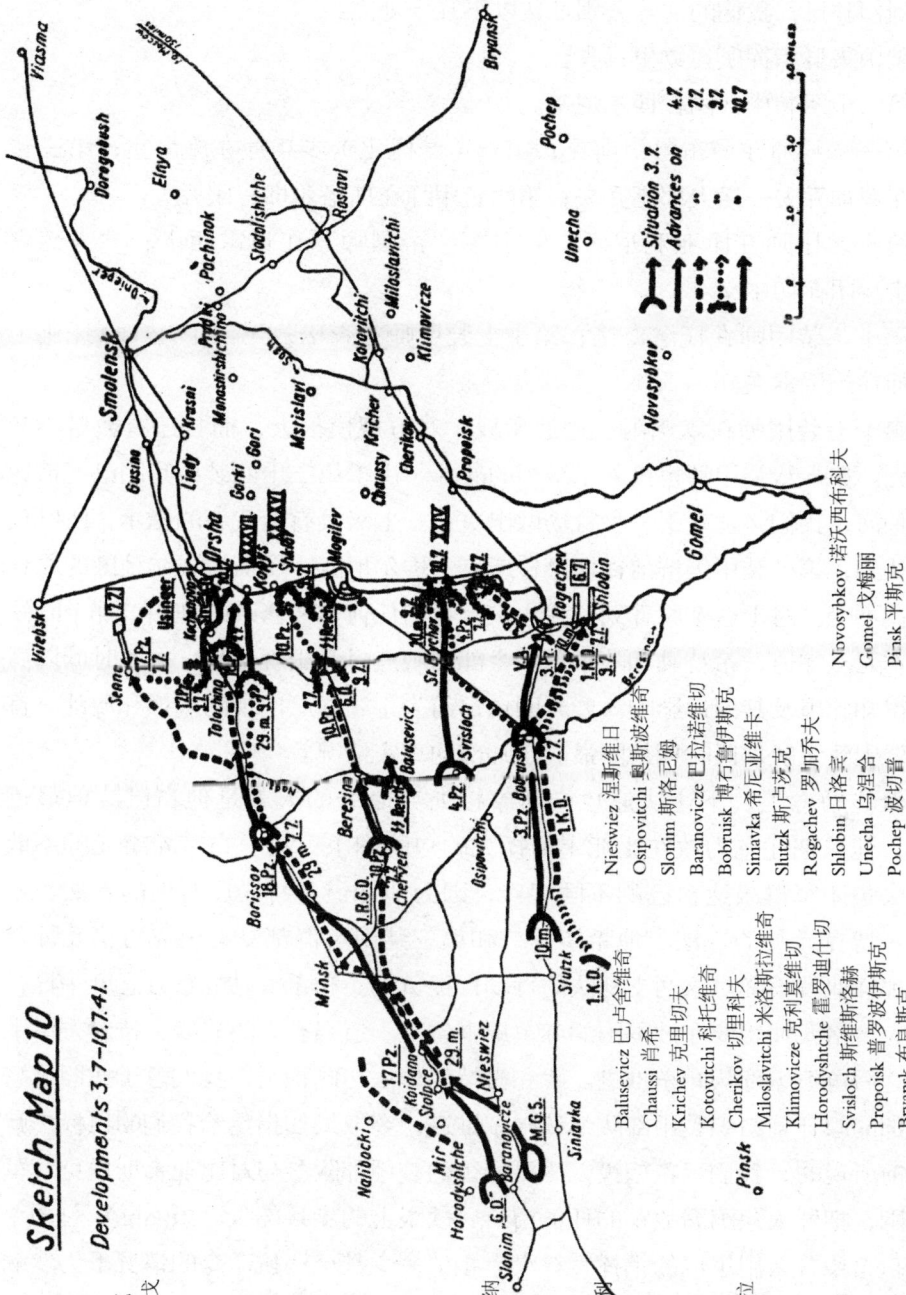

Balusevicz 巴卢舍维奇
Chaussi 肖希
Krichev 克里切夫
Kotovitchi 科托维奇
Cherikov 切里科夫
Miloslavitchi 米洛斯拉维奇
Klimovicze 克利莫维切
Horodyshtche 霍罗迪什切
Svisloch 斯维斯洛赫
Propoisk 普罗波伊斯克
Bryansk 布良斯克

Pinsk

Nieswiez 涅斯维日
Osipovitchi 奥西波维奇
Slonim 斯洛已姆
Baranovicze 巴拉诺维奇
Bobruisk 博布鲁伊斯克
Siniavka 希尼亚维卡
Slutzk 斯卢茨克
Rogachev 罗加乔夫
Shlobin 日洛宾
Unecha 乌涅恰
Pochep 波切普

Novosybkov 诺沃西布科夫
Gomel 戈梅丽
Pinsk 平斯克

示意图1C　1941年7月3日至10日的战局

到7月7日，我们的部队分别抵达以下几个地点：

装甲集群指挥所在鲍里索夫。

第二十四装甲兵团在博尔尼基。

第一骑兵师在博布鲁伊斯克；第十（摩托化）步兵师在施洛宾；第三装甲师在罗加乔夫—诺夫耶比乔夫；第四装甲师在斯塔尔耶—比乔夫。

第十装甲师在比亚利尼西；党卫军"帝国师"在贝雷西诺；"大德意志"步兵团在切尔文。

第十八装甲师在托洛奇诺；第十七装甲师在森诺；第二十九（摩托化）步兵师在鲍里索夫。

第十七装甲师在森诺附近遭遇激战，对方规模很大，而且还有数量不菲的坦克。第十八装甲师也投入了激烈的战斗。由于第二十四装甲兵团已经抵达第聂伯河，我们必须就下一步行动做出决定。上级没有给我新的指示，所以我只能认为，第二装甲集群前往斯摩棱斯克—埃尔尼亚—罗斯拉夫尔地区的原计划保持不变。对于这个原计划，我也没有看到任何需要修改的理由。那个时候我根本无从知道，希特勒和陆军总司令部的观点日渐出现分歧。很长时间以后我才得知此事及其深远影响。要弄明白目前为止领导层出现的摩擦和混乱，首先需要大致了解那段时期德国最高统帅部的真实情况。

希特勒忘了，下达快速攻向斯摩棱斯克命令的人就是他自己。但最近几天，他只把注意力放在比亚韦斯托克的包围圈上。冯·布劳希奇元帅不敢向中央集团军群表达自己的不同观点，因为他知道希特勒反对他的看法。根据冯·博克元帅的说法，他希望第二和第三装甲集群都受冯·克鲁格元帅节制，那样他就不必对这两支部队的行动直接负责。和希特勒的官方态度一样，冯·克鲁格元帅想要在被围困的苏军周围构筑一道强有力的战线，待对方举手投降之后再组织部队向东推进。我和霍特的想法与此相反，我们急于按照最高统帅部的原计划组织装甲部队继续向东推进，夺取最初指定给我们的目标。就像之前所说的，我们只希望投入尽可能少的装甲部队参与对比亚韦斯托克敌军的包围，把歼灭包围圈敌军的任务留给后续跟上的步兵部队。虽然陆军总司令部暗自希望各装甲集群的指挥官在没有相关命令甚至违抗命令的情况下仍然继续执行原计划，但他们不敢向装甲部队的指挥官给出这样的暗示。

于是，一方面第二装甲集群留下一小部分部队参与包围比亚韦斯托克的敌军，让其余大部分部队渡过别列津纳河与第聂伯河追击敌人，而与此同时冯·克鲁格元帅却下达了相反的命令，让所有部队在包围圈周边原地待命，在收到新的指令之前不再向东推进。有几支部队没有及时收到这道命令，这些部队仍然继续朝着别列津纳河行进。这种情况没有给德军造成伤害实属我们的幸运，但后续的紧张气氛让人觉得不舒服，领导层内部也出现了明显的不快。

横渡第聂伯河

7月7日是我需要做出决定的日子。我是要按照原计划继续快速推进，带着装甲部队渡过第聂伯河，以最快速度抵达原定目的地，还是应该考虑到苏联军队正沿着河边构筑防线，转而停止推进，等待步兵部队到来之后再发动争夺第聂伯河控制权的战斗？

目前苏军的防线还在部署阶段所以肯定薄弱，这对我们迅速攻而破之是有利的。但对方在罗加乔夫、莫吉列夫和奥尔沙都有坚固的桥头堡，德军几次试图突袭罗加乔夫和莫吉列夫都告失败。我们还收到消息说，苏军的增援部队正在赶过来：戈梅利地区集结了大批敌军，奥尔沙以北、森诺周边也有一股敌人，那里正发生激烈的战斗。但我们的步兵要到14天以后才能到，那个时候苏军的防线就会大大加固，届时步兵能否突破对方组织严密的河岸防线为运动战创造条件就是一个未知数，我们能否实现第一阶段的目标进而在1941年秋结束战争就更成问题。这就是问题的核心所在。

我对做出决定的重要性有着清醒的认识。显而易见，渡河期间三个装甲兵团的侧翼都有面临敌军大规模反击的危险。但另一方面，我对原定任务的重要性和可行性都深信不疑，对我的装甲部队的实力和攻击能力都有充分的信心，所以我命令部队立即渡河作战，继续向斯摩棱斯克进发。

我命施洛宾和森诺两侧的部队停止战斗，相应的指挥官只需观察敌人动向即可。

苏军在我们这一侧的桥头堡很坚固，我们能够强行渡河的地点不多。经过商讨，我和男爵冯·盖尔将军把渡河点定在斯塔尔耶比乔夫，渡河时间定在7月10日。7月11日，第四十六装甲兵团将在施克洛夫渡河，第四十七装甲兵团将在莫吉列夫和奥尔沙之间的科皮斯渡河。渡河的所有行动和准备工作都要高度保密，部队只有在晚上才能行军。莫尔德斯上校的战机将在我们集结区域的上空提供保护，为此我们迅速在前线后方铺设了临时飞机跑道。只要莫尔德斯一出现，我们上空就不会有敌机骚扰。

7月7日，我去第四十七装甲兵团口头解释强渡第聂伯河的计划。途中我去看了一下我们缴获的苏联装甲列车，之后我去了位于鲍里索夫以东18英里纳特沙的兵团指挥所。我接着去了托洛奇诺，第十八装甲师在那里与敌军的坦克交战。我告诉内林将军要清除奥尔沙以西科恰诺沃地区的敌人，把他们限制在狭窄的桥头堡，这对下一步的行动非常重要。这一次我们的部队再次大显身手，我对他们深表感激。

出于前一天视察第四十七装甲兵团同样的目的，7月8日我去了第四十六装甲兵团。这个兵团的党卫军"帝国师"还在第聂伯河西岸作战。

7月9日，我们就下一步行动展开了激烈争论。冯·克鲁格元帅一大早就来到我的指挥所了解我这边的情况和下一步的打算，他坚决反对我们渡过第聂伯河，命令我们中止行动，原地等待步兵过来。我难以接受他的说法，坚持为我的计划辩解。在说明如前所述的理由之后，我告诉他相关准备工作已经进入到无法取消的阶段：第二十四和第四十六装甲兵团的大部分部队已经集结在出发地点，在苏联飞机发现之前我只能让他们作短暂停留，否则部队就会遭到攻击。另外，我深信这次行动会取得成功，如果上级同意我的决定，这次行动成功之后我们有望在今年结束对苏作战。冯·克鲁格元帅显然被我的客观解释打动了，他说了一句："你的行动总是命悬一线！"然后有些不情愿地批准了我的计划。

这次激烈的交谈之后，我径直前往第四十七装甲兵团。这个兵团处境艰难，像是需要特别支援。12点15分，我到了雷默森将军在克庞伯卡的指挥所。他说，第十八装甲师以及施特赖希将军指挥的反坦克和侦察部队战斗群能否成功夺取科恰诺沃地区是个问题，因为部队目前已经很疲劳。但我坚持原来的命令并补充说，第十八装甲师完成任务后就转向东南进逼第聂伯河，第十七装甲师在摆脱森诺的敌军之后也奔赴同一地点。我从兵团指挥所驱车去前线，给在路上遇到的施特赖希将军传达了必要的指示。接着我见到了内林，他的观点和兵团司令相反，认为夺取划定的集结区域不会有什么问题。随后我和第二十九（摩托化）步兵师师长取得联系，他也说能够很快抵达目的地——科皮斯。我向各个师强调，他们务必要在当天夜间到达第聂伯河并进入各自的集结区。

第十七装甲师白天与敌军坦克展开激战，他们作战英勇，一共击毁了100辆苏联坦克。

7月9日晚上的战斗序列如下：

装甲集群指挥所设在鲍里索夫（7月10日将转移到托洛奇诺）。

第一骑兵师侧卫部队在博布鲁伊斯克东南；第三装甲师在施洛宾—罗加乔夫—诺夫耶比乔夫地区集结并向北转移；第四装甲师在斯塔尔耶比乔夫地

区；第十（摩托化）步兵师在斯塔尔耶比乔夫附近的渡河地点。

第十装甲师在施克洛夫以南；党卫军"帝国师"在巴甫洛沃地区，一部分部队在莫吉列夫以南为装甲集群右翼提供侧面保护；"大德意志"步兵团在比亚利尼西地区。

第十八装甲师在托洛奇诺以南；第十七装甲师在扎莫西亚地区；目前在托洛奇诺西南的第二十九（摩托化）步兵师向科皮斯集结。

跟在我们后面的步兵的小股前卫部队已经抵达博布鲁伊斯克—斯维斯拉奇—鲍里索夫一线，大部队抵达斯卢茨克—明斯克一线。

霍特拿下了维帖布斯克，霍普纳夺取了普莱斯考。

7月10日和11日，我们按计划渡过了第聂伯河，部队只有轻微伤亡。

7月10日上午第二十四装甲兵团报告说，他们已经在斯塔尔耶比乔夫附近渡河。当天下午我再次前往第四十七装甲兵团，确保他们完成所有的准备工作，为部队提供良好的作战条件。另一方面，施特赖希将军已经抵达奥尔沙以西苏军桥头堡对面的掩护战线；在奥尔沙西北，由乌辛格尔上校指挥的另一个战斗群也对桥头堡提供掩护；第二十九（摩托化）步兵师的侦察营已经与其右侧的党卫军"帝国师"取得联系；第十八装甲师在出发点；第十七装甲师的先头部队于10点抵达科恰诺沃附近的干道，该师一些部队已经在奥尔沙西南的第聂伯河西岸与敌军交战；第二十九（摩托化）步兵师已经抵达集结区。我向第二十九（摩托化）步兵师师长重申，他们渡河之后要全速赶到斯摩棱斯克，这对整个行动极为重要。第四十七装甲兵团的集结和战备工作虽然难度大但也顺利完成，我对未来几天的行动有了信心。

渡过第聂伯河之后的行军任务具体如下：

第二十四装甲兵团将前往普罗波伊斯克—罗斯拉夫尔公路。他们要注意防范敌军从施洛宾—罗加乔夫一带向其右翼发动攻击，同时要防范莫吉列夫的敌军向其左翼发动攻击。

第四十六装甲兵团从高尔基—波奇诺克向埃尔尼亚推进，其间要防范莫吉列夫的敌军向其右翼发动攻击。

第四十七装甲兵团的主要目标是斯摩棱斯克，但要保护好第聂伯河沿岸从奥尔沙到斯摩棱斯克一线的左翼，同时不能忘了仍然在奥尔沙内部的敌人。与此同时，施特赖希和乌辛格尔的战斗群要覆盖第聂伯河西面位于奥尔沙的敌军桥头堡以及第聂伯河的西北面。

7月10日晚，意大利武官马拉斯将军造访我的指挥所。早在柏林会面期间我们就相互认识，这次陪同他一起来的是海军上尉布尔克纳。我邀请他们两位第二天和我一起去科皮斯附近的第聂伯河渡口。除了这两位访客以外，那天晚上过来的还有希特勒的空军副官冯·贝劳中校，他是来了解我这个装甲集群的情况的。

7月11日6点10分，我和两位客人在明媚的阳光下离开指挥所。巧合的是，1812年这里曾经是拿破仑的指挥所。我们去科皮斯看第四十七装甲兵团渡河。前行的部队在路上扬起厚厚的尘土，我们在河岸上坐着车都感觉很不舒服，连续几个星期在尘土里的官兵、武器和车辆引擎受到的影响可想而知。尤其是坦克，气缸的堵塞大大降低了发动机的功率。我在科皮斯附近的第二十九（摩托化）步兵师指挥所见到兵团司令和师长，他们向我简要汇报了当前的情况。第十五团和第七十一团已经过河并到达科皮斯东面的树林，我们看着他们走向敌军的两个师（由第十八和第五十四步枪师构成的第六十六兵团）。敌人向师指挥所周边区域展开了小规模的骚扰性射击，那个地方还埋了地雷。在我们所处的位置可以清楚地看到步兵的行进，还可以看到下面部队在搭桥的情况。意大利武官离开后，我搭乘登陆艇去到河东岸督促部队前进。我原本想开车去第四十六装甲兵团但不得不放弃这个想法，因为目前还没有前往施克洛夫的陆上安全通道。

与此同时，第十七装甲师在奥尔沙以南遭遇强敌，他们似乎没有必要再花力气扩大此前在东岸夺取的小桥头堡了。在现场指挥作战的团长利希特上校做出了一个正确的决定，让部队撤离了桥头堡。现在第十七装甲师奉命跟在第二十九（摩托化）步兵师后面在科皮斯过河。

返回指挥所的路上我见到了冯·克鲁格元帅，我向他汇报了最新的进展。他对我下达的指令表示赞同，我请求他让先头的步兵部队加快速度赶到第聂伯河，以便尽快压制龟缩在西岸桥头堡的大量敌军。我在指挥所见到了希特勒的首席副官施蒙特上校，和他进行了交谈。

在托洛奇诺稍作停留之后，我在18点15分前往位于施克洛夫的第四十六装甲兵团。去那里的路况很差，好在主要的几座桥都可以通行了。我到达的时间是21点30分。敌军用火炮和飞机对第十装甲师的渡河地点实施猛烈的轰炸，致使这边的渡河难度比第四十七装甲兵团那边更大。党卫军"帝国师"那个区域的桥也被敌军的空袭炸毁，不过他们还是成功渡河，先头部队也奉命向高尔基推进。我告诉他们夜间也要继续行军，以便充分发挥出其不意攻其不备的效应。接着我去第十装甲师督促前卫部队行军，这趟行程来得正是时候，因为我到那里的时候发现部队还没有动身。

经过艰难的夜间行车，我在12日凌晨4点30分回到了托洛奇诺。

7月11日，我这个装甲集群的几个师分别抵达以下地点：

第一骑兵师到达施洛宾—罗加乔夫；第四装甲师和第十（摩托化）步兵师到达第聂伯河东岸斯塔尔耶比乔夫北面不远处的一个桥头堡；第三装甲师到达莫吉列夫以南地区，他们提供面对苏军桥头堡的侧翼保护。

第十装甲师和"大德意志"步兵团到达施克洛夫南面；党卫军"帝国师"到达施克洛夫地区第聂伯河东面的一个桥头堡。

第二十九（摩托化）步兵师到达科皮斯以东第聂伯河的桥头堡；第十八装甲师到达科皮斯以西；第十七装甲师到达奥尔沙西南。

施特赖希战斗群和乌辛格尔战斗群守卫通向苏军奥尔沙桥头堡的西面和西北面各通道。

后面步兵部队的主力抵达斯卢茨克以东—明斯克以东一线，其先头部队在别列津纳河一带。霍特在维帖布斯克附近。

7月12日，渡河行动继续进行。我飞往第二十四装甲兵团并在那里停留了8个小时，后来我见到了施蒙特。

这一次，陆军总司令部对敌军是否还有能力顽强抵抗中央集团军群的各装甲集群还是会撤退的问题没有明确的判断。不过有一点是可以确定的，那就是苏军正在斯摩棱斯克前方构筑某种形式的防线，所以陆军总司令部希望装甲部队竭尽全力突破这条防线并歼灭这一区域的敌军。除此以外，霍特第三装甲集群的一部分部队要转向东北，包围并歼灭阻挡第十六军右翼前进的敌军。

斯摩棱斯克—埃尔尼亚—罗斯拉夫尔

7月13日，我把指挥所转移到第聂伯河东岸位于施克洛夫东南4英里左右的西亚乔迪。当天我还去河岸边视察了第十七装甲师。自对苏作战开始，这支英勇作战的部队一共摧毁了502辆敌军坦克。我还看到党卫军"帝国师"的部分部队渡河，与豪瑟将军和冯·维廷霍夫将军都进行了交谈。党卫军的部队必须迅速朝摩纳斯蒂尔什奇诺方向推进，他们还需要组织严密的侦察，因为空军方面的报告说，苏军可能会在高尔基西南一带向第聂伯河突破。

当天白天，领导有力的第二十九（摩托化）步兵师到达离斯摩棱斯克仅11英里的一个地点。

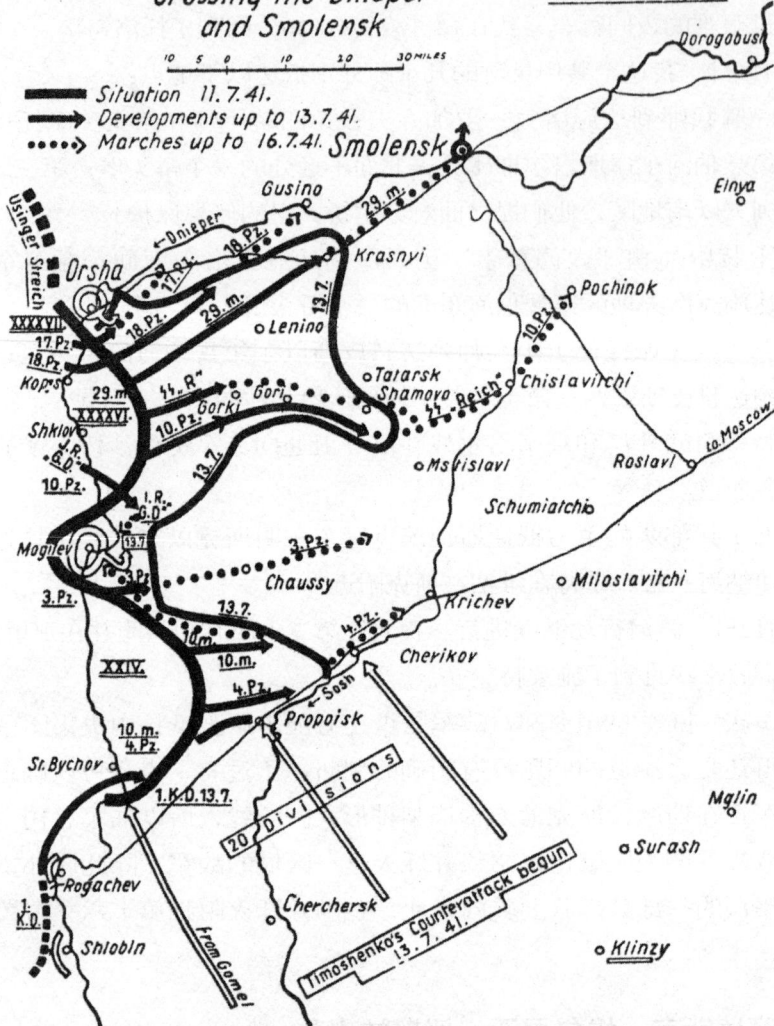

Crossing the Dnieper and Smolensk

Sketch Map 11

| | 10 | 5 | 0 | 10 | 20 | 30 MILES |

Situation 11.7.41.
Developments up to 13.7.41.
Marches up to 16.7.41.

示意图11 横渡第聂伯河并穿越斯摩棱斯克

Situation 11.7.41：1941年7月11日战局
Developments up to 13.7.41：截至1941年7月13日的战局发展
Marches up to 16.7.41：1941年7月16日的行军路线
Dorogobush 多罗戈布什
Smolensk 斯摩棱斯克
Gusino 古西诺
Elnya 埃尔尼亚
Dnieper 第聂伯河
Usinger Streich 乌辛格·施特赖希
Krasnyi 克拉什尼
Pochinok 波奇诺克
Lenino 莱尼诺
Shklov 施克洛夫

Gorki 高尔基
Tatarsk 塔塔尔斯克
Shamovo 沙莫沃
Chislavitchi 奇斯拉维奇
Mstislavl 穆斯提斯拉夫尔
Roslavl 罗斯拉夫尔
Moscow 莫斯科
Mogilev 莫吉列夫
Schumiatchi 舒米亚奇
Chaussy 肖希
Miloslavitchi 米洛斯拉维奇
Krichev 克里切夫
Cherikov 切里科夫

Sash 萨什河
Propoisk 普罗波伊斯克
St.Bychov 圣比乔夫
Rogachev 罗加乔夫
Mglin 姆格林
Surash 苏拉什
20 Divisions 20个师
Shlobin 日洛宾
From Gomel 来自戈梅利
Chercherck 切尔切尔斯克
Timoshenko's Couterattack begun 铁木辛哥部开始反击
Klinzy 克林齐

我在17点来到我们新的指挥所，这个地方的位置不错，离前线很近。从南面传来激烈的枪声，应该是面对莫吉列夫保护我们侧翼的"大德意志"步兵团那边发生激战。晚上我们收到了一个求救信号："大德意志"步兵团的弹药耗光了。这个团到现在还不适应在苏联作战，现在他们需要新的弹药补给。不过他们没能如愿，于是就停止了慌乱的射击，我们因此得到了片刻的安宁。

同一天，陆军总司令部第一次想到让第二装甲集群向南或东南转向。这个想法是基于南方集团军群那边战局发展产生的，南方集团军群现在已经到了德涅斯特河边。也是在这一天，陆军总司令部高度关注隆美尔在非洲的战略以及下一步在利比亚的行动：作为协同，德军将通过土耳其和叙利亚向苏伊士运河发动攻击。此外，统帅部开始着手研究通过高加索地区攻向波斯湾的初步计划。

7月14日，我派第四十六装甲兵团和党卫军"帝国师"前往高尔基，我自己也跟着他们过去。第十装甲师经过艰苦的战斗之后也到达高尔基和穆斯提斯拉夫尔，但他们伤亡惨重，尤其是炮兵。第二十九（摩托化）步兵师正向斯摩棱斯克大踏步前进。第十八装甲师渡过第聂伯河向前推进，保护第二十九（摩托化）步兵师的左翼免受来自克拉什尼的敌军从北面和西北面发动的攻击。

第二十四装甲兵团将桥头堡向沃尔克维奇延伸，并在斯塔尔耶比乔夫把第一骑兵师送过了第聂伯河。

当天，陆军总司令部对留在东线充当占领军的部队的军力和组织首次进行研究。统帅部的基本思想是在主要的工业中心和交通枢纽部署强力的机动部队。每一个地方的占领军除了履行常规的占领职责以外，还要能在必要的时候向非占领区派出快速战斗群，将敌军的抵抗行动扼杀在摇篮当中。与此同时，统帅部还研究了"巴巴罗萨行动"之后德军在欧洲范围的部署问题以及德军相应的重组和裁员问题。

这个时候研究这些问题未免有些脱离现实，毕竟当前德军的首要任务是集中全力给"巴巴罗萨行动"画上快速、成功的句号。

7月15日一早，冯·克鲁格元帅来指挥所找我。随后我去了高尔基和第四十七装甲兵团，接着又去了位于克拉什尼西南8英里斯维耶罗维奇的第四十六装甲兵团。第二十九（摩托化）步兵师抵达斯摩棱斯克南部郊区，第十八装甲师到达克拉什尼以北的第聂伯河段。在奥尔沙到斯摩棱斯克的公路上，苏军正以四五路纵队并列撤退。在第聂伯河东岸，第十七装甲师夺取了奥尔沙的东部和南部区域。17点的时候我和内林在一起，他的第十八装甲师在格鲁西诺周边与敌人激烈交火。他刚得到消息说，由于敌军想在奥尔沙东南15英里的多布林向东突破，他在那边的补给部队伤亡严重。17点40分，我驱车前往斯摩棱斯克。路上我的车队遭遇敌军轰炸，但我们没有出现人员伤亡。19点15分，我在斯摩棱斯克外围与第二十九（摩托化）步兵师第一参谋、能力出众的弗朗茨少校谈话。他向我汇报说，他那个师在斯摩棱斯克一带打得不错，但伤亡人数较多，所以他们请求补充员额和装备。

23点，我回到了已经转移到高尔基的前沿指挥所。

7月16日，第二十九（摩托化）步兵师拿下了斯摩棱斯克。这是我指挥的几个师当中第一个达成目标的师，他们表现很出色，从师长冯·博尔滕施特恩将军到级别最低的士兵都表现出了军人应有的勇敢。

7月16日我指挥的几个师各自方位如下：

第一骑兵师在斯塔尔耶比乔夫东南；第四装甲师在切里科夫和克里切夫之间；第三装甲师在肖希和米洛斯拉维奇之间；第十（摩托化）步兵师在莫吉列夫以南。

第十装甲师在奇斯拉维奇和波奇诺克之间；党卫军"帝国师"在第十装甲师后面；"大德意志"步兵团在莫吉列夫以北。

第二十九（摩托化）步兵师在斯摩棱斯克；第十八装甲师在克拉什尼—古西诺一带；第十七装甲师在利亚迪—杜布罗夫诺一带。

步兵的先头部队抵达第聂伯河，其中包括步兵各侦察营和为数不多的摩托化部队。他们的战斗力相应地要弱一些。

苏联军队从7月13日开始就发起猛烈反扑。敌军约有20个师的兵力从戈梅利方向赶过来，而被包围在莫吉列夫和奥尔沙的苏军也同时在努力突破，前者朝南和东南向突破，后者向南突破。所有这些行动都由铁木辛哥元帅控制，其目的显然是给成功渡过第聂伯河的德军制造迟来的阻力。

7月16日的侦察情报表明，苏军又有增援部队从戈梅利和克林齐向北移动，斯摩棱斯克东面也有大批车辆出现。种种迹象表明，苏军将会继续反攻和突破。但面对如此困难的局势，我仍然坚持要尽最快速度达成既定目标，所以我让各支部队一如往常地向前推进。

7月17日，我飞到第二十四装甲兵团视察了第一骑兵师，这支部队正与第聂伯河东岸发动攻击的苏军发生激战。

各支部队在这一天分别抵达以下地点：

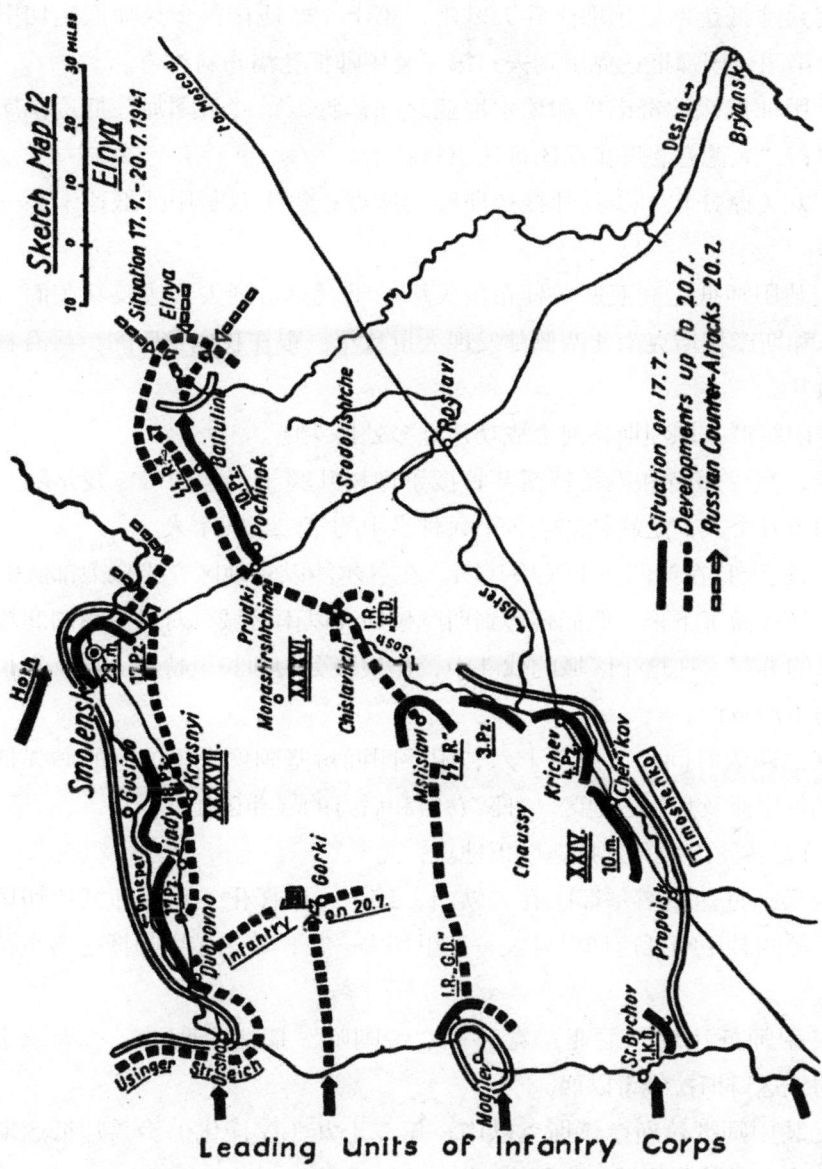

示意图12　1941年7月17日至20日的战局

Hoth 霍特
Smolensk 斯摩棱斯克
Gusino 古西诺
Dnieper 第聂伯河
Usinger Streich 乌辛格·施特赖希
Osha 奥尔沙
Dubrovno 杜布罗夫诺
Liady 利亚迪
Krasnyi 克拉什尼
Elnya 埃尔尼亚
Balutino 巴尔图蒂诺
Prudki 普鲁德基
Infantry 步兵
Gorki 高尔基
Monastirshtchino 莫纳什蒂尔什奇诺
Pochinok 波奇诺克
To Moscow 至莫斯科
Chislavitchi 奇斯拉维奇
Stodolishtche 施托多利什切
Mstislavl 穆斯提斯拉夫尔
Roslavl 罗斯拉夫尔
Mogilev 莫吉列夫
Chaussy 肖希
Oster 奥斯泰尔河
Krichev 克里切夫
St.Bychov 圣比乔夫
Cherikov 切里科夫
Propoisk 普罗波伊斯克
Timoshenko 铁木辛哥
Situation on 17.7: 7月17日战局
Developments up to 20.7: 截至7月20日的战局发展
Russian Counter-Attacks 20.7: 7月20日的苏军反击
Desna 杰斯纳河
Bryansk 布良斯克

第一骑兵师抵达斯塔尔耶比乔夫以南；第十（摩托化）步兵师抵达切里科夫以西；第四装甲师抵达克里切夫；第三装甲师抵达洛布科维奇。

第十装甲师抵达波奇诺克和埃尔尼亚之间；党卫军"帝国师"抵达穆斯提斯拉夫尔；"大德意志"步兵团抵达雷科特卡。

第二十九（摩托化）步兵师抵达斯摩棱斯克；第十八装甲师抵达卡滕—古西诺一带。

第十七装甲师抵达利亚迪—杜布罗夫诺一带。莫吉列夫周边及其东面、奥尔沙以东和斯摩棱斯克南北两侧都发现大量敌军。跟在我们身后的步兵沿着第聂伯河散开。

南方集团军群在德涅斯特河上成功建立多处桥头堡。

这一天，我、霍特和里希特霍芬被授予像树叶骑士十字勋章。我是陆军获此殊荣的第五个人，是武装部队各军兵种当中的第二十四个人。

7月18日这天我在第四十七装甲兵团。在奥尔沙以东地区充当侧卫部队的第十七装甲师被撤了下来，他们转移到斯摩棱斯克以南区域，对付由南向北攻向这座城市的苏军。在这个区域的战斗中，作战英勇的师长里特尔·冯·韦伯将军受重伤不治身亡。

接下来的两天时间里，第四十六装甲兵团面对坚固堡垒里苏军的顽强抵抗拿下了埃尔尼亚及其周边地区。部队右翼和后方的战斗还在继续。

7月20日，各支部队分别抵达以下地点：

第一骑兵师抵达斯塔尔耶比乔夫以南；第十（摩托化）步兵师抵达切里科夫以西；第四装甲师抵达切里科夫—克里切夫一带；第三装甲师抵达洛布科维奇。

第十装甲师抵达埃尔尼亚；党卫军"帝国师"抵达库西诺；"大德意志"步兵团抵达奇斯拉维奇以西。

第十七装甲师抵达斯摩棱斯克以南；第二十九（摩托化）步兵师抵达斯摩棱斯克；第十八装甲师抵达古西诺。

苏军对第二十四装甲兵团和斯摩棱斯克的反攻在继续，埃尔尼亚一带也开始出现敌军的反扑。跟在我们身后的步兵已经渡过第聂伯河。霍特正在斯摩棱斯克东北面组织包围实力强劲的敌军，为此他需要第二装甲集群从南面向多罗戈布施推进协同。我非常想帮他一把，所以在7月21日去第四十六装甲兵团下达了必要的一些指令。由于敌军对斯摩棱斯克的南部和西部地区实施猛烈轰炸，我不得不从乡村绕道行走。临近中午时分，我在斯洛博达见到了第十七装甲师的一个团，他们正负责东南侧的防御。在斯摩棱斯克东南27英里的基瑟列夫卡，我找到了第四十六装甲兵团的指挥所，在那里听取了兵团的情况汇报。接着我去了"大德意志"步兵团位于瓦斯科沃车站以南以及罗斯拉夫尔以北约21英里的阵地，他们面对的敌军实力不强，但对方有大量火炮。我到那里的时候，第四十六装甲兵团的所有部队都投入了战斗，而且一度出现所有各部都与敌军交火的局面。不过接下来的几天时间，古西诺附近第聂伯河湾那个区域不再需要第十八装甲师，所以我决定届时安排第十八装甲师接替"大德意志"步兵团，到时候第四十六装甲兵团就可以为霍特提供支援。我用第四十六装甲兵团指挥所的无线电下达了相关指令。这个兵团要把所有可用的兵力朝多罗戈布施方向转移，近距离支援飞机的指挥官将负责粉碎苏军正由斯帕斯—德米安斯克一带向西北面的埃尔尼亚发起的反击。在返回的路上，参谋人员几次用无线电向我报告说，上级强烈要求把党卫军"帝国师"调动到多罗戈布施，但此时我能做的只有执行刚刚我为第四十六装甲兵团所做的安排。我在路上还去了第四十七装甲兵团，但他们目前也无法进行调整。现在唯一的办法是把第十八装甲师从他们在古西诺的侧卫部队的位置上撤下来，为我们向北推进提供必要的力量。可就在这个时候，对我的装甲集群沿第聂伯河部署的侧翼高度关注的冯·克鲁格元帅亲自出马，直接命令第十八装甲师留在原地。就像之前在比亚韦斯托克那样，这一次他也是没通知我就直接下达了命令。就这样，我们很不幸地没有了进攻多罗戈布施的兵力。

那天晚上，我在斯摩棱斯克附近冒着敌人的炮火穿行。勇敢的通信兵霍尔里格尔在路上曾经被掀翻在地，但很幸运地没有受伤，最后我们顺利到达位于斯摩棱斯克以西乔奇洛沃的集群指挥所。

斯摩棱斯克是一个古镇，位于第聂伯河南岸。虽然周边地区战火连连，但古镇几乎没有遭到破坏。夺取斯摩棱斯克之后，第十八装甲师渡过第聂伯河，于7月17日拿下了北岸的工业区，由此与霍特一部建立了联系。那几天在视察阵地的间隙，我抽空察看了当地的大教堂。教堂没有遭到破坏，不过刚一进门我就惊讶地发现，教堂入口处和礼拜室的左半边被装饰成一个无神论者博物馆。博物馆门口有一座乞求施舍的乞讨者蜡像，里面是真人大小的资产阶级人士蜡像，后者摆着夸张的造型，在虐待和剥削无产阶级。博物馆的景象给人感觉不是很好。教堂的右半边对宗教活动开放。我们到这里之前，当地人曾经想把银制祭坛装饰和烛台埋起来，但后来应该是时间来不及了，所以一大堆财宝就那么堆在地板中央。我命人找一个让人放心的苏联人负责守护这些珍贵的物品，他们就把教堂的守护人带到我面前。这是一位胡子花白的老人。我通过翻译告诉他把这些东西挪走，然后好好看护。另外，教堂圣像的镀金木雕也没有损坏。当时我们有心要保护好教堂的东西，后来是什么情况我就不知道了。

7月23日，我在塔拉什基诺见到里特尔·冯·托马将军。根据任命，他接替里特尔·冯·韦伯将军担任第十七装甲师师长。里特尔·冯·托马将军是我们级别最高、经验最丰富的装甲部队军官之一，在第一次世界大战和在西班牙作战期间都以沉着冷静和英勇无畏著称，如今他要再一次证明自己的能力。他这个师是连接第四十六装甲兵团和第四十七装甲兵团之间的纽带，同时负责防范第聂伯河一带，因为第四军方面仍然认为苏军有可能会向南突破。第四十六装甲兵团的指挥所位于埃尔尼亚以西7公里的一片树林。冯·维廷霍夫将军向我汇报了苏军在埃尔尼亚的反击情况：对方从南面、东面和北面发动进攻，伴随大规模炮火支援。由于弹药短缺，兵团只能守卫最重要的那些阵地。这也是我们第一次感受到弹药紧缺造成的影响。一旦"大德意志"步兵团由第十八装甲师换防，维廷霍夫就想攻向多罗戈布施，为霍特提供支援。在埃尔尼亚西北方向，德军多次试图跨过乌沙河向斯维尔科卢契推进，但截至目前均告失败。在地图上标注了路况"好"的格林卡—克里米亚蒂诺公路实际上并不存在，通向北方的路泥泞不堪，机动车辆无法通行。部队一切行动都靠步行，既消耗体力又浪费时间。

在第十装甲师，沙尔将军向我汇报了埃尔尼亚周围的战果。他的部队在一天之内摧毁了敌军50辆坦克，但无法夺取苏军坚固的阵地。他估计损失了三分之一的车辆，部队的弹药还得从275英里以外的地方通过公路运过来。

最后，我再一次来到身处埃尔尼亚以北的党卫军"帝国师"。此前一天这个师抓获了1100名战俘，但由于敌军轰炸机的猛烈轰炸，他们无法从埃尔尼亚和多罗戈布施之间前行。为了亲自察看地形和战况，我去最前面看了勇敢的克林根伯格上尉指挥的摩托车部队的情况。看过之后我认定，针对多罗戈布施的进攻必须等到"大德意志"步兵团过来才能实施。

晚上11点，我到了位于普鲁德基以南1英里的新指挥所。

接下来的几天，苏军的大规模进攻没有丝毫减弱的迹象。不过我们在右翼取得了一定进展，第十八装甲师和最先到达的步兵师也对中路形成很好的支援。遗憾的是，向多罗戈布施推进的所有努力都付之东流。

根据前几天收到的情报，苏联有4个军的兵力很可能会出现在诺夫哥罗德—塞维尔斯基—布良斯克以西—埃尔尼亚—勒热夫—奥斯塔什科夫一线的东面，而且这些部队应该会加强这一线的防御。

7月25日，我们各支部队分别抵达以下地点：

第一骑兵师到达诺夫耶比乔夫东南地区；第四装甲师到达切尔尼科夫—克里切夫一带；第十（摩托化）步兵师到达奇维科夫；第三装甲师到达洛布科维奇。

第二百六十三步兵师、第五机枪营、"大德意志"步兵团、第十八装甲师和第二百九十二步兵师到达普鲁德基以南地区和沙塔洛夫卡机场周围。我们的补给飞机现在要用沙塔洛夫卡机场，所以这个区域必须要保持在敌军火炮射程之外。

第十装甲师到达埃尔尼亚；党卫军"帝国师"到达埃尔尼亚以北。

第十七装甲师到达琴佐沃及其南部区域；第二十九（摩托化）步兵师到达斯摩棱斯克以南。

第一百三十七步兵师到达斯摩棱斯克。

敌军骑兵切断了博布鲁伊斯克附近的铁路线。7月26日，苏军继续在埃尔尼亚周围发动进攻。我请求上级派第二百六十八步兵师增援埃尔尼亚的突出地带，以便撤下装甲部队。经过长时间的行军和战斗，装甲部队急需休整一番。中午我去第三装甲师恭贺莫德尔获得实至名归的骑士十字勋章，顺便了解他这个师的前线战况。随后我去第四装甲师见了男爵冯·盖尔将军和男爵冯·朗格曼将军。夜幕降临的时候我得到消息说，苏军在第聂伯河以北第一百三十七步兵师的区域突进了我们的斯摩棱斯克桥头堡。

我们收到的无线电情报说，苏联在戈梅利的第二十一军、在罗德尼亚的第十三军和在罗斯拉夫尔以南的第四军之间是相连接的。

这一天，霍特从北面成功收拢斯摩棱斯克以东的包围圈，苏军10个师的残部就此落入第三装甲师手中。在我们后方，一度坚守在莫吉列夫周围的大规模苏军最终被歼灭。

晚上10点我刚回到指挥所就收到集团军群的一个通知，上面命令我第二天中午12点到奥尔沙机场开会。这时候开会是有必要的，因为最近一段时间大家关于战局的看法已经出现分歧，这些分歧必须要加以澄清。比方说，第四军认为斯摩棱斯克地区面临的威胁非常严重，但我们装甲集群这边则认为，罗斯拉夫尔以南和埃尔尼亚以东的敌军才是最危险的。由于很多部队驻留在斯摩棱斯克以西的第聂伯河段，我们在罗斯拉夫尔一带出现了不必要的危机和伤亡，我和第四军军长之间的关系因此也紧张到了让人不舒服的地步。

　　7月27日，我和参谋长、男爵利本施泰因中校经由奥尔沙飞到鲍里索夫的集团军群指挥所。此行的目的一方面是去听取下一步行动的指令，另一方面是汇报我指挥的各支部队的情况。我原本认为上面会让我继续向莫斯科进发，至少是向布良斯克推进。但让我没想到的是，希特勒已经命令我的第二装甲集群前往戈梅利协同第二军作战。也就是说，我的装甲集群要调转方向，朝西南方向也就是德国那边行军。由此可见，希特勒是急于包围戈梅利一带苏军那8到10个师。上面告诉我们，希特勒深信德军没必要组织大规模的包围行动。他这么认为的依据来源于总参谋部的错误信息，但他相信法国那边的情况证明了自己的观点。他倾向于将敌军各个击破，通过包围和歼灭小股敌军一步步耗死敌人。现场参会的军官都认为这种想法是错误的，因为德军如此部署就会给苏军提供重组部队并利用用之不尽的人力资源在后方构筑新的防线的机会。更加重要的是，我们确信这种战略无法帮助我们尽快完成终结对苏作战这个紧迫的任务。

　　仅仅在几天之前，陆军总司令部对战局的分析判断也有很大的不同，我手里有一份军方可靠渠道提供的文件可以证明这一点。这份文件形成于1941年7月23日，内容如下：

　　"根据作战计划，德军应在完成第一阶段作战目标时击败苏军的有生力量，后期的行动也是要以此为基础进行安排部署的。但另一方面必须要考虑到，敌人拥有深厚的人力储备，而且调动使用部队仍然会冷酷无情，他们将会继续给德军的推进制造顽强的阻力。预计敌军的防御主要放在乌克兰、莫斯科前部和列宁格勒前部。

　　"**陆军总司令部的意图**是要击败敌军现有以及新建的部队，通过快速夺取乌克兰境内伏尔加河以西、图拉—高尔基—雷宾斯克—莫斯科一带和列宁格勒周边最重要的工业区，从物质上使敌人丧失重新武装的能力。为达成前述目标，各集团军群的任务以及部队必要的重大调度将在必要的时候以书面的形式详细说明并下发。"

　　无论希特勒此时会做何决定，第二装甲集群的当务之急是要解除其右翼面临的重大威胁，所以我把进攻罗斯拉夫尔的计划提交给了集团军群总司令。罗斯拉夫尔是重要的道路交通枢纽，拿下罗斯拉夫尔我们就能掌握向东、南和西南三个方向陆路交通，我因此请求加派必要的增援部队帮助完成这项任务。

　　我的计划得到批准，第二装甲集群的增援情况如下：

　　第七兵团的第七、第二十三、第七十八和第一百九十七步兵师支援进攻罗斯拉夫尔；

Sketch Map 13

Roslavl

Situation 30. 7. 41.
Advances up to 3. 8. 41.

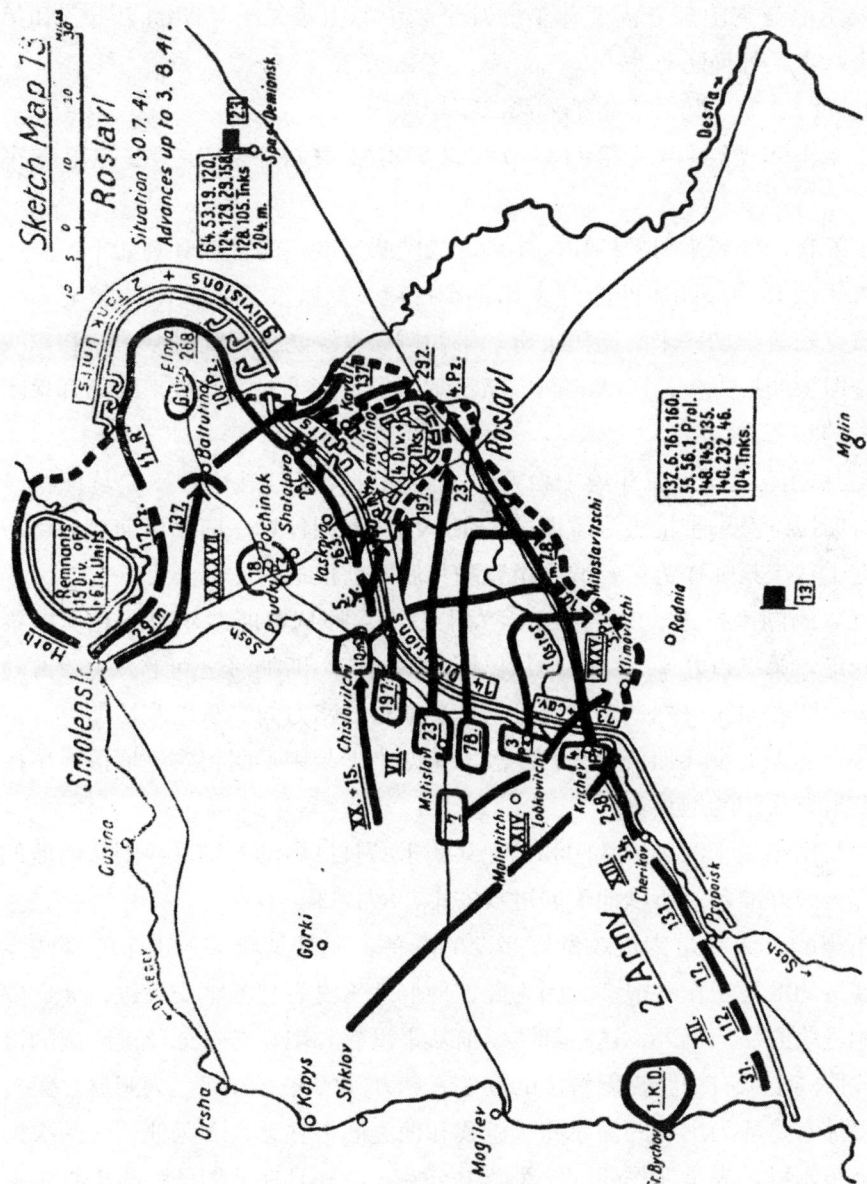

示意图13　罗斯拉夫尔，1941年7月30日的战局以及截至1941年8月3日的行军情况

在埃尔尼亚突出部分需要休整的几个装甲师由第二十兵团的第十五和第二百六十八步兵师换防。

与此同时，第一骑兵师将纳入第二军指挥。

第二装甲集群不再受第四军节制，集群被重新命名为"古德里安军团"[1]。

为消除我们侧翼来自罗斯拉夫尔地区的威胁，制定的进攻计划如下：

第二十四装甲兵团派两个师（第十摩托化步兵师和第七兵团的第七步兵师）负责克利莫维切—米洛斯拉维奇一带的侧翼纵深防御，同时派第三和第四装甲师夺取罗斯拉夫尔，同从北面奥斯泰尔河与杰斯纳河之间过来的第九兵团建立稳固的联系。

第七兵团派第二十三和第一百九十七步兵师与第三装甲师一起从佩特洛维奇—奇斯拉维奇一带推进到罗斯拉夫尔—斯托多利什切—斯摩棱斯克公路一线。第七十八步兵师作为第二波力量紧随其后向前推进。

第九兵团向南推进，其中第二百六十三步兵师从奥斯泰尔公路和奥斯泰尔河之间走，第二百九十二步兵师从奥斯泰尔河与杰斯纳河之间走。主攻方向是在左翼，即罗斯拉夫尔—耶基莫维奇—莫斯科公路方向。从斯摩棱斯克撤下来的第一百三十七步兵师负责保护左翼。第四十七装甲兵团将实施增援，增援部队主要是该兵团的炮兵。

进攻将由第二十四装甲兵团和第七兵团于8月1日启动。第九兵团认为他们无法在那天做好准备，所以他们的进攻安排在8月2日。

接下来的几天就是为进攻做好必要的准备，尤其是新加入进来的那些步兵部队要做的准备工作有很多，因为此前他们几乎没有与苏军交战过，他们要学会我的进攻方法。另外，这些部队以前从来没有和坦克有过如此近距离的接触，作战协同上就有一些需要解决的问题，第九兵团在这方面尤为明显。第九兵团的指挥官是能力出众的盖尔将军，我和他之间很熟悉，因为他曾经两次担任我的上级领导，先是在作战部的军队办公室，后来是在他担任驻扎于维尔茨堡的第五军区司令期间。盖尔将军以"机智过人"闻名，鲁登道夫在第一次世界大战期间曾经对此有过著名的评价。这次他很快就发现我的进攻计划存在的问题，并在一次指挥官会议上指出了这些问题。为了平息他对我的战术提出的批评，我说了一句"这次进攻绝对没问题"，意思是说进攻肯定会取得成功。

---

[1] 德国的"军团"是一种规模不等的临时编制，通常比兵团大但比军小。这里"军团"的战斗力堪比一个大规模的军。

但盖尔将军不以为然，于是在苏联人一个小教室里召开的那次会议上，我不得不针对我的老领导进行坚决的自我辩护。后来到了战场上他才发现我制定的战术是对的，对此他表现出了令人佩服的勇气，竭尽所能为此次进攻的成功做出了巨大贡献。

7月29日，希特勒的首席副官施蒙特上校给我带来了橡树叶骑士十字勋章，顺便和我讨论了下一步的计划。他告诉我说，希特勒目前有3个目标：

苏联东北部即列宁格勒。为了保障巴尔干地区的航运，保障来自瑞典的补给线路，确保北方集团军群的补给供应，德军必须不惜一切代价拿下列宁格勒。

工业发达的莫斯科。

苏联东南部即乌克兰。

根据施蒙特的说法，希特勒尚未就进攻乌克兰做出决定。我借机极力敦促施蒙特建议希特勒直接进攻苏联的心脏莫斯科，而不是让部队投入到缺乏决定性的行动中遭受无谓的牺牲。我还特别请求他不要扣留新式坦克和替代装备，因为没有这些坦克和装备，我们是无法快速取得对苏作战的成功的。

7月30日，我们击退了敌军向埃尔尼亚发动的13次进攻。

7月31日，陆军总司令部联络官冯·布雷道夫少校来到我的指挥所向我提供了以下信息："目前看来，原定的在10月1日攻到奥内日斯科湖—伏尔加河一线的目标不能按期实现，但攻到列宁格勒—莫斯科一线及其南部区域肯定没问题。陆军总司令部和总参谋长吃力不讨好，因为所有的行动都由最高层控制。未来的行动计划尚未最终确定。"

但现在的问题就是，我们所有的行动都要取决于下一阶段作战计划的最终决定，甚至包括是否守住埃尔尼亚这样的细节。如果不继续攻向莫斯科，埃尔尼亚只会让我们面临持续严重伤亡的危险。应付这个地区阵地战需要的弹药补给并不充足，因为离埃尔尼亚最近的一个火车站是在450英里以外。虽然德国标准的铁路线已经铺到奥尔沙，但运输能力仍然很有限。没有重新铺设的铁轨毫无用处，因为可用的苏联火车寥寥无几。

希特勒还是有可能改变想法的，但愿他能采取不同于7月27日鲍里索夫中央集团军群会议精神的决定。

8月1日，第二十四装甲兵团和第七兵团开始向罗斯拉夫尔发起进攻。当天早晨我动身去第七兵团，但在部队推进的路上既没有找到这个兵团的指挥所，也没有找到第二十三步兵师的指挥所。我找着找着发现自己到了第二十三步兵师前卫部队的先头骑兵部队。到了这个位置前面就不可能有我们的指挥所了，所以我就停下来听听骑兵目前为止了解到的敌情。之后我看着第六十七步兵团从我面前走过，这个团的团长是男爵冯·比辛中校，我和他曾经在柏林施拉赫滕湖畔同住一个屋檐下数年。他手下的官兵认出我之后议论纷纷，脸上流露出惊喜的表情。在去第三装甲师的路上我经历了一场自己人的空袭，友军飞机袭击了第二十三步兵师的推进路线，造成严重的人员伤亡。第一枚炮弹就在离我的车只有5.5码的地方爆炸。令人费解的是，地面部队有明显的标志，飞行部队也给飞行员提供我们使用的路线。之所以会发生这种不幸的事情，是因为我们年轻的飞行员缺乏训练，也缺乏作战经验。不过除此以外，第二十三步兵师的推进还算顺利，一路均未遭遇强敌。

当天下午我和第三装甲师的先头部队待在奥斯泰尔河西面不远、乔罗涅沃以南的地方。莫德尔将军告诉我，他未经损坏地拿下了奥斯泰尔河上的几座桥，由此夺取了敌军一组火炮。我向在场的几位营级指挥官就部队的良好表现表示了感谢。

晚上我在第二十四装甲兵团指挥所了解情况，以便全面掌握当天的整个战局。我在凌晨2点回到了装甲集群的指挥所，到这时候我已经离开集群指挥所整整22个小时了。

此时我们已经夺取了主要目标罗斯拉夫尔。

8月2日上午我来到第九兵团。从第二百九十二步兵师第五百〇九步兵团的指挥哨所可以看到，苏军正在一步步撤退。接着我去了第五百〇七步兵团，他们正跟随前卫部队向科萨基逼近。最后我去第一百三十七步兵师的各个团以及这个师的师部，催促他们连夜行军，尽快赶到通往莫斯科的公路上。22点30分，我回到了自己的指挥所。

第九兵团在8月2日的表现差强人意，所以我决定第二天也就是8月3日再次到这个兵团督促他们加快速度，确保我们的进攻取得成功。我先是去第二百九十二步兵师在科瓦利附近的指挥所，然后从那里去了第五百〇七步兵团。我在路上见到了兵团司令，跟他就战局的把控进行了详谈。到了第五百〇七步兵团我就和排头的步枪连一起步行，免得费口舌造成不必要的延误。在离通往莫斯科的大路还有3公里远的地方，我用望远镜看到罗斯拉夫尔东北面有坦克出现。部队的推进当即停止。我命令步兵前卫部队的突击炮发射白色信号弹，表示"我在这里！"很快，莫斯科公路那边也发射了同样的信号。原来他们是第四装甲师第三十五装甲团的部队。

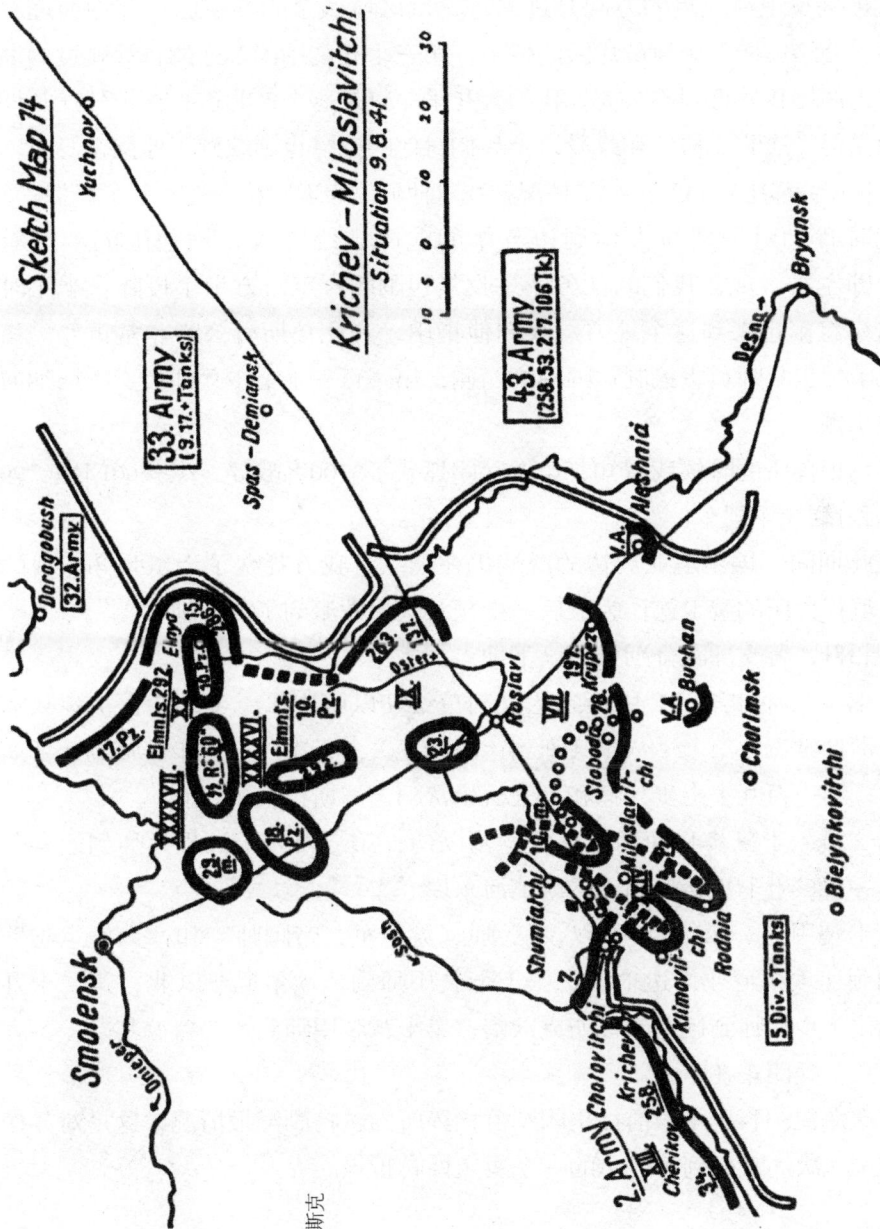

Sketch Map 14

Krichev–Mioslavitchi
Situation 9.8.41.

10 5 0 10 20 30

33. Army
(9.17.+Tanks)

43. Army
(256.53.217.106Tk.)

5 Div.+Tanks

2. Army

Smolensk 斯摩棱斯克
Dnieper 第聂伯河
Dorogobush 多罗戈布什
Yuchnov 尤西诺夫
Elnya 埃尔尼亚
Spas–Demiansk 斯帕斯–杰缅斯克
Sash 萨什河
Oster 奥斯泰尔河
Roslavl 罗斯拉夫尔
Shumiatchi 舒米亚奇
Chotovitchi 乔托维奇
Sloboda 斯洛博达
Krupez 克鲁佩茨
Krichev 克里切夫
Miloslavitchi 米洛斯拉维奇
Aleshnia 阿勒什尼亚
Cherikov 切里科夫
Klimovitchi 克利莫维切
Buchan 布坎
Rodnia 罗德尼亚
Chotimsk 乔蒂姆斯克
Desna 杰斯纳河
Bryansk 布良斯克
Bielynkovitchi 别粦科维奇

示意图14 克里切夫–米洛斯拉维奇，1941年8月9日的战局我坐进车里往坦克的方向开过去。这片区域残余的苏军已经弃炮而逃。在莫斯科公路奥斯泰尔河被炸毁的桥上，第三十五装甲团二连的官兵爬过满地的木头来迎接我。直到不久前，我的大儿子一直是这个连的连长。担任连长期间，他赢得了连队的信任和厚爱，士兵们对他的感情也延续到了他父亲身上。现任连长克劳泽中尉向我汇报了情况，我对他们的表现向整个连表示了祝贺。

此时我们对罗斯拉夫尔周边苏军的包围已经完成，被包围的苏军有三四个师左右。现在我们的任务就是收紧包围圈直至对方举手投降。半小时后，盖尔将军也来到这个地方。我向他指出，守住莫斯科公路非常重要。第二百九十二步兵师负责控制包围圈的西侧，第一百三十七步兵师负责杰斯纳河沿岸的东侧。

回到指挥所的时候我得知，第七兵团抓获了3700名战俘，缴获60门炮、90辆坦克和1列装甲列车。

在此期间，埃尔尼亚周边的激战仍在继续，我方耗费了大量弹药。我的装甲集群指挥所的警卫连作为最后一批预备队也被派到了那个地方。

8月3日，各支部队分别抵达以下地点：

第七步兵师和第三装甲师到达克利莫维切以西；第十（摩托化）步兵师到达奇斯拉维奇；第七十八步兵师到达波内托夫卡；第二十三步兵师到达罗斯拉夫尔；第一百九十七步兵师和第五机枪营到达罗斯拉夫尔以北。

第二百六十三步兵师到达普鲁德基以南；第二百九十二步兵师到达科萨基；第一百三十七步兵师到达杰斯纳河东岸。

第十装甲师、第二百六十八步兵师、党卫军"帝国师"和"大德意志"步兵团到达埃尔尼亚周边地区；第十七装甲师到达埃尔尼亚以北；第二十九（摩托化）步兵师到达斯摩棱斯克以南；第十八装甲师到达普鲁德基。

第二十兵团正在路上。

我奉命在8月4日一早前往集团军群指挥所向希特勒汇报情况，这是对苏作战以来第一次。我们到了战争的一个决定性转折点。

莫斯科还是基辅？

希特勒召集的会议在诺维鲍里索夫中央集团军群的指挥所举行，参会人员有希特勒和施蒙特、冯·博克元帅、霍特和我，还有陆军总司令部的代表、作战部部长霍伊辛格上校。我们每个人都有机会单独表明自己的观点，没有人知道前面一个人说了些什么。不过冯·博克元帅、霍特和我一致认为，继续向莫斯科发动进攻至关重要。霍特报告说，他的装甲集群最早可以在8月20日重新开拔；我这边给出的日期则是15日。之后希特勒把大家召集在一起开始讲话。他表示，列宁格勒周边的工业区是他的首要目标，至于下一步的目标是莫斯科还是乌克兰还不确定。从他的话语当中可以感觉到，他似乎倾向于后者，个中缘由如下：首先，南方集团军群貌似正在为这个地区的胜利打下基础；其次，他认为乌克兰的原材料和农产品对德国继续推进战事很有必要；最后，他认为必须要把克里米亚"这艘对罗马尼亚油田虎视眈眈的苏联航空母舰"制服。他希望在冬天来临的时候占领莫斯科和哈尔科夫。当天，会议没有对我们认为最重要的那些战略问题做出决策。

随后，会议开始讨论细节问题。对于我的装甲集群来说，很重要的一点是不能从埃尔尼亚一带撤离，因为目前尚不清楚这个地区是否会成为攻向莫斯科的一个跳板。我强调说，我们的坦克引擎受到尘土影响损耗严重，如果德军打算在这一年再次展开大规模坦克行动，就必须立即更换坦克引擎。另外，我们还需要用目前生产出来的坦克更换已经损失的坦克。在一阵支支吾吾之后，希特勒答应为整条东线提供300台新的坦克引擎，但我认为这个数字远远不够。至于新坦克，我们不会得到任何补给，因为希特勒要把它们留在国内装备新组建的部队。我在随后的讨论中指出，只有迅速补充替换损失的坦克，我们才有可能应对苏军坦克在数量上的巨大优势。结果希特勒说："如果我早知道你在书本里提到的苏联坦克数量是真实的，我想当初我也不会发起这场战争了。"他指的是我在1937年出版的《注意！坦克！》这本书。当时我在书里估计苏军拥有1万辆坦克，但总参谋长贝克和书本的审查员都不认同这个数字，我因此费了很多周章才在印书的时候把这个数字保留下来。其实那个时候我可以证明，根据我们得到的情报，当时苏联有1.7万辆坦克。也就是说，我估算的数字已经算是保守的了。在政治问题上采取鸵鸟政策从来就不是避免危险的理想方式，但希特勒及其重量级政治、经济甚至军事顾问们却一而再再而三地采取这种做法。面对残酷的现实，这种有意识的盲目造成的后果是极其严重的，而现在要承受这种后果的就是我们。

在坐飞机返回途中，我决定无论如何都要为进攻莫斯科做好必要的准备。

回到指挥所我得知，由于担心苏军从包围圈东南边缘的叶尔莫利诺一带突破，第九兵团已经撤离了莫斯科公路。但正因为如此，8月3日被围的苏军实施突破的可能性反而增加了。面对这种危险，我5日一早就赶到第七兵团，沿着莫斯科公路想办法填补包围圈南侧可能出现的缺口。我在路上遇到了前往埃尔尼亚的第十五步兵师的部队，当场就给他们师长说明了那一带的情况。接着我去了第一百九十七步兵师，这个师的师长迈尔—拉宾根将军告诉我，我们的包围圈已经出现缺口，目前苏军已然控制了莫斯科公路，至少在火力上是这样的。我在第四装甲师收到消息说，第三十五装甲团的坦克已经接受换防。我当即用无线电联系负责守卫莫斯科公路的第二十四装甲兵团，然后驱车回到第七兵团。这个兵团已经指示第二十三步兵师的侦察营防止包围圈里的苏军突围。我觉得目前为止的各项措施仍然不够，所以就跟兵团参谋长克雷普斯上校动身前往罗斯拉夫尔。（克雷普斯是当年我在高斯拉尔轻步兵营的一个老朋友，他在1945年春接替我担任陆军参谋长。）在罗斯拉夫尔，我遇到正在撤往休息区的第三十五装甲团的二连，当时他们的连长克劳泽中尉还在跟敌人交火。那天早上之前，这个连击退了几次想突围的敌军，摧毁了多门苏军火炮，抓获了几百名战俘。此时他们撤退也是奉命行事。我当场让这个值得信任的连队转身回去重新守住原来的阵地。接着我把第三百三十二步兵团二营派往奥斯泰尔桥，终于让罗斯拉夫尔的防空部队警戒起来。安排妥当之后，我亲自去了前线。我来到奥斯泰尔桥的时候，正好有一队100人的苏军从北面走了过来，他们当即被我们的人击退。这座桥前几天就被修好了，所以我们的坦克就能从桥上开过去阻止敌军突破。在坦克部队与第一百三十七步兵师建立联系之后，我再次来到第七兵团的指挥所，指令第七兵团炮兵指挥官、久经沙场的奥地利人马蒂内克将军负责盯紧莫斯科公路沿途的危险点。之后我坐飞机回到自己的指挥所，向第九兵团发送信号指示他们与马蒂内克战斗群建立联系。

我向参谋人员部署攻向莫斯科的计划如下：装甲集群在右路沿着莫斯科公路推进；步兵从中路和左路向前推进。我打算把主攻方向放在右路，因为莫斯科公路两侧的苏军相对薄弱，我们一路打过去之后可以把战线从斯帕斯德米扬斯克延伸到维亚斯马由此为霍特部的推进创造便利条件，并把我们攻向莫斯科的部队带入开阔地带。正是出于这样的想法，我拒绝执行陆军总司令部8月6日下达的一道指令。这道指令要求装甲部队脱离我的指挥，前往攻击我身后很远的第聂伯河畔的罗加乔夫。我收到的情报显示，罗斯拉夫尔周边很大范围几乎见不到敌军的踪影，布里扬斯克方向和南面25英里的范围也未发现敌军。第二天，这一情况得到了证实。

到8月8日，罗斯拉夫尔的战斗接近尾声。我们抓获了3.8万名俘虏，缴获200辆坦克和200门火炮。这是一次令人欣喜的重大胜利。

图10 1941年6月22日日出时分

图11 苏联：前进的道路

图12 在科皮斯附近的第聂伯河段上搭桥

图13 施克洛夫战斗

但向莫斯科发动进攻或者采取其他重大行动之前，有一个条件必须要得到满足，即：我们在克里切夫一带的右翼必须确保安全。清除这一侧的敌人对第二军进攻罗加乔夫也至关重要。博克集团军群和我一样认为，坦克部队脱离我的装甲集群去参与第二军的行动将会是个错误，因为这么做意味着坦克部队要长途奔袭（罗斯拉夫尔距离罗加乔夫125英里，来回就是250英里），装甲装备也将不可避免地经受损耗。我们双方一致认为，继续向莫斯科推进应当是首要目标。然而就在事实摆在面前的情况下，集团军群方面仍然要求我"派些坦克去普罗波伊斯克"，他们显然是受到来自陆军总司令部的压力。最后，男爵冯·盖尔将军的一个决定终于解决了这件事：他打算进攻克里切夫以南米洛斯拉维奇一带的敌军，由此消除他的右翼面临的持续威胁。我赞同这个计划，劝说集团军群方面予以批准。至此，向普罗波伊斯克派遣坦克一事被画上句号。

8月8日，我视察了罗斯拉夫尔周边和南面的部队。8月9日，我和第四装甲师一起参与了第二十四装甲兵团的进攻。第三十五装甲团和第十二步枪团的进攻就像训练场上的模拟攻击一样顺利，施耐德上校的炮兵对此做出了巨大贡献。

很多苏联妇女从村子里走到战场上，为我们送上面包、黄油和鸡蛋，我不吃她们就不让我走。当地平民对德军的态度由此可见一斑。不幸的是，苏联人对德军的这种友好态度只是存续在温和派控制军队期间。很快，所谓的"帝国代表"们就泯灭了苏联平民对德军的全部好感，由此催生了恐怖的游击战争。

8月10日，作为陆军总司令部预备队的第二装甲师被派往西线，也就是法国。这一部署让我和第二装甲师都一头雾水。

由于沿途没有路基，最近几天第二军向戈梅利的推进十分困难，所以他们不应该跟在步兵身后通过那个地区。

到8月10日，各支部队分别抵达以下地点：

第七步兵师到达乔托维奇以南地区；第三和第四装甲师攻向米洛斯拉维奇西南面；第十（摩托化）步兵师到达米洛斯拉维奇；第七十八步兵师到达斯洛博达，其先头部队抵达布坎；第一百九十七步兵师到达奥斯特罗瓦亚，其先头部队抵达阿勒什尼亚。

第二十九（摩托化）步兵师到达罗斯拉夫尔；第二十三步兵师在罗斯拉夫尔以北一带休整；第一百三十七和第二百六十三步兵师在杰斯纳河沿岸。

　　第十装甲师到达埃尔尼亚以西；第十七装甲师到达埃尔尼亚西北；第十八装甲师到达普鲁德基以东；党卫军"帝国师"和"大德意志"步兵团在埃尔尼亚西北的休息区。

　　截至目前，装甲集群采取的所有行动都是以这样一种信念为基础的，即：集团军群和陆军总司令部都把针对莫斯科的行动当作决定性的部署。虽然8月4日诺维鲍里索夫会议的结果不如人意，但我对希特勒认同这种观点仍然抱有希望。至少对我而言，这个观点是自然而然、显而易见的。但到了8月11日，我的希望开始破灭。我制定的以罗斯拉夫尔向维亚斯马一线为主攻方向的进攻计划被陆军总司令部否决并给了"不尽人意"的批示。其实陆军总司令部也拿不出更好的计划，只是在接下来的几天一味地给我们下达各种乐观的指令，导致下级指挥机构无法拟定连贯的作战计划。集团军群方面显然也同意取消我的计划，尽管他们在8月4日才明确赞同这个计划。遗憾的是，当时我不知道几天后希特勒就转变思想认同我对进攻莫斯科的看法——当然了，他同时也强调，只有一些先决条件得到满足才能发动进攻。不幸的是，陆军总司令部不知道如何抓住希特勒赞同进攻计划这个稍纵即逝的机会。几天之后，情况又出现了全面转变。

　　8月13日，我去罗斯拉夫尔东面视察杰斯纳河前线，察看了莫斯科公路两侧的情况。官兵们满以为很快就能直抵苏联首都，路上不时能看到写有"到莫斯科去"的标志，看到这些让我心情沉重。我在前线和第一百三十七步兵师的官兵聊了聊，他们唯一希望的就是尽快恢复东进。

　　8月14日，第二十四装甲兵团在克里切夫的战斗圆满结束，我方歼敌3个师，抓获1.6万名俘虏并缴获大量火炮，夺取了科斯丘科维奇。

　　我的进攻计划被否决之后，我提议放弃埃尔尼亚，因为死守这个地方已经没有意义，德军只会继续遭受伤亡，但集团军群方面和陆军总司令部同样不接受这个提议。我之所以提议这么做，主要是为了避免部队遭受不必要的生命损失，但上级只是轻描淡写地说我们守住埃尔尼亚"对敌人的不利远超对我军的不利"，就把我的好意抛到九霄云外。

　　8月15日这一天，我费尽口舌劝说上级不要让第二十四装甲兵团趁势进逼戈梅利，因为向西南方向进军将是一种倒退。集团军群方面转而要求从我的部队里抽调一个装甲师执行这项任务，完全无视单纯一个师无法穿越敌军火线的事实。唯一的办法是在安排其他部队保护左翼的前提下投入整个第二十四装甲兵团。问题是，从6月22日对苏作战开始，第二十四装甲兵团每天都在战斗，他们急需一个休整期对坦克进行维护。等我终于说服集团军群方面放弃这个计划的时候，刚过半小时我就收到陆军总司令部让我派一个装甲师去戈梅利的命令。我只好命第二十四装甲兵团向南前往诺沃西布科夫和斯塔罗杜布，其中第三和第四装甲师先行一步，第十（摩托化）步兵师殿后。一旦兵团突破敌军防线，处于右路的那个师就转向戈梅利。

8月16日，第三装甲师夺取交通枢纽姆格林。中央（博克）集团军群奉命把下辖第十二装甲师及第十八和第二十（摩托化）步兵师的第三十九装甲兵团抽调给北方（雷普）集团军群。

随后的几天里，中央集团军群在电话里表达了一系列看法，这里我就不再赘述。8月17日，第二十四装甲兵团的右翼遭遇敌军的强力阻击，左翼的两个师第十（摩托化）步兵师和第三装甲师则在夺取铁路枢纽乌涅恰之后顺利推进。我军截断了戈梅利通往布良斯克的铁路线，并实现了纵深渗透。这样的战果如何才能得到最好的利用呢？此时我部右翼支持下的第二军强大左翼应当向戈梅利发动进攻。但有意思的是，没有迹象表明他们采取这样的行动。实际的情况是，第二军的大批部队脱离左翼朝东北方向进发，从第二十四装甲兵团前线后方很远的地带走过，让装甲兵团在斯塔罗杜布—乌涅恰一带独自与敌军激战。我立即请求集团军群命令第二军攻击我部右翼方向的敌军。我的请求得到了批准，但当我询问第二军是否收到相关指令时，对方却告诉我正是集团军群命令部队向东北方向前进的。此时此刻我们迫切需要一个坚决的行动计划，因为8月17日的一些迹象表明，敌军正从戈梅利撤离。也就是在这一天，第二十四装甲兵团奉命在乌涅恰和斯塔罗杜布一带拦阻敌军向东逃跑的路线。

8月19日，与南方集团军群并肩作战的第一装甲集群在扎波罗哲附近夺取了第聂伯河的一个小型桥头堡。第二军进入戈梅利。我的装甲集群奉命从克林齐—斯塔罗杜布一带前往诺沃西布科夫，第四十七装甲兵团负责保护第二十四装甲兵团的东翼，前者在波切普遭遇强敌。

一份落款日期为8月18日的东线未来战局评估报告由陆军总司令递交给了希特勒。

8月20日，第二十四装甲兵团击退了敌军在苏拉什—克林齐—斯塔罗杜布一线的进攻。在乌涅恰以南地区，苏军成功向东突破，但他们向埃尔尼亚发动的进攻被我军击退。

8月20日，冯·博克元帅通过电话命令第二装甲集群左翼中止向南进逼波

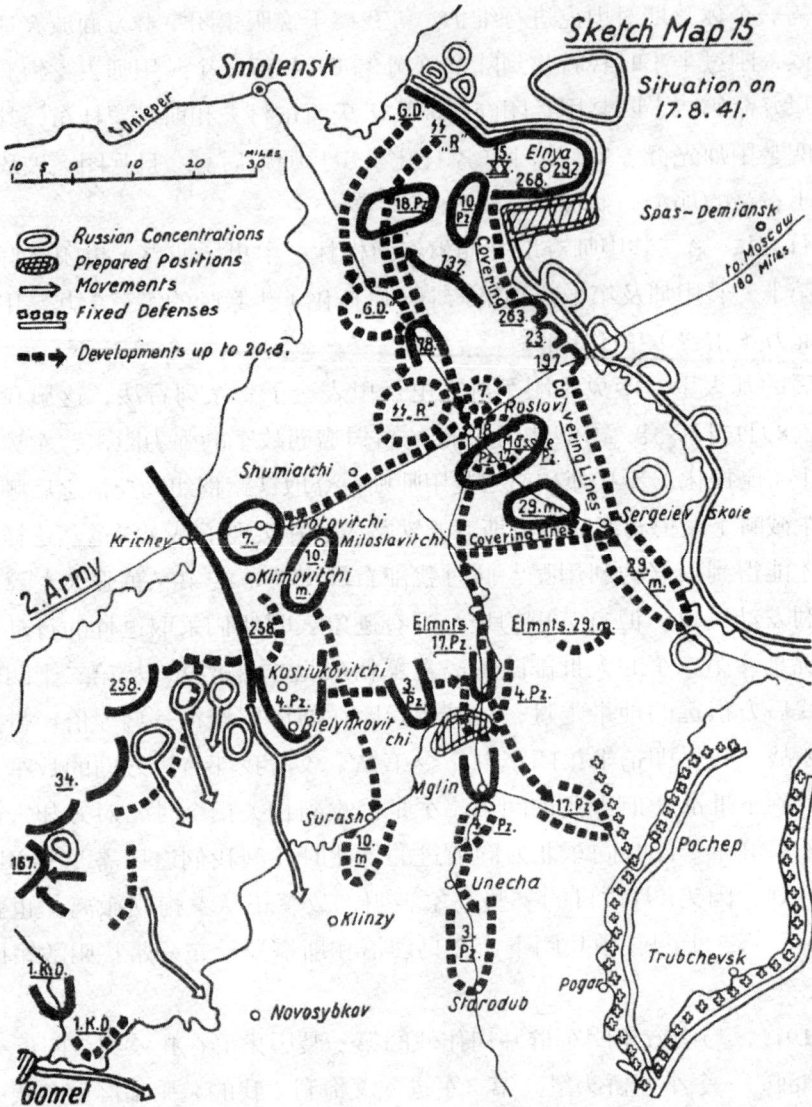

Sketch Map 15

Situation on 17.8.41.

Smolensk

Russian Concentrations
Prepared Positions
Movements
Fixed Defenses
Developments up to 20<8.

Spas-Demiansk

Elnya

to Moscow
180 Miles

Covering Lines

Roslavl

Shumiatchi

Krichev

2.Army

Chotovitchi
Miloslavitchi
Klimovitchi

Covering lines

Sergeiev Skoie

Kostiukovitchi
Bielynkovit-
chi

Elmnts.
17.Pz.

Elmnts.29.m.

Mglin

Surash

Klinzy

Unecha

Pochep

Novosybkov

Starodub

Pogar

Trubchevsk

Gomel

示意图15　1941年8月17日的战局

切普的行动。他要让这个装甲集群的所有部队都撤退到罗斯拉夫尔一带休整，以便部队能以全新的面貌执行他希望中的进军莫斯科的任务。另一方面，他一直在催促第二军加快速度，但不知道为什么他们的进展缓慢。

8月22日，我把第二十、第九和第七兵团的指挥权交回第四军。为了靠近各个师的大部队，装甲集群指挥所转移到了罗斯拉夫尔以西的舒米亚奇。当天19点，集团军群方面询问我们能否派作战装甲部队前往克林齐—波切普一带参与第二军左翼的行动。此次行动在南面展开，为的是配合南方集团军群的第六军。我得到消息说，这是因为陆军总司令部或国防军最高统帅部命令派一支机动部队参与第二军的进攻。我告诉集团军群方面，我认为把装甲集群投入到这个方向的行动可以说是一个错误的想法，而分割装甲集群的想法就更是大错特错了。

8月23日，我奉命前往集团军群指挥所参加一个会议。在会上，总参谋长哈尔德上将告诉我们，希特勒已经决定取消进攻列宁格勒和莫斯科的行动，转而将近期的目标放在夺取乌克兰和克里米亚上。哈尔德上将看上去对此颇感失望，因为他原本希望重新恢复对莫斯科的攻势，但现在这一切都化为了泡影。为了想办法撼动希特勒"不可动摇的意志"，我们在会上展开了深入的讨论。与会人员一致认为，进攻基辅的新计划必将把战事拖入冬季，而由此带来的诸多问题恰恰是陆军总司令部想要避免的。我指出，把坦克派往南方将面临道路和补给方面的问题，而且我们的装甲装备能否在完成艰巨的新任务之后在寒冬腊月攻向莫斯科也值得怀疑。我接着强调，第二十四装甲兵团从对苏作战第一天开始就没有得到任何休整。参谋长可以把这些情况汇报给希特勒，再一次试试让希特勒改变想法。冯·博克元帅同意我的说法，经过反复讨论，他最后建议我和哈尔德上将一起去见希特勒。作为来自前线的将领，我可以直接向希特勒汇报相关情况，帮助陆军总司令部说服希特勒同意我们的计划。会议批准了冯·博克元帅的建议。当天傍晚我们就动身，在夜幕降临的时候抵达东普鲁士的乐岑机场。

我立即向陆军总司令冯·布劳希奇元帅报到。他对我说："我禁止你向元首提起莫斯科的问题，南方的行动已经下过命令，现在的问题仅仅是如何执行命令。争论没有任何意义。"我当即要求飞回我的装甲集群，因为在这种情况下与希特勒的任何对话都只会浪费时间。但布劳希奇元帅不同意我这么做，他命令我向希特勒汇报我那个装甲集群的情况，"但不要提莫斯科！"

我进去见希特勒。里面有很多人，包括凯特尔、约德尔、施蒙特等等，但布劳希奇和哈尔德都不在。实际上，陆军总司令一个代表都不在。我汇报了装甲集群的情况、目前的条件和地形。我说完希特勒就问道："根据过去的表现，你认为你的部队还能再执行一次重大任务吗？"

我答道："如果部队有重要目标，每一名官兵也都明了这个目标的意义所在，那没问题。"

希特勒说："你的意思是说莫斯科，对吧？"

我回答说："是的。既然您提到这个话题，请允许我说明一下我的理由。"

希特勒说可以，于是我就详细说明了为什么我们应该继续进逼莫斯科而不是进攻基辅。我坚持认为，从军事角度看，现在我们需要解决的唯一一个问题就是给予近期遭受重创的敌军以致命一击。我对希特勒说，莫斯科的地理位置十分重要，这与巴黎这样的城市是不同的。莫斯科是苏联公路、铁路和交通运输中心，是政治中枢，是重要的工业区。德军一旦夺取莫斯科，将会对苏联人民乃至全世界都产生重大的心理影响。我着重强调了官兵们的心理状态，他们现在唯一期待的就是攻向莫斯科。不仅如此，我们的部队已经满怀激情地为此做了必要的准备。我接着指出，莫斯科这个决定性方向的胜利以及随后敌军主力部队的溃败将使夺取乌克兰工业区变得更加容易，因为一旦我们夺取莫斯科这个交通运输中心，苏联就很难由北向南调动部队。

我说，中央集团军群的部队现在已经做好进逼莫斯科的准备，如果他们转向西南前往基辅，中间势必会浪费大量时间。往西南方向就是往德国的方向，所以这是一个错误的方向。下一步如果要进攻莫斯科，部队就要原路返回（从洛奇维察到罗斯拉夫尔有275英里），人员和装备都将经受严重损耗。以乌涅恰一带的路面为例，装甲集群将要经过的路线的路况很糟糕，而且持续不断的补给问题随着部队每天向乌克兰推进会变得越来越严重。我接着补充说，假如乌克兰行动不能按计划迅速完结，严寒的冬季将给部队带来十分严峻的考验，到时候我们还想在年内对莫斯科给予致命一击就为时已晚了。最后我提出请求说，无论其他方面的考虑看似多么重要都要服从于实现军事决策这一核心需求。只要我们做到这一点，其他的东西自会手到擒来。

希特勒让我一口气说完想说的话，中间没有插话打断。我说完之后，他开始详细说明他采取不同决定考虑到的各种因素。他说，乌克兰的原材料和农产品对德国继续推进战争至关重要。他重申了控制作为"苏联攻取罗马尼亚油田的航空母舰"的克里米亚地区的必要性。我还第一次听他亲口说了这么一句话："我的将军们对战争的经济层面一无所知。"总而言之，希特勒想要表达的就是：他已经下达有关进攻基辅就是当前战略目标的严格命令，所有的行动都必须围绕这个目标展开。也就是在这个时候，我第一次看到一个后来我日渐熟悉的景象：希特勒每说一句话，在场的所有人都点头赞同，只有我一个人坚持自己的观点。毫无疑问，希特勒已经多次像这样侃侃而谈陈述自己做出那个奇怪决定的理由了。让我感到极为遗憾的是，冯·布劳希奇元帅和哈尔德上将都没有和我一起参加这个会议。要知道，就连这两位将领也认为这次会议的结果事关重大，甚至有可能会决定整场战事的结局。看到国防军最高统帅部一致反对我的观点我就没再发言，毕竟与顾问围绕下的德国国家元首对峙不是正确的做法。

在进攻乌克兰的决定得到证实的情况下，我能做的就只有全力确保完成好这项任务。所以我请求希特勒整体投入我的装甲集群而不是拆分使用，这样或许能让我们在秋雨来临之前取得胜利。秋天的雨水会使道路稀少的乡村变成一片沼泽，摩托化部队的移动因此会陷入瘫痪。还好我的这个请求得到了批准。

我回到指挥所的时候已经是凌晨。也就是在8月23日这一天，陆军总司令部给中央集团军群下达了以下命令："任务目标是尽可能歼灭苏联第五军的有生力量，以最快速度为南方集团军群打开第聂伯河渡口。为此要成立一支最好由古德里安上将指挥的强有力部队向前推进，其右翼直指切尔尼希夫。"我在和希特勒交谈之前对这道命令并不知情，当天哈尔德上将也没找机会告诉我。8月24日上午，我向总参谋部长汇报了最后没能说服希特勒改变想法一事。按理说，哈尔德不应该对我报告的情况感到意外。但出乎意料的是，他听完之后就像精神崩溃一般，嘴里满是毫无根据的指责和非难。他和中央集团军群在电话里谈到了我，后者的一些下级因此在战后的出版物里对我进行了很不真实的描述。哈尔德对我竭力争取从一开始就投入足够的军力执行当前的任务一事感到十分愤怒，他完全不理解我的看法，后来甚至想尽办法给我制造障碍。这一切只能用他精神崩溃来解释。和他不欢而散之后，我带着8月25日开始前往乌克兰的命令飞回了我的装甲集群。

8月24日，第二十四装甲兵团拿下诺沃西布科夫，把敌人击退到乌涅恰—斯塔罗杜布一带。

Sketch Map 16

Smolensk
Dnieper
Elnya
Spas - Demiansk
to Moscow 180 Miles
Situation on 24.8.41.
(Conference with Hitler.)
Advances 22/23.8.
Situation 24.8.41.
Enemy Positions 22.8.41.
Roslavl
Krichev
Miloslavitchi
XXXXVII.
Desna →
XXXXVI.
Bielynkovitchio
Surash
Mglin
to Bryansk
Pochep
Unecha
Klinzy
Sudost
Trubchevsk
Pogar
Novosybkov
Starodub
Desna
to Kiev 210 Miles
Gomel

Advances 22/23.8.：8月22日和23日的行军路线	Krichev 克里切夫	Klinzy 克林齐
Situation on 24.8.41：1941年8月24日战局	Miloslavitchi 米洛斯拉维奇	Sudost 苏多斯特河
Enemy Positions 22.8.41：1941年8月22日的敌军阵地	Desna 杰斯纳河	Starodub 斯塔罗杜布
Smolensk 斯摩棱斯克	Bielynkovitchi 别林科维奇	Pogar 波加尔
Dnieper 第聂伯河	Surash 苏拉什	Trubchevsk 特鲁布切夫斯克
Elnya 埃尔尼亚	Mglin 姆格林	Gomel 戈梅利
Spas-Demiansk 斯帕斯-杰绍斯克	To Bryansk 至布良斯克	Novosybkov 诺沃西布科夫
To Moscow 至莫斯科	Pochep 波切普	Desna 杰斯纳河
Roslavl 罗斯拉夫尔	Unecha 乌涅恰	To Kiev 至基辅

示意图16　1941年8月24日的战局（与希特勒会面）

基辅战役

希特勒在8月21日下达的命令是德军实施下一步行动的基础，其核心内容是8月18日军方提出了继续推进东线战事的相关提议，但我不同意。

有鉴于此，我正式下达命令如下：

入冬前的首要目标不是夺取莫斯科而是占领克里米亚地区以及顿涅茨盆地的工业区和煤矿区，切断苏军来自高加索油田的补给线，在北方进入列宁格勒并与芬兰军队建立联系。

我们的部队到达戈梅利—波切普一线，这是一个十分有利的作战条件。为了迅速有效地利用这一条件，南方集团军群和中央集团军群的内翼必须集中作战。我们的目标不仅仅是利用第六军发动猛攻将苏联第五军赶回第聂伯河对岸，还要在后者撤退到杰斯纳河—科诺托普—苏拉河一线后方之前将其歼灭。这将为南方集团军群提供必要的安全保障，让他们能够渡过第聂伯河中游，部署中路和左翼的部队向罗斯托夫—哈尔科夫方向推进。

在不考虑未来行动的情况下，中央集团军群要投入尽可能多的兵力达成歼灭苏联第五军这一目标，同时占领集团军群前线的中央部分，确保用最少的兵力击退这一区域敌军的进攻。

夺取克里米亚半岛对保障我们来自罗马尼亚的油料供应极为重要。

陆军总司令部和中央集团军群向我的装甲集群下达的指令正是以这道命令为基础拟定的，只是8月23日我向希特勒汇报情况的时候还不知道这道命令的存在。陆军总司令部和集团军群方面的指令让我最痛心的是，他们把第四十六装甲兵团从我的集团军群抽走了。尽管希特勒答应过不抽调我的部队，但中央集团军群还是把第四十六装甲兵团抽调出去部署到罗斯拉夫尔—斯摩棱斯克一带，在第四军身后充当集团军群的预备队。所以我在执行新任务的时候手里就只有第二十四装甲兵团和第四十七装甲兵团，这样的兵力显然是不够的，但我向集团军群方面提出的抗议无人理会。

按照上级指令，我的第一个目标是科诺托普。后来上级又就我与南方集团军群之间的协作下达了相关指令。

根据装甲集群当前的部署，位处乌涅恰的第二十四装甲兵团不仅要边战边走重新突破苏军的防线，同时还要保护装甲集群的右翼，防止敌军从戈梅利一带向东逃跑。第四十七装甲兵团的任务如下：派手头可以迅速投入使用的第十七装甲师发动进攻保护装甲集群的左翼，防范波切普以南苏多斯季河东岸的大规模敌军。由于时值旱季，苏多斯季河不是一个可靠的障碍。

第二十九（摩托化）步兵师已经在保护杰斯纳河沿岸苏多斯季河上游长达50英里的一片区域。在斯塔罗杜布以东，敌军仍然占据苏多斯季河以西位于第二十四装甲兵团侧翼的阵地。即便到了第二十九（摩托化）步兵师由步兵部队换防的时候，我们在波切普的左翼距离科诺托普仍然有110英里左右。而到了科诺托普，大规模的行动才正式开始，真正的危险也才会出现。有关我们东翼一带敌军实力的情报零零碎碎，为保险起见我还是考虑投入第四十七装甲兵团的所有兵力去保护这个侧翼。在执行新任务之前，第二十四装甲兵团没有得到任何休整时间，从对苏作战以来就一直参与漫长、不间断的激战和行军，所以我们先头部队的作战能力肯定会受到影响。

8月25日，装甲集群的动向如下：

第二十四装甲兵团方面。第十（摩托化）步兵师通过乔尔米和阿夫戴耶夫卡；第三装甲师途经科斯托博布尔—诺夫哥罗德塞维尔斯基前往杰斯纳河；此前负责清除苏多斯季河西岸敌军的第四装甲师在由第四十七装甲兵团的部队换防之后跟在第三装甲师身后推进。

第四十七装甲兵团方面。第十七装甲师途径波切普前往苏多斯季河南岸并攻向特鲁布切夫斯克，之后渡河到杰斯纳河左岸并沿河岸朝西南方向推进，为第二十四装甲兵团渡河提供便利。兵团剩余的部队正从罗斯拉夫尔一带走出来。

8月25日清晨，我去第十七装甲师参加他们跨苏多斯季河及其南面不远的支流罗格河的进攻。我们的车在满是泥沙的路面上行驶，糟糕的路况导致多辆车抛锚。时间刚到12点半，我就不得不从姆格林传令替换装甲指挥车、运兵车和摩托车。对于未来的行动，这似乎是一个不祥之兆。14点半我到了第十七装甲师位于波切普以北3英里的指挥所。此时我感觉执行这项艰巨任务需要的兵力出现估计错误，目前的兵力无法满足要求。相比第二十四装甲兵团，这边的推进速度太慢。我把自己对行军速度问题的看法告知了师长里特尔·冯·托马和稍后赶到的兵团司令。为了亲自察看敌情，我去了第六十三步枪团正在发动进攻的前线，跟着他们步行了一段。当晚我在波切普过夜。

8月26日一早，我在副官布兴少校的陪同下来到罗格河北岸的一个前沿炮兵阵地，想要看看我们的俯冲轰炸机攻击敌军河岸防线的效果。炸弹的落点很精确，但实际效果微乎其微。不过俯冲空袭对苏军的心理打击是显而易见的，他们纷纷躲进了散兵坑，我们因此得以在几乎没有人员伤亡的情况下成功渡河。由于我方一名军官的疏忽大意，敌军发现了我们的炮兵阵地，用迫击炮对

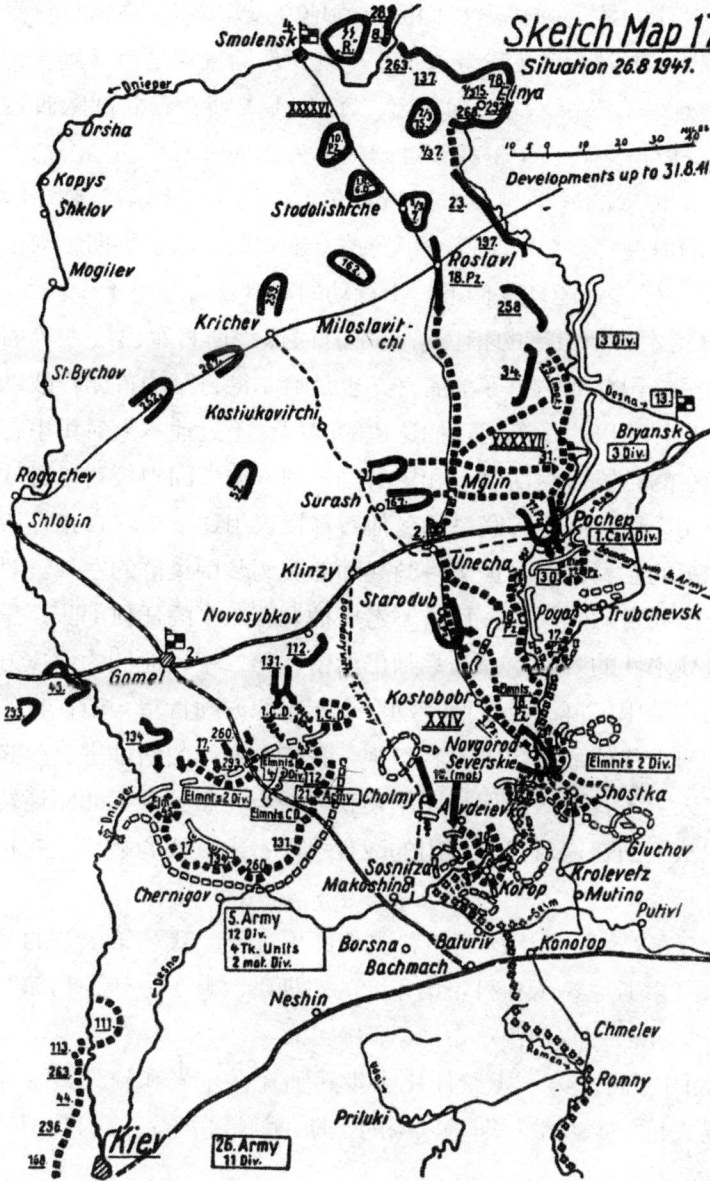

Sketch Map 17
Situation 26.8 1941.

Developments up to 31.8.41.

Krichev 克里切夫
Miloslavitchi 米洛斯拉维奇
Kostiukovitchi 科斯丘科
维奇
Bryansk 布良斯克
Surash 苏拉什
Mglin 姆格林
Pochep 波切普
Klinzy 克林齐
Unecha 乌涅恰
Starodub 斯塔罗杜布
Novosybkov 诺沃西布科夫
Trubchevsk 特鲁布切夫斯克
Gomel 戈梅利
Kostobobr 科斯托博布尔
Novgorod 诺夫哥罗德
Severskie 塞维尔斯基
Cholmy 乔尔米
Avdeievka 阿夫戴耶夫卡
Shostka 绍斯特卡
Gluchov 格卢乔夫
Sosnitza 索斯尼察
Krolevetz 克罗列维茨
Chernigov 切尔尼戈夫
Makoshino 马科希诺
Korop 科罗普
Mutino 穆蒂诺
Putivl 普蒂夫尔
Borsna 博尔什纳
Baturiv 巴图里夫
Konotop 科诺托普
Bachmach 巴赫马赫
Neshin 内辛
Chmelev 什梅列夫
Kiev 基辅
Priluki 普里卢基
Romny 罗姆尼

Smolensk 斯摩棱斯克   Rogachev 罗加乔夫
Dnieper 第聂伯河   Shlobin 日洛宾
Orsha 奥尔沙   Elnya 埃尔尼亚
Kopys 科皮斯   Stodolishtche 斯托多利什切
Shklov 施克洛夫   Developments up to 31.8：
Mogilev 莫古列夫   截至8月31日的战局发展
St.Bychov 圣比乔夫   Roslavl 罗斯拉夫尔

示意图17   1941年8月26日的战局

我们实施精准打击，其中一枚炮弹在离我们很近的地方爆炸，造成5名军官受伤，其中包括布兴少校。布兴就坐在我旁边，我毫发无伤简直就是个奇迹。

在我们对面的是苏军第二百六十九师和第二百八十二师。看着部队渡过罗格河并在河上搭建一座桥之后，下午我经过姆格林去指挥所所在的乌涅恰。

在路上我得到一个惊人的好消息：布赫特基尔希中尉（隶属第三装甲师第六装甲团）巧妙使用坦克完整夺取了诺夫哥罗德塞维尔斯基以东杰斯纳河上一座750码的桥。有了这样的好运，我们下一步行动的难度就会减小不少。

快到半夜的时候我才回到自己的指挥所，那时候保卢斯将军已经在等着我。保卢斯将军是陆军总司令部的一等军需官，也是哈尔德将军的首席作战助理。他是下午来的，此行的目的是了解我们这边的战况，不过他本人对军事行动没有决定权。我不在的时候保卢斯已经和男爵冯·利本施泰因中校讨论过战局，所以他和陆军总司令部之间是有联系的。他曾经提议组建一个联合指挥所控制装甲集群和第二军的左翼，同时把第一骑兵师部署到装甲集群的左翼。对此，上面给了他一个令人费解的回复：目前不考虑抽调第二军的任何部队，第二军的行动"仅仅是战术性的"。第一骑兵师仍然留在第二军，他们的主攻方向是右翼。上级还指责装甲集群没有按照行动命令指定的方向行军，但在我们左翼纵深处，杰斯纳河沿线的敌军实力不容忽视，我们在继续向南推进之前必须要将其歼灭。第二天上午我再次向保卢斯阐述我的观点，后者把我的原话转达给了总参谋长。但从上面普遍对我表现出的敌意可以看出，我的解释没有起到什么效果。

8月26日晚，第二军左翼位处诺沃西布科夫南面不远处。我和第二军的分界是克林齐—乔尔米—索斯尼察（马科希诺东北的杰斯纳河畔）一线，与第四军的分界是苏拉什—乌涅恰—波切普—布拉索沃一线。

第二十四装甲兵团方面，第十（摩托化）步兵师在乔尔米和阿夫戴耶夫卡；第三装甲师在诺夫哥罗德塞维尔斯基以南的杰斯纳河大桥上；第四装甲师在斯塔罗杜布东南与敌军交战。

第四十七装甲兵团方面，第十七装甲师在波切普以南的塞姆济附近作战；第二十九（摩托化）步兵师在波切普到舒科夫卡一带保护装甲集群左翼。随着第十二兵团和第五十三兵团步兵部队的到来，第四十七装甲兵团将旗下的部队集结到了右翼。与此同时，由北向南推进的第十八装甲师的先头部队通过了罗斯拉夫尔。

在此期间，步兵部队在我装甲集群行军路线的右角方向由西向东推进，其中第一百六十七步兵师通过姆格林，第三十一步兵师到达姆格林以北，第三十四步兵师通过克雷特尼亚，第五十二步兵师通过佩雷拉西，第二百六十七步兵师和第二百五十二步兵师沿着克里切夫—切里科夫—普罗波伊斯克公路推进。所有这些部队都隶属第二军，只要从基辅攻势一开始就把其中一部分兵力往南部署，第二十四装甲兵团右翼频频遭遇的危机就可以避免。

8月26日这天，敌军在杰斯纳河沿线针对第二军的抵抗加剧。为了速战速决，我请求派遣第四十六装甲兵团，但遭到陆军总司令部的拒绝。

8月29日，大规模敌军在空中支援下从南面和西面进击第二十四装甲兵团，后者被迫中止第三装甲师和第十（摩托化）步兵师的攻势。不过该兵团完成了清除苏多斯季河沿线敌军的任务，第四装甲师经过诺夫哥罗德塞维尔斯基向北支援第三装甲师。就在这天，我去了第二十四装甲兵团和第三、第四装甲师，经过对战局的分析我给第二十四装甲兵团下达命令如下：30日解除兵团右翼面临的威胁，31日重新向南推进。与此同时，第四十七装甲兵团继续沿着苏多斯季河东岸以及杰斯纳河东岸朝诺夫哥罗德塞维尔斯基方向进攻。当天18点我飞回自己的指挥所，这也是我的第一作战参谋拜尔莱因中校最后　次陪同我。他即将被派往非洲，接替者是沃尔夫少校。

8月31日，我军大幅扩展了杰斯纳河的桥头堡，第四装甲师得以渡河。第十（摩托化）步兵师在科罗普以北成功渡过杰斯纳河，但被苏军大规模反击打回了西岸，其右翼也遭遇强敌攻击。无奈之下该师把最后一批人也就是战地面包连也派了上去，勉强避免了右翼的一场灾难。为进攻第四十七装甲兵团，苏军从特鲁布切夫斯克向西调遣第一百〇八坦克旅，又于9月1日朝西北方向增派第一百一十坦克旅。面对强敌，作战英勇的第十七装甲师处境艰难。第二十九（摩托化）步兵师奉命通过诺夫哥罗德塞维尔斯基大桥，向北保护第二十四装甲兵团桥头堡北侧，并帮助第十七装甲师向前推进。在苏多斯季河与杰斯纳河交汇处和波切普之间的区域，第十八装甲师换下了第四装甲师。从8月25日执行任务开始至今，第二十四装甲兵团抓获7500名战俘，第四十七装甲兵团抓获1.2万名战俘。

鉴于我军两翼遭受敌军攻击，前线尤其是第十（摩托化）步兵师也面临苏军强大的压力，我开始怀疑现有的兵力是否足以支撑我们的进攻。于是我再次请求集团军群方面抽调第四十六装甲兵团，但8月30日上面只派出了"大德意志"步兵团，之后又在9月1日派出第一骑兵师，9月2日从斯摩棱斯克派出党卫军"帝国师"。由于苏军在埃尔尼亚以南第二十三步兵师的防区渗透了6英里，我们需要部署第十装甲师发动正面反攻。"大德意志"步兵团奉命前往诺夫哥罗德塞维尔斯基方向，党卫军"帝国师"则转向第二十四装甲兵团右翼。9月2日和3日，两支部队分别抵达各自的目的地。

这种不痛不痒的增援方式让我心急如焚。9月1日，我用无线电向集团军群方面请求派给我整个第四十六装甲兵团和第七装甲师、第十一装甲师、第十四（摩托化）步兵师。据我所知，这些部队目前都没有作战任务。我相信，有了如此规模的兵力，我很快就能为基辅攻势画上迅速、圆满的句号。这次无线电通话结束后，党卫军"帝国师"立刻就被抽调出来，但其他问题也随之而来。陆军总司令部的一个侦听站监听了我的通话内容，这引起了一场轩然大波。先是陆军总司令部的联络官找我，接着是希特勒要见我，最后是国防军最高统帅部采取了一系列导致不幸后果的措施。当然了，这些都是后话。

9月2日，航空队指挥官凯塞林元帅来到我的指挥所。他带来消息说，南方集团军群方面貌似进展顺利，已经在第聂伯河上拿下多个桥头堡。至于下一步的行动目标尚不明确，哈尔科夫和基辅都在讨论之列。

当天，莫德尔将军和里特尔·冯·托马将军都受了轻伤。

9月3日，我在行车的路上见到了第十（摩托化）步兵师的后卫部队和战地烘焙部队的作战人员，最后在阿夫戴耶夫卡附近见到了党卫军"帝国师"的摩托部队。此时敌军就在阿夫戴耶夫卡西面，党卫军的侦察营正向他们走过去。刚开始部队的部署有些混乱，但很快师长豪瑟将军就指挥若定了。我在阿夫戴耶夫卡见到豪瑟将军，告诉他在9月4日进攻索斯尼察。为提供支援，我把刚刚从罗斯拉夫尔过来的第五机枪营交给他指挥。

中午我去察看第十（摩托化）步兵师的情况，这个师前几天与敌军激战伤亡惨重。令他们感到安慰的是，第四装甲师沿着杰斯纳河南岸赶了过来，苏军也因此中断了前述的渡河行动。前几天与第十（摩托化）步兵师交战的是苏军第十坦克旅及第二百九十三、第二十四、第一百四十三和第四十二师，对方规模庞大，占据明显的数量优势。我向师长冯·勒佩尔将军简要说明了情况和临近友军党卫军"帝国师"的意图，安排勒佩尔部右翼在第二天配合党卫军进攻。接着我去看了杰斯纳河以南的一个桥头堡，这个桥头堡的守军是第二十步兵团二营，他们给我留下了不错的印象。我还去看了这个团的一营，该营几天前在自己的桥头堡被敌军逼退，但他们很快挽回局面。这个营也给我留下不错的印象，我向他们表示，我相信他们以后也能履职尽责。

参谋人员用无线电向我报告说，第一骑兵师再次纳入装甲集群指挥，目前正前往党卫军"帝国师"右侧。我又去党卫军"帝国师"找他们师长，确保该师保护第十（摩托化）步兵师的补给线。回到指挥所的时候我得知，我们前进路线上的波尔斯纳和科诺托普将是我们下一步的目标。此时，第四十六装甲兵团的指挥所和半数部队再次归装甲集群指挥。前线的两支部队报告说，他们各自抓获2500名战俘。由工兵部队将军巴赫尔指挥的一支临时组建的部队负责保护我们的后方，他们抓获1200名战俘。第二十四装甲兵团一再重申，他们正在拉伸的南翼面临越来越大的威胁，先头部队的薄弱环节也愈加明显。克罗勒维茨已经被我们拿下。

同一天，陆军总司令部联络官纳格尔中校在鲍里索夫集团军群指挥所参加了一个会议，陆军总司令当时也在场。纳格尔利用这个机会阐述了我对当前战局的看法，结果他被说成是"大喇叭和传声筒"，很快就遭到解职。纳格尔思维清晰，精通俄语，他传达说明前线官兵的想法只是在完成本职工作。他被解职的消息让我非常难过。

但坏消息还没完。当天晚上天空开始下雨，道路很快变得泥泞不堪，党卫军"帝国师"三分之二的部队陷在了行军路上。

9月4日，我在前线和第四装甲师一起，还在那里见到了冯·盖尔将军。由于阵雨导致路面湿滑松软，我花了4个半小时才走了45英里。当时第四装甲师正一路攻向科罗普—克拉斯诺波列一带，对面的敌军即使面对我们的坦克都在顽强抵抗。但在我军的俯冲轰炸机参加战斗之后，敌军的主要抵抗力量貌似崩溃了。冯·盖尔将军根据缴获的敌军文件得出结论说，我军继续攻向索斯尼察十分有利可图，因为我们的攻击线正好在苏联第十三军和第二十一军之间，有可能会在他们之间打开缺口。第三装甲师报告他们的进展时，我发现他们正从穆蒂诺和斯帕斯科耶走向塞姆河。莫德尔将军也认为，他在敌军防线当中发现的问题即使算不上是缺口，至少也是一个弱点。我让莫德尔渡过塞姆河之后立即向科诺托普—别洛波列铁路推进并切断这条铁路线。返回的路上我用无线电向参谋人员下达了第二天的指令，他们告诉我说，希特勒有可能会对装甲集群的行动进行干预。

集团军群方面打电话过来说，国防军最高统帅部对装甲集群的行动不满，尤其是第四十七装甲兵团部署在杰斯纳河东岸一事，他们要求我汇报这边的处境和意图。当晚，陆军总司令部命令我们中止第四十七装甲兵团的进攻，并把该兵团调回杰斯纳河西岸。上面下达指令的语气很难听，我看了之后感到很受伤害。第四十七装甲兵团也十分无奈，因为兵团指挥所和各个师都认为他们已经处在胜利的边缘。相比战胜敌人，他们奉命撤回杰斯纳河西岸需要的时间只会更长。自8月25日以来，这个兵团共缴获15门火炮、120辆坦克，抓获1.7万名战俘。同期第二十四装甲兵团抓获1.3万名俘虏，但上面并未对此予以认可。

9月5日，第一骑兵师奉命前往波加尔接受第四军指挥。我们希望这个师能在我们左翼充当第四十七装甲兵团的机动侧卫部队，可现在他们被用作苏多斯季河沿岸的固定侧卫部队，机动能力因此被浪费。

党卫军"帝国师"在这一天夺取了索斯尼察。

当天，第四军奉命撤离埃尔尼亚地区。我原本要争取的是让他们在8月份及时撤出以免遭受伤亡，但这时候的伤亡是不可避免的了。

9月6日，我又一次来到党卫军"帝国师"，当时他们正在进攻马科希诺附近杰斯纳河上的铁路桥。为了给他们提供空中支援，我很是费了一些周折。由于当地路况较差，这个师尚未全部集结。我在去的路上看到这个师的几支部队，他们有的在行军，有的在树林里休息。官兵们纪律严明，令人印象深刻。对于重归装甲集群，他们纷纷表达喜悦之情。铁路桥当天下午就被拿下，我军因此又多了一个渡河点。有那么几次，我的参谋车队穿行在敌人的炮火之间，但都没有遭受伤亡或损失。在我回去的路上，第一骑兵师和党卫军的一些部队因为路况太差只好步行前进。我在师指挥所命令部队扩展杰斯纳河的桥头堡，方便"帝国师"从桥头堡攻向塞姆河西岸，进而为第二十四装甲兵团渡河创造条件。

9月7日，第三装甲师和第四装甲师在塞姆河南岸成功建立桥头堡。同一天，集团军群方面命令部队向内辛—摩纳斯蒂尔什奇诺一线推进，主攻方向是内辛。8日凌晨5点25分，这道命令又修改为："新的推进方向为博尔斯纳—罗姆尼一线，主攻方向为右路。"当天我在戈梅利那边的第二军与陆军总司令谈到了10月初进攻莫斯科的计划。冯·布劳希奇元帅在谈话中再次提到第四十七装甲兵团在特鲁布切夫斯克方向的战斗，他反对我在9月1日通过无线电提出的增援请求，理由是无线电信号可能已经被国防军最高统帅部监听到。另外他还认为，当时我的装甲集群毫无必要地扩大了战线。对此我解释说，在我左翼的敌军实力强大、不容忽视，必须战而胜之。截至目前我们一共抓获4万名战俘，缴获250门火炮，先头部队正逼近巴奇马奇—科诺托普铁路。

这一天，第二军夺取了切尔尼希夫。此后他们奉命前往内辛—博尔斯纳一带。

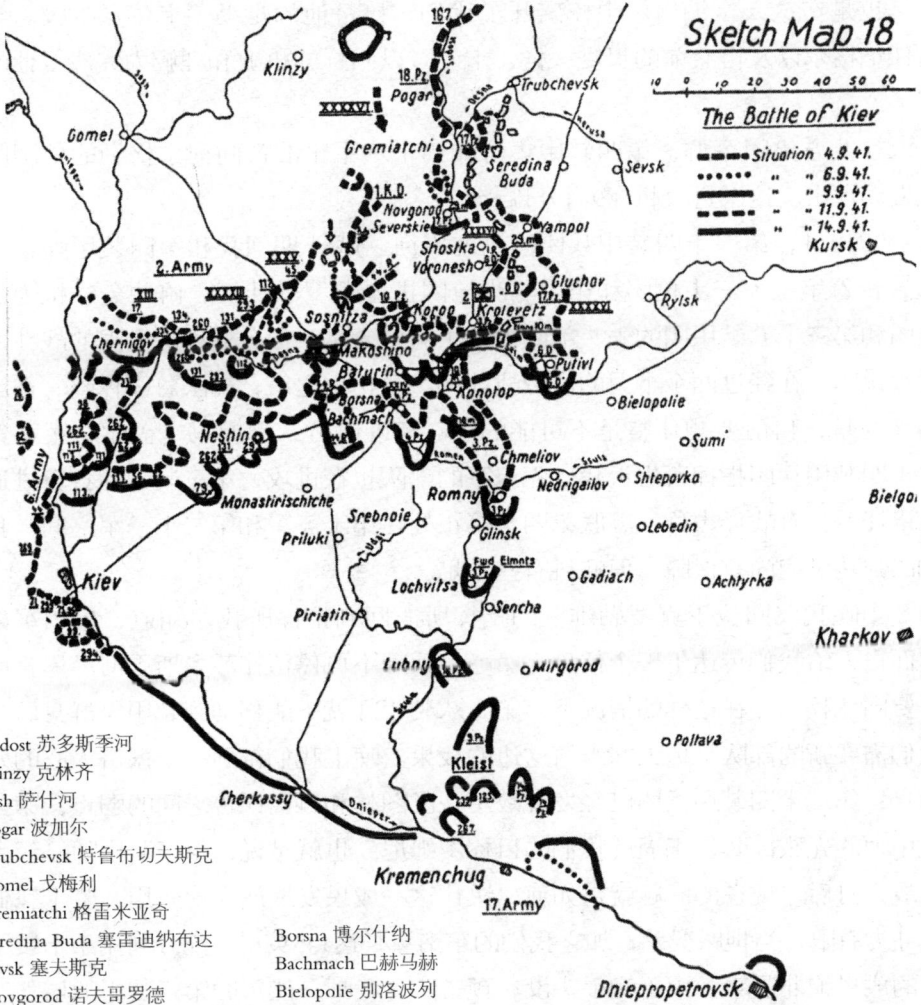

Sketch Map 18

The Battle of Kiev

Situation 4.9.41.
" 6.9.41.
" 9.9.41.
" 11.9.41.
" 14.9.41.

Map labels: Klinzy, Pogar, Trubchevsk, 18.Pz., XXXXVI, Gomel, Gremiatchi, Seredina Buda, Sevsk, 1.K.D., Novgorod, Severskie, Yampol, 2. Army, XXXX, Shostka, Voronesh, Gluchov, Rylsk, Sosnitza, Korod, Krolevetz, XXXXVI, Chernigov, Makoshino, Baturin, Putivl, Bielopolie, Borsna, Konotop, Bachmach, Sumi, Neshin, Chmeliov, Nedrigailov, Shtepovka, Bielgo, Monastirischtche, Romny, Srebnoie, Glinsk, Lebedin, Priluki, Kiev, Lochvitsa, Gadiach, Achtyrka, Piriatin, Sencha, Lubny, Mirgorod, Kharkov, Poltava, Kleist, Cherkassy, Dnieper, Kremenchug, 17. Army, Dniepropetrovsk, Kursk

Sudost 苏多斯季河
Klinzy 克林齐
Sash 萨什河
Pogar 波加尔
Trubchevsk 特鲁布切夫斯克
Gomel 戈梅利
Gremiatchi 格雷米亚奇
Seredina Buda 塞雷迪纳布达
Sevsk 塞夫斯克
Novgorod 诺夫哥罗德
Severskie 塞维尔斯基
Yampol 扬波尔
Shostka 绍斯特卡
Voronesh 沃罗涅什
Gluchov 格卢乔夫
Rylsk 里尔斯克
Sosnitza 索斯尼察
Korod 科罗德
Krolevetz 克罗列维茨
Chernigov 切尔尼戈夫
Desna 杰斯纳河
Makoshino 马科什诺
Baturin 巴图林
Putivl 普蒂夫尔
Konotop 科诺托普

Borsna 博尔什纳
Bachmach 巴赫马赫
Bielopolie 别洛波列
Neshin 内辛
Chmelev 什梅列夫
Sumi 苏米
Monastirshtchino 莫纳什蒂尔什奇诺
Romny 罗姆尼
Nedrigailov 内德里盖洛夫
Shtepovka 什特波夫卡
Bielgorod 别尔哥罗德
Srebnoie 斯雷布诺耶
Priluki 普里卢基
Glinsk 格林斯克
Lebedin 列别丁
Kiev 基辅
Lochvits 洛奇维茨
Gadiach 加迪亚赫

Achtyrka 亚奇蒂尔卡
Piriatin 皮里亚丁
Sencha 森察
Kharkov 哈尔科夫
Lubny 卢布尼
Mirgorod 米尔戈罗德
Ssula 苏拉河
Poltava 波尔塔瓦
Cherkassy 切尔卡希
Dnieper 第聂伯河
Kremenchug 克雷蒙楚克
Dniepropetrovsk 第涅普罗佩特罗夫斯克

示意图18　基辅之战

　　也是在这天，纳格尔中校离开了我们，接替他的是冯·卡尔登少校。与前任纳格尔以及再之前的贝娄一样，卡尔登以同样的机敏和理解力完成了他的任务。

　　在北方集团军群，第四装甲集群和第十八军正准备向列宁格勒的外围防线发动攻击。这次进攻将在9月9日启动。

　　9月9日，第二十四装甲兵团渡过塞姆河。战斗期间我和第四装甲师在一起，看着第三十三步枪团和第十二步枪团进逼戈罗季什切。俯冲轰炸机为步枪团和第三十五装甲团的先头部队提供了有效支援，但各支部队有限的战斗力再次说明，在经过两个半月的疲劳战斗和严重伤亡之后，部队急需休整一番。不幸的是，目前要想休整是不可能的了。傍晚时分，男爵冯·盖尔将军在第二十四装甲兵团指挥所告诉我，党卫军的部队也在进攻，第三装甲师打算进逼科诺托普。有战俘声称，苏联第四十军正处在第十三军和第二十一军之间。我们的弹药供应尚有保障，但油料有些不足。

　　当晚我飞回位于克罗勒维茨的指挥所。回到指挥所我才知道，集团军群方面白天给我们传达了一个信息：第一骑兵师不再停留在苏多斯季河沿岸，而是要向北移动。在这样的情况下，第十八装甲师就不能移动到装甲集群身后，我们需要新的部队来扩大塞姆河这边的战果。晚上我们得到一个振奋人心的好消息：第二十四装甲兵团已经发现敌军在巴图林和科诺托普之间的弱点，第三装甲师的先头部队也正逼近我们的目标罗姆尼。也就是说，第三装甲师已经到了敌人身后，现在的问题就是如何尽快让这一成果发挥最大的效用。鉴于我们战斗力有限，当地路况差，加之我们的东南翼长达145英里，充分利用第十装甲师的成果绝非易事。由于我手头没有预备队，我唯一能帮助第三装甲师增强冲击力的就是我亲自加入到他们的队伍当中，所以我在9月10日就驱车去了前线。

　　我到克森多夫卡的时候男爵冯·盖尔将军告诉我，第三装甲师已经拿下罗姆尼并夺取了罗门河上的一个桥头堡。该师没有攻取而是绕过了科诺托普。第四装甲师正逼近巴奇马奇，党卫军"帝国师"正进逼博尔斯纳。有战俘透露，乌克兰境内的苏军有能力自保但已经无力发动进攻。男爵冯·盖尔将军奉命快速占领科诺托普火车站，确保我军及时到达。第四装甲师从巴奇马奇继续向南走，党卫军"帝国师"从博尔斯纳前往库斯托夫济。"帝国师"将负责与第二军保持联系。下达指令之后我驱车前往第三装甲师。

　　我们在塞姆桥上遭到苏联轰炸机攻击，在路上又遭到苏联炮兵攻击。连续降雨导致路况持续恶化，一路上都能见到陷入泥潭动弹不得的车辆。官兵们无法像平时那样遵守行军纪律，部队一片散乱。原本用来拉火炮的机器只好用来拉货车。

　　在奇梅利奥夫，我准备在第三装甲师指挥所过夜，因为当天我是肯定回不了自己的指挥所了。安排妥当之后我去了罗姆尼。在罗姆尼北面，罗门河构成一道有力的防线，苏军在此基础上还加设了反坦克战壕和铁丝网。苏军连这样一条坚固的防线都没能守住，足以说明第十装甲师的进攻给他们打了个措手不及。只要再向前一步，我们的突破就能全面完成。我在罗姆尼外面不远处见到莫德尔将军，他向我简要汇报了行动细节。他说他控制了罗姆尼，但敌军还有一些散兵游勇在花园里面，所以德军只有开装甲车才能放心通过小镇。扫尾工作从17点开始。我在小镇北部见到一些参谋军官，他们正在听取克雷曼上校的指令。他们特别担心苏军的空袭，因为我们的空军不能提供足够的空中保护。出现这种情况的原因是，苏军各机场所在的区域天气很好，而我们的机场所在的区域天气不佳，连续降雨导致飞机无法使用。就在那个时候就有3架苏联飞机用机枪攻击我们，好在对方投放的炮弹落在了其他地方。

　　我在罗姆尼向参谋人员发送无线电信号，对第二天的行动进行安排部署。第四十六装甲兵团的第十七装甲师和"大德意志"步兵团奉命进逼普蒂夫尔和希洛夫卡（普蒂夫尔以南10英里）。我请求为莫德尔部提供强大的战机支援。

　　当天我们拿下了巴奇马奇，"大德意志"步兵团抵达普蒂夫尔。集团军群指示我们做好从普里卢基两侧攻向乌代河的准备。

　　南方集团军群正准备在克列缅丘格附近渡过第聂伯河。渡河之后他们将向北推进，在罗姆尼附近与我们会合。

　　由于10日晚间雨下个不停，第二天我的返程困难重重。首先掉队的是摩托车，就连我坐的四驱越野车都很吃力，最后还是我们的指挥坦克和炮兵借给我们的拖车帮我们解了围。我们以平均每小时6英里的速度沿着泥泞的道路前往吉罗夫卡，奥多尔什中校的指挥所就设在那里。只是那边的电话线都不通，我没办法了解周边的情况，最后还是从第三装甲师的摩托部队那里得知我们拿下科诺托普的消息。我在吉罗夫卡以北4英里处遇到第十（摩托化）步兵师的侦察营，14点在科诺托普见到冯·勒佩尔将军并把罗姆尼的情况告诉他。15点30分，我来到第二十四装甲兵团指挥所，在那里得知党卫军"帝国师"夺取了博尔斯纳。部队奉命继续前进，其中右翼通过摩纳斯蒂尔什奇诺、左翼通过皮里亚廷前往罗姆尼。第四十六装甲兵团则经由普蒂夫尔向南推进。

　　18点30分，我回到自己的指挥所。10日这天我10小时行进了100英里，11日花

10.5小时行进了80英里。沿途都是泥泞不堪的路面，行进速度不可能再快了。不过正是由于这些艰难的行程，我对下一步面临的困难有了清晰的认识。只有在这些我们尚且称之为路的泥道上有过亲身经历才能知道部队及其装备的真实处境，也才能对前线的形势及其对军事行动的影响做出正确的判断。只可惜我们的军方领导人都没有亲自来前线看看，刚开始甚至对来自前线的有关报告都不相信，这在后来造成了一系列严重后果、无以言说的痛苦和本可避免的不幸。

当晚集团军群方面告知我们，冯·克莱斯特上将的第一装甲集群因为路况差没能及时到达目的地。对于了解上述情况的人来说，这个消息一点都不意外。

当天第十七装甲师抵达沃罗内什—格卢乔夫一带，9月11日到达格卢乔夫。

9月12日，第一装甲集群经塞门诺夫科到达卢布尼；第三装甲师奉命推进到洛奇维察，他们在小镇北面夺取了苏拉河上的一座桥。受制于恶劣天气的第二军正接近内辛。

北方集团军群认为他们对苏军列宁格勒防线完成了决定性渗透。

9月13日，我们请求中央集团军群用步兵接防仍在苏多斯季河一带保护我们左翼纵深地带的第十八装甲师。但这个请求没有得到批准，因为对方认为现在对最终决定做出调整为时已晚。他们没有考虑到我们的东翼出现了混乱，也没有考虑到那一侧的潜在威胁。而要应对这种威胁，我们应当立即组建预备队，哪怕是一支实力薄弱的预备队。

当天第一装甲集群拿下了卢布尼。

9月14日，我的装甲集群指挥所转移到科诺托普。恶劣天气仍在继续，我军无法实施空中侦察，地面侦察部队也频频陷入稀泥之中。负责保护侧翼的第四十六装甲兵团和第四十七装甲兵团几乎动弹不得，战线拉长的东南一翼的不确定因素日渐增加。为了至少确保与克莱斯特装甲集群保持联系，我决定克服困难前往第二十四装甲兵团。我沿途经过克罗勒维茨—巴图林—科诺托普—罗姆尼最终到达洛奇维察。我在米琴基（巴图林以南4英里）见到男爵冯·盖尔将军，他告诉我洛奇维察一带似乎有敌军出没，所以有必要填补我们和克莱斯特部队之间的缺口，为此他已经命令手下的几个师前往苏拉并将其封锁。有迹象表明，苏军在洛奇维察以南7英里的森恰附近集结。我从罗姆尼经过的时候，那里的人穿着盛装一如既往地忙碌着。除了波切普和科诺托普，罗姆尼是目前为止我们见到的保留得最好的苏联小镇。夜幕降临的时候，我到了莫德尔

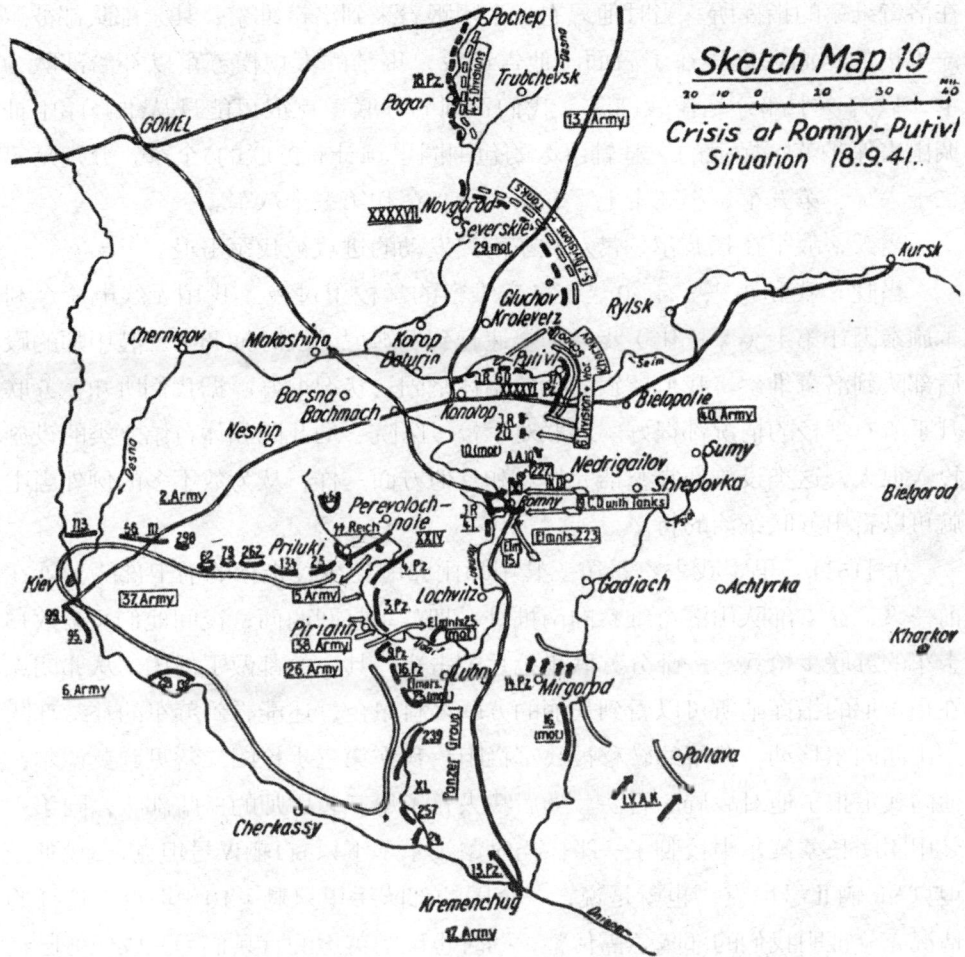

Sketch Map 19
Crisis at Romny-Putivl
Situation 18.9.41.

Pochep 波切普	Baturin 巴图林	Priluki 普里卢基
Desna 杰斯纳河	Putivl 普蒂夫尔	Kiev 基辅
Trubchevsk 特鲁布切夫斯克	Seim 塞姆河	Lochvitsa 洛奇维察
Pogar 波加尔	Borsna 博尔什纳	Gadiach 加迪亚赫
Gomel 戈梅利	Konotop 科诺托普	Achtyrka 亚奇蒂尔卡
Novgorod 诺夫哥罗德	Bachmach 巴赫马赫	Piriatin 皮里亚丁
Severskie 塞维尔斯基	Bielopolie 别洛波列	Kharkov 哈尔科夫
Kursk 库尔斯克	Neshin 内辛	Lubny 卢布尼
Gluchov 格卢乔夫	Nedrigailov 内德里盖洛夫	Mirgorod 米尔戈罗德
Rylsk 里尔斯克	Sumy 苏米	Poltava 波尔塔瓦
Krolevetz 克罗列维茨	Shtepovka 什特波夫卡	Cherkassy 切尔卡希
Chernigov 切尔尼戈夫	Perevolochnoie 佩雷沃洛奇诺耶	Kremenchug 克雷蒙楚克
Makoshino 马科什诺	Romny 罗姆尼	Dnieper 第聂伯河
Korop 科罗普	Bielgorod 别尔哥罗德	

示意图19　罗姆尼–普蒂夫尔一带的危机。1941年9月18日的战局

在洛奇维察的指挥所。当时他只有一个团跟着来到洛奇维察，其余部队都被泥泞不堪的路面远远甩在了后面。他告诉我，集结的大规模苏军以补给部队为主，只有一小部分是作战部队，我们看到的苏联坦克很可能是从维修库中抽调出来保护苏军撤退的。基辅巨大的包围圈里预计有苏联的5个军，分别是第二十一军、第五军、第三十七军、第二十六军和第三十八军。

当天，敌军在扬波尔一带对我东南翼发动的进攻被我军击退。

当晚，我和布兴、卡尔登在洛奇维察的学校里过夜。我用无线电命令利本施泰因让第十（摩托化）步兵师全速赶到罗姆尼，同时抽调第三装甲师的殿后部队到洛奇维察。我们留宿的学校墙体坚固，状况很好。据我们所知，苏联几乎所有学校的情况都很好。苏联对学校、医院、幼儿园和体育馆之类的设施投入很大，这类设施通常整洁完好。和其他方面一样，从为数不多的例外当中就可以看出苏联统治的特点。

9月15日一早，我去察看第三装甲师由弗朗克少校指挥的前卫部队。就在前一天，这支部队由洛奇维察向南推进，把苏军赶回西面，夜间他们又击败15卡车的苏联步枪兵。一部分苏联步枪兵被击毙，其余的都做了俘虏。从弗朗克在卢布尼的指挥哨所可以看到美丽的苏联乡村景色，还能看到苏军的补给部队正由西向东移动。苏军的转移被我军拦阻。我在第三步枪团二营见到莫德尔，他向我汇报了他对战局的看法。随后我去看了第三装甲师的一些部队，同第六装甲团团长蒙策尔中校聊了一番。当时蒙策尔手下只有1辆Ⅳ号坦克、3辆Ⅲ号坦克和6辆Ⅱ号坦克，也就是说，一个团的部队手里只剩下10辆坦克。这样的情况充分证明我们的部队急需休整，同时也证明英勇的官兵们为完成任务已经竭尽全力。

我用无线电让利本施泰因指令第二十四装甲兵团让党卫军"帝国师"向南推进到库斯托夫济和佩列沃洛奇诺耶之间的乌代河段，进而与第四装甲师一同逼近斯雷布诺耶—贝雷索夫卡一带；第十（摩托化）步兵师则进逼罗姆尼以西的格林斯克。下达命令后我坐飞机到罗姆尼南侧，并从那里飞回我的指挥所。

当天第十七装甲师开始向普蒂夫尔进发。

当晚我在科诺托普见到利本施泰因。白天他坐飞机去了集团军群，接受了有关下一阶段进逼莫斯科作战的指令。我们新的作战目标是"歼灭铁木辛哥集团军群残部"，德国陆军为此投入了四分之三的兵力。利本施泰因再次请求放走第十八装甲师但被拒绝。冯·博克元帅说，他问过哈尔德上将南方的战斗和备战新任务哪一个更重要，哈尔德说是"后者"。

9月16日，我们把前沿指挥所转移到罗姆尼。我们对苏军的包围正一步步取得进展。当天我们与克莱斯特装甲集群取得了联系，他的部队构成南面的"钳子"。党卫军"帝国师"拿下普里卢基。第二军从前线撤离为新的行动做准备。在历史上，1708年12月的波尔塔瓦战役之前，罗姆尼曾经是瑞典国王查理十二世的指挥所。

9月17日，我去斯雷布诺耶察看第四装甲师的情况。由于这个师和其右侧的党卫军"帝国师"之间没有稳固的联系，我决定去后者那里看看。一路上荒无人烟，树林两侧都有苏军宿营的很多痕迹。在佩列沃洛奇诺耶外侧不远的地方，我看到两个炮管瞄准我们这个方向。大家为此紧张了一阵，后来我发现炮手已经逃走，把他们的马留在了附近的草堆后。我在村子中央见到了党卫军"帝国师"的摩托车部队，他们当时正在参与争夺乌代河渡口的战斗。我从那里走到同样位处乌代河畔的库斯托夫济，党卫军"帝国师"的其他部队正在那里战斗。比特里希上校向我简要报告了战斗情况。随后我驱车在荒野里走了60英里，然后经过伊瓦尼萨和亚罗谢夫卡回到罗姆尼。沿途路况十分糟糕，等我回到指挥所的时候天色已经蒙蒙亮。

9月17日，我们和克莱斯特装甲集群商定让第二十五（摩托化）步兵师接防第三装甲师，后者因此终于有机会维修他们的车辆。

当天苏军加大进攻我们东翼的力度，第十（摩托化）步兵师和"大德意志"步兵团在科诺托普一带与敌人展开激战。在我们位于诺夫哥罗德塞维尔斯基附近的杰斯纳河桥头堡对面，苏军的兵力有所增加。由东面通往基辅的铁路频频被我军轰炸机炸断，但苏联人每次都能很快修复，预计不久以后苏军的增援部队就会出现在我们过度延伸的侧翼。

北方集团军群夺取了以前被称为察科耶村的迪茨科耶村并开始对列宁格勒发动进攻。部署在这里的几个装甲师的主力部队被划给中央集团军群指挥并开始向南移动，其中包括第四装甲集群及第四十一、第五十六和第五十七装甲兵团的指挥人员、第三（摩托化）步兵师、第六装甲师、第二十装甲师以及后来的第一装甲师。

9月18日，我们在罗姆尼一带陷入危机。从清晨开始，左翼传来的枪炮声就清晰可闻，而且声音越来越密集。苏军一股新的部队——第九骑兵师和另一个配备有坦克的师——正以三路纵队从东面向罗姆尼逼近，并且已经渗透到离小镇边缘只有半英里的范围。在罗姆尼郊区，我从监狱的岗楼上可以清楚地看到敌人的攻势。我军负责防御的是第二十四装甲兵团，他们手头可用的部队是第十（摩托化）步兵师的2个营以及几个高射炮连。由于敌军在当地的空中力量占优，我们的空中侦察困难重重，亲自驾驶飞机升空的巴尔泽维什中校险些被苏联战机击落。罗姆尼遭受大规模空袭，不过最终我们还是守住了小镇和前沿指挥所。但此时苏军的增援部队正沿着哈尔科夫—苏梅一线赶来，他们正分批在苏梅和舒拉夫卡下车。为防范这一新的威胁，第二十四装甲兵团奉命从包围圈抽调党卫军"帝国师"和第十装甲师的部分兵力到科诺托普和普蒂夫尔。在敌军的进逼之下，9月19日我们把装甲集群指挥所搬回了科诺托普。为了给这次转移创造有利条件，冯·盖尔将军用无线电发报说："部队不会把装甲集群指挥所撤离罗姆尼看作胆怯畏缩。"实际上，从下一步针对奥廖尔和布良斯克的行动看，我们把指挥所放在科诺托普更有利。第二十四装甲兵团希望等兵团所有部队集结再攻击来自东面的敌人，我同情这种想法但不能予以批准，因为党卫军"帝国师"最多能参与这次战斗几天时间，他们终将与"大德意志"步兵团一道加入第四十六装甲兵团返回罗斯拉夫尔一带。此外，塞雷迪纳布达附近不久前有敌军出现，从苏梅往北也有很多军车在移动，我们必须得抓紧时间。

当天基辅宣告陷落，第一装甲集群第四十八装甲兵团拿下戈罗季什切和贝卢索夫卡。

9月20日，东面的御敌战斗没有取得多少进展。第三装甲师和第二十五（摩托化）步兵师继续打击包围圈里的苏军，前者面对的是苏联第五军的指挥人员，后者位处更北面，那里有些敌军似乎在逃跑。

从9月13日到现在，我们一共抓获3万名战俘。

我在9月20日去了第四十六装甲兵团，冯·维廷霍夫将军向我汇报了他的部队前几天从格卢乔夫一路向南打的过程中遇到的困难。哈尔科夫苏联战争学校的学员在教官的指挥下作战十分顽强，地雷和恶劣天气使部队推进陷入停滞。在普蒂夫尔、希洛夫卡和别洛波列，双方的激战仍在继续。我在希洛夫卡东面见到了"大德意志"步兵团，他们在霍恩莱因上校的指挥下表现不错。别洛波列已经被我军拿下。

9月21日，敌军在格卢乔夫一带增加压力。据悉，苏军在这个小镇北面集结。我们朝内德里盖洛大方向发动了进攻。

第一装甲集群报告说，他们从基辅战役以来共抓获4.3万名战俘，第六军共抓获6.3万名战俘。

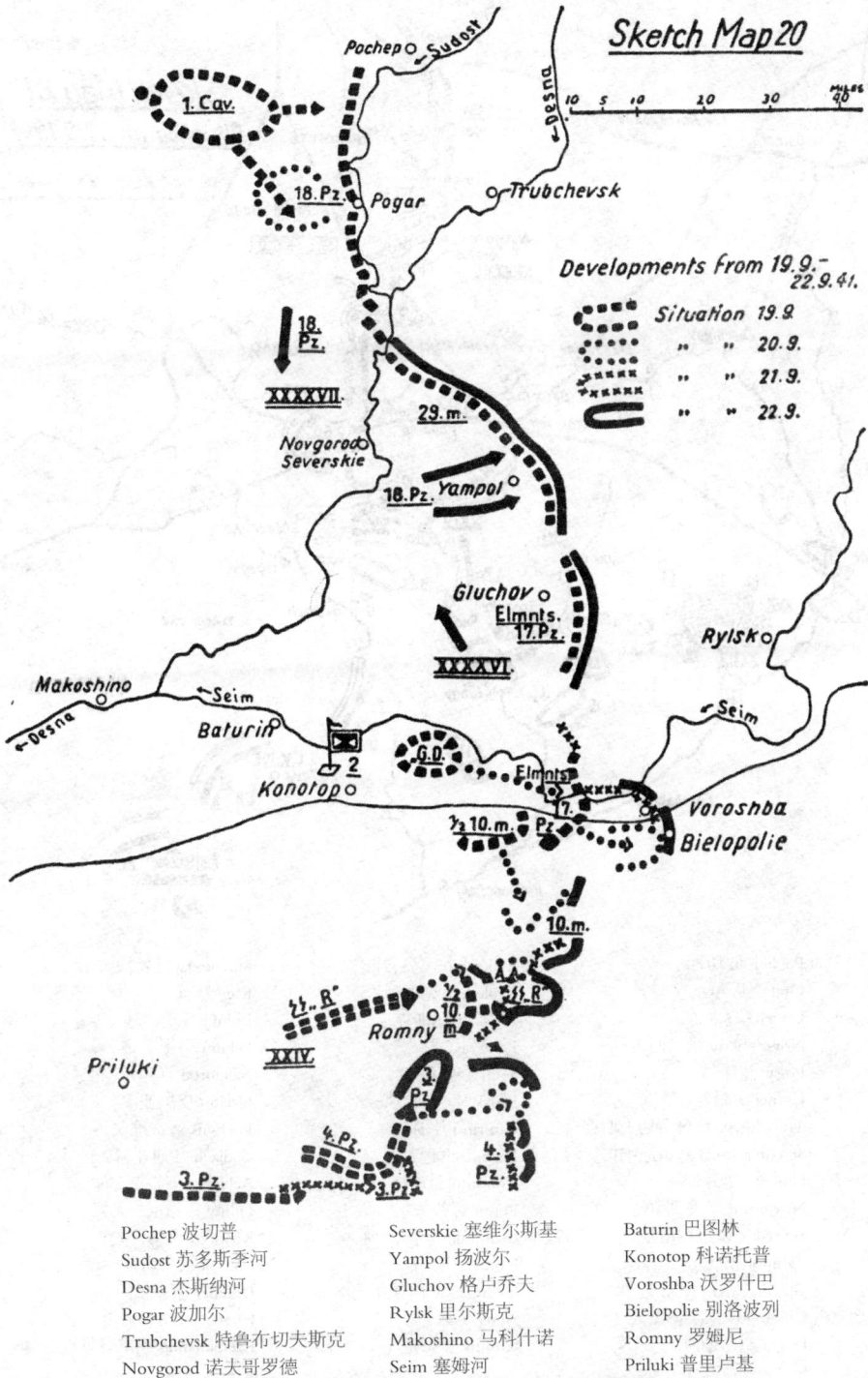

Sketch Map 20

Developments from 19.9.-22.9.41.

Situation 19.9		
" " 20.9		
" " 21.9		
" " 22.9		

Pochep 波切普	Severskie 塞维尔斯基	Baturin 巴图林
Sudost 苏多斯季河	Yampol 扬波尔	Konotop 科诺托普
Desna 杰斯纳河	Gluchov 格卢乔夫	Voroshba 沃罗什巴
Pogar 波加尔	Rylsk 里尔斯克	Bielopolie 别洛波列
Trubchevsk 特鲁布切夫斯克	Makoshino 马科什诺	Romny 罗姆尼
Novgorod 诺夫哥罗德	Seim 塞姆河	Priluki 普里卢基

示意图20　1941年9月19日至22日的战况

Sketch Map 21
Situation on 23.9.1941

Pochep 波切普	Makoshino 马科什诺	Shtepovka 什特波夫卡
Orel 奥廖尔	Krolevetz 克罗列维茨	Kiev 基辅
Unecha 乌涅恰	Rylsk 里尔斯克	Priluki 普里卢基
Novosybkov 诺沃西布科夫	Lgov 列戈夫	Lebdin 列别丁
Pogar 波加尔	Seim 塞姆河	Bielgorod 别尔哥罗德
Gomel 戈梅利	Kursk 库尔斯克	Piriatin 皮里亚丁
Trubchevsk 特鲁布切夫斯克	Baturin 巴图林	Lochvits 洛奇维茨
Seredina Buda 塞雷迪纳布达	Bachmach 巴赫马赫	Gadiach 加迪亚赫
Dnieper 第聂伯河	Konotop 科诺托普	Achtyrka 亚奇蒂尔卡
Novgorod 诺夫哥罗德	Putivl 普蒂夫尔	Lubny 卢布尼
Severskie 塞维尔斯基	Bielopolie 别洛波列	Kharkvo 哈尔科夫
Yampol 扬波尔	Romen 罗门河	Poltava 波尔塔瓦
Gluchov 格卢乔夫	Nedrigailov 内德里盖洛夫	Dnieper 第聂伯河
Chernigov 切尔尼戈夫	Sumy 苏米	Cherkassy 切尔卡希
Desna 杰斯纳河	Romny 罗姆尼	Kremenchug 克雷蒙楚克

示意图21　1941年9月23日的战局

9月22日我再次驱车去前线，从普蒂夫尔前往里尔斯克，察看这个受威胁区域的防御措施。我在维亚森卡见到了第十七装甲师的指挥人员，现在他们的指挥官换回了冯·阿尔尼姆将军。阿尔尼姆将军在斯托尔普切受的伤已经痊愈，几天前刚刚接替了里特尔·冯托马将军。敌军从北面和东北面进攻格卢乔夫和乔洛普科夫，形成了对守军的局部包围。我们在第十七装甲师的战线上发现了苏联新的两个师。在返回第四十六装甲兵团指挥所的路上，我们通过苏军一个集中火力带，幸运的是没有遭受任何伤害。冯·维廷霍夫将军将到第四装甲集群履新，我带着诚挚的感激之情向他告别。我把第十七装甲师置于我这个装甲集群的直接指挥之下，并让"大德意志"步兵团接受第十七装甲师的指挥。第十七装甲师完成了击败格卢乔夫一带敌军的任务。

我们在基辅周边抓获的战俘总数达到29万名。

从9月23日开始，我们着手重组部队为新的行动做准备，第二装甲集群的主要集结区域是格卢乔夫周边及其以北地区。

第四装甲师和党卫军"帝国师"对敌军发动攻击，后者从坎利恰向东败走。布良斯克—乐戈夫铁路上列车频繁穿梭，说明苏军又增派了支援部队过来。

9月24日我飞往中央集团军群在斯摩棱斯克的指挥所，参加关于新攻势的最后一次会议。陆军总司令和总参谋长都参加了这次会议。会议决定，集团军群的主要攻势从10月2日开始，但位于右翼端头的我的第二装甲集群从9月30日就发动进攻。这个要求是我自己提出来的，因为第二装甲集群发动进攻的区域没有碎石路，我要充分利用这段时间预计持续的好天气，争取在下一步降雨之前赶到奥廖尔周边的好路上，进而夺取奥廖尔和布良斯克之间的横向公路，确保我们能有一条可靠的补给线。我考虑的另一个因素是，只有安排轰炸机在中央集团军群其他部队发动进攻前两天开始出动，我们才能得到强大的空中支持。

接下来的几天，我们的主要任务是歼灭基辅附近的敌军，重新部署部队为新的任务做准备。同样重要的是，我们要让近几个月连续行军作战的官兵好好休整一番，让他们的装备得到必要的维护。遗憾的是，我们只有3天的休整时间，而且即便就是这么短的时间也不是所有的部队都能享受到。

苏军的增援部队在格卢乔夫以东和诺夫哥罗德塞维尔斯基桥头堡发动了进攻，这让我们在接下来的几天饱受压力。9月25日，敌军攻击别洛波列、格卢乔夫和扬波尔但被我军击退，大量苏军沦为战俘。

图14　在科皮斯附近横渡第聂伯河

图15　在科皮斯附近第聂伯河岸与马拉斯将军在一起

当天北方集团军群向陆军总司令部报告说，以现有的兵力他们无法继续进攻列宁格勒。

9月26日，基辅战役成功结束。苏军举手投降，66.5万人沦为战俘。苏军西南一线总司令及其参谋长在战役最后阶段试图突破时阵亡，第五军司令被俘。我和后者进行了一次有趣的对话，给他提出了以下几个问题：

你是什么时候知道我的坦克渗透到你们后方的？

答："9月8日左右。"

你为什么不立即撤离基辅？

答："集团军群曾经命令我们向东撤离，但当我们开始撤退的时候又收到命令让我们转头回去不惜一切代价守卫基辅。"

为了执行第二道命令，苏军付出了基辅集团军群被歼的代价，未来他们不会再重蹈覆辙。然而不幸的是，德军却要因为高层的类似干预付出最惨痛的代价。

基辅战役无疑是一次重大的战术胜利，但德国是否从这一战术胜利当中获取重大战略优势仍然是一个未知数。这完全取决于一个关键问题：德国陆军在冬季到来之前——更确切地说是秋天的雨季到来之前——能否取得决定性成果？对列宁格勒的进攻计划诚然是因为兵力不足被放弃，但陆军总司令部的确认为，敌军已经无力再构建坚固防线或者在南方集团军群那个区域制造顽强抵抗。陆军总司令部想让南方集团军群在冬季到来之前夺取顿涅茨盆地并抵达顿河。

但德军的主要攻击要靠得到加强的中央集团军群来完成，他们的目标是莫斯科。我们还有足够的时间取得成功吗？

奥廖尔战役和布良斯克战役

进攻奥廖尔和布良斯克是为进攻莫斯科所做的前期准备，为此，第二装甲集群重组如下：

下辖党卫军"帝国师"和"大德意志"步兵团的第四十六装甲兵团转交给罗斯拉夫尔地区的第四装甲集群。

第一骑兵师再次纳入第二装甲集群。此外，第二装甲集群还指挥以下部队：

由装甲部队将军肯普夫指挥、下辖第九装甲师和第十六、第二十五（摩托化）步兵师的第四十八装甲兵团；

由梅茨将军指挥、下辖第四十五和第一百三十四步兵师的第三十四兵团；

由肯普菲将军指挥、下辖第二百九十三、第二百六十二、第二百九十六和第九十五步兵师的第三十五兵团。

我决定将主攻方向放在格卢乔夫到奥廖尔一线，所以把第二十四装甲兵团放在了中路。在第二十四装甲兵团右侧，我把第四十八装甲兵团部署在普蒂夫尔；在第二十四装甲兵团左侧，我把第四十七装甲兵团部署在绍斯特卡。第三十四兵团负责保护右翼，第三十五兵团和第一骑兵师保护左翼，步兵部队分层次在装甲兵团两翼推进。

在前往普蒂夫尔集结之前，第四十八装甲兵团要攻击苏梅和内德里盖洛夫的敌军，如此部署的目的是为了在重大行动开始前确保右翼的安全。这是一个大胆的计划，但我低估了此前没有投入到基辅战役的苏军的抵抗能力。第四十八装甲兵团没能击退对面的敌军，最终只能中止战斗从"大德意志"步兵团身后前往集结区。第二十五（摩托化）步兵师在摆脱敌人的时候遇到了一些困难，他们因此不幸地损失了很多车辆。当初我真应该听取利本施泰因的建议，让他们从一开始就在前线后方行军。要是第三十四兵团的步兵早些过来就好了，可惜他们在5天之后才赶到。

这段时间的一个利好消息是，上级终于给我们配发了100辆坦克。但没想到其中的50辆因为疏忽被运到了奥尔沙，结果耽误了很长时间才到我们手里。此外，我们还面临油料供应不足的问题。

此次行动最大规模的兵力集结出现在罗斯拉夫尔一带，我们刚发动攻势的时候，第一装甲师、党卫军"帝国师"、第三（摩托化）步兵师和"大德意志"步兵团都集中在这个地区的前线后方，此前充当预备队的第二和第五装甲师也到这里集结。像这样把装甲部队集中在攻击线的中路是否正确值得怀疑，我认为更明智的做法应该是把第四十六装甲兵团留给第二装甲集群，得到休整的2个装甲师也应该参与侧面行动而不是正面攻击。

为亲自了解第四十八装甲兵团的情况，9月27日我去了这支部队。在罗姆尼的兵团指挥所，我和相关人员进行了短暂交谈。随后我去了内德里盖洛夫以南6英里克拉斯纳亚的第九装甲师，这个师的指挥官是胡比茨基将军。最后我从内德里盖洛夫返回自己的指挥所。

到了9月28日和29日，第四十八装甲兵团无法直接前往普蒂夫尔已经是显而易见的事实了，我们不得不因此中止在这一带的进攻。如果从迷惑敌人的角度看，施特波夫卡地区的行动很可能是成功的，因为敌军似乎不确定我们是否要发动主攻。在镇守原有区域的"大德意志"步兵团的掩护下，第四十八装甲兵团成功向北转移。

9月30日，我们通过以下战斗序列发起进攻：

第四十八装甲兵团从加迪亚奇—施特波夫卡一带途经内德里盖洛夫攻向普蒂夫尔，先头部队为第九装甲师。第二十五和第十六（摩托化）步兵师接受第三十四兵团步兵换防之后立即跟上。

第二十四装甲兵团以第三和第四装甲师为先头部队，第十（摩托化）步兵师后续跟上，从格卢乔夫出发，沿通往塞夫斯克和奥廖尔的公路及其东南侧向前进攻。

第四十七装甲兵团以第十八和第十七装甲师为先头部队从扬波尔发动进攻，其右翼直指塞夫斯克。位于左侧和后方的第二十九（摩托化）步兵师攻向塞雷迪纳布达。

负责提供侧翼保护的步兵部队主要从科斯托博布尔推进，部分部队从罗姆尼推进。第一骑兵师在苏多斯季河西岸的波加尔两侧。

我们的进攻把敌人打了个措手不及。第二十四装甲兵团的进展尤其顺利，最终抵达奇内尔高地。第四十七装甲兵团夺取舒拉夫卡之后朝东北方向继续进发。

30日一早我就去了格卢乔夫，我们要在那里设置新的指挥所。我告诉肯普夫将军，他的部队要尽快在普蒂夫尔一带做好保护第二十四装甲兵团东翼的准备。肯普夫在答复中说，苏军在施特波夫卡周围的战斗中突袭了第一百一十九步兵团的2个营，夺取了他们的车辆。敌军在进攻中好像投入了重型坦克，给我们造成了令人不快的损失。在这种情况下，第九装甲师的一些部队不得不调头赶赴现场救援。男爵冯·盖尔将军向我报告说，由于天气恶劣，俯冲轰炸机无法起飞执行任务。他还说，他感觉他对面仅仅是敌军的后卫部队。与此同时，雷默森将军报告说，敌军被他们彻底打了个措手不及。

我们向集团军群报告说，由于肯普夫部遭遇强敌攻击，第三十四兵团的先头部队要到10月1日晚间才能接防，所以"大德意志"步兵团的撤离时间必须推迟。步兵的主力部队要再等4天才能到达。

格卢乔夫的民众请求我们准许他们重新使用当地的教堂做礼拜，我们高兴地把教堂交回给了他们。

10月1日，第二十四装甲兵团拿下塞夫斯克。我们成功突破了敌军防线。在油料供应充足的情况下，我军全速向前推进。我驱车从格卢乔夫出发，途径埃斯曼去塞夫斯克的第四装甲师。一路上我看到损毁的苏军各类车辆，这进一步证明对方被我们的进攻打了个措手不及。离我们推进路线不远的地方有一座小山，山顶有一架风车。我在山上见到了男爵冯·盖尔将军和男爵冯·朗格曼将军。此时第四装甲师的很多部队已经抵达塞夫斯克。乡间的田野和道路上留下了激战过后的痕迹，周围有很多伤亡的苏军士兵。在去风车方向的路上，我们发现并俘获14名躲在草丛里的未受伤的苏军，其中一名军官当时还在跟塞夫斯克那边通电话。我在塞夫斯克以北2英里的地方见到作战英勇的埃伯巴赫上校，他是第四装甲师装甲旅旅长。我问他部队能否推进到德米特罗夫斯克，他说可以。于是我就命令各个师继续前进，尽管将军们此前曾经准确地说，由于缺乏油料部队无法继续行军。我和埃伯巴赫说话期间，苏军很多炮弹落在塞夫斯克和我们前进的道路上。之后我来到打了胜仗的坦克部队最前沿，对指挥官冯·永根菲尔特少校及其官兵的英勇作战表示感谢。返回路上我命令兵团司令继续前进。当天，第二十四装甲兵团的先头部队一共走了85英里。

我们右侧的友军第六军的先头部队在加迪亚奇一带发动进攻，其他部队则进逼米尔哥罗德，旨在填补我们和第十七军之间的缺口。

10月2日，我军再次大肆进攻并取得全面突破，苏联第十三军被迫退回东北面。我来到第十（摩托化）步兵师及其下辖的巾特劳特上校指挥的第四十一步兵团。我们这几天的伤亡数字很小，但如果把整个战役开始到现在的总数加起来，我们的伤亡就非常严重。部队得到一定的人员补充，只是新来的官兵虽然士气高涨但缺乏老兵们的作战经验和顽强精神。

第四装甲师拿下克罗梅并到达通往奥廖尔的碎石路。

整个中央集团军群从清晨开始就沿着整条战线顺利进攻，良好的天气给了很大的帮助。我们左侧的第二军面对敌人的顽强抵抗成功突破了苏多斯季河—杰斯纳河阵地。

10月3日，第四装甲师抵达奥廖尔，我们由此来到一条好路上，还控制了一个重要的铁路和公路枢纽，为下一步行动打下了基础。敌人完全没想到我们会夺取奥廖尔，我军坦克进入小镇的时候那里的有轨电车还在运营。苏联人原本精心准备要撤走工业设备但没能如愿，从工厂到车站的路上散落着拆卸的机器和装满工具与原材料的板条箱。

第四十七装甲兵团奉命前往布良斯克。

在我们南面，第六军开始行动起来，其右翼指向哈尔科夫，左翼经苏梅前往别尔哥罗德。这是为确保我们右翼安全做出的必要部署。第四装甲集群突破敌军正往摩萨尔斯克—斯帕斯德米扬斯克逼近，以便包围维亚斯马以西的敌军。第三装甲集群在乔尔姆附近夺取了第聂伯河的一个桥头堡。

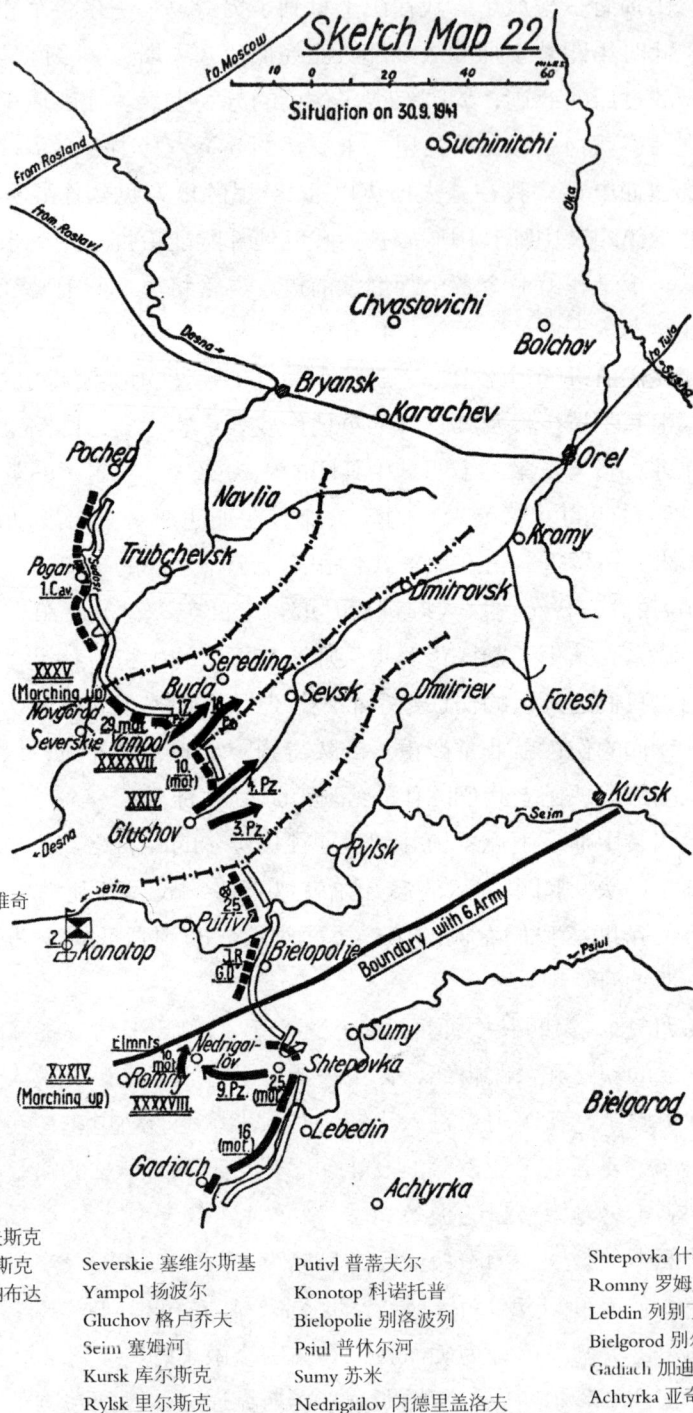

Sketch Map 22

Situation on 30.9.1941

Rosland 罗斯兰
Moscow 莫斯科
Suchinitchi 苏齐尼奇
Roslavl 罗斯拉夫尔
Oka 奥卡河
Chvastovichi 齐瓦斯托维奇
Desna 杰斯纳河
Bolchov 博尔乔夫
Tula 图拉
Susha 苏沙河
Bryansk 布良斯克
Karachev 卡拉切夫
Pochep 波切普
Orel 奥廖尔
Navlia 纳夫利亚
Kromy 克罗米
Pogar 波加尔
Trubchevsk 特鲁布切夫斯克
Dmitrovsk 杰米特罗夫斯克
Seredina Buda 塞雷迪纳布达
Sevsk 塞夫斯克
Dmitriev 杰米特列夫
Fatesh 法特什
Novgorod 诺夫哥罗德

Severskie 塞维尔斯基
Yampol 扬波尔
Gluchov 格卢乔夫
Seim 塞姆河
Kursk 库尔斯克
Rylsk 里尔斯克

Putivl 普蒂夫尔
Konotop 科诺托普
Bielopolie 别洛波列
Psiul 普休尔河
Sumy 苏米
Nedrigailov 内德里盖洛夫

Shtepovka 什特波夫卡
Romny 罗姆尼
Lebdin 列别丁
Bielgorod 别尔哥罗德
Gadiach 加迪亚赫
Achtyrka 亚奇蒂尔卡

示意图22　　1941年9月30日的战局

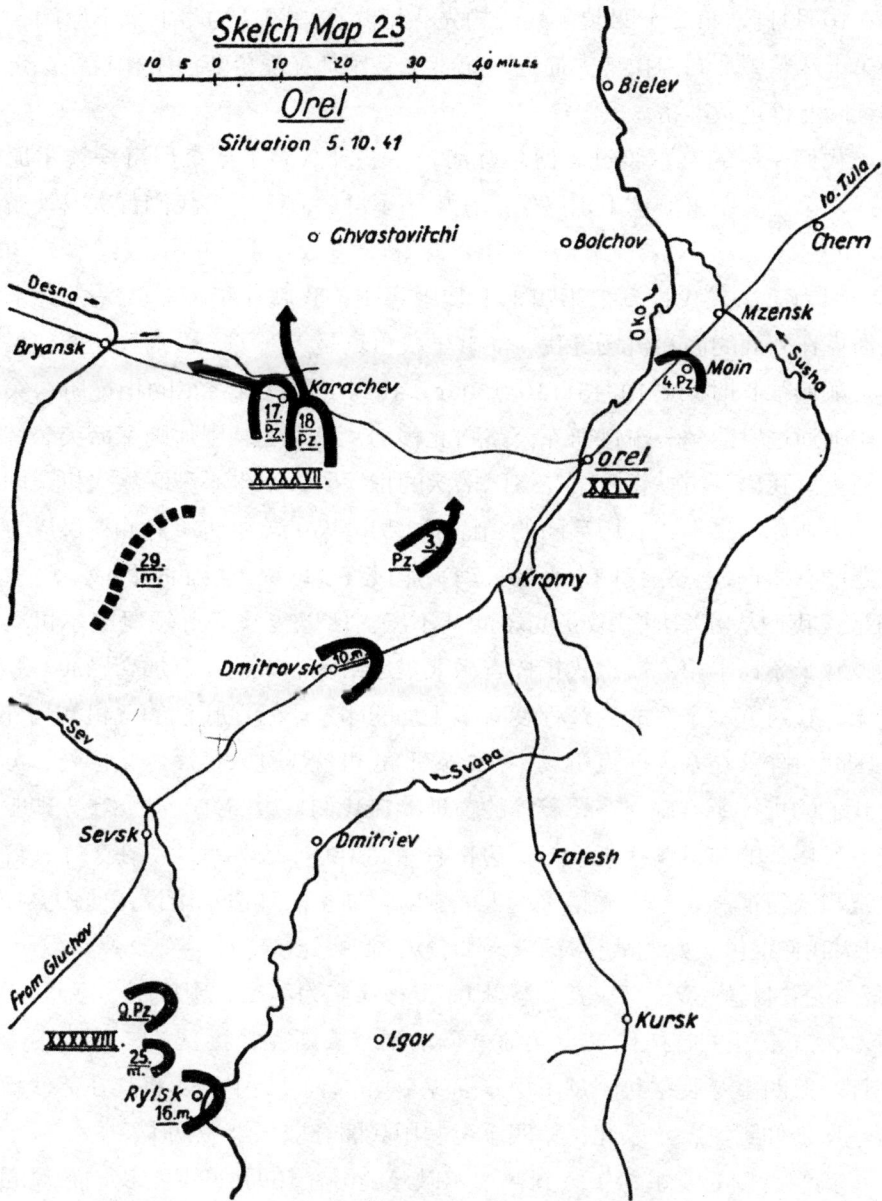

Sketch Map 23

10 5 0   10   20   30   40 MILES

Orel

Situation 5.10.41

Orel 奥廖尔	Karachev 卡拉切夫	Svapa 斯瓦帕河
Bielev 别列夫	Oka 奥卡河	Sevsk 塞夫斯克
Tula 图拉	Mzensk 姆岑斯克	Dmitriev 杰米特列夫
Chvastovichi 齐瓦斯托维奇	Susha 苏沙河	Fatesh 法特什
Bolchov 博尔乔夫	Moin 莫因	Gluchov 格卢乔夫
Chern 谢恩	Kromy 克罗米	Lgov 列戈夫
Desna 杰斯纳河	Dmitrovsk 杰米特罗夫斯克	Kursk 库尔斯克
Bryansk 布良斯克	Sev 塞夫河	Rylsk 里尔斯克

示意图23　　1941年10月5日的战局

10月4日，第二十四装甲兵团的先头部队在去图拉的路上拿下摩因，第三和第十八装甲师向卡拉切夫逼近。第十七装甲师在涅鲁萨河上构筑桥头堡，为继续向北推进做准备。

我们左侧的友军渡过了博尔瓦河，一些部队到了苏奇尼奇—埃尔尼亚铁路线，第三装甲集群拿下别洛伊。在集团军群后方区域，我们首次发现游击队活动的迹象。

因为第二天我打算去第四十七装甲兵团，我就让指挥车队先去德米特罗夫斯克在外面的简易机场等我。能够坐飞机真是太好了，否则我还要在糟糕的路上颠簸很长时间。10月5日10点30分，我到了雷默森将军的指挥所。第十八装甲师通过奥廖尔—布良斯克公路向北移动，第十七装甲师则奉命突袭夺取布良斯克。我离开雷默森将军在洛巴诺沃的指挥所，乘坐小型联络飞机飞回德米特罗夫斯克第二十四装甲兵团的指挥所。男爵冯·盖尔将军对油料供应方面的问题颇有微词，毕竟我们未来的行动实施最终要取决于燃油的供应。令人遗憾的是，我们从苏军那里缴获的燃油并不多。所以当我们占领奥廖尔机场的时候，我紧急请求第二航空队指挥官派飞机运给我们大约10万加仑燃油。就在这一天，我对苏联空军的活跃程度有了生动的印象。就在我们的飞机和另外20架德国战机降落在塞夫斯克机场不久，苏联战机就飞过来轰炸。紧接着，苏军又对我们的指挥所实施空袭，震碎的窗玻璃在我们耳边四处飞溅。我立即驱车到第三装甲师的前进路线上，但这边也有3到6架的小股苏军战机在轰炸，好在这些飞机飞得很高，空袭的精确度大受影响。航空队那边承诺说，他们会在10月6日为我们提供更好的战机掩护，到时候我们的处境应该会有改善。

10月5日这一天，我的第二装甲集群被命名为第二装甲集团军。

第二十五（摩托化）步兵师被调动到塞夫斯克，接受第二装甲集团军的指挥。第四十八装甲兵团拿下里尔斯克；第二十四装甲兵团将其在苏沙河上的桥头堡延伸到奥廖尔以北；第四十七装甲兵团夺取了卡拉切夫。

我们右侧的友军希望去到普索尔以及能够在10月6日保护我们右翼的一条线上。在我们左侧，第三十三和第十三兵团正逼近苏奇尼奇。尤奇诺夫落入我军手中。

10月6日，我们的指挥所向前转移到塞夫斯克。第四装甲师在姆岑斯克以南遭到苏联坦克攻击，处境有些艰难。在这一仗当中，苏联T-34坦克的巨大优势首次显露无遗。第四装甲师伤亡惨重，我们不得不暂时中止向图拉快速推进的计划。

另一方面，第十七装甲师报告好消息说，他们已经成功夺取布良斯克及其在杰斯纳河上的桥梁，由此确保了我们之间与目前在杰斯纳河以西推进的第二军之间的联系。我们的补给保障在很大程度上要依赖于奥廖尔与布良斯克之间的公路和铁路线。我们对杰斯纳河与苏多斯季河之间敌军的包围接近完成，同时在博尔什切夫以北的纳夫利亚河段建立了桥头堡。

对我们有利的另一个因素是，我们开放的侧翼没有发现敌人的动静。肯普夫的部队正在那一侧的泥地里向德米特里耶夫艰难推进，梅茨将军的第三十四兵团则向里尔斯克进发。

南方集团军群的第一装甲集团军（克莱斯特）奉命前往亚述海一带。我们右侧的友军打算前往施特波夫卡，第二十五（摩托化）步兵师的部队因此得以脱身，可以尾随肯普夫部前往普蒂夫尔。我们左侧的友军拿下希斯德拉之后奉命前往布良斯克配合第二装甲集团军作战。

10月6日晚，冬天的第一场雪从天空飘落。路上的积雪很快就融化了，路面变得泥泞不堪，我们的车辆蹒跚前行，发动机损耗严重。我们请求上级配发冬装——之前我们就提出过类似请求——但上面回复说冬装会适时发放，让我们不要再毫无必要地提出这种请求。事实上，即便我此后多次重申这一请求，冬装在年底之前仍然没有配发到前线。

第四十八装甲兵团徒步穿越沼泽地前往德米特里耶夫。苏军针对布良斯克的反击被我方击退。第二十九（摩托化）步兵师抵达列夫纳河口。

我们右侧的友军正接近施特波夫卡，左侧的第五十三兵团正从西面接近布良斯克。我们希望借此缓解第四十七装甲兵团的处境并打通罗斯拉夫尔—布良斯克—奥廖尔这条补给线。再往北面，第二军拿下了苏奇尼奇和梅什切夫斯克。在维亚斯马一带，第四和第九军成功包围大约45个苏军建制师。

陆军总司令部认为，在当前的可喜局面下，德军可以继续攻向莫斯科，以免苏军在莫斯科以西构筑新的防御阵地。陆军总司令部提出让第二装甲集团军经由图拉继续推进，夺取科洛姆纳和塞尔普乔夫之间的奥卡河渡口。这无疑是一个宏大的目标，是与第三装甲集群在莫斯科以北的类似行动相呼应的一个举措。陆军总司令得到报告说，中央集团军群完全赞同这一个计划。

10月8日，我沿着从塞夫斯克经德米特罗夫斯克到奥廖尔的"路线"飞往奥廖尔，在那里见到了提前到达的指挥车队。这条线在克罗梅之前的地面"路"况十分糟糕，从克罗梅到奥廖尔有一条碎石路，但路面有很多弹坑。男爵冯·盖尔将军告诉我，第四装甲师对面的敌军已经得到增援，最近发现了1

个坦克旅和1个步兵师。第三装甲师正向北推进，奉命夺取博尔乔夫。第四装甲师在10月9日的任务是夺取姆岑斯克。根据我们掌握的情况，苏联坦克的质量对我们不利，对方采取的新战术更是令我们担忧。当时我们的防守武器只是在特别有利的条件下能够对付T-34坦克。Ⅳ号坦克的75毫米短管炮只有从后面攻击才能对付T-34坦克，而且即便是在这种情况下，炮弹也必须要命中发动机上方的格栅才能将其击毁。要想通过这种方式击毁敌军坦克，坦克兵需要有非常高超的操控技能。苏军利用步兵正面进攻我们，同时派出大量坦克进攻我们的侧翼，他们从此前的战斗中吸取了经验教训。慢慢地，我们的官兵体验到了战斗的艰苦。男爵冯·盖尔将军旧话重提，再次请求紧急配发各类冬装，尤其是目前紧缺的靴子、衬衣和袜子。这显然是个非常严重的问题，我立即前往第四装甲师亲自察看情况。10月6日和7日指挥作战的指挥官向我描述了战斗情况，战场上还遗留着双方被击毁的坦克。相比之下，苏军的损失要比我们小得多。

回到奥廖尔我见到埃伯巴赫上校，他也向我汇报了最近几次战斗的情况。接着我又和男爵冯·盖尔将军和第四装甲师师长男爵冯·朗格曼将军沟通交流。这场艰苦的战役开始以来，我还是第一次看到埃伯巴赫面露疲态，而且这种疲态更多的是精神层面的。我们最优秀的军官都在最近的战斗中受到很大震动，这不得不说是一个令人震惊的消息。

这与陆军总司令部和中央集团军群那边士气高涨的局面是多么鲜明的对比啊！随着时间的推移，这种态度差异变得越来越明显，最终到了无法弥合的地步。不过那个时候第二装甲集团军没有意识到上级正沉醉在胜利的喜悦当中。

当晚第三十五兵团报告说，敌军在西森卡以北和塞夫斯克以西加强了攻势。由此可见，被困在布良斯克以南的苏军正想办法向东突围。我当即联系还在苏多斯季河西岸的第一骑兵师，询问那边的敌军是否有新动向。他们说没有，但我还是命令他们向东岸发动进攻，此举可以证实敌军是继续坚守阵地还是在撤退。很快，第一骑兵师就拿下了一个桥头堡。

集团军群方面打电话给我说，如果第三十五兵团划归第二军指挥，我们左翼面临的问题就会简单得多。对此我答复说，特鲁布切夫斯克包围圈南段最好由一个指挥所统一指挥。接着集团军群又指出，如果第三十四兵团划归第六军指挥并投入到夺取库尔斯克的行动当中，我们右翼的问题就会得到缓解。这个想法的来源估计是陆军总司令部或者国防军最高统帅部，但在当时是不可行的，因为这样做会使我们的右翼失去保护。当天我们固然拿下了德米特里耶夫，但恶劣的天气阻碍了第四十八装甲兵团的后卫部队，我们面临的危机仍在继续。

　　10月9日，苏军前一天在西森卡附近眼看要得手的突围取得了成功。第二百九十三步兵师的右翼遭受重创，被迫从西森卡和席林卡退走。由于装甲集团军的预备队第二十五（摩托化）步兵师尚未就位，我们不得不迅速投入第十（摩托化）步兵师第四十一步兵团填补第二十九（摩托化）步兵师和第二百九十三步兵师之间的缺口。此前奉中央集团军群之命进逼库尔斯克和利夫内的第四十八装甲兵团现在受命将所有可用的部队撤到塞夫斯克。中午12点，第二十五（摩托化）步兵师师长来到塞夫斯克，接手指挥所有在第二十九（摩托化）步兵师和第二百九十三步兵师之间作战的部队。正当这边爆发激战的时候，第一骑兵师已经让主力部队顺利渡过苏多斯季河并逼近特鲁布切夫斯克。这个师曾经被敌军迷惑，现在急于要将功补过。10月9日这天，敌军在特鲁布切夫斯克—塞夫斯克公路、特鲁布切夫斯克—奥廖尔和特鲁布切夫斯克—卡拉切夫公路一线施加了很大压力，但只有一小部分苏军成功跨过塞雷迪纳布达—塞夫斯克公路突围。不过让我们感到遗憾的是，成功突围的敌军当中就包含了苏联第十三军的参谋人员。

　　在猛烈的暴风雪当中，装甲集团军的指挥所转移到了德米特罗夫斯克。恶劣的天气导致路况每况愈下，无数车辆陷入泥泞之中。

　　尽管如此，我军还是夺取了博尔乔夫，与第二军第四十三兵团亲密合作的第十八装甲师成功包围了布良斯克以北地区的苏军。

　　在此期间，我们东线的南翼正准备逼近坦甘罗格和罗斯托夫。我们的友军第六军的先头部队正接近阿赫蒂尔卡。

　　我们左侧的友军渡过乌格拉河向莫斯科进发并夺取了格沙特斯克。

　　10月10日，集团军群发出了新的指令，其中包括夺取库尔斯克、歼灭特鲁布切夫斯克一带的敌军、全面收拢布良斯克西北的包围圈和进逼图拉。所有的指令当然都要立刻执行。这些指令显然来自上级指挥机构，利本施泰因像往常一样询问指令的优先顺序但没有得到回音。

　　接下来的几个星期到处都是泥泞不堪的地面。轮式车辆只有在履带车辆的辅助下才能前行，但履带车辆因此损耗严重。由于部队缺乏拖车用的铁链和车钩，空军就用飞机空投了很多绳子。数百辆受陷的车子及其乘客现在都要依靠空军提供补给，而且这种补给要延续几个星期。为冬季作战所做的准备远远不够。我们连续几个星期请求配发发动机防冻液，但防冻液还是和部队冬装一样紧缺。缺少冬装的问题将在未来艰难的几个月里成为德军最大的问题，给我们的官兵带来了巨大痛苦，而这是我们面对的问题当中最容易避免的。

敌军继续想办法从第二十九（摩托化）步兵师和第二百九十三步兵师那里突围。第四装甲师一路打进了姆岑斯克。

在我们右侧，第六军拿下了苏梅；我们左侧的第十三兵团在卡卢加以西渡过乌格拉河，但那边的天气也在恶化。

10月11日，苏军试图沿着纳夫利亚河两岸突破特鲁布切夫斯克包围圈。第二十九和第二十五（摩托化）步兵师之间的区域发生了激烈的战斗，敌军在我们的防线里打开了一个缺口。好在第五机枪营及时赶到，封堵了这个缺口。与此同时，在奥廖尔东北方向，第二十四装甲兵团在姆岑斯克遭遇激烈的巷战。第四装甲师已经打进姆岑斯克，但由于路面泥泞，他们没有得到及时有效的支援。苏军投入大量T-34坦克，给德国坦克造成巨大损失。在此之前我们一直拥有坦克方面的优势，但从此刻开始局势就被反转，我们因此一步步丧失了快速取得决定性胜利的希望。我向集团军群方面汇报了这种新局面。我在报告中直言不讳地指出了T-34坦克对德国Ⅳ号坦克占据的明显优势，由此提出我们未来的坦克生产必须要考虑到这个因素。最后我提出上面立即派一个考察团到我这边的前线，考察团的成员应当包含陆军军械处、军备部、坦克设计方和制造方的代表。考察团来到前线不仅可以研究损毁的坦克，还可以听取坦克部队关于如何设计新式坦克的建议。我还请求上面尽快生产一种渗透能力足以摧毁T-34坦克的反坦克重炮。11月20日，考察团出现在了第二装甲集团军的前线。

10月11日我们收到消息说，根据希特勒的命令，"大德意志"步兵团划归我指挥并用于加强布良斯克东北卡拉切夫—奇瓦斯托维奇公路沿线由第十八装甲师镇守的相对薄弱的防线。此外，第二军将被调往我们的右翼，接手指挥第三十四和第三十五兵团，而我们将接手第二军的一部分部队。由此可以看出，上面正考虑继续朝东北方向进攻。

在此期间，我军收紧各包围圈的战斗还在继续。

在前线南端，德军胜利结束亚述海战斗，抓获10万名战俘，缴获212辆坦克和672门炮。最高统帅部认为，苏联第六军、第十二军、第九军和第十八军已经被歼灭，德军继续进军娄尔顿。党卫军第一师"阿道夫·希特勒警卫旗队"在塔甘罗格西北12英里处，哈尔科夫以南的第十七军和苏梅一带的第六军进展较为缓慢。新出现的苏军坦克部队有时候会迫使我方的部队采取防御措施，这对我右翼的行动产生了不利影响。由于第十一军现在已经转向南面去夺取克里米亚，南方集团军群的攻势逐渐分散了。

在中央集团军群的北部地区，所有的行动都受降雪影响放慢了速度。第三装甲集群抵达伏尔加河上游的波哥雷洛耶。

10月12日也在下雪。我们在德米特罗夫斯克小镇的室内坐等陆军总司令部关于部队重组的指令，门外是一片淤泥的海洋。布良斯克南面的大包围圈和北面较小的包围圈都已经收拢，但我们的部队陷在泥地里动弹不得，其中就包括第四十八装甲兵团。这个兵团在行动伊始满怀信心地要沿坚实的路面通过苏梅，但现在只能在泥地里朝法特什艰难前行。在姆岑斯克一带，我军与新出现的敌人之间的战斗在继续。第三十五兵团的步兵要在特鲁布切夫斯克包围圈的森林里进行扫尾工作，所以他们转移到了那个地带。

除了我们以外，南方集团军群除第一装甲集团军之外的部队也都停滞不前。第六军成功夺取哈尔科夫西北面的波哥杜乔夫。在我们北面，第十三兵团拿下了卡卢加。第三装甲集群拿下斯塔里扎之后继续向加里宁进发。

陆军总司令部下达了包围莫斯科的命令，但我们一直没有收到这道指令。

10月13日，苏军继续在纳夫利亚河与博尔切沃之间奋力突围，我们不得不派第二十四装甲兵团的第三装甲师和第十（摩托化）步兵师去增援第四十七装甲兵团。但就是这样的情况下，由于我们的部队停滞不前，一股约5000人的苏军突破我们的防线，一路打到了德米特罗夫斯克，最终在这个小镇上被我军截获。

第三装甲集群一路打进了加里宁。第九军抵达勒热夫西侧。

10月14日，我们把指挥所转移到奥廖尔，在那里住进了苏联人舒适的房子里。接下来的几天，敌我双方都显得较为沉寂。第二十四装甲兵团费了九牛二虎之力把第三和第四装甲师转移到姆岑斯克西北一带，让他们为渡过苏沙河进攻做准备。与此同时，第四十七装甲兵团在完成包围战之后重新集结，沿奥廖尔—卡拉切夫—布良斯克公路部署。"大德意志"步兵团划归第二十四装甲兵团指挥并被调动到姆岑斯克。第四十八装甲兵团攻向法特什并准备从西北面向库尔斯克发动进攻，第三十四兵团同时从正西面进逼该城。如此部署的目的在于击败库尔斯克地区由叶夫列莫夫将军指挥的苏军，解除我部右翼面临的持续威胁。

面对苏军的顽强抵抗，第六军仍然成功拿下阿赫蒂尔卡。南方集团军群的其他部队则停滞不前。

中央集团军群的进攻也受制于恶劣的天气。第五十七兵团占领了莫斯科以西50英里的博罗夫斯克。

为了给穿越姆岑斯克的行军做准备，10月16日我去了第四装甲师。

当天罗马尼亚军队占领了敖德萨。第四十六装甲兵团逼近摩沙伊斯克。

10月17日，被围困在布良斯克以北的苏军举手投降。我们和第二军一共俘获5万人，缴获400门炮，苏联第五十军的主力部队土崩瓦解。法特什一带仍有敌军在反攻。

10月18日，第十一军开始进攻克里米亚。第一装甲集团军夺取塔甘罗格之后前往斯大林诺（今顿涅茨克——译者注）。第六军拿下格莱沃隆。

在第二装甲集团军北面，第十九装甲师占领小雅罗斯拉韦茨。与此同时，摩沙伊斯克也被我军攻取。

10月19日，第一装甲集团军开始准备向罗斯托夫进发，他们一路打进了斯大林诺。第六和第十七军继续向哈尔科夫和别尔哥罗德进军，但恶劣的天气阻滞了他们的推进。中央集团军群的行动也受到天气影响。第四十三兵团拿下利奇文。在整整一天时间里，该兵团受第二装甲集团军节制。

10月20日，被围困在特鲁布切夫斯克附近的苏军缴械投降。我们整个集团军群都停滞不前。

第一装甲集团军在斯大林诺作战，第六军正逼近哈尔科夫。到21日，第六军穿越沼泽地打到了哈尔科夫的西部郊区。

10月22日，第二十四装甲兵团穿越姆岑斯克的进攻由于炮兵和坦克之间缺乏密切配合宣告失败。我们在姆岑斯克西北第三装甲师所处区域投入全部装甲力量发动了第二次进攻，这一次我们成功取胜。在追击敌军的路上，我们在10月24日拿下了切恩。我亲自参与了这两次进攻，对湿滑的地面和苏军大范围的地雷阵给我军造成的困难有了充分的认识。

10月22日，沿着途经克罗梅的好路下来的第十八装甲师拿下了法特什。

10月24日，第六军占领敌军已经撤离的哈尔科夫和别尔哥罗德。在我们左侧，第四十三兵团拿下奥卡河畔的别列夫。

10月25日，我看着"大德意志"步兵团向切恩推进，还看了埃伯巴赫战斗群在切恩以北的作战情况。

到了10月25日，布良斯克周边的战斗基本结束。当天，中央集团军群右翼各支部队开始重组。第三十四和第三十五兵团以及除第二十五（摩托化）步兵师以外的第四十八装甲兵团由第二装甲集团军交给第二军指挥，第一骑兵师返回东普鲁士的驻地改训为第二十四装甲师。作为交换，第二装甲集团军接收了海因里茨将军指挥的下辖第三十一和第一百三十一步兵师的第四十三兵团以及

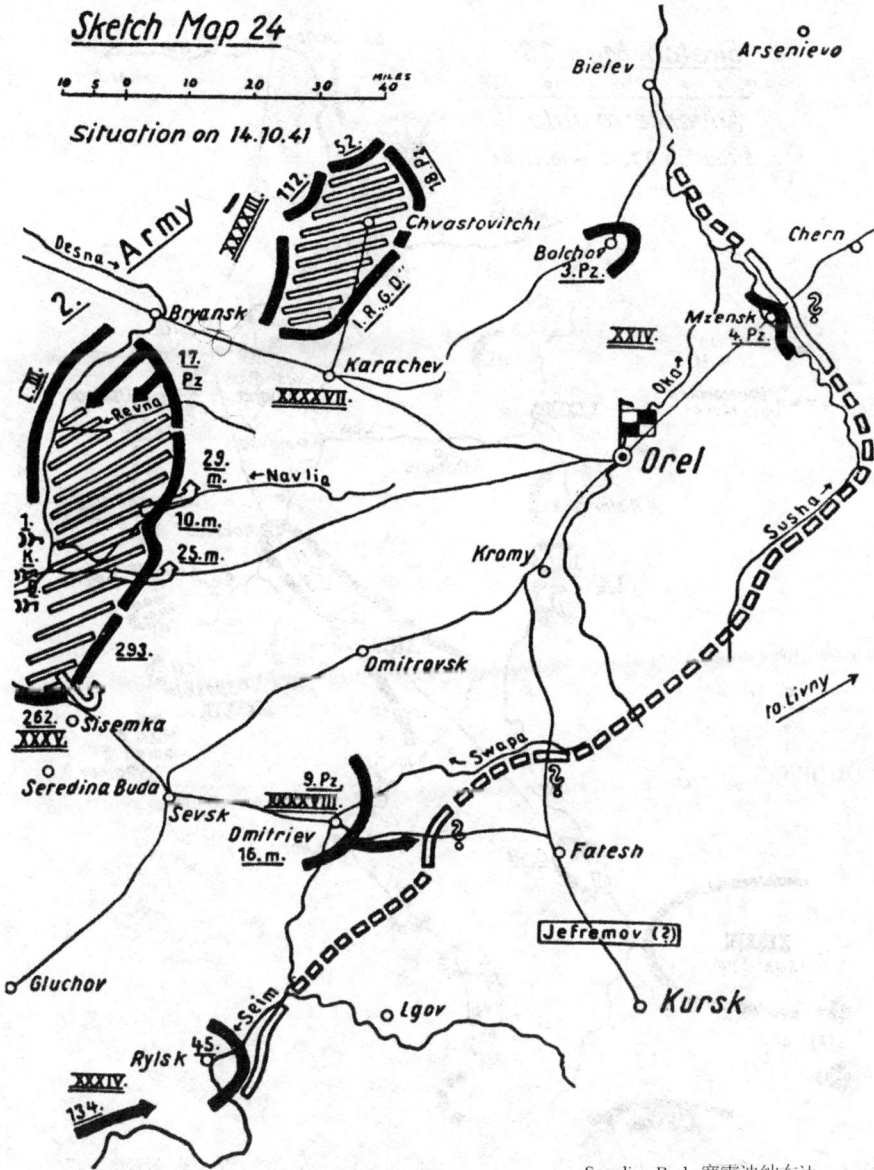

Sketch Map 24

MILES
10 5 0 10 20 30 40

Situation on 14.10.41

Bielev
Arsenievo
Desna→ Army
52.
112.
18.Pz.
Chvastovichi
Bolchov
3.Pz.
Chern
2.
Bryansk
I.R.G.D.
Karachev
Mzensk
4.Pz.
XXIV
17.
Pz.
Revna
XXXXVII.
Oka
Orel
29.
m.
←Navlia
Susha→
10.m.
Kromy
1.
K.
25.m.
to.Livny→
293.
Dmitrovsk
262.
Sisemka
Swapa
XXXV.
Seredina Buda
9.Pz.
Sevsk
XXXXVIII.
Dmitriev
Fatesh
16.m.
Jefremov (?)
Gluchov
Lgov
Kursk
←Seim
Rylsk
45.
XXXIV.
73.4.

		Seredina Buda 塞雷迪纳布达
Bielev 别列夫	Oka 奥卡河	Sevsk 塞夫斯克
Arsenievo 阿尔瑟涅沃	Orel 奥廖尔	Dmitriev 杰米特列夫
Chvastovichi 齐瓦斯托维奇	Navlia 纳夫利亚	Fatesh 法特什
Bolchov 博尔乔夫	Kromy 克罗米	Gluchov 格卢乔夫
Desna 杰斯纳河	Dmitrovsk 杰米特罗夫斯克	Seim 塞姆河
Bryansk 布良斯克	Sisemka 希森卡	Lgov 列戈夫
Karachev 卡拉切夫	Livny 利夫内	Kursk 库尔斯克
Mzensk 姆岑斯克	Swapa 斯瓦帕河	Rylsk 里尔斯克

示意图24　1941年10月14日的战局

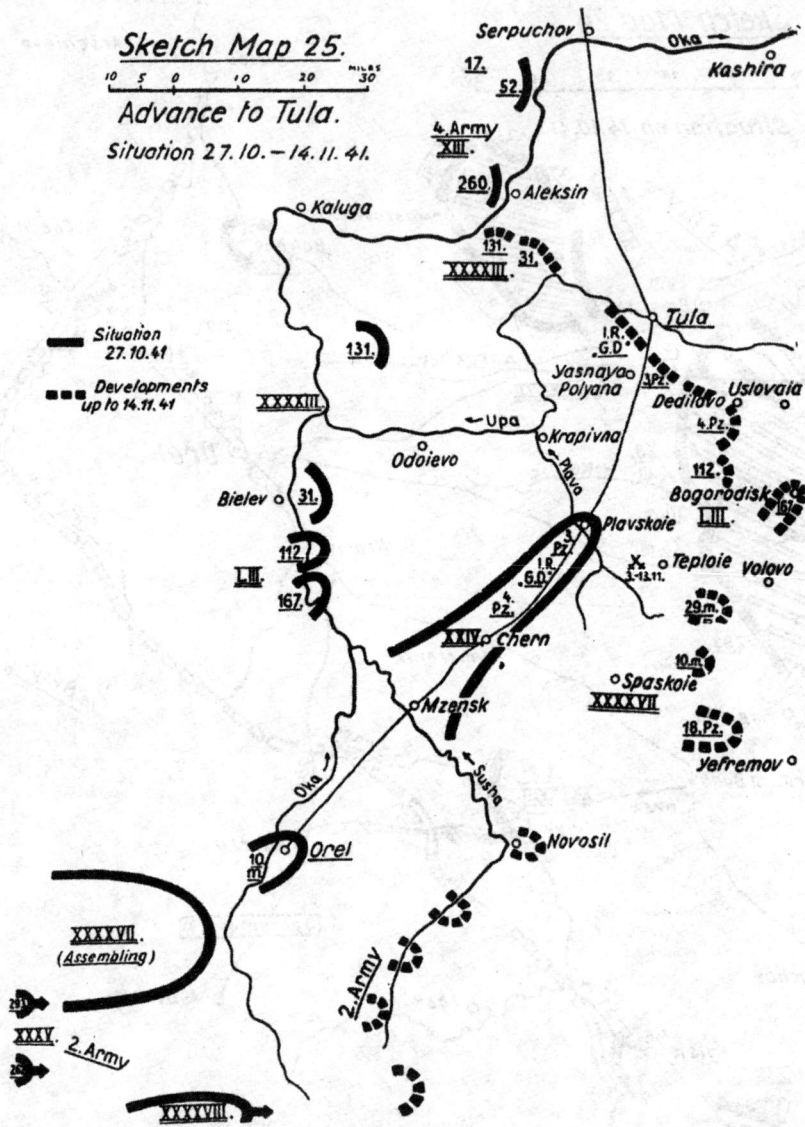

Sketch Map 25.

Advance to Tula.

Situation 27.10. – 14.11. 41.

Situation 27.10.41

Developments up to 14.11.41

Serpuchov 塞尔普乔夫	Uslovaia 乌斯洛瓦亚	Teploie 特普洛耶
Oka 奥卡河	Upa 乌帕河	Volovo 沃洛沃
Kashira 卡什拉	Krapivna 克拉皮夫纳	Chern 谢恩
Kaluga 卡卢加	Odoievo 奥多耶沃	Spaskoie 斯帕斯耶
Aleksin 亚列克辛	Plava 普拉瓦河	Mzensk 姆岑斯克
Tula 图拉	Bielev 别列夫	Susha 苏沙河
Yasnaya Polyana 亚斯纳亚波利亚纳	Bogorodisk 博戈罗季斯克	Yefremov 叶夫列莫夫
Dedilovo 杰季洛沃	Plavskoie 普拉夫斯科耶	Orel 奥廖尔
		Novosil 诺沃西尔

示意图25 向图拉进发。1941年10月27日至11月14日的战局

魏森博格将军指挥的下辖第一百一十二和第一百六十七步兵师的第五十三兵团，之后上面又把第二百九十六步兵师划归我指挥。第二十五（摩托化）步兵师留在了第二装甲集团军。

现在第二装甲集团军的任务是进逼图拉，新的第二军则向东推进。也就是说，我们这两支部队又要分道扬镳了。

布良斯克战斗和维亚斯马战斗的胜利无疑是中央集团军群在战术上的巨大成功。如今，中央集团军群是否有足够实力再次发动进攻进而扩大战术胜利的成果就成了最高统帅部在这场战争中面对的最严峻的问题。

向图拉和莫斯科进军

第二装甲集团军现在已经做好向图拉进军的准备。此次行军唯一可用的一条路是从奥廖尔通往图拉的公路，但这条路显然无法承载重型车辆和坦克，而且在几天的使用过后已经烂得不成样子。不仅如此，擅长搞破坏的苏联军队炸毁了他们撤退路线上的所有桥梁，还在公路两边所有可能的地方埋设了大量地雷。为了确保部队得到起码的补给，官兵们不得不花费力气铺设延续数英里的木排路。相比官兵人数，先头部队的力量更多地是取决于手头可用的燃料。为此，我们把第二十四装甲兵团的大部分坦克集中起来由埃伯巴赫上校统一指挥，让他们与"大德意志"步兵团一起组成向图拉进发的前卫部队。10月26日，第五十三兵团抵达奥卡河，第四十三兵团扩展了第三十一步兵师在别列夫附近奥卡河上的桥头堡。我们右侧的友军让他们第四十八装甲兵团向库尔斯克推进，左侧的第四军在苏军反攻之下被迫采取守势。

10月27日和28日，我和埃伯巴赫一起随部队行军。27日这天，国防军最高统帅部考虑让我们转向前往沃罗涅什，因为有消息说苏军正从西面到达那里。但从我们所在的地方到沃罗涅什无路可走，而且执行这样一个行动的首要前提是先拿下图拉。我让利本施泰因把这个缘由向上级说明。27日晚，我在切恩一个被废弃的蚊虫肆虐的小型儿童医院里过夜。我们坐的货车到了普拉夫斯科耶附近。第四十三和第五十三兵团扩大了他们在奥卡河上的桥头堡。第四军击退了苏军的猛烈进攻。

10月28日，我从利本施泰因那里得知，国防军最高统帅部放弃了转攻沃罗涅什的想法。我们进军图拉的计划继续进行。由于缺乏燃油，埃伯巴赫让"大德意志"步兵团的一个营坐坦克行军。我们抵达图拉以南20英里的皮萨列沃，第四十三兵团的侦察部队渗透到了奥多耶沃。当晚我还是在切恩过夜，第二天一早就飞回集团军指挥所。

10月28日，我们收到希特勒的指令说，"快速移动部队应该夺取塞尔普乔夫以东奥卡河上的桥梁"。但我们的推进速度受制于补给情况，在如今已面目全非的奥廖尔—图拉公路上偶尔只能达到12英里/小时的最高速度。"快速移动部队"已经不复存在，希特勒还活在梦幻的世界里。

当天第一装甲集团军渡过米乌斯河，第十七军渡过了顿涅茨河。

10月29日，我们领头的坦克到达离图拉2英里的一个地点。我们发动突袭争夺图拉，但因敌人强大的反坦克和防空能力宣告失败，我军损失了很多坦克和多名军官。

第四十三兵团司令海因里茨将军一直是一个务实、理智的人，但他也不得不向我诉苦。他的部队补给很差，尤其严重的是，从10月20日开始他们就没有供应面包了。

到10月30日，第五十三兵团开始从西面沿着奥廖尔—图拉公路推进。10月19日最终歼灭布良斯克包围圈里的敌军之后，魏森博格将军指挥的部队向东转移，其中第一百六十七步兵师通过博尔乔夫—戈尔巴切沃一带，第一百一十二步兵师通过别列夫—阿尔瑟涅沃—扎列沃一带。在这次行军过程中，这支部队受到泥泞地面的很大影响，没能带上所有的机动车辆，尤其是他们的重炮。为了避开沼泽地，他们的摩托化部队只好绕道从奥廖尔到姆岑斯克的"好"路上走。由于我们收到消息说从10月27日开始就有苏军从东面过来，我觉得有必要把第五十三兵团投入到耶皮凡—斯大林诺戈尔斯克（今新莫斯科斯克——译者注）一线作为我们右翼的侧卫部队。

与此同时，奥廖尔通往图拉的公路变得破烂不堪，跟在埃伯巴赫战斗群身后的第三装甲师只好请求空中支援。

鉴于我们无法从正面进攻图拉，男爵冯·盖尔将军提议从东面绕过小镇继续前行。我对此表示同意，于是命令部队攻向杰季洛沃和沙特河渡口。男爵冯·盖尔将军也认为，我们在霜冻之前无法使用摩托化部队。他的看法无疑是正确的，这段时间车辆不仅行进缓慢而且损耗严重。在这种情况下，姆岑斯克—图拉铁路线的重新开放就显得尤为重要，但在频频催促之下，维修进度仍然十分缓慢。因为缺乏机车，我只好到处寻找其他的运输方式。我提出用货运列车运兵，但上面始终没有给我配发。

11月1日，第二十四装甲兵团抵达杰季洛沃以西。

11月2日，第五十三兵团的先头部队在接近特普洛耶的时候突然遭遇敌人。对方是一支大规模部队，包含2个骑兵师、5个步枪师和1个坦克旅，正沿着叶夫列莫夫—图拉公路前行，显然是要进攻我军第二十四装甲师在图拉外围陷入停滞的部队的侧翼和后方。双方都没想到会在此地遭遇敌人，一场拉锯战就此展开，从11月3日一直持续到11月13日。在得到埃伯巴赫那个旅的坦克部队增援之后，第五十三兵团最终成功击败敌军，把他们击退到叶夫列莫夫。苏军有3000人沦为战俘，还有大量火炮被缴。

11月3日晚上出现霜冻，这让部队的行动变得容易了些。但另一方面，官兵们要开始面临持续严寒的考验。为了保护装甲集团军在姆岑斯克—切恩一带及其东面的纵深侧翼，我使用了刚从卡拉切夫过来的第十七装甲师的非装甲部队。为了改善奥廖尔—图拉公路的路况，工程兵和帝国劳工部队一刻不歇地连续施工。

在此期间，第四十八装甲兵团拿下了库尔斯特。

11月5日，冯·博克元帅短暂造访了我的部队。集团军群在11月4日得出结论说，苏军正从沃罗涅什和斯大林戈尔斯克之间顿河以西一带组织系统性的撤退。集团军群方面把这个观点报告给了国防军最高统帅部，但第二装甲集团军所在区域的情况证明这个说法严重偏离事实。相反，敌军正在特普洛耶一带发动进攻。

11月6日我飞到前线，我在飞行途中的感受或许可以用当时我写的一封信的以下这段内容来形容：

> 冬季已经来临，但我们的作战计划一再推迟，这对部队而言是痛苦的，对我们的宏图也产生很大的负面影响。所有这一切都让我十分心痛，因为即便带着世界上最美好的意愿，我也对部队的处境无能为力。实施致命打击的独一无二的机会正一步步消逝，我也不知道将来我们还会不会有这样的机会。未来的情况如何只有天知道。我们能做的只有继续保持希望和勇气，但我们现在的处境真的艰难……

希望不久以后我能写下轻松一些的内容。我不喜欢怨天尤人，但现在这样的情况很难让人保持高昂的斗志。

11月7日，部队第一次出现严重的冻伤情况。另一方面我们收到消息说，第一装甲集团军从11月5日开始进攻顿河畔的罗斯托夫。

11月8日，第五十三兵团在特普洛耶一带取得进展。第二十四装甲兵团击退了敌军从图拉发动的进攻。

11月9日有迹象表明，敌军正计划从图拉东西两侧发动进攻。有鉴于此，已经派出埃伯巴赫装甲旅去支援第五十三兵团的第二十四装甲兵团采取防御措施。第十七装甲师除坦克部队以外划归第二十四装甲兵团并被派往普拉夫斯科耶。由于切恩以东又出现新的敌军，负责保护我们在姆岑斯克—切恩一带侧翼的那个师得到第四十七装甲兵团更多部队的支援。第四装甲师4个薄弱的步枪营负责杰季洛沃以西一条20英里的战线，同时还要保持第五十三兵团与在图拉外围作战的第三装甲师之间的联系，图拉地区的危急情况由此可见一斑。

11月12日，气温降至零下15摄氏度，13日又降到零下22摄氏度。13日这天，中央集团军群召集各个军的参谋长开会，会议由总参谋长主持。会议下达了"1941年秋季攻势"的相关命令。根据命令，第二装甲集团军的任务是攻取离奥廖尔约400英里、位于莫斯科以东250英里的城市高尔基（前称"尼伊尼—诺夫哥罗德"），以便切断苏联首都与后方交通网络之间的联系。利本施泰因当即抗议说，目前情况下我们的集团军最远只能到维内夫。现在不是5月份，而且我们不是在法国作战！我完全同意参谋长的说法，所以立刻书面告知中央集团军群司令员，我的装甲集团军执行不了上级下达的指令。在写这份报告的时候，我的脑海里浮现出11月13日和14日在前线视察第五十三兵团和第二十四装甲兵团时的情形。

11月13日，我乘坐菲瑟勒（鹳式）小型飞机从奥廖尔出发，但很快就在切恩以北遭遇暴风雪，只好降落在切恩机场。冒着零下40摄氏度的霜冻，我从切恩驾车去魏森博格将军在普拉夫斯科耶的指挥所。那天是特普洛耶战斗的最后一天，魏森博格将军向我讲述了他的经历。我让他继续推进到沃洛沃—斯大林戈尔斯克，我答应他说，在第十八装甲师就位保护他的侧翼免遭被击退到叶夫列莫夫的苏军攻击之前他可以留用埃伯巴赫装甲旅。当时步兵的兵力已经缩减到平均每个连只有50人。缺乏冬装的影响日渐凸显。

第二十四装甲兵团收到霜冻的影响最大，因为坦克没有防滑刺就爬不上冰层覆盖的斜坡。男爵冯·盖尔将军认为，他在11月19日之前不可能发动进攻，因为发动进攻需要埃伯巴赫装甲旅回归，还需要4天的燃油，但他现在只有1天的油料。我的看法是，他应该在11月17日发起进攻，因为那样就可以与第五十三兵团的行动保持协同，防止敌人在沃洛沃—杰季洛沃一带组织新的防线。另外，目前在图拉以西地区遭受攻击的第四十三兵团也需要换防。我们的右翼将由第四十七装甲兵团下辖的第十八装甲师和第十、第二十九（摩托化）步兵师保护。

当晚我在普拉夫斯科耶过夜。

11月14日上午，我在第一百六十七步兵师和一些官兵交谈。部队的补给情况很糟糕，防雪服、鞋油、内衣和毛裤都没有，很多官兵都还穿着粗棉布制服，而此时的气温已经是零下22摄氏度！中午我在第一百一十二步兵师看到的情况也是如此。我们的官兵穿戴苏军的大衣和皮帽，只有从国徽上才能看出他们是德国人。装甲集团军所有的服装储备都已经快速送往前线，但服装短缺情况太严重，送去的衣服堪称杯水车薪。

埃伯巴赫的装甲旅只剩下50辆左右的坦克，我们现在能用的坦克也就这么多。按理说，3个师的兵力应该配备600辆坦克才是。地面结冰给我们造成了很大困难，因为防滑刺迟迟没有送到。寒冷的天气让望远镜失去了作用，原本用来防寒的油膏也没送到。为了发动坦克引擎，首先要在坦克下面生火。燃油有时候会冻起来，润滑油也会变得黏稠。这支部队也缺乏冬装和防冻液。

第四十三兵团报告严重伤亡。

当晚我还是在普拉夫斯科耶过夜。

11月15日，苏军再次向第四十三兵团发动进攻。

11月17日我们得知，乌斯洛瓦亚一带出现了西伯利亚部队，而且更多的西伯利亚部队正坐火车前往梁赞—科洛姆纳一带。第一百一十二步兵师与这些新来的西伯利亚部队有过接触。由于敌军坦克同时从杰季洛沃地区攻向该师，让这支实力削弱的部队难以招架。在对他们的作战能力做出判断之前必须要考虑到，每个团都因为冻死冻伤损失了500人，机枪因为严寒无法射击，我们的37毫米反坦克炮也对付不了对方的T-34坦克。所有这些因素导致部队一片慌乱，官兵们且战且走一路退回到博戈罗季斯克。这是德军对苏作战开始以来首次出现这样的情况，这一情况警示我们，步兵的作战能力已经终结，无法再执行艰难的任务。好在第五十三兵团把第一百六十七步兵师紧急调往乌斯洛瓦亚，在没有寻求外界支援的情况下解决了第一百一十二步兵师那边的问题。

与此同时，第四十七装甲兵团的到来使装甲集团军纵深右翼的安全得到了保障。我在1941年11月17日的一封信里写道：

在冰天冻地之中，我们带着补给严重不足的部队一步一步接近最终目标。通过铁路为我们提供补给的难度越来越大，这是我们物资短缺的主要原因，因为没有燃料，车子就无法移动。如果不是这个问题，我们现在应该更加接近自己的目标。但即便就是在这样的情况下，英勇的部队仍然取长补短、克服困难，以顽强的意志品质继续战斗。我一次又一次被他们感动，如此优秀的战士让我感激……

在进行冬季作战的同时，我们还要应对向国内、军队和苏联平民提供食物的问题。1941年全国范围的收成都很好，用来做面包的谷物很充足，另外牛肉的供应也充足。但由于铁路交通瘫痪，只有很小一部分食物可以从第二装甲集团军所在的区域运回德国。不过德军和苏联城镇平民的需求是有保证的。在周围的诸多城镇当中，奥廖尔对我们是最重要的。已经分发的食物储备足以维持到1942年3月31日，负责分配的是当地的苏联政府。为了向平民告知情况并打消他们的疑虑，建筑物的墙壁上到处贴着告示。苏联人在肥沃的黑土里建造了巨大的谷仓，苏军在撤退的时候破坏了其中一些，但很多谷仓保留了下来。即使我们过来的时候有谷仓在燃烧，我们还是可以救出其中一部分粮食发给当地的平民。

由于苏军没来得及带走机器，奥廖尔的很多工厂重新开始运转，一方面满足了德军的一些需求，同时还为工人提供了就业机会和食物。这些工厂当中有一家生产罐头食品的工厂，还有一家生产皮靴和毡靴的鞋厂。

为了说明苏联平民的态度，我想引用一位沙皇时期老将军当时对我说的话。他说：“如果是在20年前，我们会张开手臂欢迎你们，但现在已经太晚了。我们刚刚站起身你们就来了，又把我们打回20年前，我们不得不从头再来。现在我们都在为俄国而战，这方面我们是在一条战线上的。”

11月18日，第二装甲集团军按照11月13日在奥廖尔的部署发起进攻。参与进攻的部队如下：

第四十七装甲兵团

第十八装甲师进攻工业城镇叶夫列莫夫，经过激烈的巷战于20日拿下该城，但面对敌军激烈的反攻。

第十（摩托化）步兵师从耶皮凡攻向米哈伊洛夫。

第二十九（摩托化）步兵师攻向斯帕斯科耶—格列米亚奇，任务是在装甲集团军东翼防范刚刚抵达梁赞—科洛姆纳一带的苏军。

第二十五（摩托化）步兵师奉国防军最高统帅部之命留在原地收割玉米，玉米收割完毕就作为预备队尾随其他几个师。

第五十三兵团

第一百六十七步兵师从斯大林戈尔斯克攻向维内夫。

第一百一十二步兵师因兵力薄弱留在斯大林戈尔斯克，等待第五十六步兵师换防。作为集团军群的预备队，第五十六步兵师从卡拉切夫地区调出，途中拿下顿河一个桥头堡。

第二十四装甲兵团

该兵团携第三、第四和第十七装甲师以及"大德意志"步兵团和第二百九十六步兵师从南面上来，从东西两侧攻取图拉。第十七装甲师的一个战斗群先于该兵团和第五十三兵团向卡希拉推进，旨在夺取奥卡河上的桥梁，防止莫斯科可能派出的援兵进入战场。

第四十三兵团

该兵团携第三十一和第一百三十一步兵师从乌帕河与奥卡河之间经由利奇文和卡卢加向前推进，任务是清扫沿途敌军并保证第二装甲集团军和第四军之间的联系。

身处我们纵深右翼的第二军奉命从奥廖尔向东推进，所以我们得不到他们的支援。不过他们很快就在叶列茨—叶夫列莫夫公路以西被苏军压制，这个时候他们才意识到，此前他们坚称苏军已经撤退到顿河东岸的说法是错误的。

在第二装甲集团军左侧，第四军在阿列克辛北面跨过奥卡河朝塞尔普乔夫方向进攻。这个军的兵力约有36个师。

而第二装甲集团军旗下只有12.5个师。步兵部队仍然没有冬装，几乎无法移动。他们每天只能行走3英里，最多的时候也只有6英里。我对自己的集团军能否执行既定任务表示怀疑。

在得到有效空中支持的情况下，第四十七装甲兵团在11月18日成功拿下耶皮凡，第二十四装甲兵团同一天拿下杰季洛沃并于第二天抵达博洛乔沃。11月21日，第五十三兵团攻下乌斯洛瓦亚。24日，第二十四装甲兵团夺取维内夫，其间摧毁了50辆苏联坦克。与此同时，第四十三兵团正缓慢走向乌帕河。在我军实施这些行动期间，一股新的强敌出现了：他们是苏联第五十军，下辖第一百〇八坦克旅、第二百九十九步枪师、第三十一骑兵师等部队。这支敌军向第四十七装甲兵团的先头部队发动了攻击，我方的形势再一次变得危急。

11月19日，在淤泥和冰面上艰难前行的第一装甲集团军抵达顿河边的罗斯托夫北侧，他们在那里与敌人激烈交火。11月21日，罗斯托夫终于被拿下，不过苏军炸毁了顿河上的桥梁。为了防范苏军的反攻，装甲集团军采取了防御措施。11月20日，第二军第四十八装甲兵团拿下蒂姆，23日他们遭到敌人反攻。

我在11月21日写了以下这些话：

部队在冰天雪地里缺少遮蔽物和服装，人员和装备损失惨重，燃油供应短缺，所有这些都让指挥官的职责变成一种痛苦。随着时间的推移，我越来越难以承受自己肩负的重大责任。即便心怀最美好的意愿，世界上任何一个人都无法分担这样一种责任。

　　为了全面了解部队的情况，我在前线连续待了3天。关于近期的作战部署我们一无所知，如果战局允许的话星期天我想去集团军群了解一下上面的想法。我猜不到上级有什么计划，也猜不到来年春天之前我们如何重整旗鼓……

　　11月23日下午，我决定亲自去找中央集团军群司令官，请求他改变之前下达给我的命令，因为我实在无法完成任务。我向冯·博克元帅汇报了第二装甲集团军的严峻形势，告诉他部队尤其是步兵非常疲惫，官兵们缺少冬装，供给系统瘫痪，坦克和火炮短缺。我还跟他说，我们右翼战线长、保护不足，梁赞—科洛姆纳一带出现的苏联远东部队对右翼形成很大的威胁。冯·博克元帅说，他已经把我之前写的报告内容向陆军总司令部作了口头汇报，陆军总司令部完全了解前线的真实情况。他说完就打电话给陆军总司令，还给我一个耳机听他们的通话内容。他向陆军总司令重复了我刚才说的话，请求总司令改变我的任务，取消进攻命令，让我的集团军在合适的冬季阵地里采取防御措施。

　　陆军总司令显然无权对此作决定，他在答复中无视现实困难，拒绝同意我的请求，命令我们继续进攻。接着我又多次请求指定给我一个有希望达成并能够将之转变为防线的目标，最后他才同意指定给我米哈伊洛夫—科洛姆纳一线，同时告诉我必须彻底摧毁梁赞—科洛姆纳铁路线。

　　我此次飞往集团军群指挥所得到的结果难以令人满意。当天我还让陆军总司令部驻我指挥所的联络官冯·卡尔登中校向总参谋长汇报我们的情况，他也努力想让上级取消进攻命令，但同样无功而返。从陆军总司令和总参谋长拒绝我的请求的方式来看，除了希特勒以外，他们自己也肯定赞成继续进攻。不过无论如何，军方高层现在至少已经了解到我这个集团军目前所处的极不安全的环境。那个时候我不得不安慰自己说，希特勒也完全清楚我们的处境。

　　11月24日，第十（摩托化）步兵师拿下米哈伊洛夫。第二十九（摩托化）步兵师由耶皮凡向北推进，全天行军超过25英里。11月25日，第十七装甲师的前沿战斗群正接近卡希拉。我们右侧的友军夺取了利夫内。

　　11月26日，第五十三兵团抵达顿河。其中第一百六十七步兵师在伊瓦诺泽罗附近渡过顿河，从伊瓦诺泽罗东北方向朝丹斯科那附近攻击西伯利亚军。这个作战勇敢的师缴获42门炮和很多车辆，还抓获4000名战俘。第四十七装甲兵团的第二十九（摩托化）步兵师从东面进攻同一股敌军并将其成功包围。

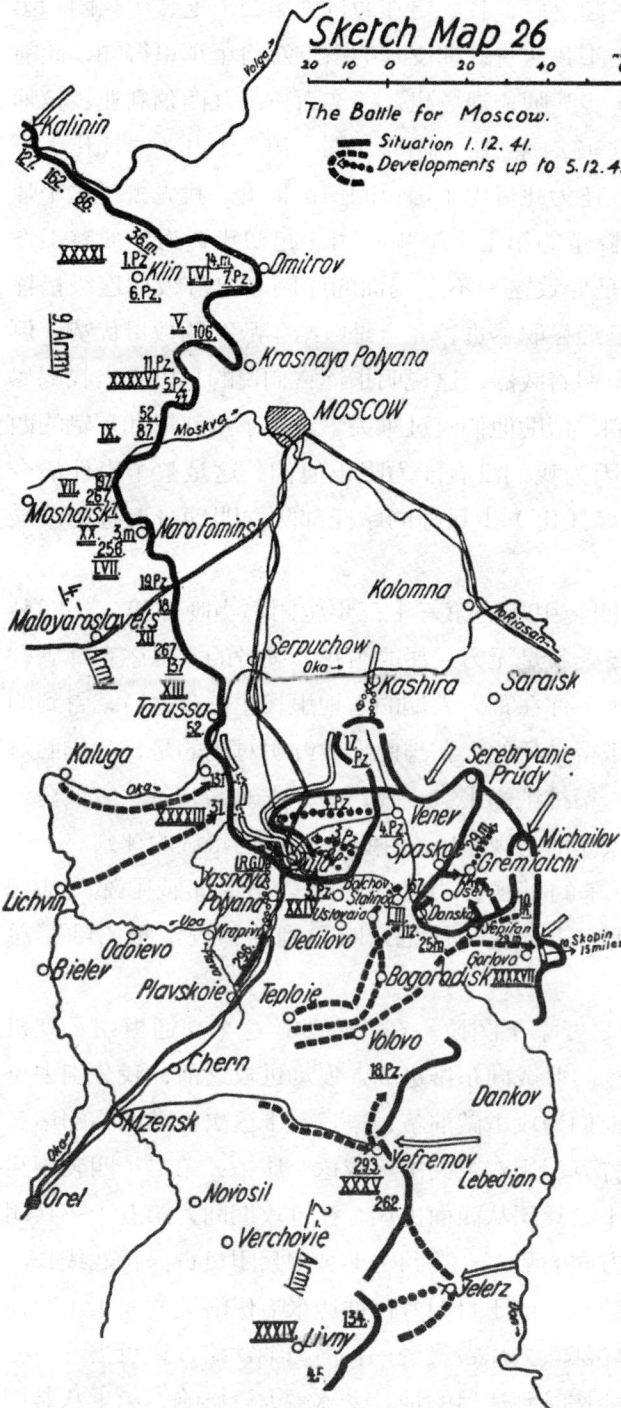

示意图26　攻向莫斯科

Kalinin 加里宁
Klin 克林
Dmitrov 杰米特罗夫
Krasnaya Polyana 克拉斯纳亚波利亚纳
Moscow 莫斯科
Moskva 莫斯克瓦河
Moshaisk 莫沙伊斯克
Naro Fominsk 纳罗福明斯克
Kolomna 科洛姆纳
Riasan 里亚桑
Maloyaroslavets 马洛雅罗斯拉维茨
Serpuchow 塞尔普乔夫
Oka 奥卡河
Kashira 卡什拉
Saraisk 萨拉伊斯克
Tarussa 塔鲁萨
Kaluga 卡卢加
Serebrynie Prudy 赛雷布里涅普鲁迪
Venev 维涅夫
Spaskoie 斯帕斯科耶
Michailov 米夏伊洛夫
Gremiatchi 格雷米亚奇
Yasnaya Polyana 亚斯纳纳亚波利亚纳
Bolchov 博尔乔夫
Stalino 斯塔利诺
Osero 奥塞罗
Uslovaia 乌斯洛瓦亚
Donska 东斯卡
Lichvin 利奇文
Upa 乌帕河
Krapivna 克拉皮夫纳
Dedilovo 杰季洛沃
Yepifan 耶皮凡
Odoievo 奥多耶沃
Skopin 斯科平
Gorlovo 戈尔洛沃
Bielev 别列夫
Plavskoie 普拉夫斯科耶
Teploie 特普洛耶
Bogorodisk 博戈罗迪斯克
Chern 谢恩
Volovo 沃洛沃
Dankov 丹科夫
Mzensk 姆岑斯克
Yefremov 叶夫列莫夫
Orel 奥廖尔
Novosil 诺沃西尔
Lebedin 列别丁
Verchovie 维尔乔维
Yeletz 耶列茨
Don 顿河
Livny 利夫内

　　26日和第五十三兵团在一起之后，我决定在27日去第四十七装甲兵团和第二十九（摩托化）步兵师。上午我从身处耶皮凡的雷默森将军那里得知，此前一个晚上第二十九（摩托化）步兵师遭遇危机。第二百三十九西伯利亚步枪师在丢弃火炮和车辆之后成功向东突围。由于防线薄弱，第二十九（摩托化）步兵师不仅没能阻止敌军突围，还为此付出了惨重的伤亡代价。我先去了这个师的指挥所，接着去看损失最惨重的第七十一步兵团。起初我认为，侦察工作失败和安全部署方面的问题是导致这一不幸局面的原因。但营级和连级指挥官们的报告明确指出，部队已经尽职尽责，完全是败给了敌军的数量优势。倒地阵亡的官兵穿戴整齐，手里握着武器，这说明指挥官们说的是事实。我竭尽全力去鼓舞深受震动的士兵们，帮助他们渡过难关。没有了重武器和车辆的西伯利亚军之所以能逃跑，是因为我们没有能力阻止他们。这是整个事件最令人烦扰的因素。第二十九（摩托化）步兵师的摩托部队立即动身追赶但没能追上。

　　随后我去了侦察营和第四装甲师的第三十三步枪团，当晚在第二十四装甲兵团指挥所过夜。苏联的冬季就是无穷无尽的雪花，刺骨的寒风恣意肆虐，周围所有的东西都埋进了积雪。你在荒无人烟的雪地里长途行车之后，看到的只是破败房子里穿着单薄、饿得半死的人。与此形成鲜明对比的是，我们面对的西伯利亚军吃得饱穿得暖，精神饱满士气正旺，冬季作战的装备一应俱全。只有了解到所有这些情况的人才能对现在所发生的一切做出正确的评判。

　　我在冰天雪地里一路行车的时候，当时在陆军总司令部装甲部队部门工作的巴尔克上校就坐在我旁边。我请他把亲眼看到的情况汇报给陆军总司令。

　　现在我们最紧迫的任务是要拿下图拉。在我们掌控这个交通枢纽及其机场之前，我们是没有希望继续向北或向东推进的。发动进攻之前，我分别去见了各个兵团的指挥官，帮助他们为攻击做准备，毕竟对于这次行动面临的诸多困难我是一清二楚的。我们打算利用双层夹击攻取这个城镇：第二十四装甲兵团从北面和东面进攻，第四十三兵团从西面进攻。在进攻期间，第五十三兵团负责保护北翼，防范莫斯科方向的敌军；第四十七装甲兵团负责保护战线长的东翼，防范西伯利亚方向的敌军。已于11月27日抵达米哈伊洛夫的第十（摩托化）步兵师已经奉命派出破坏部队去炸毁梁赞—科洛姆纳铁路，只可惜苏军的防御能力太强，破坏部队没能按时到达目的地。受冰雪天气影响，第十八装甲师大部分炮兵在向叶夫列莫夫行军途中掉队。从11月29日开始，敌军就对第十

（摩托化）步兵师施加巨大压力。我军不得不从斯科平撤离。

经过几个月的战斗，我军的进攻能力大幅下降，第二十四装甲兵团也是如此。现在该兵团一次只能发射11枚炮弹。

在东线南端，实力占优的苏军从11月27日开始进攻罗斯托夫。我们右侧第二军对面的苏军也得到了增援。在我集团军左翼，第四十三兵团到了图拉—阿列克辛公路，他们在那里遭遇强敌，对方立即发起了反攻。

第四军的第二装甲师抵达莫斯科西北14英里的克拉什纳亚波利亚纳。

11月28日，苏军开始重新进入罗斯托夫，第一装甲集团军面临撤离该城的问题。

我们在第四十三兵团所处区域的进展仍然缓慢。28日这一天，集团军群方面放弃陆军总司令部和国防军最高统帅部指定的所有长期目标，只是简单地下达了"成功完成图拉战役"的命令。

11月30日，国防军最高统帅部对我的部队是否充分集中力量打好对图拉的进攻战表示怀疑。第四十七装甲兵团的部队被抽调，这会削弱我们侧翼的保护力量，同时也加重了国防军最高统帅部的疑问。但由于东面的威胁逐渐加大，我认为这么做太危险。好在同一天我们前线的最南面发生了一件事，使整个局势突然有了很大改观：南方集团军群撤离了罗斯托夫。第二天，集团军群司令员冯·龙德施泰特元帅被解除职务，接替他的是冯·赖谢瑙元帅。这是第一个不详的兆头，只可惜希特勒、国防军最高统帅部和陆军总司令部都没有留意这个警示。

从1941年6月22日到现在，德军在东线的伤亡总数达到74.3万人，占德军平均总员额的21.23%。

同样是在11月30日，卡希拉附近正对我部北翼的敌军得到增援。看来敌军认为他们在这一侧受到威胁，所以从莫斯科以西的战线中央抽调部队过来支援。

那天我得到莫尔德斯上校的死讯，这让我感到非常沉痛。莫尔德斯是非常优秀的军人，去年夏天我们还是一起出生入死的战友。

近一段时间以来，巴尔干地区的游击战愈演愈烈，德国需要投入更多的兵力进入那个地区。

南方集团军群新任司令员冯·赖谢瑙元帅认为，放弃罗斯托夫以及把第一装甲集团军从米乌斯河背后撤下都是不可避免的。由此可见，仅仅在24小时以后，解除龙德施泰特职务的做法就显得毫无意义。

图16 进攻之前

图17 斯大林防线的一个反坦克战壕

图18　1941年8月5日在罗斯拉夫尔附近

图19　第三十五装甲团在戈罗季什切战斗之前行军

与此同时，我的集团军在准备进攻的组织上积极协同第四军在12月2日行军计划。但12月1日我们收到消息说，第四军要到12月4日才能做好准备。我原本愿意推迟我们的进攻等待第四军，因为这样我们就有时间安排第二百九十六步兵师过来。但第二十四装甲兵团认为他们无法继续待在狭窄的攻击区域，所以我决定在12月2日让该兵团发动进攻。

我们在亚斯纳亚波利亚纳托尔斯泰伯爵的庄园设立了前沿指挥所。12月2日我来到了这里。亚斯纳亚波利亚纳在"大德意志"步兵团指挥所后面不远处，位于图拉以南4英里。庄园里有两栋住宅楼，分别是"城堡"和"博物馆"，这两栋楼都保留着十九世纪晚期的乡村风格。另外，庄园里还有一些农舍。根据我的命令，"城堡"专供托尔斯泰家人使用，我们住在"博物馆"里。我们把托尔斯泰家族的家具和书籍统一存放到两个房间里，房间的门都锁着。我们使用的家具都是自己用木头制作的简易家具，我们取暖也是用附近树林里的木头。我们没有烧庄园里的任何一件家具，没有碰任何一本书或者手稿。战后苏联人所有与此相反的说法都是胡编乱造。我自己去看过托尔斯泰的陵墓，陵墓照看得很好，没有一个德国士兵打扰这里的宁静。在我们撤离之前，这里一直保持这样的状态。不幸的是，苏联的鼓动分子在充满仇恨的战争年代里极尽撒谎之能事，不遗余力地宣传我们的"野蛮行径"。要证明我在这里的说法不假其实不难，因为现在还有足够的目击证人活着。如果非要说托尔斯泰庄园遭到破坏，那我不得不说，在苏联最伟大作家的陵墓周围埋设地雷的正是苏联军队。

12月2日，第三和第四装甲师以及"大德意志"步兵团成功突破了敌军最前沿的阵地。这次进攻给敌人打了个措手不及。12月3日，进攻继续进行。由于路面结冰，部队的行动前所未有地艰难。第四装甲师跨过莫斯科—图拉铁路并缴获6门炮，最终抵达图拉—塞尔普乔夫公路。那个时候部队已经疲惫不堪，燃油也所剩无几。敌军向北撤退，局势仍然不容乐观。

12月4日的侦察报告说，敌军先头部队正准备从图拉—塞尔普乔夫公路南北两侧发动强力进攻。在第三装甲师那边，敌我双方在图拉以东树林发生激战。当天我军进展有限。

影响图拉局势的决定性因素是：第一，第四十三兵团是否有足够的进攻力量收拢图拉周围的包围圈并在图拉北面与第四装甲师建立联系；第二，第四军的进攻能否给敌军施加足够的压力，阻止其从中路抽调兵力增援图拉一线。

12月3日，为了实地了解部队的作战能力，我去格里亚斯诺沃察看了第四十三兵团的情况。12月4日一早，我驱车去第三十一步兵师指挥所，接着去了该师的第十七步兵团及其下辖第三（轻步兵）营。这是当年的高斯拉尔轻步兵部队，是我的军旅生涯起步的地方。1920年至1922年，我曾经担任该营十一连连长。我在这个营和几位连长谈了很久，其间我问了他们一个严肃的问题：部队是否有足够的进攻实力完成眼前的任务？几位军官没有刻意隐瞒内心的焦虑，但在回答是否能够成功发动进攻的问题时他们都说可以："我们可以再次把敌人赶出他们的阵地。"第四十三兵团的其他部队是否像我的老部队这么士气高涨不得而知，不过无论如何，这个营给我留下的印象促使我决定再次发动进攻。

返回的行程很漫长，吹积的雪和结冰的坡地也使路上充满危险。我的装甲指挥坦克就开进了秋雨在黏土地面上冲刷形成的一道深沟。四周一片漆黑，要把车子拉出来是没指望的。幸运的是，我在峡谷的另一面遇到从指挥所过来的一辆信号车。我坐着这辆车连夜赶回了亚斯纳亚波利亚纳。

12月4日，第四十三兵团做好了进攻准备，第二百九十六步兵师在施滕默曼将军的指挥下继续向图拉艰难前行。但这两支部队当天都没有发动进攻。此时气温已经降至零下35摄氏度。我军的空中侦察表明，敌军一股大部队正从卡希拉向南移动。由于苏军战机密集出动，我们的飞机没能进行更为详细的观察。

12月5日第四十三兵团试图发动进攻，但没能在第三十一步兵师初期成功的基础上扩大战果。第二百九十六步兵师天黑之后才疲惫不堪地到达乌帕，我还亲自去他们的一个团视察了情况。在第二十九（摩托化）步兵师那边，苏军使用坦克在维内夫东北发动进攻。我们在图拉以北一带的侧翼和后方受到威胁，加之第二十四装甲兵团在零下55摄氏度的冰冻天气下几乎动弹不得，我们是否应该继续进攻就成了一个问题。假如第四军同步发起进攻并取得成功，那我们就可以继续进攻，但不幸的是，实际情况并非如此。第四军所谓的配合行动仅限于派出两个连的战斗巡逻队，而且就是这个巡逻队也在完成任务之后就返回了原先的阵地。这个小插曲对第四十三兵团对面的敌军没有产生任何影响。第四军实际上已经完全进入守势。

鉴于我们侧翼和后方面对的威胁以及部队在极寒天气中无法移动，12月5日晚我决定中止这次得不到支持的进攻，把我们最前沿的部队撤到顿河上游—沙特—乌帕一线的防御阵地。这是德国向苏联开战以来我第一次做出这样一个决定，同时也是我做出的最艰难的一个决定。尽管我的参谋长利本施泰因和高级兵团指挥官男爵冯·盖尔将军完全赞同我的做法，但这并没有让我感觉轻松一些。

当晚我向冯·博克元帅汇报了我的决定。他听完就问："你的指挥所到底在哪里？"他以为我在奥廖尔，离作战前线太远。但这是装甲部队将军不可能犯的错误，我自己就亲临战场和士兵们在一起，对战斗和部队的情况了如指掌。

处境如此艰难的不只是我的第二装甲集团军。同样是在12月5日晚，霍普纳的第四装甲集团军和赖因哈特的第三装甲集团军原本已经到达克里姆林宫以北仅20英里的地方，但由于缺乏必要的兵力被迫放弃进攻，眼睁睁地看着巨大的战利品近在眼前却无可奈何。在第九军那边，苏军甚至在加里宁两侧转守为攻。

我们对莫斯科的进攻陷入瘫痪，英勇的官兵们付出的所有牺牲和忍耐都付之东流。我们遭受了一次严重的失败，而且这种失败由于最高统帅部的死板在接下来的几个星期进一步恶化：虽然我们不断汇报部队的情况，那些远在东普鲁士的人仍然不能正确认识现在他们的官兵进行冬季作战的真实状况。这种无知往往导致上级对作战部队提出不合实际的要求。

目前情况下，迅速、全面退守到地形适于防御并有现成阵地的地带似乎是扭转局面最好也是最经济的方式。到了那里，我们就可以停留到春天来临。对第二装甲集团军而言，10月份得到部分加固的苏沙河—奥卡河阵地显然是最好的选择，但希特勒却不予批准。其中的缘由是不是国际形势变化外加希特勒本人的固执，这我无从得知。不过我估计就是这样，因为日本在12月8日参战，紧接着希特勒在12月11日又对美国宣战。

当时让部队官兵不解的是，希特勒对美国宣战之后，为什么日本没有对苏联宣战。这种局面导致的一个直接后果是，苏联在远东地区的部队仍然可以用来对付德国，苏联方面以前所未有的速度大批量运送远东部队到我们这边的战线。希特勒的策略不仅没有缓解我们的困难，反而给我们增加了无比沉重的负担，而承受这一重担的正是在前线作战的官兵。

事到如今，这场战事已经演变为所有人的"全面"战争，全世界大部分国家的经济和军事力量已经联合起来对付德国及其孱弱的盟友。

我还是把话题转回到图拉。之后的几天，第二十四装甲兵团按计划撤退。与此同时，敌军从卡希拉一带继续向第五十三兵团施加强大的压力。12月7日晚，第四十七装甲兵团战区里的米哈伊洛夫落入苏军之手，第十（摩托化）步兵师遭受重创。在我们右侧，第二军失去了叶列茨，敌军在逼近利夫内的同时在叶夫列莫夫前方积蓄力量。

我在12月8日写的信当中表明了自己的观点：

　　我们面对的一个沉痛现实是，最高统帅部掩耳盗铃，始终不相信我们有关部队战斗力持续下降的报告，不断给部队提出新的要求，但同时又没有为严冬天气作战做准备，甚至对苏联的气温下降到零下35摄氏度感到惊讶。部队已经没有能力攻取莫斯科。12月5日，我怀着沉重的心情决定中止毫无成效的进攻，撤退到先前选定的一条较短的阵线上。希望凭借剩余的兵力我能够守住这条阵线。苏军对我们紧追不舍，我们必须对将来可能发生的不幸做好心理准备。我们的伤亡很严重，生病和冻伤导致的减员现象尤为突出。虽然这些人当中有一小部分经过休息和治疗可以重新归队，但目前他们恰恰得不到休息和治疗。冰冻天气导致的车辆和火炮损耗比预想的要严重得多。我们尽可能使用雪橇，但这个东西提供的帮助自然有限。幸运的是，目前为止我们的好坦克还能够正常使用，至于还能用多久就只有天知道了。

　　我们的不幸从罗斯托夫开始，这是显而易见的。11月23日飞往集团军群时，我既没有得到理解也没有取得任何成果，一切仍然照旧。接着我们北面的友军陷入瘫痪，南面的友军也已十分脆弱。我别无选择，只有中止进攻，因为凭我的一己之力是无法支撑起东线的，更何况还是在零下35摄氏度的条件下。

　　我请巴尔克把我对战局的看法汇报给陆军总司令，但我不知道他有没有这么做。

　　昨天，空军的里希特霍芬元帅来看我。我们单独谈了很久，发现我们对总体局势的看法是一致的。我和施密特将军也交谈过，他负责指挥我右侧的部队，处境和我一样，他也同意我的看法。由此可见，持有我这种观点的人不只我一个，但这又有什么用呢？没有人对我们的想法感兴趣……

　　我绝不会想到，我们如此有利的军事优势居然在两个月之内灰飞烟灭。如果我们在适当的时候当机立断停止进攻，在条件适于防御的阵线上安顿下来，我们就不会有危险。但几个月过去了，那个巨大的问号仍然悬而未决……我考虑的不是我自己，而是我们的德国，这也是我心生恐惧的原因。

　　12月9日，敌军在利夫内一带乘势进攻，成功包围了第九十五步兵师的一股部队。在我的战线这边，我命令第四十七装甲兵团开始朝西南方向撤退，第二十四装甲兵团击退了苏军从图拉发动的攻击。

　　12月10日，我向希特勒的首席副官施蒙特和陆军人事处处长凯特尔书面汇报了我们的情况，希望上面不要再抱有不切实际的幻想。同一天我在写给妻子的信中说：

　　我希望我写的这些信（上述的两封）能够送到期望之中的人手里，因为即便是现在，凭借清晰的思维和坚定的决心，我们仍然可以挽救很多东西。我们严重低估了敌军的实力、苏联的广阔和气候的恶劣程度，现在正承受因之而来的后果……唯一的好消息是，至少我在12月5日利用自己的职权中止了进攻，如果我不这么做，灾难就无法避免。

　　12月10日，我们发现有苏军在卡斯托尔奈亚和叶列茨一带下车。在第二军的战线一带，敌军拓展了渗透区域，跨过了利夫内—切尔诺瓦公路。在我这边，第十（摩托化）步兵师在镇守耶皮凡。第五十三兵团和第二十四装甲兵团抵达顿河—沙特—乌帕一线。

　　当天，第二百九十六步兵师和第三十一步兵师之间出现了一个令人不安的缺口。

　　12月11日，我们右侧的友军继续向西撤退。12月12日，我军从受到威胁的叶夫列莫夫撤离。

　　为了弥补第四十三兵团出现的缺口，第四军奉命派遣第一百三十七步兵师给我。但因为路途遥远外加天气恶劣，短时间内这个师还到不了我这边。12月12日，我这个集团军所有可用的机动部队都被调去支援陷入困境的右侧友军。

　　12月13日，第二军继续撤退。在这种情况下，第二装甲集团军想要守住斯大林戈尔斯克—沙特—乌帕阵线已经不现实了，在第一百一十二步兵师无力抵御新出现苏军的进攻的情况下就更是如此，所以我们必须要撤退到普拉瓦河后面。在此期间，我们左侧的第四军以及第三和第四装甲兵团都无法守住阵线。

　　12月14日，我在罗斯拉夫尔见到陆军总司令冯·布劳希奇元帅，冯·克鲁格元帅也在场。为了参加这次会面，我在暴风雪里乘车22个小时。我向陆军总司令详细报告了部队的情况，请求并得到他批准让我的集团军撤退到苏沙河与奥卡河一线。在10月份的战斗中，这一带曾经是我们的前线，所以得到一定程度的加固。我们在会谈中还谈到另一个问题，即如何以最好的方式填补第二十四装甲兵团与第四十三兵团之间如今宽达25英里的缺口。为了达到这个目的，第四军原本要把第一百三十七步兵师移交给第二装甲集团军，但冯·克鲁格元帅目前为止只派来4个营和这个师的师长。我认为这样的兵力远远不够，请求把这个师剩余的部队立即增派给我。在试图重新建立联系的战斗中，勇敢的师长博格曼将军失去了生命。对我们至关重要的缺口无法得到填补。

　　罗斯拉夫尔会议下达的命令是："第二军划归第二装甲集团军司令指

挥，两个军在库尔斯克前方和奥廖尔—普拉夫斯科耶—阿列克辛前方镇守战线，在必要的情况下撤退至奥卡河一带。"我原本以为陆军总司令会向希特勒汇报这个决定，但后来发生的事情表明，他是否做了汇报是个未知数。

苏军从12月13日开始对第二军的战线实施渗透。到12月14日，敌军的渗透已经通过利夫内向奥廖尔延伸，我军第四十五步兵师遭到包围并部分被歼。地面结冰让所有的行动都很艰难，冻伤导致的伤亡甚至超过战斗伤亡。由于右侧友军第二军第二百九十三步兵师撤离叶夫列莫夫，第四十七装甲兵团也被迫撤退。

12月16日，临近友军指挥官施蒙特在我的急切要求下来到奥廖尔机场见我，我们进行了半小时的交谈。我用极为沉重的语气向他说明当前的形势，请他务必把我的话转告给元首。我等着希特勒晚上打电话给我，对我通过施蒙特提出的建议给出答复。就是在和施蒙特的交谈中，我了解到陆军最高指挥所即将发生的一些变化，得知冯·布劳希奇元帅很快就将离职。当天晚上我写道：

> 夜里我经常失眠，我总是辗转反侧思考着如何帮助在这可恶的严寒中无处躲藏的可怜的士兵们。他们的处境令人胆寒、不可想象。陆军总司令部和国防军最高统帅部的人从来没有到前线看过，他们对这里的情况一无所知。他们不断下达我们根本无法执行的命令，却无视我们提出的请求和建议。

当晚我如愿接到了希特勒的电话，他指令我们坚守阵地，不准再撤退，答应给我们空投增援部队——我的理解是只有500人。因为电话线不好使，希特勒还特意重复了一遍。至于我们的撤退，有关行动在我和冯·布劳希奇元帅谈话过后就已经开始了，现在无法停止。

12月17日，我去找第二十四装甲兵团、第四十七装甲兵团第五十三兵团的指挥官再次了解部队状况并讨论战局。三位将军一致认为，就现有的兵力而言，我们无法在奥卡河以东组织防线，现在的问题是如何在援兵赶来协助构建坚固防线之前保持部队的战斗力。将军们汇报说，最高指挥所起初大大低估了敌军实力，现在还孤注一掷地下达最后的进攻命令，前线的官兵们开始对最高指挥所的能力产生怀疑。"假如我们行动自如，战斗力一如往昔，击败敌军就易如反掌。但苏军的训练和装备都适应冬季作战，而我们不是这样。"

第二军有些担心敌军会突破至诺沃希尔。

总体考虑目前的形势之后我决定，如果集团军群方面允许，我就飞往元首的指挥所亲自向希特勒汇报我这个集团军的情况，因为此前的电话沟通和书面报告都没有产生任何效果。与希特勒的会面安排在12月20日，此时冯·博克元帅已经告病离职，接替他担任中央集团军群司令的是冯·克鲁格元帅。

12月18日，第二军奉命镇守蒂姆—利夫内—维尔乔耶一线，并在随后几天与第二装甲集团军右翼一同撤退到博尔夏亚雷卡—苏沙河一线。第二装甲集团军则镇守莫吉尔基—维尔乔耶普拉维—索罗琴卡—楚尼纳—科斯米纳一线。

第四十三兵团划归第四军指挥。

12月19日，第四十七装甲兵团和第五十三兵团撤退到普拉瓦一线。我决定把第四十七装甲兵团调回到奥塞尔至波季西尼奥夫克西北一线，同时把第二十四装甲兵团集结在奥廖尔一带作为预备队，好让他们作短暂休整，进而成为我手下具有作战能力的机动部队。

第四军右翼遭遇强攻，部分部队被击退。

第一次解职

"小和尚，小和尚，你走在凶多吉少的路上。"当战友们听说我要去见希特勒的时候，他们对我说起了1521年弗伦茨贝格在马丁·路德博士去参加沃尔姆斯会议前对他说的这句话。这句话再适用不过了，因为就连我自己都很清楚，让希特勒回心转意绝非易事。但我在那个时候仍然相信，最高统帅部应该会听取前线将军提出的理性建议。我从奥廖尔以北冰天雪地的战场飞向远在东普鲁士设备齐全、温暖舒适的最高指挥所，一路上我都始终保有这个信念。

12月20日15点30分，我降落在拉斯滕堡机场。当天我和希特勒会谈了5个小时，其间只有两次各为半小时的休息，一次是吃晚饭，另一次是希特勒总是亲自参加的每周通气会。

希特勒在18点左右接见了我，凯特尔、施蒙特及希特勒的其他随行军官也在场。总参谋长和陆军总司令部的代表都没有参会，不过希特勒在冯·布劳希奇元帅离职后已经任命自己为陆军总司令。和1941年8月23日那天一样，我又一次独自面对国防军最高统帅部的一众将领。当希特勒走上前来向我打招呼的时候，我惊讶地发现，他的眼睛里第一次对我表露出敌意，这让我深信，我的某个对手肯定已经说服希特勒站在我的对立面。在昏暗的灯光下，希特勒的表情显得尤为冷峻。

会议开始后，我首先汇报了第二装甲集团军和第二军的情况，接着报告了我要把这两支部队逐步撤到苏沙河—奥卡河阵线的打算。如前所述，冯·布劳希奇元帅12月14日在罗斯拉夫尔同意了我的这个计划。我想当然地认为，希特勒肯定已经知道这个情况。没想到希特勒听到我这么说就大喊一声："不行！我不准你这么做！"我告诉他部队已经在撤退，在到达两条河之前无法中止行动。如果他看重前线官兵的生命，认为有必要在冬季守住阵地，那他除了批准完成撤退以外别无选择。

结果希特勒说："如果真是那样，他们就必须挖掘战壕，守住脚下的每一寸土地。"

我说："大部分地方都没法挖掘战壕，因为地面结冰有5英尺[1]深，我们的工具不行，挖不动冰层。"

希特勒道："那他们就用重型榴弹炮炸弹坑出来。第一次世界大战我们在佛兰德斯的时候就是这么做的。"

我说："第一次世界大战的时候，我们在佛兰德斯的几个师平均占据2至3英里宽的区域，平均每个师有两三个弹药充足的重型榴弹炮营帮助防守。我的几个师需要防御的阵线长达25至35英里，每个师有4门重型榴弹炮，每门炮大约有50枚炮弹。如果我用这些炮弹做弹坑，地上也就能炸出50个坑，每个坑的宽度和深度就和洗漱池差不多，周围还有一大圈黑色的土。这样的土坑是做不了弹坑阵地的。佛兰德斯的天气绝不会像我们现在经历的这么寒冷。再说了，我还需要弹药去打苏联军队。在苏联的冰面上，我们连用来固定电话线的木桩都钉不进去，为了钉木桩我们都用上烈性炸药了。我们从哪里找那么多炸药去炸出你说的那种防御阵地？"

但希特勒不为所动，仍然坚持让我们执行坚守原地的命令。

我说："那就意味着我们要像第一次世界大战西线作战那样，在不适宜的地形里打阵地战，我们会像当年那样跟敌人展开军需较量，遭受当年那样的伤亡，但又没有任何夺取决定性胜利的希望。假如我们采取这样的战术，我们会在这个冬天牺牲前线官兵以及增援部队官兵的性命，这样的牺牲既没有意义也无法弥补。"

希特勒说："你觉得弗雷德里克大帝的精兵会怕死吗？他们也想活着，但国王让他们牺牲自己是正确的。我认为我也有权要求任何一名德国军人牺牲自己的生命。"

我说："每一名德国军人都知道，在战争时期他们必须为祖国冒死战斗。目前为止我们的官兵也证明，他们做好了这样的准备。但只有在相应的结

---

[1]　1英尺约合0.30米。——译者注

果值得付出的时候，我们才能要求他们做出这样的牺牲。但据我所知，目前我们要采取的行动需要付出的代价远远超出能够获得的成果。我的部队只有到了苏沙河—奥卡河一线和秋天建成的加固阵地才有可能抵御严寒和苏联军队，请您不要忘了，导致我们严重伤亡的不是敌军：严寒造成的伤亡是苏军炮火导致的伤亡的两倍。只要看看医院里到处是冻伤的士兵就能明白了。"

希特勒说："我知道你没有独自贪图享受，而是常常跟部队在一起。这一点我是认可你的。但是你的眼光太过短浅，士兵的痛苦对你影响太大，你太同情他们。你应该更多地在后方指挥。相信我，远距离分析情况的时候思路会更清晰。"

我说："只要是我职权所在，减轻士兵的痛苦自然是我的义务。现在部队甚至还没有领到冬装，大部分步兵都还穿着粗棉布制服。靴子、背心、手套和羊毛头盔要么没有，要么已经破烂不堪。"

希特勒喊道："胡说。军需官告诉我冬装已经发下去了。"

我说："我敢说是发下去了，但一直没有到前线。我专门去调查其中的原因，发现这些服装现在还在华沙火车站。因为缺乏机车以及铁路线受阻的缘故，服装已经滞留在华沙几个星期之久。我们原本请求在九十月份就把冬装发往前线，但被上面严词拒绝。现在已经太迟了。"

希特勒让人把军需官叫过来，后者不得不承认我说的是对的。经过这次谈话，格贝尔斯着手安排在圣诞节期间把衣服送到前线官兵手里。但事实上，库存的制服在1941年冬天就没有发到战士们手里。

随后会议讨论了部队战斗力和补给方面的问题。我们的车辆在雨季和严寒天气下遭受严重损失，现有的运输能力无法满足作战部队和补给部队。由于损失的车辆没有得到补充，官兵们只有自己想办法，他们主要是用雪橇和雪车运东西，但这种工具的运力十分有限。尽管如此，在没有货车的情况下部队只能大量使用这样的运输工具，只是使用这种工具运送补给物资需要大量的人力。希特勒认为，补给部队和作战部队里的补给人员数量太过庞大，他坚决要大幅削减这方面的开支以便为前线提供更多的步枪。毫无疑问，这一决定是在不危急补给供应的前提下得到最大限度执行的。只有在以铁路为首的其他运输手段得到提升的情况下，补给部队及人员才能进一步削减。但让希特勒意识到这个简单的事实不是一件容易的事。

接下来是住所的问题。几个星期以前，陆军总司令部在柏林展示了他们为冬季作战的士兵准备的一系列设施，冯·布劳希奇元帅还坚持亲自带希特勒参观这个展示。里面展出的东西很漂亮，媒体进行了专题报道。不幸的是，前线的官兵就没有用过这些漂亮的东西。由于部队持续行军，官兵们不可能搭建像样的房屋，加之当地乡村条件有限，无法提供好一些的住所，所以我们的生活条件一直很差。但希特勒对这个问题也一无所知。军备部长托特博士参与了这个问题的讨论，他是一个善解人意的人。我讲述的前线生活让他深受震动，他当场给我看了新近研制出的两个战壕火炉。之前这些火炉就做出来要给希特勒看，下一步他们打算作为模型提供给部队的官兵，后者使用乡村的物资就可以仿造。对我来说，这至少是这次长谈的一个积极成果。

吃晚饭的时候我坐在希特勒旁边，借机向他讲述了前线生活的一些点滴。但我描述的情况没有产生预期效应，希特勒和他的随行官员显然都认为我夸大其词。

在晚饭后继续进行的讨论中，我提议把那些在这场战争中有实际前线作战经历的参谋军官调入国防军最高统帅部和陆军总司令部。我说："从国防军最高统帅部各位阁下的反映来看，我得出的结论是：我们上报的信息和报告没有得到正确的理解，因而没有以该有的方式向您反映。所以我觉得有必要让那些有前线经历的军官到陆军总司令部和国防军最高统帅部任职。在开战以来的两年多时间里，这两个指挥所的军官都在远离战场的地方办公，从来没有去前线看过情况，现在是时候改变这种局面了。这场战争与第一次世界大战大不相同，一战的经验对理解现在这场战争没有任何帮助。"

我这么一说就像是捅了马蜂窝。希特勒大为光火："我现在离不开自己的参谋团队。"

我说："您不需要换副官，我说的不是这个意思。我要表达的是让那些有近期作战经历特别是冬季作战经历的军官担任参谋要职。"

但这个请求同样遭到断然拒绝。最终，我和希特勒的对话彻底失败。离开会议室的时候我听见希特勒对凯特尔说："我居然没有说服那个人！"我和希特勒之间的嫌隙就此拉开，无法弥合。

上午启程返回之前，我打电话给武装部队指挥所参谋长约德尔将军，向他重申目前的方式方法必将导致没有任何正当理由可以解释的无法容忍的生命牺牲。我们急需在前线后方脱离敌军接触的区域补充预备部队。然而，我的这次呼吁仍然没有起到明显的效果。

12月21日跟约德尔通完电话我就飞回奥廖尔。根据希特勒的命令，我这个集团军左侧的界限调整到希斯德拉河与奥卡河的交汇处。经此调整，我的装甲集团军担负的职责到了令人难以承受的地步。当天接下来的时间里，我不停地忙着根据希特勒的指令给部队拟定下达命令。

为确保相关命令得到执行，12月22日我来到第四十七装甲兵团。在师指挥所交谈了一阵之后，我去第十（摩托化）步兵师所在的切恩，向冯·乐佩尔将军说明下达上述命令的目的以及希特勒做出决策的缘由。当天下午，出于同样的目的我又去了第十七和第十八装甲师。到了午夜时分，我冒着严寒返回奥廖尔。经过我的一番奔忙，战线西头的各位指挥官总算完全知晓根据希特勒的命令做出的调整，这下我可以带着清晰的认识面对未来几天的情况了。

12月23日，我向其余部队的指挥官一一说明情况。第五十三兵团报告说，第一百六十七步兵师现在也遭到强力进攻。第二百九十六步兵师退回到别列夫。此时防守能力薄弱，其左翼与第四十三兵团之间仍然有一个巨大的缺口，但由于部队离开公路之后在难以通行的乡村几乎没有机动能力，这个缺口无法填补。我当即命令第三和第四装甲师经图拉—奥廖尔公路撤到奥廖尔，让他们作3天休整，然后在第二十四装甲兵团指挥下经卡拉切夫和布良斯克北上进攻逼近奥卡河敌军的侧翼。但由于敌军对第二军战线的纵深渗透需要这支部队的部分兵力增援新的危险点，他们在利奇文一带集结的时间被耽搁了。第二十四装甲兵团的非机动部队集结在奥廖尔对该城实施保护。

12月24日，我去几个战地医院看那里欢庆圣诞节的情况。我的出现让很多英勇的官兵受到鼓舞，但我自己的心情是沉重的。当晚的大部分时间我独自一人工作，后来利本施泰因、布兴和卡尔登来找我，我们在一起倾心畅谈了一番。

也是在12月24日，第二军失守利夫内，敌军在此地以北渡过奥卡河。奉陆军总司令部之命，第四装甲师前往别列夫阻止敌军推进。由于兵力分散，我让第二十四装甲兵团发起联合反攻的原计划泡汤。

12月24日晚，第十（摩托化）步兵师在苏军包围下失守切恩。苏军的胜果出人意料的可观，因为第五十三兵团在第十（摩托化）步兵师左侧作战的部队没有守住阵地被敌军成功突破，第十（摩托化）步兵师的一部分部队被围困在切恩。我立刻把这个情况报告给集团军群。冯·克鲁格元帅对我横加指责，说我应该命令部队撤离切恩，而且至少是在24小时以前让部队撤离，但真实情况与此相反。这话让我感到一头雾水，因为如前所述，我亲自转达了希特勒关于坚守该城的命令。想到这里，我很不高兴地反驳了冯·克鲁格元帅对我提出的指责。

12月25日，第十（摩托化）步兵师被围困的部队突围成功，带着几百名战俘来到我们这边。我命令他们退到苏沙河—奥卡河阵地。晚上我又和冯·克鲁格元帅吵了一架，他说我报送给他的官方报告是错的，然后说了一句"我要在元首面前告发你"就把电话挂了。这也太过分了。我对集团军群参谋长说，如果受到这样的对待，我就不想再指挥我的集团军了，到时候我就请求上面解除我的职务。我当即为此发了一份电报，没想到冯·克鲁格元帅赶在我前面请求陆军总司令部解除我的职务。12月26日上午上面就通知我说，希特勒把我转进了陆军总司令部军官储备库，接替我指挥装甲集团军的是第二军司令鲁道夫·施密特将军。

12月26日，我向参谋人员告别并向部队签发了动员令。

12月27日我离开前线，当晚在罗斯拉夫尔过夜。28日晚在明斯克过夜，29日晚在华沙，30日晚在波森，在新年前夜回到柏林。

我离开之后，冯·克鲁格元帅和我的参谋人员针对我给部队签发的最后一道动员令产生分歧。集团军群方面想要阻止动员令公开，因为冯·克鲁格元帅担心里面会有指责上级的内容。其实动员令的内容无可辩驳。利本施泰因想办法让官兵们了解其中的内容，就算是我向他们送出的告别问候。

我的最后一道动员令内容如下：

第二装甲集团军司令。集团军指挥所。1941年12月26日。

集团军日常动员令

第二装甲集团军的官兵们！

今天，元首和武装部队最高统帅解除了我的职务。

在即将离开大家的时候，我想起了我们一起为伟大祖国以及我们兵种胜利并肩作战的6个月，满怀崇敬之情想到了所有为德国流血牺牲的人。我从心底感谢你们，我的战友，感谢你们在这漫长的几个月里时刻展现出的可信赖的敬业精神和真正的战友情谊。我们同舟共济、同甘共苦，能够帮助你们、保护你们是我最大的快乐。

祝你们好运！

我知道你们将一如既往英勇战斗，尽管寒冬严酷、敌军数量占优，你们将会克敌制胜。我在精神上支持艰苦奋斗的你们。

你们在为德国作奉献！

希特勒万岁！

（签发）古德里安

第7章 退出现役

我受到的不公平待遇起初让我感到很难过，我觉得这也是在情理之中。所以1942年1月初我在柏林请求成立调查法庭调查我过去的行为，以便驳斥冯·克鲁格元帅对我提出的指控，表明我所作所为背后的缘由。但我的请求遭到希特勒的拒绝。没有人告诉我他为什么这么做，但显然上面不想澄清事实。我遭到不公正对待是众所周知的事实，就在我离开奥廖尔之前，希特勒就派施蒙特上校来了解真实情况。利本施泰因和前线几位将军向施蒙特说明整件事情的来龙去脉，之后施蒙特又把他了解到的情况转述给他在最高指挥所的同事，末了还表达了他自己的看法："当事人受到不公正的对待，他手下的官兵都支持他、相信他。我们要想办法处理好这件事情。"施蒙特的意愿无疑是美好的，他是一个品德高尚、受人尊敬的人。但出于涉事其中的其他几个人牵制的缘故，他终究没能如愿以偿。

于是，在我的兵将在前线艰苦奋战的时候，我却待在柏林无所事事。我知道上面关注我的一举一动、一言一行，所以起初的几个月我处于完全退休的状态，几乎不离家门。在此期间我只接待了为数不多的几位客人，其中一位是"阿道夫·希特勒旗卫队"指挥官塞普·迪特里希，他从总理府打电话说要来看我。他对我说，他来看我是有意为之，为的就是向"高层人士"表明他们对我不公正，同时表明他不认同这么做。不过迪特里希没有勇气向希特勒表明他对我这件事的看法。

陆军高层的人事调整不仅限于我和龙德施泰特元帅的解职，很多颇有名望的将军都被解除了职务。他们的解职要么毫无理由，要么理由很牵强，其中包括盖尔将军、佛尔斯特将军和霍普纳将军。另外，里特尔·冯·雷普元帅和居普乐将军主动辞职，施特劳斯上将告病。

这次"清理门户"引起很大抗议，其中最显著的是霍普纳上将。希特勒把他免职的同时还禁止他穿戴军装和勋章，取消了他的退休金，还禁止他继续住在原先分配给他的房子里。霍普纳拒绝承认这些非法的指令，陆军总司令部和国防军最高统帅部的律师在这件事情上也勇敢地站在了希特勒的对立面。律师们向希特勒指出，在对霍普纳进行纪律审查之前希特勒无权下达上述指令，而要进行纪律审查，其结果必定会对霍普纳有利。在与直接上司冯·克鲁格元帅的电话交谈中，霍普纳对"文职领导层"怒不可遏。克鲁格认为霍普纳的矛头直指希特勒本人，就把原话转告给了希特勒，后者听了之后火冒三丈。这件事间接导致的一个后果是，德国国会在1942年4月26日通过了一个帮助希特勒扫清全面独裁最后障碍的法案。该法案获得通过后，希特勒有权在不通过国会的情况下修改立法、行政和司法领域的法律法规。至此，希特勒的独裁历程从1933年3月23日通过《授权法案》以来到达高潮，他因此获得了全面专制的权力，德国从此不再是一个现代化的法治国家。在前线作战的士兵在两个法案的通过中没有发挥任何作用，但他们却要承担法案带来的恶果。

我的心脏原本就有些问题，最近几个月的不愉快使情况出现恶化。在医生的建议下，我和妻子在1942年3月底去巴登韦勒进行为期4周的疗养。乡间的春色与宁静以及温泉浴场的药浴缓解了对苏作战一系列经历对我的身体和心灵造成的影响。但回到柏林之后，我亲爱的妻子又让我忧心忡忡。由于出现恶性血液中毒，她卧床治疗了几个月。除此以外，柏林有很多人来找我，他们经常问我很多问题，这让我不堪其扰。为了逃避首都的这种氛围，我们决定用家里继承的一点遗产在康斯坦茨湖附近或者萨尔茨卡默古特买座小房子。9月底，我请作训部队指挥官弗罗姆将军帮我安排请假去买房子，他答复说让我去找他。就在几天前，隆美尔从非洲发来电报说，他身体不好要回国一趟，他已经建议希特勒让我暂时代理他的职务。但希特勒没有同意隆美尔的建议。弗罗姆现在问我是否想要复出上岗，我说不想。我从萨尔茨卡默古特返回柏林那天，弗罗姆又打电话让我去找他。他说前一天他和施蒙特谈过了，施蒙特表示我重新上岗没有问题，不过元首已经知道我正打算在德国南部购置房产。他知道我的家乡是瓦尔特高，也就是西普鲁士，所以他希望我住在那边而不是德国南部。他有意要向所有荣获橡树叶骑士十字勋章的人进行国家捐赠，捐赠的主要内容就是土地，所以我最好在家乡附近找房子。听他这么说我才意识到，现在我可以把灰色制服放在一边，彻底过上平民生活。

但我的这个心愿刚一开始就遭遇挫折。1942年秋天，我的心脏问题出现恶化。11月底我彻底倒下，连续几天几乎完全失去知觉而且不能进食，在柏林顶尖专家冯·多马鲁斯教授的精心治疗下才慢慢康复。圣诞节的时候我可以一次下床活动几个小时，第二年1月我又进一步恢复。到了1月底，我身体恢复得差不多就去瓦尔特高找房子，开始期待以房主的身份重新过上平民生活。但这个愿望终究没能实现。

1942年6月28日至8月底，德国陆军再次发动攻势。这次攻势取得了一定成果，克莱斯特的南翼抵达高加索山区，北面保卢斯的第六军打到了伏尔加河畔的斯大林格勒。不过这次的进攻计划还是有些古怪，因1941年冬季作战导致战斗力减弱的部队被上面安排了不切实际的任务。和1941年8月的情况一样，希特勒在确保摧毁敌人军事力量之前就追求重大经济和意识形态目标。他想夺取里海油田，切断苏军伏尔加河军事大动脉，拿下工业中心斯大林格勒，这些野心促使他采取在军事上显得荒唐的行动。

我只能通过媒体和无线电关注事态发展，不过有时候我的朋友会给我提供一些详细信息。但就是这些有限的信息也让我意识到，我们的处境已经急转直下。在1943年1月的斯大林格勒灾难之后，西方列强尚未出手干预我们就已经深陷危险之中。1942年8月19日英国人在迪耶普的试探性登陆预示着，德国又将在法国开启第二条战线。

1941年11月，盟军在北非登陆，在北非作战的德军处境危急。

9月25日，希特勒解除了哈尔德上将的总参谋长职务，任命蔡茨勒将军取而代之。与此同时，总参谋长被剥夺了总参谋部的人事任命权，相关职权给划到了希特勒直管的陆军人事处。如此一来，总参谋长就失去了控制参谋军官的一个关键手段。蔡茨勒对此提出抗议但无济于事。随着哈尔德的离职，希特勒完成了对军事权力的重新分配。其实早在1939年秋天希特勒就对陆军高层很不信任，只不过那个时候他自感无力加以重组罢了。在长达3年的时间里，陆军高层的军官们执行着与自己内心信念相悖的路线，而且他们彼此想法不一、互不信任。现在这种情况会改变吗？希特勒对蔡茨勒会比布劳希奇和哈尔德更信任吗？现在他会听取专家们的意见吗？德国的命运就取决于这些问题的答案。

蔡茨勒满怀激情走马上任，对希特勒直言不讳，为自己的观点据理力争。他5次提出辞职，5次被希特勒拒绝，直到最后希特勒对他的不信任到了无以复加的地步，最终让他走人。但一直到他最后离开，蔡茨勒也没能说服希特勒改变态度。

（蔡茨勒任职期间东线的战局变化参见地图27和28。）

第8章 1942年1月到1943年2月期间装甲部队的发展

1941年12月把陆军总司令的职权揽入怀中之后，希特勒日益关注军事武器的技术发展。下文提及的数据主要来自军备和军工生产部长阿尔伯特·施佩尔的前任首席助理萨乌尔。萨乌尔提供的材料表明，希特勒急于推进武器研发。从这些材料也可以看出希特勒的古怪性格，个中内容耐人寻味。

前面我已经提到，一批负责任的设计师、实业家以及军械处的军官在1941年11月到我的装甲集团军调研。他们此次调研的目的是近距离研究我们近期与苏联作战能力占优的T-34坦克交战的经验，并据此确定应该采取什么样的措施帮助我们重新建立针对苏军的技术优势。前线的军官一致认为，德国应该直接仿制T-34，因为这是扭转德国装甲部队艰难处境的最快方式，但设计师们却不同意这个观点。其中的主要原因倒不是设计师们对自己发明能力固有的自豪感，而是因为T-34的核心部件——特别是铝制柴油发动机——无法在短时间内快速量产。另外，由于原材料短缺，我们在钢合金的生产上也处于劣势。有鉴于此，各方最终决定采取以下措施：继续生产最近研发的60吨级虎式坦克，同时设计35吨至45吨的豹式轻型坦克。1942年1月23日，豹式坦克的设计方案提交给了希特勒。在方案讨论会上，希特勒命令将德国坦克的月产量提高到600辆。而在1940年5月，我们所有类型坦克的月产量只有125辆。由此可见，在将近两年的战争期间，德国在坦克这种关键武器的产量提升上显得十分有限。从这方面可以看出，希特勒和总参谋部对坦克在战争中的重要性都没有做出正确的估计，就是1939至1941年的坦克胜利都不足以改变这一点。

希特勒在1942年1月23日的这次会议上表达了一个观点，这个观点导致后来他对坦克技术发展以及坦克的战术和战略部署始终没有清晰的认识。他认为，即将配发给炮兵的空心装药炮弹将大幅降低未来坦克的作战性能。事实上，这种炮弹已经有明显的穿甲能力。在他看来，如果这种炮弹真的会降低坦克的攻击效率，德国应该生产更多的自行火炮，所以他希望炮兵采用坦克的地盘。当天他就要求有关方面采取措施执行他的意图。

1942年2月8日，军备和军工生产部长托特博士在一起飞机事故中丧生，接替他的是施佩尔。

3月，克虏伯公司和波尔舍教授奉命设计一种重达100吨的坦克。由于时间紧迫，这种坦克在1943年春季就可以推出实验模型。为加速研发进程，我们需要更多的设计师，为此，和平时期汽车工厂的生产活动都被中止。1942年3月19日，施佩尔向希特勒报告说，1942年10月就能生产出60辆波尔舍虎式坦克和25辆亨舍尔虎式坦克，到1943年3月还会增加135辆，届时虎式坦克的总数将达到220辆——假定这些坦克都可以投入使用。

4月，希特勒命令设计虎式坦克和豹式坦克80毫米和75毫米火炮使用的炮弹。亨舍尔公司和波尔舍公司生产出了第一批实验型虎式坦克。

同月，希特勒打算远征马耳他，为此他需要12辆装配80毫米火炮的前装甲IV号坦克攻击岛上要塞。这个行动计划原本十分必要，只可惜后来就音讯全无。

1942年5月，希特勒批准曼恩公司提交的豹式坦克设计方案，同时命令生产可以装载运输超重型坦克的平板车。突击炮的产量提高到每月100门，III号坦克的火炮增加到每月190门。

1942年6月，希特勒对坦克装甲的厚度表示担忧。他命令把IV号坦克和突击炮的前装甲增加到80毫米，但怀疑这个厚度的前装甲放在1943年从春季的豹式坦克上是否足够。于是他又命令组织调查研究，看看能否把豹式坦克的装甲厚度增加到100毫米。他还命令把坦克所有垂直面的厚度增加到至少100毫米，还要把虎式坦克的前装甲厚度增加至120毫米。

1942年6月23日的一次会议对1943年5月的生产数值做出预估如下：

使用老式II号坦克底盘制造的装甲侦察车……………………………131辆

豹式坦克……………………………………………………………250辆

虎式坦克……………………………………………………………285辆

希特勒对这个计划非常满意，他希望尽快研发供坦克使用的风冷式柴油发动机。其实早在1932年卢茨将军就已经有过这个想法，但只有克虏伯公司制造的I号小型坦克装配了这种发动机。希特勒仔细研究了坦克生产的基本问题，对专家列出的重点工作顺序清单予以认可：首先要装配尽可能强大的武器，其次是速度要快，再次是要装配重装甲。不过希特勒本来就是一个自相矛盾的人，他时不时说重装甲也是一个首先要考虑的因素。此后他又异想天开地要制造巨型坦克，命令格罗特和哈克尔两位工程师设计一种重达1000吨的庞然大物。根据希特勒的指令，正在制造当中的波尔舍虎式坦克的腹甲厚度要达到100毫米，配备150毫米L37火炮或者100毫米L70火炮。波尔舍教授承诺说，第一辆模型坦克将于1943年5月12日交货。1942年7月8日，希特勒命令迅速组建虎式坦克连，为攻击列宁格勒做准备。仅仅15天之后的7月23日，希特勒又改变主意，要求虎式坦克最迟要在9月份做好投入到法国战场的准备。希特勒似乎已经预料到盟军要在法国登陆。

为了改进老式的Ⅲ号坦克，希特勒命令给这种坦克重新配备75毫米L24火炮。希特勒急于大幅提升坦克产量，但同时又想制造大量使用坦克底盘的自行火炮，尽管生产这种自行火炮必然会导致坦克产量下降。

1942年8月，希特勒想要知道虎式坦克最快能在什么时候装配可以击穿200毫米装甲的88毫米火炮。他还命令把所有进厂维修的Ⅳ号坦克都装上长管火炮，以便提升Ⅳ号坦克的火力。

1942年9月，新的生产计划出炉，各类坦克在1944年春季的产量如下：

猎豹坦克（轻型侦察坦克）··150辆

豹式坦克 ···600辆

虎式坦克 ··50辆

坦克总产量 ··800辆

突击炮 ···300门

轻型自行火炮 ···150门

重型自行火炮 ···130门

超重型自行火炮 ···20门

坦克底盘火炮总产量 ···600门

为了尽可能减少对坦克生产的影响，给自行火炮安装的都是未硬化钢。不过显而易见，当前的首要任务是生产火炮而不是坦克，也就是要大量生产防御武器而不是进攻武器。而且就是这类防御武器也无法满足前方作战需求，因为前线部队开始抱怨说，Ⅱ号坦克或捷克T-38坦克底座上的自行火炮威力不够。

希特勒在研讨波尔舍虎式坦克时表示，这种电力驱动的风冷式坦克非常适合非洲战场，但其30英里的作战半径远远不够，必须要提升到90英里。这无疑是正确的，只是在刚刚开始设计的时候就应该提出来。

9月份的一系列研讨已然表明，斯大林格勒周边的激战对德国的武器研发影响很大。根据决议，经过改进的突击炮将装配75毫米L70火炮，前装甲厚度达100毫米。重型步兵火炮装在突击炮的底盘上或者装在Ⅳ号坦克上。当时正在生产的一些波尔舍虎式坦克的旋转炮塔换成了88毫米长管炮，在安装200毫米前装甲之后改装成了突击炮。当时甚至还讨论到了给这种坦克安装210毫米迫击炮的可能性。当时配备给部队的坦克显然不适合巷战，但不断修改已经在生产的坦克的设计方案是解决不了这个问题的。相反，每一次修改都需要无数不同的零部件，战场上维修坦克的工作因此变成了几乎不可能完成的任务。

1942年9月，第一批虎式坦克投入使用。第一次世界大战给我们的一个教训是，在投入使用新武器的时候不能操之过急，在可以大批量投向战场之前不能盲目使用。第一次世界大战期间，法国和英国都在条件不成熟的情况下小规模使用坦克，结果没能获得预期中的胜果，这是一直以来军事专家都认可的观点。此外，我自己也屡次评论过这个话题。希特勒对这个情况是很熟悉的，但他迫不及待地要尝试新的武器，所以安排虎式坦克在极不适宜的地形里参与非常次要的小规模进攻。在列宁格勒附近泥泞的森林里，重型坦克只能沿着丛林小道单列行进，而敌人的反坦克炮早就在这些地方守株待兔。我方不仅蒙受大量不必要的伤亡，还因此泄露了武器秘密，丧失了未来投入新式坦克的奇效。由于这次进攻在恶劣地形里半途而废，我们的失望之情就更加强烈。

10月，坦克生产因制造突击炮再次受到影响：改装的Ⅳ号坦克装配75毫米L70火炮，豹式坦克装配88毫米L71长管火炮。此外，Ⅳ号坦克的车身上要安装40到60门步兵重炮，希特勒还说要加装炮管超短的迫击当作掷雷筒使用。这些新的设计固然新颖，但设计变化导致Ⅳ号坦克本身的产量下降，而Ⅳ号坦克是当时我们唯一能派上用场的作战坦克。也就是在这个月，Ⅳ号坦克的产量才刚刚达到区区100辆。军备部的人提议说，除了生产猎豹坦克以外还应该生产豹式侦察坦克，好在这个计划没有付诸实施。

在坦克生产领域，我们采取了错误的方针。不过另一方面，希特勒坚持给虎式坦克装配88毫米平射弹道长管炮的做法倒是很正确的。如果选择另一种炮，火炮的口径虽然大了，但炮弹的初速度就不够。坦克炮的首要目的是攻击敌军坦克，所以其他方面的考虑都必须服从这一需要。

11月，虎式坦克的月产量在希特勒的要求下从13辆提高到25辆。突击炮的产量则提高到了100门。

12月初，有关部门就如何正确使用坦克的问题展开了新的讨论。有人向希特勒指出，虎式坦克的零散使用对德军非常不利。希特勒认为，零散使用符合东线战场的情况，但在非洲就适合大规模使用。这种想法匪夷所思，我完全搞不懂其中理由何在。

Ⅲ号坦克现在已经停产，解放出来的产能用来生产突击炮。到1943年6月，突击炮的产量将达到每月220门，其中24门装配轻型野战榴弹炮。这种炮初速度低、弹道高，很适合步兵的需求，但生产这种炮又进一步削弱了我们面对敌军坦克的防御力量。

希特勒在与工程师波尔舍和穆勒博士（克虏伯公司）会面时说，他希望重100吨的鼠式坦克在1943年夏天推出实验模型，还希望克虏伯公司此后每月生产5辆这种坦克。

由于此前坦克设计多次修改，零部件难以更换的问题开始出现。

1943年1月，有关部门对装甲、坦克炮和巨型坦克进一步展开讨论。根据指令，老式Ⅳ号坦克的垂直面为100毫米装甲板，豹式坦克的前装甲也是100毫米；"猎豹"轻型侦察坦克的生产计划取消，因为"该型坦克拟议使用的装甲和武器装备不适于1944年的作战条件"。

根据指令，虎式坦克装配88毫米长管火炮，前装甲厚150毫米，侧装甲厚80毫米。波尔舍的鼠式坦克将投入生产，月产量提高到10辆。但在当时，希特勒及其顾问设想中的这种巨型坦克甚至连木制模型都还没有做出来。尽管如此，上面还是决定从1943年年底开始这种坦克的量产，坦克将装配128毫米火炮，同时展开最终装配150毫米火炮的研究。

为了方便打巷战，希特勒命令以波尔舍坦克底盘为基础制造3辆"虎式撞击坦克[1]"。这种"骑士"武器似乎是坐在办公室的某些战略人士战术想象的成果。为了给这种坦克提供必要的油料，希特勒又命令制造用来运输燃油的辅助车辆和备用油箱。他还命令制造供坦克使用的烟雾弹筒，同时宣布说，直升机是用于炮兵观察的理想飞机，也是与坦克展开配合的理想选择。

1943年1月22日，希特勒向"所有参与坦克制造的人"发出呼吁，并将提高坦克产量的职责全权授予施佩尔部长。这充分表明，在苏联持续增产优质T-34坦克的情况下，德国对其装甲力量处于劣势这一事实日渐焦虑。

但即便认识到上述事实，希特勒仍然在2月份命令使用Ⅳ号坦克底盘制造两种自行火炮：一种是所谓的"龙虾"重型野战榴弹炮，另一种是口径为88毫米的"大黄蜂"。他命令把老式Ⅱ号坦克和捷克T-38坦克的产能全部用来制造自行火炮的车架——前者装配一门轻型野战榴弹炮，后者装配一门1940型75毫米反坦克炮，还命令以最快速度生产90辆"费迪南德"波尔舍虎式坦克。为了帮助Ⅳ号坦克、豹式坦克和突击炮抵御苏联步兵的反坦克武器，他命令给这些武器装配一种所谓的防护挡板，也就是在坦克外壳上加装用以保护垂直表面、轮子和履带的装甲板。

---

[1] 这是希特勒设想出来的一种坦克，专门用来撞击敌军坦克或者推倒墙体等垂直障碍物。

　　坦克生产的情况越来越混乱，结果也越来越不能令人满意。最后，总参谋部都忍不住要出手干预了，他们要求停止生产虎式坦克和豹式坦克以外所有型号的坦克。其实那个时候豹式坦克尚未投入量产。希特勒很快接受了这个提议，军备部对此也乐于接受，因为这意味着后面的坦克生产要简单得多。这个计划美中不足的是，由于Ⅳ号坦克停产，德国在可预见的一段时期内只能局限于每月生产25辆虎式坦克，这必定会导致德国陆军在很短的时间内就遭受失败。即便没有西方盟国的帮助苏联也能赢得战争的胜利，获胜后他们就会占领整个欧洲，地球上没有任何力量可以阻止他们。欧洲的问题将会大大简化，到时候我们就都知道真正的"民主"到底是什么样子！

　　此时的德国面临巨大的危机，军界高层和希特勒军事助手中少数具有眼光的人开始寻找能够在这个危急时刻力挽狂澜的人。他们把我在战前写的材料放到希特勒的办公桌上，劝说他读一读，还劝他找我谈话。最终，他们成功说服希特勒摒弃对我个人的不信任，让他至少听我一次。于是，1943年2月17日，我出乎意料地收到陆军人事处的电话，让我到文尼察最高统帅部去见希特勒。

第9章　装甲部队监察长官

任命和先期工作

1943年2月17日，当我接到陆军人事处打来的电话时，我根本不知道对方要跟我说什么。仅仅在一周之前，心脏病刚刚康复我就去见了人事处处长博德温·凯特尔，他是陆军最高司令部司令凯特尔的兄弟。我向博德温·凯特尔了解了一些人和事，但从当时他跟我的谈话当中完全看不出上面要重新任用我的迹象。这时候凯特尔的助理林纳茨将军却让我直接去文尼察向元首报到，至于为什么他也没说。不过我心里很清楚，只有在事情到了最紧迫的时候希特勒才会走这一步。在斯大林格勒，我们有整整一个军在战场上投降；这场灾难给德国带来惨重的伤亡；第六军被歼，他们两侧资源有限的盟军没能守住自己的阵线……所有这一切导致了深重的危机。军队和整个国家的士气到了一个低点。

而国内外的政治打击又进一步加剧了局势。

西方列强在北非登陆后连战连捷，北非战场的重要性日益凸显。1943年1月14日至23日，罗斯福和丘吉尔在卡萨布兰卡会晤。对德国而言，这次会晤最重要的一个结果是，西方列强坚持要求轴心国无条件投降。这个严酷的现实对德国尤其是德国军队产生了巨大的影响。事到如今，至少军人们已经相信，我们的敌人决意要彻底摧毁德国，而正如盟国宣称的那样，盟军现在不是和希特勒以及所谓的纳粹作战，而是同高效、危险的世界贸易对手在作战。

有那么一段时间，卡萨布兰卡摧毁原则的制定者对他们的所作所为颇为得意。1943年2月11日，丘吉尔对英国下院表示：

"在对我们的生命和自由倚仗的一系列事实进行全面、冷静、成熟的思考之后，总统先生和作为战时内阁代表的我一致同意，卡萨布兰卡会议的决议应该是我们所有敌人的无条件投降。我们要不动摇地坚持让敌人无条件投降，但这并不意味着我们会用虐待国民的方式玷污取得胜利的武器。"

做出这番讲话不到两年之后，也就是在1944年12月15日，丘吉尔承诺把东普鲁士大部（只有柯尼斯堡归苏联）、但泽和200英里巴尔干海岸线划给波兰。他表示，波兰"可以任意向西面的德国扩充自己的领土"。他还说：

"我们要从东方向西方或北方转移数百万人，还要把德国人从波兰在西方或北方得到的土地上驱逐出去，因为这就是大家所提议的——全面驱逐德国人……这样不同民族的人就不再混在一起……"

如此对待东德人民难道不残酷吗？这么做公正吗？英国下院显然没有一致认可丘吉尔的政策，因为到了1945年2月24日，丘吉尔认为他有必要再次为自己辩解。他说：

"我们应该如何对待与之苦斗的死敌？是让他们无条件投降呢，还是做出妥协进行和平谈判，让他们几年之后东山再起重燃战火？美国总统在卡萨布兰卡提出了无条件投降的原则，我代表英国也同意了这个原则。当时很多情况悬而未决，我认为那个时候采取这样的原则是正确的。而到了现在，这些悬而未决的事情也朝有利于我们的方向发展，如今我们已经进入一个强势的主导时期。那么，在这样一个时期，我们是否应该调整在实力薄弱、缺乏成功时发出的宣言？对于这个问题，我的态度是明确的，就是我们无论如何都不能放弃无条件投降的原则，不能和德国或日本进行任何形式的谈判，直至无条件投降得到正式执行……"

可见，丘吉尔已经不太确定他当时的行为是否明智，他和贝文明显改变了当初的政策。今天，英国很多政界人士无疑都希望1945年2月雅尔塔会议的决议会是另外一个样子。雅尔塔会议指出：

"我们的目的不是要摧毁德国人民，而是要在纳粹和军国主义灭亡之后给德国人提供过上体面生活的希望，让他们能够立足于世界民族之林。"

现在这样的希望还存在吗？

不可否认的是，在我写作的时间——1943年2月——中立国家对欧洲事务未来发展走向的理解比西方列强内阁更胜一筹。1943年2月21日，西班牙外长约尔达纳向英国大使萨缪尔·霍尔爵士递交了一份照会，其中写道：

"如果事态照目前的趋势发展下去，苏联将会大幅渗透德国领土。假如德国没有被完全击败，它就有足够的实力可以作为抵御共产主义的堡垒，这样的德国为所有邻国痛恨，领土完整但失去主权。而如果德国被苏维埃化，苏联就能使用德国的战备物资、工程师、专业人员和技术人员，借此成为跨越大西洋到太平洋的前所未有的帝国。我们要问的问题是：对于欧洲大陆和英国而言，前者的威胁大还是后者的威胁大？……

"我们要问的第二个问题是：欧洲中心零零散散、饱受战争和外国侵占蹂躏的国家当中，哪一个可以控制斯大林的野心？显然没有……我们或许可以确定的是，在德国主宰之后，唯一能再次主宰各国的就是共产主义。正因为如

图20 奥卡河畔奥廖尔郊区：典型的苏联小镇

图21 初冬的德米特罗夫斯克

图22 1941年莫斯科前方的夜战

此，我们认为当前的局势极为严峻，英国人应当冷静思考，因为如果苏联成功
征服德国，就没有人能够阻止苏联了……

"如果德国不复存在，欧洲人必须要重建德国。试想一下，假如德国的
位置被立陶宛人、波兰人、捷克人和罗马尼亚人组成的邦联取代，这些国家又
迅速变成苏维埃联盟旗下的国家，那将是多么荒唐……"

1943年2月25日，萨缪尔·霍尔爵士做出回复，他的回复应该是得到政府
授权的。内容如下：

"部长阁下认为，共产主义是对欧洲的巨大威胁，苏联的胜利将使整个
欧洲共产主义化……但英国的观点大不相同……这场战争结束后，有没有一个
单一国家能够主导欧洲？苏联至少需要一段时期的重建和恢复，它在这方面还
要依靠大英帝国和美国的经济帮助……苏联军力固然强大，但我们深信最终的
胜利将属于所有盟国而不是某一个盟国……毫无疑问，战后欧洲大陆将会有英
国和美国的大量驻军……这些驻军是全新的前线部队，他们没有因为与苏联的
数年战争而减员……

"至于我们自己，我可以大胆预测，届时大不列颠将是最强大的欧洲国
家……在我看来，英国的影响力将比拿破仑倒下之后任何时期都要大。……我
们不应逃避我们对欧洲文明的责任，也不应仓促或单方面解除武装抛弃我们的
强大力量。在与盟国一道赢得胜利之后，我们要保持在欧洲的全部影响力，全
力参与到欧洲的重建当中……"

这就是英国在佛朗哥中立西班牙的发言人的话，这些话听起来很自信。
希特勒出于本能拒绝寻求外交谈判，但他自己也深知，他根本不可能与西方列
强达成任何协议。他的命运——同时也是德意志民族的命运——正悬于一线。

德国内部的紧张形势由于雷德尔和沙赫特的解职明显恶化。整个德国已
经岌岌可危。

在这样的大背景下，我在贝克中尉的陪同下乘坐火车到东普鲁士的拉斯
滕堡，然后从那里坐飞机继续前行。我在火车上见到老战友肯普夫将军，我
从他那里了解到前一年战事的很多情况。我在拉斯滕堡见到凯特尔的副官魏斯
少校，但他没能告诉我这次行程的具体缘由。我、肯普夫和来自摩托化部队监
察组及和平时期第二装甲师的老同事查尔斯·德·博利厄一起坐飞机前往文尼
察，于19日下午抵达那里，晚上住在一个名叫雅格欧赫的部队招待所。

20日上午，希特勒的首席副官施蒙特将军来找我，我们就希特勒的意图
以及如何实现这些意图展开详谈。施蒙特对我说，由于苏联优势明显，德国装

甲力量已经到了急需革新的地步。但总参谋部和军备部之间有矛盾，而且更严重的是，装甲部队已经对最高统帅部失去信心，一再要求把他们这个兵种交给一个了解装甲部队、具有装甲部队经历的人。正是在这种情况下，希特勒决定把这个责任交给我。施蒙特问我对执行这项任务有什么想法，我说，考虑到我们国家和我们这个兵种的需求，我准备接受希特勒的授权，但只有在一些特定条件得到满足的前提下我才能在这个位置上发挥应有的作用。此外，大病初愈之后，我不想再把精力浪费在此前担任类似职务时那种无畏的职权斗争上，所以我坚持要求以后不服从总参谋部长或作训部队司令，而是直接服从希特勒指挥。另外，我必须能够和军械处及军备部一起干预装甲装备的发展，否则我们无法重建装甲部队的战斗力。最后，我必须能够对党卫军和空军里坦克部队的组织和训练发挥与陆军坦克部队一样的影响。还有不言自明的是，我还必须控制作训部队和军校的坦克部队。

我请施蒙特先把这些条件转述给希特勒，等希特勒同意之后我再去见他。如果他不同意，我最好还是回柏林去，再也不提重新任用我的事。我和施蒙特的谈话持续了两个小时。

施蒙特返回最高统帅部不久，我得到通知要在当天下午3点15分去见希特勒。希特勒准点接见了我，刚开始施蒙特也在场，后来我和希特勒去他的书房单独谈话。这是1941年12月20日那个黑色日子以来我第一次见希特勒，在此期间的14个月里，他老了很多。他的言谈举止没有以往那么自信，说话也犹豫不决，左手不停颤抖。他的桌子上放着我写的书。他说：“从1941年开始我们就分道扬镳，那时候我们之间有很多误会，我非常遗憾。我需要你。”我跟他说，只要我要求的条件得到满足，我愿意做一些有用的工作。他说他打算任命我为装甲部队监察长官，施蒙特已经把我的想法告诉他，他没意见，让我草拟相应的职权明细交给他。他告诉我，他重读了我在战前写的关于装甲部队的著作，发现我当时就正确预测了后来的发展趋势，现在我的任务是把这些理论付诸实践。

接着希特勒谈到了当前的军事形势。斯大林格勒战役以及我们在东线撤退之后，我们的军事和政治处境以及士气水平急剧恶化，希特勒对此有着清晰的认识。他一如既往地表达了坚持到底扭转局面的决心。这次会面持续了45分钟左右，谈话自始至终都很专业，最终在16点左右结束。

之后我去见了陆军总参谋长蔡茨勒将军，向他了解军事形势。当晚和我在一起的是前莫斯科武官科斯特林将军、文尼察战地指挥官冯·普里恩将军和第十五步兵师师长布辛哈根将军。我和这几位将军都很熟，从他们那里了解到了我退出现役期间发生的很多事情。普里恩告诉了我德国政府的一些做法，我听了感到十分厌恶。德国的做法，尤其是帝国专员科赫的所作所为把乌克兰人从德国的朋友变成了德国的敌人。不幸的是，我们的军方高层对此无能为力。相关政策是通过政党和政府渠道执行的，军方没有参与也不知情，而且这些政策也与军方的意愿相悖，我们听到的只是一些关于发生冲突的传言。

2月21日，我跟约德尔、蔡茨勒、施蒙特和希特勒的副官恩格尔上校讨论我要草拟的职权明细的要点。

2月22日，我飞往拉斯滕堡去找凯特尔元帅准备草拟职权明细，当时他没有在文尼察的前沿统帅部。2月23日，作训部队指挥官弗罗姆将军也过来参与讨论。文件在几天之后草拟完成，并于2月28日得到希特勒的同意和签署。因为文件内容是我后来几年工作的基础，我在这里全文引述一下。

装甲部队监察长官职权明细

1.装甲部队监察长官向我负责，任务是推动装甲部队的未来发展，把该兵种变成夺取战争胜利的决定性武器。

装甲部队监察长官直接归我本人指挥。他拥有等同军团指挥官的指挥权，是装甲部队的首长[1]。

2.装甲部队监察长官与陆军总参谋长一道负责装甲部队和陆军大规模机动部队的组织和训练。

下一步我还将授权他指导党卫军和空军装甲部队的组织和训练工作。

我本人保留基本决策权。

他与军备和弹药部长一起商讨武器技术发展和生产计划方面的要求，然后提交给我批准。

3.作为其兵种的首长，他同时负责指挥该兵种的作训部队。他有责任确保可以向野战部队持续输送可以随时投入使用的预备人员和装甲车辆，其中包括单部车辆、替代品和新建部队。

在我的指导下，他有责任决定向野战部队和作训部队配发多少坦克和装甲车辆。

---

[1] 这份职权明细里的"装甲部队"包括坦克部队、装甲师的步枪部队、摩托化步兵装甲侦察部队、反坦克部队和重型突击炮部队。

4.装甲部队监察长官要确保新的装甲和机动部队及其替代者要按指令、依计划做好准备。在这方面，他要和陆军总参谋部一起决定如何让这些坦克部队在原先没有坦克的部队里发挥最大效用。

5.装甲部队监察长官要分析装甲部队提交的有关指挥、装备、训练和组织的作战经验报告。

为此他有权视察武装部队和党卫军的所有装甲部队。

装甲部队监察长官有权与野战部队的装甲部队直接就所有类型的主题进行交流。

他的观点和结论要让兵种里所有相关各方知晓，同时也要让军备和弹药部知晓。

装甲部队监察长官负责装甲部队所有文件、规章等的准备工作。部队指挥和兵种间合作方面的文件要和总参谋长一起加以公布。

6.作为兵种首长，装甲部队监察长官永久指挥：

（1）以特别指挥所形式集结的机动部队所有预备部队和作训部队（除骑兵和摩托车部队的预备部队以外）；

（2）野战部队和作训部队所有机动部队学校（除骑兵和摩托车部队学校以外）及其教导队。

7.装甲部队监察长官有权就他关注的问题对陆军各参谋部队进行指导，所有部队必须向装甲部队监察长官提供他需要的任何帮助。

最高统帅部，1943年2月28日

元首

签署：阿道夫·希特勒

这份职权明细赋予了我一系列隶属陆军总司令部其他兵种首长没有的职权，我的这些同仁都要受陆军总参谋部节制，他们要得到总参谋部的批准才能视察部队，无权干预作训部队和军校，也不允许公布任何书面材料。从这个角度看，他们的处境是不幸的，因为他们能够取得的成效十分有限。这也是为什么此前装甲部队的首长从未取得任何基础进步的原因。前线有经验的军官不想担任这样一个职务，当接到直接命令担任这类职务时，他们总是想尽办法尽快回到部队，因为在部队里他们至少可以有所作为。不过对于装甲部队来说，我被任命为装甲部队监察长官改变了这种局面。总参谋部尤其是总参谋长以及陆军总司令部对我的职权明细很不以为然，这一点在我意料之中，因为在他们看来，我的职权是对他们神圣权利的侵犯。正因为如此，我在履职过程中屡屡遭遇困难，相关部门常常不予配合，这种情况甚至持续到了战后，而且我的一些对手还喜欢歪曲事实。不过无论如何，新的规章制度对我们的整个事业利大于弊，装甲部队直到最后始终都是装备得当的有力武器。

这份职权明细在从拉斯滕堡送到文尼察希特勒办公桌上的过程中只有一个重大错误：在第一段关于装甲部队定义的脚注当中，我把突击炮部队也包含了进去，但这类部队此前一直被看作炮兵。我这么做有我的理由，因为突击炮的生产占据了坦克生产的很大一部分，而且突击炮的反坦克性能受到附属装备威力不够的影响。老式的反坦克营更是效率低下，因为他们还在使用半履带车牵引的火炮，而这种火炮没有足够的装甲渗透能力，这就导致反坦克营毫无用处。我打算改变这一切，但有人趁我不注意加进去"重型"这个字眼。也就是说，监察长官只控制重型突击炮，但这种炮刚刚才出现，下一步才会安装到虎式坦克或豹式坦克底盘上充当反坦克武器。为此，我在第一次面谈的时候就指出了这个问题，毕竟这个把戏与其说是针对我，不如说是针对陆军的反坦克防御，进而针对整个陆军。

在职权明细走程序的当口，我去柏林召集参谋人员，为未来的工作做准备。我争取到了本德勒大街的老办公室，战前担任机动部队参谋长的时候我就在那里办公。在参谋长的位置上，我选择了一名拥有丰富前线经验的老坦克兵托马勒上校。托马勒精力充沛、爱岗敬业，在最终倒下之前始终兢兢业业。不管从个人角度还是从职业角度，我对他担任手头最重要职务一事都感到满意。我的助手当中有两名总参谋部的军官，他们一个负责组织，另一个负责部署，他们是因受重伤退下前线的弗赖尔中校和年轻有为的考夫曼少校，考夫曼后来又被男爵冯·沃尔瓦特替代。我的副官是普林斯马克斯·楚·瓦尔德克中校，他也受过重伤。装甲部队的每一个分支都有一名助手帮我，他们对各自部队在前线的情况非常了解，多数都是受重伤后需要休整的老兵。这些助手经常更换，因为一旦身体痊愈，他们就不愿意待在尘土飞扬的办公室，纷纷回到前线去呼吸新鲜空气。通过这样的轮换机制，装甲部队监察长官与作战部队之间保持着近距离的密切联系。针对作训部队，我们任命了一位国内装甲部队监察员，办公室设在柏林。埃伯巴赫将军一度担任这个职务，他的参谋长是作训部队指挥官下属陆军总务处负责装甲部队的第六监察组组长的博尔布林克上校。这个安排是我和弗罗姆一起做出的，目的是要确保我和作训部队在这个领域的最大协同。后来的事实表明，这个机制直到战争结束都发挥出令人满意的效果。装甲部队的学校归学校指挥官管辖，这个职务长期由受过重伤的冯·豪恩希尔德将军担任。最后，我安排几名军官作为我的参谋团队与作战部队之间的联络官，他们多数都是正在养身体不能在前线作战但可以在国内工作的军官，主要负责分析研究前线战事并调查战场上的特殊事件。

兵种条例由泰斯上校负责。我是在1938年认识泰斯的，当时他是奥地利陆军坦克营营长。他在新的岗位上一直干到战败，在收集战争历史素材方面也做出了突出贡献。

我在柏林造访了下一步要与之合作的几个兵种。我去见的其中一个人是空军部的米尔奇元帅，他是我战前就认识的一位老朋友。米尔奇向我详细介绍了当时一些大人物的性格特点，他认为，在国家社会主义政党诸多巨头当中只有少数几个人举足轻重并对希特勒有真正的影响力。他建议我去见这几个人，他们是戈培尔、希姆莱和施佩尔。施佩尔是我无论如何要去见的，因为他是弹药部部长。

在米尔奇的建议下，3月3日我拜访了戈培尔博士，介绍自己是新任装甲部队监察长官。他非常热情地接待了我，并且很快就和我详细谈起了当前的政治和军事形势。在希特勒的亲信当中，戈培尔博士无疑是极为聪慧的。也许希特勒原本就希望他能为我们提供帮助，所以我觉得有必要向他说明部队及其上级的需求。他在我们这次谈话中显得很讲道理，所以我就跟他提到了最高统帅部存在组织混乱甚至个人冲突的问题。我跟他说，国防军最高统帅部、武装部队指挥所、陆军总司令部、空军、海军、党卫军和军备部之间人员重叠导致领导混乱；希特勒越来越喜欢插手下级事务，最终只会反受混乱局面的影响；希特勒本人没有受过总参谋部军官的培训，所以他最好任命一位武装部队总参谋长担任他的助手，任命的人选要懂得如何履行作战指挥官的任务，要比凯特尔元帅更能胜任这个艰难的职务。我请戈培尔博士以适当的方式把我的想法转告给希特勒，因为我觉得由一位他非常信任的文职官员说出来效果会更好，毕竟从过去的经历看，我这个将军并没有得到元首的充分信任。戈培尔博士认为这是一个非常棘手的问题，不过他答应我在机会出现的时候勉力为之，敦促希特勒以更加务实的形式重组最高统帅部。

在此期间我还去见了施佩尔，他以友好、开放的方式接待了我。在接下来的几个月里，我一直觉得跟这样一个理智、不做作的人合作是一件惬意的事。施佩尔学识渊博、思维理性，他的观点和决策不会受到病态的个人野心或者自我优越感的影响。虽然当时他也是希特勒的极为忠实的追随者，但他思维独立，能够看到并尽力纠正体系里的错误和不足。

为了掌握坦克制造业的情况，我立刻就去了施潘道的阿尔凯特公司和柏林—马林菲尔德的戴姆勒—奔驰公司。

最后，我给各装甲师和装甲榴弹师[1]制定了1943年的作战编制图表，并在可以预测的范围内编制了1944年的图表。通过引入新武器和新战术，我打算在精简人员和装备的同时提高装甲师的战斗力。为此，我提出在3月9日与希特勒会面。在托马勒上校的陪同下，我启程飞往文尼察。当天16点，我来到一群急于见证我首次以新职务亮相的人面前。看到那么多人走进会议室，我心里有些不高兴，因为我只想把自己的想法告诉尽可能少的人。我事先给希特勒的副官办公室发了一份陈述内容的概要，这显然是一个错误。这个时候，对我的计划感兴趣的军官们一个接一个走了过来：国防军最高统帅部全体成员、陆军总参谋长和总参谋部下属各部负责人、我的两位同仁、步兵和炮兵首长以及希特勒的首席副官施蒙特。所有这些人对我的计划都有所保留，对我希望把突击炮划归监察组管辖以及把步兵师反坦克营现有的半履带车辆牵引的武器替换为突击炮的想法尤其不满。我的计划遭到如此激烈的反对是我事先没有想到的，会议也因此持续了4个小时左右。会议结束的时候我已经疲惫不堪，在离开会议室的路上我就晕倒在了地上。幸运的是，我只是短暂失去知觉，其他人都没有意识到发生了什么。

作为某种形式的备忘录，我事先给这次会议准备了一份会议纪要，还带着去了文尼察。因为一个小插曲，这份纪要幸运地保存了下来。为了说明我和希特勒这一次以及后来多次会面的情况，我把这份纪要全文引述如下：

会议纪要

1.1943年的任务是组建一定数量具有全面作战效率、能够进行有限目标攻击的装甲师。

1944年我们必须做好发动大规模进攻的准备。只有在坦克数量与其他武器和车辆成正确比例的情况下，一个装甲师才具备全面作战效率。按照编制，德国的装甲师包含4个坦克营，平均每个师配备约400辆坦克。如果坦克数量明显低于400辆这个标准，整个师（包括人力和车辆）就不具备相应的攻击力。但

---

[1] 此前一些（摩托化）步兵师经过重新装备被重命名为装甲榴弹师，但除了党卫军的师以外这些师级部队一般没有坦克部队。

不幸的是，按照这个标准，当前我们没有一个师拥有全面作战效率。

今年我们在战场上的成功就取决于重新塑造这种效率，明年的情况就更是如此。假如我们能够做到这一点，我们就能与潜艇和空军部队一道赢得这场战争的胜利。反之如果我们做不到的话，地面战事将旷日持久，给我们造成惨重的伤亡。（宣读利德尔·哈特的文章《装甲部队的组织——过去与未来》）

所以我们面临的问题是：立即行动起来，罔顾所有特殊利益，重建具备全面作战效率的装甲师。在这方面，组建若干实力强大的师比组建大量装备不足的师更可取。后者需要大量轮式车辆、燃油和人员，这与其作战效率完全不成比例，这样的师只会是指挥和补给方面的负担，而且他们会阻滞道路。

2.为了实现组织方面的上述目标，我建议制定1943年的作战编制如下。（图表1不幸遗失）

以下几点适用于坦克装备：

我们目前的主流坦克是Ⅳ号坦克。由于非洲战场和东线战场装备替代的需要以及训练坦克方面的需求，目前的坦克生产只能满足每个月组织或者重新装备1个坦克营。除此以外，1943年我们可以考虑使用豹式坦克和虎式坦克装备一定数量的坦克营，但豹式坦克营在七八月之前是无论如何都无法投入战斗的。

为了重新装备各装甲师使之具备全面作战效率，我提议充分利用目前生产的数量相对较大的轻型突击炮。

我认为，我们有必要每个月使用轻型突击炮装备1个坦克营并将其编入装甲师，直至工厂可以生产完全满足装甲师需求的坦克。

与此同时，在不影响豹式坦克和虎式坦克生产的前提下，我们应当在1944到1945年提高Ⅳ号坦克的产量。

3.我建议按照图表2（不幸遗失）进行1944年的战时编制。就坦克而言，我们需要进行的重大调整是：把坦克团扩编为下辖4个营的坦克旅。

4.为了达到这个图表中的坦克数量，我们要增产Ⅳ号坦克、豹式坦克和虎式坦克，并在达到图表中的数量之后调用Ⅳ号坦克底盘上装配75毫米L48大炮的轻型突击炮。

达成上述数字的另一个关键是延长坦克的使用寿命。为此需要采取以下措施：

对新型坦克（豹式坦克）进行全面测试和完善。

对坦克乘员进行全面训练（参与最后组装，参加个人和集体训练）。

向作训部队配发足够的演习装备（附件遗失）。胡贝将军描述前线经历的信件（遗失）。

持续开展训练，为训练安排必要的时间（不能把正在参加训练的新部队调离他们的驻地和附近的工厂）。

5.只有把大量装甲力量集结在合适地形的关键点我们才能在战场上获得重大胜利。当然了，不泄露装备的数量和类型也是十分重要的。

为此需要采取以下措施：

二级战场不应该补给新设计的坦克，这类战场的装甲装备只应局限于缴获的坦克。

集结在装甲师和装甲兵团的所有坦克部队（包括虎式坦克、豹式坦克、Ⅳ号坦克和目前一定数量的轻型突击炮）必须接受装甲武器专业人员的指挥。

发动进攻之前必须要考虑到地形的问题。

新式装备（目前指的是虎式坦克、豹式坦克和重型突击炮）必须要在其数量足以确保决定性突击胜利的前提下才能投入战斗。

过早使用新式装备只会让敌人在来年采取有效防御手段，而届时我们在短期内又无法对付敌人的防御手段。

要避免组建全新的部队：原有装甲师和摩托化师的干部训练有素，熟悉掌握他们的装备，是重组他们所在各师的不可估量的财富。全新组建的部队无法具备同样的价值。

目前让装甲师长期发挥纯防御作用的做法是一种浪费，这会延迟装甲师的休整时间，进而延迟他们做好进攻准备的时间。

因此，我们要立即把大量装甲师干部从前线撤下来进行休整。

6.我们的反坦克防御将越来越依赖突击炮，因为其他所有反坦克武器都难以应对敌军的新式装备，或者即使可以对付也要付出巨大的伤亡代价。

因此，主要战线上的所有各师都要装备一定数量的这类武器，二级战线也要储备更多的突击炮，但目前各个师都只装备了自行反坦克炮。为了节约人力和物资，有必要逐步合并突击炮营和反坦克营。

新式的重型突击炮只投入到重要战线和特殊任务当中，这种突击炮主要当作反坦克武器使用。

新式的75毫米L70突击炮的价值有待验证。

7.装甲侦察营已经成为装甲师的鸡肋。它们在非洲战场的价值显而易见，但目前在东线却非如此，不过我们不能被这个事实欺骗。如果打算在1944年发动大规模进攻，我们就需要强有力的地面侦察部队。

为此需要以下装备：

足够数量的轻型1吨级装甲运兵车（目前正在生产，即将交付使用）。

配备相应装甲和武器的高速（35至45英里/小时）装甲侦察车。

目前我们没有制造这类车辆，我请求得到授权与施佩尔部长一起解决这个问题，提出有关建议。

8.对装甲旅而言，最主要的问题是要在不改变设计的前提下持续批量生产大量3吨级装甲运兵车。

装甲工兵部队和装甲通信部队都需要这种车辆。

9.过去10年来，装甲师和摩托化师的炮兵一直请求配发自行火炮运输车。从现在开始，他们将得到足够数量的这类车辆。组织方面详见附件（遗失）。最新设计的坦克必须提供给炮兵观察员。

10.作为基础工作，我请求：

（1）批准成立监察长官的参谋团队，办公场所在最高统帅部；批准设立国内部队监察员，办公场所在柏林。

（2）批准战时编制。

（3）把所有突击炮兵划归监察长官管辖。

（4）中止在陆军和党卫军组建新的装甲或摩托化师的计划，把这几个师和赫尔曼·戈林师[1]吸收进入新的战时编制。

（5）批准1944到1945年继续生产Ⅳ号坦克。

（6）尽可能使用现有零部件设计一种新的装甲侦察车。

（7）继续研究制造装配75毫米L70火炮的轻型突击炮的必要性，研究使用装配75毫米L48火炮的轻型突击炮和装甲运兵车取代这种型号的可能性。

上述文件中的每一点都引起激烈争论。最后，除了把突击炮兵划归监察长官管辖这一条以外，其他内容至少在理论上得到了同意。关于突击炮兵的问题让与会人员很生气，除了施佩尔以外的人都不同意我的说法，尤其是炮兵方面的人。希特勒的首席副官也提出反对说，突击炮是现如今唯一能够让炮兵获取骑士十字勋章的武器。希特勒略带同情地看着我，最后说："你看，所有的人都反对你，所以我也不能批准你的请求。"这一决定的影响是深远的：突击

---

[1] "赫尔曼·戈林装甲空降师"是一个规模很大的装甲师，由空军人员组成，除军事行动以外接受空军控制。相比军队各师，党卫军的装甲师通常规模更大，装备也更精良。

炮继续充当独立武器；反坦克营继续装备牵引器拖拉的低效能的火炮；步兵师仍然缺乏足够的反坦克防御力量。直到9个月之后希特勒才意识到犯下错误。更要命的是，直到战争结束，我们都没能给所有各师配备他们急需的防御武器。另一方面，即使是得到同意的提议也常常受到质疑，提议的执行也常常遭遇阻力，最明显的例子就是我多次迫切提出的让装甲师及时撤下休整以便为最高统帅部提供机动预备队的建议。直到战争末期，我们军方最高层领导自己都没能意识到组织机动有力的战略预备队的决定性意义，我们的失败在很大程度上要归因于此。这方面希特勒及其顾问难辞其咎，因为他们不仅没有为我提供支持，而且实际上是阻碍我创建这样一支预备队。

3月10日，我飞回柏林开展工作。3月12日，我去温斯多夫视察坦克学校。3月17日，我去卡塞尔视察亨舍尔工厂，这里生产我们的虎式坦克、很大一部分豹式坦克和43型88毫米反坦克炮。3月18日，我去爱森纳赫视察负责试验遥控坦克的第三百装甲营以及爱森纳赫装甲部队士官学校。3月19日，我去吕根瓦尔德参加为希特勒举行的一次阅兵式，阅兵式上展示了"古斯塔夫"列车炮、"费迪南德"坦克和装有装甲挡板的Ⅳ号坦克。

"费迪南德"是波尔舍教授设计的一种电动虎式坦克，装配突击炮使用的88毫米L70固定炮塔坦克炮。除了这种长管坦克炮以外，"费迪南德"没有其他任何武器，所以在近距离战斗中毫无用处。这就是它最大的弱点，尽管这种坦克的装甲板很厚，装配的坦克炮也不错。但是现在既然已经生产出来了，而且已经生产了90辆，我得给它们找些用处，尽管我在战术层面上对他喜欢的波尔舍设计的这个产品没有他那种热情。最终，我们用这90辆费迪南德虎式坦克组建了1个装甲团，装甲团由2个坦克营组成，每个营有45辆坦克。

装甲"挡板"是悬挂在Ⅲ号坦克、Ⅳ号坦克和突击炮侧面和尾端装甲板，用于偏转和消除苏联步兵反坦克武器的杀伤力。如果没有这种挡板，苏军反坦克武器就能穿透我们装甲车辆相对较薄的垂直防护装甲。这个发明后来真正派上了用场。

"古斯塔夫"是一种800毫米强力列车炮，需要双轨来移动。这个东西本来跟我没关系，所以在观看装弹发射演示之后我就打算离开，没想到这时候希特勒突然叫住我说："听听，穆勒博士（克虏伯公司）刚刚告诉我，'古斯塔夫'也可以在坦克上发射炮弹。你怎么看？"我刚听到这话的时候脑子一片空白，以为希特勒想要批量生产"古斯塔夫"。稍稍整理思绪之后我回答说："我敢说是可以在坦克上发射，但肯定打不中目标。"穆勒博士强烈反对我的说法。但问题是，两枚炮弹之间需要45分钟装填时间的火炮如何对付坦克？当我质问这种武器的最小实际射程时，就连穆勒博士自己也承认他的说法毫无根据。

3月22日，我和赫尔曼·戈林空降师师长就其部队如何优化重组一事展开讨论。当时这个师有3.4万人，只有一个普通师的实际战斗力。这些人当中的大多数都在荷兰过着舒适惬意的日子，从补充兵员的角度看，这是令人无法容忍的，即便是在1943年也是如此。

到了3月底，我们装甲旅新的组织形式也依据我们最近的经验确定了下来。

格德勒博士来访

在我忙得焦头烂额的这段时间，我的老朋友冯·拉伯瑙将军带格德勒博士来见我，说是后者很想跟我谈谈。格德勒博士对我说，希特勒没有能力履行帝国总理和武装部队最高统帅的职责，所以应该对他的公务活动加以限制。他向我详细描述了组织政府和改革的计划。他的计划带有高度的理想主义色彩，其中设想的社会变革无疑是众望所归的，但格德勒博士教条式的言行恐怕不利于解决他提出的问题，而且他无法保证计划取得成功之后能得到国外的支持。长期以来，他一直努力与国外建立联系，但显然受到了冷落。我们的敌人拒绝放弃"无条件投降"的口号，即便格德勒博士取得成功也是如此。

我问格德勒博士如何约束希特勒的权力，他说让希特勒担任名义上的政府首脑，实际将他软禁在上萨尔茨堡或者其他安全的地方。我接着问他怎么清除国家社会主义党的领导人物——不这么做的话拟议中的体制调整从一开始就必败无疑——他说那是武装部队需要决定的事，但他没有说服任何一位现役部队指挥官接受他的思想。他请我在视察前线的时候帮着宣传他的思想，回来之后告诉他有没有哪一位指挥官愿意加入他的行列。我问他这件事情实际的负责人是谁，他说是贝克上将。这个回答让我很惊讶，因为据我所知，贝克是一个犹豫不决的人，不大可能参与这样一件事情。像贝克这样的人是非常不适合参与政变的，因为他没有能力采取决策，在部队缺乏名气也不受欢迎。总而言之，贝克是一个哲学家但绝不是一个革命者。

时至今日，国家社会主义体系的缺点和错误以及希特勒个人犯下的差错已经昭然若揭，我本人也已看得清楚，所以这时候必须要想办法予以纠正。鉴于德国在斯大林格勒灾难之后处境危险，加之包括苏联在内的所有敌国一致要求德国无条件投降，我们必须要想办法避免让国家及其民众遭难。但是，任何一个冷静思考如何拯救德国的人都要面对巨大的责任和困难。我自己得出的结论是，格德勒博士的计划不利于我们的总体利益而且无法付诸实践，所以我不参与其中任何一个环节。另外，作为一名军人，我自感要遵守忠诚宣誓。基于上述考虑，我请格德勒博士放弃他拟议中的计划。

但格德勒博士无视我的质疑，反过来请我向他提供他想要的信息。我同意这么做，因为我希望借此向格德勒博士表明，我的态度不是自己独有，其他将官也持同样的观点，我相信我可以通过这种方式说服这个理想主义色彩甚浓的人放弃我认为是有缺陷的这个行动计划。为此我在4月份再度与格德勒博士会面，并向他说明我没有找到任何一位愿意加入他这个计划的将官。我接触过的每一个人都拒绝参与格德勒拟议计划的任何一个环节，这不仅因为他们进行过忠诚宣誓，还因为前线战局堪忧。我在这次会面当中再一次敦促格德勒博士放弃整个计划。

格德勒博士在我们一起谈话的过程中顺便提到，他的计划没有任何关于暗杀的内容。最后，他请我不要向别人提及我们之间的谈话。直到1947年我一直信守自己的诺言，没有跟任何人提起这件事。但是就在1947年，我看到法比安·冯·施拉布伦多夫律师写的一本名为《军官反对希特勒》的书。从书中可以看出，格德勒博士和冯·拉伯瑙将军当中有人违背了不在此事中提到我的诺言。但需要指出的是，施拉布伦多夫这本书里有关我的种种说法都是不真实的。

1943年4月之后我就再也没有和格德勒博士联系过，我也再没有听到过他的那些计划。

现在我们把话题转回到我的军事活动上。

"城堡行动"

3月29日，我飞往扎波罗热茨的南方集团军群指挥所去见冯·曼施坦因元帅。我军刚刚在这里获取重大胜利，通过正确使用装甲部队重新夺回了哈尔科夫。我之所以去见曼施坦因，就是因为这一仗给我们提供了很好的经验，尤其是在使用"大德意志"师和"阿道夫·希特勒旗卫队"虎式坦克营的方式方面。我在曼施坦因的指挥所还见到了老朋友霍特，他是第四装甲集团军军长，也向我讲述了他的经验。我再一次意识到，希特勒不能容忍能力和军事素质出众的曼施坦因是一个多么大的遗憾。只可惜这两个人的个性截然相反：希特勒意志坚定、想象力丰富，而出身德国总参谋部、军事才华横溢的曼施坦因思维理性、冷静沉着，是我们最好的"军事大脑"。后来在我担任陆军总参谋长的时候，我多次提议希特勒让曼施坦因取代凯特尔担任国防军最高统帅部参谋长，但希特勒都没有同意。凯特尔善于迎合希特勒，往往事先就能预测希特勒的每一个想法并付诸实践，这让希特勒感到非常舒服。曼施坦因就没那么好打交道了，他有自己的想法和观点，还会把这些想法都表达出来。最后，希特勒如此回复我反复提出的建议："曼施坦因也许是总参谋部培养的最好的人才，但他的想法只能靠新的有实力的师来实现，而不是现在我们手头的这些残兵败将。我无法给他找精神面貌好、战斗力强的部队，所以给他这个职务也没有意义。"其实希特勒就是不想任命曼施坦因，他这么说只是为了给自己找借口罢了。

　　之后我飞到波尔塔瓦肯普夫将军的军部，然后从那里出发，于30日到了"大德意志"师，31日到"阿道夫·希特勒旗卫队"和冯·克诺伯斯多夫将军的兵团指挥所。我这次行程的主要目的是分析研究我军最近使用虎式坦克的经验，以便清楚了解虎式坦克的战术和技术能力，为下一步更好地组织虎式坦克部队打下基础。此次以监察长官身份视察前线的最后一站是扎波罗热茨，我在那里再一次与曼施坦因进行交流。

　　这次行程结束之后，我就增产虎式坦克和豹式坦克一事与施佩尔会面。4月11日，我去上萨尔茨堡的贝希特斯加登见希特勒，这是我第一次来这个地方。元首别墅一个显著的特点是，房间与房间之间没有任何相连的门户，至少我们可以进去的部分是这样。只有大会议室气势恢宏：四周都是大窗子，视野非常好；墙上挂着珍贵的饰物和画作，其中有一幅画的是还是费尔巴哈；壁炉旁边有一个高台，希特勒在所谓的夜间通气会之后常常在这个地方跟他最亲近的军事和政党副手以及女秘书们待上几个小时。我本人从来没有进入过这个圈子。

　　同一天，我和希姆莱商讨按照陆军编制组织党卫军装甲部队的事宜，但我的努力只取得了一部分成效。对于我迫切要求的放弃组建新部队的想法，希姆莱尤其表示反对。我在3月9日的会上指出了组建新部队的弊端，希特勒也同意了我在这件事情上的观点，但就党卫军而言，希特勒和希姆莱之间达成了不对外透露的某种秘密协议。希特勒的目的是要让自己独立于陆军，因为他从来就不信任陆军将领。为此他建立了党卫军这支私人部队，认为自己可以充分相信他们。在希特勒看来，一旦陆军因其普鲁士—日耳曼传统拒绝追随他，他就可以把党卫军当作禁卫军去做任何事情。希特勒和希姆莱的这种做法在战后让党卫军陷入极为不利的境地，党卫队的其他罪行——尤其是纳粹安全部队指挥官的罪行——也被归咎到党卫军身上。就是在战争期间，党卫军在员额增补和武器装备方面受到的优待也为其他部队所诟病。如果说部队之间的这一嫌隙在前线并肩作战时没有表露出来，那只能说明德国军人具有无私的天性，没有受到身穿不同制服的影响。

4月12日，我去找空军总参谋长耶顺内克上将。出现在我面前的是一个疲惫不堪、垂头丧气的人，我没能和他坦诚商谈有关我们两个兵种——空军和装甲部队——的事项，也没能和他建立任何个人联系。不久以后的1943年8月，因空军失败饱受希特勒和戈林指责的耶顺内克结果了自己的生命，步了他战友乌德特的后尘。乌德特是1941年11月因进退两难自杀的——一方面他想解决战争的需求，但另一方面他又不得不面对戈林的无能和怠惰。我请求会见空军司令但没得到回复，后者忙于非军事事务腾不出时间见我。

回到柏林之后，我和施蒙特在4月13日有过一次长谈。非洲的局势已经无可救药，我请施蒙特安排一下，把那里诸多冗余的坦克人员——尤其是那些经验丰富、无可替代的指挥官和技术人员——给接回来。但可能是我没能说服施蒙特，抑或是他没有足够认真地向希特勒转述我的理由，等我下一次见到元首向他提起这件事的时候，我没有得到任何回应。有关声誉的问题一如既往地压过了常识。事实上，我们有大批机器是空着返回意大利的，这些机器完全可以把非洲那些有价值的人才运回来，为国内和前线部队的改革和休整创造更为有利的条件。和希特勒的这次会面同样是在上萨尔茨堡，时间是在4月29日。同一天，我还跟布勒、凯特尔和施佩尔谈到了组织和装备的问题。

我们还在向非洲增派部队，让他们在那里"赴汤蹈火"，其中就有最新组建的虎式坦克营。所有反对这种做法的声音都被湮没，后来西西里保卫战期间也出现了同样的情况。西西里战役中，我敦促上面把虎式坦克撤到内地，结果戈林插话说："坦克又不会撑杆跳过梅西纳海峡。你一定要记住这一点，古德里安上将！"我回答说："如果你真能掌握梅西纳海峡上空的制空权，虎式坦克当初怎么过去的现在就能怎么回来。"这位空军专家立刻沉默了。虎式坦克仍然留在西西里。

4月30日，我从贝希特斯加登飞往巴黎，以新的职务身份去见西线总指挥冯·龙德施泰特元帅，同时视察他那一带的装甲部队，另外我还想考察"大西洋墙"防范坦克登陆的能力。在鲁昂第八十一兵团的指挥所，我和1940年法国战场的老战友昆岑将军讨论了海防问题。在伊大托，我视察了装备缴获的法国坦克的第一百装甲团。我的这次行程到此结束，因为我收到电报说希特勒让我去慕尼黑开会。

Sketch Map 27.

Developments of Situation on the Eastern Front, from 22.2.43 to 4.3.194

Toganrog 托甘罗格
Kichinev 基奇涅夫
Nikolaiev 尼可莱耶夫
Mariupol 马柳波尔
Rostov 罗斯托夫
Odessa 奥德萨
Sea of Asov 阿索夫海
Crimea 克里米亚
Black Sea 黑海
Maikop 迈科普
Tuapse 图瓦普瑟

Leningrad 列宁格勒
Oranienbaum 奥拉宁鲍姆
Schlusselburg 施卢塞尔堡
Reval 雷瓦尔
Narva 纳尔瓦
Tichvin 蒂奇文
Dorpal 多尔帕尔
Pleskau 普莱斯考
Staraya Rusa 斯塔拉雅鲁萨
Volga 伏尔加河
Rigo 里戈
Kalinin 加里宁

Gorki 高尔基	Kaluga 卡卢加	Brestlitovsk 布雷斯特利 托夫斯克	Kharkov 哈尔科夫
Rshev 日谢夫	Riasan 里亚桑		Vinnitsa 文尼察
Klin 克林	Orsha 奥尔沙	Gomel 戈梅利	Dnieper 第聂伯河
Königberg 柯尼斯堡	Tula 图拉	Orel 奥廖尔	Stalingrad 斯大林格勒
Kovno 科夫诺	Grodno 格罗德诺	Yeletz 耶列茨	Kremenchug 克雷蒙楚克
Vilna 维尔纳	Minsk 明斯克	Chernigov 切尔尼戈夫	Dniepropetrovsk 第涅普罗佩特罗夫斯克
Vitebsk 维特布斯克	Mogilev 莫吉列夫	Kursk 库尔斯克	Voroshilovgrad 沃罗施洛夫格勒
Viasma 维亚济马	Roslavl 罗斯拉夫尔	Voronesh 沃罗涅什	Pervomaisk 佩尔沃迈斯克
Serpuchov 塞尔普乔夫	Bobruisk 博布鲁伊斯克	Konotop 科诺托普	Sslaviansk 斯拉维扬斯克
Kolomna 科洛姆纳	Bryansk 布良斯克	Lubln 卢布林	Zoporozhe 佐波罗日
Smolensk 斯摩棱斯克	Warsaw 华沙	Kiev 基辅	Jassy 雅西

示意图27　1943年2月22日至1944年3月4日东线的战事发展

5月2日，我到达慕尼黑。5月3日参加了第一次会议，5月4日是第二次会议。第二次开会的时候，我的参谋长托马勒将军从柏林带来一些新材料。当时参会的有国防军最高统帅部的人、陆军总参谋长及其主要顾问、南方集团军群司令冯·曼施坦因、中央集团军群司令冯·克鲁格、第九军军长莫德尔和施佩尔部长等人，会议讨论的是一个极其重要的问题：中央集团军群和南方集团军群是否有能力在可以预见的将来——也就是在1943年夏天——在东线发动攻势。这个议题来源于陆军总参谋长蔡茨勒将军的一个提议，他提出向苏联库尔斯克以西的大面积的突出区域发动双重包围攻击。这样的攻势如果取得成功就能歼灭苏军很多个师的兵力，大幅削弱苏联陆军的攻击力，为德国最高统帅部延续东线战事创造有利条件。这个问题在4月份就有过激烈讨论，但鉴于德军在斯大林格勒新近惨败以及此后东线的德军前线南翼遭遇整体失败，当时再发动大规模进攻的可能性微乎其微。但现在总参谋长认为，通过使用他寄予厚望的新的虎式坦克和豹式坦克，德军能够重新夺回主动权。

希特勒用45分钟讲话作了会议的开场白，他真实描述了东线的局势，接着介绍了总参谋长的提议以及莫德尔将军的反对意见。莫德尔提供的信息主要来自航空图片，从图片中可以看出苏军正在德军两个集团军群准备攻击的区域构筑非常坚固的纵深防御工事。为预防德军夹击，苏军已经从突出区域前沿撤出大部分机动部队，并在我军可能突破的地点部署了大量炮兵和反坦克部队。莫德尔的推论是正确的，即敌军已经预料到我们要发动这次进攻，要想取得胜利我们必须采取新的战术，或者直接放弃整个进攻计划。希特勒转述莫德尔观点的方式表明，他接受莫德尔的看法，不打算按照蔡茨勒的提议发动进攻。随后，希特勒让冯·曼施坦因元帅首先发表他对蔡茨勒计划的看法。每次站在希特勒面前，曼施坦因都没能发挥出最好的状态，这次也不例外。他指出，如果是在4月份发动进攻我们就有成功的希望，但现在就很难说了，而且要想执行这个计划他需要增加2个满员的步兵师。希特勒表示，德军目前没有曼施坦因需要的这样两个师，曼施坦因只能依靠手头现有的兵力。接着希特勒重复了一遍他的问题，但没有得到明确的回应。随后他征求冯·克鲁格元帅的意见，后者明确表示支持蔡茨勒的计划。我请求表述自己的观点，指出这样的进攻毫无意义，毕竟我们刚刚完成东线部队的重组和装备补充，这个时候要是按照总参谋部的计划发动进攻肯定要损失大量坦克，而我们是无法在1943年替换损失的坦克的，所以与发动东线进攻恰恰相反，我们应该把新生产的坦克投入到西线组成机动的预备队，用以防范盟军必将在1944年实施的登陆战。我接着指出，陆军总参谋部寄予厚望的豹式坦克目前还存在新式装备固有的很多问题，这些问题不可能在发动进攻之前全部得到解决。施佩尔从武器生产的角度对我的观点表示支持，只可惜他和我是参会人员当中唯一坚决反对蔡茨勒进攻计划的人。希特勒没有被支持计划的说法彻底说服，所以当天他没有做出任何明确的决定。

那次开会除了参与讨论军事问题以外，当天我在慕尼黑还有一个重要的个人经历：那是1941年12月的事件之后我第一次见到冯·克鲁格元帅。真可谓"仇人相见分外眼红"，他用不友好的方式跟我打招呼，我对他的态度也很冷淡。散会后冯·克鲁格先生请我到另一个房间单独交谈，要我解释自己的冷淡态度。我别无选择，只好把内心的真实感受告诉了他。尽管后来真实情况得到澄清，但对1941年12月的行为他始终没有给我满意的答复，这让我一直耿耿于怀。这次谈话没有取得任何成果，我们最终不欢而散。

一段时间以后，施蒙特来柏林看我。他给我看了冯·克鲁格元帅给希特勒写的一封信，信里宣称要跟我决斗。冯·克鲁格先生当然知道决斗是不允许的，他也知道希特勒绝不会让他的两位将军在战争时期决一死战。尽管如此，他还是请求希特勒做他的搭档。

施蒙特向我转告希特勒的话说，元首不希望发生决斗这种事情。施蒙特还说，他希望整件事情能够以适当的方式得到彻底澄清。遵照希特勒的意愿，我写了一封信给冯·克鲁格元帅。我在信中说，如果我在慕尼黑的举动伤害了他，那我很抱歉，但鉴于他在1941年给我造成的严重且至今未纠正补偿的伤害，我除了那么做以外别无选择。

在坦克生产方面，上面采纳了我的建议，于4月份决定继续生产Ⅳ号坦克直至豹式坦克可以实现大规模的批量生产。此时，新式坦克的产量已经增加到每月1955辆。与此同时，我们加固了卡塞尔、菲特烈港和施魏因富特几个主要坦克制造中心周围的防控体系。我在5月4日的慕尼黑会议上还提议建立坦克制造厂的备用基地，但这个建议遭到施佩尔的第一助理萨乌尔先生的反对。萨乌尔认为，敌军一心想要摧毁空军的制造中心，所以他们不会攻击坦克制造厂，即便将来有一天敌军彻底摧毁空军工业也是如此。

5月10日，希特勒在柏林让我去总理府讨论豹式坦克的生产问题，因为厂家认为他们无法按照最初的日程完成生产计划。作为补偿，厂家承诺在5月31日之前交付324辆而不是250辆坦克。讨论会结束后，我抓住希特勒的手，问他我是否可以开诚布公地跟他说几句话。他说可以，于是我就极力敦促他放弃东线的进攻计划，毕竟他自己也能认识到我们面临的重重困难。我们在东线发动进攻必将得不偿失，西线的防御准备也将受到严重影响。最后我问："您究竟为什么要在今年发动进攻？"这时候凯特尔插话进来说："由于政治原因我们必须进攻。"我说："你认为有多少人知道库尔斯克这个地方的所在？我们掌控库尔斯克与否对这个世界来说没有任何区别。我还是这个问题：'为什么我们非要在今年发动东线的进攻？'"对此希特勒答道："你说得很对，每次想到这个进攻计划我就反胃。"我说："这么说您对这个问题的反应是对的，我们就别再提这件事了！"希特勒说，目前为止他还没有下定决心。我们的谈话就此结束。除了已故的凯特尔元帅以外，我的参谋长托马勒和军备部的萨乌尔先生是这次谈话的见证人。

第二天我坐火车去参谋团队临时驻地乐岑，察看了我们在那里的住宿条件。5月13日我再次见到施佩尔，当天下午又一次跟希特勒会面。希特勒曾经在5月1日察看了波尔舍教授和克房伯公司设计的"鼠式坦克"的木质模型。这种坦克装配的是150毫米坦克炮，预计总重175吨，不过在希特勒对原始设计进行调整之后，毛重将会接近200吨。但展示山的模型车没有装配用于近距离作战的机枪，我不得不予以否决。波尔舍犯了当初设计费迪南德虎式坦克一样的错误，就是因为这个错误，费迪南德虎式坦克在近距离作战时几乎毫无用处。坦克参与近距离作战是不可避免的，尤其是与步兵配合作战的时候。这次讨论很激烈，因为除了我之外在场的每一个人都认为鼠式坦克非常漂亮。要我说，体型巨大倒是真的。

观看这次模型展示之后，我坐飞机去了柏林。

5月24日和25日，我去莱塔河畔布鲁克视察第六百五十四装甲营，这个营装备了此前提到的波尔舍虎式坦克。我还去林茨察看了生产豹式坦克和反坦克炮的尼伯龙根工厂，然后在5月26日从那里飞往巴黎去视察装甲部队营级指挥官学校。5月27日，我去亚眠视察第二百一十六装甲营。28日去凡尔赛旁听连级指挥官课程，还去南特见了第十四和第十六装甲师师长。最后，我在29日视察了圣纳泽尔要塞，以便了解"大西洋墙"的防御能力。这里的防御工事给我的印象跟我在报纸上看到以及听说到的大肆宣传有很大的差距。30日我坐飞机回到柏林，31日我去因斯布鲁克面见施佩尔。6月1日，我去格拉芬沃尔视察第五十一和第五十二豹式坦克营并于当天返回柏林。在此期间，国防军最高统帅部出人意料地要派第一装甲师去希腊防范英军在伯罗奔尼撒半岛登陆。这个师刚刚补充满员，装备了第一个完整的豹式坦克营，是我们实力最强的预备队，但现在却要以这样一种方式耗费掉。我抑制不住自己的怒火，对此提出强烈抗议，为此和凯特尔将军发生激烈争执。我坚持认为，派一个山地师去希腊远比派装甲师更合适。凯特尔则说，我们无法给山地师补给必要的弹药，因为这需要太大的运输量。我无力反驳这个说法，但最终我还是自发地阻止他们把豹式坦克派往希腊。奉命前往希腊侦察情况的一名坦克部队军官很快就向我报告说，那里狭窄的山路和桥梁无法通行豹式坦克。这个情况终于说服希特勒同意我的做法但为时已晚，很快我们就在苏联迫切需要第一装甲师的出现。

6月15日，我对"问题少年"豹式坦克忧心忡忡：履带悬置和驱动装置有问题，光学仪器也不能让人满意。第二天我就向希特勒说明我不希望把豹式坦克投入东线战事的缘由，明确指出这种坦克还不能放到前线。

我在慕尼黑的四季酒店与隆美尔元帅讨论他在非洲战场获得的经验，当晚就乘飞机回到柏林。18日我去于特博格考察炮兵武器，并于当天飞往贝希特斯加登去见希特勒。中途我们在格拉芬沃尔短暂停留，我因此有机会再次察看第五十一和第五十二豹式坦克营面临的问题，进而可以直接把这些问题汇报给希特勒。除了有待完善的坦克在技术上的不足以外，坦克乘员和指挥官当时在操作坦克方面都没有足够的经验，有的甚至缺乏足够的战斗经验。不幸的是，即便是这些问题也没能说服希特勒和他的陆军总参谋长放弃他们不幸的东线攻势。此时此刻，东线的进攻已经以"城堡"的代号启动了。

5月12日，随着突尼斯投降，我们失去了非洲战场。6月10日，盟军在西西里登陆。25日，墨索里尼遭废黜并被监禁，巴多利奥元帅受委托组建新政府。在此情况下，意大利的变节是德国近期计划必须要考虑的因素。

在南方发生的上述这些事件把战火渐渐烧近德国的同时，希特勒在东线发动了计划和执行都有缺陷的攻势。在南面的别尔哥罗德，德军投入10个装甲师、1个装甲榴弹师和7个步兵师发动进攻。而在北面，7个装甲师、2个装甲榴弹师和9个步兵师从奥廖尔以西一带参与进攻。德国陆军所有能够用于进攻的兵力都投入了这次攻势。希特勒在慕尼黑关于这次进攻不能失败的说法是正确的，因为即便是退回原先的阵地也意味着失败。时至今日，希特勒最终如何被说服发动这次进攻仍然是一个谜，但陆军总参谋长施加的压力很可能是决定性因素。

进攻从7月5日开始。德军采取了此前屡次针对苏军采取的战术，所以对方对我们的动向一清二楚。希特勒原本有两个备选计划：一个是从塞夫斯克向苏军突出区域的最前沿发起进攻，另一个是实施突破之后攻陷苏军在哈尔科夫东南的前线。但他最终还是采纳了蔡茨勒的计划，一心想要通过对苏军在蒂姆一带的突出区域实施双重包围重新掌握东线的主动权。

7月10日至15日期间，我去两条进攻前线察看情况。我先去南面区域，然后去了北面，在现场跟坦克指挥官交谈。我对战局的发展、我军的进攻经验缺乏和装备的缺点有了深入了解，我对过早投入豹式坦克的担忧也得到了验证。莫德尔部使用的90辆波尔舍虎式坦克也因缺乏足够的弹药无力进行近距离作战，坦克没有装配机枪更是让情况雪上加霜。一旦突入敌军的步兵区，这些坦克就只能四处发射炮弹，根本无法破坏敌军步枪和机枪的战斗力，更不用说歼灭敌人了。由此带来的后果是，我军的步兵无法尾随坦克发动第二波进攻。等到了苏军的炮兵阵地，坦克就孤军奋战。魏德林那个师的步兵作战极其英勇，遭受了前所未闻的惨重伤亡，但还是没能扩大坦克的战果。莫德尔部的进攻在大约6英里之后就陷入停滞。在南面，我军取得较大胜果但不足以包围突出区域，也没能逼退苏军。苏军从7月15日开始向奥廖尔方向发动反击，对奥廖尔的防御削弱了我军的攻击力。8月4日，德军被迫撤离奥廖尔，别尔哥罗德也于同一天陷落。

截至目前，奥廖尔东北方向的苏沙河—奥卡河阵线经受住了敌军所有的进攻。这条阵线正是我在1941年12月为我的第二装甲集团军选择的防线，后来我也确实把集团军撤到了这条线。当时我的这个做法导致了我和希特勒之间发生争执，冯·克鲁格元帅就是利用这件事促使我离职的。

"城堡行动"夭折让我们遭受决定性失败。我们费尽心血重组和重新装备的装甲部队损失了大量人员和装备，很长时间内将无法再投入使用，能否及时恢复战斗力去保卫东线成了一个未知数，能否在西线使用他们防范来年春天盟军计划中的登陆战就更成问题。毫无疑问，苏军充分利用了他们的战果。东线再也不会有平静期，从现在开始，敌军无可争议地掌握了主动权。

1943年下半年出现的分歧

7月15日，我去法国视察驻扎在那里的装甲部队的情况。7月底在帕德博恩附近的森讷部队训练区视察虎式坦克部队时，我收到希特勒的电报让我去东普鲁士。在和希特勒会面的时候我突然病倒了。早在去苏联期间我就感染了痢疾，但刚开始我没放在心上所以没有接受治疗，结果现在不得不躺在病床上。等我可以出门的时候我就飞回柏林治病，8月初接受手术之后我一直卧床休息到月底。

就在我上手术台之前不久，冯·特雷斯科夫将军来看望我，他以前是冯·克鲁格元帅的第一作战行动指挥官。特雷斯科夫告诉我，他是代表冯·克鲁格元帅来看我的，他向我转述克鲁格的话说，只要我愿意走出第一步，克鲁格就准备接受双方和解。克鲁格还提出，我们两人一起合作去削弱希特勒作为武装部队最高统帅的权力。鉴于我对冯·克鲁格元帅性情无常的了解，我没有接受这个建议。

我的身体状况逐步恢复。但敌军从1943年8月开始轰炸柏林，后来还加大了轰炸力度，这样的环境实在不利于病人康复。于是我和妻子接受施佩尔的邀请了上奥地利州一个政府控制的客栈，客栈位于美丽的阿尔卑斯景区，被改造成一个疗养院。9月3日我们到了疗养院，结果第二天就听说我们在柏林的家被炮弹直接击中，已经无法再住人，家里用得成的东西都给堆放在温斯多夫兵营的地窖里。这对我们是一个沉重的打击，我们开始商量是否要永久迁居到上奥地利。这个时候我收到电报说，1942年秋天首次提到的募捐现在已经完成，施蒙特听说我们家被毁之后安排了此事。考虑到目前的处境，我们只有接受大家的善意。1943年10月，我带着妻子去霍恩萨尔察区的代彭霍夫。直到1945年1月20日苏联人过来，这里一直是她的家。

在我养病期间，有人想要停止生产Ⅳ号坦克，把相应的产能用于生产突击炮。与此同时，负责建设"大西洋墙"和其他防御工事的托特组织提议把坦克的炮塔嵌入弹药箱内。由于我们产量有限，这么做无疑将对我们的机动坦克力量形成严重打击，同时也说明该组织对真实局势一无所知。

我刚病愈回来工作就立即着手处理防空坦克的问题。希特勒同意制造双管37毫米炮，但不同意装配当时可以安装在Ⅳ号坦克底盘上的四管20毫米炮，导致这种重要防御武器的生产再次被拖延。

1943年10月20日，希特勒在阿里斯部队训练区考察了一系列新式装备，其中包括沃马格反坦克装甲车、第二代虎式坦克和猎户坦克的木质模型、装配128毫米火炮的猎虎坦克铁质模型、使用虎式坦克底盘的380毫米装甲迫击炮、特制版Ⅲ号坦克以及其他依靠铁轨运行的轻型和重型装甲装备。敌军后来把第二代虎式坦克叫作"虎王"，这是一种非常成功的新型坦克。

10月22日，卡塞尔的亨舍尔工厂遭遇严重轰炸，所有的生产活动暂时停止。显而易见，我上半年预讨敌军会于近期空袭我们的坦克制造中心的说法是对的。轰炸过后，我立刻动身去卡塞尔对工厂工人表示慰问，他们大多数人都失去了自己的家园，很多人的家眷或死或伤。在遭到轰炸的大规模生产车间里，我有机会向工人们发表讲话。我没有使用当时流行的陈词滥调，因为那种言辞在如此严肃的场合无法让人接受。工人们认真听我讲话，我们都理解对方。在那之后，我常常收到工人们给我送来的友好信息，这让我非常高兴。

11月26日，柏林的阿尔凯特工厂、莱茵金属—博尔西希工厂、魏马克工厂和德意志武器弹药工厂也遭遇空袭。

12月7日，上面决定把老式捷克38吨坦克的全部产能用于生产反坦克装甲车。反坦克装甲车使用捷克坦克底盘，安装斜面装甲护板，装配一门无后坐力炮和一挺曲管机枪。装甲车的测试结果非常令人满意。这种反坦克装甲车拟作为步兵师反坦克营的基础武器，算是对我3月9日那个建议的迟到答复。

在苏军日益增多的坦克面前，德国步兵暴露出了防守方面的不足，导致德军伤亡人数日渐攀升。有一天晚上的通气会上，希特勒对派遣反坦克武器装备不足的步兵师参战的不明智做法提出长时间的严厉谴责。我当时也在场，希特勒大谈特谈这个话题的时候我正好站在他对面。他无疑注意到了我脸上略带讥讽的表情，因为他中途突然停住话头，默默看了我一会儿说："你在9个月前跟我说的话是对的，只可惜我没有听你的。"经此一事，我终于可以实践自己的想法，但这一切都来得太晚了。当苏联人在1945年发动冬季攻势的时候，德军只有三分之一的反坦克连能够装备新式武器。

截至1943年底的坦克技术发展就说到这里。1943年下半年，战场上的形势发生了对我们非常不利的巨大变化。

当我们不幸的库尔斯克攻势半途而废的时候，东线的范围如下：亚述海滨的塔甘罗格——顿涅茨河沿岸至伏罗希洛夫格勒以西不远处——顿涅茨河沿岸至该河在哈尔科夫以南的河湾——包含别尔哥罗德—苏米—里尔斯克—塞夫斯克—德米特罗夫斯克—特罗斯纳—姆岑斯克（奥廖尔以东）—希斯德拉—斯帕斯—德米扬斯克—多罗戈布什—维利什（维利基—卢基以西）——经伊尔门湖——沿沃尔乔夫河至楚多瓦东北——施吕瑟尔堡、列宁格勒和奥拉宁鲍姆以南一线——芬兰湾海滨。

苏军现在开始向这条线进攻，首当其冲的是A集团军群、南方集团军群和中央集团军群。7月16日至24日，苏军对斯大林诺发动的进攻被击退。但与此同时，苏军52个步枪师和10个坦克兵团向哈尔科夫和波尔塔瓦发起攻击，成功渗透我们的防线。德军阻止了对方的一次突破，但到了8月20日，哈尔科夫还是陷落了。8月24日，苏军从塔甘罗格—伏罗希洛夫格勒一线再次发动进攻并成功突破。到了9月8日，德军的防线不得不撤退到马里乌波尔—斯大林诺以西—斯拉维扬斯克以西一线。到9月中旬，德军放弃顿涅茨河一线。9月底，苏军抵达美利托波尔和扎波罗热茨外围，并由扎波罗热茨一路攻到第聂伯河一线的普里皮亚特沼泽地。

苏军在7月11日向中央集团军群发动反攻，8月5日奥廖尔陷落。8月26日至9月4日期间，敌军向科诺托普—内辛一带纵深渗透，并在之后的几天扩大渗透范围。到9月底，苏军已经抵达第聂伯河在普里皮亚特沼泽地的源头，双方的战线从这里向北延伸，经第聂伯河东岸的戈梅利直至维利什。

10月中下旬，苏军从第聂伯罗彼得罗夫斯克和克列缅丘格之间渡过第聂伯河，德军在扎波罗热茨以南的防线于10月底崩溃并于11月中旬退过了第聂伯河，只有尼科波尔附近和谢尔森以南一大一小两个桥头堡保留下来。再往北面，苏军在11月3日至13日期间拿下基辅并继续逼近日托米尔。

希特勒决定发动反攻。和他往常的坏习惯一样，这次进攻投入的兵力仍然不足。在和陆军总参谋长讨论此事之后，我利用1943年11月9日一次有关坦克问题的会议向希特勒建议放弃发动一系列小规模反攻的想法，转而集结所有可用的装甲师到基辅以南从别尔季切夫攻向基辅。为此我还建议把参加舍尔纳包围尼科波尔桥头堡的那个装甲师撤下来，同时把克莱斯特集团军群正在镇守谢尔森地区的装甲师也撤下来。我提出建议的时候说了自己的一句口头禅："士气宜激不宜耗。"希特勒留意我说的话，但没按照我的意思做出安排部署。他考虑到了我针对这件事准备的一份简短备忘录，但战场上指挥官们的反应让他退缩了。德军投入别尔季切夫反攻的兵力不足，经过激烈的冬季作战之后在12月宣告失败。与此同时，德军没能夺回基辅，也没能重建第聂伯河阵线。1943年12月24日，苏军再次发动进攻，把德军的防线从别尔季切夫一路逼退到文尼察外围。

第二十五装甲师的行动很好地证明了希特勒的进攻战术，不过在讲述此事之前我必须说说再之前的事。

斯大林格勒灾难之后，当时被歼的装甲师开始重建，那些因病、因伤或者其他事由未被敌军抓获的军官重新上岗。我们失去非洲之后，我也开始针对非洲战场被歼的装甲师着手类似的重建计划。第二十一装甲师在法国使用占领军和缴获的装备进行重组，第二十五装甲师在挪威用同样的方式进行重组。后者的师长是冯·谢尔将军，他是1927至1930年期间我在国防部的老同事，那个时候我从事的是机动车辆运输部队方面的工作。后来谢尔接受外派去美国，在亨利·福特的祖国长期研究摩托化的课题，回国的时候带回来很多激动人心的思想。战争爆发前不久，谢尔出任陆军总务处处长，也就是陆军在摩托化方面的首席顾问。希特勒很关注摩托化的问题，所以他和谢尔经常碰面。谢尔头脑聪明、意志坚定、口才上佳，他成功说服希特勒接受自己在简化型号、批量生产及其他问题上的想法，还史无前例地被任命为交通部的国务次卿，负责全国交通网络的未来发展。担任新的职位后，谢尔遭遇来自工业行业以及与工业界有关联的政党要员的阻力，因为工业界不愿意放弃他们原有的生产方式。这些人削弱了希特勒对谢尔的信任，后者最终被解职并被派往挪威，去了一个无法获取荣誉的僻静战场。未曾料想，精力充沛、不屈不挠的谢尔很快就在挪威用杂乱无章的占领军组建了一支颇有用处的部队。我对他想把这支部队扩充为装甲师的做法表示支持，同时请求把这支部队转移到法国。由于"堡垒行动"的失败，我们有必要从法国大规模转移部队到东线，西线那边也急需补充兵员。当然了，新组建的部队要配发新装备，替换他们目前使用的收缴物资。更为紧迫的是，部队需要在使用新装备方面接受指导，还要接受战术训练。他们需要学习其他部队在东线作战取得的经验教训，之后或许可以参加力所能及的军事行动。

　　但结果呢？1943年10月，希特勒命令该师移交600辆新车给同样新近组建要被派往东线的第十四装甲师。希特勒之所以这么做，是因为国防军最高统帅部和陆军总司令部认为，第二十五装甲师将长期留在法国，因此可以将就使用相对较差的法国车辆。此举导致的一个重要后果是，该师的补给能力大受影响，只能在那个时候的西线环境里完成补给。当时这个师的装甲侦察营正在重新装备装甲运兵车，师里的工兵终于得到新的运输工具。另外，第一百四十六装甲榴弹团一营也装备了新的装甲运兵车，第九装甲团则未得到全数装备，第九十一炮兵团把缴获的波兰火炮换成了德国轻型野战榴弹炮和100毫米大炮。防空营缺一个炮兵连，反坦克营缺一个突击炮连。这些问题众所周知，但在法国慢慢才得到解决。

　　但就在10月中旬，这个师就接到向东线转移的命令。我立即亲自请求希特勒至少推迟执行这道命令，好让我有机会再次视察这支部队，客观了解他们的战斗力，确保他们在做好准备之前不要被派往东线参加激烈的战斗。我立刻动身去法国，在视察部队并与指挥官们长谈之后向国内发电报说，这个师需要至少4个星期的时间配发新装备并接受必要的训练。但就在我发回电报的同时，这个师接到了立即出发的电报。希特勒、国防军最高统帅部和陆军总司令部直接无视部队指挥官和监察长官的汇报，把这个师的行军时间定在了10月29日。

　　部队缺乏准备还不是问题的全部。除了这方面的问题以外，这个师向东转移的计划既不符合部队自身的愿望，也不符合前线战局的需求。不仅如此，部队在转移过程中还遭遇转移计划的数次调整，反坦克营的火炮还被分开与其他部队同行。为了提高这个师的战斗力，我曾经给他们补充了新组建的第五百〇九虎式坦克营，但这个营当时还没有配发足够的装备。更混乱的是，这个营在此期间还经历了营长调整，全营出发的时候前任营长跟着走了而新任营长尚未到任。

　　就这样，这个师被仓促送往南方集团军群。集团军群命令该师的轮式车辆部队在别尔季切夫—科萨金下车，履带车辆部队在基洛夫格勒—新乌克兰卡一带下车。至于火炮牵引车和装甲运兵车在哪里下车，这个师也是一头雾水。集团军群制定的两个下车地点之间有3天的路程。该师第一参谋与先头部队一起从别尔季切夫走到新乌克兰卡，师长到文尼察的集团军群指挥所报到。按计划，别尔季切夫要有一名负责卸货的军官安排轮式车辆的卸货和安装。11月6日，部队开始向装配区域行军。由于部队之间没有电话联系，指挥官们必须长途驱车去接受指令。

　　11月5日，敌军在基辅附近实施纵深渗透。11月6日，南方集团军群下达以下命令："第二十五装甲师归第四装甲集团军指挥。可用的轮式车辆部队即日前往比亚拉日尔科夫—法斯托夫一带。你师在集结期间自行负责保护事宜。师里的履带车辆部队将从基洛夫格勒地区向北与师部会合。"

　　集团军群对这个师的情况很熟悉。

　　当天16点，师长集合目前为止抵达的各级指挥官向他们传达命令，并给每名团长和营长一张1:300000的地图。

　　当时师长手头掌握的部队如下：

　　第一百四十六装甲榴弹团，包含团部和2个营，每个营有2个连。

　　第一百四十七装甲榴弹团，兵力同上。

　　第九装甲团，包含团部、第二营和若干连，配备30辆Ⅳ号坦克和15辆虎式坦克。

　　第九十一装甲炮兵团，包含团部、由一连和二连组成的一营以及只有人员没有装备的三营。

　　反坦克营，营部和1个特设连。

　　通信营，人员基本完整，但营长没在营里而是跟先头部队在一起。

　　工兵营，除轻工兵纵队和架桥纵队以外人员齐整。

防空营，营部和1个炮兵连。

师长身边只有他的副官和第二传令官以及几辆车和摩托车兵。

由于情况紧急，师长决定把现有部队按照行军准备情况和各自与师部出发地点之间距离分成若干个行军小组，几个行军小组将从科萨金和斯克维拉走向比亚拉日尔科夫以西一带，然后在那里等待师里剩余部队过来集结。他认为部队不可能在11月6日22点之前出发，因为通过车辆传达命令需要大量时间。当时他还是没有无线电通讯工具，不过即使有也不能使用，因为上级已经下达短期内禁用无线电的指令。

下级指挥官返回各自部队之后，第二十五装甲师终于收到了与之建立电报联系的第四装甲集团军下达的以下命令："第二十五装甲师全速前往法斯托夫并全力镇守该地，师长负责法斯托夫的作战指挥，手下可以指挥2个本土防卫营、1个归队官兵营以及将于夜间抵达的党卫军'帝国'装甲榴弹师的1个团。"按照指令，该师的行军路线为科萨金—斯克维拉—波佩尔尼亚—法斯托夫，但因为游击队炸毁了一座桥，这个师不得不从斯克维拉以东的一条乡村小路行军。

师长自己决定在第一行军小组前头走，行军准时、顺利开始。到了下半夜，从前线撤下来的以空军为主的人员给行军部队造成很大混乱，师长竭力指挥协调之后才得以平息。在此之前天气是好的，但此后天降大雨，第二天大雨下了整整一天，把路都变成了沼泽地。轮式车辆蹒跚前行，履带车辆倒是影响不大。一段时间之后，各行军小组之间失去了联系。

11月7日12点左右，师长从撤退士兵口中得知，敌军已经进入法斯托夫，师长立即和传令官一起上前部署进攻。由于行军途中数次遭遇敌军步枪袭击，这个时候师长和他的传令官分别坐进一辆装甲运兵车带头冲锋。他们乘坐的装甲运兵车在途中遭遇苏军T-34坦克，紧跟在装甲运兵车身后携带有重型步兵炮的第一百四十六装甲榴弹团第九连遭到炮击陷入慌乱。师长驱车回去寻找本该后续跟上的第一百四十六装甲榴弹团二营，在发现该营正在撤退之后命令他们调头前进。经过一番努力，师长让该营重新恢复了一些秩序，把他们带到了翠利西。为防止部队再次陷入慌乱，师长留在当地并在夜幕降临时命部队挖掘战壕。当天晚上苏联坦克冲进该营的车队，摧毁了一部分车辆。师长见状决定连夜突破四周的敌军坦克前往法斯托夫，赶上走在前头的部队。他的小型战斗群由一前一后2个连组成，中间是车辆和重型武器，冯·谢尔将军就在领头那个连前头。经过一番激战，他在11月8日凌晨4点成功突破敌军的坦克包围圈，并于14点到达第四十七装甲兵团在比亚拉日尔科夫的指挥所。此时，第二十五装甲师接受第四十七装甲兵团指挥。

与此同时，该师的其他部队在男爵冯·维希马尔上校的指挥下正从格雷本基和斯拉维亚向法斯托夫进发。11月9日上午，冯·谢尔将军加入了他们。法斯托夫以东的村庄法斯托维茨有一股强大的敌军镇守，必须加以攻而取之。在师长的亲自带领下，部队在当天中午就拿下这个村庄，随后奉命立即进攻法斯托夫。此战敌军伤亡惨重。11月10日，攻击部队成功抵达法斯托夫东部郊区，但在试图继续前进时遭遇法斯托夫内部和南面的大规模敌军，被迫前往斯拉维亚扫尾。尽管如此，这次行动还是成功达到阻止敌军前进的目的。

第二十五装甲师在尚未做好准备且组织散乱的情况下投入到一次极为艰难的行动当中，虽然师长冯·谢尔将军本人身先士卒，全师的战果毕竟有限。他们给敌人造成重大伤亡，但自身伤亡也很严重。由于部队缺乏作战经验，在适应东线冬季作战之前容易慌乱。当地的上级指挥机构（集团军群、军、装甲兵团）以上述方式部署使用第二十五装甲师是紧急情况下的无奈之举，但最高统帅部没能意识到这支年轻的部队需要谨慎使用则难辞其咎。

在1943年12月24日至30日的战斗中，这个不幸的师又一次陷入极为艰难的境地，他们在镇守一条25英里长的战线时被实力远超他们的敌军击退。整个师伤亡相当惨重，几乎需要从零开始重新组建。希特勒和陆军总司令部想要解散这个师，但我极力阻止这么做，因为部队如此遭遇根本不是他们自己造成的。冯·谢尔将军因为病重被迫离开前线。他在心爱的第二十五装甲师身上花费了大量时间和精力，这次本不该遭受的失败对他打击很大。由于希特勒的不信任，谢尔将军从此再未担任部队指挥官，他的敬业精神以及出众的组织和训练才华就此没有了用武之地。

为了给西线作战做些准备，我下令把各个军校所有的教导部队集结成一个师送到法国接受训练。这个师的名字叫"装甲教导师"，配发新式装备，指派专门选定的军官，师长是曾经在苏联担任我的第一作战指挥官的拜尔莱因将军。希特勒在12月用一句批语批准组建这个师："这是我没想到过的意外帮助。"

与此同时，战场上的激烈战斗几乎无休止地继续着。在普里皮亚特和别列津纳河之间，苏军成功突破中央集团军群在雷奇察一带的防线。双方为争夺维帖布斯克和涅韦尔展开激战，德军失守戈梅利和普罗波伊斯克，但在莫吉列夫和奥尔沙以东的第聂伯河远岸守住了一个桥头堡。

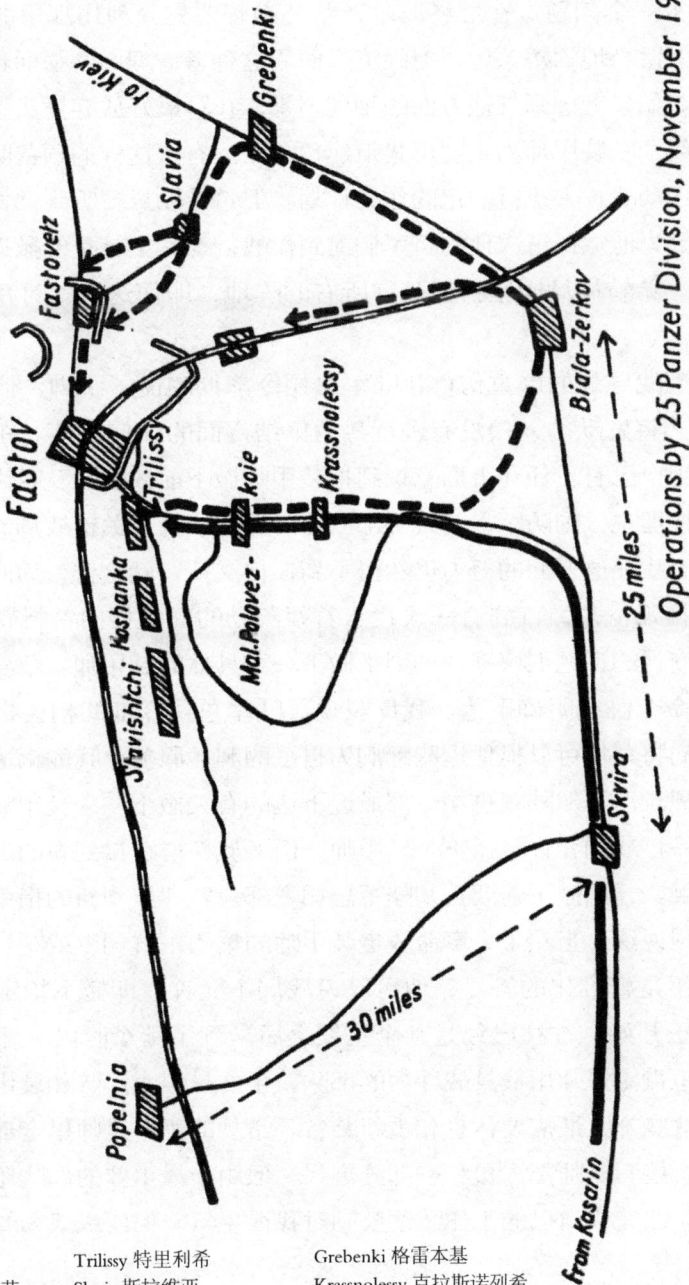

Sketch Map 27a

Operations by 25 Panzer Division, November 1943

to Kiev

Grebenki

Slavia

Fastovetz

Fastov

Biala-Zerkov

Krassnolessy

Trilissy

koie

Mal. Polovez

Stavishtchi

Koshanka

25 miles

Skvira

30 miles

Popelnia

From Kasatin

Fastov 法斯托夫	Trilissy 特里利希	Grebenki 格雷本基
Fastovetz 法斯托维茨	Slavia 斯拉维亚	Krassnolessy 克拉斯诺列希
Popelnia 波佩尔尼亚	Kiev 基辅	Kasatin 卡萨金
Stavishtchi 斯塔维什奇	Mal. Polovez 马尔波洛维茨	Skvira 斯克维拉
Koshanka 科尚卡	Koie 科耶	Biala-Zerkov 比亚拉-日尔科夫

示意图27a 1943年11月第二十五装甲师的行动

在我们根本不可能重新向东进攻的情况下，是否有必要继续镇守这些桥头堡就成了一个问题。在尼科波尔，希特勒想要充分利用那里的锰矿存储，因此想要保留当地的桥头堡，但经济方面的这种考虑理由牵强而且在军事上对我们有害。如果考虑到其他方面的种种因素，我军最好放弃桥头堡撤退到宽阔的河流一线，以装甲师为主要形式组建预备队。有了这样的预备队，我们就有可能发起运动战，去执行一定的作战计划。但希特勒只要听到"作战"一词就会发火，因为他觉得每次他的将军们提到作战行动其实就是要撤退。正是出于这个原因，希特勒顽固坚持要坚守所有的阵地，即便这么做对我们不利也是如此。

冬季激战导致的严重伤亡让陆军总司令部彻底慌了手脚，他们对敌军在1944年春必将发动的入侵没有进行兵力集结方面的任何准备。在这样的情况下，我认为自己有责任让上面意识到把装甲师撤下前线使其及时恢复战斗力的必要性。按理说，国防军最高统帅部应该对即将成为最关键战场的西线高度关注才对，但我在这方面的努力仍然得不到任何支持。就这样，为西线解放兵力一事一直拖延下来，直到有一天我当着蔡茨勒的面直接向希特勒报告了这件事。我们商讨的话题很快就详细到了撤下一个具体的装甲师。蔡茨勒说，撤下装甲师的命令已经明确下达。我反驳说，陆军总司令部的相关指令有很多漏洞，前线的将军们可以抓住这些漏洞为自己的利益服务。我的话遭到陆军总参谋长的强烈驳斥，但陆军总司令部最近下达的有关撤下一个装甲师的命令是这样的："一旦战局允许就撤下×装甲师，但各战斗群在接到新的指令前要与敌军保持接触。开始撤军前要告知陆军总司令部。""接到新的指令前"是这类指令的惯用说法。当然了，奉命放走装甲师的集团军群司令或军长也会立即给出一个几乎是标准化的答复，他可以说战局不允许立即撤下指定的那个师。等撤军真正开始，往往已经是几个星期之后。到了那个时候，即使是留下来的战斗群也肯定是师里最具战斗力的部队，主要是坦克部队和装甲榴弹部队，而恰恰是这些部队最需要休息和重新装备。常规的程序是师里全部的补给部队首先出现，接着是师部人员和一部分炮兵。但由于最重要的部队还在后面，现在我仍然无法完成自己的工作。蔡茨勒对我很生气，但西线战场的利益不能被忽视。

1944年6月6日敌军开始入侵的时候，我们总算勉强使10个装甲师和装甲榴弹师做好投入西线战事的准备，并在一定程度上给他们补充装备以及组织他们训练。后面我还会讲到这件事。这些部队当中包含3个预备装甲师，这些装甲师由补充兵员组成，是从德国转移到法国的。我把训练部队的任务交给我信任的老战友男爵冯·盖尔将军，但在几次争论过后，希特勒仍然拒绝给冯·盖尔将军一个前线的任命。盖尔的官方头衔是"西线装甲部队将军"，在地域和作战编制上接受西线总指挥冯·龙德施泰特元帅领导，不过他在装甲力量方面的活动接受我的指挥。我们的合作建立在相互信任的基础上，我认为这对部队也有利。

在"多事之秋"的1943年还发生了几件值得一提的事。先前我曾经提到，我去见戈培尔的时候谈到最高统帅部处事不当的问题，我还请部长敦促希特勒重组统帅部。我曾经希望，任命一位有威信的武装部队总参谋长能够削弱希特勒对军事行动的直接影响。戈培尔说这是个棘手的问题，不过他会在适当的时机做些力所能及的事。1943年7月底，戈培尔恰好在东普鲁士，我借此机会去找他，向他提及我们先前有过的那次重要谈话。他当即开始和我讨论这个问题，深知我们的军事形势不断恶化，还很有见地地说道："假如苏联人来到柏林，我们只有毒死妻儿才能避免她们落入残暴的敌人手里。每念及此，你提出的问题就像一座大山压在我的心上。"戈培尔心里很清楚，如果局势照目前这样发展下去，战争的结果可想而知。但遗憾的是，他没能采取相应的行动，始终没有按照我希望的方式和语气对希特勒施加影响。

于是我又去找希姆莱说这件事，但他始终顾左右而言他，我只好放弃了跟他讨论限制希特勒权力的事。

11月我去找约德尔，向他递交了有关重组最高统帅部的建议：武装部队总参谋长控制军事行动的实际执行，希特勒做好自己的本职工作，即总揽政治局势和最高战争方略。听我详细解释自己的想法之后，约德尔来了一句："你知道有比希特勒更好的最高统帅吗？"他说这话的时候面无表情，言谈举止之间透露出冷漠与不屑。看到他这个态度，我把材料放回公文包走了。

1944年1月的一天，希特勒请我共进早餐："有人送给我一只水鸭，但你知道我吃素。你是否愿意跟我共进早餐吃水鸭？"我和他独自坐在一个昏暗房间的小圆桌旁，房间只有一个窗户透光进来。希特勒时不时拿干面包喂他的牧羊犬布隆迪，服务员林格来去都不说话。这是处理甚至解决棘手问题的好机会。我们寒暄几句之后就把话题转移到军事形势上。我对他说，盟军来年春天预计要在西线登陆，但我们目前用以应对的预备部队兵力不足。为了抽调更多兵力，我们必须要加强东线的防御。目前看来，我们还没有想到要给那里的前线构筑野战工事和在后方建立防区。我对希特勒说，这个情况让我吃惊不小。具体来说，我觉得重建德国与苏联边境旧有的防御工事更有利于我们的防守。

相比之下，把开放的城镇宣布为"固守点"的做法成效不佳，因为宣布"固守点"的时间往往是在来不及采取相关措施的最后关头。这些话一出口我就发觉自己捅了马蜂窝。

"你要相信我！我是有史以来最擅长构筑防御工事的人。我建了'西墙'，还建了'大西洋墙'，用了无数吨混凝土。我对构筑防御工事再熟悉不过了。我们在东线缺少劳力、物资和运输工具，就是现在我们用铁路运输的补给物资仍然不能满足前线的需求，所以我没办法用火车向东线运送建筑材料。"希特勒手头有很多数据，他用这些具体数据让听他说话的人一时难以辩驳。但我还是强烈反驳，因为我知道铁路运输的瓶颈在出了布雷斯特—利托夫斯克才出现。我还跟希特勒说，我设想的建筑工程不影响前线方向的交通运输，只是影响布格河与尼曼河方向的运输，而且铁路方面完全可以承担这个重任，另外当地不太可能缺少建筑材料和劳动力。再者说了，我们要想取得双线作战的成功，就必须要在稳定一头的同时至少使另一头在短时间内保持平静。既然他为西线做了这么好的准备，他就没理由不为东线做好同样的准备。希特勒无法正面反驳，于是又搬出他重复使用的那套理论，即一旦他允许在后方构筑防御阵地或防御工事，前线的将军们就只会想到要撤退。他心意已决，什么东西都改变不了。

接着，我们的话题转移到了将军们和最高统帅部上面。由于我为精简军事指挥机构并限制希特勒的直接影响做出的间接努力宣告失败，现在我觉得有责任直接向他提议任命一个他信任的人为装甲部队总参谋长。这样一个任命可以让他消除武装部队指挥人员、陆军总司令部、空军、海军和党卫军之间存在的指挥职权混乱的问题，进而实现对联合部队更好的控制。但我的这番努力遭遇彻底失败，希特勒拒绝赶走凯特尔元帅。而且他多疑的特点很快就让他认为，我提出这个建议是为了限制他的权力。我一无所获。到底有哪一位将军是得到希特勒信任的？经过这次谈话，我不得不说一个也没有。

这次谈话没有改变任何东西，我们还得为每一寸土地去战斗，从未利用及时撤军扭转无望的局势。但很多很多次希特勒都郁闷地对我说："我不知道为什么这两年的事情都是一团糟。"每次我都给出相同的回答，但每次都被无视："改变你的方式。"

决策之年

1944年1月中旬，苏军在东线发动猛攻。在基罗夫哥罗德一带，苏军的攻势暂时得到压制。1月24日和26日，苏军向切尔卡瑟以西的突出区域发动夹击，30日又向克里沃伊罗格以东的突出区域发起进攻。苏军这两次行动都取得成功，他们的兵力优势非常明显，使用的是以下部队：

针对在乌克兰的南方集团军群使用的是第三十四步枪师和第十一坦克师；

针对在乌克兰的北方集团军群使用的是第六十七步枪师和第五十二坦克师。

2月中下旬，前线相对平静。但在3月3日、4日和5日，苏军再次发动进攻，把德军一路赶过了布格河一线。

中央集团军群在3月底之前大体把控住了自己的阵线。

4月，克里米亚半岛除塞瓦斯托波尔以外均告陷落。敌军跨过布格河及普鲁特河与塞雷特河上游进入切尔诺维茨。德军压制住了苏军最后一次大规模进攻，在失守塞瓦斯托波尔之后，双方的战线保持到了8月份。

敌军在1月也攻击了北方集团军群的阵线，起初只是在伊尔门湖以北及列宁格勒西南区域取得有限战果，但从1月21日开始敌军就投入精锐部队，迫使德军退过卢加河，2月份又迫使德军退过纳尔瓦河。到了3月，德军已经撤退到维利卡亚河以及普莱斯考湖和佩普斯湖之后。德军在这一带倒是守住了阵地。

东线的喘息空间只持续到了6月22日。我们在冬季作战期间消耗了大量兵力，现在已经没有预备队可用，能够腾挪出来的一兵一卒都部署在了"大西洋墙"之后。其实"大西洋墙"就不是一堵墙，而是用以恐吓敌人的一连串防御工事。

在这期间，希特勒交给我一项棘手的特别任务。像往常一样，他在寻找为多次撤退和冬季作战失利背黑锅的替罪羊。雅尼克上将就是这样一只替罪羊，希特勒把失守克里米亚的责任推到他的身上，政党高官的一些言论更是加重了希特勒在这方面的怀疑。我奉命调查雅尼克的事情，还被告知克里米亚失守一事必须要有人受到处罚。看希特勒当时的心理状态，只有利用拖延战术才有可能让这次调查成功结束。于是我开始埋头苦干，去询问所有与克里米亚诸多事件有丝毫关联的人，尤其是政党官员。雅尼克本人最后都沉不住气了，抱怨我的工作方式进度太慢。但我敢肯定，相比快速调查并在不利时机递交调查报告，我这么做更有利于争取到他的最终赦免。

如前所述，我从1943年开始研究西线防御的问题。进入新的一年，这个问题的重要性日益凸显。2月份我去法国视察部队并同冯·龙德施泰特元帅和冯·盖尔将军交流。我们一致认为，敌军的海上和空中优势让我们的任务更加艰巨，尤其是盟军的制空权必定会影响我们转移兵力。为了以理想的速度转移部队，我们很可能只有在夜间行动。我们认为，这一切都依赖于让足够的装甲师和装甲榴弹师预备队做好准备，这些部队必须驻扎在足够远离所谓的"大西洋墙"的内地，以便能够在敌军入侵时能够轻易转移到入侵战线。为此我们要维修法国的公路网，还要搭建备用的渡桥、水下桥梁或舟桥。

视察部队的时候我才发现敌人的空中优势有多大。我们的部队在训练的时候，敌军完整的飞机编队就在头上飞过，谁也不知道什么时候会有炮弹扔下来。

回到最高统帅部，我和预备队一起研究国防军最高统帅部针对西线即将到来的战事下达的指令。这时我才发现，作为主要预备队的几个装甲师要被部署在离海岸很近的地方。如此部署的一个问题是，一旦敌军改变登陆地点，这些装甲师就无法快速转移到其他地方。在和希特勒的一次会面中，我向他指出了这个错误并提议重新部署我们的摩托化部队。结果希特勒说："目前的部署方案是隆美尔元帅提出来的，我不喜欢在没有征求对方意见之前越过直接负责的元帅下达相反的命令。你再去法国一趟，再跟隆美尔讨论一下。"

4月，我再次前往法国。此时敌人的空军更加活跃，开始攻击我们的军事目标。就在我去德梅利营地的坦克仓库视察后几天，这个仓库就被敌机彻底摧毁了。幸好冯·盖尔将军有先见之明，不顾官兵反对把部队及其装备分散在附近的村庄和树林里，才让他们的损失不值一提。

在和冯·龙德施泰特元帅及其参谋军官就预备队的部署问题进行交谈之后，我按指令在冯·盖尔将军的陪同下去拉罗什吉永找隆美尔。我在战前就认识隆美尔，他曾经担任我后来一直与之保持友好联系的老部队高斯拉尔轻步兵营的营长。后来我们又在波兰战役期间相遇，那是在1939年9月"走廊之战"后希特勒视察我那个兵团的时候。后来隆美尔出任元首总部的军事指挥官，之后他去了装甲部队，成为一名优秀的指挥官，先是在1940年担任驻法国第七装甲师师长，后来又担任非洲兵团司令和非洲装甲集团军军长。正是在非洲战场，隆美尔成就了将官的威名。隆美尔不仅是一个开放、正直的人和一名勇敢的军人，还是一位才华横溢的指挥官。他精力充沛、思维缜密，总是能够解决最棘手的问题。他非常了解手底下的官兵，他为自己赢得的声誉完全实至名归。1942年9月因病离开非洲时，隆美尔虽然知道我和希特勒关系不好，但还是请求后者任命我为他不在位期间的副手。这个请求被希特勒断然拒绝。不过这也是我的幸运，因为不久之后德军就在阿拉曼遭遇失败，而我很可能和当时的施图梅及其继任者隆美尔一样无法避免这次失败。

　　隆美尔在非洲的悲惨经历让他认定，盟军的空中优势太过明显，德军再也无法大规模转移部队。他甚至认为，在夜间转移装甲师或装甲榴弹师也是不可能的。1943年他在意大利的经历进一步坚定了他的这种想法。所以当冯·盖尔将军提议把我们的摩托化预备队集体撤离大西洋防线时，隆美尔立即表示反对，因为盖尔想把这些预备队以机动部队的形式组织使用。我知道盖尔与隆美尔之间的这次谈话无疾而终，所以隆美尔强烈反对把装甲部队撤离沿海地区算是在我的意料之中。他当即否决我的提议，说我从东线回来所以没有他在非洲和意大利那种经历，他对此事比我更熟悉，并且深信他的做法是对的。看他这种态度，跟他争论摩托化预备队的分配问题显然不会有什么结果。所以我决定不再想办法改变他的看法，而是决心再次向龙德施泰特和希特勒陈述相反的观点。另一方面，除了西线现有的装甲部队以外，我们目前的确也没有更多的装甲师和装甲榴弹师可以派往西线，只有春季"借给"东线的党卫军第九师和第十师可以在敌军入侵时返回西线。我在这方面无法给隆美尔任何承诺。只有在国防军最高统帅部预备队抽调到西线并且西线总指挥拥有对隆美尔集团军群绝对指挥权的情况下，西线总指挥在西线战场的总指挥才会顺利。但这两种情况都没有发生。

　　自从接管在法国的B集团军群以来，隆美尔极力提升他那个区域"大西洋墙"的防御能力。根据他的理论，海岸就是主要防线，所以他以水下障碍物的形式在海岸线前部署了前沿防御。在海滨防御工事背后，他在所有自己认为适合空降登陆的地点都构筑了障碍物。这些障碍物以木桩为主，即所谓的"隆美尔芦笋"。另外，隆美尔还安排埋设了大面积雷区。他手下所有的部队只要不训练就挖掘战壕，官兵们忙得不可开交。部队的艰苦努力固然可敬，但隆美尔没能意识到拥有机动预备队的必要性却是一大憾事。鉴于我们在海上和空中令人绝望的劣势，大规模的陆上行动是我们唯一的成功机会。但隆美尔认为这是不可能的，所以他既不想也不去努力组织陆上行动。另外，至少在我去考察期间隆美尔已经认定他知道盟军会在什么地方登陆。他三番五次对我说，英军和美军将会在索姆河口以北的沿海区域登陆。他认为盟军不可能在其他地方登陆，因为单从补给的角度考虑敌军也要选择尽可能靠近主要装卸港口的滩头实施如此艰难的大规模登陆行动。另外一个理由是，选择在索姆河以北登陆的话敌军可以给登陆部队提供更大的空中支援。当时隆美尔在这个问题上也是听不进去不同意见。

隆美尔在这些事情上的观点跟希特勒一样，不过双方的理由不尽相同。希特勒的思想还停留在1914至1918年的堑壕战时期，始终无法理解运动战的原则。隆美尔则认为，由于敌人掌握制空权，我们无法组织实施这类行动。在希特勒看来，隆美尔的近期作战经验比我和西线总指挥丰富，所以他以此为理由拒绝我和西线总指挥提出的建议也就不足为奇了。

1944年6月6日驻扎在法国的部队如下：

48个步兵师有38个沿海岸驻守，10个在海岸线背后。海岸线背后10个师当中有5个在斯凯尔特河与索姆河之间，2个在索姆河与塞纳河之间，3个在布列塔尼。

10个装甲师和装甲榴弹师部署如下：

党卫军第一装甲师"阿道夫·希特勒旗卫队"在比利时的贝韦洛；

第二装甲师在亚眠—阿布维尔一带；

第一百一十六装甲师在鲁昂以东（塞纳河以北）；

党卫军第十二装甲师"希特勒青年团"在利雪一带（塞纳河以南）；

第二十一装甲师在卡昂一带；

装甲教导师在勒芒—奥尔良—沙特尔一带；

党卫军第十七装甲榴弹师在索米尔—尼奥尔—普瓦捷一带；

第十一装甲师在波尔多一带；

党卫军第二装甲师"帝国师"在蒙托邦—图卢兹一带；

第九装甲师在阿维尼翁—尼姆—阿尔勒一带。

我们所有的防御希望都寄托在这10个装甲师和装甲榴弹师上。经过一番艰苦努力，我们终于让这些部队得到休整的机会，并且在一定程度上提升了他们的战斗力。

这些师当中有4个师归隆美尔指挥，分别是第二师、第一百一十六师、第二十一师和党卫军第十二师。党卫军第一师、装甲教导师和党卫军第十七装甲榴弹师隶属国防军最高统帅部预备队。第九师、第十一师和党卫军第二师驻扎在法国南部，用以应对盟军可能在地中海海岸实施的登陆。

兵力如此分散之后，我们就不可能获取重大防御胜利了。不仅如此，后续的事态发展也走上了让人无法满意的轨道。首先是盟军登陆当天隆美尔人在德国，在前去与希特勒会面的路上。前一天希特勒习惯性地晚睡，6月6日一早敌军入侵的消息报过来的时候工作人员不敢叫醒他。希特勒不在位时负责指挥军事行动的约德尔没能下决心立刻抽调国防军最高统帅部3个装甲师的预备队，因为他无法确定盟军在诺曼底的登陆是主攻行动还是虚晃一招。由于国防军最高统帅部在地中海登陆问题上也没能形成一致意见，驻扎在法国南部的几个装甲师也没有立即调往北方。位处登陆区域的是第二十一装甲师，男爵冯·盖尔将军在组织训练的时候指令该师在盟军登陆时予以反击，但盟军真正登陆的时候，他们却收到命令说，在得到隆美尔允许之前不准发动反攻，我们攻击英国空降部队的最佳时机就这么错过了。此后隆美尔又把第一百一十六装甲师转移到离海岸更近的迪耶普，并让该师在那里一直停留到7月中旬。

在此期间，很多高级指挥官暴露出他们对装甲部队部署的无知。在敌军明明掌握制空权的情况下，有些师——特别是装甲教导师——居然收到直接命令要在白天向北转移。在敌军舰炮控制的区域，指挥官居然命令部队发动正面反攻。就这样，德国唯一可能挫败敌军入侵的军事力量被消耗掉了。装甲部队遭受巨大伤亡但无法补充兵员，因为6月22日之后东线有崩溃的危险，所有可用的兵员都给调到东线而不是先前受优待的西线。

男爵冯·盖尔将军和装甲部队监察长官曾经提议把所有的装甲师和装甲榴弹师编成两个战斗群，分居巴黎南北两侧，同时做好把这些部队转移到敌军实际入侵前线的全面准备。假如希特勒和国防军最高统帅部当初接受了我们的建议，防御敌军入侵就会容易得多。

即便就是只做出目前为止的这些准备，只要统帅部清楚自己的意图，结果也会比现在更好。6月16日，也就是在盟军登陆将近2个星期之后，第一百一十六装甲师还在阿布维尔和迪耶普之间的沿海地带，第十一装甲师在波尔多一带，第九装甲师在阿维尼翁周边，党卫军"帝国"装甲师在法国南部与游击队交战，而得到从东线抽调的党卫军第九师和第十师增援的其他装甲师则在敌军舰炮射程区域的正面战斗中耗费力量。与此同时，还有7个步兵师在塞纳河以北的沿海地带无所事事，等待始终没有出现的登陆敌军。

以下是值得一提的一些细节：

6月7日，男爵冯·盖尔将军接管卡昂一带部队的指挥权，他的部队先是接受第七军的领导，此后又接受B集团军群的指挥。党卫军第十二师和装甲教导师在已经投入战斗的第二十一装甲师左侧参战。6月10日，男爵冯·盖尔将军打算发动反攻，但敌军一次成功的轰炸让他的西线装甲集团军群失去了战斗力。党卫军第一装甲兵团接过了指挥权。经过几天的延误之后，党卫军"阿道夫·希特勒旗卫队"和第二装甲师才开始抵达并零零散散地投入战斗。6月

28日，经过重组的西线装甲集团军群接管党卫军第一和第二装甲兵团以及第八十六和第四十七装甲兵团。冯·盖尔将军关于使用所有兵力集中进攻的建议被隆美尔否决，后者已经丧失攻击取得成功的信心。至于是否有其他政治因素导致预备队延误、零散地投入使用就不得而知了。

6月28日，第七军军长多尔曼将军阵亡，接替他的是豪瑟上将。

6月29日，希特勒召集西线的高级指挥官到他在上萨尔茨堡的住所开会，冯·龙德施泰特元帅、施佩勒元帅和隆美尔元帅到场参会。这是我最后一次见到隆美尔，他给我的印象和4月份在拉罗什吉永他的指挥所时的一样：由于敌人占据空中优势，隆美尔认为德军不可能组织机动防御。这次会议主要讨论的是加强战斗机部队的问题。戈林保证说，如果施佩勒能提供机组人员，他可以提供800架战斗机。如果我没记错的话，施佩勒说他提供不了那么多人，他只有500名机组人员可用，希特勒听了有些生气。这次会议结出的恶果是，龙德施泰特·盖尔和施佩勒很快就被解职。接替龙德施泰特的是冯·克鲁格元帅，后者近几个星期一直在最高统帅部研究总体局势并随时待命。那段时间冯·克鲁格先生在希特勒那里是最受欢迎的人。

7月6日接管部队的新的西线最高指挥所没能扭转战局。来到法国的时候，冯·克鲁格元帅还带着充斥最高统帅部的那种乐观情绪，他因此立即与隆美尔产生分歧，但很快就不得不接受隆美尔对当前局势更为理智的判断。

冯·克鲁格先生是一名敬业的军人，他在小规模战术方面的知识是不错的，但他对运动战中如何部署装甲部队一无所知。据我所知，他在指挥装甲部队方面发挥的影响毫无例外是约束性的。他简直就是拆分部队的专家。在他主事的情况下，西线指挥所仍然治标不治本却不选择使用剩余的装甲力量打运动战就不足为奇了。到了最后，我们剩余的装甲力量被浪费在了更多的正面进攻当中，在敌军舰炮的火力下战果寥寥无几。

7月11日，卡昂失守。7月17日，隆美尔乘坐的车在从前线回来的路上遭到英军战斗轰炸机袭击，驾驶员受重伤，隆美尔本人被抛出车外，因颅骨骨折及其他伤势住进了医院。他的离开让西线战场失去了最强势的一个人物。

这一天，敌军入侵的战线起于奥恩河口，经卡昂南部郊区—科蒙—圣洛一带直至海滨的莱赛。

在诺曼底，盟军正在集结他们的进攻力量意图突破此前夺取的桥头堡，那里的局势只能用极度紧张来形容。与此同时，东线的战局每况愈下，我们面临在短期内遭受巨大灾难的危险。

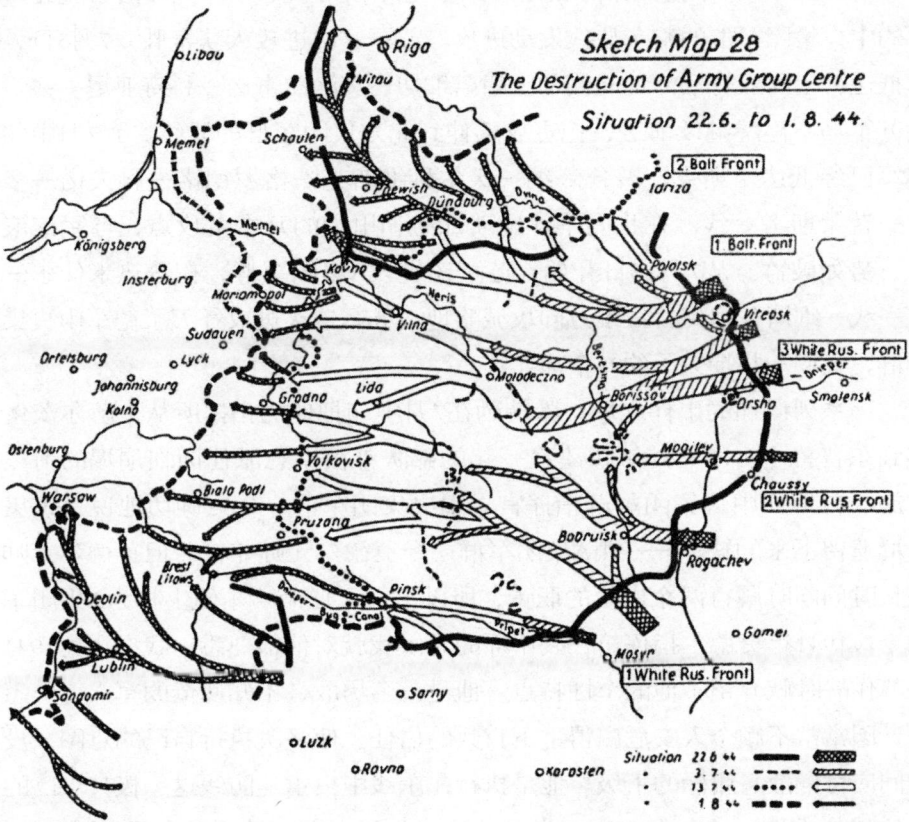

Sketch Map 28
The Destruction of Army Group Centre
Situation 22.6. to 1.8.44.

Libau 利保	Vilna 维尔纳	Biala Podl 比亚拉波德尔
Riga 里加	Ortelsburg 奥尔特尔斯堡	Chaussy 肖希
Mitau 米陶	Lyck 利克	Pruzana 普鲁萨纳
Memel 梅默尔	Johannisburg 约翰尼斯堡	Bobruisk 博布鲁伊斯克
Schaulen 肖伦	Molodeczno 莫洛德什诺	Deblin 杰布林
Poewish 波埃维什	Beresina 别列津纳河	Brestlitovsk 布雷斯特利托夫斯克
Idriza 伊德里萨	Dnieper 第聂伯河	Pinsk 平斯克
Dündburg 顿德堡	Kolno 科尔诺	Rogachev 罗加乔夫
Ovina 奥维纳河	Grodno 格罗德诺	Dnieper-Bug-Canal 第聂伯河—布格河运河
Königberg 柯尼斯堡	Lida 利达	Pripet 普里皮亚季河
Insterburg 因斯特堡	Borissov 鲍里索夫	Gomel 戈梅利
Kovno 科夫诺	Orsha 奥尔沙	Lublin 卢布林
Polotsk 波洛特斯克	Smolensk 斯摩棱斯克	Mosyr 摩西尔
Mariampol 马里亚姆波尔	Ostenburg 奥斯滕堡	Sandomir 桑多米尔
Neris 内里斯河	Volkovisk 沃尔科维斯克	Sarny 萨尔尼
Vitebsk 维特布斯克	Mogilev 莫吉列夫	Luzk 卢茨克
Sudauen 苏道恩	Warsaw 华沙	Rovno 罗夫诺
		Korosten 科罗斯滕

示意图28　中央集团军群被歼。1944年6月22日至8月1日的战局

　　6月22日，苏军投入第一百四十六步枪师和第四十三坦克师沿布施元帅指挥的中央集团军群的整条战线发动进攻。苏军这次进攻大获全胜。7月3日，苏军抵达普里皮亚特沼泽地北侧和巴朗诺维切—莫洛杰奇诺—科奇亚尼一线。之后苏军马不停蹄继续前进，把进攻延伸到北方集团军群的战线。到7月中旬，苏军已经抵达平斯克—普鲁萨纳—沃尔科维斯克—格罗德诺—科夫诺—多瑙堡—普莱斯考一线。在指向华沙维斯瓦河和里加的几个主攻点，苏军滚滚向前、势如破竹。从7月13日开始，苏军还进攻A集团军群，在普热米什尔—桑河一线—维斯瓦河畔普拉维方向攻城略地。苏军这次进攻歼灭了德军中央集团军群，我们一共损失了约25个师。

　　一系列惨痛的事件之后，希特勒在7月中旬把他的指挥所从上萨尔茨堡转移到东普鲁士。所有能够拼凑在一起的部队都被紧急派往面临崩塌的前线。布施不再担任中央集团军群指挥官，中央集团军群——更确切地说是该集团军群遗留下来的缺口——由A集团军群司令莫德尔元帅兼管。但莫德尔元帅无法长时间同时履行两个岗位的职责，所以上面又任命哈尔佩上将为A集团军群司令。1941年莫德尔指挥第三装甲师的时候我就对他很熟悉，我在讲述1941年对苏作战时就介绍了他的个性特点。他是一名勇敢、不知疲倦的军人，熟悉前线，因常常不顾个人安危赢得手下官兵的信任。他坚决执行自己的意图，没有时间应付懒散、庸碌的下级。他是执行在东线中央重建防线这一极其艰巨的任务的最佳人选。哈尔佩来自威斯特伐利亚，以前是一名装甲部队军官，他冷静、可靠、勇敢、坚定，思维清晰。他也适合现在的岗位。我们能够重建东线，这两位将军杰出的工作能力和卓越的领导才华是最主要的原因。当然这需要一定的时间。但就在这个时候，一个意外事件的发生险些让我们保卫祖国的所有努力都付之东流。

第10章　7月20日及其余波

面对缺乏预备队的德军，苏军连战连捷，眼看就要一路打进东普鲁士。7月17日，我以装甲部队训练学校指挥官的身份命令温斯多夫和克朗普尼茨有作战能力的教导队从柏林前往东普鲁士乐岑周围的防区。

7月18日下午，我过去认识的一位空军将官问是否可以来找我。他告诉我说，新任西线总指挥冯·克鲁格元帅打算绕过希特勒跟西方列强商讨停战协定，为此很快就会提出要跟敌军接触。这个消息让我目瞪口呆，我知道克鲁格的行为很快就会对我们摇摇欲坠的东线以及整个德国的未来产生影响。我们在东线和西线的防御将会立即崩塌，苏军将会不可阻挡地向前突进。目前为止我从来没有想象过，在前线指挥所的德国将军会想到要违抗国家元首走这样一步。我不敢相信我听到的消息，赶紧问对方消息来源何在。但对方不愿意透露消息来源，也不愿透露他为什么要告诉我这些以及他这么做想要达到的目的。我问他这件事短期内会不会发生，他说不会。既然如此，我就有时间好好考虑一下我应该怎么做。但我在指挥所要参加的会议和要见的人很多，要想认真清楚地考虑这样一件事着实不易。7月19日我决定去一趟阿伦施泰因、托伦和霍恩萨尔察，表面上是去视察这几个地方的部队，实际上是想在路上想好我要怎么做。如果我在无法提供消息来源的情况下把我听到的消息报告给希特勒，我就会给冯·克鲁格元帅带来非常严重但未经证实的质疑，这么做对他很不公正。但要是我保守这个秘密而事实就是如此，那我就要对后续的恶果负连带责任。我怎么做才是正确的？这个问题太难回答了。

7月19日，我视察了阿伦施泰因的反坦克部队。其间我接到我的参谋长托马勒将军的电话，他请我推迟3天执行把装甲教导部队从柏林转移到东普鲁士的命令。这个要求是陆军总务处长奥尔布里希特将军提出来的，因为第二天也就是1944年7月20日预备队和教导部队要参加在柏林地区举行的"瓦尔基里演习"，没有装甲教导队的话演习无法正常进行。"瓦尔基里演习"是针对敌人空降登陆或本方内部骚乱组织的训练演习的代号，至少我自己一直是这么认为的。托马勒对我说，目前东普鲁士的局势不是十分危急，装甲教导部队推迟两三天出发应该不会有什么问题。听他这么一说，我勉强同意教导部队参加这次演习。

当天下午，我视察了托伦的预备部队。7月20日上午，我去霍恩萨尔察视察那里的反坦克部队，晚上住在我在代彭霍夫的家。傍晚我在外面散步的时候，一名信差骑摩托车过来让我去接最高统帅部打来的电话。一回到家我就得知，上面通过无线电发表了关于有人想刺杀希特勒的声明。我和托马勒将军通电话的时候已经过了午夜，他简要说明了有人要刺杀希特勒的情况，告诉我刺客的名字，通知我希特勒命令我第二天去最高统帅部报到，因为希特勒打算把蔡茨勒解职并让我接替他的职务。托马勒说，21日早上8点会有一架飞机在霍恩萨尔察接我回东普鲁士。

我对刺杀计划一无所知，没有跟任何人谈起过这件事，当天我也只在半夜跟托马勒将军有过上述这次电话交谈。其他所有关于我在20日那天所作所为的说法都是凭空捏造。

我被任命为陆军总参谋长的来龙去脉由托马勒将军在宣誓后作了书面记录，记录文件现在在我手里，内容如下：

1944年7月20日18点，托马勒将军在自己的办公室接到隶属约德尔上将武装部队指挥所的总参谋团军官魏策内格中校的电话。魏策内格在电话里问我在哪里，托马勒告诉了他。随后，托马勒本人奉命立刻到最高统帅部向希特勒报到。托马勒在19点左右到了最高统帅部。希特勒在副官冯·贝洛上校的陪同下接见了托马勒。希特勒再次询问托马勒我在哪里以及身体是否健康。托马勒对后一个问题给出了肯定回答。之后希特勒表示，他原本决定任命布勒将军为陆军总参谋长，但布勒在刺杀事件中受伤，目前尚不清楚需要多长时间康复，所以他决定让古德里安在此期间履行陆军总参谋长的职责，并责成托马勒安排我在第二天上午向希特勒报到的事宜。

从上述事实可以看出，希特勒最初并不打算让我接任和他关系不好的蔡茨勒的职务。他之所以让我担任这个不是很讨人喜欢的职务，仅仅是因为他看中的人选在刺杀事件中受伤。由此可见，希特勒的敌人在战后从我代理参谋长一事中得出的所有结论都是站不住脚的，他们的推断不是凭空想象就是恶意诽谤。实际上，即便就是传播谣言的人也必须承认，在1944年7月自愿站出来解决东线战局的问题并不是什么美差，而这恰恰就是当时那次夸大其词的历史性任命的人选面临的主要任务。

不用说大家也能想到，很多人都问我当初为什么要接受这个艰巨的职务。最简单的回答是：因为这是命令。后来的事态发展表明，东线已经在悬崖边摇摇欲坠，我们需要拯救数百万德国军人和平民。如果当时我拒绝拯救东线的部队和我的家乡东德，我在自己眼里也会是个卑鄙的懦夫。不幸的是，我的努力最终没能成功，这是我一生都为之痛心的事。对于我们的东部领土及其无辜、无畏、真诚、勇敢的居民遭受的命运，几乎不会有人比我感到更痛苦，毕竟我自己就是普鲁士人。

1944年7月21日，我从霍恩萨尔察飞往乐岑。我刚下飞机就和托马勒短暂交谈，他告诉我他和希特勒之间的谈话以及刺杀事件的情况。之后我见到了凯特尔元帅、约德尔上将和布尔格多夫将军。由于施蒙特被炸成重伤，布尔格多夫接替他出任希特勒的首席副官和陆军人事处处长。他们几位向我简要介绍了有关任命新的陆军总参谋长的一些情况。现在的主要问题是，陆军总司令部参谋团队所有在职军官几乎都要更换。陆军总司令部原先那些军官有些在刺杀事件中受伤，有些因从犯嫌疑被拘捕，有些我不能指望他们将来会合作，还有些人从来没去过前线所以需要调整岗位。在这次会面之前，我提前做好安排，以便我在16点到陆军总司令部走马上任。

在和陆军总司令部的军官谈话过后，我在中午时分向希特勒报到。我见到希特勒的时候，他的样子有些狼狈：一只耳朵在流血，右手严重挫伤几乎无法动弹，用绷带吊在脖子上。不过在接见我的时候，他的言谈举止透露出令人惊讶的沉静。他任命我履行陆军总参谋长的职责，告诉我他和蔡茨勒之间的意见不合已经有一段时间了。他说，蔡茨勒曾经5次提出辞职，战争时期这么做是不对的，既然战场上的士兵不能因为心怀不满就离岗，担任实职的将军也不能动不动就辞职。说完这话他就以极为严厉的语气禁止我提出辞职。

接着我们谈到了人事方面的问题。我对陆军总司令部的一系列任命都得到了希特勒的同意。我借此机会指出，新任的西线总指挥不善于指挥大规模装甲部队，我提议给他调整职务。希特勒打断我的话说："而且他还预先知道刺杀的事情。"凯特尔、约德尔和布尔格多夫都说冯·克鲁格元帅是最好的人选，虽然他知道刺杀的事情，但不应该把他排除在外。我原本想顺水推舟把冯·克鲁格先生调离西线，但现在这个计划泡汤了。希特勒无疑对冯·克鲁格元帅更加了解，所以我就没再多说什么。

在军事方面的谈话结束后，希特勒以个人的名义说了几句话。他说我有人身危险，所以安排了战地秘密警察保护我。秘密警察彻底搜查了我的住处和车辆，但没有找到任何可疑物品。尽管如此，我还是决定给自己安排警卫员，这是我入伍以来第一次有这样的想法。我从装甲部队挑选了几个可靠的人护卫我的住处和办公楼，他们忠实地履行这项任务直至我离职，其间护卫人员时不时有更换。

希特勒知道我的心脏不好，建议我去找他的私人医生莫雷尔看看，让莫雷尔给我打几针。我去找了莫雷尔，不过在和我的柏林医生交流之后，我没有让莫雷尔给我打针。我不能仅仅因为莫雷尔先生是希特勒的私人医生就把自己交到他手里。

刺杀事件之后，希特勒的右臂严重挫伤，两边的耳膜都被损坏，右耳的耳咽管被破坏。他很快就从这些外伤中痊愈。不过周围的人都能看到的他左手和右腿抖动的问题跟刺杀无关。但相比身体上受到的影响，希特勒心理上受到的影响更为严重。希特勒生性缺乏对他人的信任，尤其不信任总参谋军官和军队的将官。经过刺杀事件之后，他的这种不信任变成了彻底的憎恨。身心上的病痛给他带来的一个副作用是，他的道德判断力也被破坏了：强硬变成了残酷，虚与委蛇变成了阴险狡诈。他常常明目张胆地撒谎，但又声称别人没对他说实话。他不再相信任何人。跟他打交道原本就不容易，现在情况越来越糟糕，变成了让人难以忍受的一种折磨。他经常出现情绪失控，言辞越来越激烈。他在自己最亲近的小圈子里更加肆无忌惮，因为为人礼貌又有风度的施蒙特已经被笨手笨脚的布尔格多夫取代。

向希特勒报到之后，我去看了一下所谓的"接待室"。据说刺杀就发生在这里，里面的情况在外面广为流传。最后我来到陆军总司令部和陆军总参谋长办公区，从现在开始，这里就是我工作的地方了。奇怪的是，我进去的时候办公区是空的，没有人出来接待我。看过几个房间之后我终于见到一个名叫里尔、正在熟睡的列兵。我把他叫醒，让他去喊一名军官过来。过了一会儿，里尔带着男爵弗赖塔格·冯·洛林霍芬少校过来。我在装甲部队的时候就认识弗赖塔格少校，1941年我担任装甲集团军军长的时候他是我的传令官。我让弗赖塔格做我的副官，然后打电话给各集团军群了解前线的情况。参谋长办公室里有3部电话，表面上看不出各部电话的用途。我拿起最近的一部，里面传来一个女人的声音，但我刚说出自己的名字她就大喊一声把电话挂了。我费了些口舌才让几个接线员冷静下来，也才打通我要的电话。

我在上一个章节就讲过截至1944年7月20日的军事形势，现在的情况可以用令人震惊来形容。作为东线的控制中心，陆军总司令部一地鸡毛，需要恢复工作秩序才能发挥作用。前任总参谋长原本打算把陆军总司令部搬回柏林附近措森的迈巴赫营地，很多人都已经去那边上班了，包括这位四星上将及其全部下属、武装部队参谋长、陆军运输处和很多重要的部门，很大一部分通信网络也搬走了。经过一番艰苦努力我们才得以维持与各集团军群之间的联系，而原本属于陆军总司令部职责的全军补给只能从东普鲁士加以调控。面对这样的局面，我首先要做的就是要确定陆军总司令部下一步要在哪里办公。我选择的是东普鲁士，因为希特勒和国防军最高统帅部要留在那里。已经搬到措森的部门和人员都被召回。

要让陆军总司令部运转起来，下一步需要做的就是任命相应的军官。我让人找到当时在舍尔纳手下担任参谋长的温克将军，任命他为作战部部长。不久之后我又扩大他的职责范围，让他担任陆军总司令部指挥所参谋长，在领导作战组织各部门的同时负责被称为"东线外军处"的军事情报部门的一部分工作。通过这样的安排，控制东线战事的整个组织机构就集中在一个地点。冯·博宁上校接管作战部，温特朗中校负责组织部，为人可靠的盖伦上校负责"东线外军处"。自杀身亡的四星上将瓦格纳由托佩上校接替。在法国和苏联担任过我的炮兵顾问的柏林将军被任命为陆军总司令部炮兵将军，1940至1941年期间我的首席通信官普朗将军担任陆军和武装部队首席通信官。这些人几天之后才全部到达东普鲁士，之后他们还需要时间熟悉新的工作岗位。陆军总司令部原有的高级军官当中，只有能力出众的武装部队和陆军首席运输官盖尔克将军留任。

起初的几个星期时间，我一直忙于让陆军总司令部重新运转起来，没有时间考虑其他问题，几乎没有留意到今天看来对当事人有重要意义的一些事情。除了前线的战局以外，我无暇顾及其他的日常事务。为了挽救我们的前线，我和新同事常常工作到深夜。

7月20日刺杀希特勒事件的实际结果是什么呢？

作为刺杀对象的希特勒只受了轻伤，原本就不太好的身体状况出现恶化，心理平衡被彻底打破，心底所有的邪恶力量被唤醒，他已经没有了底线。

如果刺杀的目的是为了重创德国的政府机器，那纳粹党的要员都应该被清除，但炸弹爆炸的时候这些人都没在场。比方说，杀手就没有清除希姆莱、戈林、戈培尔或者鲍曼的计划。策划刺杀的人也没有想过，假如刺杀成功他们应该如何执行自己的政治计划。执行刺杀的格拉夫·施陶芬伯格肯定也意识到了这一点，因为他没有在几天前的上萨尔茨堡实施行动，理由是他预计出现的希姆莱和戈林没有出现在那个房间里。我不知道格拉夫·施陶芬伯格为什么要决定在全面政治成功条件并不成熟的7月20日动手，也许是格德勒博士的逮捕令促使他立即采取行动。

即便希特勒被杀且策划者成功夺取权力，策划者仍然需要一支有规模的、可靠的军队，但他们手里一个连都没有。所以当格拉夫·施陶芬伯格带着刺杀成功的假消息来到柏林的时候，策划者们甚至连柏林都控制不了。为"瓦尔基里演习"集结的部队完全不知道究竟发生了什么事，这也就是策划者们所谓"拒绝行动"的缘由。我有完全不同的理由同意装甲部队教导队推迟转移，但这次推迟也没有发挥任何作用，因为刺杀策划者不敢向部队及其指挥官透露他们的计划。

对外政策领域也不存在刺杀取得成功的必要条件。策划刺杀的领头人物与敌国要员之间的联系很微弱，没有一个敌国的领头政治人物表现出任何想要与策划者达成协议的意愿。毫不夸张地说，即便刺杀取得成功，德国的状况也不会比今天好到哪里去。我们的敌人并非只想消灭希特勒和纳粹主义。

刺杀事件的直接受害人是陆军总司令部作战部部长勃兰特上校、空军总参谋长科尔滕将军、希特勒的首席副官施蒙特将军和一个名叫伯格的速记员。除了这些人以外，国防军最高统帅部和陆军总司令部的很多成员都受了伤，他们是不必要的受害者。

接下来的受害者是刺杀计划的参与者、知情者及其家人。但在被判有罪的人当中，只有一小部分实际参与了刺杀计划，大多数人只是听说了一些东西，出于对朋友的忠诚对流言蜚语保持沉默。然而，他们为自己的忠诚付出的却是惨死的代价。贝克上将、四星上将瓦格纳、冯·特雷斯科夫将军、男爵弗赖塔格·冯·洛林霍芬上校等人选择自杀，格拉夫·施陶芬伯格、奥尔布里希特、默茨·冯·库伊尔恩海姆和冯·海夫滕被弗罗姆匆匆处死，其他人被判死刑。

希特勒命令所有被告都由一个法庭审判，即所谓的"人民法庭"。对军人来说，这意味着审判他们的不是军事法庭而是一个特别民事法庭，他们因此面对的就不是常规的军事审判和执行，而是由希特勒控制的基于憎恨和复仇欲望的特别法律。在独裁体制下是没有法律手段可以对这样的法律提起上诉的。

为了让受到同谋指控或者事先知情指控的军人接受"人民法庭"的审判，首先要让这些军人脱离武装部队。为此，希特勒指示成立一个名叫"荣誉法庭"的军事法庭对被控军人展开调查，进而将他们开除军籍。"荣誉法庭"由冯·龙德施泰特元帅担任庭长，奉命列席的人有凯特尔、施罗特、克里贝尔、基尔希海姆和我。作为陆军总参谋长兼装甲部队监察长官，我以公务繁忙为由请求不要参加这项吃力不讨好的任务，但希特勒不为所动。最后我努力取得的结果仅仅是，在我军务繁忙不能参与审判期间，基尔希海姆将军可以充当我的代理人。起初我一直没有参与审判，后来凯特尔受希特勒的指示来找我，告诉我必须至少偶尔参加庭审，所以不管是好是坏我都得参加两三次令人厌恶的这类庭审。我在法庭上听到的东西让人痛心和不安到极点。

审判前的先期调查由隶属盖世太保的卡尔滕布伦纳和党卫队团体领袖穆勒负责。前者是一名奥地利律师，后者是巴伐利亚官员，两个人对军官们的部队一无所知。穆勒对军队的态度可以用憎恶兼自卑来形容，他本人则精于算计、野心勃勃。除了这两个人以外，陆军人事处处长布尔格多夫和他的助理迈泽尔也出现在庭审现场，他们负责程序相关事宜，同时充当希特勒的观察员。先期调查报告的内容主要是被告的陈述，这些陈述极为诚实，因为在被控军官看来，由自己同仁组成的"荣誉法庭"和他们一样有荣誉感。这些不幸的人显然绝不会想到，负责调查他们的盖世太保的行为准则与他们大相径庭。被告的陈述不仅涉及本人，还提到了其他人的姓名以及这些人所做和没有做的事，而凡是出现在被告陈述中的人都被拘捕和调查。通过这种方式，盖世太保很快描绘出了刺杀计划及其参与范围几近完整的图像。不幸的是，根据被告陈述的内容，法庭几乎不可能认定做出陈述的军官没有参与刺杀计划。在我参与的为数不多的几次庭审中，我都竭力去挽救每一个可以挽救的人，但让人痛心的是，我的努力只在很少的几个人身上取得成功。在参加庭审的其他成员当中，基尔希海姆、施罗特和克里贝尔也像我这么做。冯·龙德施泰特元帅一直给予我们支持。

"荣誉法庭"其实只有一个功能，即根据先期调查结果确定被告是否要以同谋或事先知情的罪名接受"人民法庭"的审判。如果法庭认为被告要接受审判，国防军有关单位就把当事人从武装部队开除，当事人因此不再受军事法管辖。这类调查可能只是在已有文件基础上进行，审查被告是不允许的。

参与这种令人压抑的庭审是要经受价值判断和良心问题的痛苦折磨的。我们说的每一个字都必须慎之又慎，就是在把人无罪释放的时候也还要担心着此举有可能会给尚无嫌疑或尚未被拘捕的其他人带来不幸。

"人民法庭"宣判的死刑通过绞刑执行，这种执行方式在德国法律界尤其是军事法领域是前所未有的。在此之前，被判死刑的军人都是枪毙执行。绞刑是从奥地利引进的做法。不幸的是，这种做法今天还在采用。

任何想要发动政变的人必须要考虑到，一旦政变失败他就可能因叛国罪被判死刑。然而，因为7月20日那次事件受到指控的人当中有多少意识到正在发生的是什么事？肯定只有少数几个人知道事情的原委。但希特勒完全无视这个情况。最终的结果是，7月20日之前不久听说政变计划但因为没有立即意识到事态的严重性所以没有向有关当局汇报情况的军官就受到指控。有些人根本不是共犯或帮凶，但仅仅是因为给警方通缉的朋友施以援手就要奔赴刑场。这方面最令人震惊的例子恐怕就是海斯特曼·冯·奇尔伯格将军了。冯·奇尔伯格将军是受人敬重的冯·奇希维茨将军的女婿，奇希维茨将军曾经担任我的上级监察员和师长。1944年7月20日，奇尔伯格在东线指挥一个师。他的第一参谋库恩少校曾经在陆军总司令部组织部工作，对刺杀阴谋是知情的。奇尔伯格收到电报让他立即逮捕库恩，并把库恩严加看管押解至柏林。结果奇尔伯格让库恩独自驾车到一个新的指挥所，想要给他一个机会。没想到库恩没有利用这个机会开枪自杀，而是叛逃去了敌军一方。奇尔伯格因此被捕并接受军事法庭审判，不过当时他的判决不重。但没过多久希特勒就知道了这件事，他指示以执行死刑为目标重新调查此事，理由是库恩在陆军总司令部组织部工作过，掌握高度机密，他叛逃敌军对德国的作战部署极为有害。1945年2月，奇尔伯格被枪决。我那位不幸的老首长又一次在枪口下失去他的女婿，他另一个女婿戈谢将军为人十分和善，但就是因为说我们没有能力赢得战争就被枪毙。

被判死刑的人固然不幸，他们身后免于死刑的人也好不到哪里去。由于被认为与刺杀阴谋有密切关系，这些人处境非常艰难，受尽了精神折磨，周围的人很难向他们提供帮助或者减轻他们的痛苦。

不管从哪个角度看，刺杀事件的后果都是耸人听闻的。就我本人来说，我不接受任何形式的谋杀。我们信仰的基督教明确禁止谋杀，我当然不会认可刺杀计划。除了宗教方面的原因以外，我不得不说，国内和国际的政治局势都不利于组织政变。政变的准备工作很不充分，执行主要任务的人选令人不解。最初鼓动政变的人是格德勒博士，他是一个理想主义者，认为没有刺杀也可以发动政变。他和他的共谋者无疑都深信，他们的所作所为有利于自己的国家。格德勒甚至确定了政变成功之后在新政府担任要职的人选。他拟定了一个名单，结果名单不慎落到盖世太保手里。名单中拟任国家元首的人是贝克上将，我对他的个性特点已经有过很多描述，他在7月20日这一天的举动证明了我之前对他的看法是对的。维茨莱本元帅是一个病人，他痛恨希特勒但没有足够的决心在这种关键、困难的情况下发动军事政变。霍普纳上将是一位英勇的战士，但我怀疑他是否完全意识到7月20日的举动带给他什么样的责任。奥尔布里希特将军是一位顶尖的军官，很擅长自己的工作，但他既没有指挥权也没有军队去实施政变。到了1944年7月20日，政变计划已经经过连续几年的斟酌和讨论，知情人的数量不断增加，盖世太保最终听到风声并威胁拘捕所有知情人也就不足为奇了。在盖世太保的威胁之下，格拉夫·施陶芬伯格一冲动就付诸刺杀，而其他参与谋划政变的人是不大可能独自做出这样的决定的。刺杀最终以失败告终。刺杀者对炸弹产生的效应怀有不切实际的幻想，说他有勇无谋一点都不为过。作训部队指挥官弗罗姆上将在整件事情当中扮演的角色现在仍然不明了，但他也为此失去了生命。法国驻军司令海因里希·冯·施图尔普纳格尔将军是个原则性很强的人，我跟他很熟，每次经过巴黎都去找他。不幸的是，他也痛苦地离开了这个世界。但最惨痛的还是隆美尔元帅的结局。直到战后入狱我才知道隆美尔元帅的遭遇，那时候我也才完全意识到我们当年经历的是怎样一个悲剧。

众人关注的焦点问题当然是：假如刺杀成功会怎么样？没有人能回答这个问题。不过有一件事是无可争议的，即：当时多数德国人仍然信任希特勒，在他们看来，假如刺杀取得成功，德国就会失去唯一一个能以有利于德国的方式结束战争的人。希特勒的死导致的愤恨将主要针对军官、将军和参谋人员，而且这种仇恨不仅会在战争期间存在，还会延续到战后。民众将会把愤恨和蔑视对准军队，因为在他们看来，军队居然在国家生死存亡之际违背忠诚誓言杀死政府首脑，让风雨飘摇的国家之舟失去舵手。另一方面，敌国对待我们的态度不大可能因此就比国家崩溃之后他们实际所表现出来的更好。

接下来的一个问题是：当时到底应该怎么做？对于这个问题我只能回答：关于反对希特勒政权的言论和著述有很多很多。但曾经发表相关言论、撰写相关文字且活到现在的人当中，有谁哪怕是一次真正反对过希特勒的意志？有谁哪怕是一次当着希特勒的面表达与这位独裁者相反的观点并当面与他争论？这才是应该做的事。我有机会参加希特勒组织的有关军事、技术和政治问题的通气会和无数会议期间，只有为数不多的几个人胆敢反驳希特勒，这些人当中只有一部分活到了现在。有些人只是在走廊里低声表达自己的不同观点然后催促别人采取行动，这样的人我是不能称之为"抵抗斗士"的，因为二者采取的态度大相径庭。如果一个人不同意希特勒的看法或做法，他就有义务在适当的时候告诉希特勒。曾经有那么一段时期，表达不同观点是可以发挥作用的，那就是在战争爆发前。任何一个确信希特勒的政策将导致战争、确信应该避免这样一场战争、确信战争将不可避免地给我们国家带来灾难的人都有责任在战争开始前寻找机会向希特勒和德国人民明确表达自己的看法。如果不能在德国这么做，他应该在国外寻找机会这么做。那么，当时的相关人士这么做了吗？

第11章 总参谋长

现在我们把话题拉回到严峻的军事形势上。

在陆军总司令部总参谋部恢复工作秩序之后，我们的工作运转仍然是繁重而缓慢的，因为希特勒坚持审核每一个细节，拒绝给予总参谋长哪怕是极为有限的决策权。我请求让他给我就非关键事项向东线各集团军群下达指令的权力，还请他允许我向陆军总参谋军官下达关乎整个总参谋部事宜的指令，但这两个要求都被希特勒拒绝了。凯特尔和约德尔都同意希特勒的做法。凯特尔用亲笔签名的形式表达了他的观点，约德尔则说："总参谋团队实际上就应该解散！"既然总参谋团队的核心人物都要自掘坟墓，整个机构肯定就没希望了。希特勒拒绝我的请求导致的结果很快就出现了，这期间发生了一系列严重违反纪律事件。我需要把有关军官调动到陆军总司令部，因为我在总司令部至少还有一点执行纪律的权力。我让几个自以为是的年轻的当事人在总司令部面壁思过了几个星期。我找了个合适的机会把这件事情告诉了希特勒，他用惊讶的眼神看着我但什么也没说。

我刚上任不久就问希特勒是否可以单独和他谈话。他问我说："你要谈军事问题还是私人问题？"我要说的肯定是军事问题，不过要想开诚布公地谈，那就只能是我和他之间单独谈。任何第三方在场都只会对谈话产生不利影响，希特勒也很清楚这一点。当然了，这也正是他拒绝我这方面请求的原因。他还说，他和我讨论军事问题的时候，凯特尔元帅和两名速记员都要在场。有了这样一条规定，我鲜有机会能够直言不讳地和最高统帅说上几句话。凯特尔对这条十分不利的规定也负有一定的责任，他担心自己不能及时掌握重要情况并因此会被逐渐边缘化。就这样，我和几位前任总参谋长一样在颇受掣肘的环境里开展工作，这让我难以改善我们的总体氛围，也难以冷静解决大家的分歧。

1944年7月21日当我奉命担任总参谋长职务的时候，东线的局势十分堪忧。

我们实力最强的部队应该是在乌克兰的南方集团军群，这个集团军群由第六军、第八军以及罗马尼亚部队和一部分匈牙利陆军组成，其战线由黑海之滨的第聂伯河河口开始，经第聂伯河至基奇内夫以南、雅西以北和法尔提切尼以南，通过普鲁特河与塞雷特河，最后到塞雷特河集水区西北一带。在3月和4月的春季战斗中，这个集团军群在雅西以北挫败敌军进攻，最后成功撤下几个师的兵力充当预备队。当时集团军群的司令是受希特勒特别信任的舍尔纳将军。

在乌克兰南方集团军群北面的是乌克兰北方集团军群。1944年7月12日之前，该集团军群在塞雷特河上游拉道茨一带—向东经布察茨到德拉廷—塔诺波尔—耶齐尔纳—科韦利以南贝雷斯特茨科一线完成了相当成功的防御。7月13日苏军发起进攻，在3个点突破了该集团军群的阵线，并于7月21日夺取利沃夫、普热梅希尔以北的桑河河湾、托马斯索夫、乔尔姆和卢布林，其先锋部队抵达维斯瓦河畔普拉维到布格河畔布雷斯特—利托夫斯克一线。

如果说这里的情况已经够糟糕的了，那中央集团军群那边的形势从6月22日开始就是灾难性的，可以说是不能再糟糕了。6月22日至7月3日期间，从别列津纳河与普里皮亚特河之间发动进攻的苏军在罗加乔夫一带、肖西一带、奥尔沙以北和维帖布斯克两侧成功突破德军防线。全歼德国25个师之后，苏军把中央集团军群击退到大卫格罗德克—巴朗诺维切　莫洛杰奇诺—科济压尼—波拉茨克以北德维纳河一线。此后几天，苏军全力扩大意外战果，夺取平斯克并抵达普鲁萨那—沃尔科维斯克—格罗德诺以东尼曼河—科夫诺—多瑙堡以东德维纳河—伊德里萨一线。就这样，中央集团军群和北方集团军群都陷入了整体崩溃之中。到7月21日，苏军以几乎势不可挡的力量突进到维斯瓦河沿岸从桑多米尔到华沙—谢德尔采—别尔斯克波德拉斯基—比亚韦斯托克—格罗德诺—科夫诺一线。对我们尤其不利的是，苏军还从波涅维什攻到了孝伦和米陶。在米陶以北，苏军抵达里加湾沿岸，切断了北方集团军群与其他部队之间的联系。

右翼位于波拉茨克以北的北方集团军群镇守在波拉茨克以北—伊德里萨—奥斯特罗夫—普莱斯考—佩普斯湖—纳尔瓦—芬兰湾沿岸一线。由于中央集团军群的不幸遭遇，北方集团军群不得不在7月21日把右翼撤到米陶—多瑙堡—普莱斯考一线。不过这当然不是该集团军群最后一次撤退。

我的前任不仅给我留下缺乏组织的参谋团队，还给我留下了混乱不堪的一条前线。陆军总司令部没有预备队，手头唯一能用的是乌克兰南方集团军群背后在罗马尼亚的部队。看一眼铁路图就知道，要把这股部队向北转移需要很长时间。作训部队可以提供的有限兵力已经在前往败下阵来的中央集团军群那边。

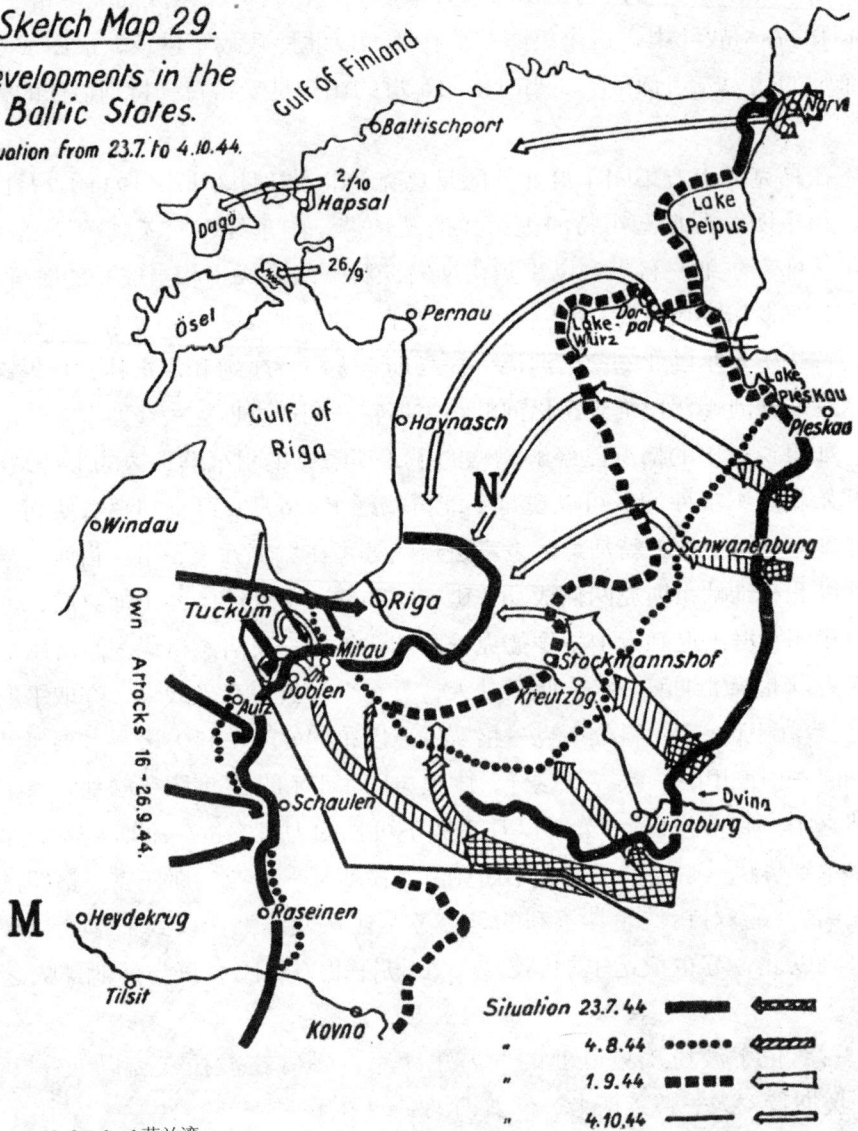

Sketch Map 29.
Developments in the Baltic States.
Situation from 23.7. to 4.10.44.

Gulf of Finland
Baltischport
Narv
Dago
Hapsal   2/10
26/9
Ösel
Pernau
Lake Peipus
Lake Würz   Dor-pat
Lake Pleskau
Pleskau
Gulf of Riga
Haynasch
N
Windau
Schwanenburg
Own Attacks 16 - 26.9.44.
Tuckum
Riga
Mitau
Doblen
Autz
Stockmannshof
Kreutzbg
Schaulen
Ovina
Dünaburg
M
Heydekrug
Raseinen
Tilsit
Kovno

Situation 23.7.44
"   4.8.44
"   1.9.44
"   4.10.44

Gulf of Finland 芬兰湾
Baltischport 巴尔蒂施波尔特
Narv 纳尔夫
Dagö 达戈
Hapsal 哈普萨尔
Lake Peipus 佩普斯湖
Ösel 厄塞尔
Pernau 佩尔瑙
Lake Würz 维尔茨湖
Gulf of Riga 里加湾

Haynasch 哈伊纳什
Lake Pleskau 普莱斯考湖
Windau 文道
Schwanenburg 施瓦能堡
Tuckum 图库姆
Riga 里加
Mitau 米陶
Doblen 多布伦
Stockmannshof 斯托克曼斯霍夫

Autz 奥茨
Kreutzbg 克罗伊茨堡
Schaulen 绍伦
Ovina 奥维纳河
Dünaburg 迪纳堡
Heydekrug 海德克鲁克
Raseinen 拉塞能
Tilsit 蒂尔西特
Kovno 科夫诺

示意图29 波罗的海国家的形势演变。1944年7月23日至10月4日的形势乌克兰南风集团军群的参谋长温克将军现在是我的首席作战助理，他很熟悉罗马尼亚的形势。在与这个集团军群司令取得一致之后，我向希特勒提议征用罗马尼亚境内所有可用的各个师去填补中央集团军群和北方集团军群之间的缺口。希特勒当即就同意了我的建议，同时命令乌克兰南方集团军群司令（舍尔纳）和北方集团军群司令（弗里斯纳）交换岗位。在希特勒看来，根据相关指示，乌克兰南方集团军群新任司令得到了非比寻常的决策权。不过正是由于这一系列果敢的措施，我们才在多布伦—图库姆—米陶一带遏制住了苏军的攻势。我不仅打算重新建立两个集团军群之间的联系，还想通过把部队撤离波罗的海国家缩短整条战线。为避免让处境艰难的北方集团军群面临全歼的危险，安排部队撤离波罗的海国家至关重要。按照命令，舍尔纳将军负责制定撤离计划。他在回复中报告说，撤离计划3到4周就能制定完成。但这样的速度还是太慢了，我们要抢在敌人之前部署好部队保卫东普鲁士就必须加快速度。为此我下令在7天之内撤出爱沙尼亚和拉脱维亚，在里加地区夺取桥头堡，同时所有的装甲部队和摩托化部队立即在孝伦以西一带集结。我预计苏军下一步将会在孝伦以西一带发动进攻，我们要想在位于库尔兰的北方集团军群与中央集团军群之间重新建立联系就必须挫败苏军的进攻。

德军从1944年9月16日到26日发动的进攻成功在两个集团军群之间重新建立起联系。这次进攻的成功要归功于格拉夫·施特拉赫维茨上校及其临时组建的装甲师的英勇作战。现在我们要做的就是充分利用当前的有利形势扩大战果。但北方集团军群却拒绝这么做，因为舍尔纳认为，苏军不会再从孝伦以西发动进攻而是要进攻米陶，为此他居然违抗希特勒签署的指令把手下的装甲部队留在了米陶一带。我要求他执行上级命令，但他无动于衷，我不知道他这么做是不是因为在我背后得到某种许可，毕竟他和希特勒之间是有直接联系的。不管其中缘由如何，德军在孝伦以西的薄弱防线终究在10月份被苏军突破，后者趁势打到了梅默尔和利保之间的波罗的海沿岸。德军沿着海岸发动进攻以便再次与北方集团军群重建联系，但此举以失败告终。北方集团军群继续与德军战线的其余部分隔离，只能依靠海上运输提供补给。

针对撤走对保卫德国至关重要的这些宝贵兵力的问题，我和希特勒进行了长期、艰苦的争论，但跟他争论的唯一结果是使气氛进一步恶化。

在德军漫长战线的左翼出现上述重大进展并发生激烈战斗期间，在莫德尔元帅身先士卒重建中央集团军群在华沙以东防线的同时，华沙内部的波兰人却发起了叛乱。博尔—科莫罗夫斯基将军领导的这次叛乱就发生在德军防线背后不远的地方，对我们的防线造成很大威胁。更糟糕的是，我们和冯·沃尔曼将军的第九军之间的联系也中断了。在当前形势下，波兰叛乱者可能与苏军之间迅速展开合作是我们不容忽视的一个问题。我请求立即把华沙纳入军事行动区，但佛朗克总督和党卫队全国领袖希姆莱的野心在希特勒那里占了上风，结果当时在前线后方不远后来进入战线的华沙就没有被纳入陆军的作战区域，而是保留在总督的管辖范围内。上面责成党卫队全国领袖镇压叛乱，他为此使用了党卫队团体领袖冯·德姆·巴赫—策莱夫斯基以及旗下一些党卫队和警察部队。镇压行动持续了几个星期，打得很是残酷。参与镇压的一些党卫队没有严守纪律。巧合的是，这些党卫队不是从党卫军抽调出来的。卡明斯基旅由以前的战俘组成，其中大部分是仇视波兰人的苏联人。迪尔莱旺格旅则由缓刑期的德国罪犯组成。这些不可靠的部队投入到孤注一掷的巷战中，同那些为生命而战的守卫者争夺每一座房子，他们因此放弃了所有的道德标准。有一次在谈论武器装备的时候，冯·德姆·巴赫本人向我提起了他手下的人做出的暴行。他说，他已经无法控制这些人的行为。我从他那里听到的情况实在太骇人听闻，所以当天晚上我就把这件事情告诉希特勒并请求他把这两个旅从东线撤下来。刚开始希特勒不想理会我的请求，但希姆莱的联络官、党卫队旅长菲格莱因自己也不得不承认说："元首，这是真的，那些人是真正的无赖。"于是希特勒只好答应我的请求。作为预防措施，冯·德姆·巴赫枪毙了卡明斯基，以此除掉一个危险的见证人。

直到10月2日，华沙的叛乱才终于结束。当波兰人开始表现出投降意愿的时候，我敦促希特勒宣布他们将按国际法享有战俘的所有权利，希望借此缩短这次毫无意义的争斗。希特勒接受了我的建议，向8月15日接替莫德尔担任中央集团军群司令的赖因哈特上将下达了相关指令。据我所知，我们的部队也是按希特勒的指示去做的。

在叛乱当中区分有组织的战士和无辜平民从来就不是一件容易的事。博尔—科莫罗夫斯基将军就如此写道：[1]

我们的指挥官在战斗中很难分清哪些人是士兵，哪些人是平民。我们的人没有制服，也无法阻止平民佩戴白红色的臂章。他们和国内的部队一样使用德国武器，这使我们的弹药更加紧缺，因为他们会在一名德国士兵身上浪费很多子弹和手榴弹。我在前期收到的每一份报告都在抱怨弹药被大量浪费的问题。

---

[1] 摘自博尔—科莫罗夫斯基将军所著的《无法征服的人》，刊登在1946年2月份的《读者文摘》上。

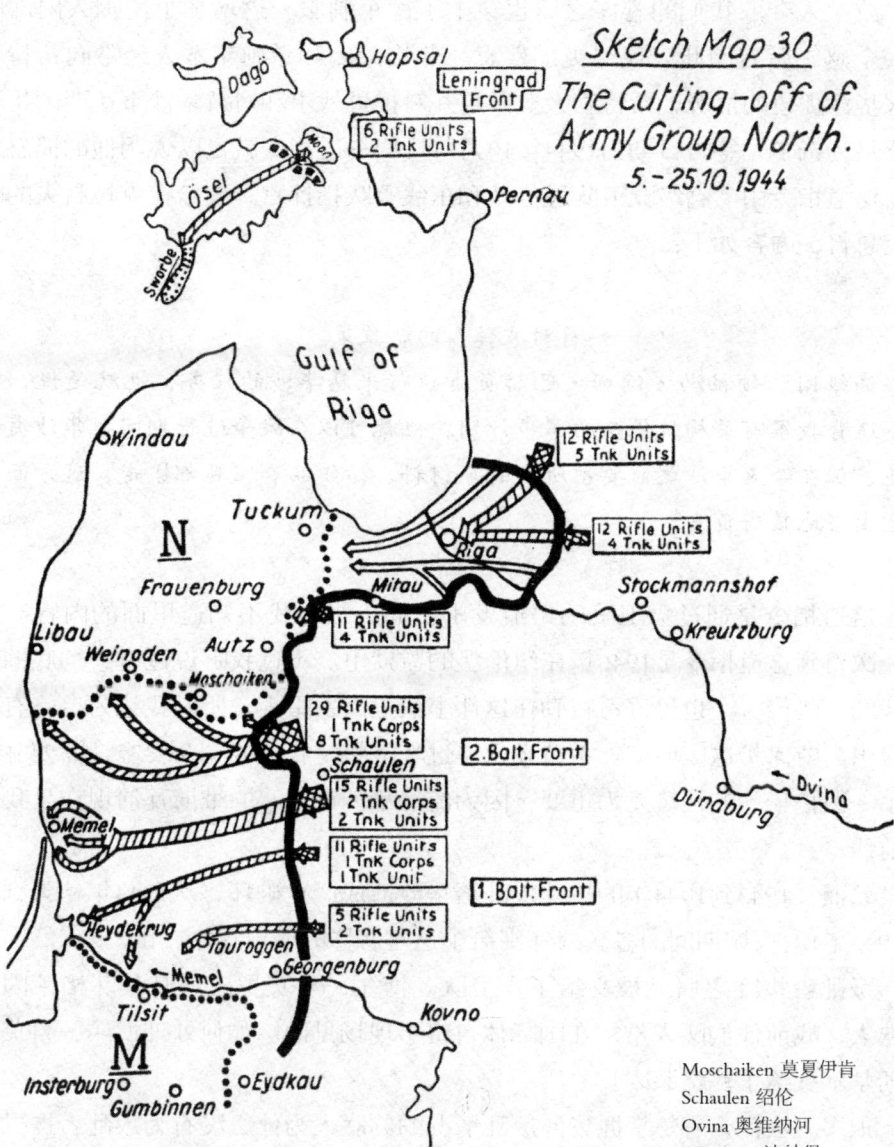

Sketch Map 30
The Cutting-off of
Army Group North.
5.– 25.10.1944

Dagö

Hapsal

Leningrad Front

6 Rifle Units
2 Tnk Units

Ösel

Moon

Pernau

Swrobe

Gulf of
Riga

Windau

N

Tuckum

Frauenburg

Mitau

Riga

12 Rifle Units
5 Tnk Units

12 Rifle Units
4 Tnk Units

Stockmannshof

Kreutzburg

Libau

Weinoden

Autz

Moschaiken

11 Rifle Units
4 Tnk Units

29 Rifle Units
1 Tnk Corps
8 Tnk Units

2. Balt. Front

Dünaburg

Dvina

Schaulen

15 Rifle Units
2 Tnk Corps
2 Tnk Units

Memel

11 Rifle Units
1 Tnk Corps
1 Tnk Unit

1. Balt. Front

Heydekrug

Tauroggen

5 Rifle Units
2 Tnk Units

Memel

Georgenburg

Kovno

Tilsit

M

Insterburg

Eydkau

Gumbinnen

Moschaiken 莫夏伊肯

Schaulen 绍伦

Ovina 奥维纳河

Dünaburg 迪纳堡

Memel 默梅尔

Heydekrug 海德克鲁克

Tauroggen 陶罗根

Georgenburg 乔根堡

Tilsit 蒂尔西特

Kovno 科夫诺

Insterburg 因斯特堡

Gumbinnen 贡宾嫩

Eydkau 埃德考

Dagö 达戈

Hapsal 哈普萨尔

Leningrad Frong 列宁格勒前线

Ösel 厄塞尔

Pernau 佩尔瑙

Moon 莫恩

Sworbe 斯沃尔贝

Gulf of Riga 里加湾

Windau 文道

Tuckum 图库姆

Riga 里加

Mitau 米陶

Frauenburg 弗劳恩堡

Stockmannshof 斯托克曼斯霍夫

Autz 奥茨

Libau 利保

Kreutzbg 克罗伊茨堡

Weinoden 魏诺登

示意图30　北方集团军群切断联系。1944年10月5日至25日波兰人夺取我们的仓库之后也穿上了德军制服，这增加了德国人内部的不安全感，后者因此表现得更加残忍。菲格莱因和希姆莱本人经常向希特勒汇报华沙那边的情况，希特勒大发雷霆并对推进战事和对待华沙下达严厉指令就不足为奇了，签署日期为1944年10月11日的一道指令就足以说明他的愤怒之情。这道指令由"高级党卫队通信处和东线警队指挥官"发给在克拉科夫的佛朗克总督，内容如下：

针对波兰人的新政策

高级团队领袖冯·德姆·巴赫负责执行平息华沙的任务，也就是说，只要不违背我军有关构筑堡垒的军事计划，他就可以在战争进行期间把华沙夷为平地，但在毁灭华沙之前要把所有的原材料、纺织品和家具都搬走，这方面的事宜由当地政府负责。

这道指令是通过党卫队的渠道发出去的，当时我不知道里面的内容。我第一次看到这道指令是1946年在纽伦堡的监狱里。不过我听说过有关彻底摧毁华沙的一些传言，也见过希特勒在这件事情上大发雷霆，所以我认为自己有责任提出需要保护这座城市。希特勒也说过华沙将是我们的一个要塞，需要驻扎德军。保护华沙的建筑尤为重要，因为流经华沙市中心的维斯瓦河现在是我们的前线。

然而，1943到1944年的持续叛乱给华沙造成严重破坏，从1944年秋天到苏军1945年1月攻城期间的多次战斗则给了这座悲惨的城市致命一击。

叛乱者投降之后就被交给了党卫队。博尔—科莫罗夫斯基是菲格莱因的老熟人，战前他们两人常常在国际体育赛事现场见面。如何处理博尔—科莫罗夫斯基就交给了菲格莱因。

很多人会问，清楚掌握华沙叛乱情况的苏联人为什么没有为叛乱者提供更多的帮助，为什么没有在维斯瓦河沿线停止攻势。毫无疑问，波兰叛乱者认为自己忠于他们在伦敦的流亡政府，他们接收的是流亡政府的指示。他们是波兰境内典型的亲西方保守组织。也许苏联不想看到亲西方的保守派因为叛乱以及叛乱者夺取首都得到增强，苏联人无疑想要让他们觉得可靠的卢布林阵营的波兰人得到这方面的好处。不过这是先前结为盟国苏联和波兰之间需要解决的问题，我们唯一关心的是苏军不要打过维斯瓦河，好让德军有一个短暂的喘息机会。

1944年7月25日，苏军第十六坦克兵团试图通过德布林的维斯瓦河铁路桥但没能如愿，还因此损失了30辆坦克。这座桥迟早要被炸毁。苏军其他坦克部队在华沙以北停了下来，我们德国人认为敌军是被我们的守卫部队压制的，而不是因为想要破坏华沙叛乱才停下来的。

8月2日，隶属"波兰自由民主军"的波兰第一军在普拉维—德布林一带投入3个师跨维斯瓦河发动进攻。参与进攻的部队伤亡惨重但夺取了一个桥头堡，他们一直坚守桥头堡直至苏军的增援部队赶过来。

在马格努斯采夫，敌军在维斯瓦河上成功建立第二个桥头堡。从这边过河的部队奉命沿着与维斯瓦河平行的一条路前往华沙，但被我军压制在皮利察河。

8月8日德国第九军认定，连战连捷的苏军认为他们可以发动突袭夺取华沙，但在波兰人叛乱的情况下仍然被德国守军击败，而在敌军看来，波兰人的叛乱开始得太早了。1944年7月26日至8月8日期间，第九军报告抓获了603名战俘和41名叛逃人员，摧毁337辆坦克，缴获70门大炮、80门反坦克炮、27门迫击炮和116挺机枪。这些数字十分可观，毕竟第九军在此期间一直在撤退。

德军在东西两线都没有构筑加固阵地。在西线，希特勒认为他可以依赖"大西洋墙"；而在东线，他一味坚持认为，假如有一条加固的阵线，前线的将军们就不会奋力防御，而是随时准备提前撤退。由于此前连续吃败仗，我们在东线已经失去了先前拥有的机动空间，战线日益逼近德国边境。每一次的局部失利都有可能导致整条防线的撤退，要想避免这种牵一发而动全身的连锁效应，我们现在必须要采取有力措施。早在1月份我就对希特勒说过，修复德国东部边界原有的防御工事至关重要。不仅如此，我们还需要加固这些防御工事与主要河流之间的重要连接线。经过与陆军总司令部工程兵将军雅各布将军的合作，我制定出了一个修筑计划。

为了研究防御工事的问题，我重新组建了被前任总参谋长解散的总参谋部防御工事部，任命蒂洛中校担任该部部长。我们制定的修筑计划由我亲自签署，以命令的形式下达给所有相关部门。随后我把计划报给希特勒，上报的时候我加了一个附件说明，指出此事意义重大且颇为紧迫，所以我只能先斩后奏请他给予事后批准。希特勒勉强接受了我的理由，很显然，我的这种做法只能偶尔为之。不过令我欣慰的是，我们现在终于开始修筑防御工事了。挖土方的工作主要由志愿者、妇女、儿童和老人完成，这也是我们国家唯一剩余的未被利用的劳动力来源了。施工过程中，希特勒青年团也提供了非常大的帮助。尽管天气日趋恶劣，所有这些可信赖的德国人仍然勤奋而机智地投入他们的工作，就希望为他们深爱的这片土地提供一些保护，为艰苦战斗的士兵们提供一些支持。虽然后来不是所有的防御工事都达到我们的期望值，但这不是他们的错，我们也不会去责备任何人，因为这其中的原因其实就是我们无法提供足够的守卫部队和武器分配到所有的工事。由于西线局势岌岌可危，所有能够抽调的兵力和武器都被紧急派往西线，其中包括原先要派往东线的那部分，只有西线不能使用的那些"残羹剩饭"才留给东线。借此机会我要向那些为我们提供如此敬业和忠实帮助的男人和女人表达发自心底的谢意。值得一提的是，当时修筑的很多防御工事很长时间都在发挥作用。假以时日，我们就能正确评估柯尼斯堡、但泽、格沃古夫和布雷斯劳的防御战。假如没有这些防御工事，苏联军队的推进速度会有多快？德国还会有多少土地会被他们践踏和蹂躏？这些问题现在都无法回答。

我心里很清楚，要想抵御敌人，这些防御工事必须配备人员、武器和其他装备。为此我下令征召那些身体条件不允许参加野战但组织得当的话可以镇守防御工事的人组建要塞部队。我们组建的第一批要塞部队有100个要塞步兵营和100个炮兵连，之后又组建了要塞机枪部队、要塞工兵部队和要塞通信部队。但就在这些部队都还没能参加现役投入战斗的时候，他们当中就有80%的人被派到了西线。我得知这道命令的时候已经太晚，那时候我对此已经无能为力，虽然我极力抗议也无济于事。准备不足的这些部队突然身处行将崩塌的西线，在取得任何值得一提的战果之前就被敌人歼灭。而在东线，坚固的防御工事和防守点仍然无人驻守，无法为后来撤退的野战军提供必要的支持。

武器的情况和人员情况一样。我第一次请求把德军缴获的武器划归我支配的时候，凯特尔和约德尔几乎是用不屑一顾的语气回绝了我。他们跟我说，德国国内就没有缴获武器的储备。但国防军最高统帅部陆军部部长布勒将军告诉我，军械库里储存着几千门大炮和其他重型武器，这几年一直有人每个月一次给这些武器清洁上油。我下令把这些武器放置到东部边境防御工事最为重要的防守点，同时组织训练守卫人员。但约德尔居然想办法撤回了我的这道命令，同时下令把所有50毫米以上能打50发以上炮弹的火炮全部送往西线。这些大炮到达西线的时间已经太迟，要是放在东线将会发挥无法估量的作用。早在1941年，我们37毫米和50毫米的反坦克炮就无法对付苏联的T-34坦克，所以东线恰恰需要大口径炮去对付敌军的坦克。

在补给方面，相关指令要求给防御工事提供3个月的补给。我们在特定的地点建了无线通信中心和油库。每次经过防御工事所在地的时候，我都会亲自督察工作进度。我在这方面的工作得到了无数同仁最无私的支持，尤其得到施特劳斯上将的支持。这些同仁很快就毫无保留地来为我分忧，他们不顾身体的病痛，也不顾希特勒已经专断地解除了他们原先担任的职务。有几位政党地区领导也给我施以援手，虽然他们有时候会因为过度热情出现摩擦，但他们想要帮我的意愿必须得到认可。

在对要塞部队的管辖权被大幅削弱的情况下，我开始转向陆军总司令部作战部的霍伊辛格将军很久以前提出来但被希特勒否决的一个想法：在处境危险的东部各省组建本土防卫部队。这类部队由军官领导，士兵由东部地区可以参加现役但因从事免于征兵职业被排除在陆军编制以外的人员组成，他们只在苏军突破防线时投入使用。我把我的提议上报给希特勒，同时建议在其能够提供可靠人员的情况下让冲锋队负责这项工作[1]。我已经事先征得冲锋队参谋长谢普曼的同意，他是一个通情达理的人，很支持武装部队的工作。希特勒批准了我的建议，但第二天他说他重新考虑了这件事，打算把组建本土卫卫部队的任务交给纳粹党，也就是交给纳粹党全国总管鲍曼。希特勒还说，他希望这支部队的名字叫"人民冲锋队"。鲍曼刚开始什么也不做，在我多次催促之后终于通知地区党务领导人——包括边境地区和德国其他地区的党务领导人——着手这项工作。"人民冲锋队"因此扩展到了不合时宜的规模，我们既没有足够的受训指挥官也没有充足的武器提供给如此庞大的一支部队。还有一个重要的不利因素是，纳粹党在任命相关负责人的时候更加看重的是政治狂热而不是军事素质。我的老战友冯·维特斯海姆将军所在的连队就是由一个无能的纳粹官员指挥的。"人民冲锋队"很多勇敢之士已经做好了为德国做出任何牺牲的准备，但他们经常训练的是如何正确行希特勒式的纳粹礼而不是如何使用他们没有经验的武器。在"人民冲锋队"，他们鲜明的理想主义和自我牺牲精神没有得到应有的重视和感激。后面我还会提到这一点。

这些明显带有绝望色彩的措施都是我们需要采取的，因为国内作训部队能够提供的最后一批作战部队将要奔赴西线参与进攻而不是投入到东线的防御中。8月和9月，西线开始崩溃。由于缺乏加固防线和守备阵地，无从依靠的德军一路撤退到了"西墙"[2]。但"西墙"已经不再是一条装备充足的防线，因为这里的武器装备大多被转移到了"大西洋墙"，其中大部分都已经损失。德军的撤退十分仓促，盟军的追击又很坚决，结果很多阵地不战而失。假如事先部署好预备队，这些阵地原本是可以帮助德军打反击战的。希特勒每次听说阵

---

[1] "冲锋队"原先是纳粹党的准军事组织，1934年6月30日罗姆被杀后逐渐被党卫队取代。

[2] 即德国西部边境沿线所谓的"齐格菲防线"。

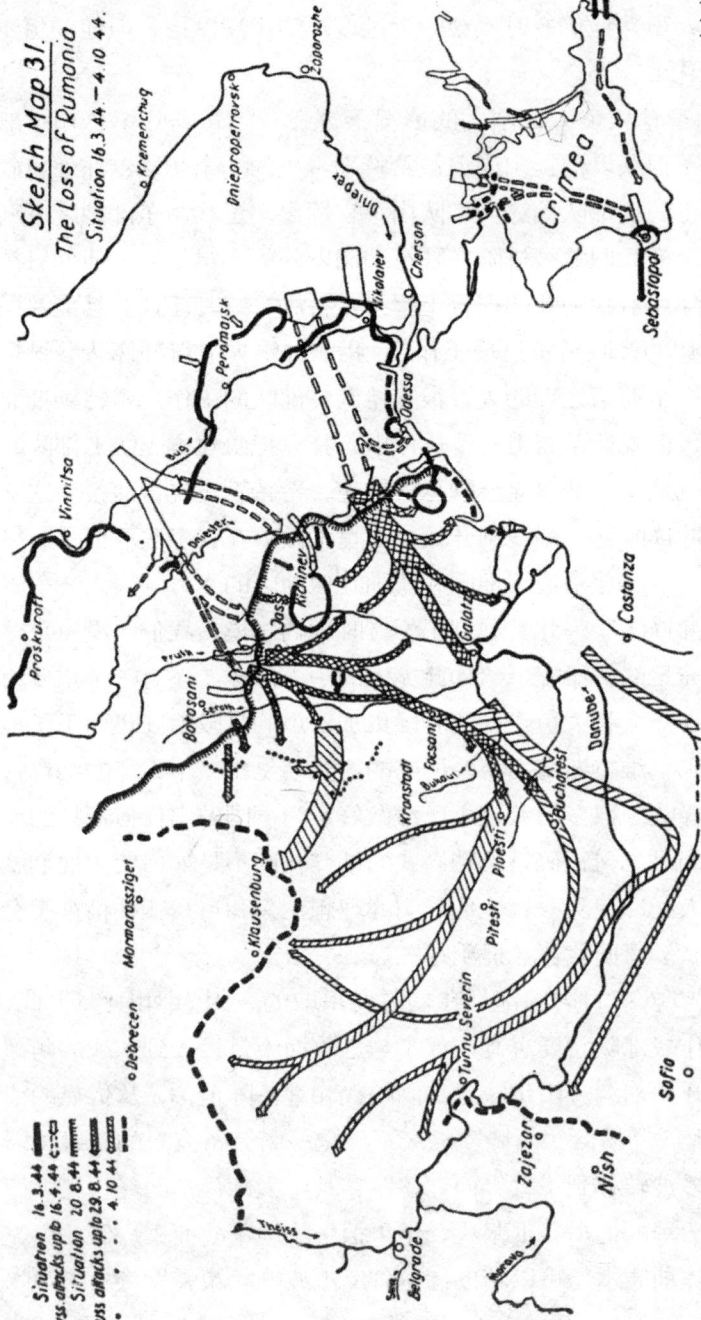

Sketch Map 31.
The Loss of Rumania
Situation 16.3.44 – 4.10.44.

Situation 16.3.44
Russ. attacks up to 16.4.44
Situation 20.8.44
Russ. attacks up to 29.8.44
4.10.44

ProskuroF 普罗斯库罗夫
Vinnitsa 文尼察
Debrecen 德布雷岑
Mormorossziget 摩尔摩罗斯奇特
Kremenchug 克雷蒙楚克
Botosani 博托萨尼
Dniester 第聂斯特河

Zoporozhe 佐波罗日
Belgrade 贝尔格雷德
Kronstadt 克隆施塔特
Klausenburg 克劳森堡
Theiss 蒂萨河
Jassi 雅西
Kichinev 基希内夫

Bug 布格河
Peromaisk 佩罗迈斯克
Dniepropetrovsk 第涅普罗佩特罗夫斯克
Theiss 蒂萨河
Jassi 雅西
Kichinev 基希内夫

Bucharest 布加勒斯特
Crimea 克里米亚
Nish 尼什
Danube 多瑙河
Costanza 科斯坦萨
Sebastopol 塞巴斯托波尔
Sofia 索菲亚

Focsani 福克萨尼
Galatz 加拉茨
Turnu Severin 图尔努塞维林
Pitesti 皮特斯蒂
Ploesti 普罗埃斯蒂
Morava 莫拉瓦河
Zajezar 扎耶萨尔

Odessa 奥德萨
Nikolaiev 尼可莱耶夫
Dnieper 第聂伯河
Cherson 谢尔森

示意图31　罗马尼亚陷落。1944年3月16日至10月4日的战局地损失就很生气，总是下令要守住阵地，但我们没有部队执行这些命令。到了9月，他决定发动德国所有剩余的力量最后拼一把。1944年7月20日的刺杀事件之后，纳粹党全国领袖希姆莱就负责指挥作训部队。正式担任这支部队的总司令之后，现在他正着力培养他和希特勒梦寐以求的"政治士兵"和"政治军官"，尤其是后者。新组建的部队叫作"国民掷弹兵"师、"国民炮兵"兵团等等不一而足，军官由陆军人事处专门挑选，这些军官不可以调动到陆军其他不够轻松的部队去。此时陆军人事处的处长已经不是理想主义者施蒙特，而是极度缺乏理想主义色彩的布尔格多夫将军。除了陆军人事处挑选的军官以外，这些部队还任命了"纳粹监控官"[1]。但东线的这些"绅士"居然直接向鲍曼汇报工作，而仇视陆军的鲍曼又喜欢立即向希特勒报告情况，这是我不能接受的，所以我就想办法切断了这种干预，还对相关的责任人进行了处罚。毋庸置疑，这件事引起的争端以及同一时期"人民冲锋队"组建计划出现的问题对最高统帅部的总体氛围产生了不良影响。

希特勒打算使用最后一批现役部队在11月重新发起攻势，他的目标是要击败西方列强，把盟军赶到大西洋去。作为我们国家最后一股力量，新组建的部队被投入到了这个野心勃勃的计划当中。后面我还会提到这方面的情况。

1944年8月5日，正当我们忙于处理刺杀事件相关事宜和东线崩溃的后续事宜的时候，罗马尼亚国家元首安东内斯库元帅出现在了希特勒在东普鲁士的指挥所。我奉命向安东内斯库元帅简要介绍东线的情况，希特勒、凯特尔以及其他平时参加此类会议的人都在场，另外参会的还有里本特罗普及其外交部助理。我说的话由外交部首席翻译施密特大使翻译成法语。施密特大使是个非常有趣的人，跟他在一起的时候我总是很开心。另外，他还是我见过的最好的翻译官，很善于把一种语言的隐含意义翻译成另一种语言。几十年来，他参加过各类主题的无数艰巨的会议，不过他从来没有在讨论军事问题的会议上当过翻译。几句话之后我就发现，他对技术性的军事术语不熟悉。我觉得自己直接用法语说要更好一些，好在安东内斯库元帅完全理解我说的意思。

从会上可以看出，安东内斯库很清楚我们艰难的处境，也很清楚重建中央集团军群防线以及重新建立中央集团军群和北方集团军群之间联系的必要性。他本人提议军队撤出摩尔达维亚并在各盟国共同利益允许的情况下撤到加拉茨—福克沙尼—喀尔巴阡山脉一线。我立即把这个宽宏大量的提议翻译给希

---

[1] 这些人的职责相当于苏联军队配置的政治委员。

特勒，并在后面的会议过程中再次向他提起。希特勒怀着感激之情接受了安东内斯库的提议，后来还从中得出了一些结论。

第二天上午，安东内斯库邀请我去他在"狼穴"的住所私下单独谈话。这次谈话让我收获很大。这位罗马尼亚元帅不仅是一位出色的军人，对他的国家及其交通状况、经济条件和政治需求也非常了解。他说的每一句话都有理有据，语气谦和、礼貌，这是那个时候的德国人所不具备的品质。很快他就把话题转移到了刺杀希特勒的事件上，丝毫不掩饰他对此事的惊讶之情。"你知道吗，我对手下的每一名将军都绝对信任，我们是无法想象军官参与这种政变的！"当时我无法答复他的严厉指责，不过14天之后他就面临截然不同的处境，我们也是如此。

此次陪同安东内斯库元帅来访的人当中有罗马尼亚外长米恰伊·安东内斯库。这个人给人的印象是为人狡猾，不招人喜欢，他表现出来的友好总是给人一种虚伪的感觉。跟随安东内斯库元帅一起过来的还有德国驻罗马尼亚大使基林格和德国驻罗马尼亚军事代表团团长汉森将军。我和这两个人谈了很久，他们没有过多提及安东内斯库，不过都认为德国应该支持作为罗马尼亚国家元首的这位年轻国王。他们的观点犯了一个严重的错误，后期带给德国军事当局一种严重失实的安全感，结果导致德国方面对罗马尼亚有意识背叛的各种报告没有进行正确的分析判断。

7月底，弗里斯纳上将接替舍尔纳出任乌克兰南方集团军群司令。他认同安东内斯库提出的建议，在后者到访最高统帅部之后不久就向希特勒提议把我们的防线撤到加拉茨—福克沙尼—喀尔巴阡山脉一线。希特勒有所保留地同意了这个提议，但他强调说，他必须要在收到敌军意图发动进攻的有力证明之后才能签署撤退命令，德军部队到那时也才能正式开始撤退，在此之前必须守住目前的防线。此后几天最高统帅部收到的关于罗马尼亚局势的情报非常混乱且自相矛盾，不过在德国当局驻罗马尼亚相关负责人的态度的影响下，这些情报总体来说是对德国有利的。尽管如此，外交部长里本特罗普对德国驻罗马尼亚大使发给他的情况报告严重怀疑，他认为有必要派一个装甲师进驻布加勒斯特并向希特勒提出了这个请求。里本特罗普和希特勒讨论这件事的时候我也在场，我认定前者的态度是对的。但我无法从东线抽调这样一个装甲师，因为那边的形势已经非常紧迫。我建议把正在塞尔维亚打击游击队的党卫军第四警察师撤出来派到罗马尼亚执行这项紧急任务。党卫军第四警察师是一个摩托化师，能够以必要的速度赶到罗马尼亚首都，但约德尔说不行。虽然瓦拉几亚当时是国防军最高统帅部所谓的战区之一，但因为这个战区不属于东线，所以归约德尔直接管辖。希特勒也拿不定主意，这件事就不了了之。

除了罗马尼亚以外，保加利亚也是危机四伏。负责使用德国装备训练保加利亚坦克部队的冯·永根菲尔特上校发给我的情况报告不容乐观，但报告内容是当地形势的真实体现。保加利亚军队士气低落，日常表现使他们的可靠性值得怀疑。我把收到的报告交给希特勒，但他不相信里面的内容。恰恰相反，他深信保加利亚人痛恨布尔什维主义，所以绝对不会站在苏联人一边。我请求不要再给罗马尼亚人运送装甲装备，同时把已经运过去的装备撤回来，但希特勒没有同意。后来我要自作主张撤回装甲装备，但被约德尔阻止了。

1944年8月20日，苏联军队向乌克兰南方集团军群发动进攻。在罗马尼亚人驻守的区域，苏军的进攻取得了成功。更糟糕的是，大批罗马尼亚士兵叛逃到对面，把枪口对准了昔日的盟友。德军部队及其领导人都没想到罗马尼亚人会背叛。希特勒当即下令集团军群回撤防线，不过官兵们还是努力坚守阵地，守不住了才边打边退。为了避免全面崩溃进而被苏军消灭，德军必须尽快撤退，迅速占领多瑙河的桥头堡。无奈德军没有这么做，结果罗马尼亚人抢在前面抵达多瑙河。罗马尼亚部队封锁了渡河点，把昔日的盟友留在了苏军手里，导致德军16个师被全歼。在我们本就处境艰难的情况下，这是无法弥补的巨大损失。无路可走的德军官兵死战到底，无愧于自己的军事荣誉。他们的悲惨命运不是自己造成的，只有在苏军发动进攻之前就执行撤退至加拉茨—福克沙尼—喀尔巴阡山脉一线的决定才能避免这样的不幸。如果我们提前撤退，苏军的整个计划就会泡汤，我们的战线也会缩短，即使没有罗马尼亚人的帮助我们也能守住缩短的战线，但做出这样一个决定需要清楚了解当时的政治形势和罗马尼亚领导人的道德判断。安东内斯库大大误判了自己那个组织的性质，他为此付出了生命的代价。他对将军和军官们的信任和依靠是站不住脚的，这是他的不幸。同样不幸的是，他对自己人的信任和依靠对德国领导人也产生了影响，导致后者也被欺骗。短短几个星期之内，罗马尼亚就告失守。9月1日，苏军打进布加勒斯特，随后保加利亚也出事了。1943年8月28日，保加利亚国王神秘死亡。1944年9月8日，保加利亚撕毁与德国的盟约跑到了苏联一边，我们因此损失了88辆Ⅳ号坦克和50门突击炮。希特勒原本想要组建2个反布尔什维克的保加利亚师，但事实证明这无异于痴人说梦，背叛到苏联一边的保加利亚人也调转枪口打起了德国人。

希特勒现在意识到，巴尔干地区已经守不住了，他下令德军且战且退。

但在我们需要集结兵力保卫德国的情况下，这样的撤退无疑太慢了。

1944年9月19日，芬兰同英国和苏联签订停火协议，进而与德国断绝外交关系。凯特尔元帅曾经在1944年8月20日访问曼纳海姆元帅，但也无济于事，芬兰人在9月3日就开始求和。

在多米诺骨牌式的连锁反应之下，匈牙利对盟国的忠诚度受到影响就不足为奇了。实际上，匈牙利摄政王霍尔蒂将军从来就没有对他与希特勒之间的合作给予太大希望，当时他那么做只是出于政治上的需要而已，他谨慎克制的态度在1938年访问柏林时就已经显现。战争期间，为了让霍尔蒂执行德国拟定的一些措施，希特勒不得不屡次施加重压。1944年8月底，希特勒派我去布达佩斯向霍尔蒂致函并试探对方的态度。霍尔蒂在布达佩斯的城堡里用常规礼节接待了我。我们落座之后霍尔蒂说出的第一句话是："朋友你也知道，在政界必须随时给自己准备不同的出路。"此话一出我就明白了。这位聪明、经验丰富的政治家有或者自认为有几手准备。我和霍尔蒂将军就匈牙利国内的民族问题进行了深入、愉快的谈话。匈牙利是一个多民族国家，数百年来，很多不同民族一直聚居在一起。霍尔蒂强调，一直以来，匈牙利和波兰之间关系紧密、友好，但他认为希特勒没有充分考虑到这一点。他要求把目前在华沙地区作战的匈牙利骑兵师在近期派回匈牙利，我在自己的职权范围内告诉他这没问题，毕竟我们本来就在安排所有在波兰境内的匈牙利人返回国内。不过我在访问期间得到的印象是，匈牙利国内局势不容乐观，匈牙利总参谋长沃罗什的一番美言也没能改变我的这种印象。我把自己的想法告诉了希特勒。

8月底，苏军打到布加勒斯特周边并进入特兰西瓦尼亚，战火已经烧到匈牙利门口。我就是在这样的大背景下去布达佩斯访问的。

在东欧形势日趋严峻的同时，我们在西线的部队正投入惨烈的防御战。7月17日，隆美尔元帅遭到英国战斗轰炸机袭击。冯·克鲁格元帅接管隆美尔的指挥所并负责西线所有的军事行动。这一天，德军的阵线处在奥恩河口—卡昂南侧—科蒙—圣洛—莱赛一线。7月30日，美军在阿夫朗什突破这条防线。数周后的8月15日，德国陆军在西线31个师的主力部队开始为生存而战，其中三分之二也就是20个师在法莱斯附近面临被包围的危险。敌军的装甲和摩托化部队正从奥尔良和沙特尔向巴黎逼近。除了大西洋墙防线内部5个师在其中孤军作战的　部分区域以外，诺曼底和布列塔尼已经陷落。一小股美军在土伦和戛纳之间的地中海岸登陆，原本用于应对这些美军的第十一装甲师却不幸身处罗讷河错误的一边，也就是在河流西岸纳博讷附近。德军其余各师的方位如下：

2.5个师在荷兰。

7个师在斯凯尔特河与塞纳河之间的通道。

1个师在海峡群岛。

2个师在卢瓦尔河与比利牛斯山之间的海滨地区。

7.5个师在地中海岸。

1个师在法国和意大利的阿尔卑斯山边境。

我们只有2个半师的兵力用来阻止盟军逼近巴黎。党卫军新的2个师被派往比利时增援，还有3个步兵师经科隆和科布伦茨前往法国。

此时武装部队指挥所开始意识到后方守备阵地的价值，他们使用的地图上标注有塞纳河阵地和索姆——马恩河阵地，但这两个阵地只在地图上存在。

希特勒决定让莫德尔取代冯·克鲁格元帅。为了让莫德尔专心应对盟军入侵的主要战线冯·龙德施泰特再次受命负责西线所有行动。

8月15日这一天，最高统帅部的气氛有些火爆。我根据收到的报告向希特勒简要汇报了我们的装甲部队在西线的情况。我说："装甲部队虽然作战英勇，但难以弥补其他两个兵种——空军和海军——的失败。"希特勒一听这话就火了，让我跟着他去另一个房间。我们在那个房间继续争论，声音肯定越来越大，因为有个名叫冯·阿姆斯伯格的少校副官走了进来说："先生们的声音很大，外面都能听得清清楚楚。要不找把窗子关起来？"

当得知冯·克鲁格元帅去前线之后就没有回来的时候，希特勒简直气急败坏，他以为克鲁格与敌人之间有联系。希特勒命令克鲁格元帅来最高统帅部报到，但克鲁格在返回的路上服毒自杀了。

1944年8月25日，巴黎陷落。

希特勒和武装部队指挥所现在需要对下一步如何推进战事做出关键决定，其中一个重要事项就是要确定保卫德国的主要防区。

对希特勒及其军事顾问而言，继续防守是毫无疑问的。由于敌人早先一致要求我们无条件投降，与东西两线的敌国集体谈判或者分别单独谈判的想法毫无意义。不过要是转入全面防御，我们能指望的就只有长期抵抗，几乎不可能从战争中得到一个有利的结果。

如果把主要防区放在东线，我们就要加固这边的阵线，这样或许可以阻挡苏军的进攻，由于战争物资生产和食品供给对德国至关重要的上西里西亚和波兰大部地区就会继续在我们的控制之下。不过与此同时，这样一个决策会让西线自生自灭。在可预见的将来，面对占据绝对优势的西方列强的西线必然崩溃。希特勒没有理由相信西方盟国会为了给苏联制造麻烦就单独谈和，所以他不想采取这样一条路线。

希特勒认为，如果把主要防区集中在西线，把所有可用的兵力集结在那里，我们应该可以在西方盟军到达或渡过莱茵河之前给予他们沉重一击。

这个做法有以下前提：

稳定东线，在西线完成有限目标攻势之前守住东线，以便西线攻势完成后可以把参与进攻的兵力转移到东线。

西线的攻势要在尽可能短的时间内完成，尤其一定要在霜冻之前完成，因为一旦霜冻苏军就会恢复进攻，届时我们就来不及从西线向东线转移兵力。

迅速准备进攻力量，提高进攻计划的可行性。

先在西线打赢一场战斗以争取时间筹备进攻计划。

希特勒和国防军最高统帅部认为，西线的进攻肯定可以在11月中旬以前发起，到12月中旬就可以把强大的预备队转移到东线。据预计，今年秋季的天气偏于温和，东线的霜冻时间也将推迟，所以苏军很可能要到来年才会发动冬季攻势。有鉴于此，我对东线的一系列考虑就被放在了次要地位。

作为东线的负责人，我肯定对上述计划疑虑重重。不过相关决策一经做出，我就有义务确保拟议计划的第一个前提得到满足，即实现东线的稳定。

我们一方面构筑之前所说的后方防线和阵地，另一方面利用手头可用的所有资源打造前线的守备点。到12月中旬，所有的装甲师和装甲榴弹师都从前线逐步撤回，这些部队组合成4个战斗群充当机动预备队并尽可能补足编制员额。由于东线的步兵兵力薄弱，我们只从前线撤回一个步兵师，这个师作为预备队集结在克拉科夫地区。

为了延缓苏军的进攻并提高对方发动进攻的难度，我们必须要摧毁或者至少缩小夏季他们在维斯瓦河上夺取的桥头堡。

最后，为了缩短战线并创建预备力量，我们需要从海上撤走停留在波罗的海国家的德军部队，因为我们无法与他们重新建立陆路交通联系。

不幸的是，我们没能成功执行整个东线计划。虽然我们成功建立起必要的加固防线和阵地，但由于西线战局很快出现灾难性的变化，东线必不可少的守备部队和武器都没有及时到位。受此影响，我们原先建好的防御工事只发挥了有限的作用。此外，希特勒下令德军在敌人发动进攻之前立即退守到主要防线背后的"大防线"，但"大防线"的深度不足，离主要防线只有1至3英里而不是各集团军群和我希望的12英里左右，这又进一步削弱了防御工事能够发挥的价值。

在维斯瓦河沿岸，我们成功摧毁苏军一个桥头堡，同时缩小了其他桥头堡的规模。但在几个装甲师撤退以及行事十分积极的第四装甲集团军军长巴尔克将军被调动到西线之后，我只能遗憾地说，这些重要的行动没有取得更大的战果，维斯瓦河的桥头堡——尤其是巴拉诺夫那个重要的桥头堡——仍然对我们形成重大威胁。

另一个对我们很不利的情况是，由于北方集团军群保留在库尔兰地区，我们没能缩短战线的长度。尽管我一再坚持必须撤出库尔兰并使用北方集团军群组建强大的预备队，希特勒仍然不准部队撤退，这其中有名誉方面的原因，也有海军元帅邓尼茨在希特勒面前坚持已见的原因。希特勒担心，德军撤离库尔兰会对瑞典的中立产生不利影响，还会给但泽湾的潜艇训练区带来不良后果。他还认为，在东线以北的波罗的海一带保留一个控制区可以牵制大批苏联部队，而一旦德军撤离，这些苏联部队就会投入到德军战线其他更重要的区域去。由于苏军在库尔兰一带连续发动进攻，希特勒更加深信自己的看法是对的。

出于同样或类似的理由，希特勒和武装部队指挥所否决了所有关于及时撤离巴尔干地区和挪威以及缩短意大利战线的提议。

如果说我们在东线的计划大部分未得到落实的话，那么西线的战局发展就是大大的不幸了。

从1940年开始，我们包括"西墙"在内的西线防御就没有得到应有的重视。与此同时，我们修筑防御工事的工作仅仅局限在修建"大西洋墙"上。如今，这两个因素开始对我们产生严重的影响。1944年秋天我们花费了大量精力组建了新的部队，但现在这些部队必须要从东线及其他地方撤回来。这些部队不仅员额不足，士兵的素质甚至达不到三级军事人才的标准，让他们去填补西线的缺口是很不现实的。此外，法国驻军的后方梯队也已崩溃。在这样的情况下，既没有人也没有武器的防御工事就毫无价值可言。防御工事的迅速失守迫使我们使用几乎不机动的部队打运动战，而且我们后方的交通网络已经被炸坏，敌军又在我们上方占据空中优势。在我们的装甲部队还存在的时候，我们的领导人却选择在诺曼底打阵地战。如今，我们的摩托化部队已经被浪费和摧毁，他们又被迫去打目前为止他们拒绝去面对的运动战。美军的作战策略很大胆，这时不时会给我们提供一些机会，但我们现在已经没有能力去利用这些机会，反攻美军南翼的原计划不得不被放弃。但更糟糕的还在后面：11月中旬发起攻势的时间表已经无法执行，进攻被推迟到12月中旬。这对我们及时抽调转移预备队到东线的计划产生了影响，实际上也减少了我们守住本就脆弱的东线的希望。

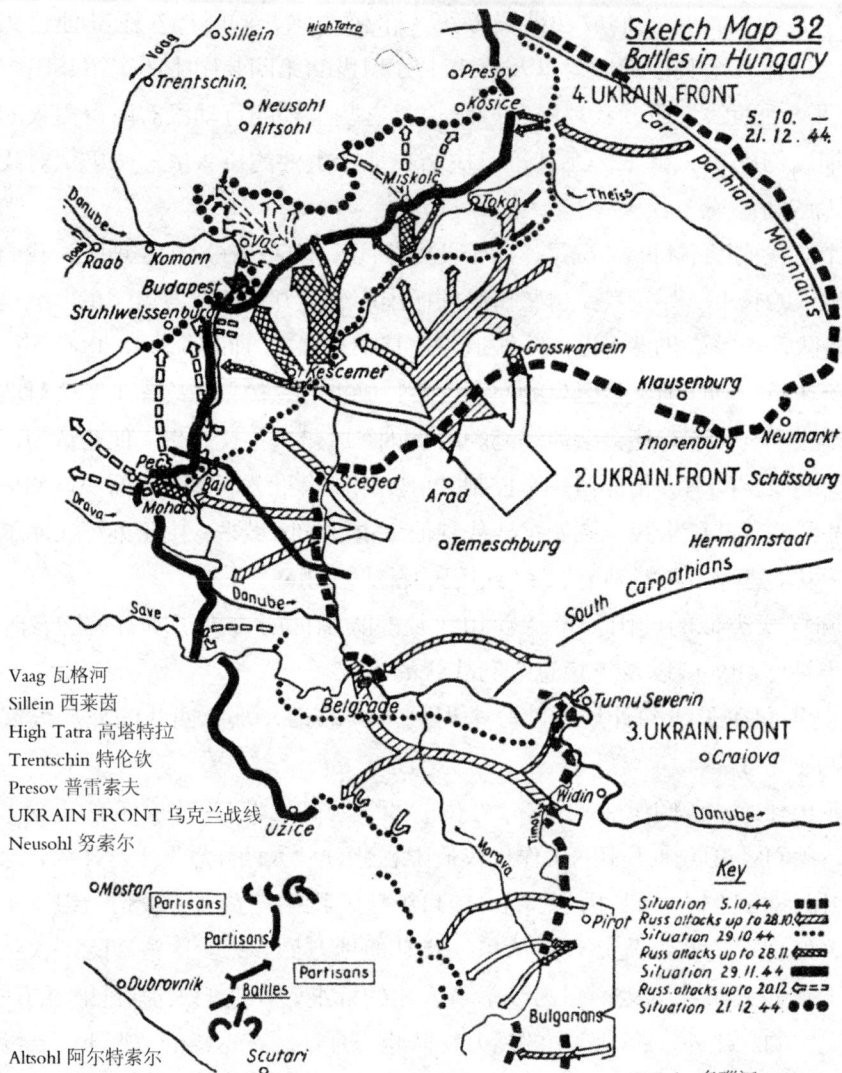

Sketch Map 32
Battles in Hungary

4. UKRAIN. FRONT

5. 10. —
21. 12. 44.

2. UKRAIN. FRONT

3. UKRAIN. FRONT

Key
Situation 5.10.44
Russ attacks up to 28.10.
Situation 29.10 44
Russ attacks up to 28.11.
Situation 29.11.44
Russ. attacks up to 20.12
Situation 21.12.44

Vaag 瓦格河
Sillein 西莱茵
High Tatra 高塔特拉
Trentschin 特伦钦
Presov 普雷索夫
UKRAIN FRONT 乌克兰战线
Neusohl 努索尔

Altsohl 阿尔特索尔
Kosice 科斯切
Carpathian Mountains 喀尔巴阡山脉
Misklc 米斯科尔奇
Danube 多瑙河
Raab 拉布
Komorn 科莫恩
Vac 瓦奇
Tokay 托凯
Theiss 蒂萨河
Budapest 布达佩斯
Stuhlweissenburg 施图尔韦森堡
Kescemet 柯谢梅
Grosswardein 格罗斯瓦登

Klausenburg 克劳森堡
Thorenburg 托伦堡
Neumarkt 诺伊玛科特
Pecs 佩茨
Baja 巴亚
Sceged 谢格德
Arad 阿拉德
Schässburg 夏斯堡
Mohacs 摩哈茨
Temeschburg 特梅施堡
Hermannstadt 赫尔曼施塔特
Save 萨夫河

Danube 多瑙河
South Carpathians 南喀尔巴阡山脉
Belgrade 贝尔格雷德
Turnu Severin 图尔努塞维林
Craiova 克拉约瓦
Widin 维丁
Uzice 乌齐切
Morava 摩拉瓦河
Mostar 摩斯塔尔
Partisans 游击队
Pirot 皮罗特
Dubrovnik 杜布罗夫尼克
Scutari 斯库塔里

示意图32　1944年10月5日至12月21日匈牙利境内的战斗

我们的进攻部队为西线攻势所做的准备工作没有及时完成，德军在西线争夺时间的战斗没有取得成功。但即使是在面对这些不利因素的情况下，希特勒和国防军最高统帅部仍然坚持要在西线发动进攻。他们成功保守住了这个秘密，把敌军彻底打了个措手不及。不过由于我们自己的参谋人员和部队采取了太多的安全措施，导致进攻部队的补给尤其是油料供给受到了影响。

东线的行动

在西线从大西洋被打退到西墙的同时，东线的激烈战斗在持续不断地进行着。在这条战线的南端，德军为阻止苏军前进付出的所有努力都告失败。苏军很快占领罗马尼亚和保加利亚全境，随后又占领匈牙利大部。在匈牙利作战的是弗里斯纳上将指挥的乌克兰南方集团军群。9月25日，这支部队已经不合时宜的名字正式改为南方集团军群。10月，整个特兰西瓦尼亚都落入苏军手里。不过在此之前，德军曾经在德布勒森与苏军发生激战，我们的反攻一度遏制住了敌军。同样是在10月，东南战区司令男爵冯·魏希斯元帅控制区域内的贝尔格莱德失守。尽管巴尔干战线现在肯定已经隶属东线，这个区域仍然是国防军最高统帅部的战区，所以不受陆军总司令部控制。国防军最高统帅部控制区域与陆军总司令部控制区域的分界线是德拉瓦河口与巴亚河口附近多瑙河畔的一个村庄。这样一条分界线实在太不合理了。苏军在这条分界线南面不远处的一个地方渡过多瑙河，他们的渡河点所在的地域由东南战区司令控制，但他却把精力集中在向南几英里外的零散战线上。10月29日，苏军抵达布达佩斯郊区。11月24日，苏军在莫哈奇夺取多瑙河上的一个桥头堡。此时萨洛尼卡和都拉斯还有德军，但摩拉瓦河谷已经被敌人占据。由于巴尔干地区游击战加剧，德军从这些地区撤离的难度越来越大。11月30日，苏军在德拉瓦河以北的佩奇突破东南战区司令的防线并突进到巴拉顿湖，一步步逼近南方集团军群在多瑙河沿岸的战线。12月5日，苏军抵达布达佩斯南部郊区。同一天，苏军还在布达佩斯北面渡过多瑙河并推进到瓦茨，直到格兰河以东才被德军艰难阻止。在东北方向，苏军拿下米什科尔茨并抵达克思雀以南。我们的部队已经从最远至波德戈里察—乌日采一线的巴尔干地区撤离并继续向北转移。

12月21日，苏军再次发动进攻。到了圣诞夜，苏军成功包围布达佩斯。苏军部队分布在巴拉顿湖—施图尔韦森堡—科马尔诺以西—多瑙河以北至格兰河一线。从这一带开始，双方的战线基本就是匈牙利的边境线。双方的战斗打得非常激烈，德军伤亡惨重。

在哈尔佩上将所辖乌克兰北方集团军群（9月份改名为A集团军群）所在的区域，苏军利用夏季攻势打到远至华沙的维斯瓦河一线。再往南，双方在桑河与维斯洛卡河之间发生交火。哈尔佩上将的集团军群由第一装甲集团军、第十七军和第四装甲集团军组成。第一装甲集团军由海因里奇上将指挥，位处喀尔巴阡山脉；第十七军由舒尔茨将军指挥，位处喀尔巴阡山脉与维斯瓦河之间；第四装甲集团军先后由巴尔克将军和格拉泽将军指挥，位处维斯瓦河沿岸。8月1日前后，苏军夺取多个维斯瓦河桥头堡，其中最重要的一个在巴拉诺夫，还有几个小的在普拉维、马格努斯采夫和另一个地点。在山脉地区，苏军的推进无疑速度较慢、规模较小。8月5日至9日期间，巴拉诺夫的形势十分危急，苏军连续几天都濒临突破。在精力充沛、军事技能娴熟的巴尔克将军的努力下，我们最终才避免了一个大灾难。经过连续数周的猛烈进攻，巴尔克大幅缩小了巴拉诺夫桥头堡的规模，摧毁一个小的桥头堡，还夺回了普拉维的一部分失地。遭遇失利的苏军把主攻方向调整到山脉地区。在萨诺克和雅思洛一带，苏军突入我们的阵地没能成功突破我军的阵线。在匈牙利的局势迫使第一装甲集团军撤退到克思雀—雅思洛一线之前，德军守住了贝斯基德山脉东段。新年年初，这个集团军镇守的防线从斯洛伐克边境延伸到克思雀以东—德比察以西—斯塔斯索夫以西—奥帕托夫以南—与桑河交汇处以北的维斯瓦河—华沙一线，另外还包括前面说到的几个桥头堡。

中央集团军群由第九军（军长冯·沃尔曼将军）、第二军（军长魏斯上将）、第四军（军长霍斯巴赫将军）和第三装甲集团军（军长赖因哈特上将，8月15日由劳斯上将接任）组成。8月15日莫德尔元帅调动到西线之后，这个集团军群由赖因哈特上将指挥。8月份敌军打到华沙门前之后，该集团军群的战线由此延伸到奥斯特罗夫—苏道恩—东普鲁士边境线—孝伦以西—米陶以西一线。9月，敌军从华沙东北面推进至纳雷夫河，并在10月份在奥斯滕堡两侧跨纳雷夫河建立桥头堡。10月5日至19日期间，苏军在孝伦以西突破德军防线，切断了中央集团军群和北方集团军群之间的联系。10月19日，中央集团军群撤下其在梅默尔的左翼，10月22日又撤离其在纳雷夫河北岸位于蒂尔西特和拉格尼特的两个桥头堡。10月16日至26日，苏军在沃尔夫斯堡—古谢夫—戈乌达普一带进攻东普鲁士。经过一番激战，这次进攻被德军遏制，甚至一度被击退一段距离。东普鲁士的遭遇是德国其他地方在苏联取胜后的命运的一个预示。

如前所述，北方集团军群在9月14日至26日期间撤退到里加地区的一个桥头堡，并从那里全速行军与中央集团军群会师。但由于北方集团军群司令舍尔纳上将有不同想法，这个计划的执行受到了影响。舍尔纳上将把装甲部队留在里加和米陶周边而不是转移到孝伦以西地区，结果间接帮助苏军在孝伦成功突破并导致他的集团军群与其他部队之间脱离联系。北方集团军群由第十六军和第十八军组成，初期兵力共26个师。即使是在一部分部队从海上撤离之后，该集团军群仍然还有16个师，他们都是保卫德国急需的兵力。10月7日至16日德军撤离里加之后，该集团军群的战线几乎保持不变直至年底，即利耶帕亚以南海滨—普列库莱—弗劳恩堡以南—图库姆斯以东—里加湾沿岸一线。

总的来说，从喀尔巴阡山脉到波罗的海的漫长战线相对平静，我们因此得以成功构筑防御工事并把装甲师和装甲榴弹师撤下来组成机动预备队。然而，面对一条将近725英里的漫长战线，面对实力明显占优的苏联军队，12个实力薄弱的师组成的预备队是远远不够的。

我们在东线构筑的防御工事虽然薄弱但足以应付平静时期。我们尽可能利用部队从近期作战中获得的经验，但这么做却遭遇希特勒的反对。前线作战一个关键的要求是，常规情况下需要镇守的普通防线要与苏军发动大规模进攻情况下需要坚守的重要防线分割开来。前线的军官想要把重要防线建在普通防线背后约12英里处，对其严加伪装并部署守备部队。他们还想请上级给他们常设授权，让他们能在苏军实施进攻前的炮火准备时把主力部队撤到重要防线，只留后卫部队在原先的普通防线。这么做可以让苏军的密集炮火白白浪费，他们费心费力准备的进攻也会付之东流。等到对方来到德军精心准备的防御阵地前，我们就可以将其击退。毫无疑问，这种理论是绝对正确的。我同意这样的计划并把它报给希特勒。没想到他大发脾气，拒绝接受白白牺牲12英里的距离，下令把重要防线建在普通防线背后1至2英里的地方。他这种荒谬的指令是建立在第一次世界大战那种环境下的，但怎么跟他说都说不明白。1945年1月苏军实施突破时，他的这个错误让我们付出了惨重的代价，因为我们的预备队——又一次直接奉希特勒之命但与我的判断不符——又一次离前线太近，普通防线、重要防御阵地、预备队都倒在了苏军最初突破的浪潮之下。希特勒把怒气撒在了构筑防线的人身上，与他意见相左的我也没能幸免。他甚至命人去找1944年秋天有关重要防线的会议记录，坚称自己一直都要在两条防线之间保持12英里的距离。"是哪个傻瓜下达这么白痴的指令的？"我告诉他是他自己下达的。会议记录拿来之后就当场宣读，但才读了几句话就被希特勒打断，他终于幡然醒悟了。不幸的是，这个时候醒悟已经太迟，因为苏军的突破已经是一个既成事实。

等讲述苏军大举进攻的时候我还会讲到希特勒的战术。希特勒一直认为，他是最高统帅部唯一一个有前线作战经验的军人。实事求是地说，他的确比大多数军事顾问更明白打仗是怎么回事。加之以里本特罗普和戈林为首的纳粹党同志对他奉承有加，致使希特勒误以为自己是一个杰出的军事领导者，他因此坚决不向别人学习。"轮不到你教我怎么打仗，我已经指挥德国陆军打仗5年时间了，我在此期间积累的实践经验比总参谋部任何一个人想要得到的都要多。我研究过克劳塞维茨和莫尔特克，看过'施里芬计划'的所有资料。我比你们更懂军事！"这就是我想给他稍加分析形势需求的时候听到过的一番话。

除了我们自己遇到的困难以外，匈牙利盟友的战斗力和忠诚度也是我们高度关注的问题。前面我已经说过匈牙利摄政王霍尔蒂对待希特勒的态度。从匈牙利的角度看，霍尔蒂的态度是可以理解的，但这种态度对德国而言就不可靠。匈牙利国家元首希望同盎格鲁-撒克逊强国达成和解，他想要从空中与他们建立联系。我不知道他是否真的这么做过，也不知道西方列强是否赞同他的提议，但我知道有几名匈牙利高官叛逃到了我们共同敌人一边，其中包括米克洛什将军和匈牙利总参谋长沃罗什。米克洛什将军是10月15日叛逃的，我是在他担任匈牙利驻柏林武官期间认识他的。沃罗什不久前还在东普鲁士和我会面，当时他还向我保证他对盟约的忠诚，还接受了我送给他的一辆车。短短几天之后，他就开着我送给他的奔驰车跑到了苏联人那边。匈牙利人已经靠不住了。1944年10月16日，希特勒推翻霍尔蒂政府，让萨拉斯基取而代之。萨拉斯基是个法西斯分子，能力平平、行事笨拙，他上台之后匈牙利的情况没有任何好转，德国和匈牙利之间仅剩的相互信任和同情随之烟消云散。

斯洛伐克原本完全站在德国一边，但国内游击队已经活跃了一段时间。坐火车出行变得越来越危险，直达快车被迫停车，旅客遭搜查，德国军人——尤其是军官——被杀。这种情况招致严厉的反制措施。仇恨和谋杀充斥整个国家，其他国家的情况也是如此。西方强国有意识地支持无视国际法的游击队，不可避免地导致其他人采取防御性的反制措施。后来纽伦堡法庭上的检察官和法官声称，这类防御性的反制措施违反国际法和刑法，殊不知盟军进入德国之后制定的刑法要比德国在占领区执行的刑法严厉得多。至于解除武装形同废墟的德国没有给盟国提供执行严苛刑法的机会则是另一回事了。

要全面了解当时的情况，我们有必要看看意大利的局势。1944年7月4日，盟军进入罗马。南方战区司令凯塞林元帅镇守"永恒之城"罗马以北亚平宁山区的一条战线，他的部队正与数量占优的敌军展开激战，德军超过20个师的兵力陷入当地的防御战。此时还在追随墨索里尼的意大利人战斗力有限，没能给德军提供多少帮助，只能使用在里维埃拉地区。在德军战线背后是带有意大利式残忍色彩的艰苦游击战，坚持为德国集团军群提供补给的部队被迫采取猛烈的反制措施。后来战胜国的军事法庭在审判这些事件的时候没有采取公平正义的原则，而是根据自己的偏见做出判决。

阿登攻势

12月初，希特勒把他的指挥所从东普鲁士转移到吉森附近的齐根堡。齐根堡离西线更近，而德军最后的关键进攻就要从西线发起。

德国陆军最近几个月能够集结起来的全部兵力将从艾弗尔山向列日以南的默兹河一带发起进攻，目标是突破盟军在这一点相对薄弱的防线。突破成功的德军将渡过默兹河向布鲁塞尔和安特卫普进发，进而实现战略性突破，最后包围并歼灭突破口以北的敌军。希特勒认为，如果这次行动取得成功就将大幅削弱西方盟军，他因此就有时间向东转移大批兵力去击退苏军的冬季攻势。希特勒想借此争取时间打破敌军夺取全面胜利的希望，迫使盟国放弃让德国无条件投降的想法，转而接受和谈。

希特勒原本打算在11月中旬发动进攻，但天气因素和组建新部队出现的延误迫使他一再推迟进攻时间。最后，德军在12月16日发起攻势。

德军为这次进攻组建了2个装甲集团军：由冯·曼托菲尔将军指挥的第五装甲集团军和由党卫军上将塞普·迪特里希指挥的第六装甲集团军。进攻的主攻方向在右翼，即下辖装备精良党卫军部队的第六装甲集团军一侧。第五装甲集团军位居中路。勃兰登伯格将军的第七军负责保护参与进攻的两个集团军的左侧，但第七军缺乏执行这项艰巨任务的必要机动力量。

西线总指挥冯·龙德施泰特元帅和B集团军群司令莫德尔元帅都提议限定此次进攻的目标。两位元帅都认为，投入进攻的兵力不足以实现希特勒计划中的长远战略目标。他们建议把进攻局限在默兹河以东一带，以便击败默兹河东岸亚琛与列日之间的敌军。但希特勒否决了这个提议，仍然坚持他的宏伟计划。

12月16日，德军开始发起进攻。冯·曼托菲尔将军的第五装甲集团军很快就对敌军阵地完成纵深渗透，处在最前沿的第二和第一百一十六装甲师一路攻到了默兹河附近，第二装甲师的一些部队甚至打到了默兹河岸。相比之下，第六装甲集团军就没那么成功。狭窄、冰冻的路面出现拥挤，后卫部队调转缓慢，第五集团军一侧有部队阻碍，没有迅速扩大前期战果——所有这些因素导致第六装甲集团军失去了机动性，而机动性是所有大规模行动的首要前提。由于第七军也遇到困难，曼托菲尔的部分装甲部队很快向南转移去增援受威胁的左翼。至此，德军已经不再可能实现大规模突破。即便到了12月22日，德军应该选择一个不那么有野心的目标仍然是不争的事实。一名理智的指挥官此时应该会想到，要想挽救目前危机四伏的东线就必须及时中断西线的行动，因为西线的进攻从长远来看已经宣告失败。然而，不仅希特勒自己，还有国防军最高统帅部和武装部队指挥所在这些生死存亡的日子里想到的只是他们自己的西线。我们军事领导层的整个悲剧在战争末期这次不成功的阿登攻势里再次显现。

12月24日，稍有见识的军人都会意识到，我们的攻势已经陷入停滞，此时如果还不把重心转向东面就太迟了。

东线的防御准备

我的指挥所转移到措森附近的迈巴赫之后，我从那里带着沉重的心情关注西线攻势的进展情况。为了我的祖国，我当然希望这次进攻取得全面胜利。但12月23日之后就可以看出，我们这次进攻不可能取得大胜。我因此决定去最高统帅部请求中止这次给我们造成严重伤亡的战斗，把所有可以抽调出来的兵力立即转移到东线。

越来越多的情报显示，苏军很快就将发动攻势。敌军主力部队的集结区域已经得到证实，目前已经发现3个主要的攻击战斗群：

在巴拉诺夫桥头堡，一股由60个步枪师、8个坦克兵团、1个骑兵兵团和6个其他坦克师组成的敌军准备发动进攻。

华沙以北集结了54个步枪师、6个坦克兵团、1个骑兵兵团和9个其他坦克师。

东普鲁士边境有54个步枪师、2个坦克兵团和9个其他坦克师。

除此以外我们还发现以下敌军部队：

雅思洛以南有15个步枪师和2个坦克师；

普拉维一带有15个步枪师、1个骑兵兵团和1个坦克兵团；

华沙以南有31个步枪师、5个坦克兵团和3个其他坦克师。

我们估计苏军将会在1月12日发起进攻。苏军对我们有绝对数量优势，步兵是11:1，坦克是7:1，大炮是20:1。对双方总兵力的评估表明，苏军的地面兵力约是我们的15倍，空中兵力约是我们的10倍，而且这样的估算值一点都不夸张。我当然不是要低估德军的能力，德军战斗力出众，常常向数量5倍于自己的敌军发起进攻并取得胜利。如果领导有方的话，德国士兵的个人能力完全可以弥补数量上的这种劣势。但经过5年的激战之后，现在德军的补给和武器越来越少，而且打赢这场战争的希望越来越渺茫，官兵们肩上的负担实在太沉重。最高统帅部——尤其是希特勒本人——应该想尽一切办法为官兵们减轻负担，或者至少要让他们能够承担起这个重任。

我在想，现在前线官兵面对的苛求是否是人力可以承担的。自从对苏作战开始我就时不时会想到这个问题，1940年莫洛托夫访问柏林之后就更是如此。事到如今，这个问题已经变成了生死攸关的重大抉择。

除非在某个地方以某种方式阻挡苏军的攻势，或者说在阻挡苏军的攻势以前，我们没有别的出路。为了阻止苏军，我们需要立即从西线向东线转移兵力，在罗兹—霍恩萨尔察一带建立强大的预备队，迫使已经突破的苏军打运动战。即便是在长期艰苦作战之后，德军官兵在运动战方面还是占优势的。

我就想是以这些原则为基础去组织东线作战的，但在此之前我必须先要赢得与希特勒的斗争，说服他从西线抽调必要的兵力。12月24日我去了吉森，然后从吉森去最高统帅部开会。

除了希特勒之外，参加这次会议的还有凯特尔元帅、约德尔上将、布尔格多夫将军和几位下级军官。我在会上向与会人员简要介绍了敌军的部署和兵力情况。我那个"东线外军处"工作质量一流且绝对可靠，我早就熟悉处长盖伦将军及其下属的工作方式和成果，所以对他们的工作成效心里有数。后来的情况也证明，盖伦将军对敌军的评估是正确的。这是一个既成的历史事实。但当时希特勒看问题的角度不一样，他认为"东线外军处"的评估报告受到敌人虚张声势的影响。他坚称，苏军一个步枪师最多有7000人，坦克师也没有装备坦克。"这是成吉思汗以来最大的骗局，"他大声吼道，"是谁弄出这堆垃圾的？"事实上，自从有人要刺杀他以来，希特勒本人就喜欢自欺欺人。他曾经下令组建炮兵兵团，但这些兵团的兵力只能到旅一级；装甲旅只有2个营，相当于1个团；反坦克旅更是只有1个营。在我看来，这种做法是否能够向敌人掩盖弱点是个未知数，搅乱我们自己的军事组织倒是真的。他的想法越来越离谱，现在居然认为敌军要效仿他的做法虚张声势，还说苏军在可预见的将来根本不会发动大规模进攻。当晚我坐在希姆莱旁边参加晚宴的时候证实了这一点。当时的希姆莱一人身兼数职，同时担任作训部队总司令、上莱茵河集团军群（负责保卫莱茵河并抓捕逃亡者和逃兵）司令、内务部长、德国警察总长和党卫队全国领袖。他对自己的重要地位没有丝毫怀疑，认为自己在军事方面的判断力完全赶得上希特勒，自然也就比周围的将军们要强。"你知道吗，我亲爱的上将，我压根儿就不相信苏军会发动进攻。他们只是吓唬人而已。你那个'东线外军处'提供的数字太夸张了，他们担心得太过分了。我深信东线什么事都没有。"面对如此幼稚的言辞，我无话可说。

而比这危险得多的是，约德尔居然反对把我们的主守方向转向东线。约德尔不愿失去他自认为德军在西线夺回的主动权。他知道阿登攻势无功而返，但他认为那次进攻破坏了敌军的作战时间表。他认为，如果德军继续在敌人难以预料的地方发动进攻，就有可能获得更多有限的战果，而一系列这样的战果最终将会严重削弱敌军。为此，他下令在阿尔萨斯—洛林北部发动新的进攻。德军部队将从比切两侧向南前往萨韦尔纳。这次1月1日发动的进攻也取得了一定的初期成果，但计划中的目标萨韦尔纳还远在天边，就是斯特拉斯堡也还离得很远。约德尔沉迷于自己的想法当中，坚决反对我从阿登和上莱茵河地区抽调兵力的请求。他反复强调说："我们不应当丧失刚刚夺回的主动权。"我向他指出，鲁尔地区已经被盟军的轰炸夷为平地，我们的交通网络也被敌军的空袭毁坏，而且这种局面下一步只会变得更糟而不是更好；而另一方面，上西里西亚的工业区还可以全速运转，德国的军事工业中心已经在东部，失去上西里西亚几个星期之后我们就会失败。但我说了这么多都没有用，我的请求被驳回，我自己也在这种粗暴的氛围当中度过了一个郁闷、悲情的圣诞夜。当晚我们收到消息说，布达佩斯已经被包围，但在场的所有人都高兴不起来。我在散会前得到的指示是，东线必须好自为之。我再次请求撤离库尔兰，或者至少把那些从芬兰经挪威撤回来的部队派往东线，但我又一次失望了。从挪威回来的这些部队后来投入到了孚日山战役中。他们是山地部队，所以很适应那里的地形。我对那一带很熟，年轻的时候就很熟悉比切和萨韦尔纳之间的孚日山区。当我还是少尉学员和少尉军官的时候，比切就是我服役的第一站。但仅仅投入一个山地师是不足以对战斗进程产生根本性影响的。

12月25日圣诞节，我坐火车返回措森。我还在路上的时候，希特勒没有通知我就下令把吉勒指挥的党卫军2个师从华沙以北转移到布达佩斯去解围。这2个师原本是作为赖因哈特集团军群预备队集结在前线背后的，如此不负责任地削弱本就已经过度拉伸的战线让赖因哈特和我颇感绝望，但不管我们怎么抗议都无济于事。在希特勒看来，给布达佩斯解围比保卫德国东部更重要。当我恳请他撤回这道不幸的命令时，希特勒以外部政治因素为由予以回绝。就这样，针对苏军下一步攻势集结的14.5个装甲师和装甲榴弹师当中的2个被派到了一条次要的战线，只剩下12.5个师应对长约750英里的前线。

　　回到指挥所以后，我和盖伦再次研究敌情，并跟他和温克一起讨论我们还能如何改善德军的处境。我们得出的结论是：只有中止西线的进攻并立即把主要防区改为东线，我们才有遏制苏军大规模进攻的一线希望。所以我在新年前一天决定再次请求希特勒做出相应的决策，为此我再次动身前往齐根堡。我想这一次我要更加慎重，所以到了齐根堡之后我先去找了龙德施泰特元帅和他的参谋长韦斯特法尔将军，向他们说明东线的形势以及我要提出的建议，请他们给我提供帮助。和往常一样，龙德施泰特元帅及其参谋长完全理解另一条战线的需求，他们告诉了我西线3个师和意大利那边另一个师的番号。这几个师都可以立即抽调出来，而且他们的位置靠近铁路线，一旦希特勒同意我的请求就可以向东转移。龙德施泰特元帅当即给这几支部队下达做好转移准备的指令，我也让作战运输主管安排必要的列车做好准备。做好这些准备工作之后我才去见希特勒，但我再次遭遇圣诞夜那种烦冗的说辞。约德尔说，他没有可以抽调出去的部队，西线必须保留现有兵力保持主动权。不过这次我可以拿西线总指挥的话反驳他，结果把他搞得不知所措。当我把可调用的几个师的番号告诉希特勒的时候，约德尔怒气冲冲地问我是从哪里得到这些信息的。我跟他说是他自己那条战线的总司令告诉我的，他听了就没再说话，但一脸的不高兴。现在他终于无话可说，我如愿得到了那4个师，但也仅仅是这4个师而已。如果按照东线的防御需求，调用这4个师应该只是一个开始。但到了最后，这就是国防军最高统帅部和武装部队指挥所分给东线的所有兵力，而且即便就是这么点部队，希特勒也下令派去了匈牙利。

　　元旦那天上午我向希特勒报告说，巴尔克第六军下辖的吉勒的党卫军部队将于当天下午发动进攻帮助解围布达佩斯。希特勒对这次进攻寄予厚望，但我却持怀疑态度，因为这次进攻的准备时间太短，而且部队官兵的士气已经大不如前。如我所料，攻击部队在前期顺利推进之后没能突入被包围的城市。

　　也就是说，我这次去最高统帅部又一次收效甚微。回到措森，我继续组织讨论，对战局再次展开研究。随后我决定亲自去一趟匈牙利和加利西亚，到现场去和前线的司令官们交流，看他们是否能给我提供帮助，并借此行对我们的前景形成鲜明的认识。1945年1月5日至8日，我先后见到了接替弗里斯纳担任南方集团军群司令的沃勒将军、巴尔克将军和党卫队将军吉勒。我和他们谈到了匈牙利这边下一步战事的推进问题，从中发现了我们解围布达佩斯的行动失败的原因。解围失败最主要的原因应该是，1月1日晚攻击部队取得一定的初期成果，但我们没有充分利用这一成果，没能在第二天晚上及时形成突破。我们的指挥官和部队都已经不是1940年那种素质，否则这次进攻很可能会取得成功，此后我们也可以把部队转移到其他地方，多瑙河战线也会得到长时间稳定。

我从匈牙利去克拉科夫找哈尔佩，他和他的参谋长冯·希兰德将军就我们针对苏军的防御问题给出了明确、合理的观点。哈尔佩提议我们在1月12日发动进攻之前立即撤离维斯瓦河沿岸，撤退约12英里到战线短得多的下一个防御阵地，这样我们就可以从前线撤下几个师的兵力组成预备队。这个想法既有道理也是正确的，但很难得到希特勒的批准。哈尔佩是个直率的人，他要求把自己的看法报告给希特勒，即便这么做会给他本人带来不利的后果。哈尔佩的部队做了十分全面的防守准备，可以说是在当前条件下做到最全面的水平了。

最后，我通过电话和赖因哈特进行了交谈。赖因哈特提出了与哈尔佩类似的建议，他还建议放弃纳雷夫阵线，撤退到相对较短的东普鲁士边境一线，以便撤下几个师组成预备队。但对于他的这个想法，我也没有把握说服希特勒接受。

现在我已经知道对于各集团军群最重要的是什么，所以我在最后时刻又一次去找希特勒。我要努力说服他把东线作为我们的主要防区，把部队从西线解放出来，按照集团军群司令官们的意愿从前线撤下部队，因为我们没有别的办法可以及时组建预备队了。

1月9日我再次来到齐根堡，决意不达目的不罢休，向希特勒明确指出他的职责所在。这次会面的形式跟以往一样，不过这一次我在装甲部队监察组的参谋长托马勒将军也在场。

会前盖伦给我准备了关于敌军情况的详细报告，用地图和示意图说明了敌军的兵力分布。听完汇报希特勒大为光火，他说汇报内容"愚蠢透顶"，还让我把制做报告的人关进精神病院。我一听这话也火了，我对希特勒说："制作这份报告的是盖伦将军，他是我最优秀的参谋军官之一。如果我不认可他的报告，我就不会向您汇报。您要是想把盖伦将军关进精神病院，那就把我也关进去吧。"我断然拒绝了希特勒撤销盖伦将军职务的要求。至此，这次会议的风暴宣告结束。从军事方面看，这是一次不成功的会议。哈尔佩和赖因哈特的提议被否决，我听到的仍然是那种认为前线将军们一心只想撤退到下一个后方阵地的可恶的老旧说辞。从这个角度看，整个会议令人失望透顶。

由于希特勒和约德尔的不理解，所有想要在局势非常紧张的东线最受威胁的区域背后集结预备队的努力都化为泡影。国防军最高统帅部之所以采取这样的态度，是因为他们心怀幻想地认为，我们关于苏军即将发动大规模进攻的精确情报源于对方的虚张声势。统帅部里的人只愿相信他们想去相信的东西，对兆头不妙的事实却视而不见。在这里，鸵鸟政治与鸵鸟战略结合在了一起。散会前希特勒安慰我说："现在东线的预备队力量是目前为止最强的。这是你的功劳，我要感谢你。"我说："现在的东线就像纸牌屋。一旦某个点被突破，其他地方也会崩溃。对于如此漫长的一条战线而言，12.5个师的预备队实在太少了。"

此时各预备部队的部署如下：

第十七装甲师在平丘夫一带；

第十六装甲师在凯尔采以南；

第二十装甲榴弹师在维尔佐尼克和奥斯特罗维茨之间；

第十装甲榴弹师（仅限战斗群）在卡缅纳河一带；

第十九装甲师在拉多姆一带；

第二十五装甲师在莫吉尔尼察一带；

第七装甲师在契谢瑙一带；

"大德意志"装甲榴弹师在乔尔采勒一带；

第十八装甲榴弹师在约翰尼斯堡以东；

第二十三步兵师（尚未做好战斗准备）在尼克莱肯一带；

第十自行车旅在森斯堡一带；

"勃兰登堡"装甲榴弹师（新组建的部队）的一部分部队在德伦伏尔特以南；

"赫尔曼·戈林"装甲兵团和"赫尔曼·戈林"第一装甲伞兵师在古谢夫以西；

"赫尔曼·戈林"第二装甲伞兵师在古谢夫东南东普鲁士的前线；

第五装甲师在布赖滕斯坦一带；

第二十四装甲师正从匈牙利转移至拉斯滕堡。

临别时希特勒对我说："东线必须自给自足，利用好现有的资源。"我带着沉重的心情回到措森的指挥所。希特勒和约德尔都很清楚，假如苏军如我们所料发动进攻，东线以现有的资源是很难守住的。他们也知道，如果他们等到敌军发动进攻再下令从西线向东线转移兵力，敌人的空中优势将延缓转移速度，最终导致增援部队到达时间太迟。希特勒和约德尔都来自远离受威胁区域的德国地区，我不知道这对他们的分析判断有多大影响。不过我从最近一次会面中得出的结论是，这方面对他们做出决策的影响着实不小。对我们普鲁士人来说就不一样了，面临威胁的区域就是我们的家乡，是当年付出巨大代价才得到的土地，是这么多世纪以来浸淫在基督教和西方文化的土地，是埋有我们先人遗骨的土地，是我们热爱的土地。我们深知，一旦来自东线的进攻取得成功，我们就会失去自己的家园。看到戈乌达普和内默斯多夫的遭遇之后，我们十分担心居民的处境。但上面对我们的这些担忧置若罔闻，前线将军们想把受直接威胁区域的平民撤走的请求被希特勒回绝。希特勒认为，这样的请求是将军们所谓失败主义的又一次体现，他担心这么做会对公众舆论产生不利影响。他的看法得到了地方长官们的支持，尤其是东普鲁士地方长官科赫的支持，后者在毁坏部队将军荣誉方面可谓不遗余力。此时，各集团军群的作战区域仍然仅限于前线背后6英里的狭窄地带。重炮部队实际上是驻扎在所谓的"本土区域"，归地方长官管辖，那里没有建立守备点，没有砍伐树木，没有做出任何可能与地方政府——其实也就是纳粹党——发生争执的事情。

苏军攻势

1945年1月12日，巴拉诺夫桥头堡的苏联攻击部队发动了他们精心准备的进攻。就在11日，我们已经有了苏军即将发动进攻的直接证明。战俘们说，10日晚他们住的兵舍就交给了坦克兵。我们截获的一条无线电信息说："一切准备就绪。增援部队已经到达。"1944年12月17日以来，巴拉诺夫桥头堡的大炮数量增加了719门，迫击炮增加了268门。从普拉维桥头堡抓来的俘虏说："进攻即将开始。第一波是惩罚部队。进攻有40辆坦克支援。主要防线背后一二英里的树林里部署三四十辆坦克。1月8日晚排雷。"空中侦察报告有敌军向维斯瓦河桥头堡移动。马格努斯采夫桥头堡出现60个新的大炮阵地。

来自纳雷夫前线、华沙以北各地、奥斯滕堡周围和东普鲁士的情报也是相似的内容。敌军在这边的主攻方向应该是在埃本罗德—维伦湖和施洛斯堡以东一带。

只有匈牙利——因为我们的新年进攻——和库尔兰方面的情报表明敌军近几天不会发动进攻，但这也只是给我们的前线一个喘息空间而已。

1月12日，敌军第一波进攻出现在巴拉诺夫，共投入14个步枪师、2个独立坦克兵团以及另一个军的一部分部队。在第一天的战斗中，集结在这一个区域的大部分苏联坦克遭到德军遏制，这是因为敌人想要根据先期进攻的结果判断最佳的推进方向。苏军之所以能够采用这种战术，完全是因为他们拥有相当充足的武器装备。

敌军的进攻取得成功，他们大幅渗透进了德军防线。

我们在同一天发现，在北面更远的普拉维和马格努斯采夫，有大批苏军进攻部队正向维斯瓦河桥头堡转移，敌军队伍中的车辆有数千辆之多。显然，敌军在这边的进攻也近在眼前。华沙以北和东普鲁士的情况也是如此，这边的苏军在雷区清理路径，战线背后不远处有坦克活动。

A集团军群派遣预备队装备发动反击。根据希特勒的直接命令，这些部队驻守的区域离前线的距离比哈尔佩上将预想的要近。希特勒的干预导致预备队遭到敌军猛烈炮击，他们还没到达战斗区域就已出现严重伤亡。面对苏军的部分包围，这些装甲部队在内林将军的指挥下被迫向西撤退，且战且走摆脱苏军的移动包围。英勇的官兵们最终完成了这项极其艰巨的任务，他们的表现非常值得赞赏。参与这次移动包围作战的一些步兵部队拖慢了装甲部队的速度，但在所有参战部队的互帮互助下，我们为这次战斗画上了成功的句号。

1月13日，在巴拉诺夫以西突破的苏军向凯尔采推进并从那里向北转移。此时，苏联第三和第四近卫坦克军开始露面，投入到这一带的敌军共有32个步枪师和8个坦克兵团。这是开战以来这个狭长地带兵力集中规模最大的一次。

在维斯瓦河以南有迹象表明，苏军很快将在雅思洛一带发动进攻。在普拉维和马格努斯采夫，敌军已经完成战备并在清除雷区。

在东普鲁士，主要的进攻如我们所料出现在埃本罗德—施洛斯堡一带。敌军投入12到15个步枪师和相应比例的坦克部队，最终成功渗透我们的防线。

就在这一天，希特勒在阿尔萨斯的攻势最终宣告失败。

1月14日，苏军突进上西里西亚工业区的意图已经很明显，这也在我们的意料之中。当天，大批苏军部队从巴拉诺夫桥头堡朝西北向和北向移动，明显是要和离开普拉维和马格努斯采夫桥头堡的其他敌军部队建立联系。德军成功击退了来自这些桥头堡的第一波攻势，但在总体战局不利的情况下，这一带的阵线是守不住的。

有迹象表明，苏军在罗明登希斯及戈乌达普附近备战，这意味着敌人很可能会把进攻延伸到东普鲁士。

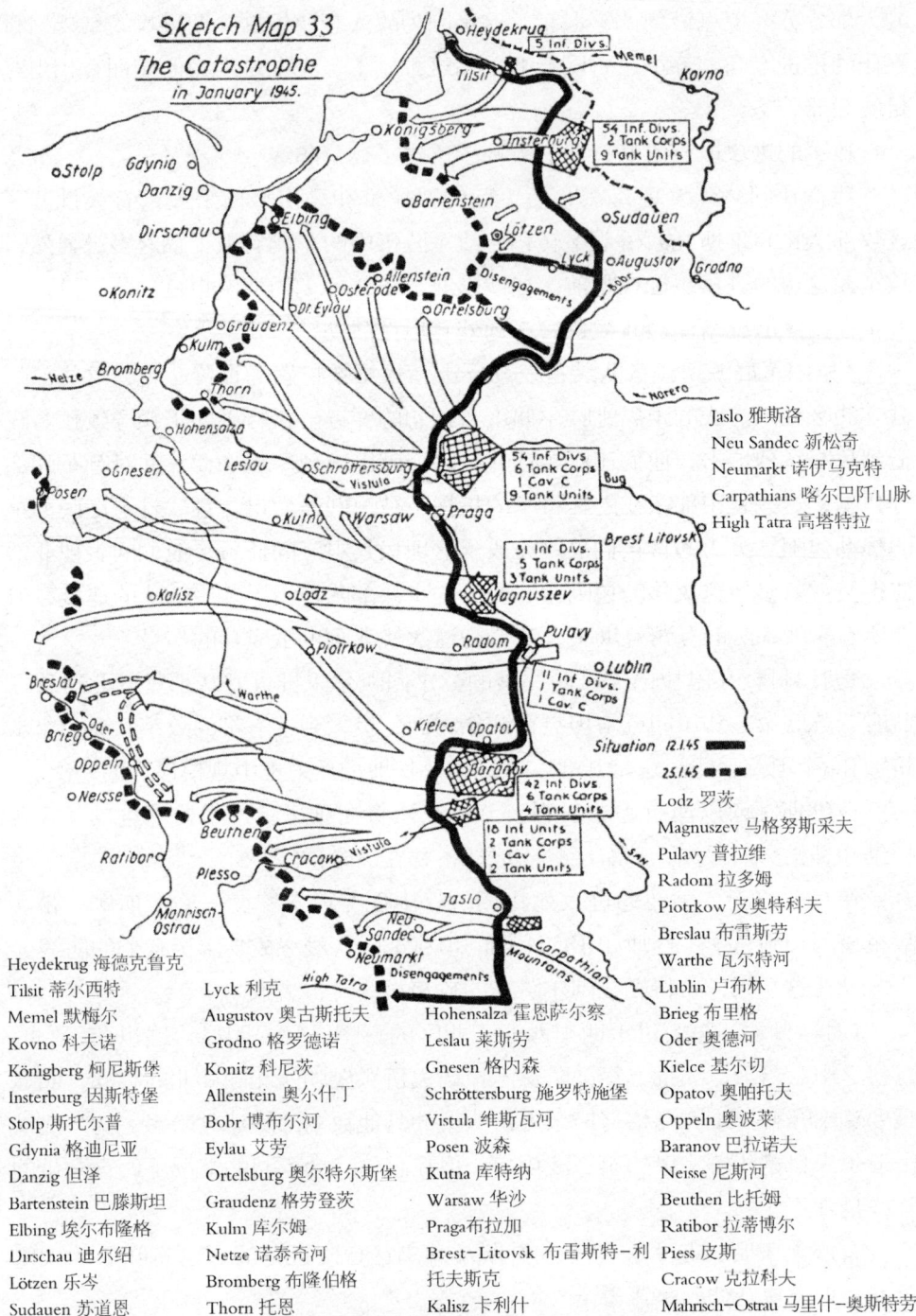

Sketch Map 33
The Catastrophe
in January 1945.

Jaslo 雅斯洛
Neu Sandec 新松奇
Neumarkt 诺伊马克特
Carpathians 喀尔巴阡山脉
High Tatra 高塔特拉

Lodz 罗茨
Magnuszev 马格努斯采夫
Pulavy 普拉维
Radom 拉多姆
Piotrkow 皮奥特科夫
Breslau 布雷斯劳
Warthe 瓦尔特河
Lublin 卢布林
Brieg 布里格
Oder 奥德河
Kielce 基尔切
Opatov 奥帕托夫
Oppeln 奥波莱
Baranov 巴拉诺夫
Neisse 尼斯河
Beuthen 比托姆
Ratibor 拉蒂博尔
Piess 皮斯
Cracow 克拉科大
Mahrisch-Ostrau 马里什-奥斯特劳

Heydekrug 海德克鲁克
Tilsit 蒂尔西特
Memel 默梅尔
Kovno 科夫诺
Königberg 柯尼斯堡
Insterburg 因斯特堡
Stolp 斯托尔普
Gdynia 格迪尼亚
Danzig 但泽
Bartenstein 巴滕斯坦
Elbing 埃尔布隆格
Dirschau 迪尔绍
Lötzen 乐岑
Sudauen 苏道恩

Lyck 利克
Augustov 奥古斯托夫
Grodno 格罗德诺
Konitz 科尼茨
Allenstein 奥尔什丁
Bobr 博布尔河
Eylau 艾劳
Ortelsburg 奥尔特尔斯堡
Graudenz 格劳登茨
Kulm 库尔姆
Netze 诺泰奇河
Bromberg 布隆伯格
Thorn 托恩

Hohensalza 霍恩萨尔察
Leslau 莱斯劳
Gnesen 格内森
Schröttersburg 施罗特施堡
Vistula 维斯瓦河
Posen 波森
Kutna 库特纳
Warsaw 华沙
Praga 布拉加
Brest-Litovsk 布雷斯特-利
托夫斯克
Kalisz 卡利什

示意图33　1945年1月的的灾难

1月15日的迹象表明，克拉科夫一带敌军的主攻方向是琴斯托霍瓦—卡托维兹一线。另一股强大的敌军正向凯尔采推进，预计这股敌军将会继续向皮奥特科夫—托马斯索夫进发，与来自普拉维桥头堡的敌军会合。从普拉维桥头堡出发的敌军有2支步枪部队和1支坦克部队，从马格努斯采夫桥头堡发动的进攻目标直指华沙。

在克拉科夫以南，苏军开始在雅思洛一带发起进攻。

在中央集团军群所在区域，敌军在维斯瓦河—布格河三角地带和奥斯滕堡两侧深入渗透，目标对准纳谢尔斯克和契谢瑙—普里什尼茨方向。苏军纳雷夫各桥头堡对面以及东普鲁士的形势更加严峻。

在东南集团军群所在区域，位处多瑙河以南的苏联第三十七军已经证实被保加利亚部队换防，前者有可能会转移到南方集团军群所在区域参与进攻。

无须赘言的是，我从苏军发动大规模攻势开始就一直用电话向希特勒真实、详细地汇报战况，并迫切请求他立即返回柏林以示我们的主要防御方向是在东线。最初几天他只是重复用1月9日下达给我的指令打发我："东线只能使用现有资源。再说你也看到了，从西线调过去的部队到达时间太迟。"在需要做出生死抉择的关键时刻，措森和齐根堡之间错综复杂的通讯和指挥网络却屡屡妨碍我们采取必要的措施。1月15日，希特勒首次干预防御战，不顾我的抗议命令"大德意志"兵团从东普鲁士转移到凯尔采去阻止意图向波森突破的苏军。这次调动即使有必要，所调部队显然也来不及去拦阻苏军，而且还会在东普鲁士一侧的苏军即将发动进攻的危急时刻削弱这一侧的防线，东普鲁士就会出现维斯瓦河那种灾难性局面。我们这股强大的进攻力量由"大德意志"装甲榴弹师和空军"赫尔曼·戈林"装甲伞兵师组成，指挥官是值得信任的冯·绍肯将军。下一步何去何从尚未决定的时候，这支部队就在铁路旁原地待命。我拒绝执行希特勒的命令，这让他火冒三丈。他不想撤销这道指令，不过最后还是决定离开他在黑森州森林里的营地返回柏林，远离孚日山脉的小打小闹回到关键性的前线。不管怎么说，现在我至少可以面对面和他交流，可以告诉他他应该知道但在电话里不能充分说明的情况。我们之间的交谈肯定不会轻松愉快，希特勒很清楚这一点，所以他一直尽可能地推迟见我。

绍肯的部队被迫在苏军炮火袭击的一个区域下车。经过艰苦奋战，这支部队终于联系上了内林将军的第二十四装甲兵团。

1月16日，希特勒出现在柏林。当天我和他在遭到炮火部分损毁的总理府会面，那里现在是他的指挥所所在地。

此时希特勒终于认定西线必须转入防御，以便调动部队去东线。我刚走进会议室就得知了这个情况。这个决策虽然来得很迟，但毕竟是正确的、令人非常满意的。我就如何使用抽调部队制定了一个计划：抽调出来的部队立即前往奥得河，时间允许的情况下就渡河，旨在攻击苏军先头部队侧翼，削弱其进攻势头。我问约德尔希特勒下达了什么指令，他说元首下令把抽调出来的主力部队即第六装甲集团军派往匈牙利。我一听这话就控制不住自己，当着约德尔的面尽情宣泄自己的不满，但约德尔除了耸耸肩以外没有做出任何反应。自始至终我都不知道是不是约德尔本人建议或鼓动希特勒采取这样一个决定。在随后的会面里，我向希特勒表明了自己的观点，指出我不赞同把部队调到匈牙利。希特勒不接受我的说法，重申要在匈牙利发动进攻的计划，打算把苏军打过多瑙河为布达佩斯解围。之后几天，我一直跟希特勒争论这个问题。等到我成功反驳他给出的军事方面的理由之后，他又提出了经济方面的理由：由于德国的合成原油工厂遭轰炸，保有匈牙利油田和炼油厂对我们至关重要，对战争的结果也将发挥决定性影响。"如果没有油料，你的坦克就动不了，飞机也飞不了。你必须要明白这一点。我的将军们对战争的经济层面实在是一无所知。"他的脑子里满是这个想法，要想说服他这个观点不对是不可能的。

就这样，我们从西线接收的部队被分成了两部分。当我在会面期间又一次提到这个问题的时候，希特勒打断我的话说："我知道你想说我应该强力出击而不是分散兵力，但你必须明白……"接着就不厌其烦地重复之前说过的话。

由于东南方向的铁路运力有限，运送部队去匈牙利的时间比运往柏林的时间要长得多。柏林地区有很多双轨铁路，而且为防敌军空袭造成的不可避免的损坏，这一带还修筑了大量备用的铁路支线。

这个问题确定之后，其他问题又出现了，而且我们的分歧还不小。首先是主要防线及其愚蠢设置的问题。根据速记员的记录，现在希特勒也不得不承认，这个问题是他自己造成的。接下来是预备队的部署问题。希特勒认为预备队的位置离前线太远，但将军们的看法恰恰相反，他们不明白希特勒为什么坚持认为位置太远。随后我们谈到哈尔佩的领导能力问题。在我看来，哈尔佩领导指挥所队的能力好得不能再好。但希特勒想找替罪羊，所以不顾我的强烈抗议坚持要解除哈尔佩的职务，让舍尔纳上将取而代之。于是，舍尔纳就从缺乏用武之地的库尔兰被召了回来。舍尔纳甫一上任就解除了作战勇敢、能力出色、为人正直的男爵斯米洛·冯·吕特维茨将军第九军军长的职务，让布瑟将军取而代之。舍尔纳还跟能力出众的冯·绍肯将军发生激烈争吵，后者很快因此被调往另一个区域负责指挥一个军。我同时安排哈尔佩在几个星期之后去西线指挥一个军，还安排在西线被希姆莱陷害的巴尔克重新上岗。

　　这次争论不休的会面有一个积极的结果，就是我对西线行动的看法总算被接受了，尽管时间来得太迟。会议决定立即中止西线无谓的进攻，把所有可以抽调的部队都转移到东线。库尔兰及其驻军撤离的问题再次被提及，但仍然没有形成明确的决定，只是明确把第四装甲师撤出来。

　　当前的军事形势急需我们迅速采取有力行动。在萨拉热窝东南一带，南斯拉夫游击队向E集团军群施加强大压力，巴拉顿湖和多瑙河之间的敌军也得到了增援。苏军在格兰河上的桥头堡正在扩大，他们在全速追击撤退中的A集团军群。苏军向西通过斯洛姆尼基—米耶乔夫一线，其中一部分部队转向了克拉科夫。再往北的苏军正攻向琴斯托霍瓦—拉多姆斯科—皮奥特罗科夫—托马斯索夫一线，下一步有可能会继续攻向罗兹—洛维茨—索恰采夫一线。在已经突破的战斗群身后，强大的预备部队跟了上来，其中一部分预备队来自卡累利阿和芬兰那边的战线。我们开始品尝盟国背叛的恶果。在中央集团军群所在区域，令人担忧的局势开始恶化。苏军三四十个步枪师攻向普扎斯内什—什奇特诺—普罗能一线，其他部队正从比亚韦斯托克和奥斯特罗大跟进。罗明登希斯一带、施洛斯堡地区和古谢夫地区也出现类似情况。

　　但就是在这样的局面下，希特勒仍然不允许从西线向德国北部转移兵力，也不允许德军撤离库尔兰。

　　1月17日，A集团军群对面区域发现15个苏联坦克兵团，这些部队明显已经确立进攻轴线。苏军另有8个坦克兵团与南方集团军群交战，还有3个与中央集团军群交火。此时苏军主力部队正向克拉科夫—瓦尔特瑙—琴斯托霍瓦—拉多姆斯科一线推进。在凯尔采一带，内林将军的第二十四装甲兵团还在抵御敌军。敌军大规模部队正逼近华沙，其余部队通过洛维茨和索恰采夫前往维斯瓦河方向，意图阻止正从华沙地区撤退的第四十六装甲兵团渡过维斯瓦河。这个兵团原计划要前往维斯瓦河以南以阻止苏军迅速从霍恩萨尔察—格涅兹诺突破至波森：假如苏军突破成功，东、西普鲁士就将与德国其他地方隔离。但不幸的是，这个兵团在敌军强大的压力之下退到了河北岸，无人抵抗的苏军顺势向西涌到德国边境。

　　在中央集团军群的阵线，苏军提升了攻向什奇特诺—普扎斯内什的速度和力度。有迹象表明，目前为止还算安静的纳雷夫前线将会加入到战斗中来。

当天傍晚，作战部向我通报了华沙一线日渐恶化的战局，提议以华沙落入敌手为预设前提建立新的防线。我问对方为什么要这么做，作战部部长冯·博宁上校告诉我说，根据最新收到的消息，华沙失守是不可避免的了。此时我们与要塞之间的通信已经中断。有鉴于此，我同意了作战部的提议。当前我们最需要做的是迅速下达相关命令，所以我告知对方尽快通知集团军群。随后我去总理府向希特勒汇报战局并向他报告我为稳定局势下达的指令，其间我们收到华沙要塞指挥官发来的无线电说，华沙目前还在德军手里，但德军必须要在当天夜间撤离。我把这个情况告诉希特勒，他听了很生气，下令不惜一切代价守住华沙。他坚持要把这个指令迅速传达下去，根本不听我说的命令来得太迟的话。我最初的想法是派一个要塞师守卫华沙，后来因为调动部队去西线，现在华沙的守备军只剩战斗力有限的4个要塞步兵营以及一小部分炮兵和工兵部队。这样的兵力不可能守住华沙，如果指挥官服从希特勒的命令，这些部队就会沦为敌军的战俘。指挥官最终决定违抗希特勒的命令组织弱小的守备部队撤退，这让希特勒怒不可遏。希特勒根本不理会也没有兴趣理会岌岌可危的总体局势，他满脑子只想着华沙失守的不幸。实际上，形势发展到现在，华沙失守已经不那么重要了。之后几天他一门心思研究华沙失守的问题以及如何惩处总参谋部的问题。在他看来，华沙落入敌手的罪魁祸首就是总参谋部。

1月18日，为了解围布达佩斯，驻匈牙利德军在布达佩斯以西、巴拉顿湖与包科尼森林之间的山林地带再次发起进攻。这次进攻的前期是成功的，进攻部队一度抵达多瑙河岸。但当天苏军就打进城，这座城市的命运就此注定。如果德军在匈牙利的行动放在波兰或东普鲁士执行，其效果会好很多，但希特勒不愿接受这样的现实。在波兰境内，苏军在琴斯托霍瓦—拉多姆斯科一带以及皮奥特罗科夫、罗兹和库特诺战斗。有一小股苏军正在霍恩堡攻击德军在维斯瓦河上的桥头堡。在维斯瓦河以北，敌军正逼近莱斯劳—索尔道一带并攻向奥特尔斯堡—奈登堡一带。在纳雷夫战线，越来越多的迹象表明敌军将要发动大规模进攻。尽管北面的苏军此时已经抵达施洛斯堡以西的因斯特河，希特勒仍然一如往常地禁止这一带孤立无援的德军撤退。

前线战局的激变已经使华沙的问题只剩下理论上的意义，但当天我们的通气会始终在讨论华沙问题。希特勒让我安排对总参谋部发送有关撤离华沙报告和信号的责任人展开调查，我向他明确表示，我是前一天一系列事件唯一的责任人，他应该抓捕和审查的人是我而不是我的下属。他说："不，我要追责的不是你，而是总参谋部。一帮知识分子把自己的观点强加给自己的上级，这是不能接受的。不过这就是总参谋部的体制，我现在就是要打破这个体制。"我和他争论了很久，两个人都很愤怒。我好不容易和他单独在一起，所以把该说的话都给说了，但最终还是没有任何作用。当晚我派温克将军参加"晚间通气会"，让他再次向希特勒指出此事的不公正之处，说明我已经做好被拘捕的准备，我不允许让下属参与进来。温克照我说的做了，但就在同一天晚上，冯·博宁上校、冯·德姆·克内泽贝克中校和冯·克里斯滕中校被捕了。负责拘捕他们的是带着手提轻机枪的陆军人事处处长迈泽尔将军，他们甚至都没通知我一声，让我没有机会出手干预，第二天直接面对的是一个既成事实。我立刻去找希特勒，用职权范围允许的最激烈的言辞抗议他拘捕我那几位无辜的同事。我同时向他指出，他这么做是在战争的紧要关头打断陆军总司令部关键部门的工作。如今毫无经验的年轻军官要去接替被拘捕的几个人，负责为最重要的决策做基础工作，拟定也许要下达给大部分德国军官的极为复杂的指令。我要求对我自己的行为展开调查，希特勒同意了这个请求。在接下来既紧张又具有决定性的几天里，我经常连续几个小时接受卡尔滕布伦纳先生和穆勒先生的讯问。我在讲到7月20日之后的审判时提到过这两个人。连续接受讯问不仅浪费我的时间，还消耗我的精神和工作能力，而与此同时，东线正在进行关乎我们家乡以及德意志国家生死存亡的战斗。卡尔滕布伦纳的讯问至少有一个积极的结果，那就是克内泽贝克和克莱斯特在几个星期之后就被释放了，只是博宁还在拘禁当中。释放出来的克内泽贝克和克莱斯特也没有回到总参谋部，而是受命去前线指挥团级部队。仅仅在担任新职的第三天，勇敢、聪明、亲和的克内泽贝克就在自己的指挥所牺牲。在此之前，他还在努力为自己的朋友和上级博宁争取释放。克莱斯特则幸运地保住了性命。监狱里的博宁无缘无故从一个集中营转移到另一个集中营，最后在大崩溃期间有幸接受美国人的看管。我们再次见面也是在监狱里。

在我为1月19日的屈辱感到愤怒和受伤害的时候，在我的时间都耗费在卡尔滕布伦纳和穆勒的讯问当中时，我们为东部德国打的苦战一刻不停地进行着。为了反击试图解围布达佩斯的德军，匈牙利境内的苏军迅速集结机动部队。从那边的战线截获的一份苏军无线电说："敌人这么做将一无所获，等待他们的将是各兵种集群和一道部队的幕墙。"由此可见，我们必须要为敌军大规模的反制行动做准备。在喀尔巴阡山脉以北，苏军继续向布雷斯劳和上西里西亚工业区突进。我们在那一带的防御是薄弱的，所以战局很可能会出现快速变化。再往北的敌军正逼近卡利什、波森和比得哥煦。罗兹陷落。现在敌军几乎没有遇到任何对抗，德军只有身陷运动包围战的第二十四装甲兵团和"大德意志"装甲兵团仍然坚定、勇敢地向西打过去，一路上接收诸多零散的部队。在此期间，内林将军和冯·绍肯将军书写了大师级的军事功绩——只有新的色诺芬才能很好地描述他们的壮举。

在米耶劳—索尔道地区，苏军开始逼近伊瓦瓦，再往南的苏军则逼近托恩—格劳登茨。在东北面，苏军正在攻击奈登堡—维伦堡一线。梅默尔以南的局势趋于严峻。库尔兰的北方集团军群报告有敌军活动，但没有明确指出敌军在这一带的可能意图。唯一可以确定的是，我们在库尔兰的部队无法参与防御敌人即将对德国本土发动的进攻，德军部队缺席主战场与苏军受制于北方无法相互抵消。我每次开会都敦促希特勒让北方集团军群尽快撤出来，但每次都无功而返。

1月20日，敌人踏上德国领土，拉开最后一段剧情的帷幕。当天早晨我才知道，苏军已经抵达霍恩萨尔察以东的德国边境地区。在敌人第一批炮弹落下半小时前，我妻子刚刚离开瓦尔特高的代彭霍夫。为了避免平民恐慌逃难，她被迫在那里停留到能够安全离开的最后一刻。她在代彭霍夫的行动始终处于纳粹党的监控之下。1943年9月我们在柏林的家遭到轰炸的时候，有些东西完好无损地保留了下来。但这一次逃难，我妻子不得不忍痛放弃了这些东西。我们像其他数百万德国人一样流离失所，但与他们共命运让我们感到自豪。我们应当懂得如何面对自己的境遇。我妻子离开代彭霍夫的时候，家里的工人含着热泪站在她的车子旁，很多人都愿意和她一起走。大家对她都有感情，离开对她而言也不是一件容易的事。1月21日，她到达措森。因为没有足够的住处，她就和我住在一起，因此切身体会到我的艰难境地。那段艰苦的岁月，她一直帮助我、支持我。

1月20日，布达佩斯以西的战斗没有结果地延续着。匈牙利前任总参谋长沃罗什就在苏联人一边。在西里西亚，敌人通过边境向布雷斯劳迅速推进。如前所述，敌人在波森一带也越过了边境。在维斯瓦河以北，大批敌军正向托恩—格劳登茨一线发动进攻。在前沿推进的主力部队身后，敌军还有大规模预备队跟上，这是1940对法作战之后我们一直无法做到的。在梅默尔以南，敌军抵达魏劳—拉比奥一线并继续朝柯尼斯堡方向推进。中央集团军群面临被两个巨大的"钳子"双重包围的危险：南面的"钳子"正往北向柯尼斯堡移动，另一个"钳子"正从东面逼近东普鲁士首府梅默尔。在纳雷夫第四军对面，苏军正静观其变，对己方在已突破战线取得胜利信心十足。

1月21日，佩斯科维采和格罗斯施特雷利茨之间发生战斗，敌人从奥珀伦和奥劳之间渡过奥得河的意图昭然若揭。敌军向奥斯特罗夫和克罗托申发动攻击，有坦克攻到了拉维察。格涅兹诺—波森—纳克尔一带落入敌手。波森周围发生战斗。在东普鲁士，苏军继续向巴滕斯坦推进。根据赖因哈特的命令，德军在转移兴登堡夫妇的石棺之后炸毁了坦能堡纪念碑。

在库尔兰，苏军向利耶帕亚发起进攻。

1月23日，外交部新任联络官、大使保罗·巴兰登博士来找我。虽然我一再提出要求，但自从我在1944年7月上任以来，他的前任始终没有和我会过面，显然认为外交部没有必要了解前线的状况。现在我向巴兰登博士直言不讳地描述了前线的局势。我们一起讨论了外交部为我们提供帮助的可能性，我们一致同意这么做的时机已经成熟。我们想利用外交部目前保有的外交关系与敌对国达成停火协议，哪怕是在其中一条战线实现停火也行。我们希望西方敌国可以意识到苏军快速进入甚而穿越德国的潜在危险，继而签订停战协定或者至少以非正式协议的形式允许我们在交出德国西部的前提下用剩余的兵力保卫德国东部。实现这个愿望的机会的确很渺茫，但处在生死关头的德国必须做出任何可能带来生机的尝试。我们要想尽一切办法阻止未来的流血牺牲，让德国和整个西欧避免我们所有人都面临的恐怖命运。我们一致同意，巴兰登博士应当安排我与外交部长冯·里本特罗普进行私下会面。里本特罗普是元首的首席政治顾问，我想像对巴兰登描述的那样如实、全面地告诉他德国面临的形势，希望他和我一起劝说希特勒充分利用如今陷入孤立的德国仅剩的外交资源。我们都清楚德国的外交资源不多，能够发挥的效用也有限，但这并没有削弱我们履行自身职责的决心，而我们的职责就是采取一切办法结束战争。巴兰登博士立刻就去见冯·里本特罗普阁下，安排我和他在1月25日见面。

东线的灾难不断延伸。在匈牙利，敌军开始向我们的纵深发动攻击。在西里西亚，苏军抵达格莱维茨。柯泽尔和布热格之间以及迪亨富尔特和格沃古夫之间的敌军明显在准备横渡奥得河。布雷斯劳受到正面攻击，不过德军守住了阵地，格沃古夫和波森的情况也是如此。在东普鲁士，苏军正努力突破到埃尔宾。

1月25日，越来越多的迹象表明，苏军正准备在韦伦切湖以南发动反击。多瑙河以北也有迹象表明，苏军将在莱瓦—伊波利萨奇—布劳恩斯坦一带向克雷辛将军的第八军发动进攻。在上西里西亚地区，苏军继续为攻击工业区作准备。与此同时，部分敌军抵达奥得河。

　　包围波森之后，苏军绕过这个要塞前往奥得河—瓦尔塔河河湾。这个河湾原本有一条在战前精心修筑的防线保护，但里面的设施都被转运到西线的"大西洋墙"，现在只剩下一个空壳。苏军在施奈德米尔—布朗伯格一带大规模集结，意图沿着维斯瓦河西岸向北推进，歼灭从后方镇守维斯瓦河一线的德军。

　　为了预防这个危险，我曾经请求希特勒在原先的A集团军群（1月25日改名为中央集团军群）和原先的中央集团军群（现在称为北方集团军群）之间的地带组建一个新的集团军群，用以控制并重新组织这一地区的防御。这个集团军群将占据最关键的区域，我和约德尔上将提起过集团军群司令官和参谋军官的人选，提议巴尔干地区两个集团军群参谋团队中的一个担负这项任务，并提议让男爵·冯·魏希斯元帅担任集团军群指挥官。我很了解魏希斯元帅，很敬重他的为人和军人品质。他聪明、正直、果敢，是掌控当地战局的绝佳人选。约德尔答应在和希特勒会面时支持我的提议，所以我觉得这件事就算定下来了。1月24日我向希特勒提出这个建议，他听了说道："我觉得冯·魏希斯元帅精神疲倦，我怀疑他能否完成这样一个任务。"我极力维护自己的选择，还说约德尔也同意我的想法。没想到约德尔用轻蔑的语气提到了冯·魏希斯元帅的宗教意识，希特勒当即拒绝批准这项任命，转而下令让希姆莱指挥新的集团军群。这个荒谬的提议让我很是震惊，我用非常激烈的口吻提出反驳，极力阻止本就不幸的东线出现如此愚蠢的事情。但我终究白费口舌，希特勒坚持认为希姆莱在上莱茵河地区的表现很好。希特勒还说，希姆莱同时管着作训部队，随时可以增补部队员额，他手里有人有物资，是重建防线的不二人选。看希特勒如此坚持，我决定退而求其次，提议给希姆莱配备冯·魏希斯集团军群的参谋团队，但就是这么一个小小的要求也被希特勒回绝，他选择非常勇敢的党卫军旅长朗默丁担任参谋长。朗默丁此前是一个装甲师的师长，他对新建集团军群参谋长的职责可以说一无所知。虽然我最终得以安排几名总参谋部军官进入新建集团军群的指挥所，但这不足以弥补集团军群司令和参谋长的知识匮乏。为了组织防御，希姆莱任用了一系列党卫军领导，但这些人中的多数都无法完成自己的任务。只有在几次对我们整个事业造成破坏的痛苦经历之后，自负的希姆莱才终于同意听我的。

　　1月25日，我在威廉大街新建的豪华官邸见到了德国外长。我对冯·里本特罗普阁下实话实说，不过他显然没有意识到形势的严峻性，急切地问我刚才说的是不是事实。他说："我感觉总参谋部好像乱了阵脚。"老实说，跟这样一个沉着冷静、思维清晰的人探讨问题真的需要很大的耐心和决心。经过一番详谈，我问这位"德国外交政策的设计师"是否准备跟我一起去向希特勒提议去争取至少一条战线的停火。当时我主要考虑的是西线的停火。冯·里本特罗普阁下回答说："我不能这么做，我是元首的忠实追随者。我知道他不想和敌人开启任何形式的外交谈判，所以我不能向他提出你说的这种建议。"我问他说："如果三四个星期之后苏联人就打到柏林大门口，你会是什么感受？"里本特罗普一脸惊慌地问："你认为真的会这样吗？"我跟他说，照目前的领导情况，这不仅有可能而且肯定会发生。他听了一度心慌意乱，但我再次请他和我一起去见希特勒的时候他又不敢答应。等我起身离开的时候他给我来了一句："对了，我们应该对今天说的这些保密吧？"我说我会保密的。

那天晚上我去参加通气会的时候，我发现希特勒的情绪很急躁。当时我肯定是迟到了，因为走进会议室的时候我已经听到他很激动地大声说话。他郑重强调，任何人都不允许与不需要知情的第三方谈论他的工作是他的头号基本指令，所有人都必须要严格遵守这条指令。看到我之后他进一步提高声调说："所以当总参谋长去见外交部长，告诉他东线的形势，意图实现西线停火，他犯的就是不折不扣的叛国罪！"我一听这话就知道里本特罗普没有为我保密。不过现在好了，希特勒至少知道真实情况是什么样的。当然了，他也断然拒绝讨论我对里本特罗普说过的提议。他反反复复说了一阵，最后发现我对他说的话没有任何反应。后来我在监狱的时候才知道，那天我刚离开外长官邸，里本特罗普就写了一份报告给希特勒，把我们的谈话内容全盘托出。他没有在报告里提到我的名字，但这几乎已经没有必要了。

就这样，我想要和外交部长一起促成至少一条战线停火的想法和为之付出的努力都化为了泡影。或许有人认为，那个时候西方列强对和谈没有多少兴趣，而且他们和苏联已经约定要以整体的名义同德国打交道。尽管如此，我还是认为应该要劝希特勒采取这方面的行动，所以我不愿受到里本特罗普拒绝合作的影响，继续寻求其他渠道达到我的目的。为此我在2月份的第一个星期去找德国最重要的人物之一，但对方同样拒绝了我。稍后我会讲到我在3月份做出的第三次尝试。

到1月27日，苏军潮水般的攻势很快就成为我们面临的一个大灾难。在布达佩斯西南方向，苏军再次发起进攻。在匈牙利首都，苏军针对剩余德军的巷战还在继续。在上西里西亚工业区，局势变得更加严峻，苏军正一步步逼近摩拉维亚大门、特罗保、摩拉夫斯卡—奥斯特拉瓦和泰申。瓦尔特高和东普鲁士的战局也对我们非常不利。波森被包围，里面一个堡垒已经失守。敌军逼近雄兰克、奇沃帕、费雷内、施奈德米尔和乌什，夺取纳克尔和布朗伯格，在维斯瓦河以西向施维茨推进。在梅韦的敌军也渡过了维斯瓦河。在马林堡，双方为争夺古老的奥尔登斯堡发生战斗。希姆莱把自己的指挥所转移到了奥尔登斯堡克罗辛湖边，他未经陆军总司令部批准就擅自命令部队撤离托恩、库尔姆和马林维德。希姆莱的自作主张导致维斯瓦河阵线不战而失，但希特勒没有对此表态。仅仅几天之后，维斯瓦河以东的部队就不可避免地陷入孤立无援的境地。

在东普鲁士，弗劳恩堡、埃尔宾、卡尔文登和利贝米尔周围都发生激战。大批敌军逼近弗里德兰。柯尼斯堡以北有敌军进攻。桑比亚半岛出现危机。德军虽然在库尔兰取得防守成果，但这不足以成为我们高兴的理由。

当天我下令把1928年那批兵全部从东线转移到西线的兵营，以免这些尚未受过训练的新兵投入东线的战斗。我很高兴地说，我这么做是成功的。其实早在1944年秋天我就以口头和书面形式反对征用16岁少年。

在希姆莱的指挥所，通信设备陷入瘫痪，缺乏组织的后果开始显现。我把这个糟糕的情况告诉希特勒，但他没有兴趣听我说，因为陆军人事处处长刚刚给他讲述了当年威廉一世国王和腓特烈大帝是如何惩治不服从指令的人的。布尔格多夫将军查阅了历史资料，给希特勒讲了200年前一些酷刑案例。希特勒听了之后满意地说："有些人总是以为我很残忍！如果德国所有的重要人物都知道这些刑罚就好了。"不说别的，希特勒这么说至少可以说明他也意识到自己的残忍，所以想用历史对比为自己辩解。相比之下，我们大家身处的可怕境遇对他来说就不重要了。

就在这一天，第六装甲集团军开始向东线转移。如前所述，希特勒刚回到柏林就下令西线转入防御。关于如何在东线使用西线转入防御之后释放出的兵力，希特勒有自己的计划。我向他提议把所有可用的部队分成2个战斗群部署在柏林东部，其中1个部署在格洛高—科特布斯一带，另1个部署在奥得河以东的波美拉尼亚。在东线防御工事还在背后坚守阵地的情况下，这2个战斗群可以趁对方实力不强、缺乏补给之时攻击苏军突前的先头部队。但希特勒坚持自己的原计划，不把这些兵力用于保卫德国尤其是德国首都，而是用于投入匈牙利境内的进攻。约德尔预计第一批部队调动到位需要14天时间。完成全部兵力转移肯定要花几个星期，所以3月初之前不可能发起拟议中的攻势。问题是，柏林如何才能支撑到那个时候？

　　上西里西亚工业区的大部分地方现在都落到敌人手里，战争延续的时间可能就在几个月而已。早在12月份施佩尔就在一份书面报告中向希特勒指出，在鲁尔区被毁的情况下，保护我们这个最后的工业区是何等重要。但为了组织西线的攻势，希特勒忽视了这个建议。如今，我们连这个仅剩的能源区也没有了。施佩尔撰写的新备忘录明确指出："这场战争我们输了。"他把备忘录交给希特勒之前先拿给我看，我看了之后感觉他的说法无可辩驳，这也是我们的不幸之处。希特勒只看了第一句话就把备忘录连同他收到的其他警告材料一起锁进了保险柜。在那些悲催的日子里，我有一次参加晚间通气会之后得知施佩尔请求去见希特勒。但希特勒拒绝见施佩尔，他说："他就只想说我们输了战争，说我应该想办法停战。"施佩尔不甘心，又让副官把备忘录交给希特勒。希特勒对这位年轻的党卫队军官说："把文件放进保险柜。"然后转过来对我说："现在你知道我为什么不愿意单独见人了吧？想和我单独谈的人要说的都是些不中听的话，这是我无法忍受的。"

　　1月28日，苏军在吕本附近渡过奥得河并建立桥头堡，我们预计对方会继续向萨冈推进。再往北的苏军部队从克罗伊茨—施奈德米尔一带朝西涌向法兰克福和什切青之间的奥得河段，显然是为下一步进攻柏林准备基地。随着他对德国的弱点有了更深入的了解，负责指挥苏军攻击行动的朱可夫元帅的作战计划变得越来越大胆。一路攻向奥得河的苏军部队包括第一和第二近卫坦克军以及第八近卫军、第五突击部队和第六十一军。除了这些部队以外，敌军还有充足的兵力在德军维斯瓦河防线背后从纳克尔—布朗伯格一带向北发动进攻。在东普鲁士，敌军沿着海岸朝东北方向推进，意图切断北方集团军群的海上交通。再往东的苏军逐渐完成对柯尼斯堡的包围。

　　希特勒在1月29日晚间的通气会上重申，他认为玩忽职守的军官应当被降级。于是，在希特勒的一时冲动之下，很多久经沙场、值得信赖的前线军官未经正规调查就被不同程度降级。我知道的一位7次负伤的反坦克营营长就有这样的遭遇，他曾经获得光荣负伤金质奖章，在前一次重伤尚未痊愈的情况下就匆忙赶回前线。他指挥的反坦克营坐上火车在西线背后赶路，上级指定的目的地改了又改，敌军飞机又紧追不放。最终部队被打散，只好分散投入战斗。希特勒下令把营长降为少尉。要知道，担任营长的这位预备役军官不久前才因为英勇抗敌从少校晋升为中校。希特勒宣布这次降级的时候，我和我担任装甲部队监察长官期间的参谋长托马勒也在场，我们两人当场提出强烈抗议。现场一位从未在战争期间去过前线的重要人物面无表情地说："光荣负伤金质奖章根本毫无价值。"最终，那位营长被降级了。当天我还提到1941年对苏作战期间我的一位前任军需官，他是预备役的年长中校，名叫黑克尔。他在自己的家乡林茨地区受到公开指责，因此以列兵的军衔去一个迫击炮营搬运迫击炮弹。我在纽伦堡的记录里发现当时我说的一些只言片语，这些话语因为速记员的记录被保留下来。我想在这里重述一下当时那些具有启示性的话："这个迫击炮营有一位中校，他曾经在波兰、法国和苏联担任我的军需官，他的一级铁十字勋章是我亲自颁发的。他因为一些据称是他说的话受到多瑙河上游地区同胞的公开谴责，实际上那些话根本不是他说的，而且那些话出现的时间是在德国并吞奥地利之前。仅仅是因为这样一件事情，这位工作能力出众、性格没有污点的正直的、无可指摘的中校就被送到了维尔德夫莱肯的一个迫击炮营去搬运炮弹。也就是在那里，他给我写了一封让我极为震惊的信。他在信里说：'我无缘无故失去了自己的名誉。我没有犯下任何罪行，也没有接受正规的调查或讯问，仅仅是因为某个卑鄙的无赖想要陷害我。现在我也不知道该怎么让自己洗清冤屈。'据我所知，这个人的罪名还没有得到澄清。"虽然我站出来为这位军官说话，但我的干涉没有达到预期的效果。我在这里引述速记员的记录仅仅是想证明，那个时候的人要想对冷酷无情的最高统帅部那些头头们施加哪怕是一丁点的影响需要采取什么样的态度才行。我常常为一些不幸的人出头干预，这些人因为某种原因——通常是因为他们与纳粹官员发生分歧——突然就被送进集中营或监牢。遗憾的是，外人对这种事件几乎不会知情。

除了难以知情以外，国家大局的险恶以及个人的工作和诸多忧虑也会导致我能为别人提供的帮助十分有限。再有就是时间有限的问题，毕竟一天只有24个小时。在局势紧张的这个阶段，我几乎每天去最高统帅部2次，也就是要在措森和柏林之间往返2趟。这段路单程就需要45分钟，所以我每天要在路上花费3个小时。与希特勒的会面从来不少于2小时，常常要超过3个小时，2次会面就是6个小时。也就是说，我每天光是花在通气会上的时间就有8到9个小时之多，这段时间我做不了任何有用的工作。在我看来，这种通气会跟闲聊无异，完全是在浪费时间。不仅如此，自从发生刺杀事件以后，希特勒坚持让我参加武装部队指挥所和武装部队其他参谋机构的所有会议。如果是在常规时期，这是一个合理的要求。我的前任在离任前的那段时间往往就是在会议开始的时候讲讲话就离开会场，这让希特勒感到不满，所以他让我必须全程参会。问题是，现在是超负荷工作且背负巨大精神压力的特殊时期，连续坐几个小时听着意义不大的讲话对身体和精神都是一种折磨。比如，空军和海军代表的发言就毫无意义，因为这两个军种现在几乎发挥不了什么作用。尽管军事形势日渐恶化，希特勒自己对长篇大论的沉迷却丝毫没有减弱。他要通过无休止的讲话向自己和其他人解释德国统帅部的失败之处，失败的原因当然是指向各种各样的外部条件和形形色色的人，但从来没有指向他自己，哪怕是一笔带过也没有。有时候参加完2次会议，等我回到措森已经是第二天凌晨，往往到凌晨5点左右我才有机会短暂休息一下。早上8点，白天的工作又开始了。先是参加陆军总司令部军官会议，接着是翻阅各集团军群发来的日间报告。除了必须吃饭的时候可以稍微休息一下以外，每天都是不间断的工作，直到车子等着我去总理府开会。从柏林返回的时间常常被空袭警报延误，这时候希特勒往往会让我们推迟离开，说什么他担心我们被敌人炸死。为了挤出一点时间用来安静思考或者补上措森这边的工作，我常常派首席助理温克将军代替我去参加晚间通气会。我不想去开会还有一个原因，就是想通过缺席会议表明我反对希特勒动不动就怒斥军官甚至整个军队的做法。他自己有时候也会注意到这个问题，偶尔也会改变一下言行，但这种改变从来不会持续太久。

1月30日，苏军在匈牙利巴拉顿湖以南一带向第二装甲集团军发动大规模进攻。在奥得河边，苏军在奥劳一带集结部队，可能是想扩大他们的桥头堡。来自吕本桥头堡的消息也说，那边的敌军也在扩充兵力。在瓦尔塔河以南，敌军成功完成一次战术突破。在瓦尔塔河以北，敌军向西推进并夺取索尔丁—阿恩斯瓦尔德地区，对什切青形成直接威胁。在布劳恩斯贝格以南、沃尔姆迪特一带、阿伦施泰因以北和巴滕斯坦以南，苏军也在强力进攻。苏军这一系列进攻无疑是想挫败德军的西向进攻，并从后面攻击我们的进攻部队。柯尼斯堡南面和西面被敌军切断。

1月31日，匈牙利的苏军在多瑙河与巴拉顿湖之间向我们的防线发动进攻。从敌人的战备情况来看，下一步他们还会在多瑙河以北发起攻击。在奥得河的桥头堡里，敌军明显在为进逼萨冈和科特布斯做准备。在瓦尔塔河两岸，苏军继续向前推进。我们在奥得河—瓦尔塔河河湾的防御阵地缺乏守军，阵地很难守住。果不其然，苏军很快就在这里突破。在波美拉尼亚，德军的防守暂时把敌人遏制在奇沃帕—德属克罗内—柯尼茨一线以外。在东普鲁士，敌军向海尔斯堡施加压力。在库尔兰，敌军有恢复进攻的迹象。

危机重重的1月份表明，我们对苏军这次新的大规模攻势所有的担心都不是多余的。敌军的推进速度出奇的快，这有3个方面的原因：首先是希特勒和武装部队指挥所在西线组织了一系列让人无法理解的行动，其次是西线的这些行动推迟了德军从西线向东线转移的时间，第三是上面任命了一个军事白痴指挥处境最艰难的维斯瓦河集团军群。敌人费尽心机切断了东、西普鲁士与德国其他地方之间的联系，把这两个地方变成新的孤立防区。德军只有从海上或空中才能给这两个地方输送补给，当地德军放弃抵抗只是时间问题。为了给陆军孤立部队输送补给，空军和海军大都停止了作战行动。可悲的是，即便没有这个额外的负担，这两个军种的作战能力也是非常弱的。随着苏军掌握到我们越来越多的弱点，他们的进攻势头越来越猛烈，坦克部队的战术也越来越大胆。1945年1月26日，希特勒下令组建一个反坦克师。这支新建部队的名字本身就足以说明很多问题，但这还不是全部。让人大跌眼镜的是，这个师由一系列单车连组成，每个连由一名勇敢的中尉指挥，连队配备反坦克手雷，以此对付T-34坦克和苏军更重型的坦克。该师将以连队为单位投入战斗。部队官兵面临的命运令人扼腕。

2月初，东线和西线的局势进一步恶化。

在东线，虽然我制定了快速撤军的计划，库尔兰集团军群仍然以20个步兵师和2个装甲师的兵力坚守库尔兰北端。这些部队官兵素质高，战斗力很强，但目前为止希特勒只同意撤出4个步兵师和1个装甲师。

此时，北方集团军群被迫退回狭长的桑比亚半岛，并进入柯尼斯堡和东普鲁士首府以南一个名叫埃尔姆兰的地方。和库尔兰集团军群一样，这个集团军群也需要从海上或空中提供补给。北方集团军群有19个步兵师和5个装甲师，还有其他部队的一些残余兵力，整个集团军群伤亡惨重。

维斯瓦河集团军群镇守的防线始于维斯瓦河，从格劳登茨和埃尔布隆格之间通过，经德属克罗内延伸至施维特和格伦堡之间的奥得河段。该集团军群下辖25个步兵师和8个装甲师。

中央集团军群镇守的防线一端连着维斯瓦河集团军群在西里西亚的防线，另一端延伸至喀尔巴阡山脉。苏军在布雷斯劳南北两侧的奥得河段都有桥头堡。德军失去了上西里西亚工业区。中央集团军群有大约20个步兵师和约8.5个装甲师。

最后，位处喀尔巴阡山脉和德拉瓦河之间的南方集团军群有19个步兵师和9个装甲师。该集团军群的任务是在来自西线的增援部队到达之后从巴拉顿湖两侧发动进攻，目标是重新夺取多瑙河右岸，以便确保东线的南翼并使德国保有匈牙利的油田。

在西线，自从阿登攻势宣告失败之后，德军的阵线被推回到马斯河沿岸，从德里尔—瓦尔河—阿纳姆—莱茵河—克利夫斯—马斯河一线到鲁尔蒙德—鲁尔河至迪伦段—艾费尔雪山—奥尔河—绍尔河—摩泽尔河从皮斯波特到雷米希河段—萨尔河，再到萨尔格明斯—比切—阿格诺—莱茵河上游一线。

参与匈牙利境内这次进攻的党卫军部队在两个休整区集结，一个是在波恩和阿魏勒周围，另一个是在维特利希和特拉本—特拉尔巴赫周边。但有几个师的一些部队尚未撤退到休整区，整体的调度十分困难，速度相当慢。敌人的空中优势阻滞了交通运输，部队指挥官颇感气馁。

此时东线共有103个左右实力薄弱的步兵师和32.5个左右同样薄弱的装甲和装甲榴弹师，西线约有65个步兵师和12个装甲师，不过其中4个装甲师正准备向东线转移。

鉴于当前的总体局势，我再次敦促希特勒推迟匈牙利的攻势，转而攻击抵达法兰克福和科斯琴之间奥得河段的苏军先头部队。如果我们从南面的格洛高—古本和北面的皮里茨—阿恩斯瓦尔德夹击苏军的先头部队，对方的两翼还是可以攻破的。我希望借助这次进攻为柏林和德国内地提供更大的保护，为我们与西方列强之间的停火谈判赢得时间。

发动这样一次进攻的前提是德军迅速撤出巴尔干地区、意大利和挪威，尤其是要迅速撤出库尔兰地区。我在2月初会见了日本大使大岛，之后向希特勒报告了我的计划。希特勒当即否决了我所有关于撤离上述地区的提议，但我一再坚持，最后对这个固执的人说："我一直坚持提议撤出库尔兰不是因为我顽固，你一定要相信我。除了撤军以外我找不到任何可以集结预备队的办法，而没有预备队我们就保卫不了首都。我可以向你保证，我这么做完全是为德国的利益考虑。"听到这话希特勒左边的身子不住颤抖，他猛地站起身吼道："你怎么敢这么对我说话？你觉得我不是在为德国而战？我这一生就是为德国长期奋斗的一生。"接着希特勒向我发泄满腔怒火，直到戈林拉着我的手走进另一个房间，和我一起喝咖啡缓解情绪。

为了寻求支持，我去找海军元帅邓尼茨，请他或者说是恳求他在我下次提出撤军建议的时候支持我。如果放弃重型装备就能腾出很多运输空间，但希特勒不同意这么做。

此后希特勒再次把我叫到会议室，我又一次提出应当撤出库尔兰。希特勒再次怒火中烧，站在我面前挥动他的拳头。出于好心，我的参谋长托马勒抓住我军装的衣角把我往后拉，以免希特勒的拳头打到我。

即便这次会面的场面如此火爆，但我最终还是没能得偿所愿。我提出的计划没有得到批准，希特勒只答应从阿恩斯瓦尔德发动一次有限进攻，目的是击败瓦尔塔河以北的苏军，守住波美拉尼亚，保持与西普鲁士之间的联系。但就算是执行这次规模有限的进攻，我也遇到了很多问题。据我预计，苏军在奥得河沿岸的兵力有可能每天增加4个师。盖伦将军根据情报判断对此表示认同。如果要让进攻发挥作用，我们必须立即行动，赶在苏军后续部队过来以及对方识破我们的意图之前发动攻击。这次行动的决定性会议于2月13日在总理府举行。除了平常参加这类会议的人员以外，其他参会人员有以维斯瓦河集团军群司令身份参会的党卫队全国领袖希姆莱，第六装甲集团军军长、党卫军上将塞普·迪特里希以及我的首席助理温克将军。我打算让温克进驻希姆莱的指挥所，在行动期间具体负责这次进攻的组织。我同时认定这次进攻必须在2月15日之前发起，因为时间延迟就无法实施。我很清楚，希特勒和希姆莱都会下意识地害怕实施这次进攻，因为进攻一旦取得成功就会彰显希姆莱的无能。希姆莱告知希特勒应该推迟发动进攻，因为一小部分弹药和燃油尚未卸货配发给部队。我以前述理由对此提出反对，希特勒当即强烈反驳我的看法。

　　我："我们不能等到最后一桶油、最后一枚炮弹配发给部队之后再行动，到那个时候苏军的实力就太强了。"

　　希特勒："我不准你指责我要多等等。"

　　我："我不是指责你什么，我只是说我们没有理由等到最后的补给到位再行动，因为那样会丧失发动进攻的良机。"

　　希特勒："我刚刚说了，我不允许你指责我等待。"

　　我："温克将军必须要进入党卫队全国领袖的参谋团队，否则这次进攻就没有取胜的希望。"

　　希特勒："党卫队全国领袖有能力组织实施这次进攻。"

　　我："党卫队全国领袖既没有必要的经验也没有足够强大的参谋团队可以独自指挥这次进攻，所以温克的存在是必不可少的。"

　　希特勒："我不许你说党卫队全国领袖没有能力履行职责。"

　　我："我必须坚持把温克派到集团军群的参谋部，这样他可以确保相关行动有效开展。"

　　我们就这样争论了2个小时。站在我面前的希特勒举起拳头，气得脸颊发红，整个身体都在颤抖，因为愤怒失去了理智，完全丧失了自我控制。每次发完火之后希特勒都会在地毯边缘走来走去，然后突然停在我面前，开始新一轮的训斥。他几乎是在尖叫，眼球似乎要从眼眶中跳出来，太阳穴上青筋暴突。

我下定决心保持镇静，打算不断重申我的根本要求。最后我也是冷静地这么做的。

希特勒背对我走向壁炉的时候，我看着壁炉架上方挂着的伦巴赫画的俾斯麦像。这位强权政治家、"铁血首相"的双眼似乎在严肃地注视着下面发生的一切，他头上骑兵头盔的光亮似乎从昏暗会议室的一端射到我面前，他脸上的表情似乎在问我："你在对我的祖国做什么？"与此同时，我几乎能感受到背后兴登堡的目光的分量，他的半身铜像就在会议室的另一端。他的眼神似乎也在问："你在对德国做什么？我的普鲁士民众将会怎样？"这样的错觉让我不寒而栗，但也更坚定了我的决心，使我保持冷静和不动摇。之后希特勒每发一次火我都加以反驳，我要让他知道他的胡言乱语不会对我产生影响。他自己也意识到了这一点。

突然之间，希特勒停在希姆莱面前说："好了，希姆莱，温克将军今晚就进驻你的指挥所，他将负责这次进攻。"接着希特勒走到温克面前，告诉温克立即向集团军群报到。说完他坐回平时的位置上，把我喊过去说："现在请继续开会。今天总参谋部赢了。"他说这话的时候露出了十分迷人的笑容。不过这是我赢得的最后一次争论，而且这次胜利已然来得太迟。以前我从来没有经历过这样的场面，也没有见过希特勒如此发泄怒火。

在这个令人不快的火爆场面过去之后，我走到前厅坐在一张小桌旁。这时凯特尔走过来对我说："你怎么能这么反驳元首呢？你没看到他那么激动吗？如果他因此突发中风怎么办？"面对凯特尔的质问，我还是像刚才一样冷静地对他说："政治家必须做好被反驳和听取事实的准备，否则就是名不副实。"希特勒身边的其他助理人员也加入了凯特尔的行列，我费了好大劲才让这些心急如焚的胆小鬼安静下来。我没有时间浪费在他们身上，所以立刻安排用电话下达组织进攻的相关指令。我担心的是，一旦出现时间延误，我好不容易争取过来的职权又被剥夺回去。当天在场的一些人后来对我说，他们在最高统帅部那么多年从来没有见过希特勒发那么大的火，相比这次爆发，希特勒平时发的那些火都弱爆了。

2月15日，劳斯上将指挥的第三装甲集团军做好进攻准备。2月16日早晨，在熟悉我作战意图的温克将军的亲自监督下，我们的进攻开始了。16日和17日取得的进展让我们感到，尽管前期遇到很多困难也有很多疑问，但这次进攻仍然有可能获得成功，也可能会给我们赢得采取下一步行动的时间。没想到的是，温克将军在这个紧要关头发生了意外。17日晚间的通气会结束后，温克看到司机太累就自己开车返回，但他自己也很疲倦，开着开着就睡着了，车子在柏林—什切青公路的一座桥上撞到护栏，温克伤势很重，被送往医院救治。由于温克的离开，德军的进攻逐渐陷入停滞，再也没能恢复起初的气势。温克在病床上休养了几个星期，接替他的是克雷普斯将军。克雷普斯将军原先是莫德尔的参谋长，后来为了让他去前线指挥所队就给他免去了参谋长职务。

我在高斯拉尔轻步兵部队期间就认识克雷普斯，他是一个聪明的军官，受过良好的军事教育，但他在战争期间一直从事参谋工作，所以缺乏实际的作战经验。在漫长的参谋生涯中，克雷普斯练就了一身过硬的参谋本领，同时展现了很好的宽容和忍让能力，这就决定了他不大可能跟希特勒这样的人唱反调。另外，他还是陆军人事处处长布尔格多夫将军的好朋友，他们早在战争学院期间就认识。布尔格多夫很快就把克雷普斯拉进最高统帅部的小圈子，让他与这个小圈子的核心人物博尔曼和菲格莱因建立了亲密的友情。这样的个人关系让克雷普斯在总理府失去了行动自由和独立思考的能力。我和他们一起共事的时候，这种影响力表现得不明显，因为我个人代表的是陆军总司令部。但在我离职之后，这种影响就变得明显了。

克雷普斯第一次向希特勒汇报工作就被授予橡树叶骑士十字勋章，这是布尔格多夫发挥影响的早期例证。几天后的一次，我和克雷普斯一起去见希特勒。当时我们到得早，其他人还没来。希特勒邀请我们俩去他的私人小书房，指着书桌上方悬挂的格拉夫画的腓特烈大帝的画像说："每当坏消息要击垮我的时候，我就注视这张画像获取勇气。看看那双坚毅的蓝色眼睛，还有那狭长的眉毛。这是多好的一个脑袋啊！"在接下来的谈话中，我们聊到了腓特烈大帝作为政治家和军事领导者的品质。希特勒对腓特烈大帝的崇拜超过对其他任何一个人，他非常渴望效仿这位伟大的国王。但不幸的是，希特勒的能力与他的愿望不相符。

德国劳工部长希尔在这段时间过生日。希尔是个很优秀的人，曾经在部队服役。离开部队后，他始终本着认真负责的态度并以非常正直、可敬的方式履行公职。2月24日，希特勒为希尔颁发德意志秩序奖章，希尔当晚和戈培尔博士在一起。我也受邀参加这次简单的晚宴。我对劳工部长很有好感，所以接受了邀请。晚宴过后，防空警报照例响起。大家都躲进防空设施，我在那里认识了玛格达·戈培尔夫人和她有着良好教养、讨人喜欢的孩子。等待防空警报结束的时候，我不禁想起了1943年我和戈培尔之间的一次谈话。如今我就在这个小家庭中间，他们的幸福与毁灭与希特勒的命运紧紧绑在一起。想到他们的日子不长远了，我不禁悲从中来，久久保持沉默。戈培尔博士2年前描述给我的场景即将在4月变为现实。可怜的女人，可怜的无辜孩子！

　　匈牙利国家元首萨拉斯齐也在此期间来德国访问。希特勒在撤下所有装饰品的昏暗的总理府接待萨拉斯齐，当时我也在场。接待会的谈话有些怪异，匈牙利这位新任国家元首给人一种无从期待的感觉，他似乎是违背自己的意愿在这个世界上荣登高位的。我们已经没有任何盟友了。

　　最近几个月，盟军的空袭给德国带来日渐严重的破坏，军工产业遭受严重损失。合成原油工厂的毁坏是一个十分严重的打击，因为我们的油料供应主要依靠这些设施。1月13日，什切青附近珀利茨的合成油厂被炸。第二天，马格德堡、德尔本、埃门和布伦斯维克的油厂被炸，洛伊纳工厂和曼海姆的炼油厂也未能幸免。15日，波鸿和雷克林豪森的安息油厂被炸。14日那天，石勒苏益格－荷尔斯泰因的海德油厂也被炸毁。根据德方的数据，盟军在此期间一共损失了57架飞机，但德军同时损失了236架。由于德国国内大部分合成油工业被毁，最高统帅部现在只能依靠奥地利齐斯特多夫和匈牙利巴拉顿湖周边出产的原油。希特勒把西线解放出来的大部分兵力派往匈牙利，目的就是要掌控这些对装甲部队和空军至关重要的剩余油井和炼油厂，否则他在这方面的决策部署就难以理解了。

　　1月20日，匈牙利与苏联签署停战协定。根据协定，匈牙利必须派出8个师参与苏联对德作战。事到如今，匈牙利不仅军事形势十分紧张，政治形势也变得异常紧张。

　　到1月底，内林将军和冯·绍肯将军的部队从卡利什一路打了回来。2月1日，苏军抵达奥得河畔的科斯琴并已渗透进入库尔姆和埃尔布隆格以西地区。2月2日，托恩陷落。2月3日，敌人绕过德军英勇坚守的施奈德米尔进入外波美拉尼亚。2月5日，波罗的海和库尔兰湾之间的舌形狭长地带库尔斯沙嘴失守。波森、奥得河畔的法兰克福和科斯琴周边都有战斗。在波美拉尼亚，苏军从皮里茨和德属克罗内之间向前推进。

　　2月6日，波森城内发生战斗，苏军在科斯琴附近夺取奥得河上的一个桥头堡。2月8日，苏军向皮里茨和阿恩斯瓦尔德发动的进攻被击退，但这两个地区的战斗持续了几天时间。

　　从2月10日开始，敌军开始在维斯瓦河以西的施维茨一带和格劳登茨一带发动进攻。2月12日，埃尔布隆格陷落。

　　盟军在攻击很多城镇的同时也在继续攻击德国的炼油厂，他们对柏林的空袭尤其猛烈。

2月13日，我们失守维斯瓦河畔的施维茨、波美拉尼亚大块土地以及我们在匈牙利的右翼端头的布达佩斯堡垒。2月15日，柯尼茨、施奈德米尔和图赫尔陷落。16日，格伦堡、索默菲尔德和索劳失守，布雷斯劳被包围。18日，格劳登茨被包围。21日，特切夫陷落。

2月17日至22日，南方集团军群成功清除苏军在格兰河上的一个桥头堡。德军取得的这一战果要归功于集团军群司令沃勒将军的英明指挥。希特勒曾经在讨论进攻计划的会议上说道："沃勒不是国家社会主义党的人，但他至少是一个男人！"

2月24日，德军失守波森和阿恩斯瓦尔德，28日失守奇武胡夫、哈默施泰因、布勃利茨和外波美拉尼亚的巴尔登堡，3月1日失守新什切青。

3月3日芬兰向德国宣战。

为了夺回柏林和西里西亚之间在巨人山脉以东唯一一条铁路线，德军这一天在西里西亚的卢班一带发起进攻。这次进攻在3月8日以前是成功的，但也只取得局部战果。

3月4日，苏军抵达科斯林和科尔贝格之间的波罗的海沿岸。至此，德军失去了整个外波美拉尼亚。

苏联军队在他们占领的德国领土上的行为残暴得无以复加。我自己看到难民四处逃亡，无数目击者讲述的情况传到了宣传部，也传到了陆军总司令部。宣传部长瑙曼代表戈培尔博士问我是否可以向国内外媒体抗议苏军的暴行。3月6日我答应去做这件事，因为我想通过呼吁敌军展现骑士精神为减轻德国民众的痛苦做出一点努力。我在发出这个呼吁的时候还提到了英美盟军的大规模空袭。但遗憾的是，我的呼吁没有取得成效。在那样的岁月里，人性和骑士精神都消失了，复仇之战以难以形容的残暴方式在进行着。当瑙曼10天后再次请我通过无线电讲话的时候，我拒绝再发出毫无用处的呼吁，我已经没有能力为悲惨的祖国提供任何希望。

3月6日，西方盟军渗透到科隆市中心，东线的苏军正一步步逼近什切青。

3月7日，盟军突破德军阵线攻向科布伦茨，东线的格劳登茨陷落。苏军以不可阻挡之势继续占领波美拉尼亚。

3月8日，西线的敌军在雷马根成功夺取完好无损的莱茵河大桥。由于缺少炸药，德军事先无法炸毁这座桥。希特勒一怒之下要求严惩责任人，结果5名军官被匆匆处死。

3月9日，苏军从什切青两侧抵达奥得河东岸，德军奋力保住了东岸的一个桥头堡。

在匈牙利，我们的进攻终于发起并取得初期成果。但随着春季的来临，那里的土壤开始松软，我们的坦克难以前行。在这样的情况下，德军的攻势很难取得重大战果。德军在巴拉顿湖以北夺回一部分土地，但南面的进攻很快就陷入停滞。

3月12日，布雷斯劳发生巷战。

空战势头有增无减，柏林连续第20个晚上遭轰炸。

3月13日，苏军打进科斯琴新城并抵达但泽湾和普奇希。我们在匈牙利的进攻取得一定进展，但在总体战局呈灾难性发展的大背景下，德军有限的战果已经没有多大意义。

最终，德军在此取得决定性胜利的所有希望都告破灭。在此之前，党卫军部队的士气一直很好，但此刻业已崩溃。在装甲部队继续英勇奋战的同时，党卫军却利用装甲部队提供的掩护违抗命令整体撤退。党卫军已经靠不住了。当希特勒得知这一情况的时候，他几乎要疯了，一怒之下命令撤销所有党卫队——包括他自己的卫队"旗卫队"——的臂章。希特勒想派我去匈牙利监督执行这道命令，但我表示拒绝。我跟他说，当时在场的党卫队全国领袖是党卫军的直接领导，是党卫军执行纪律的责任人，所以去匈牙利监督撤销党卫军臂章的人应该是他。以前希姆莱总是不让陆军干预他的党卫队，这次他又想故技重施但没能如愿，因为我还有比这重要得多的事情要办。可以想象，希姆莱的匈牙利执行没有受到党卫军的欢迎。

在这个形势危急的时期，纳粹党全国组织部长莱伊博士有一天晚上来到希特勒的指挥所向他提出一个新的建议：把西德所有失业的纳粹党官员组成一支志愿军。他对希特勒说："我敢向元首保证，组建这样一支志愿军至少可以为我们提供4万名狂热的战士。他们可以守住莱茵河上游和黑林山的各个通道，这一点你可以放心。请您批准为这支精英志愿军命名'阿道夫·希特勒志愿军'。总参谋部长必须立即移交8万支冲锋枪。"我对这样一支新部队的作用没有莱伊博士那么高的期望值，所以建议他先核实志愿军的实际人数，之后我会根据他提供的数字安排配备武器的事宜。不过在那之后我就再也没有听到莱伊博士提起这件事，希特勒在整个过程中也一直保持沉默，很可能是对自己的组织部长失去了信心。

与此同时，布雷斯劳、格洛高、科尔贝格、但泽和柯尼斯堡的德军继续抵御敌人的进攻，什切青外围爆发激烈的战斗。希特勒把第三装甲集团军军长劳斯上将召来了解战局和部队战斗力的情况，劳斯在汇报总体形势的时候被希特勒打断话头："我知道总体形势是什么样的，我要了解的是你那些部队的战斗力的详细情况。"听希特勒这么一说，劳斯开始详细汇报他掌握的情况。从他的话里可以看出，他对自己战线的每一个部分都很熟悉，对他指挥的每一支部队的能力都有很清楚的判断。他作汇报的时候我也在场，我感觉他讲述的内容非常清楚。但等他讲完，希特勒什么话也没说就让他离开了。劳斯刚走希特勒就对凯特尔、约德尔和我喊道："简直一派胡言！这个人就只知道说些细枝末节。从说话的方式来看，他应该是柏林人或者东普鲁士人。他应该被立即解职！"我说："劳斯上将是我们最有能力的装甲部队将军之一。他在汇报总体情况的时候是元首您自己打断了他，是您让他详细汇报部队的具体情况。至于他的籍贯，劳斯是奥地利人，也就是元首您的同胞。"

希特勒说："绝对不可能，他不可能是奥地利人。"

约德尔说："有可能的，元首。他说话的方式很像演员莫泽尔。"

我说："在您做出任何决定之前，请允许我提醒您，劳斯上将对自己的整条战线都很了解，对自己指挥的每支部队都有自己的认识，而且在整个战争期间他都表现出卓越的指挥能力。再者就像我刚才说的，他是我们最优秀的装甲部队将官之一。"

但希特勒仍然不改变他对劳斯的看法，即使我告诉他我们没有多余的优秀将官也于事无补，劳斯最后还是被解职了。我怒气冲冲地走出会议室，加快脚步去找劳斯，让他对同胞希特勒给予他的、我无力阻止的不公正待遇做好心理准备。接替劳斯的是冯·曼托菲尔将军。由于阿登攻势的失败以及西线很多装甲部队向东线转移，曼托菲尔将军现在可以重新上岗了。

与此同时，德国外交部貌似决定要以中立国家为中介与西方盟国开启谈判。这个决定显然来得太迟了，一个名叫海塞的博士受里本特罗普的委托前往斯德哥尔摩但无功而返。有关这次任务的传言让我再次联系上了我的外交政策顾问巴兰登博士，我们一致认为，我应该去找党卫队全国领袖希姆莱，建议他使用一切可能的国际渠道——尤其是红十字会及类似组织——全力终结战场上日渐愚蠢的屠杀。

在安排温克将军负责组织进攻的那次会议之后，希姆莱因为阿恩斯瓦尔德地区那次进攻变成一个彻底失败的人物。他指挥所那边的情况越来越混乱，我没有从他那边收到任何有关前线战况的报告，他负责的那段战线似乎也从来

不执行陆军总司令部下达的指令。3月中旬，我前往他在普伦茨劳的指挥所去
了解情况。希姆莱的参谋长朗默丁在门口对我说："您能不能把我们的指挥官
撤走？"我说这是党卫队的事。朗默丁告诉我，希姆莱得了流感，正在霍恩利
辛疗养院接受私人医生盖普哈特教授的治疗。我立刻赶往疗养院，但我见到的
希姆莱看上去非常健康。当时我心里就在想，我自己一定不能因为一点头疼脑
热就在部队置身水深火热的当口离开他们。我对这位党卫队头号人物说，他一
人身兼一系列国家要职：他是党卫队全国领袖、德国警察总长、内务部长、作
训部队总司令，同时还是维斯瓦河集团军群司令。上述每一个职务都需要一个
人全力投入工作，至少战争初期是这样的。不管我如何敬重他的能力，仅仅靠
一个人是履行不了这么多职责的。而且事到如今，希姆莱自己也该意识到，在
前线指挥所队绝非易事。有鉴于此，我建议他把集团军群的指挥权交给我们，
把精力放到其他职务上。

　　此时的希姆莱已经不如往日那般自信。他略带踌躇地说："我不能去跟
元首说我不干了，他不会同意的。"我瞅准机会说："那您能否授权我代您去
说？"希姆莱只好表示同意。当天晚上我就向希特勒提出免去负担过重的希姆
莱的维斯瓦河集团军群司令职务，让目前在喀尔巴阡山脉一带指挥第一装甲集
团军的海因里茨上将取而代之。希特勒不认同我的提议，但在抱怨了一阵之后
还是同意了。3月20日，海因里茨走马上任。

　　是什么样的原因促使希姆莱这样的文职官员抱着军事指挥权不放？希姆
莱对军事方面一无所知，这是他自己以及包括希特勒在内的所有人都心知肚明
的事实。那他为什么那么做呢？其中一个原因应该是他的野心太大，他尤其想
要得到一枚骑士十字勋章。另外，他和希特勒一样完全低估了成为成功的部队
指挥官需要的能力素质。当他第一次不得不在全世界的眼光面前执行一项不能
依靠幕后操作和浑水摸鱼完成的任务时，他就不可避免地一败涂地。他想要保
住这个位置的想法是完全不负责任的，希特勒把这个职务交给他同样也是不负
责任的。

　　在战局发展越来越持怀疑态度的施佩尔来找我，他告诉我希特勒打算在
敌人到来之前破坏所有的工厂、水电设施、铁路和桥梁。施佩尔正确地指出，
如此疯狂的做法必将给德国人民带来史无前例的痛苦和死亡，他希望我帮他一
起避免执行这样的指令。我当即就答应了他，然后迅速拟定指令下达给部队，
指定了德国境内需要守住的防线，并且特别指出只有在这几道防线前方不远的
区域才能实施破坏行动，所有其他东西都不能损毁，为民众提供食物和工作的

所有设施都必须保留。第二天我就把草拟的这道指令呈交给约德尔。因为指令
涉及所有的武装部队，约德尔必须掌握这道指令的内容。约德尔又把指令报告
给希特勒，只可惜他是在我不在场的时候报告的。等第二天我见到他问及希特
勒的反应的时候，他给我转达了希特勒的命令，命令内容与我和施佩尔期望的
恰恰相反。

为了说明施佩尔直率的说话方式，我要在这里摘取1945年3月18日他给希
特勒提交的备忘录的部分内容，当时我和施佩尔都在竭力阻止希特勒破坏桥梁
和工厂：

我们应当规定，一旦战火进一步烧进德国领土，任何人都没有权力损毁
工业设施、采矿设施、电气和其他公用设施、通讯设施或内河航道。如果按
照目前预计的规模炸毁桥梁，我们的交通网络遭受的破坏将超过近几年所有
空袭造成的破坏。而一旦交通网络遭到破坏，德国民众将会失去所有的生存
希望……

我们无权在战争的这个阶段下令实施将会影响德国人民未来生存的破坏
行动。假如敌人决定摧毁这个英勇奋战的国家，他们必须为此承担历史罪责。
我们有责任给德国留下所有可能的设施，让这个国家可以在未来的某个时期重
新崛起。

我认同施佩尔的观点，但希特勒对这份备忘录的反应可以归结为以下
言辞：

如果我们输了战争，我们也就输了国家。这是这个国家不可改变的命
运，我们没必要考虑民众继续过原始生活的基本需求。相反，我们自己破坏这
些东西是更好的选择，因为战争的结果证明这个民族是弱者，而未来只属于更
加强大的东方民族。无论如何，战争结束还存活的人都是低等人，因为优等人
已经倒下。

希特勒经常会说出这种惊人的言论。我自己就听他这么说过，当时我对
他说，德意志民族会生存下去，而且根据自然法则，即便我们实施拟议中的破
坏行动，这个民族还是会存续下去，到时候破坏行动造成的后果只会给这个民
族增加本可避免的新的负担。

3月19日，希特勒还是下达了实施破坏的指令。3月23日，博尔曼又下令执

行实施破坏的指令。作为保卫德意志帝国的代表，地方长官们将承担起执行破坏的任务。武装部队则拒绝执行这项任务。博尔曼下令把危险区域的平民转移到德国内地，还说如果交通工具无法使用，这些平民就步行转移。执行这样一道指令将会导致巨大灾难，因为指令没有提及食物供给的问题。

军方都站在施佩尔一边，试图阻止执行这道疯狂的指令。布勒阻止配发炸药，让搞破坏的人无从下手。施佩尔一个接一个去走访战地指挥所，向那里的人解释实施破坏带来的后果。我们没能阻止所有的破坏活动，但大幅减少了破坏的规模。

第12章 最后的崩溃

3月15日，陆军总司令部遭到猛烈空袭。空袭持续了45分钟，敌机向我们的小营地投下了足以炸毁一个大城镇的烈性炸药。我们本来就是军事目标，所以对敌人消灭我们的做法没有什么好说的。那天中午空袭警报拉响的时候，我和往常一样在办公室工作。前面已经说过，我妻子从瓦尔特高逃难过来无处可去，希特勒就让她跟我住在一起。她看着我们的文职军官在地图上追踪敌机的去向，发现敌机到达勃兰登堡之后没有像以往那样继续飞向柏林，而是改变方向朝措森飞过来。她感觉势头不对就立刻过来通知我，我当即命令所有部门人员进入防空设施躲避。我刚躲进自己那个防空洞的时候，敌人的炸弹就落了下来。因为得到这次及时警报，我们的伤亡很小。几个部门当中只有作战部没有按照我说的去做，结果克雷普斯将军和他的几位同事不同程度受伤，而且大多伤势严重。克雷普斯伤到了太阳穴，等轰炸结束我去找他的时候他直接晕倒在我的面前。之后他去医院接受治疗，连续几天都没能回去工作。

当海因里茨来措森为接任维斯瓦河集团军群司令做准备时，他看到的就是我们这边刚刚被轰炸之后的场面。海因里茨的第一个任务是给苏军包围的小要塞科斯琴解围，希特勒想让他用5个师从我们在奥得河畔法兰克福附近的桥头堡发动进攻去达到这个目的。我觉得这样的进攻没有用处，建议我们首先清除科斯琴附近的苏军桥头堡，与被包围的守军重新建立联系。由于这种意见分歧，我和希特勒多次发生争论。科斯琴要塞的建设要追溯到腓特烈大帝时期，负责守卫要塞的是在华沙出了名的警察总长莱内法特。他是个好警察，但不是将官的材料。

在讲述这次反攻之前，我要先说说总理府发生的一个政治事件。根据我和巴兰登博士形成的一致意见，我在3月21日去找希姆莱，敦促他使用他在中立国家的官方联系渠道促成停火。我在总理府的花园里见到他，当时他正和希特勒在废墟中散步。希特勒看到我就问我有什么事，我说我想和希姆莱谈谈。希特勒听我这么说就走开了，留下我和希姆莱单独谈。我直截了当地告诉希姆莱一个他自己早就知道的现实："我们赢不了这次战争，现在唯一的问题是如何尽快终结目前这种毫无意义的杀戮和轰炸。除了里本特罗普以外，只有你还与中立国家有联系。里本特罗普不愿意向希特勒提议开启谈判，所以我只好恳请你发挥联系渠道的作用，跟我一起去劝希特勒安排停火。"希姆莱回答说："现在谈论这个为时尚早，我亲爱的上将。"我说："我不明白你的意思。我们已经错过最佳时机，如果现在还不谈判，以后恐怕就没有机会了。难道你没意识到我们的处境有多么艰难吗？"我们的谈话就这么不痛不痒地进行着，没有产生任何结果。希姆莱是指望不上了，他害怕希特勒。

当天的晚间通气会结束后，希特勒让我留下。他说："听说你的心脏病恶化了，你应该立即请4个星期的病假休养一下。"对我个人来说，休假当然是好事，但目前这个情况我不能离开。我说："目前我不能离开自己的岗位，因为没有人代理我的职责。温克伤势未愈，克雷普斯因为在3月15日的空袭里受重伤还没有回来工作。由于华沙事件后您下令处理相关人员，作战部到现在还没有完全恢复工作效能。我会尽快找一个代理人，然后请假休养。"我们正谈着的时候，有人进来告诉希特勒施佩尔想见他。希特勒说当天晚上他没法接见施佩尔，接着就又开始没有好气地说："只要有人想见我就是要跟我说不中听的话，我再也受不了这种帮倒忙的人了。他的备忘录一开篇就是'战争已经输了'，现在他又想跟我说同样的话。他的每份备忘录我看都不看就给锁进保险柜。"按照希特勒的指示，施佩尔3天后再来。

这个艰难的3月有很多次对话很有意思，值得一提。有一天晚上，希特勒对西方盟国公布的战俘数字大发其火："东线的士兵打得非常好。他们之所以在西线轻易放弃，唯一的原因就是那个愚蠢的《日内瓦公约》承诺给他们提供良好的战俘待遇。我们一定要撕毁这个白痴东西。"约德尔坚决反对做出这种疯狂愚蠢的举动，我和他一起说服希特勒推迟采取这样的措施。希特勒想任命一个不久前刚刚因为严重违规退出现役的将军担任一个集团军群的司令，这个想法也被约德尔阻止了。现在约德尔也认识到，总参谋部必须实行统一管理，他以前对待这个问题的态度是错误的。在战争行将结束的时候，约德尔的视野似乎比以前清晰，甚至开始摆脱斯大林格勒灾难之后陷入的那种懈怠状态。

3月23日，西方盟军沿着莱茵河抵达莱茵河的上游和中游，并在鲁尔河口以北大规模渡过莱茵河下游。同一天，苏军在上西里西亚的奥波莱附近突破。

24日，美军渡过莱茵河上游向达姆施塔特和法兰克福进发。在东线，但泽周围的激战继续进行。苏军在进攻科斯琴。

3月26日，苏军在匈牙利发起新的攻势。我们与科斯琴守军重新建立联系的努力宣告失败。

3月27日，巴顿的坦克进入美因河畔法兰克福的郊区。阿莎芬堡周围发生激战。

当天中午开会的时候，希特勒对我们在科斯琴的反攻没能取得成功表现得很激动，他指责的矛头主要对准第九军军长布瑟将军。希特勒认为，布瑟将军在发起进攻前的炮火准备中使用的弹药太少，第一次世界大战期间在佛兰德斯，这种类型的进攻开始之前常常要发射10倍多的炮弹。我对他说，布瑟手头没有更多的弹药，使用的炮弹只能是这么多。"那你就应该安排配发给他更多的炮弹！"希特勒冲我喊道。我把配发给我的炮弹总数拿给他看，向他证明我已经把全部炮弹都给了布瑟。"这么说的话就是部队的表现让我们失望了！"我又把参与作战的几个师的重大伤亡数字告诉他，向他说明部队官兵为执行任务付出了巨大的牺牲。会议最终在极不和谐的氛围中结束。回到措森之后，我再次核实这次行动使用的弹药数目、部队的伤亡数字和官兵的作战情况，写了一份简单明了的报告给希特勒。我请克雷普斯将军在参加晚间通气会的时候把报告呈交给希特勒，因为我不想再和他陷入毫无意义的争论。另外，我还请克雷普斯向希特勒请示允许我第二天去法兰克福视察前线的桥头堡。希特勒打算使用5个师的兵力从这个狭窄的桥头堡向奥得河以东一带发动进攻以解围科斯琴，所以我想亲自去看看这个计划是否可行。我几次对这个进攻计划提出反对意见，但目前为止没有取得任何效果。

那天深夜，克雷普斯从柏林回到措森。他告诉我，希特勒不准我去前线，下令让我和布瑟将军参加3月28日的午间通气会。我提交的报告让希特勒很不高兴，他认为我这是想纠正他。28日的通气会肯定不会平静。

1945年3月28日14点，平时的参会人员集中在总理府拥挤的房间里，布瑟将军也在场。希特勒到场后就让布瑟做报告，但他没说几句话就被希特勒打断。希特勒旧话重提，又把上次我想纠正的那些话给搬出来。我刚听他说了两三句就生气了，大着胆子打断他的话，让他注意我在3月27日所做的口头和书面报告。我说："请允许我打断您的话。昨天我以口头和书面两种方式向您充分说明科斯琴这次进攻失败不能怪布瑟将军。第九军用了配发给他们的弹药，部队官兵也尽了职责，他们非同一般的伤亡数字就能证明这一点。所以我请您不要指责布瑟将军。"希特勒说："除了元帅和上将以外，其他人都出去吧。"其他人刚走出去希特勒就对我说："古德里安上将，你的身体状况需要立即请假休养6个星期。"我举起右手说："我这就走。"然后就往门口走去。我的手刚放到门把手上又听到希特勒喊我回去："请你等到会议结束再走。"于是我又默不作声地坐下来。其他人也陆续回到会议室，大家都跟什么事也没发生似的继续开会，不过希特勒也没有再指责布瑟。有那么两三次我被问及自己的看法，接着会议就在漫长的几个小时之后总算结束了。会后其他人都走了，留下凯特尔、约德尔、布尔格多夫和我。希特勒对我说："请你全力恢复健康，6个星期之后形势会变得非常危急，到时候我会非常需要你。你打算去哪里休养？"凯特尔建议我去巴特利本施泰因，那地方很美。我说那里已经被美军占领了。"那哈尔茨山区的巴特萨克萨怎么样？"这位元帅关切地问。我感谢凯特尔的关心，不过我说我想自己找一个地方，打算选择一个未来48小时不会有敌军打进来的地点。说完我再次举起右手，在凯特尔的陪同下永远离开了总理府。凯特尔在去停车场的路上对我说，我没有再次违背希特勒的意愿是对的。是啊，这个时候我还能说什么呢？任何反对的话都是过分的。

当晚我回到措森，妻子一见我就说："今天开会时间太长了。"我说："是的，不过这是最后一次了，我已经被解职。"我们投入彼此的怀抱，两个人心里都倍感轻松。

3月29日，我向同事们告别，把工作移交给克雷普斯，收拾起不多的私人物品。3月30日，我和妻子坐火车离开措森向南旅行。我原本打算去图林根山区奥伯霍夫附近的一个狩猎场，但美军推进速度太快，去那个地方是不可能的了。后来我们决定去慕尼黑附近的埃本豪森疗养院，我可以在那里接受心脏病治疗。4月1日我们到达目的地。疗养院设施很好，医术高明的心脏专家齐默尔曼博士给了我很好的治疗。有人善意地提醒我说，盖世太保可能会监视我。为了应对这个问题，我安排两名军警照看我。

5月1日，我带着妻子去迪特拉姆斯策尔，在那里受到冯·希尔舍夫人的热情款待。之后我一个人去了装甲部队监察长官新的办公地点蒂罗尔，在那里坐等战争结束。5月10日德国无条件投降之后，我和那里的参谋人员一起成为美军的俘虏。

关于3月28日以后发生的事我只收到过无线电信息，我就不在这里讲述了。

第13章 第三帝国的领导人物

我的职业生涯让我接触到了一系列对德国历史进程产生或多或少影响的人物，所以我觉得自己有责任讲述一下这些人给我留下的直接印象。当然了，我自己也很清楚，印象这个东西本身是主观性质的。不过因为我是军人而不是政界人士，所以我讲述的这些印象和政界人士形成的印象是不同的。我讲述的这些东西之所以有价值，是因为它们是建立在德国陆军传统的军事正确和荣誉感的基础上的。我提到的这些人物通过自己的活动或者过失决定了德国在那个时期的历史进程。对我们而言，那是一个不幸的时期，最终把我们带向了无可比拟的崩溃。不过我自己的印象毕竟是单方面的，还需要通过别人的观察和判断加以补充才能对这些人进行相对确定的描述。

目前为止我都是以实时描述的方式讲述我自己的经历和印象的，没有利用事后的体会加以评判。从本节开始到本书最后，我要换一种方式，充分利用德国战败后我从人物对话或者出版物中获取的信息。

希特勒

控制我们命运的高层的核心人物是阿道夫·希特勒。

希特勒出身卑微，受到的学校教育和家庭教育都有限，言行粗鲁，属于那种在同乡小圈子里放松自如的人。有意思的是，他在文化背景更高的人面前不会觉得不自在，尤其是当谈论的话题涉及艺术、音乐此类内容的时候。及至后来，他周围一些没有多少文化的人故意在他的内心激发了对那些精神境界和社会地位更高的人的厌恶，尽管此前他曾经和这些人和谐相处。他周围的人这么做是要有意识地让希特勒与上层人士产生矛盾，消除后者手里的影响力。此举取得很大成功，一方面是因为早年的艰辛让希特勒的内心深处遗留了明显的愤青思想，另一方面是因为希特勒认为自己是个革命者，旧传统的代表会对他形成阻碍，甚至可能会让他偏离完成使命的轨道。

这是希特勒思想观念的一个关键因素，这一系列复杂的情感催生了他对王公贵族、学者精英、官员和军官日渐强烈的厌恶感。他在夺权后不久的确努力表现出一些风度，以便赢得上层人士和国际社会的认可。但战争甫一爆发，他就彻底放弃了这方面的努力。

希特勒脑子极其聪明，记忆力惊人，尤其是对历史数据、技术数据和经济数据堪称过目不忘。他把手头的书籍、材料看了个遍，由此填补教育的缺口。他引经据典和引述会议讲话的能力常常让周围的人吃惊。"6个星期前你的说法可不是这样的。"这是这位后来成为德国总理和武装部队最高统帅的人物令人生畏的一句口头禅。对方听了这话都无法跟希特勒争辩，因为他有速记员的会议记录作证。

希特勒善于把自己的想法归纳为易于接受的形式，然后通过不断重复在听众心里加深印象。不管面对数千人还是面对几个人，他的讲话几乎千篇一律地以这句话开头："1919年当我决心从政的时候……"他的政治讲话则无一例外地以"我不会放弃，我绝不屈服"作为结束语。

希特勒天生就有一副好口才，只要听众注意听他讲话就会受他影响，受教育程度高的人士也不例外。他善于根据听众的不同类型调整自己的讲话方式，在面对企业家、军人、忠诚的党内人士或怀疑者、纳粹地方头目、低级别公职人员的时候会采取不同的说话风格。

希特勒最突出的品质是他拥有惊人的意志力，他用自己的意志迫使别人追随他。他通过提出建议的方式表达自己的意志，这种方式对很多人的确产生了催眠般的效果，这是我亲自见证过的。在国防军最高统帅部，几乎没有人会反驳他，那里的人要么像凯特尔一样始终处于催眠状态，要么像约德尔那样无奈默认。即便那些在敌人面前表现英勇的自信的人也会在希特勒的讲话面前屈服，在他难以辩驳的逻辑面前陷入沉默。在小范围的人群面前讲话时，希特勒会逐一打量他的听众，看看他的话对每一个人产生什么样的影响。如果他发现有人尚未屈从于他的意志，他就会直接对着这个"顽固分子"讲话，直到他认为目标已经达成为止。假如到最后听他说话的人都没有表现出他预期中的反应，对方的思想独立就会惹恼这位"催眠师"："我没有说服那个人！"这时希特勒的反应就是赶走这个人。总而言之，希特勒越是成功，就越容不下别人。

有人认为，希特勒对德国民众的影响力说明，德国人很容易受影响。这种说法是不准确的，因为在所有国家和所有时期，人们都会受到非凡人物的影响，尽管施加影响的人不一定是基督教意义上的好人。近代历史在这方面一个很好的例证是法国革命时期的领导人物，紧接着就是拿破仑。虽然法国人肯定早就已经意识到拿破仑追求的路线必然遭遇失败，但他们还是一路跟随这个科西嘉人走向彻头彻尾的灾难。两次世界大战期间，原本爱好和平的美国人在两位总统的影响下一步步走向战争。意大利人追随他们的墨索里尼。苏联就更不用说了，这个庞然大国在列宁思想的影响下违背传统观念选择了布尔什维主义。不过就苏联而言，我们当代人都知道列宁是在肥沃的土壤里种下革命的种子，因为沙皇政权在经济上的无能早就导致俄国人民普遍不满和贫困，进而使整个国家渴望聆听任何可以带来改善的承诺。

德国人屈从于希特勒的影响力的首要缘由应该是第一次世界大战以后战胜国的政策失败，正是这种政策失败为纳粹主义生根发芽提供了土壤："一战"后我们面临失业、巨额赔款和强制性领土割让，我们缺乏自由、平等和军事实力。战胜国在拟定《凡尔赛和约》的时候没有遵循威尔逊总统提出的十四点方针，这让德国人对各大国的诚意失去了信心。在这样的大背景下，现在这个承诺让德国人摆脱《凡尔赛和约》束缚的人做起事来就较为容易，而魏玛共和国形式上的民主在外交领域表现平平且无力解决国内问题的事实又为希特勒提供了极大的便利。所以当希特勒承诺改善国内外政治环境的时候，他很快就有了众多的追随者。直到有一天，希特勒控制德国最大的政党并根据民主程序顺理成章地手握大权。由此可见，指责德意志民族比其他民族更容易受人影响是不正确的。

希特勒向德国人保证，国际上他可以让他们摆脱《凡尔赛和约》的不公正，在国内他会消除失业和党派斗争。这是所有人都渴望的目标，任何一个有良知的德国人都不会反对。换句话说，有谁会反对这样的目标呢？在希特勒政治生涯初期，他这项得到众人追随的计划为他赢得开始怀疑德国政客能力和此前敌对国家诚意的数百万德国人的支持。随着毫无成果的会议一个接一个地召开，随着战争赔款越来越让人难以忍受，随着不平等现象日益蔓延，越来越多的人开始把希望寄托在纳粹党身上。需要指出的是，1932年德国几近绝望的情况延续到了1933年：全国600多万人失业，加上依赖这些劳动力的亲属就有2500万人处于饥饿状态；年轻人对未来失去希望，在柏林和其他大城市街头无所事事；犯罪率上升——所有这些给了共产主义者600万张选票。如果不是希特勒笼络人心，给民众带来新思想、新理念，投给共产党的选票肯定会更多。

另外需要指出的是，此前不久法国和英国拒绝同意德国和奥地利之间结成经济同盟，尽管这样一个同盟只能给结盟双方的经济带来有限的提升，在政治上也绝不会对法国和英国造成威胁。由于《圣日耳曼条约》的影响，当时的奥地利正处在经济崩溃的边缘。没有大型工业区的协作，奥地利将不复存在，所以该国希望某种形式的欧洲经济同盟可以解决这个问题。奥地利和德国之间禁止结成任何形式的经济同盟，即使是头脑高度清晰、一心"向西看"的德国人也对此感到愤怒，因为这彰显了战胜国的无知和不加掩饰的敌意——要知道，这时候离"一战"结束已有12年之久，德国加入国际联盟也已经有6年时间了。有分析人士指出，这件事是希特勒在1931年和1932年选举中胜出的一个重要因素。

随着时间的推移，希特勒成功组建一个不容忽视的政党。在怀着良知进行长期抗争之后，元帅总统冯·兴登堡最终任命希特勒为政府总理。对这位老总统来说，这肯定是一个极其艰难的决定。和他一样，很多德国人都不认同希特勒这个人，也不认同他的行为方式。

大权在握的希特勒很快就开始清除异己，从他实施这类行动的暴力方式就可以看出这位新生独裁者本质性的一面。其实他没必要去掩饰自身性格的这个方面，因为反对派实力薄弱、四分五裂，一经强力攻击就几乎不战而溃。希特勒趁势通过一系列法律，逐一粉碎当年魏玛共和国为避免出现独裁设定的预防措施。

以罗姆残忍被害为标志，希特勒对国内反对派的残酷镇压到达顶峰。与此同时，与罗姆毫无关联的很多人由于其他原因在未经希特勒批准的情况下被刺杀，但这些罪行都没有被追责。元帅总统兴登堡自己也站在死亡的阴影之下，他已经无力出手干预。不过那个时候的希特勒还觉得，他必须要为冯·施莱歇将军被杀一事向军官队伍致歉，他还保证以后绝不会再发生类似事件。

1934年6月30日那些罪行的责任人没有被绳之以法，德国面临的危险已经显而易见。与此同时，希特勒开始明显意识到自己拥有的权力。他聪明地组织通过了一条法令，很好地解决了兴登堡死后的继任人问题。通过同样精心组织的一次全民投票，他成为德国合法的国家元首。

有人曾经问希特勒，他是否打算重新采用君主政体巩固自己的地位并使之合法化。后来在柏林与一些军官谈到这个问题的时候，希特勒说他的确认真考虑过，但他也发现，历史上只出现过一次英明君主容忍杰出总理存在的先例，那位君主承认总理的成就，打算让总理任职并与之在政治问题上展开合作到最后——他指的是德皇威廉一世和俾斯麦。在整个历史上，希特勒没有发现还有哪位君主是如此英明和胸怀宽广的。希特勒和他的朋友墨索里尼也探讨过这个问题，但后者与意大利国王之间纠缠不清的问题让希特勒不愿因重建君主政体给自己套上枷锁。

希特勒的独裁实现了一系列惊人成就，他消灭了失业，提升了工人士气，重塑了民族感情，清除了党派斗争，不承认他对这些成就的功劳也是不对的。

确立国内地位之后，希特勒把目光转向对外政策。萨尔河回归、恢复军事自决、占领莱茵兰地区、并吞奥地利——这一系列动作都在德意志民族的喜闻乐见中完成，并得到其他国家的容忍甚至许可。事实上，这个时候其他国家——尤其是西方国家——是带着真正的正义感深刻理解德国人民的正当主张的。这些国家承认，《凡尔赛和约》犯下了悲剧性的错误。不过在着手解放苏台德地区的时候，希特勒面临的是一个更为艰巨的任务。不可否认，这片土地在20年里一直饱受捷克人残酷的民族主义的折磨。捷克是受到与法兰西共和国联盟关系制约的一个国家。1918年，捷克诞生于民族自决原则的一次错误应用，但要纠正这个错误就要冒着与法国交战的危险。希特勒评判西方强国政治人物的依据是这些人目前为止给他留下的印象，敏锐的政治直觉告诉他，大多数法国人和更为重要的法国政界人士不会把纠正这一明显的不公当作宣战的正当理由。对于自己渴望与之和平相处的英国人可能做出的反应，希特勒也做出类似的判断。希特勒的判断没有错。当英国首相张伯伦、法国总理达拉第和希特勒的朋友墨索里尼来到慕尼黑的时候，他们和希特勒签署了授权德国向捷克斯洛伐克开战的协议。这个协议主要是以具有政治远见的英国观察家朗西曼的观点为基础的。《慕尼黑协定》的短期成果是保住了和平，但同时也提升了希特勒的自信心和他面对西方的权力意识。不论西方的政治家如何以正当的方式代表本国的真实利益，在希特勒眼里，他们最终妥协的意愿是毫无价值的，因为这些政治家是在希特勒本人的威逼之下才妥协的。了解英国的德国人曾经提出过警告，但希特勒对这些警告置若罔闻，甚而因为这些警告更加坚定了自己先入为主的想法。

到1938年初，希特勒已经掌控德国整个的政府机器，如今唯一可能会给他的政权制造阻力的就剩德国陆军了。正因为如此，在德国并吞奥地利之前不久，希特勒就以不负责任的方式借助布隆伯格—弗里奇危机巧妙赶走了陆军的领导人。"合并"行动的成功很好地掩饰了这次危机，当时陆军方面的代表不傻但也无能为力，都没有提出抗议。大多数将军仍然不清楚整个事件造成的真正影响，陆军整体就更不用说了。对事件前因后果都很清楚的只有为数不多的几个人，但他们所谓的反抗只停留在理论层面，最多也就是用备忘录的形式表达自己的看法而已，对外则继续表现出忠诚的样子。即便是在武装部队内部，他们周围的其他人也未曾听说关于实施威胁的任何流言，更不用说实际行动。随着时间的推移，那些在希特勒青年团、国家劳工部或纳粹党做过事并向希特勒宣誓效忠的人开始进入军队，陆军内部的反对声音因此变得越来越弱。随着时间一年一年过去，军官队伍也出现越来越多的年轻纳粹党员。

希特勒变得越来越自信。随着他在国内外事务上的权力日渐巩固，他开始变得专横、傲慢。在他眼里，其他的人和事比起他自己都不重要。希特勒把能力平庸、缺乏影响力的人安排在第三帝国最重要的一些职位上，这让他的专横态度发展到了离谱的程度。以前的希特勒会有一些现实考虑，至少还会听取别人的建议，与其他人讨论问题，但如今的希特勒变得越来越专制。1938年之后，德国内阁再也没有碰头开会，希特勒的前后变化由此一看便知。政府的部长们根据希特勒给他们下达的单方面指令开展工作，集体研究重大政策的日子一去不复返。从那时开始，很多部长很少甚至没有见过希特勒本人。在部长们通过常规的官方渠道履行职责的时候，纳粹党催生了一个与国家体系并行的新的官僚体系。由于希特勒喊出"国家不控制纳粹党，纳粹党控制国家"的口号，一个全新的局面产生了。行政权落到了纳粹党手里，也就是由纳粹地方长官掌握。选拔任用这些地方长官的依据不是他们在高级行政职务上的资质，而是他们在党内的业绩，至于这些人适不适合相应的岗位就不是上面始终高度重视的问题了。

由于很多纳粹官员都效仿希特勒达成目标的冷酷手段，政治风气很快恶化。国家行政体系日渐衰弱。

司法体系的情况也是如此。根据《授权法案》，独裁者希特勒可以在不经国会批准的情况下制定具有法律效力的规章制度。但即便这些规章制度需要国会通过也不会有什么区别，因为1934年之后国会就只是在理论上以无记名投票的方式普选产生。今天的苏联使用的也是这种方式。

到1939年春天，希特勒的狂妄自大到达新的顶峰，他打算把捷克斯洛伐克作为受保护国并入第三帝国。希特勒没有挑起实际战争就完成了这一步，但来自伦敦的严正警告应该引起他反思。德国占领捷克斯洛伐克之后，梅默尔也重新并入帝国的版图。这时候德国的实力已经很强大，其他的国家目标似乎没有理由无法借助和平的手段逐步实现，但和平、渐进的国家政策显然不是希特勒所喜欢的。那希特勒为什么会这样呢？其中一个主要原因是，他莫名其妙地预感到自己会英年早逝。"我知道我不会活到老，我没有多少时间可以浪费。我的继任者不会有我这样的精力，他们肯定会太过软弱，无法做出关键抉择，所以我要在有生之年做完我该做的事。"正是怀着这样一种心理，希特勒驱使自己、同事以及整个国家在他选择的道路上以令人透不过气的速度向前追赶。

"当命运女神福耳图那坐着黄金战车一闪而过的时候，就是应该跳上去抓住她魔杖尖端的时候。如果不在这个时候抓住机会，命运女神就会永远消失。"希特勒这么想也是这么做的。

根据希特勒的计划，他要在1939年秋天清理"波兰走廊"。从事后来看，当初希特勒给波兰人提出的条件似乎不是太苛刻，但波兰人——尤其是波兰外长贝克——对和平解决问题不感兴趣，他们选择依靠英国人给他们提供的保证。问题是，英国人是在波兰人自己尚未确定方向的时候给他们提供这种保证的，结果波兰人很快就选择了战争[1]。在左右权衡之下，英国以及受到英国影响的法国选择向德国宣战。第二次世界大战由此开始，希特勒想把战火局限在波兰的想法最终只是一厢情愿罢了。

在发动波兰战争之前，希特勒很有先见之明地与苏联签署协议确保了后方的安全，暂时避开了双线作战魔咒。不过与苏联签署协议是违背希特勒自己反布尔什维克思想的，也就是说，希特勒为了达成国家政策违背了自己的原则。至于德国民众如何看待此事，他心里也没把握，1939年10月那次午餐会上他就跟我提到了这一点。好在德国国内——尤其是陆军——对后方安全得到保障是喜闻乐见的，因为错误战线——即针对西方国家的战线——上的战争事态已经出现。当然有一点可以确定的是，德国原本既不渴望对苏作战，也不认为这是必要的一步。1940年西线战事结束后，德国其实很想实现和平。

西线战事结束后，希特勒到达个人成就的巅峰。不过美中不足的是，英国远征军的大部分人从敦刻尔克逃走了。丘吉尔曾说，虽然英国远征军遭遇伤亡，但敦刻尔克撤退是一次胜利，尤其是英国人对德国空军取得的一次胜利[2]。这句话说的是事实，因为在敦刻尔克以及后来的英国上空，德国空军因错误部署遭受巨大伤亡，彻底失去了最初哪怕是程度有限的那一点优势。

对于空军使用不当的问题，希特勒和戈林应当负有同等责任。空军作战英勇，拥有强大的军事和技术能力，但这不足以弥补司令戈林的狂妄自大以及希特勒对这位野心勃勃的主要追随者表现出的纵容造成的负面影响。只有等到很久以后，希特勒才对戈林的价值——更确切地说是无价值——有了清楚的认识，但他总是以"政策方面的理由"拒绝把戈林从这个对战争结果有着决定性

[1] 对比斯米格利-里茨元帅1939年春天在但泽的声明。

[2] 参见温斯顿·丘吉尔《第二次世界大战》第二部。

影响的位置上替换掉。

很多人认为，希特勒对他的"老同志"有着不可动摇的忠诚。就戈林而言，这的确是一个不幸的事实。另外，希特勒常常对戈林有意见也是事实，但他从来没有从他的观察、判断中得出正确的结论。

西线战事还反映出了希特勒性格的另一面：他制定作战计划非常大胆。出兵挪威很有魄力，在色当的装甲部队突破也是如此。这两次行动希特勒都批准了最大胆的作战方案，不过和他在遇到政治问题时表现出来的顽固不化不同，他在执行军事计划过程中一旦遇到困难就会退缩，这或许是因为他在潜意识里明白自己缺乏军事才能。

在挪威就发生过这种情况。当纳尔维克的形势变得严峻的时候，希特勒原本应当镇定下来，不能轻言放弃，好在冯·洛斯伯格中校和约德尔将军力挽狂澜。在色当也出现了类似情况。1940年我们在色当的突袭取得了出其不意的效果，初期的战果超出了希特勒及其顾问的预期，但5月15日和17日希特勒2次下令让我原地待命，当时我没有停止推进也不是因为希特勒改变主意。而最糟糕的就是不让德军渡过敦刻尔克外围的阿河的指令了。就是因为我们没有打过这条河流，英军才得以退到我们前面的要塞，最终成功乘船逃走。假如当时我们的装甲部队拥有足够的自主权，我们肯定能在英国人前面赶到敦刻尔克并切断英军的联系，英军士气由此遭到的打击将大大有利于德军登陆英国的行动，甚至有可能促使我们的敌人接受后来的和谈条件。

但这还没完。与法国达成不如人意的停火协议，在德军抵达地中海岸之前终结西线战事，推迟登陆非洲，没有立即进攻直布罗陀和苏伊士运河以延续对法作战……所有这些都证明，希特勒制定计划的时候大胆甚至鲁莽，但在执行自己军事意图的时候却胆小怯懦。假如他反过来，在制定计划的时候小心谨慎并有远见，在执行过程中快速、果断，德国将会受益良多。莫尔特克元帅就曾说过一句在德国广为流传的话："谨慎考虑，大胆冒险。"

非洲战场的情况受到两个因素的影响：首先是希特勒认为他必须考虑墨索里尼的看法；其次是他的态度受到纯大陆军事思想的影响。希特勒对这个世界的认知非常有限，对海权及其影响一无所知。我不知道他有没有看过美国海军将领马汉撰写的《海权对历史的影响》这本书，但他从来没有按照书中的原则行事。

正是由于自身知识浅薄，到了1940年夏天，希特勒不知道如何将自己的国家带回和平。他不知道如何跟英国人打交道。他的武装部队已经做好准备，不可能无限期处于动员但不作战的状态。他有一种想要迈出脚步的冲动。接下来会发生什么？苏联是他一直以来在意识形态上的敌人，整个政治生涯他都在抗争这个敌人并因此赢得支持者的选票。但如今，这个敌人却在东线安然无恙，因此他想要利用西线暂时的平静跟苏联人算总账。

对于上述想法，最初希特勒也许只是想想而已。但随着时间的推移，他开始越来越认真地加以考虑。希特勒的想象力太过丰富，明显低估了苏联的实力。他认为，地面和空中武器的机械化为德国提供了新的成功机会，当年瑞典国王查理十二和法国皇帝拿破仑的前车之鉴已经不再具备参考价值。他坚信，一旦他的第一波打击实现目标，苏维埃体制必定土崩瓦解，俄国人民将会欣然接受他的国家社会主义意识形态。但战争一经打响，德军的所作所为几乎完全与这一宏伟目标背道而驰。在由纳粹官员管理的德占区，德国人虐待当地平民；希特勒试图瓦解苏联，把对方大片土地并入德国……通过这些举动，希特勒成功把所有苏联人团结在斯大林的旗帜下，此时的苏联人民是在为伟大祖国抗击外国侵略者。

导致这一错误的一个原因是希特勒习惯性地看扁其他种族和国家，他的这种心态在战争爆发前就表现得很明显。在德国国内，他极为短视、极为不负责任地虐待犹太人。时至今日，他对待犹太人的态度变得更加邪恶。如果说有某一个重大因素在很大程度上导致纳粹主义和德国的崩溃，那就是希特勒愚蠢的种族政策。

希特勒想要统一欧洲，但他不能正确理解不同国家之间的差别，而且他主张的是中央集权，这就决定了他的这个意图从一开始就注定要失败。

对苏作战很快就暴露了德国的弱点，但希特勒并没有从中认识到他要么应该中止这场战事，要么应该选择更小的目标。与此相反，他陷入了无限制的追求与向往当中，决心要用残酷的暴力迫使苏联人就范。与此同时，希特勒还把美国拉进战争当中来，表现出了令人费解的盲目。诚然，罗斯福指示美国军舰可以向德国海军舰船开火把事态推向战争，但这样的态势与实际的公开战争之间还是有很大差别的，而希特勒的狂妄自大恰好消除了这个差别。

在希特勒展现出这种令人惊心的姿态时，我们正好在战场上遭遇进攻莫斯科之前的第一次决定性失败。希特勒的战略缺乏连贯性，在执行过程中充满变数，经此一败立刻分崩离析。为了弥补上层的无能，希特勒对前线官兵提出十分严酷的要求。这种做法一度取得成效，但时间一长就不行了，毕竟仅仅提醒官兵当年腓特烈大帝的精兵为执行这位强权国王和指挥官的命令付出巨大牺牲是远远不够的。希特勒与德国人民同舟共济，所以在他准备渡过难关的时候就忽视人民的基本需求，但这也是不够的。

现在我要说说希特勒的个性特点留给我的印象。他是怎么样的一个人呢？他是素食主义者，滴酒不沾，从不抽烟。撇开别的不说，这些都是他基于个人信念和严格生活方式表现出来的令人赞赏的品质。但在这些品质的背后是一个自我封闭的人，一个没有真正朋友的人。纳粹党那些元老是他的追随者，但他们说不上是希特勒的朋友。据我所知，没有任何一个人与希特勒的关系是真正亲近的，他不会向任何人倾诉内心的感受，也不会和谁开诚布公地谈话。因为他从来没有真正意义上的朋友，所以就没有能力去深爱一个女人。他保持单身，没有孩子。这个地球上可以温暖我们这些凡人的东西，包括与好人的友谊、对妻子纯洁的爱、对自己孩子的感情等等，所有这些都与他无关。他独自一人在这个世界上走过一条孤单的轨迹，陪伴他的只有内心雄心勃勃的计划。有人也许认为，希特勒与爱娃·布劳恩的关系与我所说的情况不符。我只能说我对他们俩的关系一无所知，而且我连续几个月几乎每天都和希特勒及其助手待在一起，但我从来没有见过爱娃·布劳恩，后来我在监狱的时候我才听说这层关系。显然这个女人不可能对希特勒产生任何影响，这的确是一件憾事，因为女人对希特勒施加的影响必定可以让他软化。

这就是德国的独裁者希特勒：他以腓特烈大帝和俾斯麦为榜样但缺乏这两个人的智慧和稳重；他独自一人迅速从成功走向成功，然后又义无反顾地从失败走向失败；他头脑里满是惊人的计划，疯狂地抓住最后日渐渺茫的胜利希望，与自己的国家越来越融为一体。

他把黑夜变成白天。每天他一个会议接一个会议地开，直到凌晨才结束。在斯大林格勒灾难之前，和国防军最高统帅部的人一起就餐就是他难得的休息时间，但之后他就改成单独吃饭，只是偶尔邀请一两个客人和他一起进餐。他常常狼吞虎咽地吃完蔬菜或淀粉食物，辅之以冷水或黑啤酒。每天最后一次会议结束后，他跟助手和女秘书坐在一起连续数小时讨论计划直到天亮。之后他就短暂休息一下，但最晚到9点钟又会被女佣的扫帚打在卧室门上的声音吵醒。为了醒脑，他起床之后都要冲很热的水洗澡。只要其他方面不出问题，这样的生活方式对他的身体倒是没什么影响。然而，随着打击连续不断出现，他开始控制不住自己的情绪，越来越依靠药物的帮助。他需要打针帮他入睡、让他清醒、平静情绪然后又刺激心脏。他的私人医生每求必应，他想要什么药就给他什么药，但希特勒经常超剂量服药，尤其是一种含有士的宁的心脏病药物。久而久之，希特勒把自己的身体和精神都给毁了。

斯大林格勒灾难之后，我时隔14个月第一次见到他就发现他身上的变化。他的右手在颤抖，身子有些驼背，目光呆滞，眼球突出，脸颊上有很多红点。他变得越来越急躁，一生气就情绪失控，之后的言行就变得不可预测。希特勒身体弊病的外部表征越来越明显，但他身边的人因为每天都见他所以很难察觉。经过1944年7月20日的刺杀事件，希特勒身体的整个左半部分都在颤抖。他坐着的时候会把右手放在左手上，同时把右腿搭在左腿上，以此掩饰身体左侧的抖动。他走路的样子有些别扭，身体越来越弯曲，动作笨重、缓慢。他想坐下来的时候必须有人把椅子推到他身下。他的头脑仍然很活跃，但这种活跃本身是不健康的，因为他不信任人类，同时急于掩饰自己身体、精神、政治和军事上的崩溃。为了保持自己的形象，他努力欺骗自己也欺骗别人，因为他很清楚自己的真实状况及其成因。

他近乎疯狂地抓住想象当中能够拯救自己及其付出的每一丝希望，他全部的坚强意志都倾注于如今占据他脑海的一个信条——"决不放弃，永不屈服"。

德国把希特勒从无名小卒提升为国家领导人，希望他给这个国家带来新的社会秩序，促成第一次世界大战失败后的复兴，在国内外实现真正的和平。但在这样一个人的身体里，魔鬼却战胜了天才，被他的小精灵抛弃的希特勒最终自取灭亡，还把身后善良、正直、勤劳、忠贞的德意志民族也拖入了深渊。

我们在监狱里的时候，了解希特勒病情的医生告诉我，希特勒罹患的是"震颤性麻痹"，也就是俗称的帕金森氏症。一般的医生虽然可以观察到这种病症的外部表征，但无法诊断病情的性质。正确指出希特勒病情名称——我记得是在1945年初——的第一位医生是柏林的德·克里尼斯教授，但他不久之后就自杀了。他的诊断一直是个秘密，其他的私人医生也没有透露任何信息，所以德国内阁无法准确掌握希特勒的身体状况。但退一步讲，即便知道希特勒的病情，内阁是否能够采取必要措施也是一个未知数。希特勒这个重病可能不是早起那些静脉注射引起的，而是过去的重伤风埋下的隐患，也许是某次头部伤风。不过判断希特勒的病情是医生们的事，德国人民唯一需要知道的是，他们给予无比信任的国家领导人是个病人。这个病是希特勒的不幸，也是他的命运，同时也是德国的不幸与命运。

纳粹党

除了希特勒的副手鲁道夫·黑斯以外，国家社会主义德国工人党（即纳粹党——译者注）最杰出的人物是后来被任命为希特勒继任人的赫尔曼·戈林。戈林是第一次世界大战期间的现役军官，是接班里希特霍芬的王牌飞行员，曾经荣获"功勋勋章"。一战结束后，戈林成为纳粹"冲锋队"的创始人之一。

戈林是个既冷酷但又很随和的人，从一开始就展现出十足的活力，他为建设现代德国空军打下了基础。在他之前，德国军队高层对空军发展认识有限。尽管空军第一任总参谋长韦弗将军才华出众，但如果没有戈林的锐意进取，德国能否建立一支真正现代化的高效空军尚未可知。

然而，在带领年轻的德国空军度过创立初期的重重难关之后，戈林却把越来越多的精力投入到全新掌握的权力当中去。他的生活方式很传统，喜欢收集奖章、宝石和古董，还在乡间盖了一所名为"卡琳庄园"的宅院。有一次他在东普鲁士一座城堡里端详古画的时候突然喊道："太好了！我也是具有文艺复兴色彩的人，我也崇尚奢华！"他的衣着风格越来越古怪，在"卡琳庄园"或者狩猎的时候他穿的是古代条顿骑士的服装。而在工作的时候他的制服总是不搭调：他要么穿金色马刺红色俄国皮靴——飞行员是用不上这样的装备的——要么穿着长裤和黑色漆革浅口鞋去参加希特勒召集的会议。他身上有很浓的香水味，还喜欢化妆，手上戴着惹眼的大宝石戒指。从医学角度讲，这种怪异的衣着风格是荷尔蒙混乱的表现。

作为"四年计划"的全权负责人，戈林对德国经济有着重大影响。

戈林在政治问题上比纳粹党其他人有远见得多，直到最后一刻都在争取避免战争爆发。为此他动用了瑞典的关系人伯杰·达勒鲁斯，但遗憾的是没能成功。

出人意料的是，戈林在战争期间发挥的影响是灾难性的。他高估了空军的能力，把陆军挡在敦刻尔克外围，是进攻英国失败的责任人，进攻斯大林格勒时没能信守用空军向第六军提供补给的承诺，之后又促成希特勒下令坚守这座城市……戈林是这一系列灾难以及其他很多灾难性事件的罪魁祸首。

根据1943年以后对他的了解，我只能说他对空军的状况知之甚少甚至一无所知。每当他想干预陆军事务的时候，他的动机要么是赤裸裸的无知，要么就是出于强烈的憎恶。

被确立为希特勒的假定继任者之后，戈林变得非常自负和自足。

最晚到了1944年8月，希特勒终于意识到这位空军司令的无能。他当着我和约德尔的面对戈林粗暴地说："戈林！空军现在毫无作为，不值得再作为一个独立的军种了。这都是你的责任，你太懒散了。"听到这些话，这位身材臃肿的"帝国元帅"顿时泪流满面。他无言以对。这样的场面让人尴尬，我跟约德尔说我们最好去另一个房间，让希特勒和戈林单独谈。这次谈话过后，我敦促希特勒根据他意识到的问题采取相应措施，让真正胜任的空军将官接替"帝国元帅"的职务。我跟希特勒说，我们不能因为戈林一个人的无能输掉整场战争，我们不敢冒这样的险。但希特勒说："出于政治原因，我不能采纳你的建议。党内人士永远不会理解我的动机。"我说恰恰是政治方面的考虑急需我们任命一位新的空军司令，因为如果不这么做的话，我们很快就没有什么政策可以考虑了。但我终究没能说服希特勒。直到最后戈林都保留自己的职务和头衔，只是在最后几个月和加兰一起把勋章和金穗带退了回来，以示对希特勒批评空军的抗议。这时候的戈林仍然按照希特勒的要求去开会，但他的穿着非常简单，制服上没有勋章和衔级符号，头戴一顶普通士兵便帽，与他的身份很不相称。

戈林很少敢对希特勒实话实说。

只有在监狱里以及通过自己的死，戈林才对以往的过失有了一点交代。在为自己过去的行为进行公开辩护之后，他用自杀逃避了人间的审判。

希特勒最让人看不透的追随者是党卫队全国领袖海因里希·希姆莱。希姆莱其貌不扬，拥有劣等民族所有的特征。他礼数烦琐，给人留下朴实无华的印象。与戈林不同的是，希姆莱的私人生活十分节俭，可以形容为严格意义上的斯巴达生活方式。

希姆莱想象力更为丰富，甚至带有梦幻色彩，仿佛来自另一个星球。他的种族原则是谬误的，这让他犯下诸多骇人的罪行。他想用国家社会主义教化德国人民，但教化的形式最终却变成了集中营。直到1943年希姆莱还在认为，德国应当把苏联在乌拉尔山脉以西的领土变成自己的殖民地。有一次我跟他说，现在已经找不到愿意去东方的志愿殖民者，但他坚称乌拉尔山脉以西的土地在必要时应当以强制殖民的方式实现德国化，为此要征召德国农民输入当地。

至于希姆莱种族理论造成的后果，根据个人的观察和经历我没有什么可说的，因为希特勒和希姆莱严格保守了这方面的秘密。

不过希姆莱开设集中营的"教育方式"已经广为人知。在希姆莱有生之年，普通民众对此知之甚少。大多数人都是在德国崩溃之后才得知集中营那些暴行的，我自己也是如此，集中营管理方式的保密工作只能用"高明"来形容。

7月20日刺杀事件过后，希姆莱萌生了军事野心，他为自己争取到了作训部队指挥官和集团军群司令的职务。但在军事方面，希姆莱很快就证明自己是个彻头彻尾的失败者。他对敌军的分析评估相当幼稚，1945年指挥维斯瓦河集团军群时的决策受到恐惧心理的主导。尽管如此，希特勒对他的信任几乎持续到了最后时刻。而在独裁者希特勒面前，希姆莱这样一位骑士也低头屈服。有几次我亲眼看到，他在希特勒面前缺乏自信和勇气，其中最明显的例子就是我之前提到的处理1945年2月13日事件的那一次。

希姆莱最著名的发明就是党卫队。德国战败后，这个组织从头到脚都受到指控和谴责，但这是不公正的。

党卫队最初是作为希特勒的卫队组建的。后期为了监控普通民众以及纳粹党内部人员，党卫队的规模开始扩大。设立集中营之后，希姆莱把集中营交给党卫队管理。以此为节点，党卫队分离为两个主要部分：一部分是主体为军事组织的党卫军或称武装党卫队，另一部分是普通党卫队。负责培养党卫军未来领导干部的是前陆军将官豪瑟，我在什切青当师长的时候他当过我的参谋长。豪瑟将军是一位一流的军官，一个勇敢、机敏的军人，他为人非常正直，很受人尊重。党卫军完全有理由感激这样一个杰出人物，尤其需要感激他的一点是，在德国战败后的纽伦堡审判中，党卫军没有受到党卫军整体蒙受的诸多指控。

战争期间，在希特勒的坚持下，党卫军一再扩编。从1942年开始，党卫军找不到足够的志愿者充实旗下诸多部队的员额，所以从那个时候起，党卫军就采用陆军征兵的方式征召人员，这个组织由此失去了作为党卫队的政治色彩。但希姆莱仍然继续施加自己的影响，为的是确保党卫军得到最高水平的新兵和最好的武器装备。不过在战场上，党卫军和陆军部队之间建立了深厚的战友情。相形之下，党卫军受到的这种优待就黯然失色了。我曾经与"阿道夫·希特勒旗卫队"和党卫军"帝国师"并肩作战，担任装甲部队监察长官之后又视察过很多党卫军部队。因此我有理由断言，我所知道的党卫军是一支纪律严明、团结协作、行为规范的部队。他们与陆军装甲部队并肩作战，战争越是深入，他们与陆军之间的区别就越不明显。

当他安排对党卫军进行扩编的时候，希姆莱当然还有其他目的。他和希特勒都不信任陆军，因为他们有一些阴暗的图谋不愿让陆军知道，担心后者知道后会抗拒。为此，他们在面对诸多不利因素的情况下仍然把党卫军的编制增加到35个师，其中很多部队甚至由外国人组成，其可靠性时好时坏。但到了最后，希特勒甚至对自己最忠实的追随者也产生怀疑。1945年3月希特勒下令党卫军上缴臂章一事就足以说明他与党卫军之间的嫌隙。

我们对普通党卫队就应该有完全不同的评判。当然了，普通党卫队里也有一些理想主义者，他们最初认为自己加入了一个具有特殊任务进而享受特殊待遇的组织。另外，普通党卫队里还有很多来自各行各业的好人，他们没有接受任何问询就被希姆莱编入了党卫队。但随着时间的推移，党卫队的性质开始变味，逐渐发挥一些极为可疑的警察职能。此后，普通党卫队也开始配备武器。与此同时，外国人组成的党卫部队数目也在持续增加，这些部队的情况比党卫军要糟糕得多，镇压华沙叛乱期间卡明斯基旅和迪尔旺加旅的表现就是一个例证。

我跟党卫队安全部门及其突击队没有任何接触，所以无法提供关于他们的第一手信息。

希姆莱曾经屡屡谴责自杀行为，对这种举动嗤之以鼻，还禁止党卫队队员自杀。但到了最后，他自己也选择了自杀，以此逃避尘世的审判，留下其他责任更小的人承担他的重大罪行。

希特勒小圈子里一个很聪明的人是约瑟夫·戈培尔博士，他是柏林地方长官，同时担任人民教化和宣传部部长。戈培尔口才出众，在与共产党争夺柏林地区选票的过程中展现出极大的勇气。但他同时也是一个危险的煽动者，在煽动打击教会和犹太人、父母和学校老师的过程中不择手段。不仅如此，他还是臭名昭著的大屠杀——即1938年11月所谓的"水晶之夜"——的一个罪魁祸首。

从戈培尔所处的位置肯定可以认识到纳粹体制的错误和弱点，但他没有勇气向希特勒陈述他的认知。在希特勒面前，他和戈林、希姆莱一样都是胆小鬼。戈培尔对希特勒既害怕又崇拜，希特勒强大的暗示力量在他与戈培尔的关系当中表现得尤为明显。在希特勒面前，戈培尔这个手段高明的煽动家只会唯命是从。他想尽办法满足主人的愿望，在开展宣传——他在宣传方面堪称天才——的时候几乎从未得罪独裁者希特勒。

我对戈培尔1943年那一次没有挺身而出尤其感到失望。当时他没能准确把握武装部队和国家最高领导层面临的所谓"棘手问题"，导致后来他被迫以一种骇人的方式结束了自己和侍从的生命。对于这样一个结局，或许戈培尔本人也早有预见了吧。

希特勒的随从人员当中，希姆莱之后最邪恶的人当属马丁·博尔曼。博尔曼身材矮胖，下巴有大块垂肉，为人自负，缺乏礼貌，惹人生厌。他讨厌陆军，认为陆军是纳粹党无限权力永久的障碍。只要有机会他就给陆军使坏：培植不信任，阻止必要措施的实施，把能干的人从希特勒随从队伍和实权职务上赶走并代之以自己的走狗。

博尔曼想尽办法不让希特勒了解到国内真实的政治形势，他甚至不让地方长官去见希特勒。结果这些很不信任军队的地方长官——尤其是西普鲁士的福斯特和瓦尔特高的格莱泽——来找我帮忙安排让他们见希特勒，因为博尔曼总是阻止他们通过正常的党内渠道去和希特勒见面。

随着希特勒病情加重以及军事形势日益严峻，能够见到这位独裁者的人越来越少。很多事情都要通过心术不正的流浪儿博尔曼去办，他的所作所为也越来越容易得手。

为了达成他在政治上的阴谋诡计，博尔曼屡屡给我们采取必要的军事措施制造障碍，为此我和他多次发生激烈冲突。他还想尽办法干预纯属陆军的事务，但总是碰一鼻子灰。

博尔曼就是第三帝国的秘密代理人。

国家和地区管控人员

纳粹党的领导层分为帝国领导人和地方长官两类，德国社会生活的每一个层面都在纳粹体制的管辖范围内，受到纳粹严密组织的控制。进入纳粹组织的第一步是希特勒青年军和德国少女联盟。离开希特勒青年军之后，男性加入希尔领导的国家劳工部。国家劳工部最初是一个志愿性质的组织，因其领导人及其助手的正直品行发挥了较好的影响力，不过该组织严苛的军事体系和训练方式后来为人所诟病。

统管德国工人的是国家组织部长莱伊博士。"快乐工作"组织负责制定工人假期，冬季救助和国家社会主义救助组织负责救助困难人群。私人和宗教慈善团体不招待见，这些组织的活动会受到管控。

另外，纳粹党还有国家卫生系统负责人、国家农业系统负责人等等。

法律系统的负责人是国家领导人佛朗克。这个系统是根据国家社会主义理念发展的，但国家社会主义在这个领域非常缺乏创新能力。

在对外事务方面，国家领导人阿尔弗雷德·罗森博格的组织与外交部并行开展工作。罗森博格的意识形态观念很重，他的做法常常与官方政策相悖。可想而知，这些做法的结果不会如他所愿。

在纳粹体制下，甚至体育方面的事务也受到严格控制。国家体育事务负责人冯·恰默与奥斯滕很好地履行了自己的职责，借助奥运会提高了第三帝国的声誉。

还有一位国家领导人是全国妇女组织的负责人。

上面这个名单还不是全部，我只是说出一些要点人物而已。纳粹党内部有很多相互对抗的力量，不过作为一个整体，这些人的工作等同于常规的国家机器，所以不可避免地会出现很多摩擦。

官员职权的重叠和矛盾在纳粹官阶的下一个层级也就是地方长官这一级表现得更加明显。

纳粹党想要给德意志德国一种新的治理形式，他们用"地区"取代以前的省级机构，任命地方长官作为各地区的主管。在并吞奥地利、建立波西米亚—摩拉维亚领地以及占领波森和西普鲁士以后，纳粹党在这些地方也建立了所谓的"帝国地区"。这些地方地处德国边境之外，不过可以看出未来的组织结构将会如何。与很多其他的计划一样，纳粹党以极大的热情启动以地区为单位的组织结构，但最终难免虎头蛇尾。

地方长官实际上就是希特勒的代理人，他们在当地事实上也被称为"帝国代理人"。这些人担任职务的依据是他们在纳粹党内的表现，而不是工作能力或个人品行。他们当中固然也有受人崇敬的人，但也有很多无益于德国、无益于纳粹党名誉的为人不齿的角色。

只有在下弗兰肯行政区等少数几个地区，纳粹地方长官的办公场所才与地方最高行政长官的办公场所在一起。在下弗兰肯，纳粹地方长官同时兼任地方政务委员会主席。一般来说，纳粹地方长官是地方政务委员会主席、省主席和州总理的补充，也是他们的上级。

根据希特勒的政治计划，他想要创立一个"元首州"，但这个州事实上并不存在。在纳粹机制下，德国国家行政体制变得越来越混乱，一系列国家委员、全权代表、特别专员以及其他职务的任命更使这种混乱局面雪上加霜。随着时间的推移，整个体系变得越来越不受控制。

其他很多领域也出现了类似情况。雄心勃勃的建设计划半途而废，全国公路计划和政党办公楼的建设也是如此。重建柏林、慕尼黑等大城市的打算不了了之。同样，很多全国性的改革工作也早早搁浅。学校改革在无能的教育部长鲁斯特的主持下无疾而终，国家主教穆勒主导的福音教会重组工作宣告失败。筹划的时候想要大展宏图，执行起来虎头蛇尾甚至不了了之——这样的情节一再上演，因为领导层缺少智慧和冷静，因为管理者骄傲自负，也因为战争爆发终止了所有这类计划。

希特勒的小圈子

纳粹党领导人物的众生相阴暗的一面大过光明的一面。在选择党内领导人方面，希特勒对人类的认知是有缺陷的。不过有意思的是，希特勒在身边安排了几个精心挑选的年轻人，这些人居然在巨大的诱惑面前保住了自己的人格。希特勒的军事和党务助手都是正直的人，而且他们几乎每个人都彬彬有礼、行事稳重。

在希特勒那个小圈子里，菲格莱因是除了博尔曼以外给人印象最差的一个人。菲格莱因是党卫队旅长级领导，是希姆莱的首席代表。因为跟爱娃·布劳恩的妹妹结婚的缘故，菲格莱因俨然以希特勒妹夫的身份自居，并以此肆无忌惮地滥用权力。希特勒的私人医生莫雷尔也不是什么好人，职业操守十分可疑。遗憾地说，施蒙特去世后接任陆军人事处处长的布尔格多夫将军也不招人喜欢。这些人组成一个小集团，不断制造阴谋诡计，在希特勒和其他人之间形成一道无形的障碍，让希特勒无法真实掌握外界的情况。这些人都是大酒鬼，在其他人面前是很坏的榜样——至少在德国战败前夕是这样。

政府

除了纳粹党独特的管理机器以外，德国还有国家的政府机构。内阁成员最初是兴登堡任命的，他们多数是资产阶级部长，少数几个人是纳粹党员。在希特勒之后，首要的纳粹党人物是内政部长弗里克和航空部长戈林。但很快就有其他一些纳粹成员进入内阁，其中包括人民教化与宣传部长戈培尔博士、教育部长鲁斯特、粮食部长达雷、邮政部长奥内索尔格以及没有部长职务的黑斯和罗姆。

冯·巴本继续担任副总理，男爵冯·诺伊拉特担任外交部长，格拉夫·施魏林·冯·克罗西克任财政部长，塞尔特任劳工部长，冯·布朗伯格任作战部长，胡根伯格任经济部长——先后由施密特和夏赫特接任——居尔特纳任司法部长，巴隆·埃尔茨·冯吕本纳赫和多普穆勒先后担任运输部长。他们都是人品好、有才干的管理者，有些人的素质非常高，可惜他们对希特勒的影响微乎其微。

随着希特勒手中的权力日渐集中，纳粹党的地位变得越来越稳固，政府的部长们越来越被边缘化。1938年以后，内阁会议干脆就消失了，部长们都各自为政，但在重大政治问题上都说不上话。当冯·里本特罗普阁下接替男爵冯·诺伊拉特出任外交部长之后，这一变化在外交领域变得尤为显著。而在同一天，希特勒又把作战部长和武装部队最高统帅的职务揽入自己怀中。1934年6月30日过后，巴本被踢出内阁，此后冯克接替夏赫特。1941年，黑斯飞往英国。

在这些人当中，我个人或多或少认识的是财政部长格拉夫·施魏林·冯·克罗西克、劳工部长塞尔特以及战争期间先后担任装备与作战部长的托特和施佩尔。另外我还认识粮食部长达雷。

格拉夫·施魏林·冯·克罗西克是典型的优秀德国高官，一个杰出而又谦逊的人，曾经在英国受过教育。

塞尔特曾经担任退伍老兵组织"钢盔党"的负责人，但他没有实权。

托特聪慧，崇尚中庸之道，尽己所能发挥了人道主义方面的影响。

在第三帝国末期那些恐怖的日子里，施佩尔始终保持一颗敏感的心。他是一位很好的战友，性格开朗，言行机智、自然。施佩尔原先是一位独立建筑师，在托特英年早逝之后出任部长。他不喜欢官僚作风，本着对人性的健康理解行事。我们之间合作愉快，总是力所能及地帮助对方。对我们来说，这当然是显而易见的明智之举。但在第三帝国的显要人物当中，有几个人能够做到这一点的？施佩尔总是保持客观、中立的态度，我从来没有见过他过分激动。当身边同僚出现情绪急剧变化时，他会加以安抚。当部门间出现争执时，他总是尽力去调和矛盾。

另外，施佩尔有胆量向希特勒说实话。他很早就向希特勒明确、全面地说明德国赢不了战争，也说明了必须终止战争的缘由，但此举招致希特勒的怨气。

达雷早在战争开始前就反对希特勒。后来他被除掉了，这肯定是纳粹党内的竞争对手干的。

总的来说，必须遗憾地承认，内阁在第三帝国时期无力对事态的发展施加任何值得一提的影响。

第14章　德国总参谋部

　　总参谋部是沙恩霍斯特和格奈泽瑙两个人智慧的结晶，而孕育总参谋部的是腓特烈大帝的精神以及德国想要摆脱压迫者拿破仑重获自由的渴望。在反抗这位法国皇帝的解放战争成功结束后，欧洲获得了长期和平。战后各国经济百废待兴，军费开支被迫压缩。在和平时期的欧洲，普鲁士总参谋部的存在几乎不为人所关注。也正是在这段平静时期，普鲁士战争学院院长卡尔·冯·克劳塞维茨创作完成了军事巨著《战争论》。

　　这部阅读范围窄但饱受批评的著作率先尝试创建一种战争理论，从局外人的角度分析战争的特性。该书的理论对德国总参谋部几代参谋军官的思想认识产生重大影响。该书主张以冷静、理智的态度观察战争中的人物、事件，这也成为德国总参谋军官所有杰出代表最突出的品质。与此同时，该书还增强了推动参谋军官前行的爱国主义和理想主义。

　　如果说沙恩霍斯特、格奈泽瑙和克劳塞维茨是普鲁士—日耳曼总参谋部的教父级人物，那格拉夫·冯·莫尔特克元帅就是其最优秀的儿子。施里芬曾经说过一句格言："重成就，轻炫耀；多务实，少务虚。"这是施里芬及其学派的真实写照。在俾斯麦卓越政治才华的辅助下，莫尔特克得以参加并赢得3场战争，为德意志国家和民族的统一做出巨大贡献，并因此巩固了他领导的总参谋部的权威。

　　莫尔特克死后，德国总参谋部或许没有避免受到世纪之交大环境的影响。德国统一后的繁荣昌盛对军官队伍和总参谋部都产生了影响。彼时彼刻，德国终于成为欧洲一流强国，这在德国国内催生了一种军事自信，而这种自信在陆军知识精英团队总参谋部当中表现得尤为明显。总参谋部就是带着这种心态参加了1914年的战争，并在战争期间履行了自己的职责。在4年战争期间，总参谋部的这种自信或许表现得比将军要明显一些，但这主要不是因为总参谋军官过分自信，而是因为将军们年龄渐长而且没能及时掌握军事技术使得自己知识面狭窄，最终变得日益悲观。

　　有人认为，鲁登道夫时期的总参谋部堪称狂妄自大。但是，假如没有鲁登道夫强大的创造力，总参谋部乃至德国陆军是否能够完成他们艰巨的任务还是个未知数。德国最终倒在数量占绝对优势的敌人面前，鲁登道夫对此没有多少责任，因为他在1916年才掌握实权。实际上，如果不是鲁登道夫和兴登堡，当年德国就会输掉战争。这两位杰出的军人担负着几乎是超人的又非常吃力不讨好的任务，把后来发生的事归咎于他们是不公正的。尽管战争的结局和战后的争吵很不幸，但兴登堡和鲁登道夫仍然是德国总参谋部团队最杰出的代表。诚然，鲁登道夫迫于战争的艰难常常做出苛刻甚至残酷的决定，但他的很多学生后来认为，鲁登道夫这种形势逼迫下表现出的态度事实上是一名好的总参谋军官必备的一种素质。这些学生表示，他们想要学习的正是鲁登道夫在战争中表现出的这种看似冷酷的品质。久而久之，以坚毅果敢、冲劲十足著称的军官类型随之产生。这样的军官不讨人喜欢，不利于总参谋军官整体在普通民众和部队中的声誉。不过从普鲁士—日耳曼总参谋团队一系列典型人物来看，这类军官既没有代表性，发挥的作用也不大。

沙恩霍斯特是农民的儿子，出生在下萨克森州。他沉默寡言、善于思考、大公无私，勇敢、谦虚、廉洁。他组织了解放战争期间的普鲁士陆军，组建了总参谋部，因为在战场上受重伤身亡。

格奈森瑙是布吕歇尔的参谋长，曾经参与1806年的科尔贝格保卫战。他天性活泼、暴躁但才华横溢，在很多战斗中为指挥官出谋划策，有的成功，有的不成功。1815年6月16日在利尼遭遇失败后，他敦促布吕歇尔向盟国的英军推进。正是这次行动促成1815年6月18日的滑铁卢胜利，帮助盟军击败拿破仑。

克劳塞维茨从来没有在战争期间担任要职，撰写《战争论》是他最大的成就。他安静、羞涩，具有学者气质，是德国总参谋部常见的那种人。克劳塞维茨在世期间几乎默默无闻，死后却对未来几代人产生重大影响。

莫尔特克是德国陆军总参谋部最重要的参谋长。他以思想家和策划人的身份闻名于世，战争期间则是一位指挥天才。他少言寡语，但言行举止受人尊重，知识渊博是他最突出的特点。他的影响力很大。他不仅是一位杰出的军人，还是一个高尚的人、一个出色的著作人和一个外国及其民俗的细心观察者。

施里芬成就卓越、头脑机敏、沉着冷静、善于讽刺，他被迫在政策摇摆不定、总理能力低下的时期制定计划，努力用清晰、果断的军事计划弥补政客们的盲目和踌躇。和莫尔特克一样，施里芬对时代的技术需求有着很好的理解。施里芬的思想脉络清晰，说服力强，给年轻的继任者莫尔特克留下深刻的烙印，以至于在他死后，他的作战计划几乎完整保留下来，并于1914年在不同于他预期的环境中付诸实践。从这个角度看，所谓"施里芬计划"的失败不能归咎于他，而只能归咎于能力不足的继任者。施里芬本人从来没有机会在战斗中证明自己。

兴登堡性格直率、头脑清晰、意志坚定、彬彬有礼。他用人不疑，对自己信任的人给予充分的自主权。他深谙人性，对事物有着清楚的判断。"如果输掉坦能堡之战，谁对失败负责就显而易见了。"

鲁登道夫是一个意志坚强的人，他工作能力非常强，拥有出色的组织才华。他有强烈的爱国主义情绪，为避免德国战败进行艰苦卓绝的斗争。在那个极其艰难的时期，他的成就非同寻常。

泽克特头脑清晰、善于思考、沉着冷静，他在公共场合留给人的印象几乎可以用羞涩来形容。他既是一个战略家，也是一个出色的组织者，只是他对技术问题的理解不如莫尔特克和施里芬。1918年战败后，泽克特主持创建了魏玛共和国10万人的军队。根据《凡尔赛和约》的规定，这支军队不允许设总参谋部。泽克特必须遵从这个规定，不过他在解除武装时期想办法在参谋军官当中保持总参谋部的精神。他竭力使军队摆脱政党政治的影响，从他的角度看，这种做法无疑是正确的。不过从长远来看，这种做法导致军官团队尤其是总参谋军官大都不了解国内外政治，这是泽克特体系的主要缺陷。

贝克受教育程度高，为人冷静，受人尊重。德国重获军事自决权之后，贝克致力于重建具有莫尔特克精神的总参谋部。但他对时代的技术需求知之甚少，远离航空、摩托化和无线电领域。他不认同技术进步给战争带来的革命性发展，所以他会想办法加以阻止。出于同样的原因，他在国家社会主义发起的政治革命当中没有扮演任何角色。贝克生性保守、因循守旧，这是导致他失败的原因。

从德国总参谋部上述几位主要代表人物的介绍中，我们可以就总参谋部总体精神得出一些结论。在其长期存在的过程中，总参谋部的任务就是选拔德才兼备的军官加以培训，让他们能够在各种条件下领导德国武装部队。

想要进入总参谋部，一名军官必须品行端正，在履职和休息期间都要保持无可指摘的言行和生活方式。接下来就是军事能力方面的要求，也就是说，总参谋军官要在前线历练过，要领会战术和技术问题，要有组织才能，要有很好的身体和精神忍耐力，另外还要工作勤奋、头脑清醒、意志坚定。

以这样的标准选拔军官有时候可能会更看重知识能力而不是意志品质和个人品行，不过这也是难免的，因为后面这两个方面外部表现不明显，不那么容易加以评估。

总参谋部的大多数军官——特别是老一代的参谋军官——深谙总参谋部的老传统，不过有时候他们无法选择自己的接班人。而且即便有权选择接班人，他们也不一定有足够的知识和阅历去选拔符合要求的军官。

从理论上说，老传统对一支军队无疑具有极大的价值。上述这些老一辈的总参谋军官要为年青一代树立榜样，同时不能妨碍或阻止当代的发展。而从实际角度讲，延续传统不一定指的是传承行为理念，而是要以这样的观念为前提为年轻一辈提供实际范例，即：在环境和方法全面改变的情况下，效仿前人的做法仍然可以达到相同的效果。几乎所有的组织机构都避免不了这种错误的传统做法，普鲁士—日耳曼陆军及其总参谋部也不例外，他们在很多方面都犯下这种错误。被误解的传统与需要执行的新任务之间不可避免地会产生某种内部压力，当时我在的时候很多方面的原因又加重了这种压力，这些原因包括德国新的政治形势、欧洲和世界力量均衡的变化和技术发展日益突出的重要性。其中技术发展更是日新月异，将传统的战争扩展为新的"全面战争"，将政治行动的领域延伸到整个世界。

当然，不是所有的德国总参谋军官都能把握这一新的态势。不能与时俱进掌握形势发展，这在老一辈军官也就是担任要职的那些军官身上表现得尤为明显。现代发展需要对武装力量进行重组，将各军兵种结合起来，尤其需要一个联合各军兵种的统一的最高指挥所。这是政治、军事和技术发展的需要，但在第二次世界大战之前，德国陆军总参谋部却没有启动这种机制。相反，战前总参谋部的领导人屡屡反对和阻碍武装部队全面、高效的统帅部的及时创建。

与反对组建武装部队统帅部一样，陆军总参谋部也反对组建独立的战略空军，反对在陆军内部组建新型的装甲部队。总参谋部对空军和装甲部队对联合作战的重要性缺乏足够的研究和重视，他们一方面担心这会削弱陆军整体的地位，另一方面担心会降低陆军原有兵种的声望。

任何想要开阔总参谋部军官队伍政治视野的努力都会受到两个因素的制约：首先是总参谋部传统上只关注单纯的军事问题；其次是希特勒推行的专人专岗原则，即国家机器的每一个部分专门、单纯地负责本部门事务，工作人员只需掌握本职工作需要的知识即可。希特勒把掌握大局的能力当作自己的特权，这当然对国家大业非常不利。

对于由此形成的紧张和压力，年轻一代的参谋军官比其他人的感受更为强烈，所以他们竭尽所能去解决这个问题，但他们的努力没有得到上级的同情。与前辈们不一样，年轻人认为时不我待；而传统方面的代表想要并竭力争取的是缓慢、渐进的革新。

主要拜这种对传统错误观念的紧抓不放，总参谋部开始站到了希特勒的对立面，使后者不再信任前者的能力和可靠性。久而久之，总参谋部与希特勒之间形成一种冲突局面，对战争的组织实施产生了严重影响。

理想的总参谋军官或许应该具备以下素质：信念坚定、思维敏捷、为人谦逊，个人利益服从集体利益，拥有强烈的个人信念且能用恰当的方式向指挥官陈述自己的观点；在个人看法不被接受的情况下，他必须充分把握好自己，忠实履行指挥官的决策，时刻按照指挥官的意愿行事；他必须全面了解和把握部队需求，必须不遗余力帮助部队官兵；他必须有战略、战术和技术方面的知识；他不必研究技术细节，但要能够将技术革新应用于战争中的部队指挥。

不言自明的是，总参谋军官必须同时具备军官和军人必备的所有素质，而且素质水平要更高，这主要包括：英勇、决断，敢于担当、善于应变，身体素质好以及勤奋刻苦。

每一名总参谋军官都应该参加部队在各种环境下的常规行军，包括自己初始兵种和其他兵种的行军，以便积累不同类型战斗和指挥的实践知识。总参谋部在战争爆发前的几年缺少这方面的实践经验，这主要是因为陆军严格执行《凡尔赛和约》禁止设立大规模总参谋机构的规定，导致德军缺乏总参谋军官。这种情况在战争爆发后出现恶化，因为上级参谋机构不愿派有经验的参谋军官去前线历练，他们担心这会对常规工作开展造成影响。这方面最糟糕的例子当属国防军最高统帅部和陆军总司令部，这两个指挥所的一些参谋军官在将近6年的战争期间从未去过前线。

总参谋部最重要的一个特点或许是，其成员经过训练之后要根据特定、统一的体系对事件做出战略和战术上的判断和评估，并以此为基础形成广泛统一的决策。法国人将此称为"原则统一"。总参谋长无权向别人强加自己的意志，他只是希望通过总参谋军官团队达成共识向师以及师以上的部队施加自己的影响，进而在整个陆军范围内确保战术和战略进程的统一。为了让下属军官掌握自己的想法，总参谋长建立了所谓的"总参谋部信息交流渠道"。但这个机构导致很多误解，因此受到希特勒的反对。

总参谋部的战略思想不应该围绕固定、死板的原则加以具体化，而是应该适应政治形势的变化及其催生的相应任务。由于德国地处中欧，周边邻国军事力量强大，对多线作战的研究就成为一种必须。这种多线作战无一例外地会让德国面对实力更强的敌人，所以这方面的问题也必须认真研究。过去，总参谋部的战略思维在性质上以大陆思维为主。但战略空军的出现意味着，德国必须高度重视大国跨海干预的问题。然而，德国方面很多时候都没有清楚掌握这一事实。

在多线作战的情况下，我们的一个战略选择是防御次要阵线、进攻主要敌人。但同时我们也面临一个问题，即如何从一条战线向另一条战线转移攻势。

由于我们资源有限，总参谋部需要研究速战速决的方法。正因为要速战速决，我们就需要尽可能使用机动车。由于德军在第二次世界大战初期采取快速作战取得一系列成功，敌对国家把我们的战术称为"闪电战"。

德国的地理位置决定了德军总是在"内线"作战，进攻和防御因此频繁交替。"现在的欧洲是一个大家庭，当这个大家庭发生内部矛盾的时候，很少有家庭成员能够置身事外，位居中央的成员就更难避而远之了。"施里芬的这句话很好地描述了我们在欧洲每一次冲突中面临的处境。很多时候，这样的处境并不是我们自己愿意看到的。德国并不比欧洲其他国家好战，但由于"位居中央"，德国在其漫长、丰富的历史上很少能够避开邻国之间的冲突，德国的政治家和军事领导人也因此屡屡面对棘手的难题。由于国内资源有限，德国总是寻求迅速终结每一次冲突，全力避免旷日持久的拉锯战以及第三方介入的危险。解决这个问题正是俾斯麦治国方略和莫尔特克军事战略的最高成就。

1918年战败后，德国陆军的领导者全部来自原先的帝国陆军。除了他们，陆军无人可用。这些军官虽然不认同君主政体向共和政体转变的所有方面，但他们做好了为魏玛共和国服务的准备。为了让祖国免受当时来自东方的布尔什维克浪潮的冲击，他们不得不牺牲很多特权和内心钟爱的很多传统。然而，魏玛共和国始终没有把这桩"政治婚姻"转变为真情结合。尽管多年担任国防部长的盖斯勒博士等人想尽办法真情付出，新建国家与军官团体之间从未出现真正的好感，这对军官团体后来对待国家社会主义的态度产生了重大影响。诚然，魏玛时期的几届政府在外部政治形势和德国经济不景气这一大环境允许下尽可能满足武装部队的需求，但政府没有同军官团体建立密切联系，也没有对后者的政治理念表现出任何热情。总体而言，武装部队与新政权之间的关系基本上是疏远的，泽克特冷静、理智的态度又进一步加剧了军官团体远离政治的趋势。这种心态在很大程度上要归因于总参谋部。

当国家社会主义带着新的民族主义口号出现在舞台上的时候，年轻一代军官的激情很快就被希特勒及其追随者倡导的爱国主义理论点燃。长期以来，德国军备严重不足的现状就像压在军官团体心里的一块石头。重新武装的步伐一经迈出，军官们就自然而然对一个许诺向15年停滞之后的武装部队注入新生命的人产生好感。与此同时，希特勒从一开始就向陆军示好，而且他不喜欢干预陆军的内部事务，这进一步提升了纳粹党在军方的受欢迎程度。陆军先前的政治生活空缺由此得以填补，军官们开始关注政治问题，只是他们关注的方式与民主人士预期的情况相去甚远。无论如何，纳粹党夺取大权之后，武装部队领导人即便想要远离政治也很难真正脱离国家社会主义政治了。总参谋部当然不是引领这个新变化的主导力量，事实情况恰恰相反，以贝克为首的总参谋部军官对国家社会主义政治持怀疑态度。不过贝克虽然在核心层面有很多支持者，但他对整个陆军没有影响力，对其他军种就更是如此。贝克及其继任者哈尔德或许从军方权力中心尝试阻止军队偏向国家社会主义，但他们对政策制定基本上发挥不了任何影响。即使没有总参谋部的支持或者有悖于总参谋部意愿，纳粹的政策方针仍然按照既定的方向推进着。与第一次世界大战之前一样，德国又一次面临几乎无路可走且战争在开打前就感觉难以取胜的政治局面。这一困局不是军队造成的，但以将军队伍和总参谋军官队伍为首的军方不得不再次寻求出路。

德国民众和国际法庭对德国军方领导层做出的所有指责都没有考虑到一个简单的事实：国家政策不是由军人而是由政治人物制定的。这是一直以来的现实，当今时代也是如此。战争一旦爆发，军人只能按照当时的政治和军事形势展开行动。不幸的是，当子弹飞起来的时候，政客们却没有挺身而出的习惯，他们往往躲在某个安全地带，让军人"用其他手段执行政策的延续"。

在所谓"心理战"期间，国家政策对备战中的军方的作战理论形成制约。近几年国际法庭公布的证据表明，德国总参谋部截至1938年的军事计划都属防御性质，这是由当时德国面临的军事和政治形势决定的。德国虽然从1935年就启动重新武装的进程，但总参谋部的专家对武装部队特别是新组建的空军和装甲部队投入实战需要的时间没有抱任何幻想。但国家元首希特勒一声令下，无奈的军方被迫采取新的行动。

根据1938年以前陆军实行的工作机制，兵团及以上部队的参谋长要分担各自军事主官采取的决策的责任。按照相关规定，参谋长不赞同指挥官决策时要提交情况说明。希特勒上台后废止了这种做法，这给所有参谋长——尤其是陆军总参谋长——的地位带来一个基本变化。指挥官和参谋长共同担责的体制沿袭于先前的普鲁士陆军并在10万人军队中保留下来，当重新武装启动以后，第三帝国的武装部队直接沿用了这种做法。第一次世界大战期间，这种体制常常导致强势的参谋长主导他们的指挥官。根据其倡导的领导原则，希特勒顺理成章下令指挥官必须承担全部的不可分割的责任。通过这道指令，希特勒也自动免除了陆军总参谋长相对作为武装部队最高统帅的希特勒需要共同承担的责任。

如前所述，陆军总参谋部不愿意接受联合作战指挥的理念。如果不是这个原因，我们在第二次世界大战之前就会有高效运作的武装部队总参谋部和武装部队最高指挥所，而不是我们实际成立的那些蹩脚的机构。总参谋部个别成员支持武装部队联合指挥理念，但这无法改变大局，因为空军和海军也表示反对。事实上，陆、海、空三军总司令对待武装部队最高指挥所的态度就如同3位真正的共和主义者。在赖谢瑙将军的努力下，希特勒和布朗伯格同意成立了我们实际拥有的国防军最高统帅部，但基于上述种种原因，总参谋部对国防军最高统帅部的态度就可以想象，而且由于所有3个军种坚决不予配合，这个机构的失败也就成为必然。在担任武装部队参谋部负责人期间，赖谢瑙一直努力推广他的想法。但在凯特尔接任之后，这方面的推动力就不复存在。面对三个军种头领的反对，凯特尔不是那种可以胜出的人。

说到这里我要提一下国防军最高统帅部。从本质上说，凯特尔是一个不错的人，在任期间努力完成自己的本职工作，但他很快就拜倒在希特勒的个人魅力之下。随着时间的推移，他越来越难以摆脱希特勒的"催眠术"。直到离开这个世界那一天，他都保持了下萨克森特色的忠诚。希特勒知道他可以对凯特尔寄予无限制的信任，所以即便当他对凯特尔作为战略家的才能不再抱有幻想的时候仍然让凯特尔保留他的职务。凯特尔元帅对作战计划没有任何影响，他的工作主要是在行政领域，也就是作战部以前负责的工作。当希特勒的指令违背国际法和公认道德准则的时候，凯特尔没有足够的胆量反对希特勒，这不得不说是他的不幸。正是由于凯特尔的这种软弱，军队才会收到"政委命令"和其他一些臭名昭著的指令。在纽伦堡审判中，凯特尔用自己的生命为此付出了代价，他的家人也不被允许去他的墓地哀悼。

从1940年4月的挪威作战开始，担任武装部队指挥所参谋长的约德尔上将是联合武装部队实际上的负责人。他和凯特尔一样是个好人，最初也像凯特尔那样听命于希特勒，但他从来没有像凯特尔那样对希特勒唯命是从，有时也会表达自己的不同意见。在斯大林格勒战役期间与希特勒发生争吵之后，约德尔就全身心投入到自己的工作当中，大多数时候都是独自埋头苦干，既没有常规的办公场所，也没有牧师的帮助。他对改革军事和政治指挥机构的问题保持沉默，对总参谋部的重组和统一领导也持同样的态度，只有到战争的最后几个星期他才到达新的高度。最终，约德尔得到的是与凯特尔一样的悲惨命运。

假如这两位军官在与希特勒打交道的时候采取不一样的态度，他们就能阻止很多邪恶的事情发生。希特勒只有在面对集体反对的时候才有可能让步，但在军事问题上，这样的统一"阵线"几乎从来就没有出现过，希特勒因此得以使陆军总司令部变得越来越软弱，对他们提出的反对意见置若罔闻。

但不管怎么说，他们都是我的战友。

在波兰战役期间，陆军总司令部的职权多少还算是完整的。但就在那个期间也有分歧出现，所以到了挪威行动时，希特勒就把全部的指挥权直接交给了武装部队参谋部，陆军总司令部在其中没有发挥任何作用。1940年有关应对西方列强作战计划的讨论进一步加剧了双方之间的矛盾。对苏作战期间双方再次出现严重分歧，最终导致1941年12月希特勒与冯·布劳希奇元帅之间的激烈争吵。布劳希奇元帅是一位训练有素的总参谋军官，但他不是那种能够与希特勒这样的对手针锋相对的人。其实从一开始，布劳希奇在与希特勒相处的过程中就没有获得完全独立。他对自己缺乏自主权的意识始终制约着他的行为，这又进一步削弱了他的行动力。

布劳希奇离开后，陆军就再也没有总司令了。陆军指挥所名副其实地具备指挥权，这种指挥权要么是无限制的，要么就是不存在。1941年12月19日之后，这种权力就由希特勒一个人行使。也就是从这一天起，具有普鲁士—日耳曼特色的总参谋部实际上已经不复存在。

就我个人而言，我很自豪地穿了总参谋制服15年时间。在我遇到的老师和上级当中，有很多榜样人物是我一直深为感激的。在我的战友当中，我也遇到很多忠实的好朋友，而在我的下属当中也有很多优秀的助手和顾问。我从心底感谢他们。

两次世界大战之后，德国总参谋部都被战胜国解散，这充分说明我们以前的敌人对这个卓越的组织怀有的不情愿的尊重。

"剩下的都是沉默。"

"生存还是毁灭，这是要考虑的问题！"

我的故事到此结束了。讲述我们第二次失败的原因和我个人的经历是一件很不容易的事，但我深知，不去承认我们犯下的错误以及我自己的弱点是不合适的。

在一段艰难的日子里，我们皇族一位王子曾经送给我一幅腓特烈大帝的小画像。他在画像上刻印了一句话，这句话是腓特烈大帝当年在即将战败时对朋友阿尔让侯爵说的："什么都不能改变我的内心：我要追寻自己的路线，我要做自己认为正确、光荣的事。"我找不到那幅小画像了，但腓特烈大帝的话深深地印在我的记忆里，是我学习的榜样。我没能帮助我的祖国避免失败，但请读者相信，我真的已经尽力了。

本书旨在向逝去的人以及那些和我一起战斗过的官兵致谢，同时为避免他们被人遗忘表示纪念。

附录 I

我的生平

1888年6月17日出生于维斯瓦河畔的库尔姆。

1894年在阿尔萨斯的科尔马上学。

1901至1903年在卡尔斯鲁厄上军校。

1903—1907年在柏林大利希特菲尔德的参谋军官学校学习。

1907年2月28日在比切的汉诺威第十轻步兵营任见习军官。

1907年4月至12月在梅斯的战争学校学习。

1908年1月27日晋升少尉。

1909年10月1日跟随步兵营转移到哈尔茨的高斯拉尔。

1912年10月1日至1913年9月30日在科布伦茨的第三电报营服役。

1913年10月1日至战争爆发在柏林的战争学院工作。

第一次世界大战

1914年8月2日至1915年4月主管一个无线电台，先是在西部的第五骑兵师，后来在佛兰德斯的第四军。

1914年10月晋升中尉军衔。

1915年4月至1916年1月担任第四军助理通信官。

1915年12月晋升上尉军衔。

1916年1月至1916年8月担任第五军助理通信官并在第五军下属多个部队服役。

1916年8月至1917年4月担任第四军通信官。

1917年4月调任第四步兵师参谋。

1917年5月奥恩河战役期间临时调任第五十二预备役师指挥所代理总参谋军官。

1917年6月调动到警卫团指挥所担任同样职务。

1917年7月调动到第十预备役兵团指挥所担任同样职务。

1917年8月回到第四步兵师。

1917年9月担任第十四步兵团二营营长。

1917年10月担任陆军C指挥所参谋。

1918年1月至2月在色当接受总参谋军官培训。

1918年2月28日调动到陆军总参谋部。

1918年5月调任第三十八预备役兵团军需官。

1918年10月调任意大利占领区德国军事管理处参谋部作战参谋。

志愿军和边防部队

1918年11月在柏林的普鲁士作战部东方边防中央局工作。

1919年1月在布雷斯劳的南方边防指挥所工作。

1919年3月在巴滕斯坦的北方边防指挥所工作。

1919年5月在里加（后来在米陶）的"铁师"总参谋部工作。

1919年10月在汉诺威的第十国防旅工作。

1920年1月担任驻高斯拉尔的第十轻步兵营三连连长。

1920年3月，希尔德斯海姆地区和鲁尔区发生骚乱。

1920年秋，德国占领韦瑟尔附近腓特列斯菲尔德的中立区。

1921年3月至5月德国中部、比绍和比特费尔德发生骚乱。

两次世界大战之间

1922年1月16日至3月31日在慕尼黑的（巴伐利亚）第七摩托化运输营工作。

1922年4月1日调动到国防部摩托化部队。

1924年10月1日调任驻什切青第二师参谋。

1927年2月1日晋升少校军衔。

1927年10月1日调动到隶属国防部的陆军运输部。

1928年10月1日在柏林兼任摩托运输教导队战术教员。

1930年2月1日担任驻柏林—兰克维茨的（普鲁士）第三摩托运输营营长。

1931年2月1日晋升中校军衔。

1931年10月1日调动到国防部担任摩托化部队监察机构参谋长。

1933年4月1日晋升上校军衔。

1934年7月1日担任装甲部队指挥所参谋长。

1935年10月15日担任驻维尔茨堡的第二装甲师师长。

1936年8月1日晋升少将军衔。

1938年2月4日担任第十六兵团司令并晋升中将军衔。

1938年3月10日，接到占领奥地利的命令。

1938年10月2日，德国占领苏台德地区。

1938年11月20日担任机动部队参谋长并晋升装甲部队将军。

第二次世界大战

1939年8月担任第十九兵团司令。

1939年9月，德国发动对波兰的战争。

1940年5月至6月，德国投入西线战事。

1940年6月1日担任古德里安装甲兵团司令。

1940年7月19日晋升上将军衔。

1940年11月16日担任第二装甲兵团司令。

1941年10月5日担任第二装甲集团军军长。

1941年12月26日调动到陆军总司令部指挥官储备库。

1943年3月1日担任装甲部队监察长官。

1944年7月21日兼任陆军总参谋部参谋长。

1945年3月28日休假。

第二次世界大战期间荣获的勋章

1939年9月5日荣获二级铁十字勋章。

1939年9月13日荣获一级铁十字勋章。

1939年10月27日荣获骑士铁十字勋章。

1941年7月17日荣获橡树叶骑士十字勋章。

附录 II

武装部队最高统帅   1939年8月31日，柏林

国防军最高统帅部/国防军总参谋部 编号：170/39 g.K.Chefs.L1

战争实施一号令

1.为和平解决德国东部边境令人无法忍受的局面，我已经采取所有可能的政治措施。现在我决定使用武力解决问题。

2.进攻波兰的计划将按照"白色计划"实施。由于军队目前几乎完成部署，"白色计划"已有调整。

任务分配和作战目标保持不变。

进攻日期：1939年9月1日。

进攻时间：4:45。

此进攻时间同样适用于格丁尼亚—但泽湾行动和特切夫行动。

3.西线的主要问题显然是要让英国和法国承担公开敌对的责任。当前所有小规模进犯边境的事件都仅依靠当地的反制措施予以应对。

我们已经保证荷兰、比利时、卢森堡和瑞士的中立，因此我们必须严格遵守这些国家的中立。

没有我的明确批准不得越过德国西部陆地边境的任何一个点。

这条原则也适用于海上国界线的所有作战行动或可能会被视为作战的所有行动。

目前空军的防御措施仅限于击退德国境内的敌军空袭，在击退单架或小规模敌机进攻时尽量不要进入中立国家领空。仅当法国和英国大批飞机飞越中立国家逼近德国领土并威胁我方西部防空时，我军防御部队方可自由飞越中立国家领空。

一旦西方敌国侵犯其他任何国家的中立，必须立即向国防军最高统帅部报告。

若英国和法国公开敌对德国，西线的部队要使用尽可能少的兵力稳住局面以确保德军针对波兰的行动取得成功。根据任务要求，我军要对敌军及其经济资源进行最大程度的破坏。我保留发起所有进攻行动的决定权。

　　陆军负责镇守"西墙"并采取必要措施防止西方强国进入比利时或荷兰领土包围"西墙"北部侧翼。若法国军队进入卢森堡境内，德军有权炸毁边境桥梁。

　　海军将向商船开火，开火主要针对英国商船。为提升此举的效果，可以将某些区域宣布为危险区。海军司令部要报告指定危险区的方位及其范围。宣布危险区的文本要与外交部商议，并通过国防军最高统帅部提交给我核准。

　　要防范敌军渗透波罗的海，为此海军司令部要决定是否设置雷区封锁波罗的海入口。

　　空军的主要任务是防范法国或英国空军针对德国军队或德国领土实施的任何行动。

　　在对英作战方面，空军要准备切断英国的海上补给和军备工业，阻止英国向法国运送兵力，同时要抓住可以有效攻击英国大规模船队尤其是军舰和航空母舰舰队的有利时机。我保留攻击伦敦的决策权。

　　进攻英国本土的备战行动要遵循的原则是：任何情况下都要避免使用有限兵力寻求有限成果。

签发：阿道夫·希特勒

　抄送：

陆军总司令部……………………………第一份

海军司令部………………………………第二份

空军司令部………………………………第三份

国防军最高统帅部：

武装部队总参谋部………………………第四份

备用………………………………………第五至第八份

附录Ⅲ

最高机密

装甲部队监察长官

编号：3940/44.g.Kdos

国防军最高统帅部

1944年11月7日

元首军事副官。

1.第一至第十装甲师参加西线作战。

2.当时还没有现行编制的装甲榴弹师。参加过波兰战事的3个轻型师在西线战事开始前改编为装甲师。

3.装甲师的组织编制如下：

（1）第一至第五装甲师以及第十装甲师：每个师辖2个装甲团，每个装甲团辖2个营。配德国装备。

（2）第九装甲师：辖2个营的1个装甲团。配德国装备。

（3）第六、第七和第八装甲师（之前的轻型师）：辖包含3个营的1个装甲团。配捷克装备。

兵力总额：35个营。

4.跟随上述各师于1940年5月10向敌军推进的坦克数量如下：

Ⅰ号坦克523辆

Ⅱ号坦克955辆

Ⅲ号坦克349辆

Ⅳ号坦克278辆

捷克35坦克106辆

捷克38坦克228辆

Ⅰ型底盘小型装甲指挥车96辆

Ⅲ型底盘大型装甲指挥车39辆

———

共计：2574辆

这2574辆坦克携带以下武器：

捷克13或34机枪4407挺

20毫米炮955门

37毫米炮349门

37毫米炮334门（原文如此——译者注）

75毫米炮278门

　　装配50毫米炮的Ⅱ号坦克5月份尚未交付使用，但在西线战事期间有40辆该型坦克投入使用。由于1940年2月启动的突击炮生产计划到4月才交付首批突击炮，西线战事使用的突击炮数量不值一提。

附录Ⅳ

第十九兵团作战部指挥所   兵团指挥所，讷沙托

1940年5月11日

1940年5月12日的兵团命令

1.兵团在今天的进攻中取得胜利，成功将训练有素、作战勇敢的敌军击退到瑟穆瓦河方向。

2.1940年5月12日各师的任务是渡过瑟穆瓦河，扫清默兹河北岸的敌军。

第十装甲师把"大德意志"步兵团置于驻守圣梅达尔的兵团部队指挥下。

第二和第十装甲师扫清他们的前进路线，确保第二线的各师担负起护卫侧翼的任务。

第二装甲师随后通过芒布尔和阿勒向叙尼以及普珀昂西南3/4英里处的十字路口推进。在此期间，穿越芒布尔的道路要予以清理。此后该师沿着通过阿勒的道路行军，接着通过罗什欧到布永东北5英里处的岔路口（兵团补给线）。

第十装甲师按照5月10日晚的指令安排主力部队前往位于库尼翁的瑟穆瓦河渡口，不再占据3号和4号装甲公路。下一步从库尼翁通过瓜德谢明前往色当，最终通过雷格里兹与兵团补给线建立联系。

3.各部队分界线：

第一和第二装甲师分界：格朗瓦尔—肖蒙—诺勒沃（第一装甲师）—科尔尼蒙—罗什欧（第一装甲师）—阿勒以南2.5英里处路口（第二装甲师）—博瑟瓦勒和布里扬库尔（第二装甲师）—默兹河湾西面边缘—弗雷努瓦—弗雷努瓦河—谢默里公路—阿登运河直至勒谢讷以东2英里的桥（村庄、公路和运河本身都划归第一装甲师）。

第一和第十装甲师分界：格雷普方丹—奥尔贡（第十装甲师）—努瓦恩佛丹—布永—贝勒沃—布永以南2英里交叉口（第十装甲师）—伊利—色当默兹河段中间桥梁（第一装甲师）—色当南侧路桥—努瓦埃蓬莫吉（第十装甲师）—布尔松（第一装甲师）—维莱迈松塞勒（第一装甲师）—斯通—奥什

（第一装甲师）。

4.兵团指挥所先设在讷沙托，之后沿贝尔特里—布永公路转移。

5.各师将在1940年5月13日根据兵团下达的指令为横渡默兹河做准备。

6.空军继续在1940年5月12日为兵团提供支援：9点以前在近岸支持，9点以后在远岸支持。

签发：古德里安

抄送：

兵团下辖各师

总部

作战部门

情报部门

炮兵指挥官

附录 V

第十九兵团指挥所作战部　　　　　　　　　　　　兵团指挥所

1940年5月12日17:50

跨默兹河进攻预令

1.一支约有20个师的英法摩托化部队向前推进，其左翼正通过安特卫普。这支部队受到德国空军的全面攻击，目前已溃不成军。我军已全面渡过艾伯特运河。列日陷落。

2.冯·克莱斯特集团军群于明日（1940年5月13日）从沙勒维尔和色当一带渡过默兹河进攻。从比利时调动过来的空军将对此行动提供强大支援。集团军群要不惜一切代价夺取默兹河各渡口。

3.本兵团的任务将根据上述作战意图而定。参与进攻的部队将于晚间收到相关命令。

4.为使这次决定性进攻获取胜利，各师务必在今天之内抵达默兹河。为确保兵团在进攻中发挥最大的战斗力，炮兵和工兵部队将向前提。

5.我在此就仰仗各师的指挥官了。

签发：**古德里安**

抄送：

第一装甲师

第二装甲师

第十装甲师

兵团指挥所作战部门

情报部门

文档部门

兵团指挥所在18:35下达命令：

1940年5月13日发动进攻时，第二和第十装甲师的重炮营划归101炮兵指挥官指挥。这些重炮部队将在第一装甲师等部队所在区域投入使用。[1]

---

[1] 关于兵团横渡默兹河的进攻需要指出的是，西线战事开始前各师接受的严密训练极大方便了命令的下达。1940年5月12日晚，各师给下辖各部队下达以此开头的命令："根据地图演练组织进攻……"正是得益于前期这些非常全面的研究，我们才得以在极为有限的时间内做好进攻准备，其间只对地图演练的方案进行微调。

第一装甲师作战部   师指挥所

1940年5月12日18:45

1.1940年5月13日的进攻执行附件中的指令，但计划中的工兵和炮兵支援不大可能全部到位。

2.指挥官要全力确保本师抵达进攻方位。不管附件指令中的方位如何，最终的进攻方位都会前提到默兹河畔。部队不占领村庄。先期进攻不需要的所有车辆都集中在瑟穆瓦河以北一带，已经抵达瑟穆瓦河以南的部队的车辆停放在阿登地区道路外围。

3."大德意志"步兵团通过贝勒沃西北1英里以及穿越布永的路网抵达出发地。

4.战俘集结点：默兹河以北为伊利；默兹河以南为布尔松。第一步枪团的部分官兵负责战俘集结点的警卫工作。

5.伤员后送站：布永。

 主要急救站：贝尔特里。

 野战医院所在地：诺伊恩堡。

6.第三十七装甲工兵营营长接替第一百〇二工兵团团长的职务。

7.师指挥所首先设立在弗莱涅以北的林地。

第十装甲师作战部   师指挥所

1940年5月12日19:30

跨默兹河进攻预令[1]

1.空军已摧毁一支约有20个师的英法摩托化部队。我军已从各个点渡过艾伯特运河。列日陷落。

2.明天第十装甲师将跨过默兹河进攻。

3.为使这次决定性进攻获取胜利，步枪旅务必将本师所在区域仍然位于默兹河近岸的敌军击退到对岸。为此，第九师炮兵团一营划归步枪旅指挥。各部抵达目的地之后要向师部报告。

签发：沙尔

---

[1] 这两道预令是以科布伦茨地图演练指令为基础的。在跨默兹河最终进攻命令下达之前，这两道预令即为部队执行任务的指令。

附录 VI

第十九兵团指挥所作战部　　　　　　　　　　　兵团指挥所，贝勒沃

1940年5月13日8:15

关于跨默兹河进攻的兵团三号令

1.由于5月12日发生的激战，第十九兵团已经把兵团几乎整条战线面对的敌人击退到默兹河对岸。预计敌军将在默兹河发起顽强抵抗。

2.5月13日我军西线攻势的主攻点位于冯·克莱斯特集团军群战区。

集团军群的目标是夺取蒙特尔梅和色当之间的默兹河渡口。德国空军几乎全部出动为这次行动提供支援。通过持续8小时的不间断进攻，法军在默兹河沿岸的防线将被摧毁。此后，克莱斯特集团军群将于16时横渡默兹河发动攻击并建立桥头堡。位于本兵团右侧的第四十一兵团将于5月13日16时在蒙特尔梅和努宗维尔一带渡过默兹河并在达维尔南侧—索雷尔—夏勒维尔北侧一线形成桥头堡。

第十四兵团将在第十九兵团背后集结，并根据战局发展从讷沙托或弗洛朗维尔向前推进。

3.第十九兵团上午将在此前划定的战区做好必要的准备，以便在16时夺取巴尔河口和巴泽耶之间的默兹河渡口。一旦部队渡过默兹河就在布唐库尔—萨波涅—谢埃里—努瓦埃蓬莫吉一线建立桥头堡。

与第四十一兵团的分界为：马特朗日—纳努萨尔特—隆利埃—格朗瓦尔—阿瑟努瓦—贝尔特里西北—卡尔斯布尔格—格罗斯费斯—穆扎伊夫—叙尼—卢梅—蒙科尔内西南9英里的汉诺涅。所有上述地点本身划归第四十一兵团管控范围。

4.进攻部署如下：

（1）右路攻击群：阿登运河与默兹河湾（不包括河湾）之间。攻击部队：第二装甲师。

（2）中央攻击群：默兹河湾（包括河湾）与托尔西之间。攻击部队：第一装甲师、"大德意志"步兵团和第四十三突击工兵营。

（3）左路攻击群：色当和巴泽耶之间。攻击部队：第十装甲师，"大德

意志"步兵团除外。

各路分界：

右路和中央攻击群分界：

莫吉蒙—罗什欧—阿勒以南3英里的十字路口—博瑟瓦勒和布里扬库尔（地点本身划归右路攻击群）—默兹河湾西岸—弗雷努瓦—弗雷努瓦河—谢默里公路—辛利—普瓦泰龙（地点本身划归中央攻击群）。

中央和左路攻击群分界：

贝勒沃—努瓦尔

方丹—布永（地点本身划归中央攻击群）—布永（左路）以南2英里岔路口—伊利—色当中央默兹河桥（中路）—色当南面默兹河桥—努瓦埃蓬莫吉（左路）—布尔松（中央）—斯通内（中央）。

5.任务：

（1）第二装甲师于16时从出发地东舍里两侧向前推进并跨过默兹河进攻，目标是夺取东舍里以南的高地。此后该师迅速向西渡过阿登运河到达巴尔河湾，击溃敌军在默兹河沿岸的防线，右翼前往布唐库尔，左翼前往萨波涅和福伊谢雷。

（2）第一装甲师和"大德意志"步兵团于16时做好从格莱尔和托尔西之间发动跨默兹河进攻的准备。在歼灭默兹河湾敌军之后向贝勒沃—托尔西公路推进，下一步进攻布瓦德拉马尔费高地并推进至谢埃里—肖蒙一线。

（3）第十装甲师与第一装甲师预计于16时夺取色当东侧的防御点并控制其在色当—巴泽耶一带的出发地。

第十装甲师将于16时渡过默兹河进攻并夺取努瓦埃蓬莫吉—蓬莫吉一带的高地。

6.与空军的合作。与空军在空间和时间上的合作机制详见附件的时间表及标有轰炸目标区域的1∶300000地图。

第十九兵团与之前一样配合近距支援Ⅱ号指挥官。

7.第一百○二防空团首先在兵团准备渡河期间提供保护，然后掩护兵团渡河（掩护时防空团在前方远距离使用火炮），最后对桥头堡提供保护。

8.侦察：

（1）空中侦察：范围覆盖夏勒维尔—图尔内—圣雷米—勒谢讷—索莫特—普宜—特泰涅—弗朗舍瓦勒一带。

（2）地面侦察：各师按照上级指令对各自战区展开地面侦察。

9.信号通信：第九十通信营与第一、第二和第十装甲师保持有线和无线联络，与克莱斯特集团军群和第四十一兵团保持无线联络。该营要保持兵团指挥所与第二装甲师指挥所（弗里涅奥布瓦）、第一装甲师指挥所（弗莱涅）和第十装甲师指挥所（日沃讷）之间的联系。

10.兵团指挥所：贝勒沃，12时之后转移到拉沙佩勒。

签发：古德里安

第一装甲师作战部　　　　　　　　　　　　　　　师指挥所

1940年5月13日12:00

关于1940年5月13日跨默兹河进攻的五号令

1.经过5月12日的激烈战斗，第十九兵团把敌军几乎全线击退到默兹河对岸。预计敌军会在默兹河一线顽强抵抗。

2.我军5月13日西线攻势的主攻点位于克莱斯特集团军群战区。

该集团军群的目标是夺取蒙特尔梅和色当之间的默兹河渡口。德国空军几乎全部力量都将为此次行动提供支援。通过持续8小时的不间断进攻，我军将会击溃法军在默兹河沿岸的防线。第十九兵团此后将于16时渡过默兹河。

3.第十九兵团将于上午和中午在先前指定区域做好备战工作，以便于16时夺取巴尔河口和巴泽耶之间的默兹河渡口。

4.进攻部署如下：

（1）右路攻击群：阿登运河与默兹河湾（河湾本身除外）之间的第二装甲师。

（2）中央攻击群：默兹河湾（包含河湾）和托尔西（包含托尔西）之间的第一加强装甲师。

（3）左路攻击群：色当和巴泽耶之间的第十装甲师。

5.战区分界线：

除以下情况以外保持不变：

与第二装甲师的右侧分界：从谢埃里至辛利（谢埃里以西7英里）—普瓦泰龙（地点本身划归第一装甲师）。

与第十装甲师的左侧分界：保持不变。

6.任务：

第二装甲师于16时离开出发地向前推进，攻过默兹河，夺取东舍里以南高地。该师随后向西转移，渡过阿登运河至巴尔河湾并抵达敌军在默兹河沿岸的防线，其中右翼推进至布唐库尔，左翼推进至萨波涅和福伊谢雷。

节制"大德意志"步兵团的第一装甲师做好16时发动进攻的准备。完成默兹河湾的扫尾工作之后，该师向前推进至贝勒沃—托尔西公路，向布瓦德拉马尔费发动进攻并推进至谢埃里—肖蒙一线。

部队任务保持不变，不过现在可以忽视x时间和y时间。K.1于16时发动突袭。

第十装甲师偕同第一装甲师16时应该已经拿下色当东侧的敌军据点，此时第十装甲师也应该控制其在色当—巴泽耶一带的出发地。该师于16时发起跨默兹河的进攻，进而夺取努瓦埃蓬莫吉—蓬莫吉一线的高地。

7.一〇一炮兵指挥官（下辖各营见附件）为横渡默兹河做准备，根据炮火发射计划为全师进攻提供支援。

8.与空军的合作：与空军在空间和时间上的合作机制详见附件的时间表及标有轰炸目标区域的地图。

一〇二炮兵团此时归兵团指挥，任务是为部队渡河提供掩护。

9.渡河时间表按照附件的师部命令保持不变。

10.侦察和信号通信：保持不变。

代号、C系列升级如下：

"大德意志"步兵团……………………………怪物

一〇一炮兵指挥官……………………………新房子

第四十九炮兵团………………………………魔术师

第一观察营……………………………………砖头

"大德意志"步兵团一营………………………白蜡树

"大德意志"步兵团二营………………………纪念品

"大德意志"步兵团三营………………………贝壳

"大德意志"步兵团四营………………………烟囱

第四十三突击工兵营…………………………放大镜

11.补给：

（1）弹药补给点：费莱维努尔以东1英里处，做好配发准备。

（2）油料配发点：努瓦尔方丹以北树林北端，1940年5月13日17时左右做好配发准备。接收消耗量的1/2左右。

（3）主要急救站：科尔宾

（4）车辆维修：贝尔特里的维修车间5月13日下午开始投入使用。

冯·克莱斯特集团军群的一个坦克配件更换小组已经前往卢森堡的雷丁根。

战俘集中点：仍然是伊利以及默兹河南岸的弗雷努瓦。警卫任务由步枪旅担负。

12.师部：进攻开始前设置在圣门格斯以北2英里的360点。进攻开始后，师部按照既定路线向前转移。

1940年5月13日跨默兹河进攻五号令附件

1940年5月13日横渡默兹河的特别炮兵命令

1.一〇一炮兵指挥官负责为横渡默兹河行动做好必要的炮火准备。

2.炮火准备及进攻期间的炮兵部队分配。

（1）第七十四炮兵团（除第三重炮营外）配合第二装甲师。

（2）配合第一装甲师的是：一〇一炮兵指挥官。反步兵部队：第七十三炮兵团一至三营。反炮兵和主攻部队：第四十九炮兵团二营、第四十五炮兵团二营、第六十九炮兵团三营、第七十四炮兵团三营、第九十炮兵团（1/10）、第六百一十六重炮营。

第一观察营和迫击炮营由炮兵指挥官指挥。

（3）第九十炮兵团（除第三重炮营外）配合第十装甲师。

3.炮兵观察：

（1）第二和第十装甲师炮兵观察点的设定原则是：这两个师至少分别有一个营可以观察到第一装甲师所在区域。

（2）第一观察营的观察任务。

负责观察G、H、L、M和D目标区域。

（3）空军观察。

师级炮兵部队飞行员的任务将由空军指定，但同时要直接向一〇一炮兵指挥官（第一装甲师）报告。

4/陆军侦察31的2名炮兵飞行员从10时开始由一〇一炮兵指挥官指挥。

4.炮兵的任务：

炮兵对进攻的支援部署详见炮火计划。

在兵团各师跨过东舍里以南高地—布瓦德拉马尔费—努瓦埃蓬莫古一带高地一线之前，兵团的炮兵部队由一〇一炮兵指挥官指挥。

师部五号命令附件

1940年5月13日进攻的炮火计划

第一装甲师					
战斗阶段	时间段	步兵	反据点炮火武器	炮兵	空军
横渡默兹河准备阶段	8:00到15:00	目标位于K目标区域	格莱尔和托尔西的碉堡和默兹河沿岸据点	攻击K和L目标区域内的目标，对行动提供支援。默兹河沿岸的骚扰性炮火；反碉堡炮火；在G、H、L、M、O目标区实施反炮兵和反高射炮轰炸	参见时间表。第二近距支援组：摧毁G、H、L、M、O目标区域内的居住区；轰炸炮兵阵地
横渡默兹河准备阶段	15:00到15:50	同上	默兹河沿岸的反碉堡炮火	集中火力轰炸渡河点；炮击K和L目标区域的目标；反炮兵和反高射炮轰炸	
即将渡河前	15:50到16:00	集中火力轰炸渡河点	同上	集中火力轰炸渡河点	参见时间表。近距支援组摧毁格莱尔和托尔西两个村庄。对L1-7目标区域实施攻击
渡河开始以及第一波攻击	16:00开始	支援步枪兵	渡河前后反碉堡炮火	在师级战区支援步兵	参见时间表

备注：迫击炮营在16:00至16:30之间沿格莱尔—托尔西公路投放烟雾弹，17:30至18:30沿贝勒沃—托尔西公路投放烟雾弹。

师部五号命令附件

1940年5月13日横渡默兹河进攻时间表

时间	空军	地面部队
8:00		为横渡默兹河做尽可能充分的准备。炮兵根据火力计划实施行动
0800-1200	对BI和CI区域骚扰性攻击	在对敌军的骚扰性攻击掩护下进行渡河准备。炮兵根据火力计划实施行动
12:00-16:00	对AI、BI和CI区域进行集中的歼灭性轰炸	继续并完成准备工作。炮兵根据火力计划实施行动
16:00-17:30	干扰性攻击范围转移到AII、BII和CII区域及穆宗地区的工厂	突袭渡河
17:30至黄昏	对AII、BII和CII区域内敌军所在方位进行随机攻击	夺取桥头堡
夜间	对伊尔松、拉昂、勒泰勒、武济耶、斯特奈通向北面和东面的道路进行骚扰性攻击，打击经由这些路面的任何车辆	搭桥。坦克和炮兵过河

第十装甲师作战部，第五号　　　　　　　　　　　师部，普雷圣雷米

1940年5月13日

1940年5月13日横渡默兹河进攻的师部命令

1.经过5月12日的激烈战斗，第十九兵团把敌军几乎全线击退到默兹河对岸。预计敌军会在默兹河一线顽强抵抗。

2.5月13日西线战斗的主攻点位于冯·克莱斯特集团军群战区。

目标是夺取蒙特尔梅和色当之间的默兹河各渡口。德国空军几乎全部力量都将为此次行动提供支援。通过持续8小时的不间断进攻，我军将会击溃法

军在默兹河沿岸的防线。

3.第十九兵团将于上午和中午在先前指定区域做好备战工作，以便于16时夺取巴尔河口和巴泽耶之间的默兹河渡口。渡河完成后，布唐库尔—萨波涅—谢埃里—努瓦埃蓬莫吉一线将建立桥头堡。

第十装甲师将于5月13日16时发动进攻并在色当南—巴泽耶（包含）一带渡过默兹河，进而夺取努瓦埃蓬莫吉高地。

与第一装甲师的分界为：布永以南2英里的岔路口—伊利—色当的默兹河中央大桥（以上地点本身划归第一装甲师）—色当南部的默兹河大桥—努瓦埃蓬莫吉（这两个地点本身划归第十装甲师）—布尔松—斯通内（这两个地点本身划归第一装甲师）。

4.进攻部署如下：

右路：第十步枪旅攻击群。

指挥官：第十步枪旅旅长。

部队：第八十六步枪团。

第四十一工兵营一连，携90艘小木筏和45艘大木筏。

第四十九工兵营二连（其中一个排除外）充当工兵突击队。

第九十反坦克示范营（其中一个连除外）。

第三十六重型高射炮营一连（一门炮除外）。

第一和第二步兵重炮连。

左路：第六十九步枪团攻击群。

指挥官：第六十九步枪团团长。

部队：第六十九步枪团。

第四十九工兵营一连，携65艘小木筏和30艘大木筏。

第四十九工兵营二连的一个排充当工兵突击队。

第九十反坦克示范营的一个连。

第三十六重型高射炮营的一门炮。

分界线：左、右两路攻击群之间的分界为日沃讷东—巴兰东—蓬莫吉西—努瓦埃蓬莫吉东—布梅尼尔东。

5.任务：

左右两个攻击群于5月13日下午之前在各自区域做好突击准备。两个攻击群将把支援部队前提，发起进攻后将攻击默兹河上的碉堡和据点以及攻击区域内的目标。为了能在16时横渡默兹河进攻，两个攻击群将对各自部队进行相应部署。为此，我军所有部队都要充分利用本方空袭时间。

右路攻击群的第一个目标是瓦德林库尔以西的据点，随后向南进攻，扫清瓦德林库尔以南各据点并夺取努瓦埃蓬莫吉及其西侧高地。

左路攻击群将夺取蓬莫吉及其东面据点，主攻点为右翼，同时与右路攻击群协作夺取努瓦埃蓬莫吉—蓬莫吉公路。

6.攻击群指挥官将在军官监督下安排突击部队的出发线，右路攻击群还要为军用桥上的后续部队安排出发线。

7.第九十炮兵团（第一百〇五炮兵营一连除外）将按照火力计划对进攻提供支援。每个攻击群都将有一个营提供支援。

8.第四十一和第四十九工兵营未划入攻击群的部队于16时在拉沙佩勒以北一带集结，随后按照第四十一工兵营营长的命令前往默兹河构筑渡口并搭建桥梁。

按计划，色当南要搭建一座桥。

9.第七十一防空营一连为横渡默兹河突击和进攻备战提供掩护，主攻点位于右路攻击群所在区域。第五十五防空营三连为装甲旅提供掩护。

10.侦察：

（1）空中侦察：3/陆军侦察14在东舍里—谢埃里—塔奈—布略勒—沃—普伊—特泰涅—弗朗舍瓦勒公路一带实施侦察。

（2）地面侦察：第九十装甲侦察营在拉沙佩勒以北一带有2个侦察小组做好准备，供师部随时调遣。

11.信号通信：

第九十装甲通信营负责目前为止的无线通信并与攻击群和搭桥行动的指挥官保持无线通信。该营与负责渡河的军官安排部署3条线与3个渡河点保持联络。攻击群的接线员与最前沿的步兵一起渡过默兹河。

12.交通管制：莫尔特安—拉沙佩勒公路由Ⅲ号道路指挥员和装甲旅专用；拉沙佩勒—色当（后变为瓦德林库尔）公路由Ⅳ号道路指挥员和第九十装甲侦察营专用。

13.师预备队：第四装甲旅做好预备队各项准备，17时开始在贝勒维雷森林做准备，此后到拉沙佩勒以东一带做准备。旅长要去师部。

14.主要急救站：拉维雷农场（拉沙佩勒以南0.5英里）。

15.师部：普雷圣雷米。

前沿师指挥所：日沃讷西南高地。

签发：沙尔

附录VII

第十九兵团指挥所作战部　　　　　　　　兵团指挥所，拉沙佩勒附近林地

1940年5月13日22:30

1.法军只有一个要塞旅和一些炮兵守卫默兹河，他们已经遭受重创。

2.本兵团的下列各部已经渡过默兹河并抵达指定区域：

第二装甲师抵达东舍里西南一带。

第一装甲师抵达布瓦德拉马尔费北侧。

第十装甲师抵达瓦德林库尔。

3.各师要继续全力进攻，并调动所有可用的人员为已经渡河的部队提供支持。两翼部队的主攻点都放在内侧，以确保两翼之间的密切配合。

4.第十装甲师以外的其余各师按照地图演练夺取各自目标。第十装甲师抵达布尔松以东一带之后向西转移。

第二装甲师经布唐库尔前往普瓦泰龙。

第一装甲师经旺德雷斯—拉谢讷前往勒泰勒，其左翼沿埃纳河行进。

第十装甲师目前沿指定路线掩护兵团左翼。

5.兵团指挥所目前停留在拉沙佩勒。

签发：古德里安

附录VIII

第十九兵团指挥所作战部   兵团指挥所，拉沙佩勒附近林地

1940年5月14日21:00

1940年5月15日兵团五号命令

1.今天兵团利用坦克和其他强大的陆军部队击败并击溃法军2个师，抓获数千名战俘。

2.1940年5月15日要继续进攻。我军主力部队将从已占区域向西推进，先期目标是抵达瓦西尼—勒泰勒一线。

3.任务：

（1）第二装甲师派出强力左翼通过布尔济库尔和普瓦泰龙，从西格尼的小福尔特以南行进至瓦西尼—塞里一线。

（2）第一装甲师跨过辛利—奥蒙一线前往塞里—勒泰勒一线。

分界：谢埃里—辛利—拉奥尔涅—马泽尔尼（归第一装甲师）—费索（归第二装甲师）—德罗维济（归第一装甲师）—塞里（归第二装甲师）。

这两个师按照我命令的时间出发。

（3）第十装甲师偕同目前指挥的"大德意志"步兵团沿阿登运河—斯通内高地—维尔蒙特里以南默兹河湾一线保护兵团左翼。我军要夺取这条线并对沿线防御进行部署。

4.一〇一炮兵指挥官、第四十五炮兵团二营、第六百一十六重炮营、第六十九炮兵团二营和第一炮兵团二营继续由第一装甲师指挥。迫击炮营也是如此，但目前该营继续留在原来的驻地。

5.侦察：

第十九兵团侦察区域：

夏勒维尔—罗茨瓦—蒙科尔内——蒙科尔内山—讷夏泰勒公路—讷夏泰勒—彭法维尔杰—格兰普雷—杜恩—穆宗铁路线。

分界：

装甲中队与4/陆军侦察31之间：勒谢讷—阿蒂尼—布兰济—讷夏泰勒。

4/陆军侦察31的任务：

观察确定敌军是否在侦察区域内向第一装甲师正面和侧面方向调动部队。报告发送至兵团指挥所和第一装甲师。

各师负责侦察各自行军区域：

前方最远至蒙科尔内—讷夏泰勒一线。

右翼最远至夏勒维尔—伊尔松一线。

左翼最远至武济耶—莱姆一线。

第十装甲师最远侦察至克莱蒙—凡尔登一线。

鉴于侦察部队有限，各部队只侦察行军路线的主要道路。

签发：古德里安

附录 IX

兵团指挥所，斯瓦泽

1940年5月16日

1940年5月17日兵团七号命令

1.第一和第二装甲师面对的敌军再次遭遇沉重打击，正沿整条战线向西撤退。

第十九兵团的主力部队已经抵达蒙科尔内以西一带，前沿部队正向奥里尼和哈梅吉库尔之间的瓦兹河段推进。

第十九兵团左后方的第十四兵团正沿埃纳河保护左翼。

2.5月17日第十九兵团继续朝西北方向前进，途经圣昆丁和佩罗内。出发时间为9点。

3.行军部署如下（行进路线见附件1）：

（1）右路：第二装甲师沿1号和2号行进路线跨过奥里尼—里布蒙一线。

（2）左路：第一装甲师沿3号和4号行进路线跨过瓦兹河畔梅济耶尔—哈梅吉库尔一线。

4.第十装甲师重新回归兵团指挥。该师将跟随在兵团左翼身后，沿着此前（5月16日）命名为3号和4号的行进路线前往努瓦库尔。此后该师左翼纵队通过迪济勒格罗、克莱蒙皮埃尔蓬、哈梅吉库尔。之后根据附件1沿4号行进路线推进。

右翼纵队的行军要专门安排一条路。

5.第二（摩托化）步兵师划归第十四兵团指挥。

6.侦察：见附件2。

7.兵团指挥所：先在斯瓦泽（蒙科尔内以东3英里），然后沿2号和3号行进路线转移。

签发：古德里安

附录 I

1940年5月18日兵团八号命令

1.今天敌军继续朝西南方向撤退。有迹象表明，敌军控制着索姆河的渡河点，并从拉昂方向经克莱蒙和拉维尔奥布瓦向蒙科尔内发动零星的坦克进攻。

2.第四十一兵团正逼近康布雷。

与第四十一兵团的分界为：圣戈贝尔—纳维尔莱特—诺鲁瓦—古佐库尔—（均划归第四十一兵团）—巴波姆（归第十九兵团）。

3.第十九兵团将于1940年5月18日5:30从瓦兹河桥头堡向巴波姆发起进攻，第一个目标是夺取下面这条线的桥头堡：贝利库尔西北高地—维勒雷以东—勒韦尔热—文德尔—弗勒辛—普伊—特尔特里—蒙希—法尔维。

4.各师的任务：

（1）第二装甲师从奥里尼和里布蒙桥头堡发动进攻，夺取摩尔库尔两侧索姆河各渡口，并迅速拿下维勒雷和勒韦尔热之间的高地。圣昆丁大桥通过突袭夺取，小镇其余部分通过小股部队从后方进入夺取。要小心避免在小镇内发生战斗。

（2）第一装甲师从贝济耶尔和哈梅吉库尔桥头堡发动进攻，夺取卡斯特雷两侧的索姆河各渡口，并立即前往珀伊两侧高地。

备注：上述两个师发动进攻的方式与跨默兹河进攻的方式相同。进攻一经发起，炮兵就要提供强大的支持，以防敌军组织防御。要尽可能利用突袭夺取各个渡河点。有鉴于此，从进攻一开始就要派加强侦察部队渡过瓦兹河。

（3）第十装甲师沿着以下指定的道路跟在兵团左翼身后，先后在拉昂方向、塞尔河沿岸、克罗扎运河沿岸和索姆河沿岸保护兵团左翼。该师将沿运河右岸和索姆河右岸扫清敌人，占领桥梁并做好爆破准备。

第一和第二装甲师之间的分界为：马雷（第二装甲师）—夏蒂永（第一装甲师）—福库济（第二装甲师）—帕尔珀维尔—里布蒙—圣昆丁—法耶—迈塞米（均属第二装甲师）—文德尔—马尔凯—滕普鲁瓦—穆瓦兰—孔布莱—福

莱尔—瓦伦库尔（均属第一装甲师）。

5.侦察：见附件。

为避免各部队在索姆河沿岸敌军防线前出现混乱，地面侦察部队至少要比主力部队提前半小时出发。

第一和第十装甲师主要的侦察方向在左翼。

6.第一百〇二防空团从5:30开始负责掩护出发区域和瓦兹河渡口，此后推进至索姆河。

7.兵团指挥所与05:30发起进攻时一样设在维莱尔勒塞。

签发：古德里安

第十装甲师的路线：

埃尔隆—拉费尔特—谢夫雷西—哈梅吉库尔—塞罗库尔—特尔特里—佩罗内—克莱里—隆热瓦尔。

德尔西—克雷西—阿谢里—文德伊尔—阿尔滕—桑库尔—佩罗内，此后同（1）。

1940年5月18日兵团八号命令的补充说明：

轰炸线：

阿尔拉—巴波姆—索姆河至哈姆—拉费尔至拉昂至勒泰勒铁路（所有城镇本身除外）。

附录 XI

兵团指挥所，维莱尔勒塞

1940年5月18日

1940年5月19日兵团九号命令

1.敌军正从北面朝西南方向撤退。我们右翼一带和第四十一兵团右翼一带的激战仍在继续。索姆河畔的圣克里斯特以及佩罗内以北和布沙韦讷高地发现英军。在哈姆、瑞西、雷米尼和克西一带，敌军在5月18日夜间撤到了索姆河对岸。

2.冯·克莱斯特集团军群继续向巴波姆推进，先头部队已经抵达康布雷—佩罗内一线。

第四十一兵团的先头部队抵达康布雷—梅斯恩库杜雷一线。

与第四十一兵团之间的分界为：圣戈贝尔—纳维莱特—勒韦尔日—古佐库尔（第四十一兵团）—巴波姆—贝尔勒欧布瓦—索布林（第四十一兵团）—马尼库尔（第四十一兵团）。

陆军总司令已经公开批准冯·克莱斯特集团军群继续推进。

3.第十九兵团将于1940年5月19日向前推进，其第一和第二装甲师将率先抵达凡村—佩罗内一线。该兵团将由此夺取北海峡一个桥头堡并向勒梅斯尼—克莱里一线推进。

渡过运河时间为14:00。

与此同时，该兵团要在5月18日夜间在佩罗内和哈姆一带的索姆河上建立桥头堡，为最高统帅部适时向西南转移创造条件。

4.各师的任务如下：

（1）第二装甲师在埃康库尔和马南库尔之间渡过运河，夺取勒梅斯尼周边高地，在佩罗内公路以西转向正南方，辅助第一装甲师推进。

（2）第一装甲师在穆瓦兰两侧强渡运河，主攻点为北翼。此后向兰库尔以南高地推进，进而逼近镇守佩罗内以北敌军的侧翼和后方。

备注：

上述两个师的炮火准备由一〇一炮兵指挥官根据轰炸计划安排部署。我军在歼灭敌人后在埃康库尔—勒梅斯尼—萨伊塞丽塞尔—兰库尔—克莱里一线建立桥头堡，届时将采取守备该桥头堡的措施。

与第一和第二装甲师之间的分界为：圣昆丁西侧—帕耶—边塞米—蒙蒂尼—鲁瓦塞尔—艾泽库尔—布瓦德沃—布瓦圣皮埃尔瓦（上述各地均属第二装甲师）—孔布莱—弗莱尔—瓦伦库尔（上述各地均属第一装甲师）。

依照此前的口头命令，第一装甲师在5月18日夜间夺取并守住佩罗内以西大致在比亚什—拉迈索内特—贝勒维费尔姆一线的桥头堡。

（3）第十装甲师派遣部队阻止敌军渡过索姆河和塞尔河，负责保护左翼。该师的这项任务很可能要执行到5月19日晚间。在哈姆、瑞西、雷米尼和克西一带渡河的敌军要在19日清晨击退到昆丁运河南岸。运河上的桥梁根据此前的口头命令予以封锁或摧毁。

我军要在哈姆一带沿埃珀维尔以西桥梁—迈勒维莱特加兰一线建立并镇守桥头堡。

师里的主力部队将在埃西尼勒格兰一带渡过瓦兹河，为部队沿两条路朝西北方向渡过索姆河创造条件。

5.空军将在13:45至14:00之间轰炸布沙韦讷、穆瓦兰和兰库尔周边的设施和林地，为第一装甲师的进攻提供支持。一旦轰炸停止，部队即横渡运河。

轰炸线为：

阿拉斯—阿尔贝—鲁瓦耶—布永—贝里欧巴克。

北海峡一线。

6.侦察：

（1）在勒卡托—康布雷—阿拉斯—杜朗—亚眠—蒙迪迪埃一带展开空中侦察。届时将有直接指令对4/（陆军）31和装甲中队之间地区进行划界。

（2）第一和第二装甲师的地面侦察覆盖到奥库尔—内勒东北4英里十字路口—鲁瓦耶—努瓦荣—绍尼一带的轰炸线。

7.**防控部署：**第一百〇二防空团使用主力部队掩护两个师前往出发地、渡过运河以及建立桥头堡。一部分部队将被派往掩护第十装甲师的转移并保护该师新的宿营地。

8.**报告：**部队成功抵达出发地以及成功发动进攻后要立即向上级报告情况。

9.第八十通信营负责各师的无线通信联系并在兵团指挥所与各师指挥所之间铺设电缆。

10.兵团指挥所从1940年5月19日13:00起设在奥尔农森林。

签发：古德里安

附录XII

第十九兵团指挥所作战部　　　　　　　　　　兵团指挥所，维莱尔勒塞

1940年5月18日13:00

1.根据兵团八号命令，第十装甲师将在法尔维和莫尔蒂埃之间沿塞尔河与索姆运河保护兵团侧翼。为此，以下各部从5月18日16:00起由第十装甲师指挥：

第五百一十一工兵团团部及下辖第六百六十六工兵营、第四十九工兵营、第三十七工兵营和第四十一工兵营（此后接替第三十七工兵营）。

第十装甲师的反坦克示范营。

上述各营营长到勒南萨尔向第十装甲师指挥所报到。

2.第十装甲师与第五百一十一工兵团团长一道商议哪些桥梁要炸毁，哪些桥梁要准备予以破坏。

上述决策要基于以下原则：不重要的、只会浪费守卫人员的桥梁就炸毁；军事行动（推进）用得到的桥梁不炸毁。

第五百一十一工兵团团长将通过第十装甲师用草图传达封锁和摧毁桥梁的计划。

3.第十装甲师主力部队驻留在瓦兹河以西的运河一侧，仅派小股部队前往对岸侦测努瓦荣—库西堡—拉昂一线。

4.内勒—哈姆—拉费雷—拉昂—讷夏泰勒铁路线以南一带为轰炸目标区，该区域内的所有部队都必须向我军飞机提供充足的识别信号。

签发：古德里安

附录 XIII

1940年5月20日兵团十号命令

1.兵团战线对面的敌军已被击败，对方正试图从比利时朝西南方向突破。

2.第十九兵团正不间断朝西北方向、索姆河口和海峡海岸强力推进。

第四十一兵团正在本兵团右侧推进。

分界：第一装甲师和第二装甲师之间为孔布莱—隆格瓦勒—波济耶尔—瓦伦内—皮舍维莱尔—卡纳普勒—弗利克斯库尔—索姆河（所有地点归第一装甲师）—德勒伊尔—瓦兹蒙（地点归第二装甲师）—利加尔河口。

第一装甲师左侧分界为索姆河。

3.各师于16:00从所在区域出发前往索姆河。

第二装甲师到索姆河—弗利克斯库尔（地点本身除外）以北一线。主攻点为阿贝维尔。

第一装甲师到弗利克斯库尔（包含地点本身）—阿夫雷河口（亚眠以东）。主攻点为亚眠。

4.第十装甲师所有部队前往佩罗内一带接防第一装甲师。该师沿左翼的防卫职责由第二十九（摩托化）步兵师接替。换防后第十装甲师负责守卫索姆河一带以及阿夫雷河口—佩罗内，直至再次由第二十九（摩托化）步兵师接防。

5.指挥：

（1）"大德意志"步兵团再次划归本兵团指挥，由第十装甲师节制。该团下午将抵达圣昆丁一带，此后听师部命令机动。

（2）装甲侦察示范营再次划归第十九兵团指挥，按计划部署在左翼。

（3）第八重型反坦克营一连6:00到达阿蒂尼，其目的地是孔布莱。

6.各师按照以下部署对铁路网实施破坏：

第二装甲师负责破坏横贯兵团右侧边界各铁路线。

第一装甲师负责破坏横贯兵团左侧边界各铁路线。

7.各师在各自战区向前展开侦察。第十装甲师在索姆河以南直至亚眠一带展开侦察，下一步在亚眠—莫林—奥尔斯瓦—奥马尔公路以南一带展开侦察。

侦察活动的前沿边界为：勒特雷波尔—奥马尔—普瓦—孔蒂—莫勒伊—内勒。

8.兵团指挥所跟在第一装甲师之后沿韦尔芒—鲁瓦塞勒—坦库尔—坦普卢瓦—穆瓦兰公路移动直至孔布莱，此后转移到阿尔贝。

签发：古德里安

第十九兵团指挥所作战部

1940年5月20日兵团十号命令附件

1.针对空中侦察的特别指示

空中侦察区域为孔布莱—阿拉斯—阿韦讷—埃丹—埃塔普勒—海峡海岸—迪耶普—讷夏泰勒—格朗德维耶尔—阿伊—内勒一带。

每个中队派1名军官于5月20日6:00到兵团指挥所报到（已通过无线电通知各中队）。

5月20日6:00，4/（陆军）31所有可用的He 126由2/（陆军）23支配，届时将有2架Fi 156到兵团指挥所报到并在指挥所待命。

2.防控特别指示：

第一百〇二防空团将对以下对象提供掩护：

（1）针对昂克雷渡口实施的高、低级别攻击。每个师的战区派1个混合营。

（2）佩罗内和亚眠之间索姆河渡口的坦克。派1个混合营加第九十一轻型防空营的1个连。

（3）第九十一防空营的低级别攻击以及在孔布莱和亚眠的坦克。

附录 XIV

第十九兵团指挥所作战部   兵团指挥所，阿尔贝

1940年5月20日16:30

1.各师抵达索姆河后在以下区域转入防御：

第二装甲师在阿贝维尔和涅夫勒河口之间。

第一装甲师在涅夫勒河口与昂克雷河口之间。

第十装甲师在昂克雷河口和佩罗内（包含）之间。

2.各师按照各自所在区域在以下各点建立桥头堡：阿贝维尔、孔德佛列、科尔比、布雷和佩罗内。各部做好炸毁桥梁准备。

3.其他所有渡河地点也准备予以毁坏，车辆均撤至北岸。

阿贝维尔附近、勒特瓦勒以南、弗利克斯库尔当地以及亚眠附近的铁路线都要破坏。

第二条所指建立桥头堡地点以外的桥梁都要予以封锁。

只有在受到敌人攻击的情况下才能破坏桥梁。

4.第五百一十一工兵团团长穆勒上校负责执行兵团战区内的第三条指令。穆勒上校直接接受兵团指挥所的命令，与其他各师协同执行任务。

5.装备将送往佩罗内并由穆勒上校分配。

6.5月20日18:00兵团指挥所设在阿尔贝东北4英里的阿隆维尔或者设在凯里约。军需处设在彭努瓦埃勒。

抄送：

给兵团指挥机构

参谋长

签发：内林

附录XV

第十九兵团指挥所作战部   兵团指挥所，凯里约

1940年5月20日

1940年5月21日兵团十一号命令

1.我军在今天的战斗中大获全胜。整条战线的敌军都在撤退，他们在撤退中时不时出现混乱。

兵团在18:00抵达圣里基埃—穆夫莱尔—亚眠—佩罗内一线。

第六装甲师的方位未知。

第八装甲师16:45位于杜朗以北。

2.兵团将守住索姆河沿线（参见1940年5月20日的命令）。

此外各师要在索姆河与欧蒂河之间直至巴波姆的区域扫清敌人。

各师主力部队要为击败从北面突破而来的敌军在索姆河以北作相应部署。

各师要在5月21日中午前完成重组并报告各自所在方位。

附加说明：

这次行动期间第十装甲师主力部队转移到阿尔贝周边和以西一带。

"大德意志"步兵团已经通过第十装甲师接到命令在5月20日夜间转移到蒂夫雷—哈姆一线以南地区，并控制该区域欧蒂河渡口。

团部位于布瓦尔。

该团在5月21日9:00划归第一装甲师指挥。

3.各师及装甲侦察示范营（再次接受兵团指挥）负责在索姆河与欧蒂河—巴波姆之间的以下区域扫清敌人并部署防御。

（1）装甲侦察示范营：从阿贝维尔—埃丹公路（不包含）西北至海滨一带。该营将于5月21日抵达。指挥所：奥特维莱尔。

（2）第二装甲师由此到涅夫勒河口—杜朗（不包含）一线。

（3）第一装甲师由此到亚眠—夸尼厄（都包含）一线。

（4）第十装甲师由此到佩罗内—巴波姆（包含）一线。

防护线派少量士兵看守。

4.空中侦察按照兵团指挥所命令执行。

地面侦察范围为各桥头堡到勒特雷波尔—奥马尔—孔蒂—诺勒伊—绍讷一线。

5.第一百〇二防空团负责防空保护。

6.第八通信营负责为各师铺设线路。

7.兵团指挥所：凯里约城堡。

签发：古德里安

附录 XVI

第十九兵团指挥所作战部   兵团指挥所，圣凯里约

1940年5月21日21:00

1940年5月22日兵团十二号预警命令

（该命令仅在下达"向北出发"口令时生效）

1.被包围在比利时和法国北部的敌人正负隅顽抗，试图向南突围。其部分兵力正从海上转移。

2.1940年5月22日第十九兵团将从阿贝维尔—亚眠—佩罗内—杜朗—欧蒂河一带向北转移，并横穿埃丹—埃塔普勒一线，其右翼指向圣奥梅尔，左翼沿海岸前往布洛涅。

3.先头部队将于8:00横渡欧蒂河。具体部署如下：

右路：第十装甲师

中路：指挥一〇一炮兵指挥官和"大德意志"步兵团的第一装甲师

左路：第二装甲师

4.道路分配见附件2。

5.兵团战区内圣瓦莱里与科尔比之间（不包含）索姆河桥梁的守卫工作交由第二（摩托化）步兵师负责。目前负责此项任务的装甲师各部将于1940年5月21日22:00开始接受换防，换防部署由各装甲师与第二（摩托化）步兵师直接商议。换防工作必须在1940年5月22日5:00之前完成。

（1）以下各部暂时交给第二（摩托化）步兵师指挥：

①装甲侦察示范营部署在圣瓦莱里—阿贝维尔（不包含）一带。该营此后将由第二（摩托化）步兵师的部队接防并再次归兵团直接指挥。

②第五百一十一工兵团（穆勒上校）团部及第四十一和第六百六十六工兵营。这些部队将在1940年5月22日接受换防并再次归兵团直接指挥。

第三十七工兵营（目前在孔德佛列和亚眠之间一带）将由第三十二工兵营换防。第三十七装甲工兵营三连即刻由第一装甲师指挥。

（2）第二（摩托化）步兵师要确保所有各条路线在1940年5月22日5:00之前清理完毕，为各装甲师的机动做好准备。

（3）对索姆河上的桥做好破坏准备，但只有在遭受敌人进攻并存在桥梁失守危险时方可炸毁。阿贝维尔、孔德佛列、皮基尼和亚眠桥头堡的桥梁只有在绝对必要的情况下方可炸毁。

（4）第二（摩托化）步兵师对直至拉布雷勒—奥马尔—孔蒂一线的区域实施地面侦察。

（5）位处佩罗内—科尔比一带的第十装甲师将逐步由第十三（摩托化）步兵师接防，换防开始时间为1940年5月21日17:00。该师随后在阿尔贝西北和以西一带集结。

第十装甲师在1940年5月22日13:00之前彻底清理阿尔贝—亚眠公路，清理完成后使用无线电向第十四兵团报告。

6.侦察：详见附件2。

7.防空保护：详见附件2。

8.兵团指挥所按照以下路线转移：从凯里约—亚眠北—圣昆—欧蒂河畔奥什皮埃尔公路转向西北方向的欧蒂河—阿尔古列河谷，在河谷驻留一段时间之后通过布瓦让—蒙特勒伊—格洛里昂山谷林地。此后听候通知转移。

签发：古德里安

冯·克莱斯特集团军群作战部　　　　　　　　　　　　　　阿夫兰库尔

1940年5月21日22:00

1940年5月22日集团军群十二号命令

1.敌军在法国北部和比利时有30到40个师被切断，对方可能会向南发起强力突破。

2.冯·克莱斯特集团军群负责击退敌军针对丹克—圣波尔—埃丹—埃塔普勒一线发起的所有进攻。

一旦接到特别指令，该集团军群将发起进攻并最终歼灭敌军。

3.分界：霍特兵团和冯·克莱斯特集团军群之间为既有分界线至阿韦讷勒孔特—丹克—迪瓦尔—瓦梅茨—圣奥梅尔（所有地点归冯·克莱斯特集团军群）。

第四十一兵团和第十九兵团之间的分界为：埃丹—代夫勒—马尔基泽（所有地点和道路归第十九兵团）。

4.任务：

第四十一兵团在其战区发动进攻，攻击主力放在右翼。"党卫军指令师"归该兵团指挥，负责保护东翼。

第十九兵团在其战区发动进攻。

第十装甲师立即置于位处杜朗以西的集团军群指挥之下。（届时由一名军官到集团军群指挥所接受命令。）

两个兵团要尽快用炮火轰炸加莱港和布洛涅港。

第十四兵团将接管从佩罗内到索姆河口沿线的所有后方保护任务。我军要守住索姆河沿线并扩展已经夺取的桥头堡。对索姆河上的桥要做好破坏准备，但只有在遭受敌军强攻无法坚守时方可炸毁。

第五兵团要安排让第六十二和第八十七步兵师接防位处佩罗内—圣西蒙之间索姆河沿岸的第二十九（摩托化）步兵师。我军要守住索姆河。各步兵师到位之后，北岸所有敌军部队都要给打到对岸。

5.轰炸线：进攻区域内的轰炸分两种情况，即根据兵团直接、准时的请求实施轰炸，或者对确认识别为逃逸敌军的目标实施轰炸。轰炸线位于索姆河以南6英里。

6.通信团等。

7.指挥：第九装甲师由冯·克莱斯特集团军群直接指挥并前往杜朗一带。

8.集团军群指挥所：10:00设在杜朗东北4英里的吕舍。

签发：（字迹难以辨认）

冯·克莱斯特集团军群作战部 吕舍

1940年5月22日22:50

1940年5月23日集团军群十三号命令

1.5月22日，我军在第十九兵团和第四十一兵团战区都取得重大战果。敌军强力对抗霍特集团军群，在后者所在区域发起数次进攻。

预计法国北部和比利时被围困的敌军下一步还会尝试突围。

2.冯·克莱斯特集团军群5月23日占领布洛涅和加莱，并在阿伊尔—圣奥梅尔—格拉沃利纳建立桥头堡，进而向东机动全歼敌人。

3.任务：

第四十一兵团向北推进，以最快速度在阿伊尔和圣奥梅尔建立桥头堡，之后进行重组，以便在5月23日中午之前能够从桥头堡向东机动。

第十九兵团占领布洛涅和加莱，在臭梅兰（圣奥梅尔以北2.5英里）和格拉沃利纳之间建立桥头堡，以便在5月23日下午之前能够从桥头堡向东机动。

第十四兵团继续执行集团军群十二号命令指定的任务。

4.分界：第四十一兵团和霍特集团军群之间的具体分界尚未确定，下一步将会通过无线电告知。

第四十一兵团和第十九兵团之间从埃丹到布洛涅—圣奥梅尔公路的分界不变，即：布洛涅—圣奥梅尔公路—科隆贝尔—圣莫梅兰（圣奥梅尔以北2.5英里）。所有地点归第十九兵团。

5.指挥：

（1）"党卫军指令师"从5月23日起由霍特集团军群指挥。

（2）第九装甲师后撤充当第四军的预备队。

6.5月23日中午之前的轰炸线：贝图讷—卡塞尔—贝尔格（包含）一线以东地区均可轰炸。

7.通信团在通过第四十一兵团到圣奥梅尔之间的路线上铺设一条轴线。

8.集团军群指挥所留在吕舍。

　　　　　　　　　　　　　　　　　　　　签发：冯·克莱斯特

附录 XVII

第十九兵团指挥所作战部   兵团指挥所，圣科隆贝尔城堡

1940年5月25日11:00

1940年5月25日兵团十三号命令

1.我军已经夺取布洛涅，加莱的战斗仍在继续。在圣奥梅尔—格拉沃利纳一线的运河战线上，实力较弱的一股敌军正负隅顽抗。

2.第十九兵团正守住5月25日抵达的阵线。该兵团将防卫奥梅尔—格拉沃利纳一线的运河战线，包括已经建立的桥头堡，并将防备和阻止敌军在海峡海岸登陆。

加莱将在5月25日夺取。

各师和兵团各部将安排所有未参战部队休整，借此机会进行人员补充和各类维护，以便在最短时间全面恢复战斗力。

3.任务：

（1）运河战线：第一装甲师守卫圣莫梅兰和运河河口之间运河一线，并守护运河河口和普特瓦尔德之间的海岸线。

为此，已经在圣莫梅兰和奥尔克之间投入战斗的"大德意志"步兵团和党卫军"阿道夫·希特勒旗卫队"划归第一装甲师指挥。

（2）海岸战线：普特瓦尔德和欧蒂河河口之间的海岸线要加以守备，防止敌军登陆。

要利用现有的海岸防御设施击退来自海上的进攻。

以下部队将投入这项任务：

右路：第十装甲师在普特瓦尔德和欧德雷塞勒之间（包含这两个地点）。

左路：第二装甲师在欧德雷塞勒（不包含）和欧蒂河河口之间。

装甲侦察示范营为此划归本兵团指挥，负责坎切河河口与欧蒂河河口之间区域，并于5月26日上午抵达埃塔普勒以南3英里的梅利蒙。

4.分界：

（1）与第四十一兵团之间的分界为：库隆比—茹尔尼—蒂伊克—圣莫梅

兰—维梅塞勒（所有地点归第十九兵团）。

（2）第一和第十装甲师之间的分界为：代夫勒—纳布兰恩（两地归第一装甲师）—关内（归第十装甲师）—普特瓦尔德（归第一装甲师）。

（3）第十和第二装甲师之间的分界为：萨梅尔—拜恩图恩—欧德雷塞勒（均属第十装甲师）。

（4）与第十四兵团之间的分界为欧蒂河一线。

5.5月24日18:00划归兵团指挥的第十一步枪旅在5月25日抵达代夫勒以北林地并在当地待命。

5月25日的任务：

解除巴黎—普拉热一带敌军的武装。攻击并夺取格里内海岬据点。

6.兵团炮兵：

夺取加莱之后，一〇一炮兵指挥官和兵团炮兵（二营、第四十五炮兵团、第六百一十六重炮营）再次直接归兵团指挥，方位在利克—埃尔班冈—班冈—霍居尼冈一带。

7.第一保安团5月25日16:00划归第一装甲师指挥。

8.侦察范围延伸至比利时边境。

9.对莫梅兰和格拉沃利纳之间运河各渡河点都做好破坏准备，但只有在接到兵团指挥所命令或者极端必要的情况下方可实施毁坏。

10.**防空保护：**按照特别指令执行。

11.**兵团指挥所：**科隆贝尔城堡。

军需处：勒瓦。

签发：古德里安

附录XVIII

第十九兵团指挥所作战部 兵团指挥所，科隆贝尔城堡

1940年5月26日12:15

关于第二十（摩托化）步兵师接防第一装甲师的命令

1.第二十（摩托化）步兵师再次划归兵团，该部正从南面过来。从今天开始，该师在奥尔克—格拉沃利纳—海滨一带至普特瓦尔德以北接防第一装甲师（包括"大德意志"步兵团）。

"阿道夫·希特勒旗卫队"停留在当前方位，划归第二十（摩托化）步兵师指挥。

冯·克莱斯特集团军群认为指挥权交接有必要在即将到来的夜间进行。

2.接受换防后的第一装甲师在萨梅尔—蒙特勒伊（包含这两个村庄）公路两侧集结，做好向北活向南机动准备。

后勤人员继续前进！师部方位将告知各部！

第一装甲师要迅速抵达宿营地，为部队提供充足的休息时间并进行装备和车辆维护。

3.兵团指挥所：阿尔梅图恩东南0.5英里的勒弗雷努瓦。

军需处：勒瓦。

抄送：

兵团指挥部

参谋长

签发：内林

附录XIX

第十九兵团指挥所作战部　　　　　　　　　　　　兵团指挥所，勒弗雷努瓦城堡

1940年5月26日20:00

1940年5月27日兵团十四号命令

1.敌军正控制阿运河一带。

2.克莱斯特集团军群将于5月27日上午发起进攻，第四十一兵团左翼（第三或第六装甲师）从圣奥梅尔一带通过卡塞尔前往波珀灵厄。

3.第十九兵团将派第二十（摩托化）步兵师经由"阿道夫·希特勒旗卫队"控制区域发起进攻，行军轴线为瓦滕—沃尔穆。

4.任务：

以下各部由第二十（摩托化）步兵师指挥：

一〇一炮兵指挥官

"阿道夫·希特勒旗卫队"

"大德意志"步兵团及下辖第五十六炮兵团二营

第六百一十六重炮营

第七十四炮兵团三（重炮）营

（第十一步枪旅）第六百七十七炮兵团三营

第九十一轻防空营（仅用于进攻）

（以上各部根据既有命令机动。指挥官于5月26日20:00到位于埃佩莱克的"阿道夫·希特勒旗卫队"指挥所报到。）

第二十（摩托化）步兵师由瓦滕—圣皮埃尔桥头堡发起进攻，夺取瓦滕以东高地，同时派出强力右翼通过阿尔恩克—莱德兰盖姆到埃泽勒。

"大德意志"加强步兵团逼近德兰尚并夺取克罗什特—皮加姆一带的高地，为攻击部队左翼提供保护。此后该团向北转移。

第一装甲师第五十六炮兵团二营受命协同团部作战，下一步经由一〇一炮兵指挥官接受更为详尽的指令。

"大德意志"步兵团从出发地开始推进之后，第七十三炮兵团将为其提供支持。

第六百七十七炮兵团三营仅参与炮火准备，此后将停留在东岸听候第十一步枪旅指挥。

我军预计要部署长管炮对敦刻尔克实施轰炸。

师部：首先在埃佩莱克。

进攻时间：x点钟。

5.空中侦察：4/（陆军）31和2/（陆军）23联合中队在圣奥梅尔—波珀灵厄—弗尔内—直至格拉沃利纳的海岸线一带展开侦察。3/（远程）31负责侦察法国和比利时边境以东地区。

6.第一百〇二防空团负责保护瓦滕以西进攻部队的集结区，并在进攻期间掩护攻击部队。

7.第八十通信团将铺设一条主线至埃佩莱克。

8.兵团预备队。第十一步枪旅准备从宿营地转移。通向运河的各条道路要予以检查。指挥官到兵团指挥所报到。

9.接到这份命令之后，第二十（摩托化）步兵师派2名军官乘车到兵团指挥所报到。

10.兵团指挥所：勒弗雷努瓦城堡。进攻开始后兵团司令到埃佩莱克。

签发：古德里安

兵团十四号命令附加说明

以下指挥系统于5月27日16:00开始生效：

进攻部署如下：

右路：第二十（摩托化）步兵师，携下辖"阿道夫·希特勒旗卫队"。

左路：第二装甲师，携下辖"大德意志"步兵团。

第十一步枪旅。

第四装甲旅。

分界：第二十（摩托化）步兵师与第二装甲师（第十一步枪旅）之间的分界为梅尔克冈—泽热尔斯卡佩勒—雷克斯波埃德（均属第十一步枪旅）。

抄送：

兵团指挥部

参谋长

签发：内林

附录XX

第十九兵团指挥所作战部   兵团指挥所，卢什城堡

1940年5月28日23:15

兵团十五号命令

1.1940年5月29日，第十九兵团将由第十四兵团换防，指挥权移交时间为10:00。

2.第一和第二装甲师当天有第九装甲师换防，换防事宜按照第十九兵团相关指示执行。

以下各部原地待命并划归第十四兵团指挥：

第十一步枪旅

"大德意志"步兵团

"阿道夫·希特勒旗卫队"

第七百四十重炮营

第六百○七重炮营

（暂时）第十九兵团陆军侦察中队。

3.换防圆满结束后，各师要采取所有措施确保全面恢复战斗力。

4.各师宿营地点安排如下：

第一装甲师：欧德吕克（包含）—阿德尔（不包含）—利克—阿尔基讷—库隆比—沃德兰盖姆—兰布尔（均包含）。

第十装甲师：阿德尔（不包含）—基内—兰克桑—拜恩图恩以东林地北侧（均包含）—勒瓦—科隆贝尔—利克（均不包含）。

第二装甲师：利克—科隆贝尔（均不包含）—阿尔基讷以东林地（不包含村庄）—尤里至利克公路（不包含）。

各师占据宿营地要作相应安排，以便能够随时向东反击或者向南行军。

5.各师在宿营地安排轻防空营以外，每个师还要在各自宿营地安排一个重防空营住宿。相关安排与第一百○二防空团团长协商。

6.在各师师长确认各自战线在战术上足够安全的情况下，各装甲旅可以在1940年5月29日上午前往各自新的区域。

7.各师指挥所的位置于1940年5月29日12:00电话上报兵团指挥所，以便第八十通信营做必要安排。

关于第十装甲师指挥所停留在当前位置一事未收到反对意见。

8.兵团指挥所目前设在卢什城堡，军需处设在朗德雷图恩。

抄送：

兵团指挥部

参谋长

　　　　　　　　　　　　　　　　　　　　　　　　　签发：内林

附录 XXI

元首和武装部队最高统帅   1940年12月18日

OKW/WFSt./Abt.L(I)Nr.33 408/40 g.Kdos.

Chefsache.

最高机密

二十一号指令
巴巴罗萨行动

在与英国的战争结束之前，德国武装部队就必须做好一举快速击败苏联（"巴巴罗萨行动"）的准备。

为此陆军必须准备好投入所有可用的部队，但前提是要确保已占区能够防范突袭。

空军要为东线的军队提供足够的支持，以便迅速终结地面行动并为德国东部地区防范敌军空袭提供最大的保护。需要强调的是，虽然我们的战备重点在东线，但我们不能因此影响到整个战局，不能忽视战备区域对敌军空袭的防范，也不能影响对英国的攻势，尤其是针对英军补给线的进攻。

海军的重点始终是英国，东线战事开始后也是如此。

一旦决定发动对苏作战，我会在拟议中的行动开始前8个星期下令部队进行集结等。

准备时间超过8个星期的事项——假如尚未开始准备的话——要立即开始准备，战备完成时限为1941年5月15日。

但进攻意图一定要重点加以隐蔽。

统帅部的战备工作基于以下方面的考虑：

1.总体意图

我军使用装甲部队大胆渗透，击溃苏联西部驻军，防止具有作战能力的敌军撤往广阔的苏联内地。

通过快速渗透苏联境内，我们可以防止苏联空军攻击德国本土。此次行动的最终目标是打到苏联领土亚洲部分和欧洲部分之间的分界线，大致为伏尔加河—阿尔汉格尔斯克一线。一旦战局需要，德国空军可以从这一线前往炸毁苏联在乌拉尔山区仅剩的一个工业区。

我军要在此次行动期间迅速破坏苏联波罗的海舰队的各个基地，使之丧失战斗力。

行动伊始我军就对苏联空军发起强力攻击，防止其对战局进行有效干预。

2.预期中的盟友及其任务

①在我们的侧面，我们可以倚仗罗马尼亚和芬兰积极配合对苏作战。

关于这两个国家参战后德国如何支配其军队，武装部队统帅部将会适时进行安排部署。

②罗马尼亚的任务是压制其对面的敌军并为后方区域提供援助。

③芬兰将掩护从挪威过来的北德战斗群（第二十一集团军群的部队）并协同该战斗群作战。扫荡汉科也是芬兰的职责。

④北德战斗群的机动可能需要使用瑞典的铁路和公路，相关工作最晚要在行动开始时完成。

3.行动部署

（1）陆军（经过我批准之后）：

作战区域以普里皮亚特沼泽地为界分为南北两部分。主攻方向是北部战区，我军将在该战区投入2个集团军群。

这两个集团军群靠南面的一个——位于整条战线中央——的任务是：使用超强的装甲和摩托化部队在华沙周边和以北地区突破并歼灭白俄罗斯境内敌军。这将为我军大规模机动部队向北推进提供条件，这些部队将协同北方集团军群——从东普鲁士向列宁格勒方向进军——歼灭波罗的海国家境内的敌军。在完成上述任务以及夺取列宁格勒和喀琅施塔得之后，我军方可展开下一步攻击行动，目标是占领苏联重要的交通和军备制造中心莫斯科。

只有在苏联的抵抗能力迅速崩溃的情况下，我军方可考虑同时执行上述两项任务。

第二十一集团军群的首要任务仍然是保护挪威，在东线战事期间也是如此。执行该项任务的兵力（山地兵团）以外的部队首先用于保护贝柴摩地区及其矿井和北极公路，此后与芬兰军队一起向摩尔曼斯克铁路进发，切断摩尔曼斯克地区的地面补给线。

执行此项任务是否需要来自罗瓦涅米地区及其南部的更大规模的德军（2到3个师）要取决于瑞典是否愿意提供其铁路使用。

根据德军北翼的进度，芬兰主力部队的任务是向拉多加湖西面或者两侧发起进攻，牵制尽可能多的苏联兵力。此外，芬兰军队还要夺取汉科。

普里皮亚特沼泽地以南的集团军群的主攻路线是从卢布林地区打向基辅，目标是使用大规模装甲部队突入苏军纵深侧翼和后方并歼灭第聂伯河沿岸敌军。

右翼的德国—罗马尼亚联军的任务是：

保卫罗马尼亚领土进而保护整个行动的南翼；

协同南方集团军群的进攻，牵制其战区内敌军；此后根据战局发展发动第二次突击，协同空军防止敌军有组织地撤到第涅斯特河以外。

普里皮亚特沼泽地南北两面的战斗一经开打，我军实施追击的目标如下：

在南面迅速占领经济地位重要的顿涅茨盆地。

在北面迅速夺取莫斯科。

夺取莫斯科在政治上和经济上都将是决定性的胜利，届时德军将控制苏联最重要的铁路枢纽。

（2）空军：

空军要尽可能破坏苏联空军的战斗力，并在主要区域为陆军的行动提供支持，也就是在中央集团军群和南方集团军群主攻区域提供支援。苏联的铁路线一般要予以损毁，临近重大目标的铁路线（即铁路桥）要大胆使用伞兵和空降兵夺取。为投入最大力量打击敌方空军并支援陆军行动，重大行动期间要确保弹药工业不被攻击。只有在机动作战结束后方可考虑此类攻击，尤其是针对乌拉尔工业区的进攻。

（3）海军：

海军在对苏作战期间的任务是保护德国海岸线，阻止任何敌对海军部队从波罗的海突破。一旦我方抵达列宁格勒，苏联波罗的海舰队就会失去最后一个基地，由此陷入绝望境地，所以此前要避免实施重大海军行动。歼灭苏联舰队之后，海军的任务是确保整个波罗的海用于海上运输，包括向陆军北翼运送补给物资。（一定要扫清雷区！）

4.需要指出的是，每一名司令员都要明确，与该指令有关的必要措施是为了防范苏联改变对德国的态度进行考虑的。参与早期战备工作的军官数目要尽可能少，而且每一名参与战备的军官都只能掌握与其任务直接相关的信息，否则我们的战备活动就有可能在整个军事行动启动时间尚未确定之前就遭泄露，这将给我们造成政治和军事上的极大不利。

5.下一步我将与司令官们进一步会面商讨，了解他们对这一指令的想法。武装部队各军兵种的战备进展情况通过武装部队统帅部向我报告。

签发：阿道夫·希特勒

附录 XXII

1944 年武装部队指挥系统组织结构图

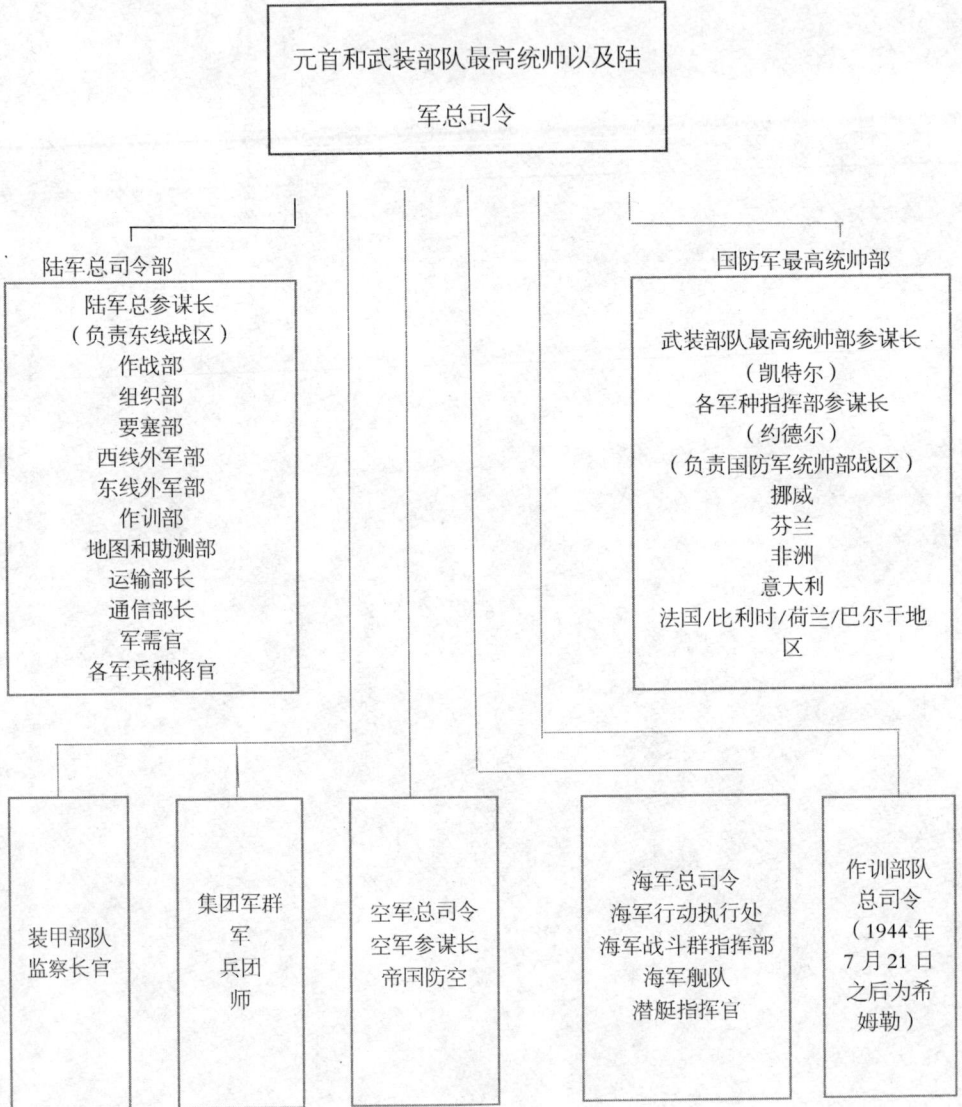

```
┌─────────────────────────────┐
│  元首和武装部队最高统帅以及陆  │
│         军总司令             │
└─────────────────────────────┘
```

陆军总司令部

```
┌─────────────────────┐
│    陆军总参谋长       │
│  （负责东线战区）     │
│    作战部             │
│    组织部             │
│    要塞部             │
│    西线外军部         │
│    东线外军部         │
│    作训部             │
│    地图和勘测部       │
│    运输部长           │
│    通信部长           │
│    军需官             │
│    各军兵种将官       │
└─────────────────────┘
```

国防军最高统帅部

```
┌─────────────────────────┐
│  武装部队最高统帅部参谋长  │
│      （凯特尔）           │
│   各军种指挥部参谋长       │
│      （约德尔）           │
│  （负责国防军统帅部战区）  │
│      挪威                 │
│      芬兰                 │
│      非洲                 │
│      意大利               │
│  法国/比利时/荷兰/巴尔干地 │
│      区                   │
└─────────────────────────┘
```

```
┌─────────┐ ┌─────────┐ ┌─────────┐ ┌─────────────┐ ┌─────────────┐
│          │ │集团军群  │ │空军总司令│ │海军总司令    │ │作训部队      │
│          │ │  军      │ │空军参谋长│ │海军行动执行处│ │总司令        │
│装甲部队  │ │  兵团    │ │帝国防空  │ │海军战斗群指挥部│ │（1944 年     │
│监察长官  │ │  师      │ │          │ │海军舰队      │ │7 月 21 日    │
│          │ │          │ │          │ │潜艇指挥官    │ │之后为希       │
│          │ │          │ │          │ │              │ │姆勒）        │
└─────────┘ └─────────┘ └─────────┘ └─────────────┘ └─────────────┘
```

该结构图只允许高级将官知情。党卫军及军备和军工生产部由希特勒直管。

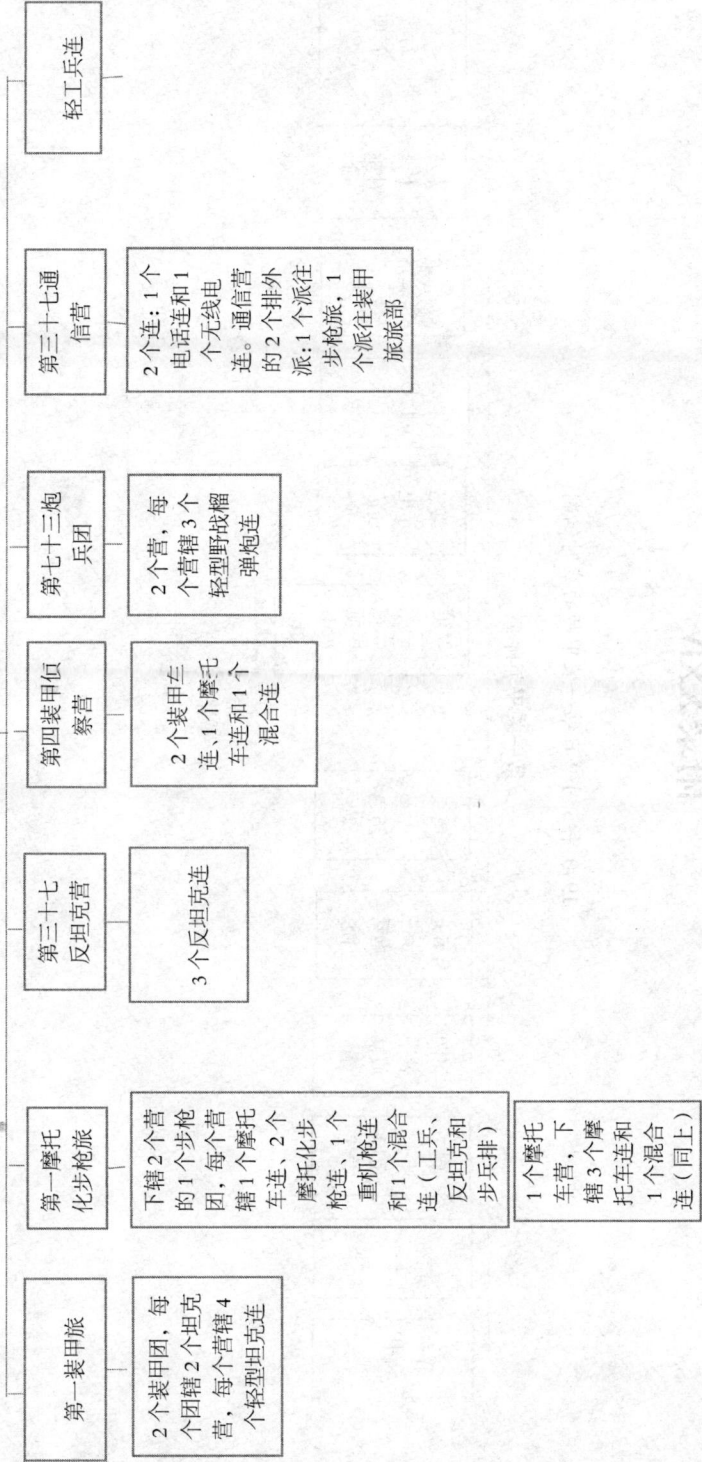

附录 XXIII

1935 年 10 月 15 日装甲师的战时编制

第一装甲师

第一装甲旅	第一摩托化步枪旅	第三十七反坦克营	第四装甲侦察营	第七十三炮兵团	第三十七通信营	轻工兵连
2个装甲团，每个团辖2个坦克营，每个营辖4个轻型坦克连	下辖2个营的1个步枪团，每个营辖1个摩托车连，2个摩托化步枪连，1个重机枪连和1个混合连（工兵、反坦克和步兵排） 1个摩托车营，下辖3个摩托车连和1个混合连（同上）	3个反坦克连	2个装甲车连，1个摩托车连和1个混合连	2个营，每个营辖3个轻型野战榴弹炮连	2个连：1个电话连和1个无线电连。通信营的2个排外派：1个派往步枪旅，1个派往装甲旅部	

附录 XXIV

1940 年 5 月 9 日第一装甲师的战时编制

第一装甲师师部

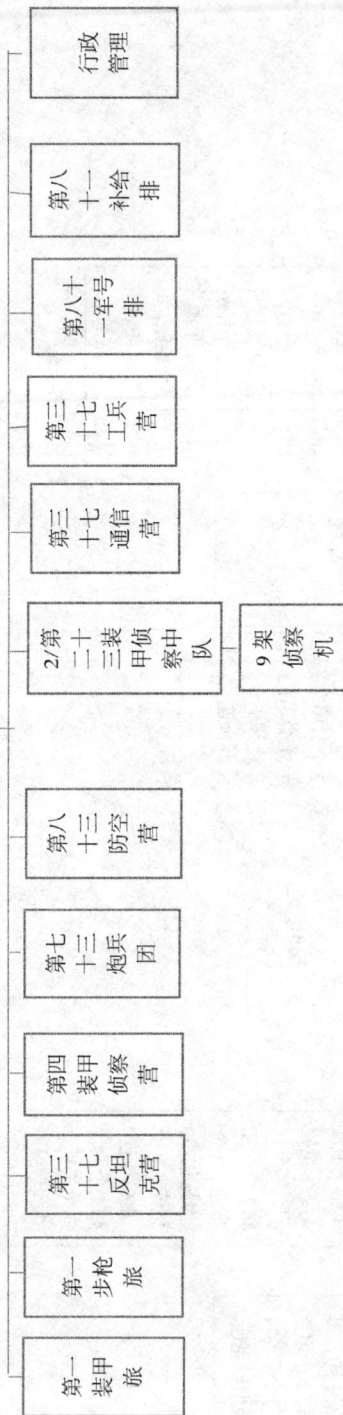

- 第一装甲旅
- 第一步枪旅
- 第三十七反坦克营
- 第四装甲侦察营
- 第七十三炮兵团
- 第八十三防空营
- 2/第二十三装甲侦察中队
  - 9 架侦察机
- 第三十通信营
- 第三十七工兵营
- 第八十一军号排
- 第八十一补给排
- 行政管理

（a）

第一装甲旅

第一装甲团

2 个坦克营，每个营辖 2 个轻型营、1 个中型营以及补给部队等

第二装甲团

2 个坦克营，每个营辖 2 个轻型营、1 个中型营以及补给部队等

补给部队等

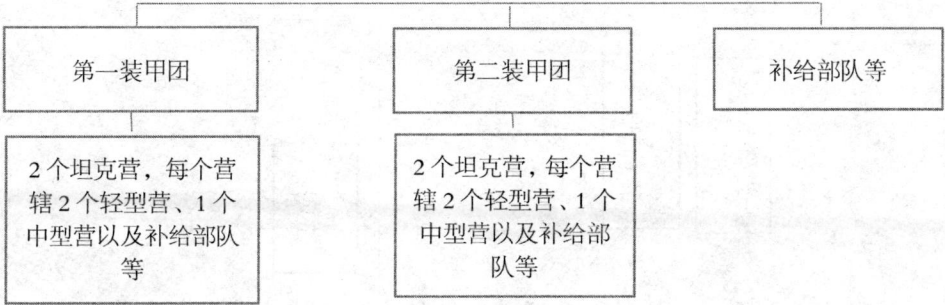

（b）

第一步枪旅

第一步枪团

摩托车营

2 个摩托车连、机枪连、混合连

步兵重炮连

6 门炮

一营

二营

三营

3 个步兵连、机枪连、混合连

补给部队等

摩托车连、2 个步兵连、机枪连、混合工兵反坦克和步兵炮连

摩托车连、2 个步兵连、机枪连、混合工兵反坦克和步兵炮连

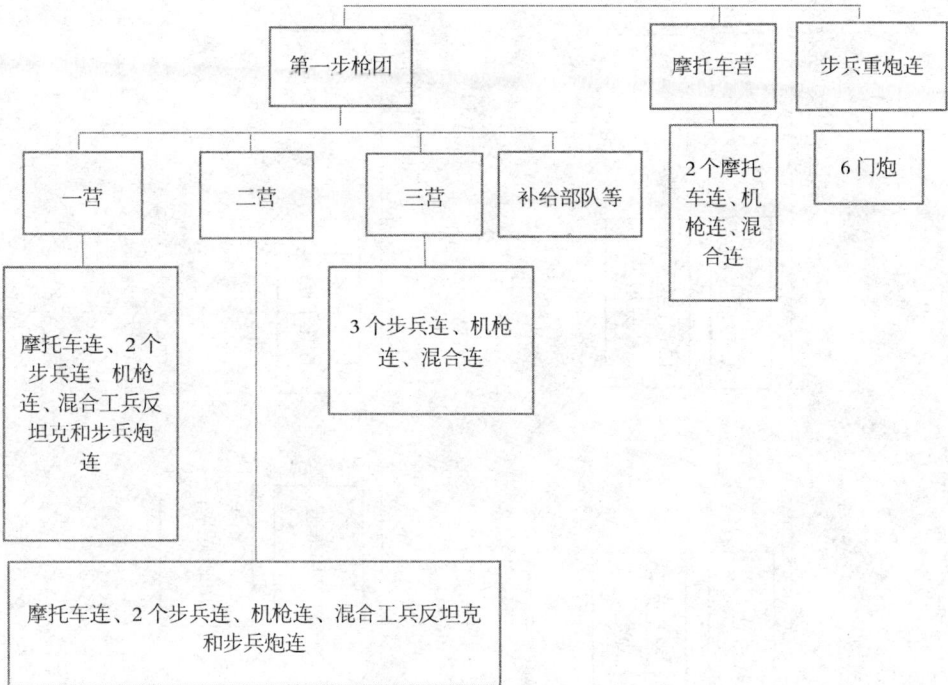

(c)

第三十七反坦克营

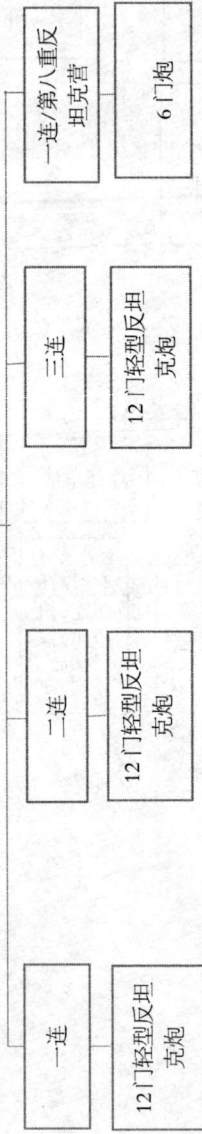

- 一连
  - 12门轻型反坦克炮
- 二连
  - 12门轻型反坦克炮
- 三连
  - 12门轻型反坦克炮
- 一连/第八重反坦克营
  - 6门炮

(d)

第四装甲侦察营

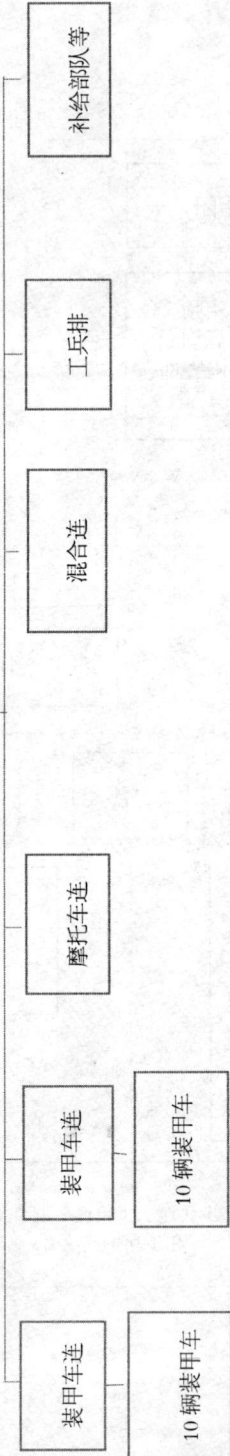

- 装甲车连
  - 10辆装甲车
- 装甲车连
  - 10辆装甲车
- 摩托车连
- 混合连
- 工兵排
- 补给部队等

（e）

第七十三炮兵团

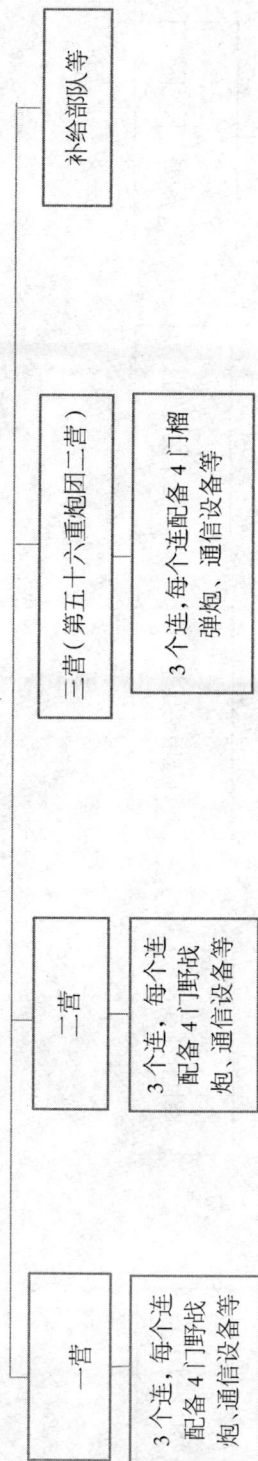

一营 ── 二营 ── 三营（第五十六重炮团三营） ── 补给部队人等

一营：3个连，每个连配备4门野战炮，通信设备等

二营：3个连，每个连配备4门野战炮，通信设备等

三营（第五十六重炮团三营）：3个连，每个连配备4门榴弹炮，通信设备等

（f）

第八十三防空营

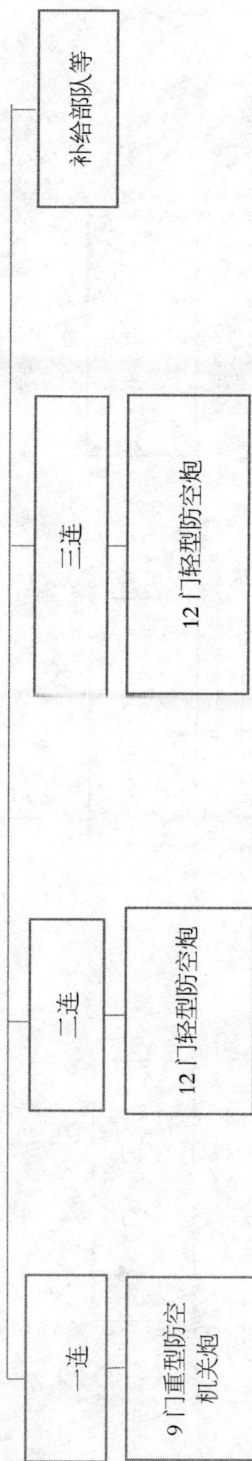

一连 ── 二连 ── 三连 ── 补给部队人等

一连：9门重型防空机关炮

二连：12门轻型防空炮

三连：12门轻型防空炮

（g）

第三十七通信营

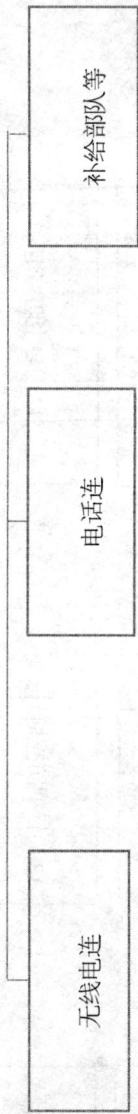

无线电连 — 电话连 — 补给部队 等

（h）

第三十七工兵营

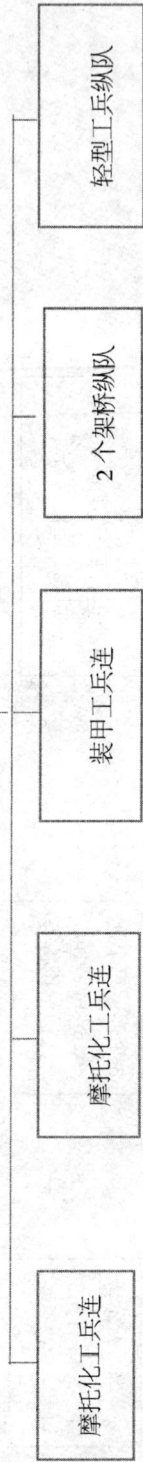

摩托化工兵连 — 摩托化工兵连 — 装甲工兵连 — 2个架桥纵队 — 轻型工兵纵队